Philipp Glockemann

# Zur Eigenverantwortung gesetzlich krankenversicherter Personen

# Sozialrecht und Sozialpolitik in Europa

Schriftenreihe der
Forschungsstelle für Sozialrecht und Sozialpolitik
an der Fakultät für Rechtswissenschaft
der Universität Hamburg

herausgegeben von

Gerhard Igl (Hamburg)
und
Dagmar Felix (Hamburg)

Band 53

LIT

Philipp Glockemann

# Zur Eigenverantwortung gesetzlich krankenversicherter Personen

## Eine Utopie?

LIT

Dissertation zur Erlangung der Doktorwürde an der Fakultät für Rechtswissenschaft der Universität Hamburg

Gedruckt auf alterungsbeständigem Werkdruckpapier entsprechend
ANSI Z3948 DIN ISO 9706

**Bibliografische Information der Deutschen Nationalbibliothek**
Die Deutsche Nationalbibliothek verzeichnet diese Publikation in der Deutschen Nationalbibliografie; detaillierte bibliografische Daten sind im Internet über https://dnb.dnb.de abrufbar.

ISBN 978-3-643-15559-7 (br.)
ISBN 978-3-643-35559-1 (PDF)
Zugl.: Hamburg, Univ., Diss., 2024


Verlagskontakt:
Fresnostr. 2 D-48159 Münster
Tel. +49 (0) 2 51-62 03 20
E-Mail: lit@lit-verlag.de https://www.lit-verlag.de

**Auslieferung:**
Deutschland: LIT Verlag, Fresnostr. 2, D-48159 Münster
Tel. +49 (0) 2 51-620 32 22, E-Mail: vertrieb@lit-verlag.de

*Für meine Familie*

# Vorwort

Die vorliegende Arbeit wurde im Wintersemester 2023/2024 an der Fakultät für Rechtswissenschaft der Universität Hamburg zur Dissertation angenommen. Rechtsprechung, Literatur und Normgebung wurden bis April 2023 berücksichtigt. Das Promotionsvorhaben wurde im März 2024 mit der Disputation abgeschlossen.

An dieser Stelle möchte ich zuallererst und in ganz besonderem Maße meiner Doktormutter Frau Prof. Dr. Dagmar Felix für die Möglichkeit der Promotion und für ihre exzellente Betreuung meiner wissenschaftlichen Arbeit danken. Weiter möchte ich mich herzlichst bei Frau Prof. Dr. Gabriele Buchholtz für die zügige Erstellung des Zweitgutachtens bedanken.

Mein tiefster Dank gilt meiner Familie, deren unerschütterliche Unterstützung und bedingungslose Liebe mir stets den nötigen Rückhalt gegeben haben. Ohne sie wäre der Erfolg dieser Arbeit nicht möglich gewesen. Ihre Ermutigungen haben mir gerade in schwierigen Momenten Kraft verliehen.

Schließlich möchte ich mich auch bei all denjenigen bedanken, die mich auf diesem herausfordernden Weg begleitet und auf verschiedenste Weise unterstützt haben, sei es durch ein offenes Ohr, durch regen und konstruktiven Austausch oder durch gewinnbringende Anmerkungen. Ich schätze mich glücklich, ihre Unterstützung und Wertschätzung erfahren zu haben.

Hamburg, Juli 2024 *Philipp Glockemann*

# Inhaltsübersicht

# Inhaltsverzeichnis

# A. Einführung

Die gesetzliche Krankenversicherung sollte eine Versicherung für den „Fall der Krankheit" sein.[1] Seit der Überführung bestimmt § 1 SGB V, der die Überschrift „Solidarität und Eigenverantwortung" führt, die Aufgaben der Krankenversicherung: Erhaltung, Wiederherstellung und Besserung der Gesundheit der Versicherten. Die Versicherten – wiederum unterstützt durch die Krankenkassen – sind im Gegenzug mitverantwortlich für ihre Gesundheit. Ihre Mitverantwortung kennzeichnet sich, so § 1 SGB V weiter, durch eine gesundheitsbewusste Lebensführung, durch eine frühzeitige Beteiligung an gesundheitlichen Vorsorgemaßnahmen sowie durch die aktive Mitwirkung an Krankenbehandlung und Rehabilitation.

Der Begriff der Eigenverantwortung – wie er sich in der Überschrift von § 1 SGB V findet – hat, sowohl im legislativen Entwicklungsprozess des Gesundheitswesens als auch in der rechtswissenschaftlichen und sozialwissenschaftlichen Literatur und Diskussion, seit Jahren Konjunktur.[2] Eigenverantwortung wird in aller Regel positiv konnotiert.[3] Dies erfolgt über eine Verknüpfung des Begriffs mit weiteren Begrifflichkeiten, die in einer freiheitlichen Demokratie und Gesellschaftsordnung ihrem Wesen nach bereits positiv belegt und bekannt sind.[4] Darunter fallen etwa Termini wie Freiheit, Selbstbestimmung oder Gemeinwohl.[5] Im Unterschied dazu variiert nicht nur die inhaltliche Bestimmung des Begriffs der Eigenverantwortung, sondern auch die ihm beigemessene Bedeutung. Ein Grund dafür lässt sich in dem Umstand finden, dass der Begriff der Eigenverantwortung weniger einer primär wissenschaftlichen, sondern maßgeblich einer (sozial-)politischen Debatte entstammt.[6]

Sowohl in der Gesundheitspolitik, als auch im wissenschaftlichen Diskurs, liegt dem Begriff der Eigenverantwortung kein einheitliches und klar definiertes Konzept zugrunde. Es überrascht daher, dass dem Begriff ohne Weiteres der Status

---

[1] So lautete § 165 der Neufassung der Reichsversicherungsordnung, RGBl. Nr. 75 1924, S. 779 (796).

[2] Vgl. *Steiner* NZS 2019, 1; vgl. *Schmidt* Gesundheitswesen 2010, 29; vgl. *Marckmann* Ethik Med 2010, 214; vgl. *Grühn*, Gesundheitsbezogene Handlungspflichten der Versicherten in der Sozialversicherung als Dimensionen von Eigenverantwortung und Solidarität, S. 9; vgl. *Goertz* ETHICA 2005, 340 ff.; vgl. *Sodan* NZS 2003, 393; vgl. *Trenk-Hinterberger*, Eigenverantwortung in der sozialen Pflegeversicherung, S. 1163; vgl. *Boecken* SDSRV 1997, 7; vgl. insgesamt auch *Faude*, Selbstverantwortung und Solidarverantwortung im Sozialrecht, 1983, wenn auch unter der Verwendung des Begriffs der Selbst- und Solidarverantwortung; siehe zudem die Gesetzesentwürfe der Fraktionen der CDU/CSU sowie der FDP unter BT-Drucks. 15/1174 beziehungsweise BT-Drucks. 15/1175.

[3] Vgl. die Darstellung bei *Schmidt*, Eigenverantwortung haben immer die Anderen, S. 70.

[4] Siehe zum dahinterstehenden Mechanismus bezogen auf den Begriff der „Bürgerversicherung" bei *Sodan* ZRP 2004, 217.

[5] Vgl. dazu auch *Schmidt*, Eigenverantwortung haben immer die Anderen, S. 9.

[6] Siehe dazu etwa *Goertz* ETHICA 2005, 344 ff.; vgl. *Marckmann* Ethik Med 2010, 215; siehe zur Eigenverantwortung für Gesundheit als Politikbegriff bei *Buyx* Ethik Med 2005, 270; siehe auch *Wienke*, Eigenverantwortung der Patienten/Kunden, S. 176; vgl. *H. Schmidt* ZEFQ 2012, 185 f.

einer gesellschaftspolitischen Norm zugesprochen wird.[7] Demgemäß lässt sich aber anhand der Vielzahl an Abhandlungen und Monographien, die sich dem Begriff der Eigenverantwortung auf ihre jeweils eigene Weise widmen und dabei unterschiedlichste Bezüge zu weiteren Aspekten – etwa dem der Solidarität, der Risikosanktion oder der Verhaltenssteuerung – herstellen, zugleich auch ein erheblicher Klärungsbedarf des kontroversen Begriffs ausmachen.[8]

## I. Hintergrund

In den fortwährend geführten Diskursen über eine Reform des Sozialstaats, dessen „Rückbau", seiner grundsätzlichen Wandlung oder über dessen Aktualität, sowie im Diskurs bezogen auf das Gesundheitswesen im Allgemeinen, hat sich der Begriff der Eigenverantwortung durchsetzen und behaupten können.[9] Dies obwohl der Begriff der Eigenverantwortung weder allgemein anerkannt spezifiziert noch definiert worden ist. Die Argumente, die bezogen auf den Begriff der Eigenverantwortung zum Tragen kommen, unterscheiden sich nicht nur hinsichtlich ihrer jeweiligen Funktion, sondern auch mit Blick auf ihre normative Anknüpfung. So wird Eigenverantwortung häufig ohne weitere Ausführung als Grundprinzip der gesetzlichen Krankenversicherung benannt, mit individueller Selbstbestimmtheit oder dem sozialstaatlichen Subsidiaritätsgebot gleichgesetzt.[10]

Seit mehr als fünfzig Jahren ist der Begriff der Eigenverantwortung eines der „großen Stichworte" der sozialstaatlichen und sozialpolitischen Rhetorik.[11] Wurde in Wissenschaft und Sprache der Begriff der Eigenverantwortung lange Zeit nur am Rande erwähnt, änderte sich dies spätestens gegen Ende des 20. Jahrhunderts.[12] Im Zuge der „Agenda 2010" wurde beispielsweise dargelegt, dass die Leistungen des Staates gekürzt, die Eigenverantwortung gefördert und mehr Eigenleistung eingefordert werden wird.[13] Aus diesem Grund entwickelte sich zugleich ein eigenständiger Diskurs über die Rolle des Eigenverantwortungsbegriffs im Gesundheitswesen.[14] Auch die teilweise synonym verwendeten Begriffe von Individual- und Selbstverantwortung erfreuen sich seit nun schon fünf Jahrzehnten einer gesteigerten Beliebtheit in den geführten Debatten.[15] Teilweise

---

[7] So etwa *Münnich* VSSR 1981, 197.
[8] Vgl. etwa *Grimmeisen/Leiber*, Eigenverantwortung in der Gesundheitspolitik, S. 2.
[9] So auch *Schmidt*, Eigenverantwortung haben immer die Anderen, S. 49; siehe auch *Grühn*, Gesundheitsbezogene Handlungspflichten der Versicherten in der Sozialversicherung als Dimensionen von Eigenverantwortung und Solidarität, S. 9 f.
[10] So etwa bei *Becker* ZÖR 2010, 617 f. sowie 623.
[11] *Steiner* NZS 2019, 1.
[12] Vgl. *Trenk-Hinterberger*, Eigenverantwortung in der sozialen Pflegeversicherung, S. 1163.
[13] Vgl. Plenarprotokoll des BT 15/32, S. 2479.
[14] Vgl. *Langanke/Fischer/Erdmann/Brothers* Ethik Med 2013, 245; unpräzise bezeichnet als „gesundheitliche Eigenverantwortung", vgl. etwa *Marckmann* Ethik Med 2010, 207 ff.
[15] Vgl. *Trenk-Hinterberger*, Eigenverantwortung in der sozialen Pflegeversicherung, S. 1163, der den Begriff „Eigenverantwortungseuphorie" verwendet; vgl. *Rothhaar*, Philosophische Grundlagen

lassen sich aber auch Unterschiede zwischen den genannten Begriffen erkennen. Allen gemein ist zumindest ein übergeordnetes Anliegen, die Zuständigkeiten in Bezug auf das Individuum und die Gemeinschaft, in welcher sich das Individuum bewegt, abzugrenzen und so zum Ausdruck zu bringen.

### 1. Die Anfänge der Eigenverantwortung

Die auf maßgebendes Betreiben Otto von Bismarcks hin als Antwort auf die Ende des 19. Jahrhunderts auftretende und sich zunehmend verschärfende „soziale Frage" erstmalig geschaffenen sozialstaatlichen Sicherungssysteme stellten bereits einen Kompromiss zwischen etatistischen, egalisierenden und finanzierungsseitigen Interessen dar.[16] Mit seiner Gründung vereinte der deutsche Sozialstaat Aspekte der Kollektiv- beziehungsweise Staatsverantwortung und solche der Versicherteneigenverantwortung in sich. Diese Elemente waren das Ergebnis von im Vorfeld um die grundlegende Ausgestaltung des Sozialstaates aufgetretenen Interessenkonflikten und beinhalteten neben einer finanziellen Beteiligung der Versicherten eine umfassende verschuldensunabhängige Absicherung im Bedarfsfall. Bereits zu diesem frühen Zeitpunkt in der Geschichte des deutschen Sozialstaats wurde Kritik gegen eine nach Bismarcks Plänen vergleichsweise gering ausfallende Eigenverantwortung der Versicherten bei gleichzeitig erfolgender umfangreicher Risikokollektivierung erhoben.[17] Diese Spannung hielt an und verstärkte sich spätestens nach Ende des Ersten Weltkrieges, sodass auf der einen Seite der konfligierenden Standpunkte eine Ausweitung der staatlichen Verantwortung und auf der anderen Seite eine am Subsidiaritätsgedanken orientierte Begrenzung des Versicherungsschutzes standen.[18] Die Eigenverantwortung erlebte erneut Konjunktur, wobei ihr Begriff vermehrt mit der Intention gebraucht wurde, Forderungen und Ansichten zu transportieren, welche die staatliche Verantwortung zu reduzieren gewillt waren.[19] Im Zuge der NS-Herrschaft erfolgte unter dem Führerprinzip ein Abbau von Eigenverantwortungselementen im Sozialstaat bei dessen gleichzeitiger Zentralisierung.[20] Dem sollte in der Nachkriegszeit durch eine Neuentdeckung der Eigenverantwortung entgegengewirkt werden. Selbstvorsorge und Selbstversorgung auf einem freien Markt, durch Realisierung der Freiheiten und der damit verbundenen Eigenverantwortlichkeit des

---

der Eigenverantwortung im Gesundheitswesen, S. 289, von „Konjunkturschwankungen" in Bezug auf die Entwicklung der Verwendungshäufigkeit des Begriffs der Eigenverantwortung sprechend.

[16] Vgl. *Gabriel*, Eigenverantwortung als Grundbegriff des deutschen Sozialstaats und Gesundheitswesens, S. 304; vgl. *Rothhaar*, Philosophische Grundlagen der Eigenverantwortung im Gesundheitswesen, S. 289; vgl. auch *Rixen* SRa 2020, 289.

[17] Siehe dazu die Zusammenstellung damaliger prominenter Kritiker bei *Gabriel*, Eigenverantwortung als Grundbegriff des deutschen Sozialstaats und Gesundheitswesens, S. 304 f.

[18] Vgl. *Gabriel*, Eigenverantwortung als Grundbegriff des deutschen Sozialstaats und Gesundheitswesens, S. 304.

[19] Vgl. *Gabriel*, Eigenverantwortung als Grundbegriff des deutschen Sozialstaats und Gesundheitswesens, S. 305.

[20] Vgl. *Gabriel*, Eigenverantwortung als Grundbegriff des deutschen Sozialstaats und Gesundheitswesens, S. 305 f.

Individuums, prägten die sozialpolitische Debatte. Das Vermeiden staatlicher Eingriffe bei gleichzeitiger Förderung der individuellen Fähigkeit zur Verantwortungsübernahme wurden zum Leitgedanken.[21]

## 2. Eigenverantwortung als Kernaspekt des SGB V

Entsprechend der Entwicklung des Staates zu einem aktivierenden und zugleich fordernden deutschen Sozialstaat, wurde der Begriff der Eigenverantwortung zu einer tragenden Vokabel im Prozess der Neuausrichtung des Verhältnisses zwischen Staat und Individuum.[22] Aufgrund des wirtschaftlichen Aufschwungs in Westdeutschland bis in die 1970er Jahre hinein war eine Ausweitung der sozialstaatlichen Leistungen erfolgt, die den Begriff der Eigenverantwortung für die sozialpolitische Debatte uninteressant hatte werden lassen.[23] Ebenso wurden eine Vielzahl an Gründen, die den Versicherungsschutz in der gesetzlichen Krankenversicherung begrenzten, aus der Reichsversicherungsordnung gestrichen.[24] Dies änderte sich allerdings ab 1975. Spätestens durch das herausfordernde Ereignis der deutschen Wiedervereinigung waren die Debatten in den Jahren nach 1989 geprägt von der grundlegenden und insbesondere finanzwirtschaftlich geführten Auseinandersetzung, ob der Sozialstaat, der sich seit der Nachkriegszeit etabliert und entwickelt hatte, überhaupt noch in der Lage sei, seine ihm überantworteten Aufgaben zu erfüllen.[25] So kam es zu einem Rekurs auf den Begriff der Eigenverantwortung insbesondere unter Berücksichtigung des sozialstaatlichen Subsidiaritätsgedankens, der die Implementierung einer aktiveren Versichertenrolle in der sozialen Leistungsversorgung und Risikovorsorge anstieß.[26] Dabei richtete sich der Begriff innerhalb des Rechts der gesetzlichen Krankenversicherung fortan vermehrt an deren pflichtversicherte Mitglieder und nicht auf weitere, gleichfalls als verantwortungsfähige und -pflichtige in Frage kommende Beteiligte, wie Leistungserbringer, Krankenkassen oder Arbeitgeber.[27]

---

[21] Vgl. die Zusammenstellung von prominenten Vertretern bei *Gabriel*, Eigenverantwortung als Grundbegriff des deutschen Sozialstaats und Gesundheitswesens, S. 306 bis 309.

[22] Vgl. *Grimmeisen/Leiber*, Eigenverantwortung in der Gesundheitspolitik, S. 2; ähnlich auch *Schmidt*, Eigenverantwortung haben immer die Anderen, S. 9 f.; vgl. zudem *Gabriel*, Subsidiarität als Grundbegriff des deutschen Sozialstaats und Gesundheitswesens, S. 84 ff.

[23] Vgl. *Gabriel*, Eigenverantwortung als Grundbegriff des deutschen Sozialstaats und Gesundheitswesens, S. 309, der von einer „Zäsur" in der „öffentlichen Debatte um den Sozialstaat" spricht.

[24] Vgl. BGBl. I 1972, S. 1433. Durch das Gesetz über die Krankenversicherung der Landwirte wurde aus § 192 RVO der Tatbestand der Schlägerei als anspruchskürzendes Element entfernt.

[25] Vgl. *Gabriel*, Eigenverantwortung als Grundbegriff des deutschen Sozialstaats und Gesundheitswesens, S. 309.

[26] Vgl. *Marckmann* Ethik Med 2010, 214, welcher besagte Ansichten wie folgt wiedergibt: „Man beklagt eine ‚Überstrapazierung' des Solidarprinzips, eine ‚Vollkasko-Mentalität' bei Versicherten und Patienten sowie einen durch den umfassenden Versicherungsschutz bedingten nachlässigen Umgang mit der eigenen Gesundheit und fordert als dringend notwendige Gegensteuerung eine vermehrte Eigenverantwortung von Versicherten und Patienten"; vgl. bereits *Braun*, Das Verhältnis des Bürgers zur sozialen Sicherung, S. 27 ff.

[27] Vgl. *Boecken* SDSRV 1997, 9.

Eigenverantwortung wurde zum Inbegriff des in der sozialen Krankenversicherung herrschenden Konfliktes der Verteilungsgerechtigkeit und der Frage nach der staatlichen Verantwortungs- und Lastentragung.[28]

### 3. Die andauernde Forderung nach mehr gesundheitlicher Eigenverantwortung

Schon Ende des 20. Jahrhunderts konnten Bestrebungen in der sozialpolitischen und sozialgesetzgeberischen Auseinandersetzung festgestellt werden, die bei inkonstanter begrifflicher und inhaltlicher Bedeutung mehr Eigenverantwortung in der Sozialversicherung einforderten.[29] Von einem Mangel an Eigenverantwortung bei einer „Entartung" des deutschen Sozialstaats war die Rede.[30] Diese Forderung entwickelte sich zudem auch interdisziplinär unter dem Begriff der gesundheitlichen Eigenverantwortung beständig fort und besteht insgesamt bis heute.[31] Sie betrifft insbesondere das System der gesetzlichen Krankenversicherung. Eigenverantwortung erfährt hierbei meist eine Verknüpfung mit einer Neuordnung der Verantwortungslast, der Übernahme der Krankheitsbewältigungszuständigkeit und der damit einhergehenden Kosten.[32] Durch kontinuierliche Ausweitung der Sozialpolitik sowohl in sachlicher als auch personeller Hinsicht entwickelte sich ein zunehmendes Spannungsverhältnis zwischen Staats- und Eigenverantwortung, die zu einer anhaltenden Konjunktur des Begriffs sowie des Begriffs der Verantwortung in verschiedenster Ausgestaltung führte.[33] Für den Sozialversicherungszweig der gesetzlichen Krankenversicherung bündelt sich dies in einem Großteil der Fälle in einer „polarisierenden Gegenüberstellung von freiwilliger bzw. selbstverantworteter Gestaltung der Lebensvorsorge auf der einen sowie zwangskorporativer Bewältigung der typischen Wechselfälle des Lebens auf der anderen Seite".[34] Viele der vertretenen Standpunkte zielen daher darauf ab, den Versicherten sowohl in die Lage zu versetzen, als auch ihn diesbezüglich in die Pflicht zu nehmen, sich um die Erhaltung und Wiederherstellung seines Gesundheitsstatus selbst zu sorgen und in diesem Sinne Eigen- beziehungsweise Mitverantwortung für seine Gesundheit zu übernehmen.[35] Schließlich wird dieser Effekt noch verstärkt, indem aus dem Spannungsverhältnis zwischen kollektiver Solidarität und individueller Verantwortung im Rahmen reziproker

---

[28] Vgl. *Marckmann* Ethik Med 2010, 214.

[29] Vgl. *Boecken* SDSRV 1997, 7; vgl. *Gabriel*, Eigenverantwortung als Grundbegriff des deutschen Sozialstaats und Gesundheitswesens, S. 304 f.

[30] Vgl. *Gabriel*, Eigenverantwortung als Grundbegriff des deutschen Sozialstaats und Gesundheitswesens, S. 304, m.w.N.

[31] Vgl. etwa den Untersuchungsgegenstand bei *Langanke/Fischer/Erdmann/Brothers* Ethik Med 2013, 245; siehe auch die Feststellung bei *Marckmann* Ethik Med 2010, 214 f.

[32] Vgl. *Schmidt*, Eigenverantwortung haben immer die Anderen, S. 9; vgl. *Marckmann* Ethik Med 2010, 215.

[33] Vgl. *Gabriel*, Eigenverantwortung als Grundbegriff des deutschen Sozialstaats und Gesundheitswesens, S. 305.

[34] *Boecken* SDSRV 1997, 8, m.w.N.

[35] Siehe so etwa bezogen auf den Fortschritt der sogenannten individualisierten Medizin *Langanke/Fischer/Erdmann/Brothers* Ethik Med 2013, 244; vgl. auch *Marckmann* Ethik Med 2010, 207.

Sozialversicherungsverhältnisse heraus unmittelbar eine Gleichsetzung von personaler Verantwortung und dem Verschuldensprinzip vollzogen wird.[36]

### 4. Risikoberücksichtigung im Zentrum des Diskurses

Seit dem Frühjahr 2020 waren die Schlagzeilen, politische Tagesordnungen und Debatten im Gesundheitswesen maßgeblich bestimmt von und durch die Eindrücke und Auswirkungen der SARS-CoV-2-Pandemie. Nach Rückschlägen in der Impfkampagne Ende 2021 gelangte die Forderung einer Beteiligung von nicht gegen SARS-CoV-2 geimpften Personen an den Kosten einer im Zusammenhang mit einer Coronainfektion notwendig gewordenen Krankenhausbehandlung zu medialer und politischer Aufmerksamkeit.[37] Gefordert wurde als Konsequenz und damit als Reaktion der Gesellschaft auf das unsolidarische Verhalten Einzelner, die sich durch die Nichtvornahme ihrer Impfung aus der Solidargemeinschaft begeben hätten, entweder eine Eigenbeteiligung an den Behandlungskosten oder ein Aufschlag auf den Versicherungsbeitrag. Die in Rede stehenden Kosten sind dabei nicht unbeachtlich; in Summe und Häufigkeit können diese durchaus eine erhebliche und letztlich durch die Impfung in vielen Fällen vermeidbare Belastung des sozialen Sicherungssystems der gesetzlichen Krankenversicherung in ohnehin finanziell herausfordernden Zeiten bedeuten.[38]

Diese benannte Forderung ist ein Beispiel für die langanhaltende Debatte in der gesetzlichen Krankenversicherung, die sich mit der Frage befasst, ob aus dem gesundheitsrelevanten Verhalten von Versicherten Sanktionen oder Regressforderungen gefolgert werden sollen. So könnte ein gesteigertes Maß an Eigengefährdung zu erhöhten Beiträgen, gesteigerten Eigenleistungen oder gar für bestimmte Gesundheitsleistungen zu einem Ausschluss derselben führen. Entsprechenden Forderungen geht der Vorwurf voraus, dass Eintritt und Ausmaß eines Versicherungsfalls, wenn auch nicht durch den Versicherten allein beherrschbar, zumindest aber durch diesen beeinflussbar sind.[39] Dazu gezählt werden kann unter anderem der Diskurs um die leistungsrechtlichen Folgen einer Infektion mit dem HI-Virus, von Krankheiten, die aus dem Risiko- oder Breitensport

---

[36] So etwa bei *Faude*, Selbstverantwortung und Solidarverantwortung im Sozialrecht, S. 41 sowie im Besonderen S. 126: „Das Verschuldensprinzip als das Prinzip der Eigenverantwortung".

[37] Vgl. die Pressemitteilung der Kassenärztlichen Vereinigung Berlin vom 23.11.2021, abrufbar unter https://www.kvberlin.de/die-kv-berlin/pressemitteilungen/detailansicht/pm211123, zuletzt am 01.04.2023; siehe zu der Thematik auch bei *Gassner* ZRP 2022, 2 ff.; siehe zudem die Darstellung unter https://www.aerztezeitung.de/Medizin/Holetschek-fuer-harte-Sanktionen-bei-Verstoessen-gegen-Corona-Impfpflicht-425658.html, zuletzt am 01.04.2023.

[38] Durchschnittlich kostet eine Behandlung bei SARS-COV-2 mit Krankenhausaufenthalt 10.200€. Die Kosten variieren jedoch stark, je nach Schwere der Erkrankung. Besonders schwere Intensivfälle, bei denen eine Beatmung notwendig wird, verursachen im Schnitt 34.200€ an Kosten, die in etwa zehn Prozent der Fälle auf bis zu 77.000€ steigen. Siehe zu den Daten die Ergebnisse der Studie des Wissenschaftlichen Instituts der AOK (WIDO), zur Verfügung gestellt bei *Klaus Wedekind*, Wie viel kosten Covid-19-Patienten?, vom 25.11.2021, abrufbar unter https://www.n-tv.de/panorama/Wie-viel-kosten-Covid-19-Patienten-article22955198.html, zuletzt am 01.04.2023.

[39] *Eichenhofer* VSSR 2004, 93.

herrühren, solchen, die sich aus dem Konsum oder der Abhängigkeit von bestimmten Rausch- und Genussmitteln ergeben oder einer generell gesundheitsfahrlässigen Lebensweise, die sich in mangelnder Vorsorge oder ungesunder Ernährung ausdrückt.[40] Im Kern ist damit der „die [gesetzliche Krankenversicherung] prägende Widerstreit zwischen dem Solidaritätsprinzip und der Eigenverantwortung des Versicherten“[41] aufgegriffen. Vor dem Kontext des Charakters der gesetzlichen Krankenversicherung als gesetzliches Verteilungssystem von Gesundheitsleistungen konkretisiert sich dieser Widerstreit in der Forderung eines Verteilungsprinzips, nach welchem die Einstandspflicht der Solidargemeinschaft von demjenigen, der seinen Bedarf an Leistungen in zurechenbarer, das heißt kausaler Weise selbst verursacht hat, nicht eingefordert werden darf.[42]

Der Begriff der Eigenverantwortung erfährt insofern eine doppelte Belegung. Zum einen wird er verstanden als die eigene Verantwortung für die Gesundheit, zum anderen im Sinne einer insbesondere finanziellen Beteiligung an der Leistungserbringung.[43] Aus dem Gedanken der Eigenverantwortung erwächst somit die konkrete Forderung einer leistungsrechtlichen Berücksichtigung bestimmter Risiken. Letztlich gründet sich diese in den Umverteilungsmechanismen zwischen unterschiedlichen Versichertengruppen die innerhalb der gesetzlichen Krankenversicherung stattfinden. Gegenüber jungen, gesunden, gesundheitsbewussten und gutverdienenden Versicherten, stellt es sich somit als missbrauchende Inanspruchnahme von Solidarität dar, wenn andere Versicherte den Versicherungsfall der Krankheit durch eigenes Verhalten, wenn nicht unmittelbar, dann doch wenigstens wesentlich selbst hervorgerufen oder dessen Vermeidung fahrlässig vereitelt haben.[44]

Daneben erhält die Debatte einen neuen und mit Blick in die Zukunft wohl noch nicht absehbaren Zustrom unter dem Schlagwort der individualisierten beziehungsweise der personalisierten Medizin. Prädiktive und diagnostische Leistungen, die nicht immer auch Bestandteil des Leistungskataloges der gesetzlichen Krankenversicherung sind, ermöglichen es mit zunehmender Bandbreite und Genauigkeit, gesundheitliche Risiken präzise zu kalkulieren und umgekehrt durch präventive auf das Individuum zugeschnittene Präventivmaßnahmen zu reduzieren.[45] Unter diesem Eindruck entsteht in der Literatur ein Bedürfnis danach, die Kenntnis um das eigene Risiko zur moralischen oder normativen Pflicht zu erklären und leistungsrechtliche Sanktionen an die mangelnde Wahrnehmung von

---

[40] Vgl. *Huster*, Selbstbestimmung, Gerechtigkeit und Gesundheit, S. 17; siehe auch den Hinweis bei *Langanke/Fischer/Erdmann/Brothers* Ethik Med 2013, 249; vgl. *Eichenhofer* SGb 2003, 705; vgl. *Rompf* SGb 1997, 105; vgl. *Oldiges* DOK 1991, 537; siehe auch schon *Geschwinder* ZfS 1981, 101 ff.; besonders ausführlich *Lang*, Sport und Gesundheit aus gesundheitsrechtlicher Perspektive, 2015, *Dörries/Arnold*, Kurzzeitiger Spaß? Langfristige Zufriedenheit!, 2013 sowie *Wolf*, Das moralische Risiko der GKV im Spannungsfeld zwischen Eigenverantwortung und Solidarität, 2009.

[41] Spickhoff/*Nebendahl* SGB V § 1 Rn. 2.

[42] Vgl. auch *Huster* ZEFQ 2012, 197.

[43] Vgl. dazu auch *Dörries/Arnold*, Kurzzeitiger Spaß? Langfristige Zufriedenheit!, S. 198.

[44] *Lang*, Sport und Gesundheit aus gesundheitsrechtlicher Perspektive, S. 38.

[45] Vgl. *Meier/Harney* GuP 2021, 52 ff.

Eigenverantwortung zu knüpfen, die sich in einem nicht risikogerechten Verhalten oder schon in der fehlenden Teilnahme an Erkennungsmaßnahmen äußern.[46]

Es stellt sich also die Frage, ob und wenn ja, wie das Recht der gesetzlichen Krankenversicherung eine Balance zwischen der Eigenverantwortung auf der einen und der Berücksichtigung von Risiken auf der anderen Seite herstellt. Einen eigenen Beitrag dazu leisten neuartige Bedingungen, die sich zum einen in der Frage nach Zulässigkeit und Grenzen der Verhaltensbeeinflussung des Individuums durch den Staat – regelmäßig geführt unter dem Schlagwort des „Nudgings" – bei einem gleichzeitigen Bestreben des Bürgers zu mehr Eigenbestimmtheit mit Blick auf seine Gesundheit ausdrücken.[47] Besonders Letzteres findet widerholt Eingang in (staats-)politische Debatten.[48] „Fördern und Fordern" ist insoweit kein neuer Gedanke, sondern wurde schon in der „Agenda 2010" konzeptionell berücksichtigt.[49] Bereits 2006 eröffnete *Gerst* seinen Beitrag im Deutschen Ärzteblatt unter dem Titel „Prävention – Liberales Unwohlsein" mit der Frage, ob „jeder das Recht auf seine subjektive Lebensplanung [hat] oder [ob es] Aufgabe des (Wohlfahrts-)Staates [sei], den Bürgern feste Gesundheitsziele vorzuschreiben?".[50] Auch davor wurden wiederholt Überlegungen in den Raum gestellt, gesundheitliches Vorsorgeverhalten zur Pflicht zu machen.[51]

Wird normativ jedenfalls weder gesundheitsbewusste Lebensführung aktiv eingefordert noch ein Unterschied in der Ursache des Versicherungsfalls in der Leistungsgewährung gemacht, hat dies nicht nur Konsequenzen für die Idee von Eigenverantwortung und Solidarität im Recht der gesetzlichen Krankenversicherung, sondern gleichfalls für das grundsätzliche Verhältnis zwischen Versicherer und Versichertem. Dies wiederum drückt sich auch in der Wahrnehmung des für die Konstituierung der sozialen Sicherungssysteme maßgeblichen Risikos aus.

---

[46] Jüngerer Vorschlag etwa bei *Schlegel* NJW 2021, 2787; vgl. zudem *Eberbach* MedR 2011, 767; vgl. *Gebert*, Verhaltens- und verhältnisbezogene Primärprävention und Gesundheitsförderung im Recht der gesetzlichen Krankenversicherung, S. 237 ff.; vgl. auch die Untersuchung bei *Keil*, Rechtsfragen der individualisierten Medizin, S. 223 ff.; vgl. zur Einsortierung nach verhaltensbasierten Risikogruppen *Blöcher*, Die Berücksichtigung der persönlichen Lebensführung bei der Leistungsvergabe der Gesetzlichen Krankenkassen nach § 52 SGB V, S. 153 f.; vgl. ferner *Kemmler* NZS 2014, 526f; vgl. auch die Zusammenstellung bei *Wienke*, Eigenverantwortung der Patienten/Kunden, S. 175 f.; kritischer Hinweis bei *Marckmann* Ethic Med 2010, 214 f.; mit historischem Bezug auch *Ecker*, Das schadensstiftende Verschulden gegen sich selbst und die soziale Sicherung, S. 63 f.; vgl. auch *Reyels* in: jurisPK-SGB V, 4. Aufl. 2020, § 52 SGB V Rn. 142 f., m.w.N und *Muckel/Ogorek/Rixen*, Sozialrecht, § 8 Rn. 69; zu nicht risikogerechtem Verhalten konkret in Form des Risikosports siehe insbesondere *Lang/Hügel* RdJB 2019, 345 sowie *Wolf*, Das moralische Risiko der GKV im Spannungsfeld zwischen Eigenverantwortung und Solidarität, S. 175 – 241.

[47] So etwa ein abschließender Hinweis bei *Huster*, Die Berücksichtigung des Selbstverschuldens in der Gesetzlichen Krankenversicherung, S. 196.

[48] Vgl. dazu *Klement*, Verantwortung, S. 26.

[49] Vgl. dazu eingehend *Möhring-Hesse,* Solidaristische Sozialpolitik, S. 282 f.; vgl. zum hessischen Ausführungsgesetz zum SGB II *Rixen* SRa 2008, 87; siehe auch BT-Drucks. 14/8365, S. 8; vgl. auch *Schmidt*, Eigenverantwortung haben immer die Anderen, S. 73.

[50] *Gerst* DÄ 2006, A 1633.

[51] Vgl. *Eberbach* MedR 2014, 450.

Die Frage, ob gesundheitliche Risiken fortan subjektiviert und unter stärkerer Betonung einer gesundheitlichen Eigenverantwortung aus der solidarischen Vorsorgegemeinschaft entnommen werden sollen, sieht sich dem Zweck und letzten Endes auch dem Kern der gesetzlichen Krankenversicherung in einem Spannungsverhältnis gegenüber, dessen Wirkungsrahmen seit Langem bereits den sozialpolitischen Diskurs prägt. Der Bedeutung einer Beziehung zwischen Eigenverantwortung und der Berücksichtigung von Risiken kommt so nochmals eigenständiges Gewicht zu.

## II. Problemstellung und Untersuchungsgegenstand

Trotz des gestiegenen Interesses und des zunehmenden Gebrauchs in der sozial- und rechtspolitischen Diskussion haben es die bisherigen Stellungnahmen und Ausführungen zur Eigenverantwortung im Gesundheitsrecht bisher nicht vermocht, den Begriff mit inhaltlicher Klarheit zu füllen und ihn für das Recht der gesetzlichen Krankenversicherung umfassend zu operationalisieren. Es fehlt in aller Regel an einer zur Generalisierung notwendigen definitorischen Schärfe.[52] Über den Begriff der Eigenverantwortung besteht weder Konsens noch Dissens. Häufig werden nur Passagen aus Gesetzestext oder -begründung wiedergegeben, werden Eigenverantwortung und Solidarität zur wechselseitigen Erklärung herangezogen oder der Begriff, soweit er nicht durchweg positiv konnotiert ist, als rein appellativer Scheinbegriff abgetan, dem kein rechtlich erheblicher Bedeutungsgehalt beizumessen sei.[53] Eine kritische Auseinandersetzung mit seiner Verwendung bei gleichzeitiger definitorischer Ausfüllung erfolgte zumeist nur spezifiziert auf einzelne Sinnzusammenhänge.[54] Die vorgetragenen Ergebnisse sind sodann in aller Regel ernüchternd und stellen lediglich fest, dass der Begriff inhaltsleer, vage und bedeutungslos sei.[55]

Herangezogen wurde der Begriff in unterschiedlicher Ausgestaltung betreffend die Abgrenzung zum Solidarprinzip innerhalb der gesetzlichen Krankenversicherung. Der Fokus lag dabei etwa auf dem Problem des „Moral-Hazard" oder gezielt auf der Frage nach einer Implikation in der Anwendung von

---

[52] Dies gleichfalls bemängelnd *Schmidt*, Eigenverantwortung haben immer die Anderen, S. 10; so auch *Marckmann* Ethik Med 2010, 215.

[53] Wiederholt *Schnapp* G+S 2006, 52, 55; von einem „Etikettenschwindel" sprechend *Schnapp* DVBl 2004, 1057; siehe zum appellativen Charakter auch *Trenk-Hinterberger*, Eigenverantwortung in der sozialen Pflegeversicherung, S. 1167.

[54] So etwa bei *Haverkate*, Verantwortung für Gesundheit als Verfassungsproblem, S. 120, der nur die Beziehung der Patienteneigenverantwortung als Freiheit über die eigene Gesundheit, insbesondere im Verhältnis zum Arzt, beschreibt und zugleich als Gegenpol zu der – seiner Ansicht nach fehlgegangenen – Normierung der Mitverantwortung in § 1 S. 3 Hs. 1 SGB V darstellt.

[55] So beispielsweise *Schnapp* DVBl 2004, 1061; den Begriff der Eigenverantwortung daher als „Containerbegriff" bezeichnend *Grühn*, Gesundheitsbezogene Handlungspflichten der Versicherten in der Sozialversicherung als Dimensionen von Eigenverantwortung und Solidarität, S. 15. *Grimmeisen/Leiber* leiten mit dieser Feststellung ihre Untersuchung ein, vgl. *Grimmeisen/Leiber*, Eigenverantwortung in der Gesundheitspolitik, S. 4.

Sanktionstatbeständen, die bestimmtes Verhalten leistungsrechtlich pönalisieren.[56] Weitgehend unbeachtet in der bisherigen Auseinandersetzung mit dem Begriff der Eigenverantwortung blieb etwa dessen möglicherweise von vornherein bestehende ordnungsrechtliche Beziehung zu einer generellen Risikoberücksichtigung im SGB V. Auch der systemischen Verwirklichung des Begriffes ist bis auf wenige Ausnahmen nur spärlich Beachtung geschenkt worden, obgleich wiederholt von einem für das Recht der gesetzlichen Krankenversicherung prägenden Strukturmerkmal gesprochen wird.[57] Nur vereinzelt wurde die Ausgestaltungsformen der Eigenverantwortung im „Binnensystem der Sozialversicherung" zum Untersuchungsgegenstand.[58] Im Wesentlichen konzentrieren sich entsprechende Untersuchungen auf die Frage, inwiefern die Normen dazu tatsächlich dienen sollen, Eigenverantwortung zu stärken.[59]

Mit dem Erstarken von Präventionspolitik und -bemühungen im deutschen Gesundheitswesen – insbesondere seit der wachsenden Bedeutung des Public-Health-Ansatzes –, hat auch die Eigenverantwortung der Versicherten eine erneute Konjunktur erfahren.[60] Ihr Gebrauch erstreckt sich dabei von rein paraphrasierenden bis hin zu sich zunehmend von den grundlegenden Strukturen des sozialen Krankenversicherungssystems abwendenden Auffassungen.[61] Ganz neue Aspekte erfährt der Begriff insoweit durch eine Bezugnahme auf Ansichten aus der Verhaltensökonomie und -psychologie, die gezielte Steuerung und Beeinflussung durch staatliche Rahmensetzung zum Gegenstand haben.[62]

Besonders beachtlich sind Tendenzen, die den Begriff der Eigenverantwortung und die Frage nach der Berücksichtigung von Versichertenverhalten moralisch aufladen, indem sie die Eigenverantwortung als „Vehikel" zur Durchsetzung

---

[56] Zur Beziehung von Solidarität und Eigenverantwortung anhand der Problemstellung des „Moral-Hazard" etwa *Wolf*, Das moralische Risiko der GKV im Spannungsfeld zwischen Eigenverantwortung und Solidarität, 2009; zur Frage einer Erweiterung des § 52 SGB V in Anbetracht von Ausprägungen des „Moral-Hazard" oder in Anbetracht der Fortschritte in der individualisierten Medizin siehe ebenso bei *Wolf*, Das moralische Risiko der GKV im Spannungsfeld zwischen Eigenverantwortung und Solidarität, 2009, sowie bei *Süß*, Die Eigenverantwortung gesetzlich Krankenversicherter unter besonderer Berücksichtigung der Risiken wunscherfüllender Medizin, 2014.

[57] Einen solchen Versuch unternimmt etwa *Meydam* SDSRV 1997, 72 ff.

[58] So etwa bei *Boecken* SDSRV 1997, 9; ebenfalls bei *Wolf*, Das moralische Risiko der GKV im Spannungsfeld zwischen Eigenverantwortung und Solidarität, 2009.

[59] Insbesondere ist hier die Arbeit von *Wolf*, Das moralische Risiko der GKV im Spannungsfeld zwischen Eigenverantwortung und Solidarität, 2009, zu nennen.

[60] Etwa bei *Marckmann* Ethik Med 2010, 214 ff.

[61] Siehe etwa bei *Marckmann*, Eigenverantwortung als Rechtfertigungsgrund für ungleiche Leistungsansprüche in der Gesundheitsversorgung?, S. 301; vgl. *Schmidt-Aßmann* NJW 2004, 1690; vgl. auch *Hufen* NJW 2004, 14; ähnliche Andeutung auch bei *Jaeger* NZS 2003, 234.

[62] Zentrale Begriffe sind hier der des sogenannten „Nudges" oder „Nudgings" und des „Framings". Diese aus der Verhaltensökonomie stammenden Begriffe legen den Grundstein für Konzeptionen, die vermeintlich dem Individuum die alleinige Zuständigkeit für die Entscheidungsfindung absprechen und daher stets in einen Konflikt mit Aspekten von Freiheit und Verantwortung treten. Siehe dazu etwa *Samhat*, Gesundheitsgerechtes Verhalten, *Kolbe*, Freiheitsschutz vor staatlicher Gesundheitssteuerung, 2017; *Kreßner* Gesteuerte Gesundheit– Grund und Grenzen verhaltenswissenschaftlich informierter Gesundheitsförderung und Krankheitsprävention, 2019.

einer das Verhalten bewertenden und leistungsrechtlich sanktionierenden gesetzlichen Krankenversicherung instrumentalisieren wollen.[63] Vor diesem Hintergrund ist es wenig verwunderlich, wenn der Eigenverantwortung für den Bereich des Sozialversicherungsrechts das Prädikat eines „politischen Kampfbegriffs" zuteil wird.[64] Zugleich wird damit aber zum Ausdruck gebracht, dass ob des nicht endenden Diskussionsbedarfs die krankenversicherungsrechtliche Bewältigung des Spannungsverhältnisses zwischen Eigenverantwortung und moralisch-ethischem Anforderungsprofil in einer auf Zwang basierenden Solidargemeinschaft des gegenseitigen Ausgleichs der Reflexion und kritischen Auseinandersetzung bedarf.

An diese Feststellung schließt sich unweigerlich die Frage an, ob sich in Ermangelung einer allgemeingültigen Definition der Begriff der Eigenverantwortung überhaupt als für das SGB V tragfähiger Rechtsbegriff eignet und ob er eine praxisdienliche Grundlage zur Auslegung und Fortentwicklung der Kodifikation darstellen könnte.[65]

Ziel dieser Arbeit ist es daher, unter der umfassenden Berücksichtigung von für den Terminus relevanten Aspekte, den Begriff der Eigenverantwortung der Versicherten zu entmystifizieren und damit ein Stück weit zu operationalisieren, um so die theoretische und praktische Bedeutung einer besseren Verständlichkeit zuzuführen. Dies erfolgt dabei anhand eines stringenten Vorgehens, welches sich das SGB V konzentriert. Begründen lässt sich dies damit, dass der Begriff der Eigenverantwortung im Gesundheitswesen einen besonderen Stellenwert einnimmt und sich in den geführten Debatten gesteigerter Beliebtheit – nicht nur von Seiten der Literatur, sondern auch von Seiten des Gesetzgebers – erfreut. Der Begriff der Eigenverantwortung verfügt dabei ebenso wie die häufig synonym gebrauchten Begriffen der Selbst- und Individualverantwortung über keine genau umgrenzte oder feststehende inhaltliche Dimension im durch das SGB V kodifizierten System der gesetzlichen Krankenversicherung.[66] Daneben bietet insbesondere die fortwährende Debatte über eine gesteigerte Risikoerkennung und damit auch -berücksichtigung im Gesundheitswesen die Möglichkeit einer Inbezugsetzung von Eigenverantwortung und Risikoberücksichtigung, die sich als womöglich für den Kodifikationskomplex richtungsweisend darstellt. Zudem beinhaltet das SGB V eine Vielzahl unterschiedlicher Regelungsbereiche, die es

---

[63] Vgl. dazu *Voelzke*, Die Herbeiführung des Versicherungsfalls im Sozialversicherungsrecht, S. 25 f., 29 f.

[64] *Meydam* SDSRV 1997, 100.

[65] Über die Frage nach der Eignung im SGB V hinausgehend siehe bei *Kreßner*, Gesteuerte Gesundheit – Grund und Grenzen verhaltenswissenschaftlich informierter Gesundheitsförderung und Krankheitsprävention, S. 406, m.w.N.

[66] So auch *Wolf*, Das moralische Risiko der GKV im Spannungsfeld zwischen Eigenverantwortung und Solidarität, S. 61; vgl. klarstellend *Boecken* SDSRV 1997, 10; vgl. zur Verwendung der synonymen Begriffe etwa *Mutz* DAngVers 1996, 561; die Begriffe der Selbst- und der Eigenverantwortung synonym verwendend etwa *Kunze* Sozialer Fortschritt 1955, 88 ff.; eine eigenständige inhaltliche Zuordnung der Begriffe zum Untersuchungsgegenstand erfolgt hingegen bei *Führ*, Eigen-Verantwortung im Rechtsstaat, S. 53 f.

ermöglichen, sowohl materielle als auch formelle Aspekte des „konturenlosen" Begriffs herauszuarbeiten. In diesem Sinne handelt es sich um eine „Begriffsarbeit", die zu leisten aufgrund der diffusen Begriffsverwendung notwendig erscheint.

Dabei wird jedoch nicht versucht, eine einheitliche und für den verwendeten Begriff umfassend anwendbare Definition, etwa im Stil einer Legaldefinition, zu erarbeiten. Ziel ist es vielmehr, die Bandbreite des Eigenverantwortungspostulats von seinen Grundlagen, über seine normativen Einschläge bis hin zu der sich möglicherweise in seiner Verwendung auftuenden Differenz zwischen Vorstellung und Realität zu erfassen und darzustellen.

Der Charakter der Eigenverantwortung als Kombination aus unklarem Begriff und rein programmatischer Richtungsweisung begründet in sich die Möglichkeit, die Eigenverantwortung immer dann zu benutzen, wenn es zur Einbringung von bestimmten Regelungskomplexen dienlich erscheint.[67] Eigenverantwortung kann somit gleichsam als „Deckmantel" für hintergründige sozial- und ordnungspolitische Entscheidungen fungieren, die dem Versicherten nicht bewusst und dem System der gesetzlichen Krankenversicherung nur des Namens wegen zugeordnet werden.[68]

So sind bereits diverse Reformgesetze unter eindeutiger Berufung auf die Eigenverantwortung als wichtiger Systembestandteil und zu förderndes Instrument ergangen,[69] allen voran das Präventionsgesetz[70], welches grundlegend auf dem Argument der Förderung der Eigenverantwortung aufgebaut ist.[71] Insoweit wird sogar von einer „gesetzgeberische[n] Invokation" der Eigenverantwortung gesprochen.[72]

Daher sollen auch die sozialpolitischen Konsequenzen, die sich aus dem diffusen Begriff der Eigenverantwortung und seiner Nähe zu Risikoberücksichtigung und Autonomiebeschränkung ergeben, veranschaulicht werden. Gezeigt werden soll, inwieweit der Begriff die Lossagung von Strukturelementen der gesetzlichen Krankenversicherung de lege lata bedeutet und welche teils weitreichenden Folgen dies für den Leistungskatalog aber auch für das Verständnis von

[67] Ähnliche Kritik auch bei *Schmidt* Gesundheitswesen 2010, 30, die eine Beliebigkeit in der Anwendung des Begriffs der Eigenverantwortung in der gesundheitspolitischen Diskussion ausmacht.

[68] Auch auf die mögliche Anwendbarkeit als „Deckmantel" hinweisend *Nienhaus*, Eigenverantwortung in der GKV auf dem Vormarsch?, abrufbar unter https://www.juwiss.de/94-2017/, zuletzt am 01.04.2023.

[69] Siehe etwa die explizite Betitelung des Ersten Gesetzes zur Neuordnung von Selbstverwaltung und Eigenverantwortung in der gesetzlichen Krankenversicherung (1. GKV-Neuordnungsgesetz – NOG) v. 23.06.1997, BGBl. I 1997, S. 1518, sowie die des Zweiten Gesetzes zur Neuordnung von Selbstverwaltung und Eigenverantwortung in der gesetzlichen Krankenversicherung (2. GKV-Neuordnungsgesetz – NOG), ebenfalls v. 23.06.1997, BGBl. I 1997, S. 1520.

[70] BGBl. I 2015, S. 1368.

[71] Vgl. BT-Drucks. 18/4282, S. 27.

[72] *Schnapp* G+S 2006, 55.

Eigenverantwortung in der gesetzlichen Krankenversicherung hätte, würden diese Konzepte de lege ferenda vollständig realisiert werden.

Ohne Wahrung eines zur Eigenverantwortung erforderlichen Freiheitsrahmens läge das Ergebnis wohl fernab der Erwartungshaltung, die der „schillernde Begriff“[73] der Eigenverantwortung schafft. Eigenverantwortung würde ansonsten weder „‚Mehr Selbstbestimmung‘ noch ‚Mehr Verantwortung‘“ bedeuten.[74]

## III. Gang der Untersuchung

In einem ersten Schritt gilt es den Wortlaut des SGB V auf explizite Erwähnungen von Eigenverantwortung hin zu untersuchen. Der Fokus liegt dabei auf dem Normtext selbst, sowie auf einer eventuellen begrifflichen Ausfüllung durch die entsprechenden Tatbestände. Es wird der Versuch einer ersten begrifflichen Annäherung im Kodifikationskomplex des SGB V unternommen. Aufgrund der unmittelbaren Voranstellung des Begriffspaars von Eigenverantwortung und Solidarität in der Überschrift des § 1 SGB V wird auch ein erläuternder Einblick in die Bedeutung der Solidarität gegeben. So erfolgt eine erste Bestandsaufnahme. Ausgehend von diesem Ausgangsbefund widmet sich der daran anschließende Teil den Ursprüngen und den unterschiedlichen Ausdeutungsmöglichkeiten des Begriffs der Eigenverantwortung. Dies weitestgehend losgelöst von spezifischen Normen und Normkomplexen, um ein möglichst umfassendes und strukturiertes Verständnis vom Eigenverantwortungspostulat aufgrund seiner Verwendung, Abgrenzung und Einordnung im Diskurs zu ermöglichen.

Dazu werden im weiteren Verlauf zunächst die Grundzüge der gesetzlichen Krankenversicherung, ihre Bedeutung und Entwicklung dargestellt, um gegebenenfalls existente historische Bezüge in die Analyse einbeziehen zu können. Aufbauend auf dem sozialen Schutzzweck erfolgt eine nähere Bestimmung des Versicherungsfalls und des Leistungsfalls in der gesetzlichen Krankenversicherung, um die Funktion des Leistungsmechanismus darzustellen und zugleich einen ersten Blick auf das Problemfeld des versicherten Risikos werfen zu können. Daran anschließend befasst sich der nachfolgende Abschnitt mit dem Risiko als Tatbestandskriterium, damit im weiteren Gang der Untersuchung Bezüge zwischen dem Eigenverantwortungspostulat und der Berücksichtigung subjektiver Risiken in der Leistungsgewährung hergestellt werden können.

Anknüpfend an verfassungsrechtliche Maximen sowie der Bedeutung des Guts der Gesundheit für ein eigenverantwortliches und auf Selbstverwirklichung ausgerichtetes Leben, wird im Rahmen eines Exkurses aus Sicht der Versicherten die Frage aufgeworfen, ob es ein Recht auf oder gar eine Pflicht zur bestmöglichen Individualgesundheit gibt, die sich gleichfalls als Frage nach einer

---

[73] Diese Bezeichnung verwendend etwa *H. Schmidt* ZEFQ 2012, 185; ebenfalls verwendend *Wolf*, Das moralische Risiko der GKV im Spannungsfeld zwischen Eigenverantwortung und Solidarität, S. 163.

[74] *Schmidt* Gesundheitswesen 2010, 30; ähnlich auch *Butterwegge*, Sozialstaat am Ende?, S. 58.

Obergrenze des Versorgungsanspruchs sowie einer maximalen Verantwortungslast in Form einer Gesundheitspflicht darstellt. Anschließend wird der Prozess der Kollektivierung individueller Risiken in der Sozialversicherung näher betrachtet, um Rückschlüsse auf die Wesensmerkmale der gesetzlichen Krankenversicherung zu ermöglichen. Aufgrund des Umstandes, dass sowohl mit Blick auf den Solidaritätsgedanken als auch mit Blick auf die Eigenverantwortung und weitere Strukturmerkmale der gesetzlichen Krankenversicherung von Prinzipien ebendieser gesprochen wird, wird – ehe der Begriff der Eigenverantwortung in das Zentrum der Untersuchung rückt – eine Darstellung von Bedeutung und Funktion des Prinzips im Recht unternommen, welche zugleich auf mehrere wesentliche Leistungsprinzipien unmittelbaren Bezug nimmt.

Sodann erfolgt zunächst eine Betrachtung des Schlagworts der Eigenverantwortung aus einer philosophischen, vorrechtlichen Perspektive. Anschließend wird die Analyse erweitert um weitere Bedeutungsdimensionen der Eigenverantwortung, die maßgeblich eine Anpassung der Verantwortungsteilung zwischen Staat und Individuum zum Gegenstand haben, indem sie soziale Rechte und Pflichten bestimmen. Entscheidende Topoi sind in diesem Zusammenhang das versicherte und individuelle Risiko, seine Berücksichtigung in unterschiedlichen Kontexten, die Eigenverantwortung und Eigenkompetenz der Versicherten sowie der Grundsatz der finanziellen Stabilität der gesetzlichen Krankenversicherung. Besonderes Augenmerk gilt dabei zum einen der Eigenverantwortung im Kontext finanzwirtschaftlicher Aspekte, die sich im Feld der sozialrechtlichen Risikoabsicherung ergeben, sowie der thematisch verbindenden Fragestellung der Berücksichtigung individuellen Versichertenverhaltens für die Leistungsgewährung anhand des erhobenen Eigenverantwortungsmaßstabes. Die Skizzierung der finanzwirtschaftlichen Effekte ist insoweit in mehrerer Hinsicht von einiger Bedeutung, als dass sie sowohl Auslöser der Konjunktur des Eigenverantwortungspostulats als auch maßgeblicher Gestalter seiner inhaltlichen Ausprägungen sind. Ein weiterer wichtiger Begriff in diesem Zusammenhang ist der des „moralischen Risikos“.[75]

Aufgrund der inhaltlichen Nähe zu der Relevanz des Enttäuschens von Erwartungshaltungen der Solidargemeinschaft durch das Versichertenindividuum, sowie zur weiteren Begriffseinhegung der Eigenverantwortung, wird zudem ein vertiefter Blick auf die sozialrechtlichen Mitwirkungstatbestände des SGB I und des SGB V geworfen.

Am Ende dieses einführenden und zugleich umfassenden Untersuchungsgegenstandes, wird aufbauend auf den erzielten Ergebnissen der Versuch einer befundorientierten und funktionalen Konkretisierung des Eigenverantwortungsbegriffs, bezogen auf den spezifischen Bereich des SGB V und damit des Systems der gesetzlichen Krankenversicherung, unternommen. Sowohl anhand dieser begrifflichen Einhegung als auch anhand der wesentlichen Bedeutungsdimensionen soll

[75] Insbesondere *Wolf*, Das moralische Risiko der GKV im Spannungsfeld zwischen Eigenverantwortung und Solidarität, 2009, sowie *Grimmeisen/Leiber*, Eigenverantwortung in der Gesundheitspolitik, S. 7 bis 9.

konkret aufgezeigt werden, inwieweit Befund und Verständnis übereinstimmen oder sich widersprechen. So ist noch unklar, ob innerhalb des SGB V selbst, wie auch in den zugrundeliegenden Gesetzesbegründungen, ein einheitlicher Eigenverantwortungsbegriff Verwendung findet.

Die Überprüfung dessen erfolgt im vierten Abschnitt im Zuge einer Rückführung auf ausgewählte Normen und Normbereiche des SGB V de lege lata. Dies geschieht nicht nur mit Blick auf das Eigenverantwortungspostulat und seine unterschiedlichen Facetten, sondern ergeht auch mit Blick auf dessen Bezug zur leistungsrechtlichen Berücksichtigung individuellen Versichertenverhaltens. Noch unklar ist das Verhältnis zwischen Eigenverantwortung und leistungsrechtlicher Folge beispielsweise im Bereich der Prävention. Ziel ist es daher herauszuarbeiten, wie sich die Aspekte der Eigenverantwortung in sozialpolitischer und sozialrechtlicher Diskussion und in der normativen Realität des SGB V zueinander verhalten. Denn schließlich ergeht regelmäßig der Vorwurf, es handle sich bei dem Begriff der Eigenverantwortung um eine Art Deckmantel, der dazu verwendet wird, die gesetzgeberische Intention auf der einen Seite, auf der anderen Seite aber auch die Ziele der an der Debatte Beteiligten zu kaschieren.[76] Insoweit ist eine strukturierte Darstellung erforderlich, geschuldet der Fülle an Auseinandersetzungen in der Literatur, die zu Begriffsverschmelzungen und häufig interessengeprägten Schlussfolgerungen geführt hat.

Weithin anerkannt hingegen ist eine Wechselwirkung zwischen Eigenverantwortungspostulat und Formen finanzieller Selbstbeteiligung. Diesbezüglich erfolgt eine nach Typen untergliederte Darstellung, die sich insbesondere an den einzelnen Wirkmechanismen orientiert und zugleich Erwartung und bisherige Wirkungsbilanz mitberücksichtigt. Zudem wird anhand der einschlägigen normativen Realisierungen der unterschiedlichen Typen die Auswirkungen der Verknüpfung des Eigenverantwortungspostulats mit Finanzierungsfragen auf die Wahrnehmung von Eigenverantwortung durch die Versicherten und die sich für diese ergebenden Verantwortungsräume in der Realität untersucht.

Neben einem Fokus auf den finanzwirtschaftlichen Regelungsbereich des SGB V, erstreckt sich die Untersuchung insbesondere auf den Versichertenstatus, auf Grundsätze des Leistungsrechts beginnend mit einer Darstellung der gesetzgeberischen Erwägungen zu § 1 SGB V, sowie einzelnen Leistungsbereichen, wie dem Bereich der Prävention. Die Auswahl der unterschiedlichen Regelungsbereiche orientiert sich dabei an den im zweiten Teil der Untersuchung herausgearbeiteten Facetten des Eigenverantwortungspostulats, sodass insbesondere Wahl- und Gestaltungsrechte der Versicherten, aber auch Sanktionstatbestände Gegenstand des vierten Teils sind.

---

[76] Dazu *Nienhaus*, Eigenverantwortung in der GKV auf dem Vormarsch?, abrufbar unter https://www.juwiss.de/94-2017/, zuletzt am 01.04.2023; siehe insbesondere bei *Wolf*, Das moralische Risiko der GKV im Spannungsfeld zwischen Eigenverantwortung und Solidarität, S. 17, 80, 86, 160, 163.

Schließlich wird anhand der im vierten Teil gewonnenen Resultate im fünften Teil eine Bilanz bezüglich der Eigenverantwortung des gesetzlich Krankenversicherten – insbesondere auch mit Blick auf die Sanktion von Versichertenverhalten – im System der gesetzlichen Krankenversicherung gezogen. Herausgearbeitet werden soll, inwiefern Eigenverantwortung dem System des SGB V tatsächlich immanent ist und ob insofern ein Schluss auf die Eigenverantwortung als tragende Säule der gesetzlichen Krankenversicherung gelingt oder der Begriff realiter seine Leitbildfunktion[77] verloren hat. Ein Schwerpunkt liegt – mit Blick auf die Eigenverantwortungswahrnehmung durch und entsprechender Verantwortungsfelder für die Versicherten – auf der Frage, ob eine weitergehende Entfaltung von Eigenverantwortung und Eigenvorsorge in der gesetzlichen Krankenversicherung möglich ist, beziehungsweise durch diese überhaupt zugelassen wird.

Im Anschluss an die gezogene Bilanz werden im sechsten Abschnitt die Konsequenzen für das Leistungssystem der gesetzlichen Krankenversicherung in den Fokus gerückt. Entsprechend zur Debattenkultur rund um Eigenverantwortung und Risikoberücksichtigung in der gesetzlichen Krankenversicherung[78], wird insoweit der Blick auf Ansätze zur Leistungskürzung, zu Leistungsausschlüssen oder aber leistungsrechtlichen Sanktionen gerichtet. Um verschiedenen Reformbestrebungen betreffend die Verwirklichung des Eigenverantwortungspostulats innerhalb der gesetzlichen Krankenversicherung de lege ferenda mit den Begriffen von Eigenverantwortung und Risikoberücksichtigung in einen Zusammenhang bringen zu können, werden vier unterschiedliche, in der Literatur und Politik besonders präsente Gestaltungsvorschläge einer näheren Betrachtung und kritischen Auseinandersetzung unterzogen. Gemeinsam ist ihnen, dass sie im Kern ein Mehr an Eigenverantwortung zur Sicherung der Existenz und Funktionsfähigkeit der gesetzlichen Krankenversicherung verheißen. Unklar ist jedoch, was ein solches Mehr konkret bedeuten soll. Inwiefern die Überlegungen also wirklich eine Stärkung der Eigenverantwortung nahelegen und inwieweit das Eigenverantwortungspostulat tatsächlich zum Tragen kommt, soll herausgearbeitet und kritisch analysiert werden. Vorangestellt wird der Untersuchung eine Auseinandersetzung mit dem häufig zur Rechtfertigung angegebenen Gestaltungsfreiraum des Sozialgesetzgebers, namentlich welche Grenzen diesem etwa aufgrund einzelner Verfassungsrechte der Versicherten, wie auch in Hinblick auf Menschenwürde und bestimmte Staatszielbestimmungen wie dem Sozialstaatsprinzip gesetzt sind.

---

[77] Zu Leitbildfunktion der Eigenverantwortung in der gesetzlichen Krankenversicherung und seines Bestands etwa *Grimmeisen/Leiber*, Eigenverantwortung in der Gesundheitspolitik, 2009.

[78] Vgl. etwa *Marckmann*, Eigenverantwortung als Rechtfertigungsgrund für ungleiche Leistungsansprüche in der Gesundheitsversorgung?, S. 301; vgl. *Schmidt-Aßmann* NJW 2004, 1690; vgl. auch *Hufen* NJW 2004, 14; ähnliche *Jaeger* NZS 2003, 234; siehe mit Blick auf die Berücksichtigung von (selbstgesetzten) Risiken *Kemmler* NZS 2014, 526f; vgl. die Zusammenstellung bei *Wienke*, Eigenverantwortung der Patienten/Kunden, S. 175 f.; vgl. den kritischen Hinweis bei *Marckmann* Ethic Med 2010, 214 f.; mit historischem Bezug auch *Ecker*, Das schadensstiftende Verschulden gegen sich selbst und die soziale Sicherung, S. 63 f..

Abschließen wird die Arbeit im letzten Abschnitt mit einer die gewonnenen Ergebnisse aufgreifenden Schlussbemerkung, die insbesondere mit Blick auf die immer mehr das Risiko scheuende Gesellschaft und die zunehmende Individualisierung von Risiken und Verantwortungsbereichen ergeht.

# B. Das Postulat der Eigenverantwortung

Der undurchsichtige Begriff der Eigenverantwortung lässt ausgehend von seiner schlagwortartigen Verwendung zunächst Vermutungen und begründete Aussagen über seinen Inhalt als gleich wahrscheinlich und jeden Versuch der definitorischen Einhegung als im Ergebnis offen erscheinen. Ein einheitliches Verständnis kann über den Begriff per se nicht hergeleitet werden. Es überrascht daher die freimütige Verwendung, die sich überwiegend wohl auf der Annahme eines selbsterklärlichen Begriffs der Eigenverantwortung eingestellt hat.[79] Mitunter wird unreflektiert von einem Prinzip der Eigenverantwortung gesprochen, ohne die dahinterstehenden Wirkungsmechanismen näher zu beleuchten.[80]

## I. § 1 SGB V – Eigenverantwortung und Solidarität

Um sich dem Begriff von Eigenverantwortung annähern zu können, ist es naheliegend, in einem ersten Schritt die Gesetzesmaterie selbst auf explizite Aussagen zur Eigenverantwortung hin zu untersuchen. Systematisch fällt dabei zunächst § 1 SGB V in den Blick. In dessen Überschrift wird die Eigenverantwortung – neben der Solidarität – explizit erwähnt. Beide Begriffe werden so bereits optisch dem SGB V vorangestellt. In Satz 2 und 3 des § 1 SGB V werden sodann die Eigenverantwortung und die Mitverantwortung des Versicherten erwähnt: „Das umfasst auch die Förderung der gesundheitlichen Eigenkompetenz und Eigenverantwortung der Versicherten. Die Versicherten sind für ihre Gesundheit mitverantwortlich".

Dies könnte beim unvoreingenommenen Leser den Gedanken aufkommen lassen, die gesetzliche Krankenversicherung sei von Grund auf auf Solidarität und Eigenverantwortung ausgerichtet. Allerdings sind solche positiv-rechtlichen Benennungen nicht immer strikt operabel.[81] So stehen die Begriffe zunächst rein vom Wortlaut her ohne nähere Konkretisierung im Raum. Ein historischer Rückblick in die Reichsversicherungsordnung – sowohl in der Fassung vom 19.07.1911[82] als auch in der Neufassung vom 15.12.1924[83] – liefert dahingehend keine neue Erkenntnis, da der Krankenversicherung vor dem Gesundheits-Reformgesetz[84] allgemeine Bestimmungen nach Art des § 1 SGB V fremd waren.[85] Es bedarf daher einer genaueren Auseinandersetzung mit diesen explizit aufgeführten Begriffen, um ihre inhaltliche und regulatorische Bedeutung fassen zu können.

---

[79] Kritisch daher *Schmidt*, Eigenverantwortung haben immer die Anderen, S. 15.

[80] Siehe *Grühn*, Gesundheitsbezogene Handlungspflichten der Versicherten in der Sozialversicherung als Dimensionen von Eigenverantwortung und Solidarität, S. 8 ff.

[81] Vgl. *Rixen*, Eigenverantwortung im Gesundheitssozialrecht – Zwischen gesundheitspolitischer Forderung und positivrechtlicher Umsetzung, S. 331.

[82] RGBl. Nr. 42 1911, S. 509.

[83] RGBl. Nr. 75 1924, S. 779.

[84] BGBl. I 1988, S. 2477.

[85] Vgl. Hauck/Noftz/*Noftz* SGB V § 1 Rn. 20; vgl. Becker/Kingreen/*Becker/Kingreen* SGB V § 1 Rn. 2; BeckOGK/*Beck* SGB V § 1 Rn. 2.

## 1. Solidarität

Da durch § 1 SGB V eine unmittelbare Verschränkung des Begriffs der Eigenverantwortung mit dem der Solidarität erfolgt, bietet sich eine kurze Darstellung des Begriffs der Solidarität und seiner Bedeutung für das System der gesetzlichen Krankernversicherung an. Ohnehin wird der Begriff der Eigenverantwortung häufig unmittelbar in eine Beziehung zur Solidarität als Gegenstück in einem komplementären System der gesetzlichen Krankenversicherung gesetzt und dementsprechend ausgelegt.[86] Dies legt die Vermutung nahe, dass eine eigenständige Begriffskonkretisierung der Eigenverantwortung nicht ohne eine Bezugnahme auf das Verhältnis zur Solidarität erfolgen kann.

Bereits in § 1 Abs. 1 S. 1 SGB V wird die gesetzliche Krankenversicherung als Solidargemeinschaft bezeichnet und als solche qualifiziert.[87] Allerdings werden Inhalt und Umfang der krankenversicherungsrechtlich geschuldeten und gebotenen Solidarität weder rechtlich näher präzisiert noch inhaltlich determiniert,[88] sodass sich ein ähnliches Bild wie in Bezug auf die Eigenverantwortung zeigt. Ausdrücklich findet die Solidarität nämlich lediglich in § 1 SGB V und in der Überschrift des 3 SGB V in Gestalt der solidarischen Finanzierung Verwendung, ohne aber jeweils definiert zu werden. Auch im unjuristischen Sprachgebrauch scheint die Verwendung des Begriffs geradezu „inflationär" und in seiner Bedeutung nur wenig klar.[89] Im Grundgesetz bleibt der Begriff unerwähnt.[90] Nur in Art. 20 Abs. 1 GG findet sich ein Hinweis in den Worten „sozialer Bundesstaat". Begründet wird dies mitunter damit, dass die Staatsgewalt als Adressat der Verfassung zu verstehen ist, die dem Recht unterworfen werden soll, weshalb an die Bürger in Gestalt einer Gesinnungsnorm konzipierte „Sollens-Normen" – worunter auch die Solidarität fällt – in der Verfassung deplatziert wären.[91] Es lässt sich infolgedessen nicht ohne Weiteres auf ein allgemeines, einheitliches philosophisches oder staatstheoretisches Konzept als Grundlage der Solidarität abstellen.[92]

Allgemein ist Solidarität ein vorrechtlicher Begriff, der eine bestimmte Form der sozialen Verbundenheit beschreibt.[93] Im heutigen Sprachgebrauch werden dem Begriff der Solidarität unterschiedliche Bedeutungen zugeschrieben.[94] Allen

---

[86] So beispielsweise bei *Huster* Ethik Med 2010, 292; siehe auch *Keil*, Rechtsfragen der individualisierten Medizin, S. 212.

[87] Vgl. *Schuler* in LPK-SGB V, § 1 Rn. 2.

[88] Eichenhofer/v. Koppenfels-Spies/Wenner/SGB V/*Axer*, § 1 Rn. 8.

[89] *Gabriel* Sozialer Fortschritt 2018, 46.

[90] Vgl. *Schlegel/Knispel* in: jurisPK-SGB V, 4. Aufl. 2020, § 1 SGB V Rn. 43; Vgl. *Ruland*, Solidarität – Notwendigkeit und aktuelle Herausforderungen, S. 486.

[91] Der Ansicht *Schlegel/Knispel* in: jurisPK-SGB V, 4. Aufl. 2020, § 1 SGB V Rn. 40.

[92] Vgl. Eichenhofer/v. Koppenfels-Spies/Wenner/SGB V/*Axer*, § 1 Rn. 8; vgl. auch *Supiot* SR 2015, 133.

[93] Vgl. *Möhring-Hesse,* Solidaristische Sozialpolitik, S. 276.

[94] Vgl. die Darstellung von *Charles Malamoud*, in: Supiot (Hrsg.), La solidarité. Enquête sur un principe juridique, 2015, Kapitel 6, hier wiedergegeben nach *Supiot* SR 2015, 134: affektiv im Sinne von Mitgefühl, religiös im Sinne von Entsagung oder Opferbereitschaft, vertraglich im Sinne von Gegenseitigkeit, kooperativ und realistisch im Sinne von gegenseitiger Abhängigkeit; siehe

gemein entspricht Solidarität der Bereitschaft, bei Notlagen füreinander einzustehen oder gemeinsam gesteckte Ziele zu erreichen; der Begriff ist in dieser Konsequenz notwendigerweise gemeinschaftsbezogen zu verstehen.[95] Solidarität erlaubt dabei eine Verpflichtung auf kollektiver Ebene, ohne dass es eines gemeinschaftlichen Rechtsverhältnisses oder der individuellen Zustimmung bedürfte, wobei sie weder automatisch noch unbegrenzt besteht.[96] Es geht um das Verhalten im Zusammenleben der Menschen; Solidarität beschreibt eine Interaktionsebene[97], gepaart mit einem kollektivem Loyalitätsgefüge[98]. Solidarität beschreibt sowohl eine Interaktionsebene innerhalb einer Gesellschaft, als auch zwischen ganzen Gesellschaften.[99]

## 2. Eigenverantwortung und Solidargemeinschaft

Bezogen auf die gesetzliche Krankenversicherung kann insoweit von einer spezifischen Teilgesellschaft – in Gestalt der Solidargemeinschaft – ausgegangen werden. Solidarität und mit ihr die Solidargemeinschaft zielen auf eine wechselseitige Hilfe im Bedarfsfall ab, die durch den jeweiligen Solidarzweck bestimmt wird.[100] Daraus ergibt sich bereits, dass unterschiedliche Solidaritätsverhältnisse, die eigene Zwecke und „Solidaritätsprogramme“[101] verfolgen, nebeneinander bestehen können.[102] Diese Solidaritätsverhältnisse bedürfen zu ihrer Begründung, dem alltäglichen Sprachgebrauch der Solidarität entsprechend, vergleichbarer Lebensverhältnisse oder Interessenlagen.[103] Damit dafür gesorgt ist, dass die einzelnen Mitglieder sich wechselseitig als Solidargenossen anerkennen können, müssen sie sich zumindest in einem Gesichtspunkt als „Gleiche“ erachten.[104] Die Wechselbezüglichkeit speist sich dabei aus einem Individual- und einem Gemeinschaftsbewusstsein. Sie drückt eine Abhängigkeit des Individuums vom

---

kritisch bezüglich eines Inbezugsetzens von Solidarität mit Begriffen wie „Altruismus, Nächstenliebe, Toleranz und Sozialkapital“, *Jochem* Sozialer Fortschritt 2018, 27.

[95] Vgl. Becker/Kingreen/*Becker/Kingreen* SGB V § 1 Rn. 4; vgl. *Bieback* SGb 2012, 1; vgl. *Becker* ZÖR 2010, 616; vgl. *Ballstaedt* DÄ 2003, A 2271; vgl. *Möhring-Hesse,* Solidaristische Sozialpolitik, S. 275.

[96] Vgl. *Supiot* SR 2015, 133Vgl. *Deutscher Ethikrat* MedR 2020, 468.

[97] Vgl. *Schlegel/Knispel* in: jurisPK-SGB V, 4. Aufl. 2020, § 1 SGB V Rn. 29.

[98] Vgl. *Ruland*, Solidarität – Notwendigkeit und aktuelle Herausforderungen, S. 482.

[99] Von einem Bezug der Solidarität auf „In-Group und Out-Group” sprechend, *Jochem* Sozialer Fortschritt 2018, 28.

[100] Hauck/Noftz/*Noftz* SGB V § 1 Rn. 37; vgl. auch *Ballstaedt* DÄ 2003, A 2271; vgl. zur Wechselseitigkeit *Schulin*, Empfiehlt es sich, die Zuweisung von Risiken und Lasten im Sozialrecht neu zu ordnen? – Gutachten E, S. E 52.

[101] Zu dem Begriff vgl. *Möhring-Hesse,* Solidaristische Sozialpolitik, S. 280.

[102] Vgl. dazu auch *Gabriel* Sozialer Fortschritt 2018, 57.

[103] Vgl. *Möhring-Hesse,* Solidaristische Sozialpolitik, S. 274; vgl. *Ruland*, Solidarität – Notwendigkeit und aktuelle Herausforderungen, S. 482; *Ruland* NJW 2002, 3518; Hauck/Noftz/*Noftz* SGB V § 1 Rn. 37; vgl. auch *Deutscher Ethikrat* MedR 2020, 468.

[104] Vgl. *Möhring-Hesse,* Solidaristische Sozialpolitik, S. 274; vgl. insoweit von einem Vertrauen in eine gemeinsame „Referenz“ als Voraussetzung für die Einführung von Solidarität sprechend *Supiot* SR 2015, 139; von einem Gefühl eines gemeinsamen „Wir“ sprechend *Jochem* Sozialer Fortschritt 2018, 29.

Kollektiv und umgekehrt des Kollektivs vom Individuum aus.[105] So meint Solidarität die Hilfe für den Einzelnen von Seiten der Solidargemeinschaft und die Unterstützung derselben durch das Individuum aufgrund seines prosozialen Verhaltens.[106] Die Bedeutung der Solidarität erschöpft sich nicht bereits in der Sicherstellung der physischen Existenz. Sie umfasst vielmehr auch die Verantwortung dem anderen die Möglichkeit der Teilhabe an der Gesellschaft zu gewähren, ihm Raum und Chance zur Entwicklung seiner Individualität zu geben.[107] Die Sozialhilfe zur Sicherung des „sozio-kulturellen" Existenzminimums kann daher nur die „Mindeststufe gesellschaftlicher Solidarität" bedeuten.[108] Um funktional zu sein, muss Solidarität als Folge eines „Ichbezogenen Altruismus" stets mit Solidarität rechnen,[109] ganz getreu dem Motto: „Ich helfe, damit mir einmal geholfen wird".[110] Dies hat nicht zuletzt deshalb entscheidendes Gewicht, weil der Einzelne kaum abzusehen vermag, ob und wann ihn ein Schadensfall trifft.[111] Dies gilt um so mehr in einer zunehmend arbeitsteiligen Gesellschaft, in der das Individuum immer weniger in der Lage ist, unabhängig und selbstbestimmt zu agieren.[112] Allerdings bedeutet dies keinesfalls, dass Solidarität auf ein reines Äquivalenz- oder Tauschprinzip hinausläuft.[113] Aufgrund der ihr typischen Asymmetrie wäre dies ohnehin nicht denkbar. Vielmehr intendiert Solidarität eine Reziprozität unter den einzelnen Individuen.[114]

Verwendung im Rechtssinn erfährt die Solidarität heute häufig dort, wo es um die Verteilung knapper Ressourcen zwischen unterschiedlich starken Einheiten geht.[115] Solidarität wird weniger durch die Schaffung von Leistungssystemen als durch die Schaffung eines finanziellen Ausgleichs innerhalb eines Systems hergestellt.[116] In solch einem Fall wird Solidarität zwar in Form ihrer rechtlichen Ausprägungen gebraucht, bedarf aber stets einer weitergehenden einzelfallbezogenen Betrachtung. So kann als ein entscheidender Aspekt von Solidarität die normative Rahmengebung für Umverteilungsmaßnahmen festgestellt werden. Aufgrund ihrer historisch-deskriptiven Dimension zieht die Solidarität die Grenze zwischen der Freiheit des Einzelnen und der Verpflichtung gegenüber der

---

[105] Vgl. *Ruland* NJW 2002, 3518.
[106] Vgl. *Deutscher Ethikrat* MedR 2020, 468.
[107] Vgl. *Ruland* NJW 2002, 3518; siehe auch gemünzt auf die soziale Hilfsbedürftigkeit im Falle der Arbeitslosigkeit *Ruland* NZS 2009, 473, passim.
[108] *Ruland* NZS 2009, 473; siehe zum Begriff des „sozio-kulturellen" oder „relativen" Existenzminimums bei *Neumann* NVwZ 2005, 429 f., sowie bei *Grüner* JRP 2009, 105, m.w.N.
[109] *Ruland* NJW 2002, 3518; vgl. auch *Jochem* Sozialer Fortschritt 2018, 29.
[110] *Ruland* NJW 2002, 3518.
[111] Vgl. *Schlegel/Knispel* in: jurisPK-SGB V, 4. Aufl. 2020, § 1 SGB V Rn. 6.
[112] Vgl. *Ruland* NJW 2002, 3518; siehe auch zu dem Aspekt der arbeitsteiligen Gesellschaft *Möhring-Hesse,* Solidaristische Sozialpolitik, S. 279.
[113] Vgl. *Möhring-Hesse,* Solidaristische Sozialpolitik, S. 275.
[114] Vgl. *Möhring-Hesse,* Solidaristische Sozialpolitik, S. 275.
[115] Vgl. *Schlegel/Knispel* in: jurisPK-SGB V, 4. Aufl. 2020, § 1 SGB V Rn. 46; ähnlich *Bieback* SGb 2012, 1 f.
[116] *Becker* ZÖR 2010, 617.

Gemeinschaft, wobei sie zugleich über ihren normativen Anspruchscharakter den Sozialstaat dazu anhält, seine Ziele immer wieder neu auszurichten.[117]

Mit Blick auf § 1 Abs. 1 S. 1 SGB V kann die Vermutung angestellt werden, dass der Gesetzgeber an die gewachsenen Strukturen von Solidarität und sozialem Ausgleich in der gesetzlichen Krankenversicherung anknüpfen wollte, ohne dies in § 1 S. 1 SGB V unmittelbar festzuschreiben.[118] Statt der gegenseitigen Hilfe zwischen Menschen gleicher Gefährdungs- und Lebenslage erfolgt ein Eintreten sozial Stärkerer für sozial Schwächere.[119] Der Begriff der Solidarität verengt sich also auf die Hilfe der Stärkeren für die Schwächeren, die nicht in der Lage sind, sich selbst zu helfen.[120]

### 3. Fazit zu § 1 SGB V

Der Begriff der Eigenverantwortung bedarf demnach einer weitergehenden inhaltlichen Bestimmung. Für sich genommen lässt sich rein aus dem Begriff selbst noch kein abschließender Hinweis darauf entnehmen, wie er als Rechtsbegriff im Recht allgemein, aber auch spezifisch innerhalb des SGB V zu verstehen ist oder welche Konsequenzen sich aus seiner konkreten Verwendung ergeben. Aus heutiger Sicht überrascht dieser Befund in Anbetracht des Umstandes, dass der Gesetzgeber den Begriff der Eigenverantwortung bereits im Zuge der Gesundheitsreform 1989[121] in das SGB V aufgenommen hat. Soll eine Konkretisierung unter dem Stichwort der Eigenverantwortung gefunden werden, ist ein näherer Blick in das SGB V und seine Grundsätze notwendig.

## II. Die gesetzliche Krankenversicherung und ihre Beziehung zum Risiko

### 1. Das versicherte Risiko in der gesetzlichen Krankenversicherung

Für ein umfassendes Verständnis eines potentiellen Eigenverantwortungsprinzips in der gesetzlichen Krankenversicherung erscheint aufgrund des Umfanges der Rechtsmaterie des SGB V zudem eine Aufbereitung der historischen Entwicklung als sinnvoll. Dies gilt auch vor dem Hintergrund, dass sich in den letzten drei Jahrzehnten eine Wandlung von einer Industrie- zu einer Wissens- und Dienstleistungsgesellschaft vollzogen hat, die in struktureller und sozio-ökonomischer Hinsicht – trotz aller Unterschiede – Ähnlichkeiten zu den Entwicklungen des 19. Jahrhunderts aufweist.[122] Aspekte des versicherten Risikos oder der Strukturprinzipien der Sozialversicherung ergeben sich erst mit Blick auf die Entwicklungsgeschichte der sozialstaatlichen Gesetzgebung, insbesondere in

[117] Vgl. *Rixen* SRa *aktuell* 2008, 87 f.
[118] So auch Eichenhofer/v. Koppenfels-Spies/Wenner/SGB V/*Axer*, § 1 Rn. 8.
[119] Siehe die Formen des Ausgleichs in der gesetzlichen Krankenversicherung aufgezählt bei *Welti* SR 2012, 127; vgl. zudem *Bieback* SGb 2012, 2.
[120] Vgl. *Ballstaedt* DÄ 2003, A 2271.
[121] Vgl. BGBl. I 1988, S. 2477.
[122] Siehe dazu bei *Wallerath* JZ 2004, 960 f.; siehe zum systematischen Zusammenhang von Mortalität und sozioökonomischen Status bei *Marckmann* Ethik Med 2010, 209 f.

Hinblick auf die Entstehungsgeschichte der gesetzlichen Krankenversicherung. Auf dieser aufbauend kann schließlich erst die Darlegung des versicherten Risikos der gesetzlichen Krankenversicherung erfolgen. Die verfassungsrechtlichen Implikationen, insbesondere die Entwicklungs- und Interpretationsgeschichte hinsichtlich des Sozialstaatsprinzips, eröffnen zudem Einblicke in den Zusammenhang zwischen dem Sozialstaatsprinzip und den dieses im Wesentlichen konkretisierenden Normen des Sozialgesetzbuches und der in § 68 SGB I benannten weiteren Normwerke.[123] In Anbetracht der sich aus der Verwirklichung der Sozialstaatlichkeit ergebenden Dimensionen der sozialen Sicherung stellt sich die Frage, wie sich dem Ausmaß des versicherten Risikos in der gesetzlichen Krankenversicherung angenähert werden kann.

Im Rahmen eines Exkurses erfolgt zudem eine theoretische Gegenüberstellung betreffend die Verantwortungslast unter dem Vorwand der Eigenverantwortung. Auf der einen Seite steht die Frage nach einem Recht auf Gesundheit; auf der anderen Seite die Frage nach der verfassungsrechtlichen Möglichkeit einer Pflicht zur Gesundheit beziehungsweise Gesunderhaltung des einzelnen Mitglieds der Solidargemeinschaft.

### a. Historischer Überblick zur Entwicklung der gesetzlichen Krankenversicherung[124]

Die privaten, kirchlichen und kommunalen, teilweise sogar staatlichen Anstrengungen, der Not der armen Bevölkerungsteile zu begegnen, können als „sozial" und somit als „Vorläufer" der Sozialversicherung in Deutschland bezeichnet werden.[125] Ihre faktische Gründung erfolgte erst durch die preußische Reformpolitik des 19. Jahrhunderts, durch welche die öffentliche Fürsorge von einer Aufgabe von primär außerstaatlichen Akteuren in eine fast vollständig staatliche Aufgabe transformiert wurde.[126] Hintergrund war die aufkommende Einsicht, dass die Wahrnehmung der eigenen Freiheit mit der sozialen Wirklichkeit des Einzelnen eng zusammenhing.[127] Der aufkommende Begriff der „sozialen Risiken" wurde fortan nicht mehr als ausschließlich persönlich und schicksalhaft wahrgenommen, sondern als berechenbare mathematische Wahrscheinlichkeit eines neuartigen Massenphänomens.[128] Die sich zunehmend manifestierten Missstände von niedrigen Löhnen, Kinderarbeit und fehlender Absicherung gegen bedeutende Lebensrisiken wurden zusammengefasst unter dem Begriff der „sozialen

---

[123] Dieser Auffassung jedenfalls auch *Rixen* SRa 2020, 289.

[124] Für eine umfassende Darstellung der historischen Entwicklung der gesetzlichen Krankenversicherung und der weiteren Sozialversicherungszweige sei an dieser Stelle verwiesen auf die Ausführungen bei *Fuchs*, Sozialversicherungsrecht und SGB II, § 1 und § 2, *Eichenhofer*, Sozialrecht, § 2 sowie *Schlenker*, in: *Schulin*, Krankenversicherungsrecht, § 1.

[125] Kritisch *Fuchs*, Sozialversicherungsrecht und SGB II, § 1 Rn. 1 f.

[126] Vgl. *Voßkuhle/Wischmeyer* JuS 2015, 693; vgl. *Muckel/Ogorek/Rixen*, Sozialrecht, § 1 Rn. 1, 4.

[127] Vgl. *Voßkuhle/Wischmeyer* JuS 2015, 693; vgl. *Muckel/Ogorek/Rixen*, Sozialrecht, § 1 Rn. 4.

[128] *Fuchs*, Sozialversicherungsrecht und SGB II, § 1 Rn. 3.

Frage".[129] Dabei stand der abhängige Arbeitnehmer insbesondere im Fall der Arbeitsunfähigkeit durch Krankheit in doppelter Hinsicht vor einer finanziellen Überforderung.[130] Der Staat sah sich schließlich in der Pflicht, auf die „soziale Frage" zu reagieren und regulierend einzugreifen.[131]

Die Thronrede Kaiser Wilhelms I., die sogenannte Kaiserliche Botschaft vom 17. November 1881[132] beinhaltete den ersten entscheidenden Hinweis auf die Notwendigkeit der Schaffung von einem staatlicherseits geführten Versicherungsschutz der Arbeiter gegen die bedeutenden Lebensrisiken.[133] Der Kaiserlichen Botschaft folgten 1883 die Schaffung der Krankenversicherung der Arbeiter[134], 1884 die der Unfallversicherung[135] und 1889 die der Invaliditäts- und Altersversicherung[136]. Die Versicherungen, insbesondere die Krankenversicherung, wiesen bereits entscheidende sozialversicherungstypische Strukturmerkmale auf.[137] So wurde der Beitrag nicht nach dem individuellen Risiko, sondern nach dem Arbeitsentgelt bestimmt, die Leistungen bei Eintritt des Versicherungsfalls wurden ohne Bedürftigkeitsprüfung gewährt und die Kassen wurden gemeinsam, zu zwei Dritteln von den Arbeitnehmern und zu einem Drittel von den Arbeitgebern, getragen.[138] Eine Versicherungspflicht bestand für all jene, die aus ihrer sozialen und wirtschaftlichen Lage heraus nicht in der Lage waren, ihre Vorsorge für den

[129] Vgl. *Kokemoor*, Sozialrecht, Rn. 11; vgl. *Sodan*, in: *Sodan*, Krankenversicherungsrecht, § 1 Rn. 5; siehe *Fuchs*, Sozialversicherungsrecht und SGB II, § 1 Rn. 2, zur Herleitung des deutschen Begriffs der „sozialen Frage" vom französischen „question sociale".

[130] Vgl. *Wolf*, Das moralische Risiko der GKV im Spannungsfeld zwischen Eigenverantwortung und Solidarität, S. 11, der die Arbeitsunfähigkeit aus Krankheit als „das Schlimmste, was einem Beschäftigten in der Industrie- und Arbeitsgesellschaft des ausgehenden 19. Jahrhunderts passieren konnte" beschreibt.

[131] Vgl. *Wallerath* JZ 2004, 949; siehe zum sogenannten „Interventionismus" bei *Fuchs*, Sozialversicherungsrecht und SGB II, § 1 Rn. 11.

[132] Vgl. *Schlenker*, in: *Schulin*, Krankenversicherungsrecht, § 1 Rn. 17; vgl. *Sodan*, in: *Sodan*, Krankenversicherungsrecht, § 1 Rn. 5; Abdruck der Kaiserlichen Botschaft etwa in ZSR 1981, 731 ff.; sich gegen die Kaiserliche Botschaft als Anfangsmoment aussprechend *Fuchs*, Sozialversicherungsrecht und SGB II, § 2 Rn. 9; ebenso wohl auch *Braun*, Das Verhältnis der Bürger zur sozialen Sicherung, S. 18.

[133] Vgl. *Muckel/Ogorek/Rixen*, Sozialrecht, § 1 Rn. 5.

[134] RGBl. Nr. 9 1883, S. 73 - 104.

[135] RGBl. Nr. 19 1884, S. 69 - 111.

[136] RGBl. Nr. 13 1889, S. 97 - 144.

[137] Dazu auch *Schlenker*, in: *Schulin*, Krankenversicherungsrecht, § 1 Rn. 22; siehe allgemeiner zu Strukturmerkmalen der Sozialversicherungen bei *Schnapp* VSSR 1995, 105 ff.; siehe insoweit auch *Fischer* SGb 2008, 461 f., der das Gesetz betreffend die Krankenversicherung der Arbeiter als „historischen Kern der gesetzlichen Krankenversicherung" bezeichnet und insbesondere auf die Kontinuität des Strukturmerkmals des Sachleistungsprinzips hinweist, wobei eine eindeutige Festlegung erst im SGB V erfolgte.

[138] Vgl. *Muckel/Ogorek/Rixen*, Sozialrecht, § 1 Rn. 5; vgl. *Hänlein/Schuler* in LPK-SGB V, Einleitung Rn. 7; vgl. *Sodan*, in: *Sodan*, Krankenversicherungsrecht, § 1 Rn. 6; zu den Beiträgen *Fuchs*, Sozialversicherungsrecht und SGB II, § 3 Rn. 3.

Versicherungsfall selbst zu besorgen.[139] Für diejenigen Erwerbstätigen dominierte damit der Aspekt der Staatsfürsorge. Daneben bestand für besserverdienende die Möglichkeit des freiwilligen Beitritts zur Krankenversicherung.[140] Insbesondere entstand der Anspruch auf die Leistungen beitragssatzunabhängig unmittelbar durch die Aufnahme einer versicherungspflichtigen Beschäftigung. So war die für die Sozialversicherung nach wie vor kennzeichnende generische Verbindung von Beschäftigung und Versicherungspflicht schon damals gegeben.

Ursprünglich wurde die Krankenversicherung maßgeblich auf dem Konzept von Eigenverantwortung der Lebenssicherung in Tradition zu den auf Selbsthilfe basierenden Kassen aufgebaut, welches aber unter der sich einstellenden Zielvorstellung der Ausweitung von Solidarprinzip und Sozialhilfe zunehmend eingeschränkt wurde.[141] Bereits in den Ursprüngen der Krankenversicherung sind Aspekte der Umverteilung und der solidarischen Risikobewältigung vorzufinden. So wurden beispielsweise die Beiträge statt am Risiko an der Leistungsfähigkeit des Arbeiters bemessen, worin sich das solidarische Prinzip der Mitfinanzierung von Versicherten mit einem schlechten Gesundheitsstatus und niedrigem Einkommen durch Versicherte eines besseren Gesundheitsstatus und höherem Arbeitslohn zeigte. Auch hatte sich der Gesetzgeber früh gegen die Berücksichtigung eines Verschuldens des Versicherten am Eintritt des Versicherungsfalls entschieden und sich für ein schnelles und so weit wie möglich unbürokratisches Krankenversicherungssystem ausgesprochen, in dem der Gedanke des die Krankenversicherung noch heute beherrschenden Finalitätsprinzips bereits angelegt war. Das neu geschaffene Sozialversicherungsrecht sah damit eine verschuldensunabhängige Schadenskompensation vor.[142]

Ausgenommen wurden jedoch gemäß § 6 Abs. 2[143], § 26 Abs. 4 Nr. 2[144] des Gesetzes betreffend die Krankenversicherung der Arbeiter explizit solche Verschuldenstatbestände, die sich in handgreiflichen Auseinandersetzungen, Trunkenheit oder geschlechtlichen „Ausschweifungen" gründeten. Folglich war auch das Instrument der Begrenzung des Versicherungsschutzes bereits in den Anfängen der

---

[139] Ausgegangen wurde insoweit von einer Jahreseinkommensgrenze von 2.000 Reichsmark, bis zu welcher die Versicherungspflicht griff, dazu *Fuchs*, Sozialversicherungsrecht und SGB II, § 3 Rn. 1.

[140] Ab einem Jahreseinkommen, das nicht über 3.000 Reichsmark lag, dazu *Fuchs*, Sozialversicherungsrecht und SGB II, § 3 Rn. 1.

[141] Vgl. dazu *Münnich* VSSR 1981, 199 f.

[142] Siehe *Schnapp* VSSR 1995, 104.

[143] Gesetzestext § 6 Abs. 2 des Gesetzes betreffend die Krankenversicherung der Arbeiter v. 15.06.1883: „Die Gemeinden sind ermächtigt, zu beschließen, daß bei Krankheiten, welche die Betheiligten sich vorsätzlich oder durch schuldhafte Betheiligung bei Schlägereien oder Raufhändeln, durch Trunkfälligkeit oder geschlechtliche Ausschweifungen zugezogen haben, das Krankengeld gar nicht oder nur theilweise gewährt wird [...]".

[144] Gesetzestext § 26 Abs. 4 Nr. 2 des Gesetzes betreffend die Krankenversicherung der Arbeiter v. 15.06.1883: „Durch das Kassenstatut kann ferner bestimmt werden: [...] daß Mitgliedern, welche sich die Krankheit vorsätzlich, oder durch schuldhafte Betheiligung bei Schlägereien oder Raufhändeln, durch Trunkfälligkeit oder geschlechtliche Ausschweifungen zugezogen haben, das statutenmäßige Krankengeld gar nicht, oder nur theilweise zu gewähren ist".

Krankenversicherung angelegt und wurde spätestens seit den 1920er Jahren praktiziert.[145] Unter Beachtung der dahinter stehenden Erwägungen des historischen Gesetzgebers, der die Motivation der Leistungsversagung aus der Asymmetrie zwischen Eigenverschulden und der Einstandspflicht der Gemeinschaft nahm, wird mitunter der Anfang der Eigenverantwortung in der gesetzlichen Krankenversicherung gesehen.[146] Bemerkenswert ist allerdings, dass über diese Normen nach der Motivation des Gesetzgebers kein wertendes Urteil über das Herbeiführen der Krankheit an sich, sondern über das diese bedingende spezifische Versichertenverhalten ergehen sollte.[147] Bestimmte Verhaltensweisen wurden damit als unsolidarisch oder pflichtwidrig bewertet und durch eine Überantwortung in die Zuständigkeitssphäre des Versicherten geahndet. Im Ergebnis stehen sich also die solidarische Unterstützung des Individuums bei seine Existenz bedrohenden Risikolagen zur Vermeidung einer Überforderung bei deren Bewältigung mit den Grenzen eines dem Rechts- und Solidarempfinden entsprechenden Versichertenverhalten über die gesamte Entwicklungsgeschichte der gesetzlichen Krankenversicherung hinweg gegenüber. Auch das Sachleistungsprinzip war bereits Bestandteil der Krankenversicherung.[148] Basierte dieses zunächst auf einer Risikoabsicherung mittels Geldleistungen, wurden die Kassen in der Fortentwicklung dazu verpflichtet, die ärztliche Versorgung zu gewährleisten.[149]

1911 wurden die bestehenden Sozialversicherungszweige in der Reichsversicherungsordnung[150] zusammengefasst und neu geordnet.[151] Durch die Fortwirkungen des 1. Weltkrieges sah sich die Weimarer Republik veranlasst, auf die Not von Kriegsversehrten und Hinterbliebenen zu reagieren.[152] Doch selbst in der Weimarer Republik, in der die Sozialstaatlichkeit weiterhin fortentwickelt wurde[153], bestand keine verfassungsrechtliche Verbindlichkeit zur Aufrechterhaltung der bis dahin entwickelten Sozialversicherungszweige. In Art. 151 Abs. 1 Weimarer Reichsverfassung wurde als Programmsatz für die Ordnung des

---

[145] Vgl. *Sodan*, in: *Sodan*, Krankenversicherungsrecht, § 1 Rn. 8.

[146] *Wolf*, Das moralische Risiko der GKV im Spannungsfeld zwischen Eigenverantwortung und Solidarität, S. 15. Bezüglich der expliziten Sanktionierung des Alkoholkonsums oder der geschlechtlichen „Ausschweifungen" merkt *Wolf* zudem an, dass sich das gesundheitsrelevante Verhalten der Versicherten, welches wiederholt zum Zwecke der Leistungsbeschränkung oder im Rahmen der Kostenfrage der gesetzlichen Krankenversicherung argumentativ herangezogen wird, seit Beginn der Geschichte der Krankenversicherung bis in die heutige Zeit nicht wesentlich verändert hat.

[147] Vgl. *Mihm* NZS 1995, 8.

[148] Vgl. *Sodan*, in: *Sodan*, Krankenversicherungsrecht, § 1 Rn. 6. Ohne konkret normativ verankert worden zu sein, galt die Auffassung, das Sachleistungsprinzip würde zumindest von seinem Inhalt her aus den einschlägigen Normen herauszulesen sein, vgl. *Schulin* SGb 1992, 291 f.

[149] Vgl. *Muckel/Ogorek/Rixen*, Sozialrecht, § 1 Rn. 7.

[150] RGBl. Nr. 42 1911, S. 509 - 838.

[151] Vgl. BeckOGK/*Peters* SGB V Vorbemerkung zum SGB V Rn. 3.

[152] Zur Bekämpfung dieser Not wurden etwa das Reichsversorgungsgesetz, RGBl. Nr. 112 1920, S. 989 – 1019, sowie das Gesetz über die Arbeitsvermittlung und Arbeitslosenversicherung, RGBl. Nr. 32 1927, S. 187 – 219, erlassen.

[153] Siehe dazu auch überblicksartig *Muckel/Ogorek/Rixen*, Sozialrecht, § 1 Rn. 8.

Wirtschaftslebens bestimmt, dass diese den „Grundsätzen der Gerechtigkeit mit dem Ziele der Gewährleistung eines menschenwürdigen Daseins für alle“ zu entsprechen habe.[154] Ebenfalls als Programmsatz, jedoch deutlich spezifischer anzusehen, ist Art. 161 der Weimarer Reichsverfassung.[155] In diesem wurde die Schaffung eines Versicherungssystems zur Erhaltung von Gesundheit und Arbeitsfähigkeit garantiert.[156] Dies war schon weitaus deutlicher als es später im Grundgesetz der Fall sein sollte, schaffte allerdings kein „subjektiv einklagbares ‚soziales Grundrecht‘“.[157]

Erst das am 23.05.1949 in Kraft getretene Grundgesetz integriert in den Art. 20 und 28 GG sowie durch die Ewigkeitsklausel in Art. 79 Abs. 3 GG die Sozialstaatlichkeit als Verfassungsprinzip und verhalf ihr so zu verfassungsrechtlicher Verbindlichkeit.[158] Trotz Anknüpfung an die Weimarer Verfassung wurden deren sozialrechtlichen Gewährleistungen allerdings nicht übernommen.[159] Die Sozialpolitik der Nachkriegszeit war geprägt von Kostendämpfungs- und sozialstaatlichen Wiederaufbaumaßnahmen. Geschuldet war dies insbesondere den wirtschaftlichen Folgen des 2. Weltkrieges, der Rechtszersplitterung durch die unterschiedlichen Besatzungszonen und den Nachwehen der nationalsozialistischen Rassen- und Führerkultpolitik.[160] So erlebte schließlich die Sozialgesetzgebung einen Aufschwung.[161]

Seit der Wiedervereinigung ist das Sozialrecht in Deutschland – nach einer Phase der Ausweitung, die ihren Abschluss in der Einführung der sozialen Pflegeversicherung 1994 fand – unter dem Zeichen der „finanziellen Konsolidierung“ geprägt von Einsparungserwägungen und Leistungskürzungen, die ihren Anfang in der Reform des Krankenversicherungsrechts 1988 genommen hatten.[162]

---

[154] *Voßkuhle/Wischmeyer* JuS 2015, 693.
[155] Vgl. *Schlenker*, in: *Schulin*, Krankenversicherungsrecht, § 1 Rn. 58.
[156] So der Wortlaut des Art. 161 WRV: „Zur Erhaltung der Gesundheit und Arbeitsfähigkeit, zum Schutz der Mutterschaft und zur Vorsorge gegen die wirtschaftlichen Folgen von Alter, Schwäche und Wechselfällen des Lebens schafft das Reich ein umfassendes Versicherungswesen unter maßgebender Mitwirkung der Versicherten.“; siehe dazu umfassend bei *Schlenker*, in: *Schulin*, Krankenversicherungsrecht, § 1 Rn. 57 ff.
[157] *Schlenker*, in: *Schulin*, Krankenversicherungsrecht, § 1 Rn. 58.
[158] Vgl. *Voßkuhle/Wischmeyer* JuS 2015, 693.
[159] *Preis/Kellermann* SGb 1999, 330; vgl. zudem Becker/Kingreen/*Becker/Kingreen* SGB V § 1 Rn. 22.
[160] Vgl. *Sodan*, in: *Sodan*, Krankenversicherungsrecht, § 1 Rn. 10.
[161] Siehe dazu und nachfolgend *Eichenhofer*, Sozialrecht, § 2 Rn. 48 ff., m.w.N.
[162] Vgl. *Muckel/Ogorek/Rixen*, Sozialrecht, § 1 Rn. 13, die auf große Schwierigkeiten, mitunter sogar auf eine Krise des Sozialstaats hinweisen; *Kokemoor*, Sozialrecht, Rn. 13.

### b. Von den Dimensionen der sozialstaatlichen Fürsorge zum versicherten Risiko

#### aa. Sozialstaatsprinzip und Sozialstaatlichkeit

Im Grundgesetz wird das soziale Staatsstrukturprinzip vergleichsweise wenig erwähnt oder konkretisiert.[163] Es wird nach allgemeiner Auffassung abgeleitet aus dem Wort „sozial“ in den Art. 20 Abs. 1, 28 Abs. 1 S. 1 GG. So findet das „soziale Element“ nur rein adjektivische Erwähnung in der Verfassung.[164] Aus diesem „Beiwort“ werden Schlüsse auf die konkrete Ausgestaltung des Sozialstaats gezogen.[165] Obgleich das Grundgesetz dem Sozialstaat, neben Demokratie, Rechts- und Bundesstaatlichkeit, eine fundamentale Funktion zuspricht, ist dem Begriff kaum normativer Gehalt zu entnehmen.[166] Ein solcher erschließt sich in der Folge erst mittelbar, was die Operationalisierung erschwert.[167] So wird das Sozialverfassungsrecht maßgeblich von den Gerichten durch Anwendung und Auslegung anhand von spezifischen Fallkonstellationen formuliert.[168] Zusätzliche Bezüge in den grundgesetzlichen Kompetenz-, Verwaltungs- und Finanzierungsbestimmungen geben Hinweise auf die organisatorische und bedingt auch qualitative Ausgestaltung.[169] Entsprechendes gilt für den Gleichheitssatz in Art. 3 GG, der materiell-rechtliche Bezüge zu sozialstaatlichen Inhalten bietet.[170] Aufgrund seiner hochgradigen inhaltlichen Unbestimmtheit ist das Sozialstaatsprinzip daher äußerst konkretisierungsbedürftig.[171]

Als Teilziele[172] oder auch Subprinzipien[173] des Sozialstaatsprinzips ausgemacht werden können die „soziale Sicherheit, soziale Gerechtigkeit und

[163] Vgl. *Rixen* SRa 2020, 289 f.; vgl. *Voßkuhle/Wischmeyer* JuS 2015, 693; vgl. *Eichenhofer* Sozialer Fortschritt 2011, 1 f., der insoweit von einer „Paradoxie“ spricht; vgl. *Kirchhof* NZS 2015, 1; vgl. *Pestalozza* Bundesgesundheitsbl 2009, 686.
[164] Vgl. *Sodan*, in: *Sodan*, Krankenversicherungsrecht, § 2 Rn. 44; vgl. *Pestalozza* Bundesgesundheitsbl 2009, 686; vgl. *Merten* NZS 1996, 594.
[165] *Spellbrink* DVBl 2011, 662.; vgl. im Übrigen auch *Schaumberg*, Sozialrecht, § 1 Rn. 9 ff.
[166] Vgl. *Eichenhofer* Sozialer Fortschritt 2011, 1; vgl. *Pestalozza* Bundesgesundheitsbl 2009, 686; vgl. BVerfG, Beschluss v. 29.04.1954 – 1 BvR 328/52 = NJW 1954, 833, das von einem „tragenden Prinzip unseres Staates“ spricht; vgl. *Preis/Kellermann* SGb 1999, 330, die auf daraus resultierende Kritik am Sozialstaatsprinzip verweisen.
[167] Siehe zu Letzterem *Voßkuhle/Wischmeyer* JuS 2015, 693.
[168] Vgl. *Kirchhof* NZS 2015, 1; vgl. *Steiner* NZS 2019, 4.
[169] *Schlenker*, in: *Schulin*, Krankenversicherungsrecht, § 1 Rn. 80; vgl. *Kokemoor*, Sozialrecht, Rn. 24.
[170] Vgl. *Schlenker*, in: *Schulin*, Krankenversicherungsrecht, § 1 Rn. 80; vgl. *Eichenhofer* Sozialer Fortschritt 2011, 2; Bezug nehmend auch *Rixen* SRa 2020, 290 f.
[171] Vgl. BVerfG, Beschluss v. 19.12.1951 – 1 BvR 220/51 = NJW 1952, 297 (298); vgl. BVerfG, Beschluss v. 29.05.1990 – 1 BvL 20/84 u.a. = NJW 1990, 2869 (2870 f.).
[172] Hierin liegt die Frage nach dem Inhalt des materiellen Sozialrechtsbegriffs. Siehe dazu bei *Kokemoor*, Sozialrecht, Rn. 3 ff.; vgl. auch *Muckel/Rixen*, Sozialrecht, § 3 Rn. 3 ff.; vgl. auch *Schaumberg*, Sozialrecht, § 1 Rn. 6 ff.
[173] Diesen Begriff verwendend *Merten* NZS 1996, 595.

Chancengleichheit" beziehungsweise der soziale Ausgleich.[174] Unklar ist hingegen deren Bedeutungsgehalt. Sie bedürfen als unbestimmte Rechtsbegriffe der Auslegung.[175] Besonders zu gewichten ist die Ausformung im Recht der sozialen Sicherung.[176] Dabei sind die „Ziele der sozialen Sicherung [...] auf eine Verwirklichung dessen ausgerichtet, was in dem Begriff ‚sozial' umrissen sein soll".[177] Die soziale Sicherung ist mit Blick auf das Individuum angelegt und versucht dessen Existenz vor jeder in dieser Hinsicht relevanten – mitunter unabsehbaren – Beeinträchtigung zu schützen.[178] Den Staat trifft damit die Verpflichtung, „die notwendigen sozialen Voraussetzungen in den tatsächlichen Lebensverhältnissen zu schaffen, damit die Bürger die ihnen garantierten Freiheiten auch wahrnehmen können".[179] Er trägt eine Verantwortung für die Gesellschaft, den Einzelnen und seine Interessen.[180] Diese wird von den sozialen Rechten gegenüber dem Staat eingefordert. Die Verpflichtung, diejenigen materiellen Voraussetzungen zu schaffen, die erforderlich sind, damit jeder seine ihm verbürgten Freiheiten wahrnehmen kann, bedeutet daher, dass es sich bei den sozialen Rechten nicht nur um Abwehr-, sondern auch um Teilhaberechte handelt.[181] So hat der Gesetzgeber im Rahmen der ihm erwachsenen Schutzpflichten für eine sozial und wirtschaftlich gerechte Gesellschaftsordnung zu sorgen.[182] Ein Automatismus, nach welchem die Sozialstaatlichkeit mit finanziellen Staatsleistungen zur Gerechtigkeits- und Chancengleichheitserzielung gleichzusetzen wäre, stellt allerdings insoweit eine Verkürzung der Sozialstaatlichkeit dar.[183] Gleichzeitig ist im sozialen Rechtstaat aber aufgrund von dessen Organisation über die Schaffung neuer Solidargemeinschaften und die Erhebung von Pflichtbeiträgen eine „Konfusion von Freiheitserfüllung und Freiheitsbeschränkung" zu beobachten.[184]

Die „Fürsorge für Hilfsbedürftige", ist eine zentrale Aufgabe des Sozialstaates.[185] Zu ihr zählt insbesondere die soziale Hilfe für diejenigen Bürger, die durch

---

[174] *Sodan*, in: *Sodan*, Krankenversicherungsrecht, § 2 Rn. 44; vgl. *Degenhart*, Staatsecht I, Rn. 593, 595; vgl. *Voßkuhle/Wischmeyer* JuS 2015, 693; vgl. *Merten* NZS 1996, 595.

[175] *Schaumberg*, Sozialrecht, § 1 Rn. 12.

[176] Vgl. *Bieback* SGb 2012, 2; siehe ähnlich auch *Wallerath* JZ 2004, 953, der zur Konkretisierung des Sozialstaatsprinzips auf dessen „Maßstäblichkeit" im Recht der sozialen Sicherung hinweist.

[177] *Frank*, Sozialstaatsprinzip und Gesundheitssystem, S. 75 f.

[178] *Frank*, Sozialstaatsprinzip und Gesundheitssystem, S. 81; siehe auch *Schwarz* JA 2020, 326.

[179] *Bock*, Die Eigendynamik der Verrechtlichung in der modernen Gesellschaft, S. 409.

[180] Igl/Welti/*Welti*, Gesundheitsrecht, § 10 Rn. 3.

[181] Vgl. *Hohmann-Dennhardt* AuR 2006, 78.

[182] Vgl. *Schlegel/Knispel* in: jurisPK-SGB V, 4. Aufl. 2020, § 1 SGB V Rn. 41; vgl. *Voßkuhle/Wischmeyer* JuS 2015, 693; vgl. BVerfG, Urteil v. 18.07.1967 – 2 BvF 335/62 u.a. = NJW 1967, 1795; vgl. *Preis/Kellermann* SGb 1999, 330, dies als „Minimalkonsens" von Forderungsinhalten des Sozialstaatsprinzips bezeichnend; siehe auch den Hinweis zur historischen Bedingtheit dieser Verpflichtung des Staates, aufgrund der Auflösung von Familien- und Verbandsschutz bei *Wallerath* JZ 2004, 953.

[183] *Merten* NZS 1996, 594; ähnlich auch *Merten* VSSR 1983, 147.

[184] *Zacher* VSSR 1983, 126 f.; ähnlich auch *Preis/Kellermann* SGb 1999, 330.

[185] *Jarass*/Pieroth, Grundgesetz für die Bundesrepublik Deutschland, Art. 20 Rn. 156; BVerfG, Urteil v. 05.06.1973 – 1 BvR 536/72 = NJW 1973, 1226 (1231); BVerfG, Beschluß v. 12.10.1976 – 1 BvL 9/74 = NJW 1977, 1333.

körperliche oder geistige Gebrechen an ihrer persönlichen und sozialen Entfaltung gehindert werden.[186] Dies kann etwa aus Gründen der Krankheit oder des Alters der Fall sein.[187] Bezogen auf die Krankheit stehen zu Anfang die Rechte auf Leben und körperliche Unversehrtheit aus Art. 2 Abs. 2 S. 1 GG als Abwehrrechte gegenüber dem Staat, die zwar jeweils einzelne Grundrechte mit eigenen Schutzbereichen darstellen, jedoch häufig aufgrund einer engen Verbindung zueinander Überschneidungen aufweisen.[188] Daneben besitzen diese Grundrechte aber auch eine Schutzpflichtdimension, insbesondere dann, wenn sie durch Dritte gefährdet werden. Dieser Gleichlauf von Abwehrrecht und Schutzanspruch ist mit Blick auf die weiteren Grundrechte keine Selbstverständlichkeit in der Verfassungswirklichkeit, sondern bedarf der grundrechtsspezifischen Herleitung.

Für Art. 2 Abs. 2 S. 1 GG kann dies nach weitläufiger Auffassung über die beiden Grundelemente des Schutzes des Rechtsgutes auf der einen und der Gewährung größtmöglicher Freiheit auf der anderen Seite erfolgen.[189] Der Schutz des Lebens und der körperlichen Unversehrtheit des Bürgers, verbürgt in Art. 2 Abs. 2 S. 1 GG, gebietet eine Schutzpflicht des Staates zu seinen Gunsten.[190] Dieser Schutz des Einzelnen, etwa im Falle der Krankheit, ist in der herrschenden sozialstaatlichen Ordnung des Grundgesetzes sogar eine Grundaufgabe des Staates.[191] Er umfasst die medizinische Versorgung im Krankheitsfall zur Bewahrung vor Schmerz, Leiden oder krankheitsbedingtem Versterben.[192]

Weiter ergibt sich nebst der Verpflichtung zur weitreichenden Absicherung des Einzelnen gegen das Krankheitsrisiko auch eine Verpflichtung, den Schutz der Gesundheit mindestens nicht völlig ungeeignet oder unzulänglich zu gewähren.[193] Es ist aufgrund der Konkretisierungsbedürftigkeit des Sozialstaatsprinzips „Sache" des Staates, in welcher Form er seinem Gestaltungsauftrag hinsichtlich dieser Verpflichtungen nachkommt,[194] weshalb ihm dabei ein weiter

---

[186] Vgl. BVerfG, Beschluss v. 24.05.1977 – 2 BvR 988/75 = NJW 1977, 1489 (1491).
[187] Vgl. BVerfG, Beschluss v. 24.05.1977 – 2 BvR 988/75 = NJW 1977, 1489; BVerfG, Beschluss v. 06.12.2005 - 1 BvR 347/98 = NJW 2006, 891; vgl. BT-Drucks. 14/9020, 24.
[188] Vgl. Maunz/Düring/*Di Fabio* GG Art. 2 Abs. 2 Nr. 1 Rn. 41, 51, 53; vgl. *Welti* GesR 2015, 1.
[189] Vgl. Maunz/Düring/*Di Fabio* GG Art. 2 Abs. 2 Nr. 1 Rn. 42, m.w.N.
[190] Vgl. *Schnapp* DVBl 2004, 1053; vgl. *Welti* GesR 2015, 1; für das Recht auf Leben und das Recht auf körperliche Unversehrtheit zusammenfassend Maunz/Düring/*Di Fabio* GG Art. 2 Abs. 2 Nr. 1 Rn. 81; siehe zu einzelnen Fallgruppen, in denen der Staat seiner Schutzpflicht gegenüber dem Recht aus Art. 2 Abs. 2 S. 1 GG in Form von Grundrechtsabwägungen im Erlass von Rechtsnormen nachgekommen ist bei Maunz/Düring/*Di Fabio* GG Art. 2 Abs. 2 Nr. 1 Rn. 86 – 88.
[191] BVerfG, Beschluss v. 06.12.2005 – 1 BvR 347/98 = JZ 2006, 463; vgl. auch *Welti* GesR 2015, 2.
[192] Vgl. *Wenner* GesR 2009, 172.
[193] Vgl. BVerfG, Beschluss v. 31.10.1984 – 1 BvR 35/82 u.a. = NJW 1985, 1385 (1386); vgl. BVerfG, Beschluss v. 06.12.2005 – 1 BvR 347/98 = NJW 2006, 891 (892 f.); vgl. *Huster* Ethik Med 2010, 290; vgl. *Schuler* in LPK-SGB V, § 1 Rn. 2; vgl. Krauskopf/*Vossen* SGB V § 1 Rn. 5; vgl. Becker/Kingreen/*Becker/Kingreen* SGB V § 1 Rn. 5.
[194] Vgl. BVerfG, Beschluss v. 13.01.1982 – 1 BvR 848/77 u. a. = NJW 1982, 1447 (1449); BVerfG, Beschluss v. 19.12.1951 – 1 BvR 220/51 = NJW 1952, 297; siehe auch bei *Schlegel/Knispel* in:

Gestaltungsspielraum zuzugestehen ist.[195] Das Sozialstaatsprinzip formuliert lediglich das Ziel, den Weg zur Zielerreichung zu gestalten obliegt hingegen dem Gesetzgeber.[196] Wenigstens jedoch trifft ihn der Auftrag zur Schaffung sozialer Sicherungssysteme gegen die Widrigkeiten des Lebens, welche sich in der Moderne aus einer staatlichen Mitverantwortung für die private Bürgergesundheit als „öffentliche Aufgabe sui generis" speist.[197] Der Gewährleistung der medizinischen Versorgung wird so ein enorm hoher Stellenwert zugesprochen.[198] Hinter dem Sozialstaatsprinzip steht demnach auch die Forderung, die „realen Voraussetzungen der rechtlich gebotenen Gleichheit" zu sichern, die mitunter durch unterschiedliche gesundheitliche Verfassung und Chancen überlagert werden könnte.[199] Durch die Bindung des Gesundheitswesens an die Sozialstaatsklausel der Art. 20, 28 GG wird die Verpflichtung ausgesprochen, es jedem Bürger zu ermöglichen „unabhängig von seinen Einkommensverhältnissen an Prävention, Kuration und Rehabilitation" partizipieren zu können.[200]

Der soziale Rechtsstaat versucht einen Kompromiss zwischen formeller Gleichbehandlung und „materieller Egalisierung" herzustellen.[201] „Einerseits hält er an der [...] Freiheit der bürgerlichen Eigentums- und Erwerbsgesellschaft fest, andererseits verpflichtet er sich, die notwendigen sozialen Voraussetzungen in den tatsächlichen Lebensverhältnissen zu schaffen, damit die Bürger die ihnen garantierten Freiheiten auch wahrnehmen können. Er übernimmt also einen Art Garantenstellung für die Umsetzung der Freiheit in die Verfassungswirklichkeit".[202] Damit sind auch Aspekte der Gleichheit und Gerechtigkeit unmittelbar durch den dem Sozialstaatsprinzip innewohnenden Solidaritätsgrundsatz angesprochen. Es gelten ein Gebot zum Schutz des Schwächeren wie ein gleichzeitiges Gebot zur Sicherung der Verteilungsgerechtigkeit.[203] Insbesondere, da sich der Sozialstaat in seiner Aufgabenwahrnehmung nur begrenzten Ressourcen gegenübersieht,

---

jurisPK-SGB V, 4. Aufl. 2020, § 1 SGB V Rn. 71; vgl. *Muckel/Ogorek/Rixen*, Sozialrecht, § 6 Rn. 2; speziell mit Blick auf Art. 2 Abs. 2 S. 1 GG dazu auch *Huster* Ethik Med 2010, 290.

[195] Vgl. BVerfG, Beschluss v. 29.05.1990 – 1 BvL 20/84 u.a. = NJW 1990, 2869; auf mehrere Entscheidungen des Bundesverfassungsgerichts Bezug nehmend auch *Hohmann-Dennhardt* AuR 2006, 78; umfassender Verweis auch bei Dürig/Herzog/Scholz/*Di Fabio* GG Art. 2 Abs. 2 Nr. 1 Rn. 41; vgl. *Voßkuhle/Wischmeyer* JuS 2015, 693 f; vgl. *Preis/Kellermann* SGb 1999, 330.

[196] Vgl. *Voßkuhle/Wischmeyer* JuS 2015, 693.

[197] Vgl. BVerfG, Beschluss v. 22.06.1977 – 1 BvL 2/74 = NJW 1978, 207 f.; siehe zu Letzterem bei *Riege* Sozialer Fortschritt 1995, 3; siehe insgesamt zum sogenannten „Untermaßverbot" Dürig/Herzog/Scholz/*Di Fabio* GG Art. 2 Abs. 2 Nr. 1 Rn. 41, m.w.N.

[198] Vgl. dazu *Huster* Ethik Med 2010, 290.

[199] *Hilgendorf*, Recht Band 1, S. 97; vgl. *Preis/Kellermann* SGb 1999, 329.

[200] *Riege* Sozialer Fortschritt 1995, 2.

[201] *Bock*, Die Eigendynamik der Verrechtlichung in der modernen Gesellschaft, S. 418.

[202] *Bock*, Die Eigendynamik der Verrechtlichung in der modernen Gesellschaft, S. 418.

[203] Vgl. BT-Drucks. 14/9020, 25; insbesondere vor dem Hintergrund des Gutes der Gesundheit stellt sich die Frage der Verteilungsgerechtigkeit dringender als bei anderen Gütern, BT-Drucks. 14/9020, 189.

ergeben sich Probleme aus den individuellen Rechtspositionen in ihrer unterschiedlich gewichteten Betroffenheit.[204]

In diesem Zusammenhang gewinnt der Begriff der sozialen Gerechtigkeit seine Bedeutung. Mit diesem soll allgemein ein Attribut der Gesamtmenge gesellschaftlicher Handlungen beschrieben werden, welches zu einem in gewissem Grad ökonomisch ausgerichteten Ausgleich der Verhältnisse führen soll und zugleich die Wirkung staatlicher Institutionen bewertbar werden lässt. Explizit wird damit die Frage der Behandlung eines Individuums durch Gesellschaft und Staat auf der Basis eines dem Gerechtigkeitsverständnis entsprechendem Bewertungshorizontes zu beantworten versucht.[205] Im Grundsatz wird also an einer moralisch fußenden Wertehierarchie angesetzt, aus der ein Verteilungsmuster auf die Gesellschaft abgeleitet wird, um verschiedenen Individuen verschiedener gesellschaftlicher Gruppen einen bestimmten Anteil zuweisen zu können, der als gerecht empfunden wird. Hinzu tritt die Beachtung unterschiedlicher Wirkung der Verteilung, die sich interpersonell, generativ oder temporär äußern kann.[206] Im sozialen Rechtsstaat stehen sich dabei unterschiedliche Gerechtigkeitsvorstellungen gegenüber, sodass ein Ausgleich schwierig zu bewerkstelligen ist. So gilt es der Bedarfsgerechtigkeit ebenso wie der Leistungsgerechtigkeit und der Bestandsgerechtigkeit gleichzeitig Gewicht einzuräumen.[207] Im Kontext von Krankheit und Gesundheit gewinnt unterdessen die Solidarisierung von Interessen an Bedeutung, kann sie doch für ein positiv gestimmtes Gerechtigkeitsempfinden sorgen, wenn dem Grunde nach jeder für den Fall der Krankheit, als ausgemachtes Gemeininteresse, versorgt ist.[208]

### bb. Sozialgesetzbuch und Sozialversicherungen

Realisiert werden die Prinzipien der sozialen Sicherheit, sozialen Gerechtigkeit und des sozialen Ausgleichs in der Bundesrepublik durch das Sozialgesetzbuch[209] und durch die in § 4 SGB I benannten und in den SGB V, VI, VII und XI normierten und eingerichteten Sozialversicherungszweige, als ausdrucksstärkste „Emanationen“[210] dieser Grundsätze.

In materieller Hinsicht wird daher auch in den einzelnen Zweigen der Sozialversicherung wiederholt an den Begriffen der sozialen Gerechtigkeit, sozialen Sicherheit und des sozialen Ausgleichs angesetzt, die es durch „das Mittel der

---

[204] Vgl. *Wallerath* JZ 2004, 955.

[205] Vgl. zu dem Begriff der sozialen Gerechtigkeit sehr kritisch eingestellt *Hayek*, Die Illusion der sozialen Gerechtigkeit, S. 93 ff.

[206] Vgl. *Wallerath* JZ 2004, 955.

[207] Zu den Positionen *Wallerath* JZ 2004, 954.

[208] Vgl. *Welti* GesR 2015, 2.

[209] Nach *Eichenhofer* bildet das SGB eine Einheit, weshalb es nicht 13, sondern nur ein Sozialgesetzbuch gäbe, *Eichenhofer* Sozialrecht, § 1 Rn. 2.

[210] *Schnapp* DVBl 2004, 1054; siehe auch *Kaiser* JA 2009, 538.

Sozialleistungen“ zu verwirklichen gilt[211]. Bereits § 1 Abs. 1 S. 1 SGB I erwähnt sowohl die soziale Sicherheit als auch die soziale Gerechtigkeit expressis verbis und enthält in Satz 2 eine weitergehende Umschreibung dieser. Es kann also zweifelsohne festgestellt werden, dass das Sozialrecht[212] dazu gedacht ist, die ausgemachten Ziele des Sozialstaates entlang der Wertevorstellungen von Menschenwürde und Sozialstaatlichkeit zu realisieren;[213] es obliegt dem Gesetzgeber, den individuellen Bedürfnissen der Bürger über die Instrumente des Sozialrechts gerecht zu werden[214].

Bereits benanntes Kernstück des Sozialrechts sind die Sozialversicherungssysteme.[215] Nach dem Bundesverfassungsgericht ist unter einer Sozialversicherung die gemeinsame Deckung eines möglichen und in seiner Gesamtheit schätzbaren Bedarfs durch Verteilung auf eine organisierte Vielheit zu verstehen.[216] Sie dient der „Absicherung der typischen Wechselfälle des Lebens“, die in einem „versicherungsmäßigen Gegenseitigkeitsverhältnis von Beiträgen und Leistungen erfolgt“.[217] Die sozialen Sicherungssysteme sind Ausdruck der staatlichen Fürsorge.[218] Durch sie wird im Rahmen eines kollektiven Systems Vorsorge für den Fall des Eintritts eines bestimmten, überwiegend fundamentalen, sozialen Risikos getroffen.[219] Sie sind es, die den größten Teil der gesundheitsbezogenen sozialen Risiken tragen.[220] Die Sozialversicherungszweige werden grundlegend von den Grundsätzen einer Versicherung, insbesondere des Gedankens des Risikoausgleichs, aber auch von den ergänzenden Grundsätzen der Solidarität und der Pflichtversicherung geprägt.[221] Schließlich ist für das Sozialrecht der Rechtsgedanke der kollektiven Solidarität zum Ausgleich von sozial vermittelten Lebenskrisen prägend. In Gestalt der einzelnen Versicherungszweige kommt der Gesetzgeber seiner Verpflichtung zum Schutz vor Lebensrisiken nach, indem er die Sicherungssysteme geschaffen und spezifisch auf unterschiedliche Versicherungsfälle ausgelegt hat.[222]

---

[211] *Muckel/Ogorek/Rixen*, Sozialrecht, § 3 Rn. 3, § 6 Rn. 1, vgl. *Kokemoor*, Sozialrecht, Rn. 3; siehe auch BVerfG, Beschluss v. 29.05.1990 – 1 BvL 20/84 u.a. = NJW 1990, 2869.

[212] Ausgegangen wird hier und im Folgenden von dem formellen Sozialrechtsbegriff, also das Recht, das in das SGB aufgenommen oder über § 68 SGB I als dessen besonderer Teil gilt. Siehe zum formelle und materiellen Sozialrechtsbegriff bei *Schnitzler* JuS 2019, 215 ff.; *Kokemoor*, Sozialrecht, Rn. 1 ff.; *Muckel/Ogorek/Rixen*, Sozialrecht, § 3 Rn. 1 ff.; *Schaumberg*, Sozialrecht, § 1 Rn. 1 ff.

[213] Vgl. *Muckel/Ogorek/Rixen*, Sozialrecht, § 3 Rn. 3; vgl. *Erlenkämper/Fichte/Fock*, Sozialrecht, I Rn. 4.

[214] *Voßkuhle/Wischmeyer* JuS 2015, 693.

[215] Vgl. *Becker* ZÖR 2010, 613; ähnlich auch *Schaumberg*, Sozialrecht, § 1 Rn. 15.

[216] BVerfG, Urteil v. 28.05.1993 – 2 BvF 2/90, 2 BvF 4/92, 2 BvF 5/92 = NJW 1993, 1751 (1768).

[217] Vgl. *Kokemoor*, Sozialrecht, Rn. 15.

[218] *Schnapp* G+S 2006, 55.

[219] Vgl. *Muckel/Ogorek/Rixen*, Sozialrecht, § 3 Rn. 4; vgl. *Kokemoor*, Sozialrecht, Rn. 16; vgl. *Kaiser* JA 2009, 538; vgl. *Merten* VSSR 1983, 147.

[220] Vgl. Igl/Welti/*Welti*, Gesundheitsrecht, § 10 Rn. 33.

[221] Siehe zu den einzelnen Grundsätzen bei Hauck/Noftz SGB IV E 010 S. 1 f.; siehe zum Risikoausgleich bei *Bieback* SGb 2012, 2 f.

[222] Vgl. *Wenner* GesR 2009, 172; siehe auch bei *Vogl* SozVers 1988, 10.

Ein Versicherungsfall ist ein Ereignis – oder das Zusammentreffen bestimmter Ereignisse – im Laufe des Lebens eines Versicherten, das bei Eintritt spezifische Nachteile oder Gefahrenlagen für den betroffenen Versicherten mit sich bringt, gegen welches die Versicherung Schutz gewährt und dessen Folgen mit Hilfe der Versicherung bewältigt werden sollen.[223] Es handelt sich dabei um einen Oberbegriff, der dazu dient, das im jeweiligen Sozialversicherungszweig versicherte Risiko vom allgemeinen Lebensrisiko des Versicherten abzugrenzen.[224] Durch den Versicherungsfall werden die Ansprüche der Versicherten begründet beziehungsweise ausgelöst.[225] Die gesetzliche Krankenversicherung ist eine Versicherung gegen das spezifische Risiko der Krankheit und ihrer Folgen.[226] Durch sie wird die Solidarität im Falle der Krankheit organisiert.[227] Die gesetzliche Krankenversicherung ist folglich eine durch Recht geschaffene Risikogemeinschaft, in der eine Umverteilung der Risikolast betreffend die Krankheit vollzogen wird.[228] Sie erfasst nach der gesetzlichen Typisierung diejenigen Personengruppen, die wegen ihrer niedrigen Einkünfte eines Schutzes für den Fall der Krankheit bedürfen, der durch Zwang zur Eigenvorsorge erreicht werden soll.[229] Damit dient sie insbesondere der Absicherung der Versicherten vor den finanziellen Risiken, die mit einer Erkrankung einhergehen können, und durch welche der Einzelne häufig überfordert und in der Folge von Armut bedroht wäre.[230] Der Staat erfüllt damit seine ihn treffende Verpflichtung, eine angemessene Versorgung der Bürgergesundheit zu gewährleisten.[231]

Dabei ist der Versicherungsfall der Krankheit vom Leistungsfall zu unterscheiden, der erst dann eintritt, sobald die jeweils weiteren leistungsspezifischen Voraussetzungen gegeben sind.[232] Liegen sowohl Versicherungs- als auch Leistungsfall vor, erbringt die gesetzliche Krankenversicherung die im SGB V vorgesehenen Leistungen. Die gesetzliche Krankenversicherung zielt allerdings nicht darauf ab, bestimmte Krankheitsursachen zu bekämpfen, sondern ist rein

---

[223] Siehe dazu BSG, Urteil v. 20.06.1995 – 8 R KnU 2/94 = NZS 1995, 556; siehe insbesondere bei *Vogl* SozVers 1988, 63.
[224] Vgl. BeckOK SozR/*Wietfeld* SGB VII § 7 Rn. 1, m.w.N.
[225] Vgl. *Vogl* SozVers 1988, 10 sowie 63.
[226] Vgl. BeckOGK/*Peters* SGB V Vorbemerkung zum SGB V Rn. 21 f.; Hauck/Noftz SGB V E 010 S. 1; vgl. *Kaiser* JA 2009, 539.
[227] *Welti* SR 2012, 127.
[228] Vgl. *Bieback* SGb 2012, 2.
[229] BVerfG, Beschluss v. 15.03.2000 – 1 BvL 16/96 = NJW 2000, 2730 (2731).
[230] Vgl. BVerfG, Beschluss vom 18.07.2005 – 2 BvF 2/01, BeckRS 2006, 21608, S. 1; vgl. *Muckel/Ogorek/Rixen*, Sozialrecht, § 8 Rn. 3; vgl. *Hohmann-Dennhardt* AuR 2006, 79; siehe zu der Schaffung und Wahrung der ökonomischen Voraussetzungen der persönlichen Freiheit des einzelnen Bürgers durch die Sozialversicherungen auch *Kaiser* JA 2009, 538; siehe auch *Merten* VSSR 1983, 147.
[231] Vgl. *Wenner* GesR 2009, 172.
[232] Vgl. BeckOGK/*Nolte* SGB V § 27 Rn. 7; vgl. BeckOK SozR/*Wietfeld* SGB VII § 7 Rn. 2; siehe auch bei *Vogl* SozVers 1988, 64.

auf die Absicherung von Bedarfslagen, die aus der Behandlungsbedürftigkeit einer Krankheit resultieren, gerichtet.[233]

### cc. Der Versicherungsfall der Krankheit

Normiert sind die Leistungsansprüche der Versicherten in den §§ 27 ff. SGB V als Naturalleistungsansprüche anhand unbestimmter Rechtsbegriffe, die erst durch untergesetzliches Recht, insbesondere dem Recht der Leistungserbringer sowie den Richtlinien des Gemeinsamen Bundesausschusses in konkret einklagbaren Leistungsansprüchen münden.[234] § 27 SGB V fasst die „Zielrichtung und Zweckbestimmung der Krankenbehandlung" zusammen.[235] Nach § 27 Abs. 1 S. 1 SGB V haben Versicherte einen Anspruch auf Krankenbehandlung, wenn sie notwendig ist, um eine Krankheit zu erkennen, zu heilen, ihre Verschlimmerung zu verhüten oder Krankheitsbeschwerden zu lindern. Die Krankenbehandlung setzt dementsprechend zunächst den Versicherungsfall der „Krankheit" voraus sowie die Behandlungsbedürftigkeit ebendieser, § 27 Abs. 1 S. 1 SGB V. Die Krankheit stellt dabei nicht den einzigen Versicherungsfall der gesetzlichen Krankenversicherung dar.[236] Hinzu treten noch die Versicherungsfälle der Schwangerschaft und Mutterschaft und der Behinderung sowie der Bereich der Prävention.

Eine erste Ausdehnung erfährt das versicherte Risiko bereits darin, dass es in der gesetzlichen Krankenversicherung anders als in der privaten Krankenversicherung nicht darauf ankommt, dass der Versicherungsfall bereits vor Eintritt in das Versicherungsverhältnis angelegt oder schon eingetreten ist.[237] Um das System daher vor Missbrauch schützen zu können, sieht § 52a SGB V einen Leistungsausschluss für den Fall vor, dass eine Person sich nur deshalb in den Geltungsbereich des SGB V begeben hat, um Leistungen in Anspruch zu nehmen.

#### aaa. Der Krankheitsbegriff

Allerdings wird der Begriff der Krankheit weder in der Verfassung erwähnt, noch als primäres Risiko der gesetzlichen Krankenversicherung seitens des Gesetzgebers definiert, sodass er der Interpretation und Auslegung bedarf.[238] Der Gesetzgeber hat bewusst keine Definition vorgenommen, sondern die Begriffskonkretisierung den Leistungserbringern, dem Gemeinsamen Bundesausschuss und der

---

[233] Vgl. *Schlegel/Knispel* in: jurisPK-SGB V, 4. Aufl. 2020, § 1 SGB V Rn. 22 ff.

[234] Vgl. MAH SozialR/*Hauck* § 17 Rn. 14; vgl. *Fahlbusch* in: jurisPK-SGB V, 4. Aufl. 2020, § 27 SGB V Rn. 12, 80; vgl. Spickhoff/*Nebendahl* SGB V § 27 Rn. 2 f.; vgl. zum sogenannten Rahmenrecht des Anspruchs auf Krankenbehandlung sowie das damit korrespondierende Rechtskonkretisierungskonzept *Neumann* SGb 1998, 609 f.; ebenso bei *Kingreen/Rixen* DÖV 2008, 747.

[235] BT-Drucks. 11/2237, S. 170.

[236] Vgl. BeckOGK/*Nolte* SGB V § 27 Rn. 7; vgl. *Kokemoor*, Sozialrecht, Rn. 184.

[237] Vgl. Igl/Welti/*Nebendahl*, Gesundheitsrecht, § 30 Rn. 132.

[238] Vgl. *Haverkate*, Verantwortung für Gesundheit als Verfassungsproblem, S. 120.

Rechtsprechung überlassen.[239] Es wäre für den Gesetzgeber zum einen so gut wie unmöglich gewesen, den komplexen Begriff der Krankheit allgemein und dynamisch zu beschreiben und zum anderen den Begriff zugleich so offen zu gestalten, dass er ständiger Entwicklung und dem medizinischen Fortschritt gegenüber flexibel bleibt.[240] Denn schließlich handelt es sich bei dem Begriff der Krankheit um einen „rechtlichen Zweckbegriff"[241], durch den das versicherte Risiko bestimmt und die Leistungspflicht ausgelöst wird. Nach ständiger Rechtsprechung ist unter dem Begriff Krankheit ein „regelwidriger, vom Leitbild des gesunden Menschen abweichender Körper- oder Geisteszustand, der ärztlicher Behandlung bedarf oder den Betroffenen arbeitsunfähig macht" zu verstehen.[242]

Die Notwendigkeit der Krankenbehandlung, sprich die Behandlungsbedürftigkeit im Sinne des § 27 Abs. 1 S. 1 SGB V, ist gegeben, wenn der regelwidrige Körper- oder Geisteszustand die körperlichen oder geistigen Funktionen in einem solch erheblichen Maß beeinträchtigt, dass ihre teilweise oder vollständige Wiederherstellung der ärztlichen Behandlung bedarf.[243] Dazu wiederum muss die Krankheit behandlungsfähig sein.[244] In ihrer Notwendigkeit ist die Krankenbehandlung zudem begrenzt durch die Verantwortungszuweisung in § 2 Abs. 1 S. 1 Hs. 2 SGB V und damit durch die Eigenverantwortung der Versicherten.

Dennoch stellt nicht der Begriff der Krankheit, sondern der der Gesundheit den begrifflichen Bezugspunkt der gesetzlichen Krankenversicherung dar. Dies lässt sich § 1 S. 1 SGB V entnehmen, nach welchem es Aufgabe der gesetzlichen Krankenversicherung ist, die Gesundheit der Versicherten zu erhalten, wiederherzustellen oder zu verbessern. Doch auch der Begriff der Gesundheit ist nicht definiert, obwohl sich aus ihm das Leitbild für die Bestimmung der Regelwidrigkeit des Zustands ableitet.[245] Schlussendlich entzieht sich der Begriff einer letztgültigen und allgemein anerkannten Definition schon deshalb, da Gesundheit keine messbare, mathematisch exakt bestimmbare Größe und ihr Inhalt zeitbedingt im Wandel und häufig interessengeprägt ist; so kann sowohl aus subjektiven, objektiven, individuellen oder gesellschaftlichen, aber auch aus

---

[239] Vgl. *Schuler* in LPK-SGB V, § 1 Rn. 4; vgl. auch *Albers*, Normative Grundlagen von Gesundheit, S. 272. Auch in der Reichsversicherungsordnung war der Begriff der Krankheit nicht legaldefiniert, gleichwohl er mehrfach Erwähnung fand, vgl. *Vogl* SozVers 1988, 13, der sich gleichwohl für eine „Legal-Definition […] hinsichtlich der Rahmenbedingungen" sowie der „Erscheinungsformen ‚Behandlungsbedürftigkeit' und ‚Arbeitsunfähigkeit'" ausspricht, *Vogl* SozVers 1988, 69.

[240] Vgl. *Hauck* NJW 2016, 2696 sowie 2700, der dieses Vorgehen des Gesetzgebers als „weise" bewertet; siehe dazu auch *Vogl* SozVers 1988, 13, der zudem Bezug auf die vorangegangene Ausgestaltung der Reichsversicherungsordnung nimmt.

[241] Vgl. BeckOGK/*Nolte* SGB V § 27 Rn. 9; vgl. auch *Hauck* NJW 2016, 2696.

[242] BSG, Urteil v. 22.04.2015 – B 3 KR 3/14 R = SozR 4-2500 § 33 Nr. 45, Rn. 19; vgl. BSG, Urteil v. 28.02.2008 – B 1 KR 19/07 R = SozR 4-2500 §27 Nr. 14, Rn. 11; vgl. BSG, Urteil v. 19.10.2004 – B 1 KR 3/03 R = SozR 4-2500 §27 Nr. 3, Rn. 12; siehe ausführlich zu den drei Bestandteilen Regelwidrigkeit, Behandlungsbedürftigkeit und Arbeitsunfähigkeit bei *Vogl* SozVers 1988, 14 ff.

[243] Vgl. BSG, Urteil v. 10.07.1997 – 3 RK 21/78 = BeckRS 9998, 104363.

[244] Vgl. *Fahlbusch* in: jurisPK-SGB V, 4. Aufl. 2020, § 27 SGB V Rn. 57 f.; vgl. BeckOGK/*Nolte* SGB V § 27 Rn. 19.

[245] Vgl. *Vogl* SozVers 1988, 14.

disziplinspezifischen Perspektiven eine Begriffsbestimmung der Gesundheit erfolgen.[246] Sie ist nicht mit rationalen Parametern zu bestimmen, kann ebenso gut als unerreichbarer Idealzustand oder als das bloße Fehlen manifester oder zumindest nachweisbarer körperlicher oder psychischer Funktionsstörungen bewertet werden.[247] Ihre Determinanten sind unterschiedlicher Natur, können aber zu einem Großteil sozialen Faktoren wie der Bildung, dem Einkommen oder des Arbeitsplatzes entstammen.[248] Gesundheit ist also ein hochkomplexer Begriff.[249] Der Gesetzgeber hat sich folglich ebenso wie im Falle der Krankheit dazu entschlossen, die Definitionszuständigkeit der Praxis und der Rechtsprechung zu überlassen und hat insbesondere davon abgesehen, den Begriff der Weltgesundheitsorganisation zu übernehmen.[250]

**bbb. Ausweitung des versicherten Risikos um den Bereich der Prävention**

Ist aber die Gesundheit der Bezugspunkt, kann die Leistungspflicht der gesetzlichen Krankenversicherung nicht erst mit der Krankheit bestehen. Die Gesundheit ist aufgrund ihrer „existentiellen Bedeutung und ihres transzendentalen, andere Lebensvollzüge erst ermöglichenden Charakters ein besonderes Gut".[251] Aus diesem Grund hat der Gesetzgeber vermehrt Bemühungen angestrengt, den Leistungskatalog in den Bereich vor der Risikoverwirklichung hinein auszuweiten.[252] Angesprochen sind die Maßnahmen der Prävention und Gesundheitsförderung. Die Prävention war als „Krankheitsverhütung" bereits in §§ 187, 364 Abs. 1 Nr. 1 RVO angelegt. Der Begriff zielt auf die Bereiche der noch nicht herausgebildeten beziehungsweise der schon vorhandenen Risikofaktoren ab.[253] Präventionsleistungen dienen dazu, Risiken der Erkrankung möglichst früh zu begegnen. Umfassend strukturiert wurden diese durch das Präventionsgesetz in den §§ 20 ff.

---

[246] Vgl. Eichenhofer/v. Koppenfels-Spies/Wenner/SGB V/*Axer*, § 1 Rn. 11; vgl. auch *Vogl* SozVers 1988, 14.

[247] Vgl. Maunz/Dürig/*Di Fabio* GG Art. 2 Abs. 2 Nr. 1 Rn. 57; zum Prozess der Idealisierung siehe auch *Klotter* Gesundheitswesen 2010, 17.

[248] Vgl. *Klotter* Gesundheitswesen 2010, 17.

[249] Siehe auch *Albers*, Normative Grundlagen von Gesundheit, S. 268.

[250] BT-Drucks. 11/2237, S. 157; zu dem Begriff der Weltgesundheitsorganisation siehe unter https://www.euro.who.int/de/media-centre/sections/press-releases/2013/03/new-who-report-reveals-unequal-improvements-in-health-in-europe-and-calls-for-measurement-of-well-being-as-marker-of-progress, zuletzt aufgerufen am 23.03.2021; siehe auch die Darstellung von *Kickbusch*, Der Gesundheitsbegriff der Weltgesundheitsorganisation, in: Gesundheit – unser höchstes Gut?; vgl. zudem Eichenhofer/v. Koppenfels-Spies/Wenner/SGB V/*Axer*, § 1 Rn. 12, m.w.N.

[251] *Huster* JZ 2006, 468; siehe auch *Huster* JZ 2008, 859; ähnlich einleitend auch *Welti* GesR 2015, 1; siehe auch *P. Kirchhof* MMW 1998, 200; nach teilweise anderer Auffassung kann bei Gesundheit nicht von einem „universalen Wert" gesprochen werden, da sie tendenziell schichtengebunden und damit „Teil und Ausdruck eines sozialen Konfliktes" ist. Gesundheit sei ein „ambivalentes Gut", dass auf der einen Seite die Lebensqualität verbessere, da sie vor Schmerzen und Leid bewahre, sie daher erstrebenswert sei, auf der anderen Seite aber mit der Arbeitswelt in enger Verbindung stünde und somit unfreiwillige Aspekte in sich berge, *Klotter* Gesundheitswesen 2010, 20.

[252] Vgl. Eichenhofer/v. Koppenfels-Spies/Wenner/SGB V/*Lungstras*, § 20 Rn. 2; siehe zudem BGBl. I 1992, S. 2266, BGBl. I 1999, S. 2626, BGBl. I 2015, S. 1368.

[253] Vgl. *Vogl* SozVers 1988, 11.

SGB V.[254] In ihnen werden Risiken ausgemacht, Handlungsfelder und Leistungen der Qualität und Effektivität nach bestimmt und dem jeweils spezifisch angelegten Risiko entgegengesetzt. Maßnahmen der Prävention sollen den Versicherten vor vermeidbaren und häufig nicht behandelbaren chronischen Leiden und Krankheiten schützen und zugleich die Versichertengemeinschaft finanziell entlasten.[255] Allerdings dienen sie nicht nur rein der Verhütung, sondern auch der Vermeidung einer Verschlimmerung oder schlicht der Gelegenheit einer frühestmöglichen Behandlung.[256]

Die Ausweitung des versicherten Risikos der gesetzlichen Krankenversicherung, welche eindeutig Maßnahmen der Krankheitsvermeidung und -früherkennung umfasst, übersteigt den Umfang des klassischen Versicherungsfalls der Krankheit.[257] Das wird besonders deutlich in der Frage, ab wann ein Krankheitsrisiko einen im Sinne des Krankenversicherungsrechts behandlungsbedürftigen und leistungsauslösenden Krankheitsfall darstellt.[258] Gleichwohl stehen sie über ihre Zielsetzung und in Verbindung mit den ausgegebenen Gesundheitszielen in § 20 SGB V in einem sachlich-gegenständlichen Bezug zum Versicherungsfall der Krankheit und zu den in der gesetzlichen Krankenversicherung Versicherten.[259] Damit kann als weiterer Leistungstypus neben der Krankenbehandlung die Prävention ausgemacht werden.

#### ccc. Fortlaufender Entwicklungsprozess der Bestimmung des versicherten Risikos

Das Risiko in Form des Krankheitsrisikos ist damit elementarer Bestandteil der gesetzlichen Krankenversicherung und zwar nicht nur nach, sondern auch schon vor seiner Verwirklichung. Der Gesetzgeber hat somit die nötigen Instrumente geschaffen, „um in zeitlich und sachlich umfassender Weise die Auseinandersetzung mit dem schicksalhaften Ereignis Krankheit in allen Phasen ihrer Ausprägung zu bestehen, gleichgültig, ob die Krankheit nur als Möglichkeit oder Gefahr besteht oder droht, ob sie schon zum Faktum geworden ist, oder ob es darum geht, ihre Folgen zu mildern, zu überwinden oder auszugleichen“.[260] Trotz der ihn treffenden Verantwortung ist und bleibt der Staat, beziehungsweise die Politik,

---

[254] Vgl. BGBl. I 2015, S. 1368.
[255] Vgl. *Schütze* in: jurisPK-SGB V, 4. Aufl. 2020, § 20 SGB V Rn. 14; vgl. Knickrehm/Kreikebohm/Waltermann/*Joussen* SGB V § 20 Rn. 1.
[256] Vgl. auch *Vogl* SozVers 1988, 11.
[257] Vgl. *Axer*, Finanzlast für Primärprävention, S. 51 ff., unter Hinweis auf die verfassungsrechtliche Fragestellung, in wie weit es sich um Aspekte der Sozialversicherung handelt und der damit verbundenen Frage, ob der Gesetzgeber überhaupt die notwenige Gesetzgebungskompetenz innehatte, wie auch auf den Grundsatz der Folgerichtigkeit; vgl. hingegen *Eichenhofer* SGb 2003, 709, der die „Gesundheitserziehung“ als selbstverständlichen Zweig sozialer Vorsorge einordnet.
[258] Siehe zu der Problemstellung ausführlich bei *Meier/Harney* GuP 2021, 53 ff.
[259] Vgl. *Axer*, Finanzlast für Primärprävention, S. 51.
[260] *Vogl* SozVers 1988, 12.

„Produktgestalter" der gesetzlichen Krankenversicherung.[261] Damit steht auch im Einklang, dass nicht alle medizinisch zur Verfügung stehenden Mittel Leistungen der gesetzlichen Krankenversicherung werden müssen.[262]

Eine Ausnahme besteht nur hinsichtlich lebensbedrohlicher oder regelmäßig tödlich verlaufender Erkrankungen, bei denen eine allgemein anerkannte, dem medizinischen Standard entsprechende Behandlung nicht zur Verfügung steht. Im sogenannten „Nikolausbeschluss" des Bundesverfassungsgerichts wurde unter Rückgriff auf Art. 2 Abs. 1 sowie Abs. 2 GG in Kombination mit dem Sozialstaatsprinzip aus Art. 20 Abs. 1 GG ein Anspruch unmittelbar aus der Verfassung auf noch nicht anerkannte, und folglich nicht im Leistungskatalog der gesetzlichen Krankenversicherung vorgesehene Behandlungsmethoden bei ebensolchen Leiden entwickelt, soweit eine nicht ganz entfernt liegende Aussicht auf Heilung oder auf eine spürbare positive Einwirkung auf den Krankheitsverlauf durch Anwendung der Behandlungsmethode besteht.[263] Zuvor war ein solcher Anspruch nur aufgrund von Systemversagen[264] denkbar, wenngleich auch hier die in Rede stehende Methode dem allgemeinen Stand der medizinischen Erkenntnisse entsprechen musste.[265] Damit hatte das Bundesverfassungsgericht für diesen spezifischen und an hohe Anforderungen geknüpften Versicherungsfall der Krankheit zu einer grundrechtsorientierte Auslegung des Leistungsrechts der gesetzlichen Krankenversicherung aufgefordert.[266] Dieser vom Bundesverfassungsgericht entwickelte Anspruch veranlasste den Gesetzgeber zur Neuregelung des § 2 SGB V. Dabei wurde der Anspruch vom Gesetzgeber beinahe wortgleich in § 2 Abs. 1a SGB V mit dem Zusatz der „wertungsmäßig vergleichbaren Erkrankung" übernommen. So wurde die verfassungsunmittelbare Erweiterung des Leistungsumfangs gesetzlich verankert.[267] In seiner Folgerechtsprechung, die insgesamt unter dem Begriff der „Nikolaus-Rechtsprechung" firmiert, hat das Bundesverfassungsgericht diesen Anspruch stellenweise erweitert.[268] Hervorzuheben ist

---

[261] Igl/Welti/*Schäfer*, Gesundheitsrecht, § 34 Rn. 23; ähnlich auch *Huster* Ethik Med 2010, 290; siehe BVerfG, Beschluss v. 06.12.2005 – 1 BvR 347/98, wo von der „einseitigen Gestaltung der Rechte und Pflichten der am Versicherungsverhältnis Beteiligten" durch den Gesetzgeber gesprochen wird.

[262] Vgl. BVerfG, Beschluss v. 06.12.2005 – 1 BvR 347/98 = NJW 2006, 891 (893).

[263] Vgl. BVerfG, Beschluss v. 06.12.2005 – 1 BvR 347/98 = NJW 2006, 891 (894); siehe zudem die Darstellung bei Krauskopf/*Vossen* SGB V § 2 Rn. 11; siehe zur Kritik am Nikolausbeschluss die Zusammenstellung bei *Wenner* GesR 2009, 177 f.; siehe auch die kurze Darstellung bei *Bockholdt* NZS 2017, 570 f.; kritisch im Übrigen auch *Huster* JZ 2006, 466 ff., in seiner ausführlichen Urteilsbesprechung.

[264] Es können drei Fälle des sogenannten Systemversagens unterschieden werden: die nicht rechtzeitige Erbringung einer Leistung, die rechtswidrige Leistungsablehnung und die nicht rechtzeitige Entscheidung über einen Leistungsantrag, vgl. Becker/Kingreen/*Kingreen* SGB V § 13 Rn. 16.

[265] Vgl. *Huster* JZ 2006, 466; siehe insgesamt zu den vorherigen Ausnahmen *Bockholdt* NZS 2017, 570.

[266] Vgl. *Bockholdt* NZS 2017, 569 f.; vgl. *Pade* NZS 2007, 353.

[267] Vgl. Eichenhofer/v. Koppenfels-Spies/Wenner/SGB V/*Axer*, § 2 Rn. 18 ff.; siehe mit Beispiel BT-Drucks. 17/6906, S. 53; vgl. auch Becker/Kingreen/*Scholz* SGB V § 2 Rn. 1, 5 ff.

[268] Siehe die Darstellung der sogenannten „Nikolaus-Rechtsprechung" bei *Bockholdt* NZS 2017, 569 ff.

insoweit zum einen der Beschluss vom 29.11.2007 zum Anspruch auf Hyperthermiebehandlung bei einem metastasierenden Darmkarzinom.[269] In diesem sprach das Bundesverfassungsgericht erstmals ausdrücklich von einem „Verbot“ eines Ausschlusses einer bestimmten Behandlungsmethode, soweit der Betroffene unter einer lebensbedrohlichen oder regelmäßig tödlich verlaufenden Erkrankungen leidet, für die eine allgemein anerkannte, dem medizinischen Standard entsprechende Behandlung nicht zur Verfügung steht und gewichtige Hinweise auf eine Heilung durch das Anwenden der Methode vorliegen. Zusätzlich erachtete das Bundesverfassungsgericht es ausdrücklich für möglich, dass sich dieser Anspruch auch auf solche Methoden erstrecken würde, die zuvor im Zulassungsverfahren durch den Gemeinsamen Bundesausschuss als Katalogleistungen abgelehnt wurden.[270] Zum anderen hat das Bundesverfassungsgericht in seinem Urteil vom 10.11.2015 und seinem Beschluss vom 11.04.2017 erstmals selbst von einem – wenn auch in nur sehr engen Grenzen anerkannten – verfassungsunmittelbaren Leistungsanspruch gesprochen.[271]

### dd. Der Risikomaßstab des SGB V als Tatbestandskriterium

Bisher nicht klar hervorgegangen ist indes die Bedeutung des im SGB V angelegten Risikomaßstabes. Zwar erstreckt sich das versicherte Risiko auf den Fall der Krankheit und umfasst – da auf die Gesundheit gerichtet – auch bereits deren Erhaltung; beschrieben ist damit aber nur die noch weitestgehend unkonkrete Leistungspflicht des Versicherungsträgers. Welche Risiken also spezifisch berücksichtigt werden, ergibt sich demnach nur mit Blick auf konkrete Leistungsbereiche der gesetzlichen Krankenversicherung.

Ziel der nachfolgenden Darstellung ist es, herauszuarbeiten, in welchen Kontexten und aus welchen Gründen der Gesetzgeber explizit Bezug auf bestimmte Risiken genommen hat. Insoweit erscheint es notwendig, den diesbezüglichen Befund unter Hinzunahme der Gesetzesbegründungen und der spezifischen Leistungsbereiche auszulegen.

### aaa. Grobe Eingrenzung des Befundes

Wer nach dem Begriff „Risiko“ innerhalb des SGB V sucht, wird fündig. Allerdings ist er fast ausschließlich in Zusammenführung mit weiteren Begriffen – beispielsweise in Gestalt von „Erkrankungsrisiko“ oder „Risikoprüfung“ – anzutreffen, die dem Zweck dienen, das per se bedeutungsflexible „Risiko“ in einen tatbestandlich erforderlichen Kontext zu rücken. Für sich genommen bedeutet Risiko im allgemeinen, nichtjuristischen Sprachgebrauch zunächst nur, die Möglichkeit eines negativen Ausgangs eines Vorhabens oder einer Unternehmung,

[269] Vgl. BVerfG, Beschluss v. 29.11.2007 – 1 BvR 2469/07 = NZS 2008, 365.
[270] Vgl. BVerfG, Beschluss v. 29.11.2007 – 1 BvR 2469/07 = NZS 2008, 365.
[271] Vgl. bereits die Leitsätze in BVerfG, Urteil v. 10.11.2015 – 1 BvR 2056/12 = MPR 2015, 210, sowie BVerfG, Beschluss v. 11. April 2017 – 1 BvR 452/17 = NJW 2017, 2096.

mit welchem Nachteile, Verlust oder Schäden verbunden sind.[272] Ein Risiko erfüllt damit zwar noch nicht das Anforderungsprofil einer Gefahrenlage – wie sie etwa dem staatlichen Gefahrenabwehrrecht zugrunde gelegt ist – stützt aber bereits das Ergreifen von Vorsorgemaßnahmen, die lediglich die Möglichkeit eines Schadenseintritts voraussetzen.[273] Dies konnte bereits am Beispiel der Prävention dargestellt werden. Für die Darstellung des Risikomaßstabs bietet sich eine grobe Vorsortierung der Risikoerwähnungen zu Begriffsgruppen an, die sodann in komprimierter Weise erläutert werden.

### (1). Ausschluss von Risikoselektion und risikobasierten Beiträgen

Das System der gesetzlichen Krankenversicherung ist in weiten Teilen auf Wettbewerb unter den bestehenden Krankenkassen angelegt.[274] Der Gedanke, der dem zugrunde liegt, sieht im Wettbewerb unter den Krankenkassen auf der Basis des Solidaritätsprinzips die Möglichkeit, wirtschaftliches und effizientes Verhalten der Krankenkassen zu fördern.[275] Da aber aufgrund von weitgehend einheitlich gesetzlich geregeltem Beitrags- und Leistungsrecht kaum nennenswerte Unterschiede zwischen den Krankenkassen festzustellen sind, bündelt sich der Wettbewerb in der Konkurrenz um die Versicherten. Nach dem Bundesverfassungsgericht scheidet aber ein Konflikt zwischen dem Gedanken der Solidarität einerseits und einer forcierten Wettbewerbsordnung anderseits als Zielsetzung der gesetzlichen Krankenversicherung aus.[276] Wettbewerb beginne erst dort, wo die Solidarität endet. Aus diesem Grund sei auch der Ausschluss einer Risikoselektion der Krankenkassen bezüglich der Versicherten angezeigt.[277]

Mit § 4a SGB V wurde daher eine Norm geschaffen, in der zentriert die Verhaltensregeln des Wettbewerbs der Krankenkassen untereinander aufgestellt und ihre effektive Durchsetzung gewährleistet werden.[278] Damit sollte auch für das Verfahren des Wettbewerbs und die Sanktion von Verstößen gegen dessen Ordnung Rechtssicherheit für alle Beteiligten geschaffen werden.[279] Das Verbot der Risikoselektion, ist zudem eine Entsprechung des Grundsatzes der Nichtberücksichtigung von Krankheitsrisiken in der gesetzlichen Krankenversicherung.

Da der Einzelne selten absehen kann, ob und wann bei ihm ein Schadensfall eintritt, ermöglicht erst die Gesamtheit an Schäden eine Abschätzbarkeit ihrer Häufigkeit und Höhe.[280] Zudem neigt der Mensch dazu, im Fall der Gesundheit das

---

[272] Vgl. zur Definition https://www.duden.de/rechtschreibung/Risiko, zuletzt aufgerufen am 01.04.2023.
[273] *Albers*, Risikoregulierung im Bio-, Gesundheits- und Medizinrecht, S. 13 f.
[274] Vgl. *Krasney* in: jurisPK-SGB V, 4. Aufl. 2020, § 4a SGB V Rn. 15.
[275] Vgl. dazu etwa BVerfG, Beschluss 18.07.2005 – 2 BvF 2/01, BeckRS 2006, 21608, S. 42.
[276] So BVerfG, Beschluss 18.07.2005 – 2 BvF 2/01, BeckRS 2006, 21608, S. 42.
[277] Vgl. BVerfG, Beschluss 18.07.2005 – 2 BvF 2/01, BeckRS 2006, 21608, S. 42; im Übrigen auch BT-Drucks. 12/3608, S. 68 f.
[278] Vgl. BT-Drucks. 19/15662, S. 67; siehe auch BeckOK/Heberlein SGB V § 4a Vor. Rn. 1.
[279] Vgl. *Krasney* in: jurisPK-SGB V, 4. Aufl. 2020, § 4a SGB V Rn. 3 f.
[280] Vgl. *Schlegel/Knispel* in: jurisPK-SGB V, 4. Aufl. 2020, § 1 SGB V Rn. 6.

Risiko der Krankheit zu unterschätzen.[281] Daher werden Personen, die einer grundlegend gleichen Gefährdungslage – nämlich der der Krankheit – ausgesetzt sind, durch Gesetz zu einer Versichertengemeinschaft der gesetzlichen Krankenversicherung zusammengeschlossen, in der eine Verteilung der kalkulierbaren Risikolast auf die Gemeinschaft in Gänze erfolgt.[282] Es gilt Risikosolidarität in der gesetzlichen Krankenversicherung: Versicherungspflicht, Beitragshöhe und Leistungsumfang sind unabhängig von der individuellen Risikodisposition des Versicherten festgelegt.[283]

Das bestehende Verbot der Risikoselektion führt aber dazu, dass in den einzelnen Krankenkassen des gegliederten Systems unterschiedliche Versichertengemeinschaften und damit unterschiedliche Risikostrukturen geschaffen werden. Aus Unterschieden hinsichtlich Alter, Geschlecht, Wohnort und Erkrankungen der Versicherten ergeben sich unterschiedliche Ausgabenrisiken für die Krankenkassen. Unterschiedliche Finanzstärke ist die sich daraus ergebende Konsequenz, weshalb es eines Verfahrens zum Risikolastenausgleich unter den Krankenkassen bedurfte.[284] Die Ausgleichsbedürftigkeit gründet sich insbesondere in dem Umstand, dass die Krankenkassen durch das Verbot gerade keine Möglichkeit haben, auf die Zusammensetzung ihrer Versichertengemeinschaft Einfluss zu nehmen; es gelten Kontrahierungszwang und der gemäß § 241 SGB V allgemeine Beitragssatz.[285] Besonderer Ausgleichsmechanismus der gesetzlichen Krankenkasse ist der Risikostrukturausgleich, geregelt in den §§ 266 ff. SGB V. Dieser zielt auf eine gerechte Beitragsbelastung und den Abbau von Wettbewerbsverzerrungen aufgrund der Differenzen zwischen den Beiträgen der Krankenkassen ab.[286]

Trotz des Wettbewerbs der Krankenkassen untereinander kommt über den Risikostrukturausgleich zum Ausdruck, dass es sich nicht um unterschiedliche, voneinander abgegrenzte Solidargemeinschaften, sondern um eine Solidargemeinschaft der gesetzlichen Krankenversicherung handelt.[287] In dem Regelungskomplex der §§ 266 ff. SGB V wird unter expliziter Bezugnahme auf anhand von Erkrankungs- und Gesundheitsrisiken differenzierte Risikogruppen die in der Solidargemeinschaft gebotene Gleichbehandlung durch das Angleichen des unterschiedlichen Beitragsaufkommens wiederhergestellt.[288] Die Risikoberücksichtigung erfolgt subjektunspezifisch auf der Ebene der Solidargemeinschaft und findet hierin ihren finanziellen Ausgleich.

---

[281] Vgl. *Welti* GesR 2015, 5.

[282] Vgl. *Schlegel/Knispel* in: jurisPK-SGB V, 4. Aufl. 2020, § 1 SGB V Rn. 7.

[283] Vgl. *Schuler* in LPK-SGB V, § 1 Rn. 2; vgl. Becker/Kingreen/*Becker/Kingreen* SGB V § 1 Rn. 4.

[284] Siehe BT-Drucks. 12/3608, S. 74 f., 117.

[285] Vgl. Eichenhofer/v. Koppenfels-Spies/Wenner/SGB V/*Axer*, § 266 Rn. 7.

[286] Vgl. Krauskopf/*Böttiger* SGB V § 266 Rn. 2; vgl. *A. Becker* in: jurisPK-SGB V, 4. Aufl. 2020, § 266 SGB V Rn. 27; siehe um Übrigen zur geschichtlichen Entwicklung, auf welche mit dem RSA reagiert wurde BT-Drucks. 14/5681, S. 3 ff.

[287] Vgl. Krauskopf/*Böttiger* SGB V § 266 Rn. 5.

[288] Vgl. Krauskopf/*Böttiger* SGB V § 266 Rn. 6.

### (2). Risikobegrenzung und Schutz von Risikogruppen

In einzelnen Normen hat der Gesetzgeber unter Verwendung bestimmter Risikobegriffe versucht, den Fokus auf die Senkung von bestimmten Erkrankungsrisiken und den Schutz ausgemachter Risikogruppen zu richten. § 20 Abs. 3 S. 1 Nr. 1 SGB V etwa erwähnt explizit das Erkrankungsrisiko des Diabetes mellitus Typ 2.[289] Dessen Senkung wird als durch den Spitzenverband Bund der Krankenkassen in seiner Aufgabenwahrnehmung zu beachtendes Gesundheitsziel im Zuge der Präventionsstrategie, insbesondere hinsichtlich der Prävention von Mangel- und Fehlernährung sowie der Übergewichts- und Adipositasprävention, ausgegeben.[290] Abs. 3 bezieht sich auf Abs. 2, indem er enumerative Handlungsfelder benennt, die im Zuge der nach Abs. 2 vorzunehmenden Entwicklung von Handlungsfeldern und Kriterien für Leistungen gemäß Abs. 1 zu berücksichtigen sind. Das Risiko der Erkrankung sowie die frühzeitige Erkennung und Behandlung von Erkrankten an Diabetes mellitus Typ 2 ist demnach ein Schwerpunkt der Präventionsleistungen und hat für den Gesetzgeber entsprechende Präventionsrelevanz. Diese Schwerpunktsetzung folgt der Einschätzung, dass die Anstrengungen aufgrund begrenzter Mittel auf besonders dringliche und deshalb zu priorisierende Gesundheitsrisiken zu konzentrieren seien.[291] Die dabei angelegten Kriterien sind die Inzidenz, die Prävalenz, die Krankheitsschwere und die volkswirtschaftliche Relevanz der Risiken.[292]

Erwähnung finden sollen auch diejenigen Normen, die im Zuge der COVID-19-Pandemie eine Neuformulierung erfahren haben. So wurde beispielsweise § 20i SGB V mit Blick auf den Erreger SARS-CoV-2 stärker auf den Schutz der Bevölkerung, insbesondere von vulnerablen Bevölkerungsgruppen, sowie der Funktionserhaltung des Gesundheitssystems ausgerichtet.[293]

### (3). Verknüpfung der Leistungsgewährung mit Graden des Erkrankungsrisikos

Auch innerhalb des Dritten Kapitels des SGB V wird Bezug auf Risiken genommen. Die betreffenden Normen können zum einen in solche eingeteilt werden, die direkt an bestimmte Verhaltensweisen des Versicherten anknüpfen, aus denen ein erhöhtes Erkrankungsrisiko resultiert, und in solche, die der Berücksichtigung von außerhalb des Einflussbereichs des Versicherten liegenden Erkrankungsrisiken dienen.

---

289 Siehe zu den zugrunde gelegten Erwägungen hinsichtlich des Diabetes mellitus Typ 2 BT-Drucks. 14/5660, S. 100 f.

290 Vgl. BT-Drucks. 18/4282, S. 63, 69.

291 Vgl. *Schütze* in: jurisPK-SGB V, 4. Aufl. 2020, § 20 SGB V Rn. 44.

292 Vgl. BT-Drucks. 14/5660, S. 124.

293 Vgl. BT-Drucks. 19/23944, S. 1 ff., 39 ff.; siehe insgesamt zur Strategie des Schutzes vulnerabler Bevölkerungsgruppen die Ausführungen des Robert-Koch-Instituts vom 23.10.2020, abrufbar unter https://www.rki.de/DE/Content/InfAZ/N/Neuartiges_Coronavirus/Strategie_Ergaenzung_Covid.html, zuletzt am 01.04.2023.

Gerade die Zweckrichtung des Kollektivschutzes vor Infektionskrankheiten wurde in jüngster Zeit durch das Masernschutzgesetz[294] sowie die gesundheitlichen, wirtschaftlichen und sozialen Folgen der SARS-CoV-2-Pandemie in den Fokus des öffentlichen Interesses gerückt.[295] Eine erhebliche Ausweitung hat dabei § 20i SGB V erfahren.[296] Durch das zweite und dritte Gesetz zum Schutz der Bevölkerung bei einer epidemischen Lage von nationaler Tragweite wurden in Abs. 3 Satz 2 mehrere Ansprüche der Versicherten im Kontext der Bekämpfung der SARS-CoV-2-Pandemie vorgesehen. Durch das zweite Gesetz zum Schutz der Bevölkerung bei einer epidemischen Lage von nationaler Tragweite wurde die Überschrift des § 20i SGB V zu „Leistungen zur Verhütung übertragbarer Krankheiten, Verordnungsermächtigung" neu gefasst, wobei es sich um eine redaktionelle Folgeänderung aufgrund des neuen Regelungsgehaltes des Abs. 3 handelt.[297] Zudem wurde in einer ersten Phase der Strategieentwicklung in der Bekämpfung der SARS-CoV-2-Pandemie der Fokus verstärkt auf die Nachverfolgung von Infektionsketten gelegt, sodass insbesondere Testungen auf den Erreger als wichtiges Instrument ausgemacht wurden.[298] Dazu wurde eine Verordnungsermächtigung zu Gunsten des Bundesministeriums für Gesundheit vorgesehen, die die gesetzliche Krankenversicherung zur Leistung von Testungen auf den SARS-CoV-2-Erreger verpflichtet.[299] Durch das dritte Gesetz zum Schutz der Bevölkerung bei einer epidemischen Lage von nationaler Tragweite wurde der Abs. 3 S. 2 erneut geändert und dabei ausgeweitet. Vorgesehen sind nun die Möglichkeit durch Verordnung in lit. a) einen Anspruch der Versicherten auf „bestimmte Schutzimpfungen oder auf bestimmte andere Maßnahmen der spezifischen Prophylaxe haben, im Fall einer Schutzimpfung gegen das Coronavirus SARS-CoV-2 insbesondere dann, wenn sie aufgrund ihres Alters oder Gesundheitszustandes ein signifikant erhöhtes Risiko für einen schweren oder tödlichen Krankheitsverlauf haben, wenn sie solche Personen behandeln, betreuen oder pflegen oder wenn sie in zentralen Bereichen der Daseinsvorsorge und für die Aufrechterhaltung zentraler staatlicher Funktionen eine Schlüsselstellung besitzen", zu bestimmen.[300] Darüber hinaus wurde in Lit. c), ebenfalls unter expliziter Erwähnung eines erhöhten Risikos, die Möglichkeit geschaffen, einen Anspruch der Versicherten auf bestimmte Schutzmasken zu begründen, „wenn sie zu einer in der Rechtsverordnung festzulegenden Risikogruppe mit einem signifikant erhöhten Risiko für einen schweren oder tödlichen Krankheitsverlauf nach einer Infektion mit dem Coronavirus SARS-CoV-2 gehören".[301] Verfolgt werden durch die Regelungen zum einen die Ziele, besonders risikobelastete Gruppen zu

---

294 BGBl. I 2020, S. 148.
295 *Schütze* in: jurisPK-SGB V, 4. Aufl. 2020, § 20i SGB V Rn. 19, m.w.N.
296 Vgl. BGBl. I 2020, S. 1018 sowie BGBl. I 2020, S. 2397; siehe auch BT-Drucks. 19/19216, S. 47 f.
297 BGBl. I 2020, S. 1026; BT-Drucks. 19/18967, S. 65.
298 Vgl. BT-Drucks. 19/18967, S. 2 f., 42 f., 65.
299 BT-Drucks. 19/18967, S. 65.
300 BGBl. I 2020, S. 2410 f.
301 BGBl. I 2020, S. 2411.

schützen, die Pandemie zu bekämpfen und einzugrenzen. Zum anderen wurden durch sie die Grundlagen des Impfprogrammes vorbereitet und die Versicherten von den finanziellen Belastungen befreit, die eine einheitliche und zielgerichtet Strategie hätten behindern können.[302] Ein möglicher Anspruch ergibt sich daher aus einem erhöhten Erkrankungsrisiko durch den gesundheitlichen Zustand der Versicherten oder ihre spezifische Tätigkeit, durch welche sie einem erhöhten Risiko ausgesetzt sind.

Die Erwähnung der Risikograde von Versicherten und die daraus resultierende Begrenzung oder Begründung von Ansprüchen lassen erste Rückschlüsse auf die Intention des Gesetzgebers hinsichtlich einer eventuellen Risikoberücksichtigung in Korrelation zur Versichertenindividualverantwortung oder eben zur Verantwortungszuweisung an die Solidargemeinschaft zu. Gerade bei Normen, die unter dem Eindruck der anhaltenden SARS-CoV-2-Pandemie eine Regelung erfahren haben, kann das Fehlen von Individualverantwortung festgestellt werden. Hier soll gerade aufgrund der Risikoüberladung des Einzelnen die Verantwortung auf dem System lasten, sowohl in finanzieller Hinsicht als auch was die Besorgung der Versorgungsleistungen anbelangt. Es kommt in den benannten Vorschriften vordergründig auf in besonderer Weise erhöhte Erkrankungsrisiken im Vergleich zu solchen Versicherungsgruppen, die nicht zu den hier adressierten Versicherten gehören. Es findet damit eine gruppen- und erkrankungsspezifische Abwägung statt, die aufgrund der besonderen Risikolage einen Anspruch begründet.

#### (4). Risikobelastung von Medizinprodukten und Behandlungsmethoden

In einigen Fälle hat der Gesetzgeber den Begriff des Risikos an Stellen erwähnt, in denen Ansprüche der Versicherten auf bestimmte Medizinprodukte oder Behandlungsmethoden geregelt oder konkretisiert werden, sowie deren Verfahren, durch die sich aber ein eventuelles Risiko für den Patienten gerade durch die Verwendung ergeben kann. Für Medizinprodukte besteht kein so aufwendiges Zulassungsverfahren wie es im Arzneimittelrecht der Fall ist.[303] Über ein Konformitätsbewertungsverfahren, welches von den Herstellern durchgeführt wird, werden die Medizinprodukte ihrem Gefährdungspotential entsprechend klassifiziert.[304] § 33a Abs. 1 S. 1 SGB V beinhaltet bezogen auf digitale Technologien, die unter den Begriff der Medizinprodukte im Sinne des § 33 SGB V fallen, einen Anspruch der Versicherten und begrenzt diesen zugleich durch die Erwähnung von niedrigen Risikoklassen, die in Abs. 2 definiert werden. Eine ähnliche Regelung findet sich auch in § 137h SGB V. In ihm wird für neue, innovative Methoden, die maßgeblich auf der Verwendung von Medizinprodukten hoher Risikoklasse beruhen, zur Sicherung der Versorgungssicherheit aufgrund deren besonders invasiven Charakters, ein obligatorisches Verfahren der frühen

---

302 Vgl. dazu die Stellungnahme des Bundesministeriums für Gesundheit, abrufbar unter https://www.bundesgesundheitsministerium.de/drittes-bevoelkerungsschutzgesetz.html, zuletzt am 01.04.2023; siehe auch BT-Drucks. 19/23944, S. 2.
303 Vgl. *Pitz* in: jurisPK-SGB V, 4. Aufl. 2020, § 33 SGB V Rn. 13.
304 Vgl. *Pitz* in: jurisPK-SGB V, 4. Aufl. 2020, § 33 SGB V Rn. 13 ff.

Nutzenbewertung durch den Gemeinsamen Bundesausschuss vorgesehen.[305] Ziel dessen ist es, eine Bewertungsentscheidung aufgrund der Erkenntnisse zu Nutzen, Schaden und Potential der Methoden zu vollziehen, um eine Einstandspflicht der gesetzlichen Krankenkassen begründen zu können.[306] Damit soll ein Beitrag zur Förderung der Patientensicherheit geleistet und gleichzeitig schwerkranken Patienten ein möglichst zügiger Zugang zu den entsprechenden Methoden ermöglicht werden.[307] Auch § 27a Abs. 2 SGB V sowie der mit diesem korrespondierende, auf die Leistungserbringer bezogene § 121a Abs. 1 SGB V, fußen in ihrem Regelungsgehalt auf einer zu Grunde gelegten Risikobelastung der Versicherten. Die Normen stellen erhöhte Anforderungen an das Verfahren sowie einen Genehmigungsvorbehalt für die Leistungserbringer, begründet durch das erhöhte Risiko von Mehrlingsschwangerschaften im Zuge der im Stimulationsverfahren durchgeführten Insemination.[308] Die Ausnahmereglungen werden konkret an das spezifisch angewandte Verfahren zur künstlichen Befruchtung und dem darin angelegten Risiko der Mehrlingsschwangerschaft für die Versicherten gekoppelt.

Die Normen weisen zwar einen einheitlichen Begriff der Risikoberücksichtigung auf, jedoch steht dieser in keiner Verbindung zur Eigenverantwortung der Versicherten. Vielmehr soll einem Risiko, welches erst dadurch verwirklicht werden kann, dass sich die Versicherten einer vom Leistungskatalog der gesetzlichen Krankenversicherung umfassten Behandlung unterziehen, begegnet werden. Die Normen dienen daher nicht zur Genese eines einheitlichen Kriteriums, sondern sind gerade Ausdruck einer Absicherung von nicht dem Versicherten zugewiesenen Risiken, die in der Versorgungsstruktur angelegt sind.

### (5). Risiko in der Versorgung und Qualitätssicherung

In ähnlicher Weise weisen auch die Normen, die die Versorgung und Qualitätssicherung der Leistungserbringung im Allgemeinen zum Gegenstand haben, eine Verantwortungszuweisung an die Leistungserbringer auf. § 135a SGB V dient dem Zweck, die Leitungserbringer zur Qualitätssicherung in die Verantwortung zu nehmen und gibt die dazu notwendigen Maßnahmen vor.[309] Die einzelnen Maßnahmen der Qualitätssicherung sollen insbesondere aufgrund der steigenden Komplexität der Verfahren von Diagnostik und Komplexität, zu Standardisierung und Qualitätssteigerung führen.[310] Ein zentraler Begriff ist dabei der des Risikomanagements in der Leistungserbringung als besondere Maßnahme der Qualitätssicherung, § 135a Abs. 3 SGB V. Der dort verankerte Datenschutz derjenigen, die Risikosituationen und Fehler melden, soll die Grundlage der

---

[305] Vgl. BT-Drucks. 18/4095, S. 123; vgl. Hauck/Noftz/*Leopold* SGB V § 137h Rn. 10; vgl. *Baierl* in: jurisPK-SGB V, 4. Aufl. 2020, § 137h SGB V Rn. 107, 110 ff.

[306] Vgl. *Baierl* in: jurisPK-SGB V, 4. Aufl. 2020, § 137h SGB V Rn. 107, 112.

[307] Vgl. *Baierl* in: jurisPK-SGB V, 4. Aufl. 2020, § 137h SGB V Rn. 3, 107, 130.

[308] Vgl. dazu *Kania* in: jurisPK-SGB V, 4. Aufl. 2020, § 121a SGB V Rn. 8 ff.; siehe auch *Fahlbusch* in: jurisPK-SGB V, 4. Aufl. 2020, § 27a SGB V Rn. 11 f., 38 ff.

[309] Vgl. Hauck/Noftz/*Deister* SGB V § 135a Rn. 9.

[310] Vgl. *R. Klein* in: jurisPK-SGB V, 4. Aufl. 2020, § 135a SGB V Rn. 10.

Funktionsfähigkeit der Maßnahmen schaffen, da die Qualitätssicherung nur dann erfolgreich sein kann, wenn die Bereitschaft der Beteiligten zur Meldung gegeben ist.[311] Daran anknüpfend und ebenfalls den Begriff des Risikomanagements erwähnend stellen die §§ 136a und 136b SGB V Maßgaben für einrichtungsübergreifende Maßnahmen der Qualitätssicherung auf, an welchen Vertragsärzte, zugelassene Krankenhäuser und Erbringer von Vorsorge- oder Rehabilitationsmaßnahmen sich nach § 135a Abs. 2 S. 1 SGB V beteiligen müssen.[312] Die Normen stehen insgesamt in einem engen Zusammenhang mit den in § 2 Abs. 1 S. 3 SGB V aufgestellten programmatischen Grundsätzen der Qualität und Wirksamkeit und dienen ihrer Verwirklichung.[313]

Allerdings richten sich die Vorschriften an die beteiligten Leistungserbringer und nicht an die Versicherten. Damit wird gerade kein durch die Versicherten selbst beeinflussbares Risiko normiert, sondern versucht, die Versicherten von durch die Versorgung entstehenden Risiken zu entlasten.

### bbb. Einordnung der Verwendung von Risiko als Tatbestandskriterium

Der Gesetzgeber hat, wie aufgezeigt, an vielen Stellen den Begriff des Risikos, entweder allein oder in Kombination mit das Risiko auf den spezifischen Tatbestand konkretisierenden Ergänzungen, explizit erwähnt. Darüber hinaus wird auch in anderen Kontexten, etwa in Bezug auf Normen zum Datenschutz, zum Medizinischen Dienst oder zum Verwaltungs- und Qualitätssicherungsverfahren von Risiko gesprochen.

Hintergrund derjenigen Risikoerwähnungen mit mittelbarem oder unmittelbarem Krankheitsbezug ist die Notwendigkeit, zum einen die Schutzrichtung der Normen ausdrücken und zum anderen die Verantwortungszuweisung im Einzelfall begründen zu können. Grob untergliedert stehen sich demnach Risiken, die die Allgemeinheit betreffen denjenigen gegenüber, die entweder aus bestimmten Verhaltensweisen und damit aus autonom getroffenen Entscheidungen der Versicherten resultieren, oder aber so nahe dem Einflussbereich der Versicherten zugeordnet werden können.

Das tatbestandlich relevante Risiko dient als Abwägungskriterium dafür, ob Leistungen gewährt werden, in welchem Umfang dies geschieht oder welche Sicherheits- und Qualitätsstandards an die betreffende Behandlungsmaßnahme anzulegen sind. Durch seine grundsätzliche Bedeutungsleere kann der Gesetzgeber das Risiko den spezifischen Anforderungen des Regelungskomplexes entsprechend ausformulieren und verfügt damit über einen rechtlichen Zweckbegriff. Eine solche Verwendung kann insbesondere in den Vorschriften zum

---

[311] Vgl. Hauck/Noftz/*Deister* SGB V § 135a Rn. 34 ff.

[312] Vgl. Hauck/Noftz/*Deister* SGB V § 135a Rn. 2.

[313] Daneben sind sie auch Ausdruck des sogenannten Humanitätsgrundsatzes aus § 70 Abs. 2 SGB V, der ein ethisches Postulat und Grundprinzip der Versorgung in der gesetzlichen Krankenversicherung darstellt, *R. Klein* in: jurisPK-SGB V, 4. Aufl. 2020, § 136a SGB V Rn. 9; siehe zum Humanitätsgrundsatz *Schuler* in LPK-SGB V, § 70 Rn. 6.

Risikostrukturausgleich ausgemacht werden, in denen veranlasst durch die dem System der gesetzlichen Krankenversicherung ordnungspolitisch zugrunde liegenden Entscheidungen des Gesetzgebers, ein subjektunspezifischer Finanzausgleich konstituiert wird, um das System an sich funktional zu erhalten.

Wie der Risikomaßstab vor dem Hintergrund der Eigenverantwortung als Abgrenzungskriterien zu bewerten ist, wird gesonderter Gegenstand der noch folgenden Untersuchung sein.

### c. Zwischenergebnis betreffend das versicherte Risiko der gesetzlichen Krankenversicherung

Zurückgehend auf die historischen Vorläufer der gesetzlichen Krankenversicherung dient die gesetzliche Krankenversicherung wie auch die übrigen Sozialversicherungszweige der Vorsorge und dem Schutz gegen die wesentlichen Lebensrisiken. Risiko ist damit ein zentraler Begriff des sozialen Verfassungsstaates. Das versicherte Risiko konkretisiert die Leistungspflichten des Versicherungsträgers. Für die gesetzliche Krankenversicherung sind diese gerichtet auf die Erhaltung der Gesundheit der Versicherten, ihre Wiederherstellung und die Besserung des Gesundheitszustandes. Die Grundnorm des Leistungsrechts, § 27 Abs. 1 S. SGB V, die den Anspruch auf Krankenbehandlung begründet, bezeichnet das versicherte Risiko des Versicherungszweiges der gesetzlichen Krankenversicherung, indem das Vorliegen einer Krankheit sowie deren Notwendigkeit der Behandlung als allgemeine Leistungsvoraussetzung benannt wird.[314] Verwirklicht sich das versicherte Risiko der Krankheit, werden die im SGB V vorgesehenen und auf die Gesundheit abzielenden Leistungen gewährt. Durch die einzelnen leistungsrechtlichen Vorschriften wird das an sich weit gefasste versicherte Risiko präzisiert.

Insgesamt wirkt die Risikoberücksichtigung in der Sozialversicherung im Rahmen des Versicherungsprinzips und in der Bestimmung des durch die Beiträge finanzierten versicherten Risikos.

### Exkurs: Recht auf Gesundheit und Pflicht zur Gesundheit

Bevor im weiteren Gang der Arbeit die einzelnen Dimensionen der Eigenverantwortung und unterschiedliche Formen der Risikoberücksichtigung herausgearbeitet werden, soll an dieser Stelle eine extreme Form einer Verantwortungszuweisung betreffend die Gesundheit dargestellt werden. Je nachdem, ob man die Verantwortung für die Gesundheit eines Individuums ihm selbst oder einer ihm übergeordneten Instanz zuweist, ergeben sich unterschiedliche Konsequenzen. Die unterschiedlichen Grundrechtsdimensionen, die im Recht der gesetzlichen Krankenversicherung zu berücksichtigen sind, entfalten nicht nur Wirkung bezogen auf individuelle gesundheitliche Versorgungsansprüche, sondern sind auch

---

[314] Die positive Beschreibung des versicherten Risikos wird im Privatversicherungsrecht als „primäre Risikoabgrenzung" bezeichnet, vgl. dazu *Voelzke*, Die Herbeiführung des Versicherungsfalls im Sozialversicherungsrecht, S. 61, m.w.N.

prozedural relevant, indem sie legitimationsstiftend und -sichernd fungieren und Verantwortungszuweisung und Verteilungsmechanismen mitbestimmen.[315] Gerade bei Betrachtung eines gewandelten Begriffs der Verantwortung, der insbesondere auch mit der Frage der Pflichtenzuschreibung verquickt wurde, ist die Überlegung anzustellen, welche Akteuren welche Pflichten bezüglich der Gesundheit des Einzelnen treffen.[316] Wäre das Individuum weit überwiegend allein für seine Gesundheit als Verantwortlicher heranzuziehen, so könnte die Implementierung einer Pflicht zur Gesundheit naheliegen.[317]

### aa. Recht auf Gesundheit

Der Häufigkeit ihrer Wiedergabe nach handelt es sich nach weitgeteilter Ansicht bei der Gesundheit um ein besonderes Gut, dessen Beeinträchtigung eine „existentielle Dimension" aufweist.[318] Schmerz und Krankheit können weitreichende Auswirkung auf die Lebensführung und die Psyche haben.[319] Für den Einzelnen ist sein Gesundheitsstatus also verbunden mit der Verwirklichung seines individuellen Lebensplans. Eine Absicherung der Gesundheit entlastet den Einzelnen daher in einer Qualität, wie sie andere Sicherheiten bei besonderen Lebensrisiken nicht besitzen. Ein Recht auf Gesundheit oder gar auf bestmögliche Gesundheit würde daher in einer Wettbewerbs- und Leistungsgesellschaft für den Einzelnen einen enormen Mehrwert in Gestalt von Chancen- und Startgleichheit schaffen.[320] Bereits in den 1970er und 1980er Jahren war diese Frage Teil der öffentlich geführten Diskussion, insbesondere darüber, wie ein Recht auf Gesundheit zu realisieren wäre.[321] Allerdings wurde das Thema in der deutschen Fachliteratur nur spärlich behandelt.[322] Häufig angeführt werden die Werke von *Seewald*,[323] welche aber bereits aus den 1980er Jahren stammen und damit den Entwicklungen außerhalb des Verfassungsrechts – etwa dem Aufschwung der Public-Health-Lehre oder den Folgen der SARS-CoV-2-Pandemie – nicht mehr umfassend gerecht werden können, wenngleich diese Arbeiten die Grundlage der ihnen nachfolgenden Diskussionen schufen.

---

[315] Vgl. *Augsberg*, Grundversorgung oder Wunscherfüllung? Grundrechtliche Vorgaben für die staatliche Gesundheitsfürsorge, S. 129.

[316] Vgl. hierzu *Rothhaar*, Philosophische Grundlagen der Eigenverantwortung im Gesundheitswesen, S. 294.

[317] Siehe etwa bei *Höfling* ZEFQ 2009, 289: „Wenn und soweit von Gesundheitsobliegenheiten oder Gesundheitspflichten die Rede ist, können damit im Wesentlichen nur mittelbare Formen der Realisierung von *Eigenverantwortung* gemeint sein".

[318] *Huster* JZ 2008, 859, auf den diese Aussage ursprünglich in dieser Form zurückzuführen ist; siehe auch *Huster* Ethik Med 2010, 289 f.; siehe auch *Marckmann* Ethik Med 2010, 210.

[319] *Huster* Ethik Med 2010, 289 f.

[320] Vgl. *Huster* JZ 2008, 859; siehe auch *Huster* Ethik Med 2010, 290; vgl. *Haverkate*, Verantwortung für Gesundheit als Verfassungsproblem, S. 121.

[321] Siehe dazu *Hense* ZEFQ 2007, 301.

[322] Aus jüngerer Zeit ist etwa die Untersuchung bei *Wilksch*, Recht auf Krankenbehandlung und Recht auf ein menschenwürdiges Existenzminimum, 2015 zu nenen.

[323] *Seewald*, Zum Verfassungsrecht auf Gesundheit, 1981, sowie *Seewald*, Gesundheit als Grundrecht, 1982.

Von dieser Ausgangslage ausgehend kann die Frage gestellt werden, ob eine Pflicht des Staates besteht, alle zur Verfügung stehenden Maßnahmen zu ergreifen, um die Gesundheit der Bürger optimal zu gewährleisten.[324] Das Bundesverfassungsgericht hat aus Art. 2 Abs. 2 S. 1 GG eine Verpflichtung des Staates herausgelesen, sich schützend vor die dort benannten Rechtsgüter zu stellen.[325] Dies umfasst zum einen das Recht eines Erkrankten auf möglichst vollständige Wiederherstellung der Gesundheit und zum anderen ein Recht auf Erhaltung der Gesundheit durch entsprechende Unterstützungsleistungen.[326]

Bezüglich der Ableitung von verfassungsrechtlichen Ansprüchen hat das Bundesverfassungsgericht aber insgesamt eher zurückhaltend entschieden.[327] Betreffend die objektivrechtliche Pflicht des Staates, sich schützend und fördernd vor das Rechtsgut des Art. 2 Abs. 2 S. 1 GG zu stellen, ist, wie bereits geschildert, lediglich durch staatliche Stellen sicherzustellen, dass die öffentliche Gewalt Vorkehrungen zum Schutz des Grundrechts trifft, die nicht völlig ungeeignet oder unzulänglich sind. Aus dem daher primär als Abwehrrecht zu bewertenden Art. 2 Abs. 2 S. 1 GG können also zunächst keine konkreten Ansprüche auf Gesundheitsleistungen gegen den Staat oder Private hergeleitet werden. Ebenso wenig lässt sich dadurch ein umfassendes Recht auf Gesundheit, auf Heil- oder Krankenfürsorge ableiten.[328] Diese Leistungsanspruchsbegrenzung markiert die leistungsrechtliche Dimension des in Art. 2 Abs. 2 S. 1 GG verwirklichten Menschenwürdekerns.[329]

Festgeschrieben sind die spezifischen Leistungsansprüche im SGB V unter Ergänzung der Öffnungsklausel des § 2 Abs. 1a SGB V.

Im Grundsatz gilt, dass die Schutzpflichtdimension des Art. 2 Abs. 2 S. 2 GG dem Staat gebietet, die Rechtsgüter Leben und körperliche Unversehrtheit „ins Verhältnis mit anderen Rechtsgütern zu setzen, um Abwägungen zu ermöglichen, vertretbare von unvertretbaren Risiken zu unterscheiden und so den unter gegebenen Bedingungen bestmöglichen Schutz der Gesundheit zu definieren“.[330] Zu fragen ist also, ob sich aus dieser Schutzpflicht auch ein aktives Recht des Grundrechtsträgers gegen den Staat auf eine – und zwar seine – bestmögliche Gesundheit ableiten lässt, vergleichbar etwa zum bereits anerkannten, aus Art. 1 Abs. 1 in Verbindung mit Art. 20 Abs. 1 GG abgeleiteten Anspruch auf das materielle

---

[324] Ähnlicher Untersuchungsgegenstand bei *Samhat*, Gesundheitsgerechtes Verhalten, S. 15. vgl. auch den Hinweis auf entsprechende Vertreter bei *Haverkate*, Verantwortung für Gesundheit als Verfassungsproblem, S. 120; *Seewald* war bereits darauf eingegangen, ob es bezüglich des Umfanges der Leistungen, die der Staat aus der Menschenwürde heraus zu leisten verpflichtet ist, eine diesbezügliche Begrenzung gibt, *Seewald*, Gesundheit als Grundrecht, S. 77 f.

[325] Vgl. BVerfG, Beschluss v. 14.01.1981 – 1 BvR 612/72 = NJW 1981, 1655 (1656).

[326] Vgl. *Müller* Bundesgesundheitsbl 2007, 1119.

[327] Vgl. dazu und zum Nachfolgenden *Huster* JZ 2006, 467 unter Bezugnahme auf BVerfG NJW 1997, 3085; NJW 1998, 1775 (1776).

[328] Vgl. Maunz/Düring/*Di Fabio* GG Art. 2 Abs. 2 Nr. 1 Rn. 51; vgl. *Wilksch*, Recht auf Krankenbehandlung und Recht auf ein menschenwürdiges Existenzminimum, S. 128 f.

[329] Vgl. dazu *Seewald*, Gesundheit als Grundrecht, S. 78.

[330] *Welti* GesR 2015, 1.

menschenwürdige Existenzminimum.[331] Gesundheit würde so zu einem „kollektiven Gut“ erhoben, einem Gut also, dass nicht nur einem Menschen zur Verfügung gestellt werden kann, ohne es für alle oder zumindest einen großen Teil an Menschen aus Gründen der sozialen Gerechtigkeit gleichfalls anzubieten.[332]

Der von der Bundesrepublik am 23.12.1973 ratifizierte, von den Vereinten Nationen bereits am 16.12.1966 beschlossene Internationale Pakt für wirtschaftliche, soziale und kulturelle Rechte beinhaltet etwa explizit in Art. 12 Abs. 1 ein Recht jeder Person auf das ihr erreichbare Höchstmaß an physischer und psychischer Gesundheit.[333] Diese Wertung kann über die entsprechenden Eingangsartikel der Verfassung – Art. 1 Abs. 3 GG in Verbindung mit dem Sozialstaatsprinzip aus den Art. 20 I, 28 I GG – mit in den Interpretationsprozess der Verfassung einbezogen werden.[334] Ein solcher Anspruch ist weit gefasst, und geht zudem von einem umso weiter gefassten und stark konkretisierungsbedürftigen Idealtypus der Gesundheit aus. Auch die Definition des Begriffs der Gesundheit der Weltgesundheitsorganisation basiert auf einer idealisierenden Vorstellung von Gesundheit und ist in der Folge weit gefasst. So heißt es danach, dass die Gesundheit ein „Zustand des vollständigen körperlichen, geistigen und sozialen Wohlbefindens und nicht nur das Freisein von Krankheit und Gebrechen“ sei.[335] Die Weltgesundheitsorganisation hat sodann im darauffolgenden Satz eine ungefähre Eingrenzung vorgenommen, indem sie darauf hinweist, dass „der Besitz des bestmöglichen Gesundheitszustandes“ eines der Grundrechte jedes menschlichen Wesens bildet, wobei sich noch einmal der idealisierende Charakter der Definition herausstellt.

Vergleicht man diese Definition mit dem Begriff der körperlichen Unversehrtheit, der dem für die Frage nach einem Recht auf bestmögliche Gesundheit entscheidenden Art. 2 Abs. 2 S. 1 GG zugrunde liegt, zeigt sich, dass durch den bewussten Verzicht auf einen Bezug zur Gesundheitsdefinition eine inhaltliche Abgrenzung und damit definitorische Eingrenzung vorgenommen wurde. Das Recht auf körperliche Unversehrtheit bezieht sich auf die Wahrung der Integrität der körperlichen Substanz erweitert um die psychische Dimension, wenngleich

---

331 Siehe dazu beispielsweise BVerfG, Urteil v. 09.02.2010 – 1 BvL 3/09 und 1 BvL 4/09 = NJW 2010, 505; frühere Rechtsprechung BVerfG, Beschluss v. 18.06.1975 – 1 BvL 4/74 = NJW 1975, 1691; st. Rspr.; siehe auch BVerfG, Urteil v. 15.03.2005 – 1 BvR 1508/96 = BeckRS 2005, 27474; siehe auch den Hinweis bei *Welti* GesR 2015, 2.

332 Vgl. *Amhaouach/Kießling* MedR 2019, 854, m.w.N.; insoweit wendet sich *Nettesheim* aufgrund der Vielgestaltigkeit der Lebenssachverhalte gegen ein Gebot der Gleichheit in der Gesundheitsversorgung als maßgebliches Leistungsumfangskriterium, vgl. *Nettesheim* VerwArch 2002, 334 f.

333 Vgl. den Vertragstext des ICESCR (UN-Sozialpakt), abrufbar unter https://www.sozialpakt.info/internationaler-pakt-ueber-wirtschaftliche-soziale-und-kulturelle-rechte-3111/, zuletzt am 01.04.2023.

334 Vgl. *Welti* GesR 2015, 2.

335 Definition abrufbar unter https://fedlex.data.admin.ch/filestore/fedlex.data.admin.ch/eli/cc/1948/1015_1002_976/20200706/de/pdf-a/fedlex-data-admin-ch-eli-cc-1948-1015_1002_976-20200706-de-pdf-a.pdf, zuletzt am 01.04.2023.

der Schwerpunkt auf dem Körper liegt.[336] Damit beinhaltet es zwar Elemente eines Rechts auf Gesundheit.[337] Ein umfassendes Grundrecht auf bestmögliche Gesundheit wird aber vom Grundgesetz in Art. 2 Abs. 2 Satz 1 GG nicht gewährleistet und würde den Schutzgehalt desselben nur unzutreffend charakterisieren.[338]

Auch an anderer Stelle wird der Begriff der Gesundheit nur negativ definiert. „Wer krank ist, ist nicht gesund, und wer gesund ist, ist nicht krank", wobei ein Zustand noch oberhalb von „gesund" aufgrund dessen, dass der Gesundheitsbegriff nicht graduierbar ist, nicht existiert.[339] Abgesehen vom auf den Nikolausbeschluss zurückgehenden unmittelbaren Anspruch lassen sich weder aus Art. 1 Abs. 1 GG noch aus der Kombination von Grundrechten unter Einbeziehung des Sozialstaatsprinzips individuelle Leistungsansprüche abseits einer verfassungsrechtlich gebotenen Minimal- beziehungsweise Grundversorgung herleiten.[340]

Die gesetzliche Krankenversicherung gewährt über ihre Regelleistung Gleichheit in Form einer Chancengleichheit, die die Gesundheitschancen jedes Versicherten betrifft. Aufgrund der Eigenart von Krankheit und Gesundheit schuldet die gesetzliche Krankenversicherung keine Ergebnisgleichheit, ebenso wenig, wie sie eine solche verspricht.[341] Daher ist das Recht auf Gesundheit vielmehr als „ethisch-moralisches Prinzip" zu verstehen, dem ein Leitcharakter ohne eigenen unmittelbar normativen Gehalt, zukommt.[342] So kann es als Recht des gleichen Zugangs zur Gesundheitsversorgung „ohne Rücksicht auf Einkommen, Geschlecht, Bildungsgrad, Alter, ethnischer Herkunft oder Nationalität" erachtet werden.[343]

### bb. Pflicht zur Gesundheit

Die Errungenschaften der modernen Medizin, die nicht unwesentlich zur Entwicklung der Bevölkerungsstruktur und der Lebensqualität der Menschen beigetragen haben, bewirken zugleich einen Anstieg der Ausgaben für die

---

[336] Vgl. BeckOK GG/*Lang* GG Art. 2 Rn. 185; vgl. Maunz/Düring/*Di Fabio* GG Art. 2 Abs. 2 Nr. 1 Rn. 55 f.; vgl. *Augsberg*, Grundversorgung oder Wunscherfüllung? Grundrechtliche Vorgaben für die staatliche Gesundheitsfürsorge, S. 130.

[337] Sachs/Rixen GG Art. 2 Rn. 150; vgl. dazu auch *Wilksch*, Recht auf Krankenbehandlung und Recht auf ein menschenwürdiges Existenzminimum, S. 117 ff.

[338] Vgl. Sachs/Rixen GG Art. 2 Rn. 150; vgl. Maunz/Düring/*Di Fabio* GG Art. 2 Abs. 2 Nr. 1 Rn. 57; vgl. Quaas/Zuck/Clemens/*Zuck* Medizinrecht § 2 Rn. 6; vgl *Augsberg*, Grundversorgung oder Wunscherfüllung? Grundrechtliche Vorgaben für die staatliche Gesundheitsfürsorge, S. 140; vgl. im Ergebnis auch *Isensee* ZVersWiss 2004, 664; vgl. *Nettesheim* VerwArch 2002, 335; vgl. *Riege* Sozialer Fortschritt 1995, 4.

[339] *Huster*, Selbstbestimmung, Gerechtigkeit und Gesundheit, S. 52 f.

[340] Vgl. *Augsberg*, Grundversorgung oder Wunscherfüllung? Grundrechtliche Vorgaben für die staatliche Gesundheitsfürsorge, S. 131 f.

[341] Vgl. *Marckmann*, Eigenverantwortung als Rechtfertigungsgrund für ungleiche Leistungsansprüche in der Gesundheitsversorgung?, S. 299.

[342] *Jung*, Das Recht auf Gesundheit, S. 4, 95 f.

[343] *Eichenhofer* Sozialer Fortschritt 2011, 3; vgl. *Marckmann*, Eigenverantwortung als Rechtfertigungsgrund für ungleiche Leistungsansprüche in der Gesundheitsversorgung?, S. 299.

medizinische Versorgung der Gesellschaft. Dabei kann durchaus nachvollziehbar der Wunsch ausgemacht werden, diese Erfolge des Fortschritts allen Mitgliedern der Gesellschaft zugänglich zu machen, weshalb sich – ist man gewillt dies auf Dauer zu verwirklichen – die Frage aufdrängt, mit welchen insbesondere finanziellen und leistungsrechtlichen Konsequenzen dies verknüpft ist.[344] Beispielsweise durch eine Form des „wohltätigen Zwangs".[345] Dieser ist im Interesse des Individuums auf „Schutz vor sich selbst" gerichtet und könnte durch die Schutzpflichten des fürsorglichen Sozialstaates legitimiert werden.[346] Alternativ könnte mitunter dem unterstellten Wunsch nach bestmöglicher Gesundheit bereits der Anklang einer Pflicht zur selbigen zu entnehmen sein,[347] eine Pflicht, sich optimal um seine eigene Gesundheit zu bemühen. Diese ließe sich im Umkehrschluss zum Recht auf Schutz der Gesundheit, mit Blick auf das Gegenseitigkeitsverhältnis von Fürsorgendem und Fürsorgebedürftigem, als eine Pflicht des Grundrechtsträgers zur eigenen Gesunderhaltung denken.[348]

In dem Begriff der Solidarität scheint dies bereits angelegt zu sein.[349] Auf der einen Seite begründet Solidarität Rechte auf sozialstaatliche Leistungen, auf der anderen Seite kann der Sozialstaat, sich auf die Begründung der Rechte berufend, eine mit diesen Rechten korrespondierende Pflicht begründen.[350] So wird Sorge getragen, dass die Ansprüche gegenüber den Anspruchsberechtigten und die bestehenden Pflichten von den Verpflichteten erfüllt werden.[351]

„Fördern und Fordern" ist insoweit kein neuer Gedanke, sondern wurde schon in der „Agenda 2010" konzeptionell berücksichtigt.[352] Bereits 2006 eröffnete *Gerst* in seinem Beitrag im Deutschen Ärzteblatt unter dem Titel „Prävention – Liberales Unwohlsein" mit der Frage, ob „jeder das Recht auf seine subjektive Lebensplanung [hat] oder [ob es] Aufgabe des (Wohlfahrts-)Staates [sei], den Bürgern feste Gesundheitsziele vorzuschreiben?".[353] Auch davor wurden wiederholt Überlegungen in den Raum gestellt, gesundheitliches Vorsorgeverhalten zur Pflicht zu machen.[354]

---

[344] Vgl. *Patzig* Ethik Med 1989, 4.
[345] *Kuch* DÖV 2019, 723.
[346] Vgl. dazu *Kuch* DÖV 2019, 723 ff.; vgl. einleitend auch *Schwabe* JZ 1998, 66 f.
[347] Vgl. *Klotter* Gesundheitswesen 2010, 18; ähnlich auch *Merten* VSSR 1983, 139.
[348] Vgl. Maunz/Düring/*Di Fabio* GG Art. 2 Abs. 2 Nr. 1 Rn. 51; vgl. dazu auch allgemeiner *Möhring-Hesse,* Solidaristische Sozialpolitik, S. 277 f.
[349] Vgl. *Rothhaar*, Philosophische Grundlagen der Eigenverantwortung im Gesundheitswesen, S. 294 f.
[350] Vgl. *Möhring-Hesse,* Solidaristische Sozialpolitik, S. 269, 279; ähnlich, wenn auch primär am finanziellen Effekt der Kostendämpfung ausgerichtet, *Eberbach* MedR 2010, 757; gleichfalls ähnliche Anmerkung bei *Eberbach* MedR 2014, 450, m.w.N.
[351] Vgl. *Möhring-Hesse,* Solidaristische Sozialpolitik, S. 279.
[352] Vgl. dazu eingehend *Möhring-Hesse,* Solidaristische Sozialpolitik, S. 282 f.; vgl. zum hessischen Ausführungsgesetz zum SGB II *Rixen* SRa 2008, 87; siehe auch BT-Drucks. 14/8365, S. 8; vgl. auch *Schmidt*, Eigenverantwortung haben immer die Anderen, S. 73.
[353] *Gerst* DÄ 2006, A 1633.
[354] Vgl. *Eberbach* MedR 2014, 450.

Für diese Form der Gesundheitspflicht wird unter anderem der Terminus der Mitwirkungspflicht verwendet, der unter Mitwirkung letztlich die aktive Partizipation am Präventions- und Früherkennungsprogrammen versteht und den Versicherten insoweit zum Unterlassen gesundheitsschädlicher und zur Verfolgung gesundheitsdienlicher Verhaltensweisen anhalten soll.[355] Unter diesem Eindruck stellt sich die Frage, ob de lege ferenda über eine reine Mitwirkung hinaus auch eine Eigenverantwortung in Form einer umfassenden Gesundheitspflicht verfassungsrechtlich zulässig wäre. Aufgrund der Eigentümlichkeit des Begriffs der Eigenverantwortung wird diese wiederholt mit einer Pflicht des Einzelnen zur Krankheitsprävention in Verbindung gebracht.[356] Eine solche Pflicht steht ihrer Natur nach aber bereits in einem grundsätzlichen Spannungsverhältnis zur Frage nach einer Eigenverantwortung der Versicherten.

**aaa. Grundzüge einer Gesundheitspflicht**

Verantwortlich für die eigene Gesundheit ist zunächst der Einzelne selbst. Dies erscheint auch naheliegend, ist er doch der Rechtsgutsträger. Sobald aber der Rechtsgutsträger einer Konstellation ausgesetzt ist, die eine Gefahrenlage für sein Rechtsgut darstellt, der er sich aber überhaupt nicht oder nur unter der Hinnahme erheblicher Freiheitseinschränkungen entziehen kann, wo auch die Solidargemeinschaft an ihre Grenzen stößt, ist der Staat gefordert, Verantwortung zu übernehmen.[357] Dies gilt auch für den Fall einer Rechtsgutsgefährdung durch Dritte oder gar den Staat selbst. Auch wenn die Gesundheit nicht explizit in Art. 2 Abs. 2 S. 1 GG erwähnt ist, so stehen Leben und körperliche Unversehrtheit doch in einem relevanten Bezug zu dieser, sodass sich Anhaltspunkte für einen Schutz vor gesundheitsrelevanten Risiken bieten.[358] Allerdings ist Art. 2 Abs. 2 S. 1 GG in dieser Folge als Schutz- beziehungsweise Abwehrrecht zu verstehen, also als verfassungsimmanente Garantie, dass nur im Rahmen einer verfassungsrechtlichen Rechtfertigung in diese Rechte eingegriffen werden darf. Wird also ein bestimmtes gesundheitliches Verhalten nicht garantiert, kann auch ein Risikoverhalten nicht erlaubt und schließlich auch nicht verboten werden.[359]

Die Pflicht zur Erhaltung der eigenen Gesundheit ist daher unter Betrachtung der Wechselbeziehung von Freiheit und Risiko etwas anderes als die natürliche Verantwortung für dieselbe. Aus diesem Grund wird darauf Wert gelegt, eine Pflicht gegenüber der Wahrnehmung von Eigenverantwortung für die eigenen Gesunderhaltung abzugrenzen.[360] Eine Pflicht würde den eigenen Gesundheitsstatus auf eine gesellschaftliche Ebene heben, sodass der Einzelne nur Teil eines großen Ganzen in Form eines „Volkskörpers" oder eines Gemeinschaftsgutes der

[355] Vgl. dazu *Kluth/Bauer* VSSR 2010, 354 ff.
[356] Vgl. *Welti* GuP 2015, 212.
[357] Vgl. Maunz/Düring/*Di Fabio* GG Art. 2 Abs. 2 Nr. 1 Rn. 52.
[358] Vgl. *Merten* VSSR 1983, 139.
[359] So *Merten* VSSR 1983, 139.
[360] Vgl. *Hense* ZEFQ 2007, 301; siehe auch *Gebert*, Verhaltens- und verhältnisbezogene Primärprävention und Gesundheitsförderung im Recht der gesetzlichen Krankenversicherung, S. 237 ff.

„Volksgesundheit“ wäre.[361] Das Argument des reinen Schutzes vor sich selbst kann daher einen Eingriff in die Freiheitsrechte des Einzelnen nicht legitimieren.[362] Deshalb fällt beispielsweise bei der Betrachtung von Regelungen zum Verkehrsschutz auf, dass diese weniger an der Pflicht zur eigenen Gesundheit als am Schutz der Gesundheit sowie weiterer Rechtsgüter von Dritten ausgerichtet sind.[363] Ihre Legitimation leiten derartige Schutznormen daher zum einen aus einer Proportionalität zwischen dem Grad der Eigengefährdung und dem Ausmaß der Freiheitsbeschränkung und zum anderen aus dem forcierten Schutz der Grundrechte Dritter, die durch den individuellen Freiheitsgebrauch gefährdet werden, ab.[364] Konkret kann insoweit von einer „Pflicht zur Rücksicht auf die soziale Einbettung der eigenen Gesundheit“ gesprochen werden.[365] Diese Begründung ergibt sich auch schon aus den Grundzügen einer moralischen und sozialbezogenen Verpflichtung, auf die eigene Gesundheit zu achten.[366] Sie ist Ausdruck der verfassungsrechtlichen Werteentscheidungen, keine Selbstentfaltung bei Drittgefährdung oder -verletzung zu gestatten.[367] Diese Form einer „Pflicht“ ist also mit einer Pflicht zur eigenen Gesunderhaltung nicht identisch, sondern meint etwas gänzlich Verschiedenes.

Eigenes Gewicht kommt bei solchen, primär die Gesellschaft schützenden Reglementierungen vor allem der Risikowahrnehmung zu. Gleichwohl die Maßnahmen auch einen rein individualgesundheitlichen Aspekt besitzen, so sind die Risiken, denen sie entgegenwirken sollen, in ihrer Wahrnehmung präsenter.[368] Solche Pflichten erfahren daher eher Zustimmung. Anders hingegen verhält es sich bei Pflichten, die ihre Begründung aus weniger wahrnehmungsstarken Risiken ziehen. Hier greift das sogenannte Präventionsparadoxon, welches besagt, dass „bevölkerungsweite Maßnahmen, die dem Einzelnen nur wenig Nutzen bringen, in der Lage sind, der Bevölkerung als Ganzes einen sehr hohen gesundheitlichen Nutzen zu vermitteln“.[369] Leistungen der Gesundheitsversorgung beziehen sich hingegen unmittelbar auf ein Individuum und werden deshalb wahrgenommen, wohingegen breit angelegte Präventionsmaßnahmen für den Einzelnen selten einen unmittelbar spürbaren Effekt bewirken.[370] Diese Risiken werden als normal

---

[361] Vgl. auch *Huster* EthikMed 2010, 296; siehe auch *Kluth/Bauer* VSSR 2010, 355; siehe zum Begriff der „Volksgesundheit“ die kritische Darstellung bei *Frenzel* DÖV 2007, 243 ff.

[362] So eindeutig *Schwabe* JZ 1998, 69 f., der von einer sonst eintretenden „Pervertierung der Grundrechte“ spricht.

[363] Vgl. *Schuler-Harms* SDSRV 2018, 36; vgl. *Holle* ZLR 2016, 601; so auch *Eberbach* MedR 2010, 767; vgl. *Hense* ZEFQ 2007, 301; siehe auch *Höfling* ZEFQ 2009, 288; vgl. *Schwabe* JZ 1998, 70 f., etwa auch mit Hinweis auf die Bekämpfung von Süchten zur Minderung der Beschaffungskriminalität.

[364] Vgl. *Merten* VSSR 1983, 142 sowie 145.

[365] *Welti* GesR 2015, 8.

[366] Vgl. *Patzig* Ethik Med 1989, 5.

[367] Vgl. *Merten* VSSR 1983, 142.

[368] Vgl. *Hense* ZEFQ 2007, 301.

[369] *Hense* ZEFQ 2007, 301.

[370] *Huster* Ethik Med 2010, 291 f.; siehe auch *Huster* JZ 2008, 864.

oder schicksalshaft empfunden, weshalb die individuelle Bereitschaft hier gering ausfällt.[371]

Letzteres deutet bereits auf das zentrale Problem hin, welches einer Pflicht zur Gesundheit inhärent ist. Dieses fußt in dem Umstand, dass der Gesundheitsstatus nur zu gewissen Teilen von der individuellen Entscheidung und dem individuellen Verhalten des Einzelnen bestimmt wird. Der Faktor individuelle Lebensführung umfasst etwa den Alkohol- und Tabakkonsum, das Sexualverhalten, die Ernährungsweise und die Gewohnheiten der körperlichen Bewegung.[372] Hinzu treten gesundheitsrelevante Faktoren wie Qualität und Verfügbarkeit medizinischer Versorgung, die genetische Disposition und ihr Zusammenspiel mit weiteren sozialen und gesellschaftlichen Faktoren, die die Individualgesundheit determinieren wie etwa Umweltbedingungen oder der sozio-ökonomische Status.[373] So bedürfte es einer enormen Kenntnis an Gesundheitsdaten, um etwa verhaltensbedingte von genetischen Krankheitsursachen differenzieren zu können.[374] Die Pflicht könnte sich somit nur auf denjenigen Teil beziehen, der in der Entscheidungssphäre des Einzelnen liegt.

Doch auch hier wird eine Spezifizierung schwierig, wenn nicht sogar unmöglich. Was für den einen gesundheitliches Wohl verspricht, sorgt bei dem anderen für Folgeerkrankungen und Unglück. Sport ist in einem gewissen Maß gesundheitsfördernd, kann aber bei Über- oder Fehlbelastung sowie im Fall einer Sportverletzung auch gegenteilige und mitunter langfristige Folgen mit sich bringen.[375] Die Beliebigkeit des gesundheitsgerechten Verhaltens aufgrund der Multikausalität von Gesundheit und Krankheit erschwert die Fassung des Umfangs einer dann konkreten Pflicht.[376] Die individualisierte Medizin erlaubt es dabei zumindest, umfassende Feststellungen über das individuelle Erkrankungsrisiko zu treffen, die wiederum zur Grundlage für die Pflicht formende Verhaltensweisen herangezogen werden könnten.[377] Wo immer Einflussmöglichkeiten auf den Gesundheitsverlauf gegeben sind, sich dessen Ergebnis also nicht als

---

[371] Vgl. *Hense* ZEFQ 2007, 301.

[372] Vgl. *Huster* JZ 2008, 861; vgl. *Patzig* Ethik Med 1989, 9.

[373] Darstellung nach *Huster* JZ 2008, 861. *Huster* merkt zudem an, dass es „durchaus Indizien" dafür gäbe, dass es einen Zusammenhang zwischen dem Gesundheitsstatus einer Gesellschaft und dem Grad der in ihr herrschenden sozialen Ungleichheit gibt, die damit ein weiterer, zu berücksichtigender Faktor wäre. Sehr „ungleiche" Gesellschaften wären somit „ungesünder"; vgl. auch *Patzig* Ethik Med 1989, 9; siehe auch bei *Marckmann* Ethik Med 2010, 208.

[374] Hinweis bei *Eberbach* MedR 2010, 758, 763, der sogar eine Banalisierung von genetischen und Gesundheitsdaten befürchtet; siehe auch zum Informationserfordernis und den damit einhergehenden Problemstellungen bei *Merten* VSSR 1983, 148 ff.

[375] Zum gesundheitsfördernden Aspekt etwa im Falle des Kampfsports siehe BSG, Urteil v. 20.03.1959 – 3 RK 13/55 = NJW 1959, 2327.

[376] *Braun/Nürnberg* G+S 2015, 72: „Lebt aber der rauchende Leistungssportler gesünder als die alkoholtrinkende Veganerin?"; vgl. zudem *Patzig* Ethik Med 1989, 9.

[377] Vgl. *Eberbach* MedR 2010, 764, m.w.N.; siehe umfassend zu dem Begriff der individualisierten oder auch personalisierten Medizin und ihrer medizinrechtlichen Einordnung bei *Damm* MedR 2011, 7 ff.; zum derzeitigen Entwicklungsstand im Bereich prädiktiver und diagnostischer Maßnahmen vgl. etwa *Meier/Harney* GuP 2021, 52 ff.

Schicksalsschlag darstellt, werden Risiken zurechenbar und damit die Dimension der persönlichen Verantwortung eröffnet.[378]

### bbb. Verfassungsrechtliche Zulässigkeit einer Gesundheitspflicht – ein Überblick

Zum anderen ergeben sich durch das Statuieren einer Gesundheitspflicht – unterstellt, ihr Umfang wäre fassbar – grundrechtsrelevante Fragestellungen, die es zu beantworten gilt. Unabhängig von der Pflicht bedeutet gesundheitsgerechtes Verhalten gerade in der heutigen Zeit zunächst einmal Verzicht, Aufwand, Investition und Unannehmlichkeiten.[379] Dies alles wird über die Pflicht dem Einzelnen abverlangt, unabhängig davon, wie sich seine situativen Möglichkeiten, sich den benannten gesundheitlichen Herausforderungen zu stellen, darstellen. Da es sich – egal ob eine Pflicht zur Enthaltung oder eine Pflicht zur Inanspruchnahme – um Freiheitsbeschränkungen handelt, ist der Staat in der grundrechtsspezifischen Rechtfertigungsplicht.[380] Betroffen sind zunächst die allgemeine Handlungsfreiheit aus Art. 2 Abs. 1 GG, das allgemeine Persönlichkeitsrecht aus Art. 2 Abs. 1 in Verbindung mit Art. 1 Abs. 1 GG, das Recht auf körperliche Unversehrtheit und insbesondere das dazugehörige Selbstbestimmungsrecht aus Art. 2 Abs. 2 S. 1 GG und je nach Ausgestaltung der Pflicht auch Aspekte des allgemeinen wie auch des speziellen Gleichheitssatzes aus Art. 3 Abs. 1, 2 und Art. 3 GG sowie der Menschenwürdegarantie aus Art. 1 Abs. 1 GG oder der Religionsfreiheit aus Art. 4 Abs. 1 GG, wobei diese Aufzählung mitnichten den Anspruch auf Vollständigkeit erhebt.

#### (1) Allgemeine Handlungsfreiheit und Persönlichkeitsrecht

Die allgemeine Handlungsfreiheit wäre im Falle einer Statuierung einer Handlungspflicht unmittelbar beschränkt. Schließlich ist jedes „Tun und Lassen nach dem eigenen Willen“ vom Schutzbereich erfasst.[381] Geschützt ist so nicht nur die Persönlichkeitsentfaltung selbst, sondern jede Form der menschlichen Betätigung ohne Rücksicht auf ihr Gewicht für die Persönlichkeitsentwicklung.[382] Es obliegt dem Individuum zu entscheiden, ob beziehungsweise wie es tätig wird oder untätig bleibt.[383] Dem Individuum wird durch eine Pflicht die Entscheidung in bestimmten Situationen abgenommen und paternalistisch vorgegeben. Damit steht diese, insbesondere an das Verhalten des Einzelnen anknüpfende, Pflicht in Widerspruch zu dem durch Art. 2 Abs. 1 GG gewährten „Selbstentwurf des

---

[378] Vgl. *Eberbach* MedR 2010, 764.

[379] Vgl. *Klotter* Gesundheitswesen 2010, 20; siehe auch bei *Gerst* DÄ 2006, A 1633.

[380] Vgl. insgesamt zur Kollision von Pflichten mit Freiheitsrechten und der diesbezüglichen Rechtfertigungslast *Merten* VSSR 1983, 137 bis 141; vgl. auch *Patzig* Ethik Med 1989, 6 ff.; siehe auch bei *Gebert*, Verhaltens- und verhältnisbezogene Primärprävention und Gesundheitsförderung im Recht der gesetzlichen Krankenversicherung, S. 237 ff.

[381] Maunz/Dürig/*Di Fabio* GG Art. 2 Abs. 1 Rn. 12.

[382] Vgl. BVerfG, Beschluss v. 06.06.1989 – 1 BvR 921/85 = NJW 1989, 2525.

[383] Vgl. *Windthorst*, in: Gröpl/Windthorst/v. Coelln, StuKo GG, Art. 2 Rn. 32.

Menschen nach seinem Willen“.[384] So vergleichsweise kurz der Weg zum Eingriff in die allgemeine Handlungsfreiheit ist, so niedrig sind auch die Hürden, die für eine Rechtfertigung genommen werden müssen. Als Schranke ausgegeben ist die verfassungsmäßige Ordnung und damit jedes formell und materiell verfassungsmäßige Gesetz.[385]

Da sich die Entwicklung und der Ausdruck der eigenen Persönlichkeit mitunter auch über Gewohnheiten und Aktivitäten wie Sport oder Ernährung darstellt, wird durch eine Pflicht zur Gesundheit – umfasst sie auch individuelle Verhaltensweisen – nicht nur in den Schutzbereich des Art. 2 Abs. 1 GG an sich eingegriffen, sondern auch mit Blick auf Art. 1 Abs. 1 GG in das allgemeine Persönlichkeitsrecht, insbesondere in dessen Schutz der Selbstdarstellung.[386] Zudem ist aus dem allgemeinen Persönlichkeitsrecht ein Verfügungsrecht über den eigenen Körper und ein damit einhergehendes Selbstbestimmungsrecht entwickelt worden, das etwa ein „Recht auf Nichtwissen“ bezüglich der genetischen Disposition gewährt,[387] und somit verletzt würde, würde die Gesundheitspflicht auf individuelle Gesundheitsdaten zurückgreifen, um den gesundheitlichen Lebensplan individuell auszurichten. So schützt das allgemeine Persönlichkeitsrecht zusätzlich über den Teilaspekt des Rechts auf informatorische Selbstbestimmung auch vor der Missbrauchsgefahr durch „Registrierung und Katalogisierung“ und damit vor der „Gefahr der Abrufbarkeit eines umfassenden Persönlichkeitsprofils“.[388]

Eine „Pflicht zum Wissen“ stellt sich allerdings in einem gewissen Umfang als verfassungsrechtlich rechtfertigungsfähig dar.[389] Nach dem Bundesverfassungsgericht unterliegt das klassische Abwehrrecht aus Art. 2 Abs. 1 in Verbindung mit Art. 1 Abs. 1 GG der Schranke der verfassungsmäßigen Ordnung und damit einem einfachen Gesetzesvorbehalt, weshalb ein sich formell wie materiell mit der Verfassung in Einklang befindliches Gesetz, welches die Pflicht begründen würde, als Schranke fungieren könnte.[390] In dieser Gefahr erblicken einige den ersten Schritt in Richtung eines „medizinischen Überwachungsstaates“.[391] Aus diesem Grund wird sich eine solche Pflicht wohl nur sozialpolitisch als gegenüber dem Bürger kaum zu begründende Maßnahme erweisen.

---

[384] Maunz/Dürig/*Di Fabio* GG Art. 2 Abs. 1 Rn. 13.

[385] Siehe dazu nur BVerfG, Beschluss vom 29.11.1983 – 1 BvR 1318/81 = NJW 1984, 720.

[386] Siehe zum Schutz der Selbstdarstellung bei Maunz/Dürig/*Di Fabio* GG Art. 2 Abs. 1 Rn. 166 f.; siehe auch zur Verbindung von Lebensgestaltung und Autonomie des Individuums bei *Kreßner*, Gesteuerte Gesundheit – Grund und Grenzen verhaltenswissenschaftlich informierter Gesundheitsförderung und Krankheitsprävention, S. 189 f.

[387] Siehe dazu Maunz/Dürig/*Di Fabio* GG Art. 2 Abs. 1 Rn. 204, 192, der auf mögliche Auswirkungen auf Psyche und Lebensplanung bei Kenntnis von bestimmten Lebensrisiken hinweist. Dazu zählt etwa die Lebenserwartung oder die Wahrscheinlichkeit des Eintritts einer bestimmten Erkrankung. Ebenfalls auf das „Recht auf Nichtwissen“ zu sprechen kommend *Eberbach* MedR 2010, 767, sowie *Roters* ZEFQ 2011, 527.

[388] Vgl. Maunz/Dürig/*Di Fabio* GG Art. 2 Abs. 1 Rn. 173.

[389] Vgl. *Eberbach* MedR 2011, 767.

[390] Siehe nur BVerfG, Beschluss v. 25.08.2000 – 1 BvR 2707/95 = NJW 2001, 594 (595).

[391] *Walter Krämer*, wiedergegeben durch *Gerst* DÄ 2006, A 1633.

### (2) Recht auf Gesundheit und gesundheitliche Selbstbestimmung

Wird durch die Pflicht zur Gesundheit, anders als etwa bei einer Impfpflicht[392], nicht unmittelbar die körperliche Integrität verletzt, so gilt dies indes nicht für das gleichfalls aus Art. 2 Abs. 2 S. 1 GG abgeleitete, auf die Gesundheit beziehungsweise die körperliche Unversehrtheit bezogene Selbstbestimmungsrecht.[393] Dieses dient dem Integritätsschutz.[394] Es besitzt ebenso wie das Grundrecht auf Leben und körperliche Unversehrtheit eine schutzrechtliche und eine abwehrrechtliche Dimension.[395] Inhalt dessen ist insbesondere das Selbstbestimmungsrecht des Patienten, wie auch allgemeiner das Recht zur freien Wahl des gesundheitsrelevanten Verhaltens. Positiv meint Letzteres etwa auf der Schutzdimension aufbauende Verhaltensweisen, wie die Inanspruchnahme von Gesundheit- und Präventionsleistungen, die Freiheit der Entscheidung zur Bewegung und weitere, als gesundheitsförderlich einzustufende Handlungen. So wird auch die Freiheit der Ernährungsweise des Grundrechtsträgers geschützt.[396] Negativ angesprochen sind daneben die Freiheit, krank zu sein, die Freiheit, sich nicht behandeln zu lassen oder die Freiheit zur Selbstschädigung.[397] Als für die Gesundheit abträglich können etwa Verhaltensweisen wie Bewegungsarmut, Extremsport, Rauchen, Alkoholkonsum oder Eingriffe, die in den Bereich der wunscherfüllenden Medizin fallen, bewertet werden.[398] Die Synthese aus beiden Extremen vermittelt so einen Schutzbereich, der das Individuum in Fragen seiner Gesundheit vor staatlicher und damit paternalistischer Bestimmung von „Gesundsein“, „Gesundleben“ oder der Durchsetzung von einer hier zur Diskussion stehenden Gesundheitspflicht schützt. Parallelen dazu finden sich in der Schutzpflicht des Staates bezogen auf die Menschenwürde.[399] Das Bundesverfassungsgericht führt dazu aus, dass die „Bestimmung über seine leiblich-seelische Integrität [...] zum ureigensten Bereich der Personalität des Menschen [gehört]. In diesem Bereich ist er aus der Sicht des Grundgesetzes frei, seine Maßstäbe zu wählen und nach ihnen zu leben und zu entscheiden“.[400] Ein Schutz vor sich selbst fällt daher nicht in die

---

[392] Siehe zum Impfzwang und seine Eingriffsqualität in Art. 2 Abs. 2 S. 1 GG, BVerwG, Urteil v. 14.07.1959 – I C 170/56 = NJW 1959, 2325 f.

[393] BVerfG, Beschluss v. 23.03.2011 – 2 BvR 882/09 = NJW 2011, 2113 (2114) sowie BVerfG, Beschluss v. 19.07.2017 – 2 BvR 2003/14 = NJW 2017, 2982; siehe zur Herleitung etwa bei *Kreßner*, Gesteuerte Gesundheit – Grund und Grenzen verhaltenswissenschaftlich informierter Gesundheitsförderung und Krankheitsprävention, S. 246 ff., m.w.N.; die Existenz dieses Selbstbestimmungsrechts als unbestritten erachtend *Höfling*, Salus aut/et voluntas aegroti suprema lex, S. 120.

[394] Vgl. *Höfling*, Salus aut/et voluntas aegroti suprema lex, S. 120.

[395] Vgl. *Höfling*, Salus aut/et voluntas aegroti suprema lex, S. 120; vgl. *Schwabe* JZ 1998, 69.

[396] Siehe Hinweis bei Maunz/Düring/*Di Fabio* GG Art. 2 Abs. 2 Nr. 1 Rn. 89, der das Selbstbestimmungsrecht im Kontext von Informationspflichten seitens des Gesetzgebers über Inhaltsstoffe von Nahrungsmitteln benennt; beiläufig hingegen Sachs/Rixen GG Art. 2 Rn. 148.

[397] Vgl. *Jarass*/Pieroth, Grundgesetz für die Bundesrepublik Deutschland, Art. 2 Rn. 55.

[398] Siehe beispielsweise die Aufzählung bei *Höfling* ZEFQ 2009, 287 f.; zu Letzterem insbesondere die Darstellung bei *Höfling*, Salus aut/et voluntas aegroti suprema lex, S. 122 bis 126.

[399] Vgl. *Kreßner*, Gesteuerte Gesundheit – Grund und Grenzen verhaltenswissenschaftlich informierter Gesundheitsförderung und Krankheitsprävention, S. 246.

[400] BVerfG, Beschluss v. 25.07.1979 – 2 BvR 878/74 = NJW 1979, 1925 (1931).

Begrenzungsbefugnis des Staates, jedenfalls insoweit, als eine selbstgewählte Gefährdung mit den Rechten Dritter kollidiert.[401] Kern des Selbstbestimmungsrechts ist damit eine umfassende Befugnis des Einzelnen, über sich selbst sowie sein physisches und psychisches Sein. Auch besitzt das Individuum die Freiheit für sich selbst zu bestimmen, was „gesund" bedeutet, und ob es sich diesem Maßstab entsprechend verhält.

### (3) Art. 3 GG

Eine Pflicht, die in ihrem Imperativ keine Unterschiede zwischen den Geschlechtern, unterschiedlichen Kulturkreisen, der finanziellen und sozialen Stellung oder der körperlichen und genetischen Disposition anerkennt, stellt einen Eingriff in den allgemeinen wie auch in die speziellen Gleichheitssätze des Art. 3 GG dar. Entsprechend zur sogenannten „neuen Formel" verpflichten die Gleichheitssätze den Staat Gleiches gleich und Ungleiches ungleich zu behandeln.[402] Der allgemeine Gleichheitssatz fordert nicht, jeden in jeder Hinsicht gleich zu behandeln, sondern fordert für eine Ungleichbehandlung einen rechtfertigenden sachlichen Grund.[403] Typisierung und Generalisierung sind mithin möglich.[404] Was allerdings den Gesundheitsstatus der Individuen in einer Gesellschaft und ihre sozioökonomische Stellung angeht, können zwar bestimmte Kohorten gebildet werden, eine allgemeingültige Aussage lässt sich allerdings nicht treffen. Eine Pflicht müsste daher für jede Kohorte einen eigenen Maßstab zur Bemessung des Umfangs wie auch der an die Nichtbefolgung geknüpften Sanktionen aufweisen, was erhebliche praktische Herausforderungen mit sich bringen würde. So gilt auch für die rechtliche Gleichbehandlung und damit die Herstellung von Chancengleichheit von Mann und Frau über Art. 3 Abs. 2 S. 1 und Abs. 3 S. 1 GG, dass eine Ungleichbehandlung nur zulässig ist, soweit damit eine Problemlösung angestrebt wird, die ihrer Natur nach spezifisch Männer oder Frauen betrifft.[405]

### (4) Religions- und Gewissensfreiheit

Bestimmte Verhaltensweisen, die im Rahmen einer Pflicht zur Gesundheit den Individuen abverlangt würden, können in räumlicher, zeitlicher oder materieller Hinsicht zudem in Konflikt mit dem religiösen Bekenntnis oder der Gewissensfreiheit stehen. So könnte für Muslime das Fasten im Ramadan oder für Christen in der Fastenzeit je nach gesundheitlicher Verfassung auch als gesundheitsbedenklich eingestuft werden, gerade in Hinblick auf Kinder.[406] Der Verzehr von

---

[401] Vgl. *Höfling*, Salus aut/et voluntas aegroti suprema lex, S. 125 f., m.w.N.; vgl. einleitend auch *Schwabe* JZ 1998, 66.

[402] Siehe ausführlich zur sogenannten „neuen Formel" bzw. „stufenlosen Formel" des Bundesverfassungsgerichts BeckOK GG/*Kischel* GG Art. 3 Rn. 28 f.

[403] Vgl. *Gröpl*, in: Gröpl/Windthorst/v. Coelln, StuKo GG, Art. 3 Rn. 43.

[404] Vgl. *Kreßner*, Gesteuerte Gesundheit – Grund und Grenzen verhaltenswissenschaftlich informierter Gesundheitsförderung und Krankheitsprävention, S. 251, m.w.N.

[405] Vgl. *Gröpl*, in: Gröpl/Windthorst/v. Coelln, StuKo GG, Art. 3 Rn. 78.

[406] Siehe zu den gesundheitlichen Auswirkungen des Fastens etwa unter https://www.inform.de/wissen/fasten-tee-gesundheit/, zuletzt aufgerufen am 01.04.2023.

Messwein in christlichen Gemeinden oder der aus Überzeugung zum Tierwohl geborene Verzicht auf den Konsum von tierischen Produkten könnten in gleicher Weise als schädlich erachtet werden.[407] Art. 4 Abs. 1 und 2 GG bilden nach herrschender Meinung ein einheitliches Grundrecht auf Glaubensfreiheit, worunter insbesondere die ungestörte Betätigung des Glaubens, das sogenannte „forum externum" fällt.[408] Selbiges gilt auch bezüglich der Gewissensfreiheit.[409] Eine Beschneidung dieser und vieler weiterer Betätigungen von Glaube oder Gewissen bedeutet damit immer auch einen Eingriff in die Religions- und Gewissensfreiheit.[410] Eingriffe sind, da es sich bei der Religions- und Gewissensfreiheit um ein schrankenloses Grundrecht handelt, nur im Zuge kollidierenden Verfassungsrechts möglich.[411]

### (5) Menschenwürde

Würde sich der Staat schließlich als Alleinentscheider in Fragen der Bürgergesundheit etablieren, der seinen staatlichen Gesundheitswillen der Bevölkerung durch Pflicht und Sanktion aufzwingt, liegt der Verdacht nahe, dass zum Wohle eines dann ausgerufenen Gemeinschaftsgutes der Gesundheit das einzelne Individuum und seine Gesundheit zu reinen Objekten der staatlich betriebenen Gesundheitspolitik verkommen würden. Diese Problemstellung ist insbesondere bei Ansätzen gegeben, die sich der Frage von utilitaristischen, am gesellschaftlichen und sozialen Gesamtnutzen ansetzenden Erwägungen her annähern.[412] Dass darin wohl ein nicht hinnehmbarer Eingriff in die Menschwürde vor der sogenannten „Objektformel" des Bundesverfassungsgerichts[413] gegeben ist, erscheint evident. Dem Individuum würde seine Autonomie genommen, die zum einen Grundlage für die Würde ist, und zum anderen durch die Würdegarantie geschützt wird.[414] Die individuelle Freiheit genießt den Vorzug; individuellen Rechten wird Vorrang eingeräumt, weshalb, wann immer der Diskurs auf lebensstilbezogene Gesundheitsfaktoren gerichtet wird, eine Freiheitsgefährdung oder die Implementierung eines paternalistischen Gesundheitssystems befürchtet wird.[415] Mögen die Warnungen zwar ihre Berechtigung haben, so entbehrt die Sorge um die Implementierung einer „Gesundheitsdiktatur"[416] jeder Verfassungsrealität. Denn dies würde ein Versagen des Rechtsstaats und ein Verwerfen elementarer

[407] Siehe zu den Auswirkungen einer veganen Ernährungsweise etwa unter https://www.inform.de/wissen/ernaehrungstrend-vegan/, zuletzt aufgerufen am 01.04.2023.
[408] Vgl. *von Coelln*, in: Gröpl/Windthorst/v. Coelln, StuKo GG, Art. 4 Rn. 9, 11.
[409] Vgl. *von Coelln*, in: Gröpl/Windthorst/v. Coelln, StuKo GG, Art. 4 Rn. 42.
[410] Siehe insbesondere zum Beispiel des Verzichts auf den Konsum von Fleisch aus Gründen des Tierschutzes *Hufen*, Staatsrecht II, § 24 Rn. 3.
[411] Siehe zur Herleitung der Rechtfertigung die ursprüngliche Rechtsprechung des Bundesverfassungsgerichts, BVerfG, Beschluss v. 26.05.1970 – 1 BvR 83/69 u.a. = NJW 1970, 1729.
[412] Vgl. *Patzig* Ethik Med 1989, 10 f.
[413] Siehe zu Begriff, Ursprung und Inhalt bei Maunz/Dürig/*Herdegen* GG Art. 1 Abs. 1 Rn. 36.
[414] Vgl. *Kreßner*, Gesteuerte Gesundheit – Grund und Grenzen verhaltenswissenschaftlich informierter Gesundheitsförderung und Krankheitsprävention, S. 202 f.
[415] *Huster* Ethik Med 2010, 292; vgl. *Kuhn* GGW 2013, 24.
[416] So überspitzt *Huster* Ethik Med 2010, 292.

Verfassungsgrundsätze voraussetzen. Besonders deutlich wird der verfassungsrechtliche Schutz im Zusammenwirken von Menschenwürde und Sozialstaatsprinzip. So vollzieht sich eine Grenzziehung der Solidarpflichtigkeit des Einzelnen im allgemein Zumutbaren und bei Wahrung der personellen Eigenständigkeit. Dieser verfassungssystematische Zusammenhang wendet sich damit gegen einen den Einzelnen zu seinem Glück zwingenden Wohlfahrtsstaat.[417]

### (6) Elternrecht und Kindeswohl

Sollte sich die gedachte Pflicht auch schon bereits auf Kinder und Jugendliche beziehen, so wäre gleichfalls eine Beeinträchtigung des elterlichen Sorgerechts aus Art. 6 Abs. 2 GG in Hinblick auf die Erziehungsvorstellungen der Eltern gegeben. Das elterliche Sorgerecht entspringt als sogenanntes Pflichtrecht der treuhänderischen Wahrung der Grundrechte des insoweit noch nicht grundrechtsmündigen Kindes.[418] Es umfasst Entscheidungen darüber, welche medizinische Versorgung das Kind erfährt, was es isst, was es trinkt und ob und wie es sich körperlich ertüchtigt.[419] In den sich daraus ergebenden Erziehungsplan, dem unterstellt nur das Wohl des Kindes zu Grunde gelegt ist, darf der Staat nur dann eingreifen, soweit eine Gefährdung des Kindeswohls gegeben ist.[420] Somit sind insbesondere auch alle gesundheitsrelevanten Entscheidungen der Eltern so lange legitim, wie sie nicht evident dem Kindeswohl zuwiderlaufen.[421] Das Wohl des Kindes kann und darf daher nicht aus einer objektivierten Sicht heraus beurteilt werden.[422]

### (7) Soziale Gerechtigkeit

Da sich nachweislich gesundheitsrelevante Faktoren gesellschaftsschichtenspezifisch darstellen, sind in dieser Folge Angehörige der unteren sozialen Gesellschaftsschichten – unabhängig davon ob an Einkommen, Berufsbild oder Bildung bestimmt – häufig einem die Gesundheit negativ beeinflussenden Arbeits- und Wohnumfeld ausgesetzt und ernähren sich aufgrund finanziell begrenzter Möglichkeiten ungesünder, konsumieren häufiger Tabak oder Alkohol und vernachlässigen die körperliche Bewegung.[423] Im Umkehrschluss würde eine Pflicht zur bestmöglichen eigenen Gesundheit die Angehörigen dieser Gesellschaftsschichten ungleich stärker belasten. Auf der einen Seite bestünde eine Belastung durch die gegebenen Lebensumstände, zusätzlich verschärft durch die hinzukommenden Aufwendungen, die anfallen, um der auferlegten Pflicht nachzukommen; auf

---

[417] *Fischer*, Die Zulässigkeit aufgedrängten staatlichen Schutzes vor Selbstschädigung, S. 258, m.w.N.

[418] *Rixen* NJW 2013, 258; kritisch gegenüber der Verwendung des Terminus „treuhänderisch" *Hörnle/Huster* JZ 2013, 331 f.

[419] Vgl. *Amhaouach/Kießling* MedR 2019, 859.

[420] *Rixen* NJW 2013, 258; siehe auch *Hörnle/Huster* JZ 2013, 331.

[421] *Rixen* NJW 2013, 258.

[422] *Hörnle/Huster* JZ 2013, 330 ff.

[423] Siehe *Huster* JZ 2008, 861 f.; vgl. *Marckmann* Ethik Med 2010, 209 f.

der anderen Seite die zusätzliche Belastung durch eventuelle Sanktionen, die mit einer unzureichenden Pflichterfüllung typischerweise einhergehen. Würde die Pflicht sanktionslos gestellt, wäre sie im Ergebnis keine Pflicht, sondern lediglich Appell und damit deutlich weniger bindend und für den Einzelnen weniger belastend. Die Pflicht würde die „Schuld" auf diejenigen übertragen, die ohnehin schon benachteiligt wären, würde aber zugleich die Verantwortung des Sozialstaates, die notwendigen Strukturen für die Benachteiligten zur bestmöglichen Gesundheitsverwirklichung zu schaffen, entfallen lassen.[424] Eine so gedachte Pflicht würde die Ziele der Gesundheitsgerechtigkeit und Chancengleichheit konterkarieren und im Ergebnis zu einer „Zwei-Klassen"-Systematik führen. Sollte dieser Fall eintreten, so wäre das Vorgehen des Staates wohl nicht mehr mit den Grundprinzipien der sozialen Gerechtigkeit vereinbar.[425]

### ccc. Ergebnis zur Gesundheitspflicht

Gewiss ließen sich mehrere Elemente einer Gesundheitspflicht verfassungsrechtlich rechtfertigen. Schließlich gilt kein Recht mit Ausnahme des Art. 1 Abs. 1 GG uneingeschränkt. So lange sich aber die selbstbestimmten Verhaltensweisen im Rahmen der grundrechtlichen Freiheiten bewegen, sie somit also dem Schutz der Verfassung unterliegen, bedarf es zur Beschränkung dieser Freiheit eines Instruments, welches „den Anforderungen des Übermaßverbotes gerecht wird, also geeignet und erforderlich zur Erreichung des legitimen Zwecks ist und ferner nicht unangemessen in die Rechtsposition des Bürgers eingreift".[426] In ihrer Summe stellen die bezeichneten Grundrechtspositionen nicht unerhebliche Hürden in praktischer, sozialpolitischer und verfassungsrechtlicher Hinsicht für eine allgemeine und unterschiedslose Pflicht zur Gesundheit, insbesondere unter Achtung des Grundsatzes der Verhältnismäßigkeit, dar. So gewährt zwar Art. 2 Abs. 2 S. 1 GG das zugehörige Selbstbestimmungsrecht zur körperlichen Integrität neben deren Schutz, fordert im Gegenzug aber gerade keine „Grundpflicht" zur Gesundheit ein.[427] Vielmehr ist der freiheitliche Verfassungsstaat gegenüber jedem individuellen Lebensentwurf und jeder daraus resultierenden Entscheidung zur Neutralität verpflichtet.[428] So ist auch die Teilnahme des Bürgers an dem Gesundheitsangebot des Staates überwiegend – bis auf einige spezifische Einzelfälle – freiwillig.[429] Vereinzelnd wird unmittelbar aus der Existenz eines solchen, weit gefassten Selbstbestimmungsrechts geschlussfolgert, dass dieser mit dem Fehlen einer „unmittelbar korrespondieren Pflicht" verknüpft sei.[430] Je weiter der

---

[424] Vgl. *Huster* JZ 2008, 865 f.
[425] Dazu *Huster* JZ 2008, 867.
[426] *Höfling* ZEFQ 2009, 287.
[427] Vgl. *Höfling* ZEFQ 2009, 287.
[428] Vgl. *Huster*, Die Berücksichtigung des Selbstverschuldens in der Gesetzlichen Krankenversicherung, S. 196. So besitzt der Staat gerade keine „Bewertungskompetenz", die über ein regulierendes Eingreifen im Falle der Interessenbeeinträchtigung Dritter oder der Allgemeinheit hinausgeht.
[429] Vgl. *Riege* Sozialer Fortschritt 1995, 4.
[430] *Höfling* ZEFQ 2009, 288.

Gesetzgeber paternalistische Argumentationsstrukturen[431] den Vorzug gewähren würde, umso wahrscheinlicher würde eine Ausgestaltung als Pflicht werden, wenn auch mit Eingrenzungen in Umfang und Sanktionsbewehrtheit.

Besonders die Gebote zur Wahrung sozialstaatlicher Gerechtigkeit und der Menschenwürde überwiegen in einer Gegenüberstellung einer solchen Pflicht. Eine letzten Endes willensersetzende und in Inhalt und Sanktion unterschiedslose Pflicht erweist sich daher als im Grunde verfassungsrechtlich unzulässig.[432] So kann auch hier letzten Endes kein anderes Ergebnis festgestellt werden, als dass es, wie die wohl überwiegende Meinung mit Recht erkennt, eine „Pflicht zur eigenen Gesundheit" in einem freiheitlichen Sozialstaat nicht geben kann.[433]

## 2. Die Solidarisierung des individuellen Risikos

Eine besondere Bedeutung kommt der Solidarität im Spannungsverhältnis von der jeweils durch die Verfassung gewährleisteten Freiheit und Gleichheit der Individuen innerhalb einer Gesellschaft zu. So wird im gesellschaftshistorischen Kontext die Solidarität auch durch den Aspekt der sozialen „Versöhnung", also dem sozialen Frieden einer Gesellschaft durch Einbeziehung von Randgruppen definiert.[434] Die Bereitschaft zu altruistischem Verhalten, aber auch die Erwartungshaltung in einer entsprechenden Situation gleichfalls die Solidarität der anderen zu erfahren, sind allgemein kennzeichnend für solidarisch geprägte Systeme.[435] Solidarität sichert individuelle Freiheit ab, da auch der Einzelne selbst irgendwann auf solidarische Hilfe angewiesen sein kann.[436] So ist der „Gedanke der Bereitschaft der staatlichen Gemeinschaft, Verantwortung für das Lebensschicksal des Einzelnen zu übernehmen" für den deutschen Sozialstaat prägend.[437]

Der gesetzlichen Krankenversicherung liegt als Konzept maßgeblich zugrunde, dass Menschen bei Eintritt von Krankheit unabhängig von ihrer individuellen

---

431 Siehe zu unterschiedlichen diesbezüglichen Ausformungen gemünzt auf eine Gesundheitspflicht bei *Patzig* Ethik Med 1989, 6 bis 8.

432 Siehe auch das Ergebnis bei *Kuch* DÖV 2019, 732.

433 *Welti* GesR 2015, 1; vgl. *Holle* ZLR 2016, 601; vgl. *Welti* GuP 2015, 212; zu einem ähnlichen Ergebnis kommt auch *Huster* JZ 2008, 866: „[…] eine Gesundheitsförderungspolitik in einer freiheitlichen Ordnung […] [ist nicht] in Form von rechtsverbindlichen Ge- oder Verboten möglich."; sich auch gegen eine Pflicht zur Gesundheit aussprechend *Riege* Sozialer Fortschritt 1995, 4; ebenfalls die Möglichkeit einer Gesundheitspflicht ablehnend *Merten* VSSR 1983, 139; im Ergebnis wohl auch *Patzig* Ethik Med 1989, 11 f., der einen in seinem Sinne verstandenen „schwachen" Paternalismus für vertretbar hält; differenzierend *Kluth/Bauer* VSSR 2010, 358, die geringe Pflichten – betreffend etwa die Teilnahme an Informationsprogrammen – durchaus als zulässig erachten würden; anders hingegen *Eberbach* MedR 2010, 769, der ein verbindliches Vorschreiben von gesundheitsgerechtem Verhalten, sowie dessen Kontrolle und Durchsetzbarkeit als im Grundsatz möglich anerkennt.

434 Vgl. *Ruland*, Solidarität – Notwendigkeit und aktuelle Herausforderungen, S. 484 f.

435 Vgl. *Schlegel/Knispel* in: jurisPK-SGB V, 4. Aufl. 2020, § 1 SGB V Rn. 33.

436 Vgl. *Ruland*, Solidarität – Notwendigkeit und aktuelle Herausforderungen, S. 483.

437 *Gabriel*, Eigenverantwortung als Grundbegriff des deutschen Sozialstaats und Gesundheitswesens, S. 303.

wirtschaftlichen Leistungsfähigkeit und bei einheitlichen, ausschließlich an ebendieser Leistungsfähigkeit bestimmten Beiträgen, eine bedarfsgerechte medizinische Versorgung erhalten.[438] Nach allgemeiner Auffassung soll demnach, wie bereits dargestellt, der Schutz vor dem ungewissen Risiko der Krankheit und seiner Folgen solidarisch finanziert und zugleich umfassend abgedeckt werden. Entscheidend für das bestehende System ist daher, dass die Versicherten gemeinschaftlich das sich individuell entfaltende Risiko der Krankheit tragen.[439] Die Zuweisung des Risikos und der mit diesem verbundenen Lasten erfolgt also aus der Perspektive des Einzelnen in Form einer Übertragung dieser an die Gemeinschaft beziehungsweise den Sozialleistungsträger.[440] Der ursprünglich von der Risikoverwirklichung Betroffene wird über die Versicherungen entlastet und erhält somit Sicherheit. Insoweit ist von einer Lasten- beziehungsweise Risikoverlagerung auf den betreffenden Leistungsträger zu sprechen, der die für den Einzelnen aus den Risiken und Lasten entstehenden Nachteile mildert, abfängt oder ausgleicht.[441] Die erfolgte Risiko- beziehungsweise Lastenzuweisung ist dann jeweils bezogen auf die Leistungsgewährung des spezifischen Sozialleistungszweiges.

Grundlegend anders wird in der privaten Krankenversicherung verfahren. Dort gilt das Prinzip des Individualrisikos.[442] Dazu können etwa der Gesundheitszustand, das Alter und bis zur Einführung der sogenannten Unisextarife auch das Geschlecht zählen.[443] Das Recht der privaten Krankenversicherung differenziert über Risikozuschläge, Leistungsausschlüsse und Vertragsablehnung zwischen guten und schlechten Gesundheitsrisiken der (potentiellen) Versicherten.[444] Ziel der Sozialversicherung ist es hingegen, auch die Ziele der Sozialstaatlichkeit, insbesondere die Ziele der sozialen Gerechtigkeit und sozialen Sicherheit, zu verwirklichen. Ergänzt durch die Schaffung und Sicherung materieller Freiheit im modernen Sozial- und Verfassungsstaat ist die damit ausgegebene Zielerreichung nur möglich durch ein erhebliches Maß an Egalisierung, das heißt durch die zielgerichtete und zweckdienliche Aufhebung von Unterschieden im Wege der Umverteilung über das Kollektiv der Solidargemeinschaft, institutionalisiert im spezifischen Sozialversicherungszweig.[445]

---

[438] BVerfG, Beschluss v. 06.12.2005 – 1 BvR 347/98 = NJW 2006, 891.

[439] BVerfG, Beschluss v. 06.12.2005 – 1 BvR 347/98 = NJW 2006, 891; vgl. *Hauck* SGb 2007, 204.

[440] Vgl. *Schulin*, Empfiehlt es sich, die Zuweisung von Risiken und Lasten im Sozialrecht neu zu ordnen? – Gutachten E, S. E 20 und E 23.

[441] Vgl. *Schulin*, Empfiehlt es sich, die Zuweisung von Risiken und Lasten im Sozialrecht neu zu ordnen? – Gutachten E, S. E 26 f.

[442] Siehe zur Risikoprüfung in der PKV die Darstellung bei *Sodan*, in: *Sodan*, Krankenversicherungsrecht, § 45 Rn. 28 f.

[443] Siehe zu Letzterem *Schäfer*, Prinzipien der privaten Krankenversicherung, S. 159.

[444] Vgl. *Schäfer*, Prinzipien der privaten Krankenversicherung, S. 158 f.

[445] Vgl. *Schulin*, Empfiehlt es sich, die Zuweisung von Risiken und Lasten im Sozialrecht neu zu ordnen? – Gutachten E, S. E 35 sowie E 41.

Ist das verfassungsrechtliche Prinzip der individuellen Freiheit unweigerlich mit dem Begriff des Risikos verbunden[446], ergibt sich durch dessen Vergemeinschaftung eine Unterbrechung des Gleichlaufs von Selbstbestimmung und der Selbsttragung von Risiken.[447] Die Wechselwirkung zwischen Freiheit und Risiko, welche beschreibt, dass der Freiheitsgebrauch durch die daraus resultierenden Risiken komplettiert und zugleich korrigiert wird, besteht demzufolge nicht mehr uneingeschränkt.[448] Vielmehr besteht das Risiko für den Versicherten de facto nicht mehr. Die situative Präsenz des Risikos im Zuge des Freiheitsgebrauchs gewährleistet aber gerade das notwendige Verantwortungsbewusstsein des seine Freiheit Gebrauchenden.[449] „Verantwortung ist ohne Freiheit nicht denkbar – aber auch eben Freiheit nicht ohne Verantwortung".[450] Der solidarisch organisierte Sozialstaat hat ebendiese Verbindung zwischen dem individuellen Risiko und der Freiheitsausübung sowie der darauf bezogenen Verantwortung in nicht unerheblicher Weise unterbunden. Statt der Individualzuständigkeit für Chancen und Risiken, von der in einem freiheitlich konstituierten Verfassungsstaat als Grundannahme ausgegangen wird, wird Verantwortung externalisiert, tritt Eigenverantwortung hinter dem Solidargedanken zurück.[451] Dies trifft für den sozialen Rechtsstaat in Deutschland insbesondere auf die bedeutenden Lebensrisiken von Krankheit, Unfall oder Erwerbslosigkeit zu.[452] Das Sozialstaatsprinzips führt darüber hinaus auch durch seine Wirkung in andere Rechtsgebiete – etwa in das Privatrecht – zu Beschränkungen des Selbstbestimmungsrechts und so zu einem Entzug von Verantwortung.[453] Dem Individuum stehen Ansprüche gegen Staat oder Solidargemeinschaft zu, wohingegen die Folgen der Handlungen des Individuums entkoppelt sind.[454] Überspitzt formuliert wird das „Vergnügen privatisiert" und der „Schaden [...] vergesellschaftet".[455] Eine vollständige Verantwortungstragung durch den Staat, die sowohl Autonomie und Freiheitswahrnehmung aber auch Selbstverantwortung des Individuums unterbindet, wurde zum ideologisch besetzten Instrument der Sozialpolitik in der Zeit von 1933 bis 1945.[456] Seitdem entwickelte sich daher eine Ablehnung einer primär staatlichen Verantwortungstragung und wurden solidarische Lastenverteilung und Mitverantwortlichkeiten

---

[446] Vgl. *Merten* VSSR 1983, 138.
[447] Vgl. *Zacher* ZfS 1983, 172.
[448] Siehe *Merten* VSSR 1983, 138.
[449] So *Merten* VSSR 1983, 138.
[450] *Huster*, Selbstbestimmung, Gerechtigkeit und Gesundheit, S 17.
[451] Vgl. *Mihm* NZS 1995, 7; siehe auch *Zacher* VSSR 1983, 132.; ähnlich auch *Neuner*, Das Prinzip der Selbstverantwortung im Sozialstaat, S. 201.
[452] Vgl. *Wallerath* JZ 2004, 952.
[453] *Neuner*, Das Prinzip der Selbstverantwortung im Sozialstaat, S. 201.
[454] Vgl. *Wallerath* JZ 2004, 952.
[455] *Boecken*, wiedergegeben bei *Mutz* DAngVers 1996, 562.
[456] Vgl. *Gabriel*, Eigenverantwortung als Grundbegriff des deutschen Sozialstaats und Gesundheitswesens, S. 305.

durch eine Gegenüberstellung von Eigenverantwortung und Kollektivierung stets kritisch betrachtet.[457]

Subsidiaritäts- und Solidargedanke vollziehen allerdings eine besondere Form der Lasten- und Risikoverteilung innerhalb der sozialstaatlichen Leistungssysteme. Dem Versicherungsbeitrag steht als „Gegenleistung" die „Systemgarantie" gegenüber, dass der Versicherte im Falle der Risikorealisierung finanziell abgesichert ist.[458] Zusammengefasst wird diese strukturelle Grundannahme unter dem Begriff des Risikoausgleichs.[459] Dieser stellt, zusammen mit der Solidargemeinschaft als Gefahrengemeinschaft bei gleichzeitigem Verfolgen der Einhaltung einer Globaläquivalenz, die „Stützpfeiler" der Sozialversicherungen und damit auch der gesetzlichen Krankenversicherung dar.[460] Die Teilsysteme der sozialen Sicherung kollektivieren Risiken, die ihrem Grunde nach dem Individuum zugeordnet sind, bei denen es sich also um individuelle Risiken handelt.[461] Diese konkretisieren sich zumeist in einem finanziellen Risiko, welches sich an die Risikoverwirklichung im Regelfall unweigerlich anschließt.[462] Die Solidarität dient damit als Rechtfertigung der Ausnahme von der grundsätzlich geltenden Zuständigkeit des Einzelnen und vollzieht einen sozialen Ausgleich.[463]

Der Nutzen einer Risikosolidarisierung liegt nicht nur in der reinen Gewährleistung des Schutzes der Gesundheit des Einzelnen, sondern darüber hinaus auch in den gesamtgesellschaftlich relevanten Aspekten der Arbeitskrafterhaltung[464], der Effektivitäts- und Effizienzsteigerung des Versorgungssystems und der Bekämpfung von sozialen Chancenungleichheiten, insbesondere derjenigen der Gesundheitschancen.[465] Niemand kann abschätzen, welchen Gesundheitsrisiken er in Zukunft ausgesetzt sein wird. Niemand kann heute wissen, welche medizinischen Behandlungs-, Erkennungs- oder Vorsorgemöglichkeiten zukünftig entwickelt und welche Kosten sie, gesetzt dem Fall ihrer Anwendung, beim einzelnen verursachen werden. Klar wird dadurch, dass sowohl ein Gebot der Belastungsgleichheit als auch ein Verbot der Überforderung des Einzelnen abhängig sind von der jeweils geltenden, allgemeinen Vorstellung von Solidarität und Gerechtigkeit.[466] Wichtige Fragen, die sich hierbei stellen, sind etwa die nach der Generationengerechtigkeit oder einem Übergewicht in der Interessendurchsetzung von

---

[457] Vgl. *Gabriel*, Eigenverantwortung als Grundbegriff des deutschen Sozialstaats und Gesundheitswesens, S. 309.
[458] *Schnapp* VSSR 1995, 107.
[459] Vgl. *Schnapp* VSSR 1995, 107; vgl. *Geschwinder* ZfS 1981, 103.
[460] Siehe dazu bei *Schnapp* VSSR 1995, 107, m.w.N.
[461] Vgl. *Zacher* VSSR 1973, 110.
[462] Vgl. *Hauck* SGb 2007, 204.
[463] Vgl. *Zacher* ZfS 1983, 172; vgl. *Geschwinder* ZfS 1981, 103; *Butzer* stellt in diesem Zusammenhang fest, dass „Subsidiarität die Handlungsverantwortlichkeiten vertikal und Solidarität sie horizontal bestimmt", *Butzer*, Fremdlasten in der Sozialversicherung, S. 461.
[464] Siehe dazu auch bei *Eichenhofer* Sozialer Fortschritt 2011, 3.
[465] Vgl. dazu auch *Welti* GesR 2015, 2.
[466] *Huster* ZEFQ 2012, 196.

jungen, stärker beitragsbelasteten Versicherten gegenüber älteren, weniger stark beitragsbelasteten aber gleichwohl leistungsabhängigeren Versicherten.[467]

Wann immer ein solidarisch organisiertes und finanziertes, auf Pflichtversicherung basierendes soziales Sicherungssystem besteht, findet in ihm auch eine Vergemeinschaftung des individuellen Lebensrisikos, welches durch den jeweiligen Versicherungszweig abgedeckt wird, statt.[468] „Solidarität entindividualisiert das Risiko und ‚entdramatisiert den individuellen Kampf mit dem Unglück'."[469] „So wird Solidarität zur Voraussetzung der Individualität."[470] Zugleich ermöglicht die soziale Absicherung Selbstbestimmung und Freiheitsausübung.[471] Die soziale Sicherung in Gestalt der solidarischen Sicherungssysteme schmälert die „Angst vor dem Risiko" und stützt zugleich die Marktwirtschaft, sie entlastet den Versicherten von der im Zeichen der Eigenverantwortlichkeit stehenden Belastung der Vorsorge.[472] Obwohl die meisten Menschen im Verlauf ihres Lebens chronisch krank, behindert oder alt werden, würden die meisten jedoch ohne überindividuell organisierten Generationenvertrag die Vorsorge für diese Risiken vernachlässigen.[473]

Diesen Aussagen kommt im Fall der Gesundheit besonderes Gewicht zu. Gesundheit ist keine handelbare oder einfach zu ersetzende Ware. Sie ist ein individuelles und insoweit einmaliges Gut. Wem es an ihr fehlt, kann selten eigenständig für ihre Wiederherstellung sorgen. Vielmehr ist er auf fachspezifisches Wissen und die entsprechenden Leistungen der Gesundheitsberufe angewiesen.[474] Hinzu kommt, dass das Individuum in großem Maße mit Ungewissheiten konfrontiert wird.[475] Weder Zeit noch Dauer noch Kosten von Krankheit sind für den Einzelnen greifbar.[476] Es liegt daher in einem allgemeinen Interesse, auf der Basis von Versicherung und Solidarität diese Ängste und Ungewissheiten zu überwinden.[477] Gleichzeitig aber lässt ein umfassend an den Grundsätzen der Solidarität ausgerichtetes und diese somit weitreichend verwirklichendes System die Elemente der auf die Risikovorsorge bezogenen Eigenverantwortung immer weiter in den Hintergrund treten.[478] Es wirkt gegenüber dem Begriff der

---

[467] Vgl. dazu *Welti* SR 2012, 129 f.
[468] *Schnapp* G+S 2006, 54.
[469] *Ruland* NJW 2002, 3518.
[470] *Ruland* NJW 2002, 3518.
[471] Vgl. *Middel*, Gesundheitsgerechtigkeit zwischen Eigenverantwortung und Solidarität, S. 354.
[472] *Zacher* VSSR 1973, 124; vgl. *Middel*, Gesundheitsgerechtigkeit zwischen Eigenverantwortung und Solidarität, S. 354.
[473] So *Welti* SR 2012, 130; dieses Argument aufgrund seines Basierens auf der Annahme verzerrter Präferenzen beim Individuum kategorisch ablehnend *Berlemann/Karmann* ZWS 1998, 576.
[474] Vgl. dazu *Welti* SR 2012, 124.
[475] Vgl. auch *Schulin*, Empfiehlt es sich, die Zuweisung von Risiken und Lasten im Sozialrecht neu zu ordnen? – Gutachten E, S. E 48.
[476] Vgl. *Welti* SR 2012, 124.
[477] Siehe auch bei *Welti* SR 2012, 124.
[478] Vgl. *Schnapp* G+S 2006, 54 f.

Eigenverantwortung auf Dauer folglich aushöhlend statt inhaltsstiftend.[479] Werden dem Einzelnen die Konsequenzen seiner autonom getroffenen Entscheidung abgenommen, wird dies in aller Regel als „unfaire Sozialisierung selbstverantwortlich eingegangener Risiken“ empfunden.[480] Das System der gesetzlichen Krankenversicherung kennt keine Form der Mitverschuldenszurechnung trotz Eigenverursachung des Versicherungsfalls, sondern geht von einer Kollektivverantwortlichkeit aus.[481] Besonders denjenigen Versicherten gegenüber, die sich um ihre eigene Gesundheit bemühen und in einigen Fällen zudem auch noch zum Kreis der Jüngeren und Besserverdienenden zählen, erweist sich die faktische Möglichkeit, den Versicherungsfall der Krankheit durch eigenes, schädigendes Verhalten herbeiführen zu können, ohne Sanktionen befürchten zu müssen, als Gerechtigkeitsdefizit.[482]

### 3. Das Finalitätsprinzip in der gesetzlichen Krankenversicherung

Nach weitestgehend einhelliger Auffassung ist das System der gesetzlichen Krankenversicherung am Finalitäts- oder Finalprinzip orientiert.[483] Aus diesem Umstand könnten sich in der Folge wichtige Aspekte für den Regelungsgehalt des SGB V ableiten, die insbesondere in einen Zusammenhang mit der Eigenverantwortung der Versicherten und der Risikoberücksichtigung gebracht werden könnten. Da auch zuvor bereits von dem Sozialstaats-, dem Sachleistungs-, dem Solidaritäts- oder dem Eigenverantwortungsprinzip[484] gesprochen wurde, bietet sich eine kurze allgemeine Darstellung des „Prinzips“ als Rechtsfigur an, ehe die Bedeutung des Finalitätsprinzips im Zuge einer Gegenüberstellung mit dem Kausalitätsprinzip herausgearbeitet werden soll. Warum ein Verständnis der beiden Prinzipien für die Eigenverantwortungsanalyse und die Frage nach einer Risikoberücksichtigung im engeren Sinn durchaus von Bedeutung sein kann, ergibt sich erst, sobald man sich einen groben Überblick von der jeweils hinter dem Prinzip stehenden Grundaussage verschafft hat.

Stark verkürzt bedeutet das Kausalitätsprinzip, dass die Leistungen des sozialen Sicherungssystems an eine die Leistung auslösende Ursache für den Bedarf anknüpfen, das Finalprinzip hingegen, dass auf die Bedarfssituation, die es zu beheben gilt, per se abgestellt wird, wobei allerdings die Ursache, die zu der

---

[479] So zeichnete *Kunze* bereits 1955 folgendes Bild: „In letzter Konsequenz führt dieser Weg zu dem unerwünschten Zustand, in dem die Risiken des Alters, der Arbeitslosigkeit, der Krankheit und anderer sozialer Notstände überhaupt nicht mehr vom einzelnen Staatsbürger, sondern von der Gesamtheit der Staatsbürger getragen werden“, *Kunze* Sozialer Fortschritt 1955, 88.

[480] *Huster* ZEFQ 2012, 196; zum „Fairneß“-Argument siehe *Patzig* Ethik Med 1989, 8 ff.

[481] *Schulin*, Empfiehlt es sich, die Zuweisung von Risiken und Lasten im Sozialrecht neu zu ordnen? – Gutachten E, S. E 56.

[482] Vgl. *Lang/Hügel* RdJB 2019, 349.

[483] Vgl. etwa *Huster* Ethik Med 2010, 292; siehe auch bei *Prehn* NZS 2010, 263; vgl. *Oldiges* DOK 1991, 538.

[484] Dazu allgemein *Becker* ZÖR 2010, 617 f.

Bedarfssituation geführt hat, nicht von Bedeutung ist.[485] Schon hierin lassen sich wichtige Aspekte, in Hinblick auf ein konkretes zur Ursache genommenes Versichertenverhalten für die Ausdeutung von Eigenverantwortung und Risikoberücksichtigung in der Leistungsgewährung – etwa im Falle von Risikozuschlägen oder Leistungsausschlüssen – erkennen.

### a. Einordnung der Figur des Prinzips im Recht

Zunächst kann festgestellt werden, dass der Begriff des Prinzips im Recht allgemein keine einheitliche Definition erfährt. So kann bereits die Frage, ob Prinzip und Grundsatz inhaltsgleiche Begrifflichkeiten darstellen, zu unterschiedlichen Ergebnissen führen.[486] Einige Vertreter wiederum setzen den Begriff des Prinzips mit dem des allgemeinen Rechtsgrundsatzes gleich.[487] Selbst in der Begründung zum Gesetzesentwurf des Gesundheits-Reformgesetzes wurden im Kontext der Einweisungsvorschriften des SGB V, die wesentliche Strukturmerkmale der gesetzlichen Krankenversicherung bezeichnen, sowohl der Begriff des Grundprinzips als auch der des Grundsatzes verwendet.[488] Anders aber als der Begriff des Grundsatzes impliziert der des Prinzips nicht automatisch die Möglichkeit einer Ausnahme, sodass darin auch ein Unterscheidungsmerkmal der beiden Begriffe gesehen werden könnte.[489] Die terminologische Gegenüberstellung ist in der Fragstellung nach den Unterscheidungskriterien generell sehr unterschiedlicher Natur. So finden sich die Begriffspaare von Prinzip und Regel, Grundsatz und Norm oder auch Grundsatz und Rechtssatz in der Literatur einander gegenübergestellt.[490] Allgemein anerkannt hingegen werden sowohl Grundsätze als auch Prinzipien als Bestandteile des „inneren System[s]“ der Rechtsordnung.[491] Als

---

[485] *Buhr*, Das Finalitätsprinzip und das Kausalitätsprinzip im Recht der Gesetzlichen Krankenversicherung, S. 17 f.

[486] Siehe dazu *Rüthers/Fischer/Birk*, Rechtstheorie, § 22 Rn. 756. So werden etwa schon im Verfassungsrecht der Begriff des Verhältnismäßigkeits*grundsatzes* aber auch die Staatsstruktur*prinzipien* als Begriffe im Zusammenhang mit Art. 20 GG verwendet. Siehe zu den Begriffen *Weber/Werner*, in: Weber, Rechtswörterbuch, 29. Edition 2022, "Verhältnismäßigkeitsgrundsatz" sowie *Weber*, in: Weber, Rechtswörterbuch, 29. Edition 2022, "Verfassung", der sowohl von Verfassungsgrundsätzen als auch von Verfassungsprinzipien spricht.

[487] So *Wank*, Methodenlehre, § 5 Rn. 328; vgl. ähnlich auch *Bydlinski*, Methodenlehre, S. 98.

[488] Vgl. BT-Drucks. 11/2237, S. 157. Eine synonyme Verwendung der Begriffe „Sachleistungsgrundsatz“ und „Sachleistungsprinzip“ als wesentliches Strukturmerkmal etwa bei *Fischer* SGb 2008, 461 ff. Das Bundessozialgericht hat in Bezug auf den Sachleistungsgrundsatz beziehungsweise -prinzip, den Begriff des „übernormativen Grundprinzip[s]“ eingebracht, vgl. BSG, Urteil v. 07.08.1991 – 1 RR 7/88 = BeckRS 1991, 30420023.

[489] So *Buhr*, Das Finalitätsprinzip und das Kausalitätsprinzip im Recht der Gesetzlichen Krankenversicherung, S. 28.

[490] Siehe zu den Gegenüberstellungen bei *Butzer*, Fremdlasten in der Sozialversicherung, S. 476, insbesondere die dortige Fn. 479, m.w.N.

[491] *Rüthers/Fischer/Birk*, Rechtstheorie, § 22 Rn. 757; siehe auch bei *Butzer*, Fremdlasten in der Sozialversicherung, S. 479.

Grundlage des „inneren Systems“ werden die geltenden Gesetze und die darin enthaltenen Wertungen angesehen.[492]

Quellen von Prinzipien können zum einen die Verfassung aber auch das einfache Recht sein, wobei gilt, dass Prinzipien restriktiv anzuwenden sind und nicht das geschriebene Recht außer Kraft setzen können.[493] Unterschieden werden kann das Prinzip von einem Rechtssatz in der Weise, als dass der Rechtssatz „bestimmt“ ist, er folglich aus Tatbestand und Rechtsfolge bestünde, wohingegen das Prinzip „unbestimmt“ und daher als „Leitlinie“ zu verstehen ist.[494] Das Prinzip ist allgemein, der Rechtssatz speziell, wobei sich in dieser Unterscheidung primär nur graduelle Unterschiede festmachen lassen.[495] Daher kann auch anhand der Weise, wie Konflikte zwischen Prinzipien und Rechtssätzen aufgelöst werden, die Unterscheidung vorgenommen werden. Die Kernaussage dahinter ist, dass Prinzipien, anders als Rechtssätze, im Falle der Kollision mit Gleichartigen durchaus nebeneinander bestehen können, indem sie in gegenseitiger Abwägung im Einzelfall angewendet werden, eine Kollision also nicht zwangsläufig zur Nichtigkeit eines Prinzips führt.[496] Insoweit kann in Bezug auf eine Normkollision – etwa der von einzelnen Grundrechten – von der Auflösung des Konflikts über die sogenannte „Prinzipienabwägung“ gesprochen werden.[497]

Prinzipien werden darüber hinaus auch ihrer Qualität nach in verschiedene Arten unterteilt. Formale Rechtsprinzipien sind zum einen rechtstechnische – wertneutrale – Prinzipien, aus denen neue Rechtssätze abgeleitet werden können, sowie regulative Prinzipien, die einen weniger stark ausgeprägten Wertgehalt besitzen, sodass ihre Verwirklichung weitgehend offen gelassen wird.[498] Materiellen Prinzipien hingegen liegt ein eigener Wertmaßstab zugrunde.[499] Die so vollführte Verbindung zu einem moralischen Wertungsgehalt qualifiziert die Vorschrift als rechtsethisches Prinzip.[500] Dabei ist es jedoch nur ein schmaler Grat, der eine gesetzlich verbindliche Wertung von einem rechtspolitischen Scheinargument trennt.[501] Insofern ist es von Bedeutung, die Direktivkraft eines Prinzips von ihrem Inhalt her zu bestimmen.[502] Je konkreter und eindeutiger die inhaltliche Ausgestaltung eines Prinzips erfolgt, desto höher ist seine Direktivkraft gegenüber

---

492 *Rüthers/Fischer/Birk*, Rechtstheorie, § 4 Rn. 144a. *Supiot* spricht beispielsweise von der Solidarität als „allgemeinen Rechtsgrundsatz“ von der nationalen bis in die europäische Ebene hinein, *Supiot* SR 2015, 133.

493 Vgl. *Wank*, Methodenlehre, § 5 Rn. 364.

494 *Wank*, Methodenlehre, § 5 Rn. 328; vgl. auch *Bydlinski*, Methodenlehre, S. 99.

495 Vgl. *Butzer*, Fremdlasten in der Sozialversicherung, S. 477.

496 Vgl. *Wank*, Methodenlehre, § 5 Rn. 358; vgl. *Butzer*, Fremdlasten in der Sozialversicherung, S. 478.

497 Vgl. *Rüthers/Fischer/Birk*, Rechtstheorie, § 6 Rn. 275.

498 Vgl. die Darstellung bei *Wank*, Methodenlehre, § 5 Rn. 338, der durchaus kritisch gegenüber der Kennzeichnung als „regulative Prinzipien“ eingestellt ist.

499 *Wank*, Methodenlehre, § 5 Rn. 339.

500 Vgl. *Rüthers/Fischer/Birk*, Rechtstheorie, § 22 Rn. 756c.

501 *Rüthers/Fischer/Birk*, Rechtstheorie, § 22 Rn. 756c.

502 Siehe dazu und nachfolgend bei *Butzer*, Fremdlasten in der Sozialversicherung, S. 479.

dem Gesetzgeber. Umgekehrt heißt dies jedoch, dass je inhaltlich unbestimmter und vieldeutiger ein Prinzip ausgestaltet ist, desto geringer ist seine Direktivkraft zu bewerten und desto unwahrscheinlicher ist sein Regelungscharakter. Nicht zuletzt verliert das Prinzip so auch an Gewicht in der Abwägung im Zuge einer Prinzipienkollision.

In Bezug zum Grat ihrer inhaltlichen Bestimmung steht auch die Unterscheidung von Prinzipien in explizite und implizite Prinzipien anhand ihres Ursprungs, das heißt in solche Prinzipien, die entweder gesetzlich verankert sind oder sich zum Beispiel erst durch Umkehrschlüsse aus anderen Normen ergeben.[503] Für die impliziten Prinzipien gilt daher, dass sie erst „bewiesen" werden müssen, sie also im Zuge von Auslegung aus der Gesetzesmaterie, der Gesetzgebungsmaterialien oder dem Richterrecht herausgelesen werden müssen.[504] Es ist indes nicht möglich, Prinzipien allein aufgrund ihrer sprachlichen Formulierung zu identifizieren; vielmehr bedarf es der Kenntnis von sogenannten „Grundwerten", also etwa des sozialen, geschichtlichen, kulturellen oder moralischen Hintergrundes, um Prinzipien und Rechtssätze zum einen unterscheiden zu können und zum anderen das Prinzip selbst zu erfassen.[505]

Darüber hinaus kann für die Prinzipien eine Funktionsdimension als Optimierungsgebote festgestellt werden.[506] Als Optimierungsgebote verlangt das Prinzip nach einer im Verhältnis zur rechtlichen und tatsächlichen Gegebenheit bestmöglichen Umsetzung.[507] Damit ist indes keine maximalmögliche Realisierung gemeint, die aufgrund von Kollisionen ohne hin nicht denkbar wäre.[508] Im Falle einer Prinzipienkollision wird eine Abwägung nötig, die jedes Prinzip nur soweit wie nötig einschränkt.[509] Im Zuge der Rechtsanwendung können Prinzipien als Entscheidungskriterien herangezogen werden, insbesondere in Fällen der Kollision oder der Auslegung. Auch im Rahmen der Rechtsfortbildung kommt den Prinzipien dann eine Bedeutung zu. In dieser Hinsicht wird etwa vom Sozialstaatsprinzip als Optimierungsgebot gesprochen.[510]

Im Ergebnis kann davon ausgegangen werden, dass die Existenz des Prinzips im Recht als abstrakter Wertungsmaßstab gleich eines Leitgedankens allgemein anerkannt ist. Bezogen auf die Prinzipien der gesetzlichen Krankenversicherung

---

[503] Vgl. *Buhr*, Das Finalitätsprinzip und das Kausalitätsprinzip im Recht der Gesetzlichen Krankenversicherung, S. 35.

[504] *Buhr*, Das Finalitätsprinzip und das Kausalitätsprinzip im Recht der Gesetzlichen Krankenversicherung, S. 39.

[505] *Rüthers/Fischer/Birk*, Rechtstheorie, § 22 Rn. 758c.

[506] Siehe dazu beispielsweise *Buhr*, Das Finalitätsprinzip und das Kausalitätsprinzip im Recht der Gesetzlichen Krankenversicherung, S. 30, 40; siehe auch bei *Rüthers/Fischer/Birk*, Rechtstheorie, § 22 Rn. 758.

[507] Vgl. *Rüthers/Fischer/Birk*, Rechtstheorie, § 22 Rn. 758 unter Zitierung von *R. Alexy*, Theorie der Grundrechte, 1996; siehe dahingehend auch *Buhr*, Das Finalitätsprinzip und das Kausalitätsprinzip im Recht der Gesetzlichen Krankenversicherung, S. 40.

[508] Vgl. *Bydlinski*, Methodenlehre, S. 76.

[509] *Bydlinski*, Methodenlehre, S. 76.

[510] Vgl. *Voßkuhle/Wischmeyer* JuS 2015, 693.

kann festgehalten werden, dass die bereits aufgezeigten Prinzipien der Sozialstaatlichkeit – als verfassungsunmittelbares Prinzip –, der Solidarität und der Eigenverantwortung nach dem Gesetzgeber dessen Zielsetzung aber auch Verpflichtung ausdrücken und nach Optimierung im System streben. Sie durchziehen programmatisch die Regelungskomplexe des SGB V und wurden aus diesem Grund auch bereits in den Allgemeinen Vorschriften an den Anfang der Kodifikation gestellt. Auch die Kollision von Solidaritäts- und Eigenverantwortungsprinzip hat der Gesetzgeber in seiner Begründung zu § 1 SGB V aufgegriffen.[511] Inwieweit dem Prinzip der Eigenverantwortung innerhalb des SGB V tatsächlich Direktivkraft zukommt, wird sich im Zuge der Analyse des Gesetzestextes zeigen.

### b. Kausalitäts- und Finalitätsprinzip – eine Gegenüberstellung

Weder das Kausalitäts-, noch das Finalitätsprinzip werden – obschon sie einzelnen Teilsystemen der sozialstaatlichen Sicherungssysteme als grundlegend zugeschrieben werden[512] – in den Normen der diese Systeme schaffenden Kodifikationen genannt oder näher erläutert. Dieser Befund ist zunächst befremdlich, werden die beiden Prinzipien doch mitunter zur Einteilung des Sozialrechts herangezogen und in dieser Konsequenz auch als für die Teilsysteme grundlegende „Wesensmerkmale" betrachtet.[513] Nimmt man die Einordnung als Prinzipien als gegeben an, so wären sowohl das Finalitäts- als auch das Kausalitätsprinzip in Ermangelung einer gesetzlichen Verankerung im SGB V den sogenannten impliziten Prinzipien[514] zuzuordnen. Dies bedeutet gleichwohl, dass sie zunächst der Herleitung und damit des Beweises aus den Rechtssätzen des SGB V bedürfen. Im Kontext von Eigenverantwortung und Risikoberücksichtigung bietet sich daher an dieser Stelle eine Darstellung der Begriffe von Kausalitäts- und Finalitätsprinzip ohne Rückgriff auf konkrete Normen des SGB V an, welcher in der noch an späterer Stelle erfolgenden Analyse auf implizite Bedeutungsdimensionen von Eigenverantwortung und Risikoberücksichtigung sinnvoller ergehen kann. Würde nämlich bereits an dieser Stelle eine Überscheidung der Begriffspaare festgestellt werden, bietet die spätere Analyse die Möglichkeit interdependente Beziehungen zwischen den impliziten Prinzipien aufzuzeigen und damit ihren Bedeutungsgehalt umfassender darzustellen. Die hiesige Darstellung ist daher als eine allgemeine begriffliche Annährung zu verstehen.

---

[511] Vgl. BT-Drucks. 11/2237, S. 157.

[512] Siehe dazu etwa für die gesetzliche Krankenversicherung *Muckel/Ogorek/Rixen*, Sozialrecht, § 8 Rn. 68, 90; zu den übrigen gesetzlichen Sozialversicherungszweigen *Muckel/Ogorek/Rixen*, Sozialrecht, § 5 Rn. 5; vgl. auch *Rixen*, Eigenverantwortung im Gesundheitssozialrecht – Zwischen gesundheitspolitischer Forderung und positivrechtlicher Umsetzung, S. 335.

[513] *Buhr*, Das Finalitätsprinzip und das Kausalitätsprinzip im Recht der Gesetzlichen Krankenversicherung, S. 18.

[514] Vgl. *Buhr*, Das Finalitätsprinzip und das Kausalitätsprinzip im Recht der Gesetzlichen Krankenversicherung, S. 35.

So ist zunächst nach dem allgemeinen Sprachgebrauch unter der Finalität die Bestimmung eines Geschehens oder einer Handlung nicht durch ihre Ursache, sondern durch ihren Zweck zu verstehen.[515] Alternativ kann daher von Zweckbestimmtheit gesprochen werden. Der Begriffsbestandteil „final“ beschreibt die Zweckgerichtetheit, kann aber auch als „die Absicht betreffend“ verstanden werden. Daneben kann eine Beziehung zwischen Zweck und Sinn hergestellt werden, der zufolge Zweckgebundenheit auch als Sinnhaftigkeit zu verstehen sein könnte.[516] Finalität ist damit insbesondere subjektiv geprägt und kennzeichnet – bezogen auf menschliches Verhalten – die Art und Weise des Handlungsvollzuges, da der Mensch die Fähigkeit besitzt zumindest in bestimmten Grenzen den Erfolg seines Handelns zu antizipieren.[517] Die Kausalität hingegen betrifft die Nachzeichnung eines Ursachenzusammenhangs, fragt also nach dem Verhältnis zwischen Ursache und Wirkung und betrifft somit die Ursächlichkeit.[518] Sie stellt das Antonym zur Finalität dar.[519] Damit greifen Kausalität und Finalität auf verschieden Bezugspunkte zu. Die Kausalität fragt nach der Ursache, ist rückwärtsgewandt, wohingegen die Finalität auf das Ergebnis abstellt und damit perspektivisch ausgerichtet ist.[520]

Daneben ist aber auch die Gebundenheit von Finalitäts- und Kausalitätsprinzip an ihren jeweiligen Kontext von Bedeutung. So kann im Leistungsrecht der gesetzlichen Krankenversicherung immer dann von einer Ausprägung des Kausalprinzips gesprochen werden, wenn ein Leistungsanspruch an eine besondere Ursache für den Bedarf anknüpft.[521] Da aber von einer generellen Geltung des Finalitätsprinzips im Recht der gesetzlichen Krankenversicherung ohne weitere Erklärung oder Begründung ausgegangen wird,[522] drängt sich der Verdacht auf, dass das Finalitätsprinzip in der gesetzlichen Krankenversicherung die Existenz des Kausalitätsprinzips in derselben zwangsläufig ausschließt.

Diesem Verdacht kann jedoch entgegengehalten werden, dass mit dieser generellen Geltung keine ausschließliche Geltung gemeint sein kann. Die Erkenntnisse über das versicherte Risiko und die historische Entwicklung der gesetzlichen Krankenversicherung liefern eine systematische Erklärung dafür, wieso das Finalitätsprinzip insoweit dominiert: Durch die gesetzliche Krankenversicherung soll unabhängig vom sozio-ökonomischen und gesundheitlichen Status einer Person die Sicherstellung der medizinischen Versorgung im Vordergrund stehen.

---

[515] Definition abrufbar unter https://www.duden.de/rechtschreibung/Finalitaet, zuletzt am 01.04.2023.

[516] *Buhr*, Das Finalitätsprinzip und das Kausalitätsprinzip im Recht der Gesetzlichen Krankenversicherung, S. 41.

[517] *Köhler* SGb 2002, 148.

[518] Definition abrufbar unter https://www.duden.de/rechtschreibung/kausal, zuletzt am 01.04.2023.

[519] Dazu https://www.duden.de/rechtschreibung/Kausalitaet, zuletzt am 01.04.2023.

[520] Dazu auch *Buhr*, Das Finalitätsprinzip und das Kausalitätsprinzip im Recht der Gesetzlichen Krankenversicherung, S. 42.

[521] Vgl. *Muckel/Ogorek/Rixen*, Sozialrecht, § 4 Rn. 5.

[522] Konkret formuliert in der siebten These bei *Buhr*, Das Finalitätsprinzip und das Kausalitätsprinzip im Recht der Gesetzlichen Krankenversicherung, S. 213.

Würde das Kausalitätsprinzip hingegen dominierend sein, stünde die Verursachung im Fokus, die sich aber aus der Erkenntnis der Relativität der Krankheit und ihrer Multikausalität nur schwer unter Wahrung der sozialstaatlichen Anforderungen durchhalten ließe.

Zudem erweist sich eine Unterteilung des Sozialrechts anhand des Finalitäts- oder Kausalitätsprinzips als ungeeignet. Die als kausales System verstandene Unfallversicherung[523] ist beispielsweise gleichwohl auch final ausgerichtet, etwa soweit es um Leistungen zur Krankenversorgung geht. Die Heilbehandlung in der gesetzlichen Unfallversicherung ist gem. § 27 Abs. 1 SGB VII zunächst kausal an den Versicherungsfall geknüpft, wobei die Leistung selbst entsprechend ihrem Zweck final auf die Wiederherstellung der Gesundheit ausgerichtet ist.[524] Die gesetzliche Krankenversicherung hingegen ist kausal ausgerichtet, soweit sie auf Leistung in Folge eines Arbeitsunfalls oder einer Berufskrankheit im Sinne der gesetzlichen Unfallversicherung in Anspruch genommen wird, § 11 Abs. 5 SGB V. Insoweit findet bezogen auf den Leistungsgegenstand ein Gleichlauf innerhalb der Sozialversicherung statt. Als entscheidender Faktor gilt damit nicht nur der Kontext des Sicherungssystems an sich, sondern auch die konkrete Zweckrichtung der einzelnen Norm. Damit kann innerhalb eines finalen Systems durchaus auch eine Ausrichtung auf die Ursächlichkeit gegeben sein, nämlich dort, wo der Normzweck selbst an die Ursache und nicht an die Versorgungsleistung anknüpft. Dass solche Erwägungen dem Recht der sozialen Krankenversicherung nicht fremd sind, zeigt etwa der bereits erfolgte Hinweis auf die Sanktionsnormen der Krankenversicherung der Arbeiter im Fall des Selbstverschuldens des Versicherungsfalls.[525]

### 4. Fazit

Ausgehend von ihrer historischen Entwicklung erbringt die gesetzliche Krankenversicherung nicht nur Leistungen zur Wiederherstellung der Gesundheit und zur wirtschaftlichen Sicherung im Krankheitsfall, sondern ebenso Leistungen zur Erhaltung und Besserung der Gesundheit. Umrissen wird damit das versicherte Risiko der gesetzlichen Krankenversicherung zum einen durch den Begriff der Krankheit, aber auch durch denjenigen der Gesundheit. Kuration, Rehabilitation und Prävention stehen als Leistungszwecke nebeneinander. Als wesentlicher Bestandteil der sozialstaatlichen Sicherungssysteme ist die gesetzliche Krankenversicherung geprägt durch die Prinzipien der Solidarität und Subsidiarität. Auf der einen Seite wird das sich individuell entfaltende Risiko auf die Versichertengemeinschaft übertragen, wird es solidarisiert und die sich aus diesem ergebenden Folgen für den Einzelnen kollektiviert. Die Grenze dieser Kollektivierung sind dort erreicht, wo der Grundsatz der Subsidiarität – also die prinzipielle

---

523 Vgl. *Köhler* SGb 2002, 144.

524 Vgl. *Igl/Welti*, Sozialrecht, Kapitel 1 § 2 Rn. 4; siehe auch *Muckel/Ogorek/Rixen*, Sozialrecht, § 5 Rn. 5.

525 Siehe dazu oben unter B. II. 1. a.

Erstzuständigkeit des Einzelnen selbst – nicht mehr gewahrt ist und wo es sich aufgrund fehlender Schutzbedürftigkeit des Individuums oder aufgrund eines Konfliktes mit dem Solidargedanken um nicht mehr der Solidargemeinschaft auferlegbare Risiken handelt. Im Übrigen gilt jedoch das maßgebliche und insoweit selbst das Versicherungsprinzip wesentlich modifizierende Leistungsprinzip der Finalität. Durch die gesetzliche Krankenversicherung als eines der bedeutendsten sozialen Sicherungssysteme gegen eines der zentralen Lebensrisiken soll unabhängig vom sozio-ökonomischen und gesundheitlichen Status einer Person die Sicherstellung der medizinischen Versorgung im Vordergrund stehen. Die Verursachung soll nicht in den Fokus geraten, geschuldet der Erkenntnis der Relativität der Krankheit und ihrer Multikausalität.

### III. Das Schlagwort der Eigenverantwortung

Dem Begriff der Eigenverantwortung kann im Rahmen von Bestrebungen, das Gesundheitswesen zu reformieren, eine gesteigerte Bedeutung beigemessen werden.[526] Was genau dabei unter Eigenverantwortung zu verstehen ist und wie sich ihre Beziehung zur Risikoberücksichtigung darstellt, beziehungsweise welche konkrete Gestaltung sie erfährt, bleibt allerdings unbeantwortet. Dies ist jedoch elementare Voraussetzung, um nachvollziehen zu können, welche Abwägungen unter der Begriffsverwendung erfolgen und wie sich ihre systemische Verwirklichung darstellt. Nachfolgend wird zunächst der Begriff der Eigenverantwortung in seinen grundlegenden und vielseitigen Bedeutungsdimensionen dargestellt. Auch der Begriff der Eigenkompetenz des Versicherten wird erläutert und seine Beziehung zur Eigenverantwortung nachvollzogen.

Aufgrund des bereits angesprochenen Missstandes, dass der Begriff der Eigenverantwortung regelmäßig mit weiteren Perspektiven unterfüttert wird, um ihn in einen Sinnzusammenhang mit der eigenen Thematik zu stellen,[527] beschränkt sich die Darstellung auf die meistgenannten und für die gesetzliche Krankenversicherung als berücksichtigungswert darstellenden Aspekte. Unter anderem sind also die Verantwortungsverhältnisse in der gesetzlich Krankenversicherten maßgeblich. Nachgehend wird auf die Bedeutung eines selbstgesetzten Risikos und dessen Berücksichtigung im Verhältnis zur Eigenverantwortung eingegangen. Über eine vergleichende Darstellung zu weiteren Kodifikationen im Sozialgesetzbuch sollen Indizien für und gegen eine möglicherweise bestehende Alleinstellung der Eigenverantwortung und Risikoberücksichtigung im SGB V zusammengetragen werden. Schließlich wird ein besonderes Augenmerk auf eine Eigenverantwortung im Sinne einer finanziellen Individualverantwortung der Versicherten unter Bezugnahme auf das Wirtschaftlichkeitsgebot wie auch den Grundsatz der

[526] Zur Entwicklung siehe eingangs bei *Rothhaar*, Philosophische Grundlagen der Eigenverantwortung im Gesundheitswesen, S. 289 f.; siehe zu den Zielen und zur damit verbunden Erwartungshaltung etwa bei *Schmidt* Gesundheitswesen 2010, 29 f.; siehe dazu auch *Schmidt*, Eigenverantwortung haben immer die Anderen, S. 13.

[527] Der Ansicht auch *Schmidt*, Eigenverantwortung haben immer die Anderen, S. 10 f.

finanziellen Stabilität gelegt, wobei auch sozialpolitische Erwägungen und Argumentationen des Gesetzgebers ihre Berücksichtigung finden.

### 1. Dimensionen von Eigenverantwortung

Wie mehrfach festgestellt, ist der Begriff der Eigenverantwortung nicht definiert noch näher bestimmt. Dies erschwert eine klare Begriffsbildung. Bezogen auf einen materiellen Bedeutungsgehalt – etwa als Abwägungskriterium oder als normativ wirkender Programmsatz – ist die Rechtslage mehr als dürftig. Auch unabhängig vom SGB V ist die materielle Bedeutung von Eigenverantwortung nur unzulänglich herausgearbeitet worden, obwohl immer wieder mehr Eigenverantwortung gefordert wird.[528] Zusätzlich erschwert der Umstand, dass in der Alltagssprache, aber auch in den Fachwissenschaften, der Begriff der (Eigen- )Verantwortung eine andere Konnotation erfährt, die Nutzbarmachung der Eigenverantwortung zur Gesetzesanalyse.[529] Die Definitionsversuche sind dabei so divergierend, weil sie entsprechend des jeweiligen Untersuchungsgegenstandes immer nur einzelne Aspekte in den Begriff hineinzulesen bemüht sind.[530] So sammeln sich unter der Eigenverantwortung, welcher mal weiter, mal enger verstanden wird, Begriffe wie moralische Verantwortung, individuelle Freiheit, Freiheit der Lebensführung, Autonomie, Fähigkeit zur selbstbestimmten Lebensführung, Eigenverschulden, Selbstbeteiligung oder Entscheidungsfreiheit, wobei diese Aufzählung nicht den Anspruch erhebt, vollständig zu sein.[531]

#### a. Allgemeine Begriffsbedeutung als erste Annäherung

Zunächst soll der Wortstamm, der Begriff der Verantwortung also, näher betrachtet werden.[532] Sein Gehalt hat sich über die Zeit gewandelt und entwickelt, wenngleich auch in seiner rechtlichen Bedeutung noch Anklänge seiner früheren Bedeutungsschichten zu finden sind.[533] Meinte dieser zunächst als verfahrenstechnischer Begriff, sich für etwas vor jemandem im Sinne einer Verteidigungsschrift

---

[528] So *Boecken*, wiedergegeben bei *Mutz* DAngVers 1996, 562; vgl. *Schmidt* Gesundheitswesen 2010, 30.

[529] Vgl. dazu etwa *H. Schmidt* ZEFQ 2012, 185 f.

[530] So trifft etwa *Süß* von Anfang an eine Einordnung der Eigenverantwortung unter ein wohl kausales Haftungssystem, ohne dies kritisch zu hinterfragen; siehe dazu das einleitende Kapitel bei *Süß*, Die Eigenverantwortung gesetzlich Krankenversicherter unter besonderer Berücksichtigung der Risiken wunscherfüllender Medizin, S. 19 bis 28, insbesondere S. 27.

[531] Ähnliche Darstellung bei *Schmidt*, Eigenverantwortung haben immer die Anderen, S. 10; siehe auch die Auflistung bei *Trenk-Hinterberger*, Eigenverantwortung in der sozialen Pflegeversicherung, S. 1164 bis 1166.

[532] Siehe die umfassende und kritische Auseinandersetzung mit einem modernen und gewandelten Begriff der Verantwortung bei *Heidbrink*, Kritik der Verantwortung, 2003.

[533] Vgl. *Führ*, Eigen-Verantwortung im Rechtsstaat, S. 43; siehe ausführlich zur philosophischen Bedeutung als auch zur historischen Entwicklung bei *Rothhaar*, Philosophische Grundlagen der Eigenverantwortung im Gesundheitswesen, S. 292 ff.; kritisch zur Bedeutungs- und Verwendungswandlung betreffend den Begriff der Verantwortung *Kersting*, Verantwortliche Verantwortung, S. 9.

verantworten zu müssen, wandelte sich dies hin zu einer Verpflichtung, für etwas Geschehenes einzustehen.[534]

Grundelemente dieses Verantwortungsverständnisses sind Kausalität, Intentionalität, Relationalität und Legitimität.[535] Der dahinterstehende „Mechanismus" weist die Risikolast demjenigen zu, der der konkret Handelnde ist.[536] Kennzeichnend für den Verantwortungsmechanismus ist aber, dass er keiner ungebundenen Interpretations- und Handlungsbeliebigkeit unterliegt, sondern stets in einem Verhältnis zu autonom getroffenen oder fremdgesetzten Anforderungen steht.[537]

Anders formuliert, drückt Verantwortung konzeptionell ein Verhältnis zwischen einem Etwas, einem agierenden Subjekt und einem zuvor festgelegten Verantwortungsbereich aus.[538] Demzufolge wird von Verantwortung gesprochen, wenn jemand (Verantwortungssubjekt) sich gegenüber einem anderen (Verantwortungsinstanz) für etwas (Verantwortungsobjekt), aufgrund einer Unstimmigkeit mit zuvor festgelegten Regeln (Normhintergrund), rechtfertigen muss.[539] War zuvor das Etwas ein konkretes negativ vom Normalfall abweichendes Ereignis oder Vorfall, der eintreten musste, um den Verantwortungsmechanismus auszulösen, so hat sich die Konzeption von Verantwortung im Laufe der Zeit immer weiter von einem konkreten Ereignis entfernt und auf das darin verborgene Kausalitätserfordernis zunehmend verzichtet.[540] Insgesamt wurde das Verantwortungskonzept von seinem ursprünglichen Anwendungsbereich losgesagt und ausgedehnt auf diverse gesellschaftliche Funktionsfelder und Sinnzusammenhänge, insbesondere der moralischen Bewertung oder Einordnung bestimmter Handlungsweisen.[541]

Der Begriff der Eigenverantwortung meint demgegenüber eine eigene, auf die eigene Person bezogene, selbst zu tragende Verantwortung.[542] Beschrieben ist

---

[534] Siehe zur grundlegenden Definition https://www.duden.de/rechtschreibung/Verantwortung, zuletzt aufgerufen am 01.04.2023; siehe zur anfänglichen Bedeutung bei *Rothhaar*, Philosophische Grundlagen der Eigenverantwortung im Gesundheitswesen, S. 292 f.; siehe zu den sprachwissenschaftlichen und rechtshistorischen Hintergründen des Begriffs der Verantwortung bei *Führ*, Eigen-Verantwortung im Rechtsstaat, S. 43 ff.; siehe zudem zu den philosophischen Hintergründen sowie der Kategorisierung der Verantwortung als Prinzip bei *Süß*, Die Eigenverantwortung gesetzlich Krankenversicherter unter besonderer Berücksichtigung der Risiken wunscherfüllender Medizin, S. 103 bis 111, m.w.N.

[535] Vgl. *Heidbrink*, Kritik der Verantwortung, S. 190 f.

[536] Vgl. *Zacher* VSSR 1973, 110.

[537] Vgl. *Führ*, Eigen-Verantwortung im Rechtsstaat, S. 46.

[538] *Schmidt*, Eigenverantwortung haben immer die Anderen, S. 15, daher von einem „Dreiecksverhältnis" sprechend.

[539] Vgl. *Langanke/Fischer/Erdmann/Brothers* Ethik Med 2013, 245; vgl. *Werner*, Verantwortung, S. 543.

[540] Vgl. *Schmidt*, Eigenverantwortung haben immer die Anderen, S. 16, m.w.N.; vgl. *Kersting*, Verantwortliche Verantwortung, S. 11; siehe zu dem „unerwarteten Ereignis", dass die Frage nach der Verantwortung auslöst bei *Schild* JZ 1980, 597.

[541] Vgl. *Kersting*, Verantwortliche Verantwortung, S. 9; vgl. *Werner*, Verantwortung, S. 545 f.

[542] Siehe zur Definition https://www.duden.de/rechtschreibung/Eigenverantwortung, zuletzt aufgerufen am 01.04.2023; vgl. auch *Schaefer/Weißbach* ZEFQ 2012, 200.

eine Handlungssituation, in der bestimmte Regeln, Verhaltensweisen oder Aufgaben Gültigkeit besitzen, ohne dass diese konkret benannt sind.[543] Ausgegeben werden vage und mehr oder weniger unverbindliche Leitlinien. Eigenverantwortung erfordert und bedarf daher ein gewisses Maß an Eigeninitiative; der Adressat hat selbst zu erkennen, welches Anforderungsprofil die gegebene Situation besitzt.[544] Dies hat zur Folge, dass es keines konkreten Ereignisses zum Auslösen des Verantwortungsmechanismus bedarf. Auf einer zusätzlichen, darauf aufbauenden Ebene kann dann die Eigenverantwortung in Korrelation mit der Verantwortungstragung gebracht werden, wenn es darum geht, die Konsequenzen, die sich aus unzureichender Wahrnehmung der Individualverantwortung ergeben, zu tragen.[545] Eigenverantwortung kann sodann, unter Zugrundelegung eines philosophisch-ethischen Verständnisses im Sinne einer moralischen Verantwortungslegitimation[546], als Zurechnungsattribut auf der Basis der Willensfreiheit des Einzelnen für die Konsequenzen des eigenen und selbstbestimmten Handelns verstanden werden.[547]

Eine bei dieser Ausgangslage denkbare Unterteilung von Eigenverantwortung wäre eine vorab erfolgende Untergliederung in retrospektive und prospektive Verantwortungszuweisung, wie sie auch für den Begriff der Verantwortung vorgenommen wird.[548] Erstere knüpft im Sinne einer Rechenschaftsverantwortung an die rückgewandte Bewältigungszuständigkeit an.[549] Es wird also als Verantwortungsgegenstand ein vergangenes Geschehen, das anhand des Verantwortungsmaßstabes als nicht verantwortungsgemäß bewertet wurde, einer Person als dessen Urheber zugerechnet, woran sich wiederum die Konsequenz der Zuständigkeit betreffend die Folgenbeseitigung anschließt. Eine ex-ante Verantwortlichkeit beschreibt hingegen zukunftsgerichtet eine Verantwortung im Sinne einer Zuständigkeitsverantwortung, die mit einer Erwartungshaltung einhergeht, spezifischer noch eine eigene, mit einer bestimmten Aufgabe oder einer bestimmten Stellung verbundene Verpflichtung, dafür Sorge zu tragen, dass innerhalb eines spezifisch angelegten Rahmens alles einen möglichst guten Verlauf nimmt und das jeweils Notwendige und Richtige getan wird, damit möglichst kein

---

543 Vgl. *Führ*, Eigen-Verantwortung im Rechtsstaat, S. 54.

544 Vgl. *Führ*, Eigen-Verantwortung im Rechtsstaat, S. 54 und 56.

545 Vgl. *Schmidt*, Eigenverantwortung haben immer die Anderen, S. 35 f.; vgl. *Führ*, Eigen-Verantwortung im Rechtsstaat, S. 54.

546 Siehe dazu ausführlich *Schmidt*, Eigenverantwortung haben immer die Anderen, S. 18 bis 20. *Schmidt*, Eigenverantwortung haben immer die Anderen, S. 9.

547 Ähnlich auch *Nienhaus*, Eigenverantwortung in der GKV auf dem Vormarsch?, abrufbar unter https://www.juwiss.de/94-2017/, zuletzt am 01.04.2023.

548 Vgl. *Werner*, Verantwortung, S. 542; vgl. *Klement*, Verantwortung, S. 50 ff.; eine solche Unterteilung vornehmend etwa *Höfling* ZEFQ 2009, 289; so auch *Marckmann* Ethik Med 2010, 215; vgl. bereits *Marckmann*, Eigenverantwortung als Rechtfertigungsgrund für ungleiche Leistungsansprüche in der Gesundheitsversorgung?, S. 302; aufgrund der daraus resultierenden Unschärfe zwischen den Bedeutungsebenen von Verantwortung als Folgenzurechnung oder Verpflichtungsbegriff einer solchen Unterteilung kritisch gegenüber eingestellt, vgl. *Rothhaar*, Philosophische Grundlagen der Eigenverantwortung im Gesundheitswesen, S. 291.

549 Vgl. *Höfling* ZEFQ 2009, 289; vgl. *Marckmann* Ethik Med 2010, 215.

Schaden entsteht.[550] Übertragen auf den Begriff der Eigenverantwortung erfährt dieser daher gleichfalls eine zeitliche Ausdehnung über den aktuellen Status quo hinaus, als ex-post Verpflichtung sowohl auf etwas bereits Geschehenes, sowie als ex-ante Verpflichtung auf etwas erst Zukünftiges.[551] Dabei sind prospektive und retrospektive Verantwortung nicht unabhängig voneinander. Eine retrospektive Verantwortlichkeit setzt eine prospektive Verantwortlichkeit voraus.[552]

Zusammenfassend ist der Begriff der Verantwortung seiner grundlegenden Konzeption nach also dahingehend zu operationalisieren, dass Jemand (Verantwortungssubjekt) gegenüber einem Anderen (Verantwortungsinstanz) für Etwas (Verantwortungsgegenstand) nach Maßgabe normativer Standards (Verantwortungszurechnungsgrund) mit spezifischen Instrumenten (instrumentelle Verantwortungsrealisierung) zur Verantwortung gezogen wird.[553] Übertragen auf das Recht der gesetzlichen Krankenversicherung würde dies bedeuten, dass das Subjekt dabei der Einzelne selbst ist, der gegenüber der Solidargemeinschaft einen ihm von staatlicher Seite aus vorgegebene Verantwortungslast für einen nicht weiter konkretisierten Gegenstand seiner Gesundheit trägt, die über das Recht der gesetzlichen Krankenversicherung ebenso wie der diesbezügliche Zuweisungsmechanismus normativ realisiert wurde und entsprechend seine Wirkung im Verhältnis von Gemeinschaft und Individuum entfaltet.[554] Eigenverantwortung hingegen bildet den Gegensatz zu einer klaren Verantwortungszuweisung. Sie stellt eine Art „Sonderfall" der Verantwortung dar.[555] Da Eigenverantwortung orientiert ist an selbstgesetzten Maßstäben, sind Verantwortungsinstanz und Verantwortungsträger identisch. Damit ist die Grundlage der Eigenverantwortung nachgezeichnet.

---

550 Siehe zur Definition https://www.duden.de/rechtschreibung/Verantwortung, zuletzt aufgerufen am 01.04.2023. Siehe zudem bei *Schreiber* SR 2018, 191, der insoweit eine Gleichstellung der Eigenverantwortungstragung mit einer Konstruktion der Selbsthilfeobliegenheit beschreibt.

551 Vgl. *Schmidt*, Eigenverantwortung haben immer die Anderen, S. 21, m.w.N.

552 Vgl. *Marckmann* Ethik Med 2010, 215; vgl. *Werner*, Verantwortung, S. 543; vgl. *Klement*, Verantwortung, S. 52.

553 Hiesige Darstellung eines fünfgliedrigen Zurechnungsbegriffs der (Eigen-)Verantwortung übernommen von *Höfling* ZEFQ 2009, 289. Von einer sechsgeteilten Verantwortungs-Konstellation sprechend *Führ*, Eigen-Verantwortung im Rechtsstaat, S. 48, der neben den hier genannten Elementen des Verantwortungssubjekts, -objekts und -instanz, eine weitere Unterteilung in „Verantwortungsmaßstab" und „Verantwortungsbereich" als eingrenzende Elemente vornimmt, die aber letztlich in der hier verwendeten Darstellung aufgehen.

554 Siehe zu der Einteilung von Verantwortungssubjekt, -objekt und Zurechnungsinstanz etwa bei *Schmidt*, Eigenverantwortung haben immer die Anderen, S. 29 bis 31 sowie 34 bis 40, m.w.N.; siehe auch bei *Marckmann*, Eigenverantwortung als Rechtfertigungsgrund für ungleiche Leistungsansprüche in der Gesundheitsversorgung?, S. 303 f.

555 So *Süß*, Die Eigenverantwortung gesetzlich Krankenversicherter unter besonderer Berücksichtigung der Risiken wunscherfüllender Medizin, S. 117.

### b. Eigenverantwortung und Autonomie

Hinter der Annahme einer Individualverantwortlichkeit – unabhängig von ihrer konkreten Ausgestaltung – steht zunächst ein spezifisches Menschenbild[556], von dem grundlegende Aspekte für Verfassung, Recht und Gesellschaft abgeleitet werden. So setzt die Würde des Menschen dem Sozialstaat und dem Gesetzgeber in der Verfassung, insoweit in Korrelation mit dem außerkonstitutionellen Menschenbild, nicht nur Grenzen, sondern stellt an diesen gleichfalls bestimmte Forderungen. Dies kommt in dem Begriff der Verantwortung allein aber nur ungenügend deutlich zum Ausdruck.[557]

In theoretischer Hinsicht bildet hierbei für den Begriff der Eigenverantwortung, aufgrund seiner Beziehung zum originären Verantwortungsbegriff, ein Freiheitsbegriff im Sinne eines Rechts vom selbstbestimmten Leben des Menschen die Basis.[558] Die verfassungsrechtlich gewährleisteten Freiheitsrechte begründen unter Achtung des Menschenbildes der Verfassung das Recht des Einzelnen zur eigenverantwortlichen und selbstbestimmten Lebensplanung und -gestaltung.[559] So schützt Art. 2 Abs. 1 GG jegliches menschliches Handeln, somit in Hinblick auf die eigene Gesundheit auch selbstschädigendes Verhalten. Eigenverantwortung gilt darüber hinaus als ein den freiheitlichen Verfassungsstaat prägendes Merkmal und elementarer Grundsatz zugleich.[560]

Entnommen wird dies der durch Art. 1 Abs. 1 GG garantierten Würde des Menschen und weiteren Freiheitsrechten, die auf die freie Entfaltung der Persönlichkeit gerichtet sind. Zu nennen ist insbesondere das aus Art. 1 Abs. 1 und Art. 2 Abs. 1 GG abgeleitete Selbstbestimmungsrecht, also die Gewähr eines von staatlicher Bevormundung freien selbstverantwortlichen Lebens.[561] Einfachgesetzliche Regelungen entspringen insoweit der Erkenntnis vom Menschen als ein auf Freiheit angelegtes Wesen, welches nach Selbstverwirklichung und geistiger sowie körperlicher Entfaltung strebt.[562]

Anders formuliert gilt im modernen Verfassungsstaat daher das Leitbild des mündigen Bürgers.[563] Wonach also das Individuum seinen Lebensplan entwirft, liegt zunächst in seiner Hand und erfolgt an autonom ausgewählten Maßstäben. Jeder entscheidet selbst, was unvernünftig und was vernünftig ist. So wird im Einklang

---

[556] Vgl. *Merten* VSSR 1983, 137.
[557] So auch *Münnich* VSSR 1981, 197.
[558] Vgl. *Middel*, Gesundheitsgerechtigkeit zwischen Eigenverantwortung und Solidarität, S. 351; vgl. *Neuner*, Das Prinzip der Selbstverantwortung im Sozialstaat, S. 188, vom formalen Freiheits- und formalen Selbstverantwortungsbegriff der Verfassung sprechend; vgl. *Laufs* MedR 2011, 4.
[559] Vgl. Maunz/Düring/*Herdegen* GG Art. 1 Rn. 28; siehe auch Hauck/Noftz/*Noftz* SGB V § 1 Rn. 44; siehe auch *Huster* ZEFQ 2012, 195 f.; vgl. *Neuner*, Das Prinzip der Selbstverantwortung im Sozialstaat, S. 188; mahnend daher *Schreiber* SR 2018, 192; vgl. auch *Merten* VSSR 1983, 137 f.
[560] Vgl. *Huster* JZ 2008, 865; vgl. *Huster* ZEFQ 2012, 195; vgl. *Laufs* MedR 2011, 6.
[561] *Süß*, Die Eigenverantwortung gesetzlich Krankenversicherter unter besonderer Berücksichtigung der Risiken wunscherfüllender Medizin, S. 101.
[562] *Butzer*, Fremdlasten in der Sozialversicherung, S. 457.
[563] Vgl. *Braun*, Das Verhältnis der Bürger zur sozialen Sicherung, S. 23; vgl. *Laufs* MedR 2011, 4; vgl. *Bielefeldt*, Autonomie, S. 311.

damit stehend betont, dass die Eigenverantwortung des Menschen gekennzeichnet sei durch die Betätigung eines freien Willens und die Unabhängigkeit von Fremdinteressen.[564] Eigenverantwortliches Handeln wird damit gemeinhin verstanden als das eigenverantwortliche Treffen von an eigenen Präferenzen orientierten Entscheidungen.[565] Damit kann auch Eigenverantwortung keine Allgemeingültigkeit in ihrer Bedeutung erlangen, sondern ist geprägt von individuellen Werten. Nur so verfügt die Verfassung über die nötige Offenheit für eine Vielzahl an unterschiedlichen Lebensperspektiven.[566]

An dieser Stelle soll der Begriff der Autonomie beziehungsweise der Selbstbestimmung aufgegriffen werden.[567] Auch dieser ist, ebenso wie der Begriff der Eigenverantwortung, inhaltlich vage und je nach Verwender unterschiedlich belegt.[568] Zunächst ist die Frage nach einer Verantwortung an die Folgen von Handeln oder Unterlassen geknüpft.[569] In Bezug auf die Freiheit des Willens ist die Autonomie aber weiter zu verstehen als die reine vom Individuum zu beantwortende Frage des Handelns oder Nicht-Handelns.[570] Sie beschreibt die Freiheit des Willens bereits in seiner Bildung und nicht bloß in seiner Ausübung.[571] Um von Willensfreiheit – gerade innerhalb von Systemen – sprechen zu können, muss darüber hinaus dem Individuum auch die Möglichkeit der Wahl zwischen denkbaren Alternativen gegeben sein.[572] Nur dann kann – bei einer bestehenden Verbindung von Eigenverantwortung und Autonomie – von einer faktischen Eigenverantwortung die Rede sein.[573] Bei aufwartender Alternativlosigkeit hingegen, ohne Wahlfreiheit, entfällt die autonome Entscheidungsfähigkeit des Einzelnen. Das Individuum ist nicht selbst-, sondern fremdbestimmt. Es fehlt daher an einer Betätigung des freien Willens und damit in der Konsequenz auch an der Gelegenheit zur Eigenverantwortlichkeit als Wahrnehmung der individuellen Eigenverantwortung. Das bedeutet aber gleichfalls, dass Autonomie und Willensfreiheit nicht identisch mit Eigenverantwortung sind, sondern zwingende Bedingung

---

[564] So auch *Wolf*, Das moralische Risiko der GKV im Spannungsfeld zwischen Eigenverantwortung und Solidarität, S. 65; vgl. auch *Führ*, Eigen-Verantwortung im Rechtsstaat, S. 46; vgl. *Klement*, Primärprävention gegen Gesundheitsrisiken als Freiheitsrisiko, S. 118, von dem Gedanken der „Herrschaft des individuellen Willens" sprechend.

[565] Vgl. *Sehlen*, Eigenverantwortung im Gesundheitswesen, S. 23.

[566] Vgl. Maunz/Düring/*Herdegen* GG Art. 1 Rn. 28.

[567] Insoweit besteht etwa auch der Bezug zum Begriff der „Patientenautonomie" im Gesundheitswesen, siehe dazu erläuternd *Hauck* SGb 2014, 8.

[568] Siehe dazu bei *Bielefeldt*, Autonomie, S. 311 ff.

[569] Vgl. *Langanke/Fischer/Erdmann/Brothers* Ethik Med 2013, 245.

[570] Vgl. *Kreßner*, Gesteuerte Gesundheit – Grund und Grenzen verhaltenswissenschaftlich informierter Gesundheitsförderung und Krankheitsprävention, S. 190.

[571] Siehe dazu insgesamt *Kreßner*, Gesteuerte Gesundheit – Grund und Grenzen verhaltenswissenschaftlich informierter Gesundheitsförderung und Krankheitsprävention, S. 190 ff.

[572] Vgl. *Langanke/Fischer/Erdmann/Brothers* Ethik Med 2013, 246; vgl. *Faude*, Selbstverantwortung und Solidarverantwortung im Sozialrecht, S. 93.

[573] Ähnlich *Schnapp* DVBl 2004, 1057; siehe auch *Schuldzinski* ZEFQ 2012, 214.

für ebendiese.[574] Wird – auf welcher Grundannahme auch immer – davon ausgegangen, dass das menschliche Verhalten vollständig determiniert sei, ist Eigenverantwortung nicht möglich und lässt sich von keiner Form der Verantwortung sprechen.[575]

Daneben gehen sowohl das Recht als auch verschiedene Gerechtigkeitstheorien von der individuellen Autonomie aus.[576] Das Bundesverfassungsgericht betont etwa die „Eigenständigkeit der Person", die es stets zu bewahren gelte.[577] Die sich in der Autonomie und Eigenständigkeit widerspiegelnde Freiheit des Individuums meint dabei insbesondere die bereits angesprochene und sich aus den Freiheitsrechten ergebende „Möglichkeit, das eigene Leben nach eigenen Entwürfen zu gestalten".[578] Die Privatautonomie ist ein Grundpfeiler der deutschen Privatrechtsordnung.[579] Sie bedeutet, dass dem Einzelnen die Möglichkeit gegeben ist, seine „Rechtsverhältnisse selbstbestimmt und eigenverantwortlich zu regeln", also insbesondere nur dem eigenen Willen unterliegend von Vertrags-, Abschluss-, Gestaltungs- und Inhaltsfreiheit Gebrauch zu machen.[580] Die Selbstbestimmung geht sogar der Solidarität im Privatrecht vor, ja kann Letztere überhaupt erst begründen .[581] Sie ist aber sowohl faktisch, als auch notwendigerweise rechtlich im gebotenen Umfang eingeschränkt, etwa durch begrenzte Ressourcen, durch unvollständige Informationen, durch Angebot und Nachfrage.[582] Privatautonomie bedeutet auch das (weitgehende) Fehlen von Fremdbestimmtheit, weshalb die Privatautonomie des Einen begrenzt ist durch die des Anderen.[583] Autonomie meint also nicht die „Verabsolutierung" der Selbstverwirklichung des Individuums, sondern verlangt ein solidarisches Miteinander zur Freiheitswahrung eines Jeden.[584]

Dies kann in gewissen Grenzen auch auf die Eigenverantwortungswahrnehmung des Individuums übertragen werden. Sie bedarf der Kanalisierung und einer Einweisung in das solidarische Grundgerüst des Sozialversicherungswesens. Das verlangt schon das Solidaritätsprinzip an sich, in Gestalt des Einforderns von wechselseitiger Solidarität zwischen der Solidargemeinschaft und den einzelnen

---

574 Aufgrund von Vermischung oder sinngleicher Verwendung daher auch auf diesen Umstand hinweisend *Schmidt*, Eigenverantwortung haben immer die Anderen, S. 11; so auch *Langanke/Fischer/Erdmann/Brothers* Ethik Med 2013, 246; im Ergebnis auch *Middel*, Gesundheitsgerechtigkeit zwischen Eigenverantwortung und Solidarität, S. 353.

575 Vgl. dazu *Führ*, Eigen-Verantwortung im Rechtsstaat, S. 46; siehe zum Widerspruch des Determinismus und des Indeterminismus mit diesen Voraussetzungen bei *Werner*, Verantwortung, S. 545.

576 Vgl. *Huster* JZ 2008, 866; vgl. *Bielefeldt*, Autonomie, S. 312 f.

577 BVerfG, Urteil v. 20.07.1954 – 1 BvR 459/52 u.a. = NJW 1954, 1235.

578 BVerfG, Beschluss v. 20.04.1982 – 2 BvL 26/81 = NJW 1982, 2425.

579 So *Paulus/Zenker* JuS 2001, 1.

580 *Paulus/Zenker* JuS 2001, 1.

581 Vgl. *Faude*, Selbstverantwortung und Solidarverantwortung im Sozialrecht, S. 36.

582 Vgl. *Paulus/Zenker* JuS 2001, 1 f.; Hinweis auch bei *Klement*, Primärprävention gegen Gesundheitsrisiken als Freiheitsrisiko, S. 119.

583 Vgl. *Paulus/Zenker* JuS 2001, 2.

584 *Bielefeldt*, Autonomie, S. 313.

Individuen.[585] Mit anderen Worten gebietet die verfassungsrechtliche Freiheit eine „Selbstbeschränkung des Staates und Selbstverantwortung des Bürgers".[586]

### c. Normativität von Eigenverantwortung

Daran anknüpfend können unter dem Aspekt der Normativität des Eigenverantwortungsverständnisses zwei mögliche Unterscheidungen vorgenommen werden. Ohne normativen Sinn wäre die Eigenverantwortung demnach beispielsweise in einem Fall, in welchem es um eine Konstellation geht, in der der Gesundheitszustand maßgeblich vom eigenen und autonomen Verhalten des Einzelnen abhängt.[587] Gemeint sind solche Faktoren, die nur vom Individuum selbst wahrgenommen, ausgeführt oder ermöglicht werden können, die also niemand an Stelle des Individuums bewältigen kann.[588] Diese obliegen damit der eigenen Verantwortung. Sie sind Ausdruck der Vorstellung des autonomen Individuums von einem eigenen Lebensplan. Dem Grunde nach trägt damit auch das Individuum die sich ergebenden Konsequenzen selbst.

Eine Konzeption, die dem Einzelnen die Verantwortung für die aus seinen Entscheidungen resultierenden Konsequenzen zuschreibt, ist dem freiheitlichen Verfassungsstaat im Kern nicht einmal fremd. Selbstbestimmung und Selbstverantwortung bedingen sich gegenseitig.[589] Auch den Konzeptionen des Idealismus und Liberalismus liegt der Gedanke einer umfassenden „Grundverantwortung der ethisch autonomen und selbstverpflichteten Einzelnen für die Vorsorge gegen die allgemeinen Lebensrisiken, insbesondere auch das der Krankheit" zu Grunde.[590]

Andererseits können autonom getroffene Entscheidungen auch Auswirkungen und Konsequenzen haben, die nicht nur das Individuum allein betreffen.[591] Gemeint sind etwa höhere Einstandsbelastungen der Solidargemeinschaft in finanzieller Hinsicht. Die Autonomie des Individuums gerät so in Konflikt mit Gerechtigkeitsvorstellungen der Gemeinschaft und wirkt in dieser Hinsicht schließlich normativ.[592] Die Grenze individueller Selbstbestimmung ist demnach dort erreicht, wo diese Freiheitsausübung zu Lasten und auf Kosten anderer geht. So verstanden bedeutet Eigenverantwortung dann auch Verantwortung für die Solidargemeinschaft.[593]

---

585 Vgl. *Faude*, Selbstverantwortung und Solidarverantwortung im Sozialrecht, S. 125.
586 *Merten* NZS 1996, 596.
587 Vgl. *H. Schmidt* ZEFQ 2012, 186.
588 Vgl. *H. Schmidt* ZEFQ 2012, 186.
589 Vgl. *Schreiber* SR 2018, 181, m.w.N.
590 Hauck/Noftz/*Noftz* SGB V § 1 Rn. 44.
591 Darauf eingehend auch *Deutscher Ethikrat* MedR 2020, 469.
592 Vgl. *H. Schmidt* ZEFQ 2012, 186.
593 Dies nimmt etwa *Roters* ohne weitere Ausführungen an: „Versicherte sollen eigenverantwortlich mit ihrer Gesundheit umgehen und das nicht nur zu ihrem eigenen, sondern auch zum Nutzen der anderen Versicherten", *Roters* ZEFQ 2011, 528.

### d. Die soziale Eingebundenheit des Individuums

Ist dem Individuum die Möglichkeit zur eigenverantwortlichen Lebensgestaltung verfassungsrechtlich garantiert, so sieht es sich auf der anderen Seite zugleich auch einer Erwartungshaltung der Gesellschaft gegenüber, diese Möglichkeit zu deren Wohle und mit Rücksicht auf diese wahrzunehmen.[594] Dies wiederum steht im Widerspruch zu der sich aus Autonomie und Entscheidungsfreiheit zusammensetzenden Eigenverantwortung, welche die Vorstellung einer lediglich dem eigenen Dafürhalten unterworfenen Lebensausrichtung und weitergeführt auch einer in diesem Sinne selbstgestalteten Gesundheit und Ausübung von gesundheitsrelevantem Verhalten transportiert. Damit bricht an der Linie zwischen Sozialem und Individuellem ein Konflikt auf. Die darin angelegte Frage nach einer etwaigen Begrenzung der ansonsten unbegrenzten Eigenverantwortungskompetenz sowie nach der Zuweisung von korrespondierenden Einstandspflichten ist in ihrem Kern zunächst über einen Rekurs auf das geltende verfassungsrechtliche Menschenbild zu beantworten.[595]

Diese interdependente Verquickung von Eigenverantwortungsumfang und Menschenbild hat das Bundesverfassungsgericht nachgezeichnet. Es sieht den Menschen vor dem Kontext der Verfassung nicht als von der Gemeinschaft ablösbar an und nimmt ihn gleichzeitig in die Pflicht. So führt das Bundesverfassungsgericht aus, dass das Menschenbild des Grundgesetzes nicht das eines isolierten souveränen Individuums sei.[596] Der Einzelne sei vielmehr eine sich innerhalb der sozialen Gemeinschaft entfaltende, auf Kommunikation angewiesene Persönlichkeit.[597] Der Einzelne ist demzufolge also der Gemeinschaft verpflichtet. Die Freiheit des Einzelnen hält sich die Waage mit dessen Gemeinschaftsgebundenheit. Diese zweigliedrige Grundaussage des Menschen in seiner Eigenständigkeit und in seinem Bezug zur Gemeinschaft ist Kern der sogenannten „Menschenbildformel des Bundesverfassungsgerichtes“, die es aus einer Gesamtschau der Art. 1, 2, 12, 14, 15, 19, 20 GG und zu einem Großteil aus Art. 1 Abs. 1 S. 1 GG hergeleitet hat.[598]

Da es sich nach den bisherigen Ausführungen bei dem Begriff der Eigenverantwortung vordergründig um einen Begriff der Verantwortungszuweisung handelt, werden die Solidarpflichtigkeit und die Eigenverantwortung des Individuums insbesondere dort relevant, wo sich Solidar- und Individualverantwortung in einem reziproken Verhältnis zueinander wiederfinden. Um eben solche reziproken Verhältnisse handelt es sich bei den einzelnen Versichertengemeinschaften der Sozialversicherungszweige. Eigenverantwortung des Einzelnen und Einstandsverpflichtung des Kollektivs sehen sich hier über die unterschiedlichen

---

594 Siehe dazu beispielsweise *Kohl/Carius* DRV 2003, 30.

595 Ähnliche Wertung bei *Spellbrink* DVBl 2011, 664.

596 BVerfG, Urteil v. 20.07.1954 – 1 BvR 459/52 u.a. = NJW 1954, 1235.

597 BVerfG, Urteil v. 15.12.1983 – 1 BvR 209/83 u.a. = NJW 1984, 419 (422).

598 BVerfG 4, 7 (16); vgl. insbesondere *Becker,* Das Menschenbild des Grundgesetzes in der Rechtsprechung des Bundesverfassungsgerichts, S. 34.

Grundprinzipien des jeweiligen Versicherungszweiges modifiziert, allen voran durch das Solidar- und Versicherungsprinzip.[599] Dies hat zur Konsequenz, dass Freiheit und Sozialstaatlichkeit als die beiden maßgeblichen Abwägungspole in einem prinzipiell unaufhebbaren Spannungsfeld stehen. Hintergrund ist, dass die soziale Sicherung den natürlichen „Mechanismus der Verantwortung" unterbricht, indem sie das individuelle Risiko minimiert und zu einem umfassenden Teil kollektiviert.[600] So steht auf der einen Seite ein zum Egoismus tendierender Individualismus und auf der anderen Seite ein überbordender Kollektivismus, der den Freiheiten des Individuums ihren Wert abspricht.[601]

In Bezug auf das Sozialstaatsprinzip kommt der Eigenverantwortung die Funktion zu, diese sich gegenüber liegenden Polen miteinander zu verbinden. Denn Eigenverantwortung und Sozialstaatlichkeit sind bereits verfassungsrechtlich betrachtet unterschiedliche Kategorien.[602] Nicht ohne Grund gehört das Verhältnis von Eigenverantwortung und Sozialstaat zu einem der klassischen Streitthemen.[603] Leistungen des Sozialstaates sind nicht möglich ohne ein diese Leistungen finanziell erst ermöglichendes und zuvor erfolgendes institutionell geführtes Nehmen vom Einzelnen, im Fall der Sozialversicherungen in Form von Beiträgen. Individuelle unbegrenzte Freiheit ist hingegen nicht möglich, soweit ein überindividuelles Kollektivieren von Risiken erfolgen soll. Der Versicherte verhält sich letztlich nur dann solidarisch, wenn er die Inanspruchnahme der Solidarität auf die notwendigen und von der Solidargemeinschaft als dem Sicherungszweck entsprechend bewerteten Risiken begrenzt. Nur so wird er dem bereits durch das Solidarprinzip modifizierten Versicherungsprinzip, das von einer grundsätzlichen Gesamtäquivalenz von Beiträgen und Solidarleistung ausgeht, gerecht.[604]

Anders als im Privatrecht wird im Sozialrecht die Solidarität nicht in die Selbstbestimmung des Einzelnen gelegt, sondern mittels Zwangs – es handelt sich weitgehend um Zwangsversicherungen – herbeigeführt.[605] Wie die Verantwortungsteilung konkret zwischen Individuum und Kollektiv erfolgt, muss dabei

[599] Siehe bezüglich des Solidarprinzips insoweit etwa die Darstellung bei *Süß*, Die Eigenverantwortung gesetzlich Krankenversicherter unter besonderer Berücksichtigung der Risiken wunscherfüllender Medizin, S. 129.
[600] Vgl. *Zacher* VSSR 1973, 110.
[601] Siehe diese Gegenüberstellung bei Hauck/Noftz/*Noftz* SGB V § 1 Rn. 45; vgl. in ähnlicher Weise auch *Ecker*, Das schadensstiftende Verschulden gegen sich selbst und die soziale Sicherung, S. 55 f.; auf den der Eigenverantwortung anhaftenden Egoismus hinweisend *Schaefer/Weißbach* ZEFQ 2012, 200.
[602] Vgl. *Neuner*, Das Prinzip der Selbstverantwortung im Sozialstaat, S. 188.
[603] Vgl. *Neuner*, Das Prinzip der Selbstverantwortung im Sozialstaat, S. 187; zu der Problemstellung auch *Münnich* VSSR 1981, 198.
[604] Dazu *Voelzke*, Die Herbeiführung des Versicherungsfalls im Sozialversicherungsrecht, S. 39 ff.; vgl. *Boecken* SDSRV 1997, 18; vgl. auch *Kohl/Carius* DRV 2003, 46.
[605] Vgl. *Faude*, Selbstverantwortung und Solidarverantwortung im Sozialrecht, S. 36.

spezifisch für jede Gemeinschaft und jeden Sachbereich festgelegt und aktuell gehalten werden.[606] Dazu bedarf es stets einer konkreten Zuweisung.

Eigenverantwortung zu übernehmen richtet sich nicht ausschließlich und automatisch auf einen einzelnen Beteiligten, sondern – soweit nicht beschränkt – an jeden Beteiligten eines Systems, welches an die Eigenverantwortung als Zuweisungsinstrument anknüpft.[607] Dies gilt mit Blick auf die gesetzliche Krankenversicherung sowohl für die Eigenverantwortung, als auch für die Mitverantwortung der Versicherten hinsichtlich ihrer Gesundheit. Der Einzelne ist damit nicht allein, sondern „auch" verantwortlich für seine Gesundheit.

Die Eigenverantwortung des Versicherten ist im System der gesetzlichen Krankenversicherung aber nicht nur auf die eigene Person beschränkt, sondern umfasst darüber hinaus eine soziale Dimension, die eine – wenn auch nur moralisch-ethische – Verantwortung gegenüber den anderen Individuen in der Solidargemeinschaft beschreibt. Eigenverantwortung ist sozial verflochten und gebunden. Es kann also von einer Eigenverantwortung des Individuums für sich und für die Solidargemeinschaft gesprochen werden.[608]

Begründen lässt sich dies für die gesetzliche Krankenversicherung mit der Annahme, dass ohne Verantwortungsteilung die Schutzgarantie durch die Einstandspflicht des Kollektivs Einfluss auf die Wahrnehmung der Eigenverantwortung hätte. Der Einzelne soll nicht nur von der Solidargemeinschaft profitieren, sondern diese selbst auch unterstützen. Deshalb wird die Individualverantwortung zusätzlich an die Interessen der Gemeinschaft geknüpft, sodass die Wahrnehmung der Eigenverantwortung gezwungenermaßen altruistisch wird. Eigenverantwortung meint vor diesem Hintergrund daher immer eine Einordnung des Handelns in das Verhältnis von Gesellschaft und Individuum. Die sodann über die Eigenverantwortung als Mittler gewonnene Konkordanz zwischen den widerstreitenden individuellen und kollektiven Interessen entspricht der Wertung der Verfassung, die zum einen die freiheitliche Selbstbestimmung und Selbstverantwortung gewährleistet und zum andern der Sozialstaatlichkeit durch ein Übermaßverbot Einhalt gebietet.[609] Damit wird aber auch deutlich, dass in der Solidargemeinschaft entgegen der grundsätzlichen Annahme, dass das Individuum sowohl Verantwortungsträger als auch Verantwortungsinstanz sei, durch das Solidarprinzip relativiert wird. Die Solidargemeinschaft schwingt sich in die Position der Verantwortungsinstanz auf und definiert als Verantwortungsmaßstab das insoweit solidarverträgliche Verhalten.

---

[606] *Huster* JZ 2008, 866; im Ergebnis auch *Deutscher Ethikrat* MedR 2020, 468 f.

[607] Klarstellend *Blüm* ZSR 1984, 773.

[608] Vgl. etwa *Nienhaus*, Eigenverantwortung in der GKV auf dem Vormarsch?, abrufbar unter https://www.juwiss.de/94-2017/, zuletzt am 01.04.2023; vgl. *Deutscher Ethikrat* MedR 2020, 469, von „solidarischer Eigenverantwortung" sprechend; ähnlich *Dörries/Arnold*, Kurzzeitiger Spaß? Langfristige Zufriedenheit!, S. 198; vgl. *Rompf* SGb 1997, 105.

[609] Vgl. *Merten* NZS 1996, 593; vgl. *Pitschas* VSSR 1998, 257 f.

Diese Annahme hat aber eine entscheidende Konsequenz zur Folge. Ist die Ausübung und Wahrnehmung der Eigenverantwortung nicht vollumfänglich und ausschließlich der Autonomie des Individuums, sondern gleichwohl den Belangen der Gemeinschaft unterworfen, reduziert sich die Selbstbestimmtheit des Einzelnen um die Interessen der Anderen. Eigenverantwortung und Solidarität treten in einen dauerhaften Konflikt.[610] Der Einzelne könnte etwa angehalten sein, den allgemeinen Gesundheitsempfehlungen zu entsprechen, könnte demnach also nicht mehr frei wählen zwischen Gesundheit auf der einen und Lebensqualität auf der anderen Seite.[611]

Dabei gilt im Grundsatz bezüglich der Fremdnützigkeit einer autonom getroffenen Entscheidung der gleiche Maßstab wie für die autonom getroffene Entscheidung selbst. Es bedarf der Möglichkeit zur freien Willensbildung und -betätigung und daher folglich auch der Existenz von Alternativen.[612] Fremdnützigkeit setzt bereits selbst das selbstbestimmte Ausrichten des Verhaltens auf ebendiese voraus.[613] So obliegt es daher zunächst dem Individuum, zu entscheiden, wem seine Willensbetätigung zu nutzen bestimmt sein soll. Schon die Begriffe der Eigenverantwortung und Fremdnützigkeit sind aufgrund ihrer grundlegenden semantischen Differenz Indiz dafür, dass eine zwingende Trennung notwendig sein könnte.[614] Eigenverantwortung steht damit grundlegend im Konflikt mit kollektivistischen und einseitig solidarischen Konzepten.[615] Ohne den erforderlichen Freiheitsrahmen wäre das Ergebnis daher fernab der Erwartungshaltung, die der Begriff der Eigenverantwortung schafft. Eigenverantwortung meint ansonsten weder „‚Mehr Selbstbestimmung' noch ‚Mehr Verantwortung'".[616] So ist schließlich im Fortgang der Arbeit die Frage zu stellen, ob eine weitergehende Entfaltung von Eigenverantwortung und Eigenvorsorge in den bestehenden Teilsystemen der sozialen Sicherungssysteme – im hiesigen Fall in der gesetzlichen Krankenversicherung – möglich ist.[617]

### e. Eigenverantwortung und der sozialstaatliche Subsidiaritätsgedanke

Die bereits angesprochene Kollektivierung von Risiken erfolgt im Sozialversicherungssystem der gesetzlichen Krankenversicherung keinesfalls unbegrenzt. Einschlägig ist hier das verfassungsrechtliche Prinzip der rechtsstaatlichen Subsidiarität.[618] Dem Subsidiaritätsgrundsatz kommt in der sozialpolitischen Debatte

---

610 Vgl. *Faude*, Selbstverantwortung und Solidarverantwortung im Sozialrecht, S. 41.
611 Vgl. *Schmidt* Gesundheitswesen 2010, 30.
612 Vgl. *Becker* ZÖR 2010, 618.
613 Vgl. *Faude*, Selbstverantwortung und Solidarverantwortung im Sozialrecht, S. 105.
614 *Wolf* sieht darin sogar einen „Beweis", *Wolf*, Das moralische Risiko der GKV im Spannungsfeld zwischen Eigenverantwortung und Solidarität, S. 65.
615 Vgl. *Münnich* VSSR 1981, 198.
616 *Schmidt* Gesundheitswesen 2010, 30; ähnlich auch *Butterwegge*, Sozialstaat am Ende?, S. 58.
617 Diese Frage aufwerfend auch *Schnapp* DVBl 2004, 1054.
618 Siehe zur Subsidiarität in der Verfassung und ihrer historischen Entwicklung die umfassende Darstellung bei *Oppermann* JuS 1996, 569 ff.; siehe zur „Grenze der Solidarität" auch *Geschwinder* ZfS 1981, 104.

betreffend den Sozialstaat und seine konkrete Ausgestaltung eine gewichtige Bedeutung zu.[619] Entsprechend dieser bereits in der Gründung des deutschen Sozialstaats angelegten und erstmals in der Weimarer Republik explizit kodifizierten Wertungsentscheidung, die in ihrem Grundsatz über die Aufnahme in Art. 23 Abs. 1 GG Bestandteil des Grundgesetzes geworden ist[620], hat die Eigenvorsorge Vorrang vor der Fremdvorsorge.[621] Ist die Rechtsordnung geprägt vom Bild eines freien, nur dem eigene Willen unterliegenden Menschen, so korrespondiert damit die Vorstellung, dass dieser auch die sich aus der Ausübung dieser Freiheiten ergebenden Aufgaben in eigener Zuständigkeit erfüllen kann.[622]

Diese Grundannahme ist auch vom Sozialgesetzgeber zu beachten. Gilt die Wahrung der Sicherung des materiellen Existenzminimums als sozialstaatliches Untermaßverbot, so gilt zugleich ein Übermaßverbot, welches dem Sozialstaat insofern Grenzen für seinen Gewährleistungsumfang setzt, als dass – unabhängig von der sozialen Sicherung – der Einzelne nicht daran gehindert sein darf, mit eigenen Mitteln und aus eigenem Antrieb heraus Eigenvorsorge zu treffen und zu betreiben.[623] Vielmehr ergibt sich aus Art. 1 Abs. 1 GG der Auftrag des Staates, die notwendigen Voraussetzungen für eine eigenverantwortliche Lebensführung zu schaffen.[624] Nur wo dies dem Einzelnen nicht möglich ist, gebieten die Art. 2 Abs. 1, 20 Abs. 1 und 1 Abs. 1 GG einen verfassungsrechtlichen unmittelbaren Anspruch auf nach wie vor subsidiäre Hilfe zur Existenzsicherung.[625]

Auf diesem Subsidiaritätsprinzip aufbauend ist das Einstehenmüssen für die Bewältigung von Lebensrisiken auch im Sinne einer individuellen Risikovorsorge als Ausdruck von Individualverantwortung denkbar.[626] Wird

[619] Vgl. *Schulin*, Empfiehlt es sich, die Zuweisung von Risiken und Lasten im Sozialrecht neu zu ordnen? – Gutachten E, S. E 80.; vgl. *Gabriel*, Subsidiarität als Grundbegriff des deutschen Sozialstaats und Gesundheitswesens, S. 77 f.; vgl. *Dörries/Arnold*, Kurzzeitiger Spaß? Langfristige Zufriedenheit!, S. 200; vgl. *Oppermann* JuS 1996, 570.

[620] Siehe dazu die Ausführungen bei Sachs/Scholz GG Art. 23 Rn. 99 ff.

[621] Vgl. *Gabriel*, Subsidiarität als Grundbegriff des deutschen Sozialstaats und Gesundheitswesens, S. 83 f.; siehe hierzu auch *Merten* NZS 1996, 596; vgl. *Oppermann* JuS 1996, 571 ff.; vgl. auch *Zacher* VSSR 1983, 131; siehe zur Debatte um die verfassungsrechtliche Absicherung des Subsidiaritätsgedankens bei *Butzer*, Fremdlasten in der Sozialversicherung, S. 465 ff., m.w.N., insbesondere in der dortigen Fn. 452; vgl. zum Vorrangverhältnis auch BVerfG, Urteil v. 05.11.2019 – 1 BvL 7/16 = NJW 2019, 3703 (3705).

[622] Siehe insoweit *Butzer*, Fremdlasten in der Sozialversicherung, S. 457.

[623] Vgl. *Kohl/Carius* DRV 2003, 46; vgl. *Merten* NZS 1996, 596; vgl. *Pitschas* VSSR 1998, 259 f.; vgl. *Butzer*, Fremdlasten in der Sozialversicherung, S. 496.

[624] Vgl. BVerfG, Urteil v. 05.11.2019 – 1 BvL 7/16 = NJW 2019, 3703 (3705). So das Prinzip der „Hilfe zur Selbsthilfe", vgl. *Dörries/Arnold*, Kurzzeitiger Spaß? Langfristige Zufriedenheit!, S. 200.

[625] Vgl. *Ruland* NZS 2009, 473; vgl. *Butzer*, Fremdlasten in der Sozialversicherung, S. 457, 493, der auf die Notwendigkeit der Typisierung zur Feststellung des individuellen Nichtvermögens hinweist und den Vorrang der privaten Vorsorge als „Primat der Eigenverantwortung" bezeichnet, S. 330; vgl. BVerfG, Urteil v. 05.11.2019 – 1 BvL 7/16 = NJW 2019, 3703 (3705).

[626] Vgl. *Becker* ZÖR 2010, 617; vgl. *Kohl/Carius* DRV 2003, 46; vgl. *Boecken* SDSRV 1996, 26; vgl. *Pitschas* VSSR 1998, 259 f.; vgl. *Gabriel*, Subsidiarität als Grundbegriff des deutschen

Eigenverantwortung als ein gesellschaftliches Ordnungsprinzip verstanden, so schließt sich daran bisweilen die Auffassung an, dass Eigenverantwortung an sich dieses Subsidiaritätsverhältnis bereits selbst einfordere.[627] Hintergrund ist zunächst, dass das Subsidiaritätsgebot den Gestaltungsspielraum des Gesetzgebers in Hinblick auf die Zuweisung von Zuständigkeiten in die unterschiedlichen Verantwortungssphären des Individuums und dem Kollektiv skizziert.[628] Die aus dem Subsidiaritätsgrundsatz abgeleitete Zuständigkeitszuweisung löst die Frage nach der Abgrenzung von individueller und kollektiver Zuständigkeit, insbesondere in denjenigen Bereichen, die nicht von der gesetzlichen Krankenversicherung abgedeckt werden, über den grundsätzlich geltenden Vorrang der Selbsthilfe und regelt in der Folge das Verhältnis der Individual- und der Kollektivverantwortlichkeit zueinander.[629]

Übertragen auf das weite Feld der sozialen Sicherung bedeutet dies den grundlegenden Vorrang der autonomen Selbstvorsorge vor der staatlich organisierten öffentlich-rechtlichen Zwangsversicherung. Normativ beantwortet wurde diese Grundsatzfrage für das Kollektiv der gesetzlichen Krankenversicherung durch den Gesetzgeber in § 2 Abs. 1 S. 1 SGB V. Nach den Vorstellungen des Gesetzgebers stehen seit der Reform der gesetzlichen Krankenversicherung das Grundprinzip der Solidarität und das der Subsidiarität gleichberechtigt nebeneinander.[630] Aus diesem Grund ist es nach Ansinnen des Gesetzgebers daher auch vordringliches Anliegen, die Fähigkeit zur eigenverantwortlichen Vorsorge der Versicherten zu stärken. Dies schließt notwendigerweise die Bereitschaft derselben zur Mitwirkung mit ein.[631]

Für den Einzelnen würde Eigenverantwortung insofern – auch schon außerhalb des Sozialversicherungsverhältnisses – gleichfalls bedeuten können, dass er mehr auf seine Gesundheit zu achten, selbst Vorsorge zu betreiben und gesünder zu leben hat.[632] Umgekehrt kann dies auch in struktureller Hinsicht heißen, dass der Einzelne die Form der Daseinsvorsorge selbst zu wählen, sich also für die Absicherung des einen und gegen die des anderen Lebensrisikos zu entscheiden hat.[633] Die Frage der Subsidiarität würde sich so bereits auf den Versichertenstatus erstrecken und eine stärkere Realisierung von Basis- und Zusatzversicherung bedeuten, die gleichfalls im dualen Krankenversicherungssystem ihre Realisierung finden könnte. Hierin hätte dann der Versicherte in diesem Sinne eigenverantwortlich seine Vorsorgeform zu gestalten. Allerdings ist Eigenverantwortung

---

Sozialstaats und Gesundheitswesens, S. 86 f.; vgl. insoweit *Butzer*, Fremdlasten in der Sozialversicherung, S. 461, welcher individuelle Selbsthilfe mit Selbstverantwortung gleichsetzt.

[627] Siehe etwa *Münnich* VSSR 1981, 197.

[628] Vgl. *Butzer*, Fremdlasten in der Sozialversicherung, S. 492.

[629] Vgl. *Schulin*, Empfiehlt es sich, die Zuweisung von Risiken und Lasten im Sozialrecht neu zu ordnen? – Gutachten E, S. E 81; vgl. *Boecken* SDSRV 1996, 26.

[630] Vgl. *Becker* ZÖR 2010, 617 f.; vgl. *Meydam* SDSRV 1996, 74.

[631] Hinweis bei *Eichenhofer* SGb 2003, 709; siehe auch bei *Trenk-Hinterberger*, Eigenverantwortung in der sozialen Pflegeversicherung, S. 1163.

[632] *Wienke*, Eigenverantwortung des Patienten/Kunden, S. 176; vgl. *Pitschas* VSSR 1998, 257 ff.

[633] Vgl. *Wienke*, Eigenverantwortung des Patienten/Kunden, S. 176.

nicht bloß Ausdruck des Subsidiaritätsgedankens. Den Staat trifft ein Auftrag, die Voraussetzungen dafür zu schaffen, dass der Einzelne und die jeweiligen Solidarsysteme überhaupt Verantwortung tragen können.[634] Insofern bedingen sich Eigenverantwortung im Sinne der Fähigkeit zur primären Selbsthilfe und sozialstaatliche Subsidiarität gegenseitig.

## 2. Hinzutreten der gesundheitlichen Eigenkompetenz des Versicherten

Objekt der Entwicklungsbestrebungen unter dem Begriff der Eigenverantwortung ist der mündige Versicherte.[635] Galt zuvor die Annahme, dass umfassende Aufklärung und Information den Versicherten und Patienten verunsichern und überfordern könnte, eine selbstbestimmte und eigenverantwortliche Entscheidung zu treffen,[636] ging das Bundesverfassungsgericht unter Rekurs auf Art. 1 Abs. 1 GG stets von einem mündigen Patienten aus, der insbesondere in seinem Selbstbestimmungsrecht gestärkt werden sollte.[637] Eben dieser mündige Versicherte beziehungsweise Patient kann und soll nach Auffassung der Reformgeneigten mehr Verantwortung für sich und seine Gesundheit übernehmen.[638] Wissen, Motivation und das sich daraus ergebende Maß an Eigenverantwortung bestimmten schließlich, inwieweit der Versicherte durch sein Verhalten erfolgreich Krankheitsprävention betreibt.[639]

Der Einzelne wird allerdings nicht allein in die Verantwortung genommen. Die Rede ist insoweit von einer Mitverantwortung der Versicherten, also von Verantwortungsteilung. Aufgrund dieser Verantwortungsteilung wird von Vertretern der Public-Health-Lehre insbesondere ein Risikomanagement gefordert, das gleichfalls die Ursachen statt lediglich die „Verursachenden" in den Fokus rückt.[640] Wiederholt wird auf die Notwendigkeit zur Befähigung der Versicherten hingewiesen.[641] Als wichtige Träger und Multiplikatoren für in dieser Weise ausgerichtete Interventions- und Aktionsvorhaben sind zuvorderst die Präventions- und Gesundheitsförderungspolitik zu nennen.

---

[634] Vgl. *Butzer*, Fremdlasten in der Sozialversicherung, S. 481 f., insoweit kann von einer „Vorleistungspflicht" des Staates gesprochen werden.

[635] Kritisch gegenüber dem politischen Begriff des „mündigen Bürgers" *Eberbach* MedR 2014, 450.

[636] Siehe bei *Giebel/Wienke/Sauerborn/Edelmann/Mennigen/Dievenich* NJW 2001, 865.

[637] Vgl. BVerfG, Beschluss v. 18.11.2004 – 1 BvR 2315/04 = MedR 2005, S. 91; siehe insbesondere Laufs/Kern/Rehborn ArztR-HdB/*Steinhilper* § 29 Rn. 23 f.

[638] Vgl. *Schmidt* Gesundheitswesen 2010, 29.

[639] Siehe dazu *Kohl/Carius* DRV 2003, 30 sowie 44.

[640] Vgl. *Schmidt* Gesundheitswesen 2010, 32, die das Beispiel der Verkehrssicherheitspolitik anführt, welche den Fokus auf einer Sicherheitsoptimierung von Fahrzeug und Straße begleitet von einer gesetzlichen Einrahmung legt, sodass ein umfassendes und alle Akteure berücksichtigendes Risikomanagementsystem ermöglicht wird; vgl. auch *Marckmann*, Eigenverantwortung als Rechtfertigungsgrund für ungleiche Leistungsansprüche in der Gesundheitsversorgung?, S. 303.

[641] Vgl. *Schmidt*, Eigenverantwortung haben immer die Anderen, S. 54; vgl. *Huster* MedR 2012, 567; vgl. *Damm* MedR 2011, 13 f.; vgl. *Becker* ZÖR 2010, 618.

### a. Bedeutung der gesundheitlichen Eigenkompetenz

Durch das Präventionsgesetz[642] wurde dem Begriff der gesundheitlichen Eigenkompetenz eine eigene und gesteigerte Bedeutung zuteil. In der Gesetzesbegründung wurde als primäres Ziel der umfassenden Maßnahmen zur Stärkung der gesundheitlichen Prävention die „Aktivierung der gesundheitlichen Eigenkompetenz und Eigenverantwortung bei allen Versicherten“ ausgegeben.[643] Demzufolge trüge jeder Einzelne Verantwortung für die „Chancen und Risiken seines Lebens“.[644] Ziel sei es daher „[d]iese Eigenverantwortung“ zu stärken.[645]

Da Eigenverantwortung je nach Bezugspunkt als Oberbegriff für eine Verantwortungszuweisung zwischen Solidargemeinschaft, Staat und Individuum herangezogen wird, wird unter Hinzunahme der individuellen – bezüglich des hiesigen Diskussionsgegenstandes – gesundheitlichen Eigenkompetenz argumentiert, dass das Maß der Verantwortung, die ein Akteur zu tragen verpflichtet sein sollte, an dessen Potenz zur Verantwortungsübernahme und nicht an seinem Verursachen der Risikoverwirklichung ausgerichtet sein sollte.[646] Dahinter steht die Annahme, dass Verantwortung nur dort übernommen werden kann, wo beim Verantwortlichen Kenntnis um die Verantwortungslast besteht, wo Handlungsalternativen aufgezeigt werden, die gangbar und möglich erscheinen, wo grundlegendes Wissen um die potentiellen Konsequenzen der prospektiven Entscheidungen verfügbar ist und wo sich auch die Ungewissheiten, unter denen die Entscheidungsfindung zu bewältigen ist, zumindest abschätzbar und abwägbar erscheinen.[647] Da sich im Falle der Eigenverantwortung das Individuum sowohl in der Position des Verantwortlichen als auch der Verantwortungsinstanz befindet, bezieht sich die Fähigkeit zur Verantwortungsübernahme durch informatorische Aufklärung auf die Fähigkeit zur Maßstabsetzung des Individuums. Informiertheit ist damit zunächst einmal Voraussetzung für prospektive Verantwortung.

Die Informiertheit der Versicherten ist – nicht nur aus diesem Grund – ein zentraler Faktor in den Augen der Akteure des Gesundheitssystems.[648] Zum einen

---

642 BGBl. I 2015, S. 1368.
643 BT-Drucks. 18/4282, S. 33.
644 BT-Drucks. 18/4282, S. 33.
645 BT-Drucks. 18/4282, S. 33.
646 So etwa *Schmidt* Gesundheitswesen 2010, 32. *Schmidt* verwendet diesbezüglich für die Eigenverantwortung die Bezeichnung „Metabegriff“, *Schmidt*, Eigenverantwortung haben immer die Anderen, S. 10; vgl. auch *Huster* MedR 2012, 567; vgl. *Marckmann* Ethik Med 2010, 215 f.; ähnlich auch *Rixen*, Eigenverantwortung im Gesundheitssozialrecht – Zwischen gesundheitspolitischer Forderung und positivrechtlicher Umsetzung, S. 344.
647 Vgl. *Langanke/Fischer/Erdmann/Brothers* Ethik Med 2013, 246; vgl. dazu ausführlich auch *Schmidt*, Eigenverantwortung haben immer die Anderen, S. 36, m.w.N.; vgl. *Marckmann* Ethik Med 2010, 215 f.; vgl. *Rixen*, Eigenverantwortung im Gesundheitssozialrecht – Zwischen gesundheitspolitischer Forderung und positivrechtlicher Umsetzung, S. 344; vgl. *Kohl/Carius* DRV 2003, 45.
648 Vgl. *Wöllenstein* Bundesgesundheitsbl. 2004, 941; vgl. *Paul* Ethik Med 2010, 200; vgl. auch *Schmidt* Gesundheitswesen 2010, 29; vgl. *Schuldzinski* ZEFQ 2012, 214; vgl. *Schmidt-Aßmann*

benötigen die spezifische Behandlung des Patienten, das vorangestellte Diagnoseverfahren und die daran anknüpfende medizinische Empfehlung des Behandelnden bestimmte Informationen. Auf der anderen Seite bedarf aber auch der Patient, will und soll er aktiv an der Behandlung mitwirken und die Vor- und Nachteile unterschiedlicher Therapiewege verstehen und miteinander abwägen können, der dazu notwendigen Informationen und der nötigen Informationsverarbeitungsgabe.[649]

In diesem Sinne problematisch erscheint daher der Umstand, dass sich ein Gefälle der Informiertheit und der Fähigkeit zur Informationsverarbeitung zu Ungunsten der gesundheitsunbewussten, bildungsfernen und sozial beziehungsweise finanziell schwachen Bevölkerungsgruppen abzeichnet.[650] Das hinter dem Gedanken eines informierten Individuums stehende Argument kann dahingehend formuliert werden, dass Eigenverantwortung von den Versicherten – im Einklang mit den soeben dargebrachten Voraussetzungen – nur dort übernommen werden kann, wo ihre „Mündigkeit und Entscheidungskompetenz gestärkt werden".[651] „Empowerment" wird hier zum zentralen Begriff.[652]

Mitunter wird daher aus dem Schutzbereich des Art. 2 Abs. 2 S. 1 GG ein ergänzender Anspruch auf die notwendige Informiertheit des Patienten abgeleitet.[653] Korrespondierend zu dem Gewicht, das der Informiertheit in einem an Individualität und Eigenverantwortung orientierten öffentlichen System der Gesundheitsversorgung beigemessen wird, wird beispielsweise in § 14 SGB I ein Anspruch der Versicherten auf Beratung über Rechte und Pflichten gegen die Leistungserbringer statuiert, denen gegenüber die Rechte geltend zu machen und die Pflichten zu erfüllen sind. Hinzu tritt noch eine Vielzahl weiterer Normen, die der Informationsvermittlung über Auskunft, Aufklärung und Beratung dienen.[654] Dies deckt sich mit den Aufgaben der gesetzlichen Krankenversicherung zur Beratung, Aufklärung und Leistung gegenüber den Versicherten. Angesprochen ist also die Eigenkompetenz der Versicherten als Ausfluss eines Leitbildes vom mündigen, weil aufgeklärten Patienten.[655]

---

NJW 2004, 1691; allgemeiner auf das Sozialverwaltungsverfahren bezogen auch *Becker* ZÖR 2010, 648.

649 Siehe dazu BT-Drucks. 16/12000, S. 151.

650 Vgl. dazu *Damm* MedR 2011, 13 f.; dies ist nach Einschätzungen des Bundesausschusses für Bildung, Forschung und Technikfolgenabschätzung auch der Grund dafür, das individuelle Gesundheitsleistungen und Diagnoseverfahren zuvorderst einkommensstarken, gesundheitsbewussten und bildungsnahen Personen zur Verfügung gestellt werden, vgl. BT-Drucks. 16/12000, S. 12.

651 *Wöllenstein* Bundesgesundheitsbl. 2004, 941; ein Hinweis auf den „mündigen Patienten" auch bei *Felix* NZS 2012, 9.

652 *Huster* MedR 2012, 567; vgl. *Rixen*, Eigenverantwortung im Gesundheitssozialrecht – Zwischen gesundheitspolitischer Forderung und positivrechtlicher Umsetzung, S. 346; vgl. auch *Meister* GGW 2019, 12; siehe auch *Kuhn* GGW 2013, 24, der auf den Beitrag der Ottawa-Charta zum „Empowerment-Gedanken" hinweist.

653 So *Schmidt-Aßmann* NJW 2004, 1691.

654 Zu dieser normativen Stärkung des „Nutzers" im Krankenversicherungsrecht siehe auch *Felix*, Verbraucherschutz in der Gesetzlichen Krankenversicherung, S. 43 ff.

655 Ähnlich auch *Klotter* Gesundheitswesen 2010, 18.

Aber auch außerhalb des SGB V hat der Gesetzgeber den durch das Bundesverfassungsgericht ausgesprochenen Gedanken aufgegriffen und etwa durch das Patientenrechtegesetz Informations- und Aufklärungspflichten der Leistungserbringer in den §§ 630c und 630e BGB normiert.[656] Die Aufgeklärtheit ihrerseits steht in einem engen Bedeutungszusammenhang mit der Autonomie des Individuums. Fortgedacht bedeutet dies eine Forderung nach der Ermöglichung der Aufgeklärtheit des Patienten, um dessen Autonomie zu gewährleisten und um eine eigenverantwortliche Lebensführung, Inanspruchnahme von Gesundheitsleistungen und Bewältigung von Konsequenzen begründen zu können.[657] Die Begriffe der Informiertheit, Mündigkeit und Autonomie beschreiben also das Verhältnis zwischen Patient und System, wohingegen die Kompetenz eine zusätzliche, nach innen gerichtete Dimension darstellt.[658] Sie vollführt schließlich den Schritt zur Mitverantwortung des Versicherten für seine eigene Gesundheit.

### b. Public Health und die Stärkung von Eigenkompetenz

Der Begriff der Eigenkompetenz wurde durch das Präventionsgesetz in § 1 S. 2 SGB V neben dem der Eigenverantwortung positioniert.[659] Allerdings bleibt der Begriff der Eigenkompetenz ebenso wie der der Eigenverantwortung sowohl im Gesetz als auch in der dazugehörigen Begründung undefiniert. Im Bereich der Public-Health-Lehre erfährt der Begriff der Eigenkompetenz dagegen eine eigenständige und gewichtige Berücksichtigung.

Bei der Public-Health-Lehre handelt es sich stark verkürzt um einen interdisziplinären Forschungszweig zur Untersuchung und Förderung der Bevölkerungsgesundheit, insbesondere durch Vorbeugung von Krankheit und Förderung von Gesundheit, die das Ziel verfolgt, einer „sozialen Gesundheitsungerechtigkeit“[660] entgegenzuwirken.[661] Im Zuge dieser Entwicklung wurde der Begriff der Eigenkompetenz aus dem Bereich psychologischer Verhaltens- und Lerntheorien entnommen. Eigenkompetenz beschreibt die Fähigkeit eines Individuums, „Einschätzungen der eigenen Fähigkeit und Möglichkeit, ein Verhaltensergebnis zu erreichen“, zu treffen.[662] Besser gesagt bedeutet sie die „Überzeugung, ein

---

[656] Vgl. BT-Drucks. 17/10488, S. 21 ff., 24 f.
[657] Vgl. *Schmidt* Gesundheitswesen 2010, 32; vgl. *Marckmann* Ethik Med 2010, 215 f.
[658] Vgl. *Pflanz* DÄ 2004, A2443.
[659] Vgl. BT-Drucks. 18/4282, S. 9.
[660] *Huster*, Selbstbestimmung, Gerechtigkeit und Gesundheit, S. 16.
[661] Vgl. *Felix* MedR 2017, 436.
[662] Leitbegriffe der Gesundheitsförderung und Prävention, 2018, S. 84, abrufbar unter https://leitbegriffe.bzga.de/fileadmin/user_upload/leitbegriffe/e-Books/E-Book_Leitbegriffe_2018_08.pdf, zuletzt am 01.04.2023.

Verhalten erfolgreich durchführen zu können".[663] Eigenkompetenz wird demnach verstanden als eine Determinante von Verhalten.[664]

Dadurch wird bereits deutlich, dass der Public-Health-Ansatz vom Individuum in gewisser Weise entbunden ist. Er betrachtet nicht den einzelnen Patienten beziehungsweise das Individuum und seine Krankheit, sondern widmet sich den überindividuellen Bestimmungsfaktoren für den Gesundheitsstatus der Bevölkerung sowie der Gesundheitsverteilung in ebendieser.[665] Die Public-Health-Lehre wechselt also die Perspektive. Das Krankheits- und Gesundheitsgeschehen wird aus einer Populationsperspektive heraus betrachtet und ist losgelöst von der individuellen Gesundheit, vom individuellen Schicksal.[666] Diese Vorgehensweise ist insbesondere darauf ausgerichtet, dem Umstand Rechnung zu tragen, dass eine positive Einstellung und die Fähigkeit zu gesundheitsbewusstem Verhalten in den unterschiedlichen Gesellschaftsebenen unterschiedlich stark ausgeprägt beziehungsweise ungleich verteilt sind.[667]

Kritische Stimmen sehen dabei allerdings in eben diesen entindividualisierten Ansätzen der Public-Health-Lehre, die sich aus der Fokussierung auf gesamtgesellschaftliche Gesundheitsbestimmungen ergeben, die Tendenz paternalistischer Entscheidungsstrukturen, die in einem großen Ausmaß die Autonomie des Individuums beschränken.[668] Diese Kritiker erblicken insbesondere darin einen Widerspruch, dass über die Vorgabe bestimmter, dem gesamtgesellschaftlichen Gesundheitsstatus dienlicher Verhaltens- und Lebensweisen wohl eine Förderung statt lediglich eine Beschränkung der individuellen Freiheit erfolgen soll, welche sich in einer unterschiedlich stark ausfallenden Beeinflussung der individuellen Entscheidungsautonomie manifestiert.

Ein wichtiger Aspekt ist dabei wiederum die Notwendigkeit der Informiertheit des Patienten. So sei bei Gesundheitsgütern ein „asymmetrischer Informationshorizont" gegeben, der sich darin äußere, dass viele Gesundheitsgüter oft auf einem Vertrauen in den Leistungserbringer basieren.[669] Zudem stellen sich die sozialen Gesundheitsdeterminanten für den Einzelnen lediglich als abstrakte Risikofaktoren dar, was wiederum dazu führt, dass die Motivation, sich aus eigenem

---

663 Leitbegriffe der Gesundheitsförderung und Prävention, 2018, S. 84, abrufbar unter https://leitbegriffe.bzga.de/fileadmin/user_upload/leitbegriffe/e-Books/E-Book_Leitbegriffe_2018_08.pdf, zuletzt am 01.04.2023.

664 Vgl. Leitbegriffe der Gesundheitsförderung und Prävention, 2018, S. 83, abrufbar unter https://leitbegriffe.bzga.de/fileadmin/user_upload/leitbegriffe/e-Books/E-Book_Leitbegriffe_2018_08.pdf, zuletzt am 01.04.2023.

665 *Huster* JZ 2008, 862.

666 Vgl. *Huster*, Selbstbestimmung, Gerechtigkeit und Gesundheit, S. 14; vgl. *Huster/Schramme*, Normative Aspekte der staatlichen Gesundheitsfürsorge, S. 51; vgl. *Paul* Ethik Med 2010, 193.

667 Vgl. *Trenk-Hinterberger*, Eigenverantwortung in der sozialen Pflegeversicherung, S. 1166 f.; sieh auch *Huster* MedR 2012, 567.

668 Vgl. *Eberbach* MedR 2014, 450 f., m.w.N.; vgl. *Huster*, Selbstbestimmung, Gerechtigkeit und Gesundheit, S. 15 f. sowie 51 ff.; Hinweis auch bei *Kuhn* GGW 2013, 24.

669 Vgl. *Berlemann/Karmann* ZWS 1998, 575; vgl. *Straub* Bundesgesundheitsbl 2006, 75; vgl. *Hauck* SGb 2007, 204; vgl. *Huster* MedR 2012, 566 f.

Antrieb um seine Gesundheit und die diesbezüglich relevanten Bestimmungsfaktoren zu sorgen, gering ausfällt.[670] Nur der gut informierte Versicherte könne zum Partner im Bemühen um eine finanziell stabile und solidarische Krankenversicherung werden, indem er gezielt hochwertige Behandlungs- und Gesundheitsangebote nachfragt und durch Hinterfragen von Risiken und Chancen auf die angebotene Qualität positiv Einfluss nimmt.[671]

Ausgegebenes Ziel ist daher eine Stärkung der Autonomie der Versicherten, die begleitet wird von unterstützenden und fördernden Maßnahmen seitens der Krankenkassen, damit die Versicherten in die Lage versetzt werden, sich gesundheitsbewusst zu verhalten, Krankheiten zu bewältigen und im hohen Maße Eigenverantwortung übernehmen zu können.[672] Flankiert wird die informatorische Aufklärung durch Beratungsangebote, wie etwa die in § 66 SGB V vorgesehene Unterstützung der Patienten durch die Krankenkassen bei der Verfolgung von Schadensersatzansprüchen bei Verdacht eines Behandlungsfehlers. Auch die Disease-Management-Programme (DMPs), worunter strukturierte evidenzbasierte Behandlungsprogramme für chronisch Kranke zu verstehen sind, reihen sich in diese Unterstützungsfunktion ein, § 137f SGB V.[673]

Für Vertreter der Public-Health-Lehre ist der Begriff der Patientenkompetenz ein zusätzlicher, wichtiger Ansatz zur Herleitung von entsprechenden Fördermaßnahmen. Dies ergibt sich aus der Erforschung des auslösenden Momentes der Ursachen für Krankheiten.[674] Es werden Erkenntnisse über die Determinanten der Krankheit gewonnen, die zur Grundlage sozialpolitischer Entscheidungen genommen werden.[675] Patientenkompetenz ginge demnach über das bloße Informiertsein oder die Mündigkeit des Patienten hinaus.[676] Sie sei „die Fähigkeit, Anforderungen und Belastungen der Erkrankung zu bewältigen, selber Verantwortung zu übernehmen für die eigene Krankheit und den Umgang mit ihr, dabei auch persönliche Bedürfnisse zu berücksichtigen, Zielvorstellungen zu formulieren und aktiv anzustreben, die verfügbaren Ressourcen zu nutzen und Autonomien zu wahren".[677] Fördermaßnahmen müssten daher den gewonnenen Vorannahmen entsprechend an denjenigen Stellen ansetzen, die geeignet und erfolgsversprechend sind, die Aspekte der Patientenkompetenz zielgerichtet zu stärken.

---

670 Vgl. *Huster*, Selbstbestimmung, Gerechtigkeit und Gesundheit, S. 14; vgl. *Kohl/Carius* DRV 2003, 47.
671 Vgl. *Wöllenstein* Bundesgesundheitsbl. 2004, 942.
672 Vgl. *Wöllenstein* Bundesgesundheitsbl. 2004, 941; vgl. *Marckmann* Ethik Med 2010, 207.
673 Siehe dazu die Darstellung bei *Preis* MedR 2010, 142 f., der zugleich den immensen Aufwand der DMPs aufzeigt; Hinweis auf die DMPs auch bei *Kluth/Bauer* VSSR 2010, 349; vgl. zudem *Rixen*, Eigenverantwortung im Gesundheitssozialrecht – Zwischen gesundheitspolitischer Forderung und positivrechtlicher Umsetzung, S. 345.
674 Vgl. *Huster/Schramme*, Normative Aspekte der staatlichen Gesundheitsfürsorge, S. 50.
675 Vgl. *Huster/Schramme*, Normative Aspekte der staatlichen Gesundheitsfürsorge, S. 50.
676 Vgl. *Pflanz* DÄ 2004, A2443.
677 *Pflanz* DÄ 2004, A2443.

Verfolgt werden soll eine Strategie, die den Patienten „prospektiv in die Lage versetzt, Sorge für seine Gesundheit zu tragen“.[678]

Allerdings sind der Umsetzung des Leitbildes eines vollinformierten Patienten nicht unerhebliche Grenzen gesetzt.[679] Zunächst ist nicht klar, inwieweit Informationen – unabhängig ihrer Qualität – dazu geeignet sind, eine bestehende Informationsasymmetrie zu Ungunsten der Versicherten auszugleichen.[680] Zudem bestimmt sich der Informationsbedarf auch in Abhängigkeit vom Gesundheitsstatus des Versicherten. Und schließlich ist ein zu akzeptierendes Maß der eigenständigen und unbeaufsichtigten Selbstsorge durch den Versicherten, gerade auch im Sinne der Allgemeinheit, endlich.[681] Der Vorwurf kann allgemeiner gefasst dahingehend formuliert werden, dass individuelle Rechte, Bedürfnisse und Präferenzen durch die Fokussierung auf allgemeine Lebensverhältnisse, häufig – insbesondere in den Zielsetzungen – unberücksichtigt bleiben.[682]

Eigenständige Bedeutung wird in dieser Konsequenz daher der Stärkung von Selbstfürsorge und Selbstversorgung als Ziele der patientenorientierten Informationsarbeit beigemessen, um diesen Grenzen entgegenzuwirken. Insoweit rückt auch das Feld der individuellen Medizin vermehrt in den Fokus.[683] Der informatorische Klärungsbedarf soll über die individuell ausgerichtete Medizin – im Zuge derer eine individuelle Krankheitsprädiktion getroffen werden kann – gedeckt werden, sodass sich durch die Informiertheit um den spezifischen individuellen Gesundheitsstatus und die individuelle Risikolast eine Konkretisierung in der diesbezüglichen gesundheitlichen Verantwortung vollzieht.[684] Mehr Wissen um die eigene Gesundheit, gepaart mit einem mitunter größeren Umfang an Beeinflussbarkeit, geht in der Folge mit einem erhöhten Anforderungsprofil hinsichtlich der Verantwortung des Individuums bezüglich seiner Gesundheit einher.[685] Großer Bedarf ergibt sich gleichfalls in Hinblick auf sogenannte individuelle Gesundheitsleistungen, die Diagnose- und Behandlungsmethoden umfassen, die nicht vom Leistungskatalog der gesetzlichen Krankenversicherung abgedeckt

---

[678] *Marckmann* Ethik Med 2010, 207.

[679] Vgl. zur nachfolgenden Aufzählung *Wöllenstein* Bundesgesundheitsbl. 2004, 942; *Seger*, wiedergegeben bei *Mutz* DAngVers 1996, 563.

[680] Vgl. *Schmidt*, Eigenverantwortung haben immer die Anderen, S. 57.

[681] Verwiesen sei hier etwa auf die Problematik der Selbstmedikation mit Antibiotika und der damit einhergehenden Gefahr der Resistenzenbildung, siehe dazu *Niknam/von Bechtolsheim*, Wie entstehen Resistenzen gegenüber Antibiotika?, Stand 30.07.2020, abrufbar unter https://www.tk.de/techniker/gesundheit-und-medizin/behandlungen-und-medizin/arzneimittel-medizinische-hintergruende/resistenzen-antibiotika-2021398?tkcm=aaus, zuletzt aufgerufen am 01.04.2023.

[682] Vgl. *Huster/Schramme*, Normative Aspekte der staatlichen Gesundheitsfürsorge, S. 51.

[683] Siehe zur Begriffserklärung bei *Langanke/Lieb/Erdamnn et al.* Z Med Ethik 2012, 295 ff., siehe zum Potential der individuellen Medizin bezogen auf einen Entwicklungsanstoß gesundheitlicher Eigenverantwortung bei *Langanke/Fischer/Erdmann/Brothers* Ethik Med 2013, 249.

[684] Vgl. *Langanke/Fischer/Erdmann/Brothers* Ethik Med 2013, 247 f.; vgl. *Paul* Ethik Med 2010, 197.

[685] Vgl. *Langanke/Fischer/Erdmann/Brothers* Ethik Med 2013, 247; vgl. *Paul* Ethik Med 2010, 197.

sind und daher eine Eigenleistung des Versicherten darstellen.[686] Hier wird die selbstbezogene Risikoeinschätzung und gesundheitliche Nutzenbewertung dem Individuum aufgrund gesteigerter Kenntnis angelastet.

### c. Fazit

Der Eigenverantwortungsbegriff scheint im Ergebnis einen besonderen Bezug zu der Fähigkeit des einzelnen Versicherten zur Übernahme von Verantwortung für seine eigene Gesundheit zu haben. Zum einen Verantwortung in finanzieller Hinsicht und zum anderen bezogen auf die eigene gesundheitsrelevante Lebensführung und -gestaltung.[687] Diese Fähigkeit soll daher gestärkt und so dem Individuum auch zugleich mehr Freiheit über die eigene Gesunderhaltung eingeräumt werden. Der tatsächlich mündige Versicherte hat demnach ein eigenes Interesse daran, durch gesundheitsbewusste Lebensführung und verantwortungsvolle Inanspruchnahme von Leistungen einen eigenen Beitrag zum Schutz und Erhalt der Solidargemeinschaft zu leisten. Nach dem Verständnis der Vertreter der Public-Health-Lehre schafft gesundheitliche Eigenkompetenz im Ergebnis erst die Grundlage dafür, gesundheitliche Eigenverantwortung im Sinne einer Verantwortung für die Erhaltung von und die Sorge um den eigenen Gesundheitsstatus übernehmen zu können.[688] Sie ist daher auch zentraler Baustein und Zielsetzung in der Präventionsmedizin.[689]

## 3. Eigenverantwortung und das individuelle Versichertenverhalten

Noch offen blieb bisher, wie die Verbindung zwischen einem wie auch immer definierten unverantwortlichen, genauer gesagt ein dem Solidargedanken widerstrebenden Verhalten der Versicherten und der Verwendung des Eigenverantwortungspostulats als Zuweisungsinstrument zu verstehen ist. Solches Verhalten wird mintunter auch als „risikoerhöhendes“, „gemeinschädliches“ oder „unsolidarisches“ Verhalten bezeichnet.[690]

Die Bewertung von Verhalten ist dabei aus nachfolgendem Grund von Bedeutung: Die Frage, ob ein Versicherter von einer Leistung ausgeschlossen, ihm Erstattungen verweigert oder höhere Beiträge angelastet werden können, hängt zunächst mit der Lokalisierung des spezifischen Risikos zusammen. Ob der Versicherte also keinen oder nur verminderten sozialen Schutz genießen soll, ist daran geknüpft, ob sich das Risiko außerhalb des gewöhnlichen Risikos des jeweiligen Versicherungszweiges realisiert.[691] Umgekehrt stehen der Begriff der

---

[686] Vgl. *Wöllenstein* Bundesgesundheitsbl. 2004, 947.
[687] Siehe auch *Dörries/Arnold*, Kurzzeitiger Spaß? Langfristige Zufriedenheit!, S. 199.
[688] Vgl. *Langanke/Fischer/Erdmann/Brothers* Ethik Med 2013, 248; vgl. *Kohl/Carius* DRV 2003, 45; vgl. BT-Drucks. 16/12000, S. 12.
[689] Dazu *Damm* MedR 2011, 16 f.; vgl. *Kohl/Carius* DRV 2003, 45; siehe BT-Drucks. 16/12000, S. 12.
[690] Vgl. dazu *Grühn*, Gesundheitsbezogene Handlungspflichten der Versicherten in der Sozialversicherung als Dimensionen von Eigenverantwortung und Solidarität, S. 193 ff., m.w.N.
[691] Vgl. *Bühler* WzS 1992, 321; vgl. *Prehn* NZS 2010, 263.

Verantwortung und so auch der Begriff der Eigenverantwortung in einem engen Zusammenhang mit der Frage nach der „Folgenanlastung“.[692] Hierbei überschneiden sich die prospektive und retrospektive Dimension von Eigenverantwortung. Indem die Verantwortungszuweisung dazu gedacht ist, Handlungsanreize zu setzen, bestimmte Verhaltensweisen zu befördern und andere, risikoerhöhende Verhaltensweisen zu vermeiden und damit ein dem Solidargedanken entsprechendes Versichertenverhalten herbeizuführen, setzt sie einen entscheidenden Impuls. Denn so bedarf es seiner grundlegenden Konzeption entsprechend eines Mechanismus, der die aus dem zu sanktionierenden Verhalten resultierende Folgenlast zuweist.[693] Die Konkretisierung dieses grundlegenden Mechanismus innerhalb des Sozialstaates obliegt dabei schließlich dem Gesetzgeber.

Im Rahmen der normativen Konkretisierung dieses Mechanismus ergehen zwei an die Versicherten gerichtete Vorwürfe, die in einen unmittelbaren Sinnzusammenhang mit dem Verständnis von Eigenverantwortung und Eigenverantwortungsförderung gestellt werden. Zum einen wird eine vermehrte und oftmals leichtsinnige Risikohingabe der Versicherten konstatiert und kritisiert, zum anderen eine Tendenz der Versicherten die Konsequenzen aus ebenjenen risikobelasteten Verhaltensweisen auf die Solidargemeinschaft in geradezu selbstverständlicher Weise zu übertragen.

### a. Eigeninitiative Risikosetzung und -erhöhung

Heruntergebrochen lässt sich die Entwicklung der Zunahme der Risikobereitschaft der Versicherten mit dem Ausspruch „no risk – no fun“ skizzieren.[694] Die leichtsinnige Risikohingabe hat in der Literatur und Diskussion besonders durch einen Anstieg in der Nachfrage nach risikoerhöhenden Maßnahmen einer an den Präferenzen der Patienten orientierten Medizin, der sogenannten „Wunscherfüllenden Medizin“, die sich gleichzeitig steigender gesellschaftlicher Akzeptanz erfreut, an Bedeutung gewonnen.[695]

Unter „wunscherfüllender Medizin“ können allgemein gesprochen „Maßnahmen zur Verbesserung des Menschen“ oder zu dessen Optimierung verstanden werden, die überwiegend in ärztlicher Verantwortung durchgeführt werden.[696] Darunter können im Zuge eines weiter gefassten Verständnisses, anders als es diese

---

[692] *Führ*, Eigen-Verantwortung im Rechtsstaat, S. 51.

[693] Vgl. *Führ*, Eigen-Verantwortung im Rechtsstaat, S. 51.

[694] *Spiecker gen. Döhmann*, Risikomanagement durch Versicherungsmechanismen im Krankenversicherungsrecht, S. 219. Genannt werden können Extremsport oder das Aus- und Erleben des reinen Nervenkitzels.

[695] Für den Diskurs relevante Abhandlungen etwa bei *Kettner* GGW 2006, 7 ff.; siehe auch die Darstellung bei *Maio* zfme 2006, 339 ff.; vgl. *Eberbach* MedR 2008, 325 ff.; vgl. *Wienke*, Eigenverantwortung des Patienten/Kunden, S. 169; vgl. *Teichner/Schröder* MedR 2009, 586 f.; vgl. insbesondere *Prehn* NZS 2010, 260 ff., sowie die Aufzählung in der Fn. 1; ebenfalls *Süß*, Die Eigenverantwortung gesetzlich Krankenversicherter unter besonderer Berücksichtigung der Risiken wunscherfüllender Medizin, 2013, besonders zur Begriffserläuterung die S. 200 ff.

[696] *Eberbach* MedR 2008, 325; ähnlich *Eberbach* MedR 2011, 764; vgl. auch *Prehn* NZS 2010, 260, die sich auf *Eberbach* MedR 2008 in ihrer Darstellung bezieht.

Eingrenzung zunächst andeuten mag, aber auch vergleichsweise einfache Maßnahmen wie Piercing oder leistungssteigernde Nahrungsergänzungsmittel, die mitunter ohne die Mitwirkung von Ärzten erfolgen und vom Versicherten selbst durchgeführt werden können, fallen.[697] Anders als das traditionelle Verständnis der ärztlichen Tätigkeit sind Maßnahmen der wunscherfüllenden Medizin nicht durch eine gesundheitsrelevante Beeinträchtigung indiziert, dienen nicht der Linderung von Leiden und Gebrechen und speisen sich nicht aus einer Bedürftigkeit des Patienten.[698]

Hinzu tritt der Umstand, dass Wunschvorstellungen, anders als Krankheit, nicht objektiv feststellbar sind, sich also rein aus dem Willen des Patienten erschließen, und sich dadurch einer objektiven Überprüfbarkeit entziehen.[699] Wunscherfüllenden medizinischen Maßnahmen fehlt es insoweit an dem Vorliegen einer Behandlungsbedürftigkeit, die nach objektiven Maßstäben die Notwendigkeit eines ärztlichen Eingreifens im krankenversicherungsrechtlichen Sinn begründet.[700] Es geht rein um die Verwirklichung einer körperbezogenen subjektiven Idealvorstellung des Patienten, weshalb insoweit von einer „Subjektivierung" der ärztlichen Tätigkeit gesprochen wird.[701] Klassisches Beispiel für eine Form der „Wunscherfüllenden Medizin" sind die sogenannten „Schönheitsoperationen".[702] Diese dienen bereits ihrer Etymologie nach einzig und allein der Erreichung eines bestimmten Schönheitsideals, wobei sie unmittelbar auf die Veränderung des äußeren Erscheinungsbildes gerichtet sind.[703] Nur soweit sie der Korrektur eines im Sinne des § 27 Abs. 1 SGB V eingetretenen Versicherungsfalls dienen, werden sie als Behandlungsmaßnahme vom Leistungskatalog der gesetzlichen Krankenversicherung gedeckt.[704] Beispielhaft ist etwa eine medizinische Indikation bei Vorliegen einer psychiatrischen oder psychischen Beeinträchtigung eines Kindes aufgrund der Ohrenstellung gegeben, sodass es sich um einen Versicherungs- und Leistungsfall handelt, der die Leistungs- und Einstandspflicht der Solidargemeinschaft auch bei Auftreten von Komplikationen nach erfolgter Ohrenanlegeplastik umfasst.[705] Andernfalls kann, da eine Anwendung von medizinischen Mitteln und Methoden auf den – nicht nur im krankenversicherungsrechtlichen Sinn –

[697] Vgl. *Eberbach* MedR 2008, 325; vgl. *Damm* GesR 2010, 642.
[698] Siehe die zusammenfassende Darstellung bei *Eberbach* MedR 2008, 326 sowie kompakt bei *Eberbach* MedR 2011, 764.
[699] Vgl. *Eberbach* MedR 2008, 326 f.; siehe zum, der Maßnahme zugrundeliegenden, subjektiven Willen des Patienten im Gegensatz zur medizinischen Indikation auch *Prehn* NZS 2010, 262.
[700] Vgl. *Eberbach* MedR 2008, 327.
[701] Vgl. *Eberbach* MedR 2011, 764; vgl. *Stock* MedR 2019, 872.
[702] Verbindung der nicht indizierten ästhetischen Eingriffe mit dem Begriff der „Wunscherfüllenden Medizin" bei Becker/Kingreen/*Lang* SGB V § 52 Rn. 8a; ebenfalls bei *Legde* in LPK-SGB V, § 52a Rn. 11; zur Verwendung des Begriffs der „Schönheitsoperation" siehe BT-Drucks. 16/3100, S. 108; zur Begriffsbedeutung vgl. *Damm* GesR 2010, 641 f.
[703] Siehe zur Abgrenzung auch bei BeckOK SozR/*Heberlein* SGB V § 52 Rn. 21b bis 22.
[704] Vgl. *Damm* GesR 2010, 648 f.; vgl. dazu auch *Prehn* NZS 2010, 261 f.
[705] Vgl. dieses Beispiel bei *Wienke*, Eigenverantwortung des Patienten/Kunden, S. 172 f.

gesunden Menschen erfolgt, von einer Grenzüberschreitung der medizinischen Praxis gesprochen werden.[706]

Neben der Risikohingabe im Rahmen der „wunscherfüllenden Medizin" werden als weitere riskante oder unvernünftige Verhaltensweisen der Versicherten, die zu einer Gesundheitsbeeinträchtigung und damit zum Eintritt des Versicherungsfalls der Krankheit führen können, ein gefährliches Verhalten im Straßenverkehr, das Ausüben von Risikosportarten, Rauchen, übermäßiger Alkoholgenuss, ungesunde Ernährungsgewohnheiten oder mangelnde Bewegung benannt.[707]

Der Kern der Kritik liegt damit in einem ausgemachten „Anspruchsdenken" der Versicherten, welches aus sich selbst heraus bereits die Verwirklichung von Eigenverantwortung auf breiter Fläche verhindere.[708] Die Ursache dieses „Anspruchsdenkens" läge in einem zentralen Aspekt einer freiheitlichen demokratischen Grundrechts-[709] und Gesellschaftsordnung. Gemeint ist die Willens- und Handlungsfreiheit und damit die Autonomie des Einzelnen.[710] Die klassische ärztliche Maxime „*salus aegroti uprema lex*" laute demzufolge nunmehr „*voluntas aegroti suprem lex*".[711] Es ergebe sich daraus schließlich, dass sich der Patient zum Kunden, zum Nachfrager wandle.[712] Dadurch entwickle sich auf der anderen Seite der Arzt vom Leistungserbringer zum Dienstleister.[713]

In der Folge wird das sich gewandelte Verhältnis zwischen Arzt und Patient als auf ein „Austauschverhältnis" reduziertes bezeichnet.[714] Die sich daraus wiederum ergebende Konsequenz ist der Wegfall des für den medizinischen Beruf prägenden moralischen Kompasses der Vulnerabilität des Patienten.[715] Die sich zuvor aus der Bedürftigkeit ergebende Anrufung des medizinischen Leistungserbringers, der dem Bedürftigen im Rahmen seiner ärztlichen Fähigkeit Linderung und Heilung verspricht und durch ein Übergewicht an Fachwissen in gewissem Grade eine Entscheidungshoheit genoss, wandelt sich zu einem reinen

---

[706] Siehe zu dieser Einordnung *Wehling/Viehöver*, Entgrenzung der Medizin: Transformationen des medizinischen Feldes aus soziologischer Perspektive, S. 9 f.

[707] Siehe etwa die Aufzählung bei *Hänlein* ZVersWiss 2002, 584; vgl. zum Risikosport *Schwede* NZS 1996, 563; vgl. auch *Oldiges* DOK 1991, 537.

[708] Vgl. *Münnich* VSSR 1981, 200 f.; vgl. *Adam-Schwaetzer* ArbuSozPol 1986, 362; siehe auch bei *Fischer* SGb 2008, 464, der von einem „unangemessenem Anspruchsdenken" spricht.

[709] Vgl. Art. 18 S. 1 GG.

[710] Vgl. *Höfling*, Salus aut/et voluntas aegroti suprema lex, S. 120; vgl. *Middel*, Gesundheitsgerechtigkeit zwischen Eigenverantwortung und Solidarität, S. 358; vgl. auch *Berlemann/Karmann* ZWS 1998, 576; vgl. zur Freiheit bei *Merten* VSSR 1983, 137.

[711] *Middel*, Gesundheitsgerechtigkeit zwischen Eigenverantwortung und Solidarität, S. 357.

[712] Vgl. *Pflanz* DÄ 2004, A2446; vgl. *Höfling*, Salus aut/et voluntas aegroti suprema lex, S. 120; siehe auch bei *Eberbach* MedR 2008, 326, der insoweit von dem Patienten als „Konsumenten" spricht.

[713] So *Geisler*, Arzt-Patienten-Beziehung im Wandel, S. 216; noch schärfer *Geisler*, Kinder auf Bestellung 2001; vgl. zudem *Höfling* ZEFQ 2009, 288; vgl. *Höfling*, Salus aut/et voluntas aegroti suprema lex, S. 120; vgl. auch *Maio* zfme 2006, 339 f.

[714] *Höfling* ZEFQ 2009, 288.

[715] Vgl. *Maio* zfme 2006, 346; vgl. auch *Damm* GesR 2010, 644 ff.

Konsumverhalten.[716] Dabei wird vom Arzt aber gleichzeitig erwartet, dass er die Entscheidungen des Patienten respektiert, unabhängig davon, ob sie mit seiner eigenen Auffassung medizinischer Vernunft übereinstimmen.[717]

Dies wirkt sich indes auch schon auf den medizinischen Begriff der Indikation aus.[718] Das Vorliegen der Indikation legitimiert die ärztliche Maßnahme und ist zu messen am beruflichen Heilauftrag.[719] Allerdings ist die Fassbarkeit des Inhalts des Heilauftrages im Zuge der Zunahme „wunscherfüllender Medizin" zunehmend erschwert.[720] Zwar gehört zur Indikation auch die innere Einstellung des Patienten gegenüber seiner Krankheit. Diese subjektive Einstellung darf jedoch nicht verwechselt werden mit einer Willkür in der Wahl des Mittels je nach dem jeweils aktuell Gefragten und Angebotenen.[721] Der Pluralismus in der Lebensstilvorstellung der Patienten bestimmt mehr und mehr die Eigenart des ärztlichen Berufes.[722] Diese Entwicklungen beschreiben demnach einen „tiefgreifenden Identitätswandel der Medizin".[723]

Das „Anspruchsdenken" ist dabei aber nicht ausschließlich auf den Versicherten zurückzuführen. Denn die Sicherstellung der medizinischen Versorgung durch die Ärzteschaft steht immer auch in Korrelation zur Versorgungsnachfrage. Das bedeutet, dass das Angebot die Nachfrage bestimmt, die Nachfrage ihrerseits aber auch ein Produkt des spezifischen Angebots darstellt.[724] Neben der Ärzteschaft haben auch weitere Akteure bestimmenden Einfluss auf das Nachfrageverhalten der Versicherten. Dazu zählen unter anderem Apotheker, Pharmazeuten, Medien oder die Krankenversicherer selbst. Bestimmte Behandlungen oder Leistungen werden also nur deshalb nachgefragt, weil von Seiten der Leistungserbringer ein entsprechendes Angebot geschaffen und aufrechterhalten und insbesondere auf dieses hingewiesen wird. Der medizinische Leistungserbringer umwirbt mit einem präferenzorientierten Angebot potentielle Konsumenten seiner sich zu einer Dienstleistung entwickelnden medizinischen Tätigkeit.[725] Die medizinische Leistung werde daher in einem „Spannungsfeld zwischen Kundendienst,

---

[716] Vgl. *Maio* zfme 2006, 346; von einem, durch Modernisierung und Liberalisierung erfolgenden Zurückdrängen von einem zuvor bestehenden paternalistischen, asymmetrischen Arzt-Patienten-Verhältnis sprechend *Höfling*, Salus aut/et voluntas aegroti suprema lex, S. 119.

[717] Vgl. *Stock* MedR 2019, 872; vgl. *Pflanz* DÄ 2004, A2446.

[718] Hinweis bei BeckOK SozR/*Heberlein* SGB V § 52 Rn. 21a; siehe auch *Laufs/Katzenmeier*, in: *Laufs/Katzenmeier/Lipp*, Arztrecht, Kap. I Rn. 40; vgl. *Damm* GesR 2010, 642.

[719] Vgl. *Laufs/Katzenmeier*, in: *Laufs/Katzenmeier/Lipp*, Arztrecht, Kap. I Rn. 40.

[720] Auf die Notwendigkeit einer – wenn auch gewandelten – Indikationsstellung im Rahmen der „Wunschmedizin" hinweisend *Stock* MedR 2019, 873 f.

[721] *Plagemann* GuP 2019, 99.

[722] *Laufs/Katzenmeier*, in: *Laufs/Katzenmeier/Lipp*, Arztrecht, Kap. I Rn. 40; ähnlich auch *Höfling*, Salus aut/et voluntas aegroti suprema lex, S. 119; siehe ausführlich zu den Faktoren des sich wandelnden, im Laufe der Zeit gewachsenen, an einer Idealvorstellung von Schönheit orientierten, Wunsch nach körperlicher Veränderung, insbesondere unter der jüngeren Bevölkerung, bei *Prehn* NZS 2010, 261.

[723] *Maio* zfme 2006, 340.

[724] *Wallerath* JZ 2004, 958; vgl. *Maio* zfme 2006, 347; vgl. *Mahr* ZVersWiss 1977, 221 ff.

[725] Vgl. *Maio* zfme 2006, 340; vgl. *Wienke*, Eigenverantwortung des Patienten/Kunden, S. 169.

Wissenschaftlichkeit und Kostendämpfung“ erbracht, wodurch sich – so der Vorwurf – ein umgekehrtes Verhältnis mit genau definierten Leistungen statt problemorientierter und -indizierter Vertrauensarbeit einstelle.[726]

Abgesehen von den Interdependenzen zwischen Patient und Leistungserbringer würde die nachgezeichnete Rollenentwicklung durch den „kümmernden Wohlfahrtsstaat“ noch zusätzlich gefördert.[727] Das System verleite gerade dazu, sich unsolidarisch und selbstbegünstigend und damit auf Kosten des Kollektivs zu verhalten.[728] Das System der gesetzlichen Krankenversicherung berge demnach ein „Ausnutzungspotenzial“.[729] Insbesondere der Sachleistungsgrundsatz verhindere aufgrund der Intransparenz der Kostenstrukturen eine sparsame Inanspruchnahme von Gesundheitsleistungen.[730] Durch Einheitsprämie und Sachleistungsprinzip werde Anreiz dazu gegeben, das Gut der gesundheitlichen Versorgung zu „konsumieren“, ohne sich aber an der Aufrechterhaltung des die Versorgung ermöglichenden Systems zu beteiligen.[731] So bestrafe das System gleichzeitig die gesundheitsbewussten, sparsamen und verantwortungsvollen Versicherten, ohne eine Begünstigung für die sozial Schwachen zu schaffen, sondern benachteilige diese noch im Verhältnis zu den sozial Starken.[732] „‚[A]rm und günstiges Risiko‘ [trägt] gleichviel zur Finanzierung der Krankenversicherung bei wie ein Individuum mit den Merkmalen ‚reich und ungünstiges Risiko‘“.[733]

### b. Der „Moral-Hazard“

Der soeben nachgezeichnete Konflikt ist indes keine Besonderheit, die es so nur in der gesetzlichen Krankenversicherung gibt. Jede auf Solidarität aufgebaute Gemeinschaft, die einen sozialen Ausgleich für den Einzelnen im Falle einer nicht klar absehbaren Risikoverwirklichung gewährt, mit deren Bewältigung der Einzelne ansonsten überfordert wäre, sieht sich derselben Grundproblematik ausgesetzt.[734] Der Schutz in der gesetzlichen Krankenversicherung gewährleistet einen von der individuellen Kaufkraft der Versicherten unabhängigen Zugang zur

---

[726] *Geisler*, Arzt-Patienten-Beziehung im Wandel, S. 216.

[727] Siehe zur Kritik am Wohlfahrtsstaat insbesondere bei *Muckel/Ogorek/Rixen*, Sozialrecht, § 1 Rn. 14; siehe auch bei *Butterwegge*, Sozialstaat am Ende?, S. 53 ff.

[728] Eher allgemeiner Hinweis bei *Münnich* VSSR 1981, 207; definitiv dieser Ansicht *Adam-Schwaetzer* ArbuSozPol 1986, 361; so auch *Ballstaedt* DÄ 2003, A 2271; ähnliche Zusammenfassung auch bei *Schmidt* Gesundheitswesen 2003, 30.

[729] *Schlenker*, in: *Schulin*, Krankenversicherungsrecht, § 1 Rn. 214.

[730] Siehe dazu *Fischer* SGb 2008, 463 sowie 465; vgl. *Giesen* ZVersWiss 2004, 558.

[731] In einem ähnlichen Sinn zu „kollektiven Gütern“ auf die sogenannte „Trittbrettfahrermentalität“ hinweisend *Amhaouach/Kießling* MedR 2019, 854.

[732] Der Ansicht *Ballstaedt* DÄ 2003, A 2271; gleichfalls *Zweifel*, Ein Plädoyer für risikogerechte Prämien in der Gesetzlichen Krankenversicherung, S. 20; letzteres wird von zumeist kritischen Stimmen auch als sogenannte „Zwei-Klassen-Medizin“ betitelt. Siehe dazu *Quante* Ethik Med 2010, 180; siehe auch *Prütting/Winter* ZRP 2019, 167.

[733] *Zweifel*, Ein Plädoyer für risikogerechte Prämien in der Gesetzlichen Krankenversicherung, S. 20.

[734] Vgl. *Sehlen*, Eigenverantwortung im Gesundheitswesen, S. 32.

medizinischen und gesundheitlichen Versorgung, der – als Bedarfsgerechtigkeit[735] bezeichnet – zugleich konstituierendes Grundprinzip der gesetzlichen Krankenversicherung ist. Allerdings birgt der gewährleistete Krankenversicherungsschutz aus gesundheitsökonomischer Perspektive auch unerwünschte Gefahren.[736]

Gibt eine Vollversicherung eine vollumfängliche, verschuldensunabhängige Leistungsgewähr, so tendiert der Versicherte aufgrund der durch den Versicherungsschutz eingetretenen Berechenbarkeit der Risikobewältigung dazu, eher Risiken einzugehen und sich im Falle der Verwirklichung auf den Versicherungsschutz zu berufen.[737] Eintritt und Nicht-Eintritt des Risikos werden für ihn belanglos.[738] Daher wird dem Versicherten unterstellt, dass dieser sich mit großer Wahrscheinlichkeit nachlässig verhalten und/oder zumindest versuchen wird, für die von ihm aufgebrachten Beiträge oder Prämien in irgendeiner Weise eine Gegenleistung zu erhalten.[739]

Zwar mag es sich bei der gesetzlichen Krankenversicherung aufgrund von Kostenbeteiligung und Selbstbehalten nicht beziehungsweise nicht mehr um eine Vollversicherung im engeren Sinn gegen den Krankheitsfall handeln. Gleichwohl können aber auch gerade bei in der gesetzlichen Krankenversicherung Versicherten vergleichbare Tendenzen festgestellt werden.[740] Im Grundsatz gilt, dass, ist der Versicherungsfall der Krankheit erst eingetreten, die notwendigen Behandlungskosten, soweit keine vom Grundsatz des § 27 Abs. 1 SGB V abweichenden Regelungen für einzelnen Behandlungsmethoden oder Leistungen vorgesehen sind, vollumfänglich übernommen werden. Die bloße Existenz einer solchen Versicherung ist für den Versicherten in der Folge bereits Anreiz genug, zu versuchen, auch ohne den Eintritt des Versicherungsfalls ein Äquivalent für seine in aller Regel nicht unerheblichen Beiträge zu erzielen.[741]

Voraussetzung dafür ist aber, dass der Versicherte auch in einem gewissen Umfang Möglichkeit zur Einflussnahme auf den Versicherungsfall hat. Dies wird in

---

[735] Vgl. *Isensee* ZVersWiss 2004, 653; vgl. *Wasem/Greß* SDSRV 2003, 115.

[736] Vgl. *Wasem/Greß* SDSRV 2003, 115.

[737] Ähnlich, wenn auch nicht ausdrücklich *Müller* Bundesgesundheitsbl 2007, 1120; kritisch für den Bereich der Unfall- und Krankenversicherung vgl. *Köhler* VSSR 2017, 130; ebenso vgl. *Hänlein* ZVersWiss 2002, 604. Niemand, so die Argumente, würde sich leichtsinnig oder bewusst selbst gesundheitliche schädigen, nur weil er sich der Absicherung durch die gesetzliche Krankenversicherung gewiss ist.

[738] *Spiecker gen. Döhmann*, Risikomanagement durch Versicherungsmechanismen im Krankenversicherungsrecht, S. 225.

[739] Vgl. *Merten* NZS 1996, 597; vgl. Kritsch gegenüber einer solchen Wertung eingestellt *Mahr* ZVersWiss 1977, 232.

[740] So schon *Münnich* VSSR 1981, 204; noch früher *Mahr* ZVersWiss 1977, 209; vgl. *Berlemann/Karmann* ZWS 1998, 577; vgl. *Wasem/Greß* SDSRV 2003, 115, sowie 118 ff. mit dem Nachweis der Empirie des „Moral-Hazard“ in der Nachfrage nach medizinischen Gesundheitsleistungen der Versicherten.

[741] Vgl. *Münnich* VSSR 1981, 204; vgl. *Mahr* ZVersWiss 1977, 212; vgl. *Merten* NZS 1996, 597; vgl. *Wasem/Greß* SDSRV 2003, 116; vgl. *Giesen* ZVersWiss 2004, 558.

der gesetzlichen Krankenversicherung dadurch ermöglicht, dass der Versicherte weitestgehend selbst und frei entscheiden kann, ob, wann und von wem er welche medizinische Leistung in Anspruch nehmen möchte.[742] So wird der Versicherte also selbst zum – bewussten oder unbewussten – Auslöser des Versicherungsfalles.[743] Verstärkt werden diese Tendenzen zudem durch die Unterbrechung der Leistungsbeziehung zwischen Versicherer und Versichertem durch die Leistungserbringer. Dieses beschriebene Phänomen ist im Versicherungsrecht weitläufig bekannt unter den Termini des „moralischen Risikos", des „subjektiven Risikos" beziehungsweise des „Moral-Hazard" oder auch des „bajazzo-Effekts".[744]

Die Problemstellung des „Moral-Hazard" kann allgemeiner Auffassung zufolge in zwei verschiedenen Erscheinungsformen auftreten, dem „Ex-ante-Moral-Hazard" und dem „Ex-post-Moral-Hazard".[745] Der „Ex-ante-Moral-Hazard" beschreibt eine Verhaltensänderung des Versicherten nach Abschluss eines Versicherungsvertrages beziehungsweise vor Eintritt in ein Versicherungsverhältnis, jedoch bevor sich der Versicherungsfall – für den hiesigen Untersuchungsgegenstand also die Krankheit – einstellt.[746] Der Versicherte könnte dem Versicherungsfall präventiv vorbeugen, unterlässt dies aber aufgrund der Abgedecktheit des Krankheitsrisikos durch die Versicherung ab Entstehung des Versicherungsverhältnisses.[747] Unter diesem Einfluss ist eine entsprechende Verhaltensänderung des Versicherten als vollkommen rational zu bewerten, da er sich nicht mehr dem Bewältigungsrisiko der Konsequenzen seines Handels ausgesetzt sieht.[748] So erklärt sich auch die überwiegende Mindernachfrage nach der Teilhabe an und der Inanspruchnahme von Präventionsleistungen, da diese als einschneidend und aufwändig empfunden und vom Versicherten aufgrund des Erfordernis der

---

[742] Vgl. *Hänlein* ZVersWiss 2002, 590; vgl. *Mahr* ZVersWiss 1977, 210.

[743] Vgl. dazu *Jaeger* NZS 2003, 226, die insoweit von einer „Mentalitätsänderung" spricht; vgl. *Köhler* VSSR 2017, 112.

[744] Vgl. dazu *Wolf*, Das moralische Risiko der GKV im Spannungsfeld zwischen Solidarität und Eigenverantwortung, S. 166, m.w.N.; vgl. *Zweifel*, Ein Plädoyer für risikogerechte Prämien in der Gesetzlichen Krankenversicherung, S. 6; vgl. *Wasem/Greß* SDSRV 2003, 115 f.; vgl. *Merten* NZS 1996, 597; vgl. *Berlemann/Karmann* ZWS 1998, 577 f., die den im deutschsprachigen Raum überwiegend anzutreffenden Begriff des „moralischen Risikos" als irreführend bewerten und in dieser Folge kritisch betrachten, da keine ethische Sollensnorm gemeint oder formuliert ist, sondern einzig das faktische Verhalten der Versicherten beschrieben wird; so auch schon *Mahr* ZVersWiss 1977, 218 f.; vgl. auch *Wallerath* JZ 2004, 952, der als wesentliche Bedingung für den „Moral-Hazard" die umfassende existenzielle Absicherung durch den Sozialstaat benennt.

[745] Vgl. *Berlemann/Karmann* ZWS 1998, 577 f.; vgl. *Wasem/Greß* SDSRV 2003, 116, die dieselbe Unterscheidung vornehmen; siehe auch *Zweifel*, Ein Plädoyer für risikogerechte Prämien in der Gesetzlichen Krankenversicherung, S. 6; vgl. *Köhler* VSSR 2017, 113; siehe auch bei *Hänlein* ZVersWiss 2002, 581, der in drei Erscheinungsformen – vor, bei und nach Eintritt des Versicherungsfalls – unterteilt, die sich im Ergebnis aber mit der Zweiteilung bei *Berlemann* und *Karmann* decken.

[746] Vgl. *Berlemann/Karmann* ZWS 1998, 577.

[747] Vgl. *Zweifel*, Ein Plädoyer für risikogerechte Prämien in der Gesetzlichen Krankenversicherung, S. 7.

[748] Vgl. *Münnich* VSSR 1981, 204; vgl. *Wasem/Greß* SDSRV 2003, 117.

Eigenbeteiligung im Vergleich zur vom eigenen Zutun mehr oder weniger unabhängigen Krankenbehandlung subjektiv als nutzenminimierend bewertet werden.[749]

Ein „Ex-post-Moral-Hazard" liegt hingegen vor, wenn sich das Inanspruchnahmeverhalten des Versicherten nach Abschluss einer Versicherung beziehungsweise nach Eintritt in ein Versicherungsverhältnis und nach Vorliegen eines Versicherungsfalls gegenüber dem Inanspruchnahmeverhalten vor Bestehen des Versicherungsverhältnis in seinem mengenmäßigen Ausmaß steigert.[750] Der Versicherte konsumiert also mehr oder intensivere und kostspieligere Versicherungsleistungen, als er dies getan hätte, wäre er nicht durch den Versicherer versichert.[751] Dies ist besonders in der Krankenversicherung von Bedeutung, da aufgrund der Subjektivität der Bewertung von und des Umgangs mit Krankheit[752] als leistungsauslösender Moment – insbesondere im Falle von leichten Erkrankungsbildern –, der Versicherte für sich zu bewerten hat, ob es sich bereits um einen krankhaften und damit mit aller Wahrscheinlichkeit nach um einen behandlungsbedürftigen Zustand handelt oder aber nur um einen Zustand des Unwohlseins.[753] Zudem mindert sich auch die „Patienten-Compliance" nach Vorliegen des Versicherungsfalls, da mögliche Folgen einer fehlenden Mitwirkung im Rahmen der Behandlungsmaßnahmen gleichfalls von der Versicherung abgedeckt werden.[754] Der Bundesgerichtshof hat beispielsweise ein zivilrechtliches Mitverschulden einer Versicherten abgelehnt, die trotz deutlicher und eindeutiger Warnhinweise in der Packungsbeilage eines hormonellen Verhütungsmittels ihren Tabakkonsum unverändert fortsetze und aufgrund der Wechselwirkung der Wirkstoffe des Präparats mit dem aufgenommenen Nikotin einen Schlaganfall erlitt.[755] Die aufgrund des Fehlverhaltens wiederum veranlassten Behandlungen wären nur insoweit nicht allein Leistung der gesetzlichen Krankenversicherung, wie die §§ 61 ff. SGB I Konsequenzen für die fehlenden Mitwirkung vorsehen.

Das Inanspruchnahmevolumen an Gesundheitsleistungen beistimmt sich schließlich aufgrund der tendenziellen Vollversicherung in der gesetzlichen Krankenversicherung nach der „individuellen Sättigungsmenge" und der Mitwirkungsbereitschaft des Versicherten, da dieser die Behandlungsmaßnahmen weit überwiegend zum sogenannten „Nulltarif", also ohne das Erfordernis einer eigenen, zusätzlichen Beteiligung oder der Aufwendung von sogenannten „Grenzkosten", in

[749] Vgl. *Rothgang/Dräther* ZSR 2003, 542; vgl. *Berlemann/Karmann* ZWS 1998, 577.
[750] Vgl. *Berlemann/Karmann* ZWS 1998, 577.
[751] Vgl. *Wasem/Greß* SDSRV 2003, 116.
[752] Siehe zu dem subjektiven Krankheitskonzept die Darstellung bei *Salewski*, Krankheitskonzepte, subjektive, in Dorsch Lexikon der Psychologie, Stand 19.11.2021, abrufbar unter https://dorsch.hogrefe.com/stichwort/krankheitskonzepte-subjektive, zuletzt am 01.04.2023; siehe auch bei *Hausteiner-Wiehle/Henningsen* Der Nervenarzt 2020, 854 ff.
[753] Vgl. *Hänlein* ZVersWiss 2002, 590.
[754] Vgl. *Berlemann/Karmann* ZWS 1998, 579.
[755] BGH, Urteil v. 15.03.2005 – VI ZR 289/03 = NJW 2005, 1716.

Anspruch nehmen kann.[756] Auch ein solches Verhalten stellt sich für den Versicherten als rational dar.

Durch das aufgrund der beiden Formen des „Moral-Hazard" gestiegene Inanspruchnahmevolumen sowohl in qualitativer als auch in quantitativer Hinsicht steigt die Gesamtbelastung der Solidargemeinschaft, die über die sie treffende Beitragslast die Finanzierung der Nachfrage nach Gesundheitsleistungen im Rahmen des Leistungskataloges gewährleistet. Größere und extensivere Nachfrage hat so also über kurz oder lang entweder eine höhere Beitragslast oder aber eine Beschneidung des Leistungskataloges zur Folge, soll das Solidarsystem funktional und finanziell stabil gehalten werden. So führt ein auf das einzelne Versichertenindividuum zurückführbares subjektives Verhalten in Summe zu einer Schädigung des Kollektivs der Versichertengemeinschaft.[757] Neben der unbeabsichtigten Förderung eines in Konsequenz zur Vollversicherung rational zu bewertenden Versichertenverhaltens, vermindern zum einen die bloße Existenz der Sozialversicherung wie auch das sich daraus ergebende Problem des „Moral-Hazard" den Anreiz, privat Vorsorge zu treffen.[758]

### c. Risikoberücksichtigung im engeren Sinn

Unbeantwortet geblieben ist bisher wie die Beziehung der Eigenverantwortung zu dem versicherten Risiko der gesetzlichen Krankenversicherung zu bewerten und einzuordnen ist. An dieser Stelle soll daher die Risikoberücksichtigung in den Fokus des Interesses gerückt werden.

Als Ausdruck einer objektiven Risikoabgrenzung findet sich mit § 52 Abs. 1 Alt. 2 SGB V ein Tatbestand im SGB V, der den Krankenkassen bezüglich des Umfangs ihrer Leistungspflicht für den Fall Ermessen einräumt, dass sich der Versicherungsfall im Rahmen der Begehung eines Verbrechens oder vorsätzlichen Vergehens des Versicherten realisiert hat. Angeknüpft wird dabei an den objektiven Umstand der Verwirklichung des strafrechtlichen Sanktionstatbestandes.[759] Auf einen Vorsatz des Versicherten betreffend die Auslösung des Versicherungsfalls kommt es nicht an. Die Straftat als Verstoß gegen die Rechtsordnung sowie die in ihr angelegte Gefahrerhöhung, nicht aber das eigentliche, unmittelbar auf den Gesundheitszustand Einfluss nehmende Verhalten des Versicherten, sind hier Erfordernis des Versagungstatbestandes.

Anders liegt dies für den Fall des unmittelbar auf den Versicherungsfall bezogenen vorsätzlichen Versichertenverhaltens. Soweit der Versicherte dafür Sorge zu tragen hat, den Eintritt von Krankheit und Behinderung durch eine gesundheitsbewusste Lebensführung zu vermeiden, handelt es sich bei Krankheit und

---

[756] *Berlemann/Karmann* ZWS 1998, 577, 579; vgl. auch *Marckmann* Ethik Med 2010, 214.
[757] Vgl. *Berlemann/Karmann* ZWS 1998, 578.
[758] Vgl. *Berlemann/Karmann* ZWS 1998, 578.
[759] Insoweit ordnet *Voelzke* diesen und vergleichbare Tatbestände der „objektiven Risikoabgrenzung" zu, vgl. *Voelzke*, Die Herbeiführung des Versicherungsfalls in der Sozialversicherung, S. 68 ff. sowie 168 ff.

Behinderung der Auffassung des Gesetzgebers nach anscheinend nicht nur um Schicksal, sondern um einen beeinflussbaren und daher vermeidbaren Zustand des gesundheitlichen Status.[760] Gesundheitlicher Verantwortungsgegenstand wäre daher nicht bloß die eigene Gesundheit als solche, sondern ein positives Einwirken auf diese, die Vermeidung von Risiken sowie die Teilnahme an Vorsorge- und Früherkennungsmaßnahmen und all das geknüpft an einen vagen Begriff der „Beinflussbarkeit".[761] Wer dem zuwiderhandelt, folglich nicht gesundheitsbewusst lebt, der würde seiner Eigenverantwortung in diesem Sinne nicht gerecht und verhalte sich solidarwidrig.[762] Eigenverantwortung tritt in Zusammenhang mit ihrer Berücksichtigung daher in eine Beziehung zur Frage nach einem Selbstverschulden des Versicherten.

Erinnert werden kann hier an die Unterscheidung einer prospektiven und retrospektiven Dimension von Eigenverantwortung. Beide richten sich in ihrem Kern an die Einflusssphäre des Versicherten. Dies bedeutet gleichzeitig, dass eine objektive, also nicht an der Einflusssphäre der Person orientierte Risikoberücksichtigung, separat zu betrachten wäre. Im Grundsatz handelt es sich dabei um die Frage nach der Zuständigkeitszuweisung von Risiko- und Lastentragung. Sie ist untergliedert in die Frage danach, inwieweit der Einzelne Risiken und Lasten tragen soll und, werden ihm Risiken und Lasten abgenommen, wem sie auferlegt werden sollen.[763] Verantwortung, auch im Sinne der Eigenverantwortung, setzt schon dem allgemeinen Sprachgebrauch nach voraus, dass die Person in gewissem Grade zuständig ist für die Handlung oder den Zustand, damit die daraus resultierenden Folgen ihr angelastet werden können.[764] Wie sich daher die in die Sphäre der Eigenverantwortung fallenden Risiken in ihrer Berücksichtigung darstellen, soll nachgehend anhand einer vorgenommenen Unterteilung in objektive und subjektive Risikoberücksichtigung betrachtet werden.

#### aa. Objektive Risikoberücksichtigung

Die Risikoberücksichtigung kann, aufbauend auf den vorherigen Erkenntnissen zu den Effekten des „Moral-Hazard", in einem ersten Schritt als eine direkte Interdependenz von Risikoanlage des Versicherten und des durch diesen zu tragenden Beitrag erörtert werden. Angesprochen ist das aus dem Feld der Privatversicherungen bekannte Konzept von risikoabhängigen Versicherungsprämien, also

---

760 Vgl. *Borchert*, Die Rolle der Patienten und Versicherten im neustrukturierten GKV-System, S. 135; siehe auch *Oldiges* DOK 1991, 537 f.

761 So das Verständnis bei *Langanke/Fischer/Erdmann/Brothers* Ethik Med 2013, 246.

762 Vgl. *Borchert*, Die Rolle der Patienten und Versicherten im neustrukturierten GKV-System, S. 135; vgl. *Geschwinder* ZfS 1981, 103.

763 Vgl. die Darstellung bei *Schulin*, Empfiehlt es sich, die Zuweisung von Risiken und Lasten im Sozialrecht neu zu ordnen? – Gutachten E, S. E 20 f., sowie zusammenfassende seine These, S. E 144.

764 Vgl. *Eberbach* MedR 2014, 459; vgl. *Münnich* VSSR 1981, 198.

einer beitragsinduzierten Kostenbeteiligung auf Grundlage des durchschnittlichen versicherteneigenen Risikos.[765]

Je nach Risikoklassifikation des Versicherten, würde entweder einmalig zu Beginn der Versichertenstellung oder in regelmäßigen Abständen über die gesamte Dauer des Versicherungsverhältnisses, der Beitrag entsprechend angepasst werden. Bezogen auf eine Versicherung gegen das Risiko der Krankheit wäre damit zwischen einer Berücksichtigung von gesundheitsrelevanten Faktoren vor beziehungsweise bei Eintritt in das Versicherungsverhältnis sowie nach diesem Zeitpunkt zu unterscheiden. Dabei würden höhere und schlechtere – weil kostenintensivere – Risiken zu einer Beitragserhöhung und geringere und in dieser Folge gute Risiken zu einer Beitragssenkung führen. Eine sich dann während des Bestehens des Versicherungsverhältnisses einstellende Erhöhung des Beitrages bei im Regelfall gleichbleibendem Leistungsumfang, entspräche so einer Gefahrerhöhung im versicherten Risiko. Angelegt würde daher ein objektiver, da vom Versichertenverhalten unabhängiger Risikobegriff.[766]

Im Ergebnis wäre, in Anlehnung an private Kranken- oder Lebensversicherungsverhältnisse, von einer zu forcierenden Risikoreziprozität über den gesamten Versicherungszeitraum zu sprechen.[767] In der privaten Krankenversicherung werden die Gesundheitsrisiken individuell kalkuliert und bestimmen die individuellen Versicherungsprämien.[768] Bezogen auf ein die Risikoanlage erhöhendes Versichertenverhalten würde sich der Konnex zwischen Verhalten als Ursache der Gesundheitskosten und der in diesem Sinne finanziellen Sanktion über einen erhöhten Beitrag oder reduzierten Leistungsumfang dann mittelbar äußern.

Allerdings wurde durch das Bundessozialgericht für die gesetzliche Krankenversicherung bereits festgestellt, dass Beitragsabstufungen nach dem jeweils versicherten Risiko unzulässig sind.[769] Eine unterschiedliche Beitragsbelastung der einzelnen Versicherten kann sich de lege lata allein aus der Anwendung des allgemeinen Beitragssatzes auf die Bemessungsgröße der Beiträge – das beitragsrelevante Einkommen – ergeben. Insoweit spricht das Bundessozialgericht von einem Grundsatz der gesetzlichen Krankenversicherung.[770] Das Beitragsrecht sei demnach in den §§ 241 ff. SGB V abschließend geregelt. Finanziell basiert das System der gesetzlichen Krankenversicherung entsprechend §§ 1 und 3 SGB V auf einer solidarischen Finanzierung, das heißt auf einer vom individuellen Krankheitsrisiko und dem individuellen Gesundheitsstatus losgelösten Beitragsleistung der beitragspflichtigen Mitglieder. Die Aspekte der sozialen

---

765 Vgl. *Zweifel*, Ein Plädoyer für risikogerechte Prämien in der Gesetzlichen Krankenversicherung, S. 20; vgl. *Gassner* ZRP 2022, 3.

766 Vgl. *Hänlein* ZVersWiss 2002, 596; ähnlich auch *Mahr* ZVersWiss 1977, 224, zur im Versicherungsrecht üblichen Einteilung in objektive und subjektive Risiken.

767 Vgl. *Jochem* Sozialer Fortschritt 2018, 33; vgl. im Übrigen auch die Ausführungen bei *Brömmelmeyer* r+s 2017, 226 ff.

768 Vgl. *Büscher*, Leistungsbeschränkung in der Gesetzlichen Krankenversicherung, S. 528.

769 BSG, Urteil v. 15.05.1984 – 12 RK 59/81 = SozR 2200 § 385 Nr. 8, Rn. 14.

770 BSG, Urteil v. 15.05.1984 – 12 RK 59/81 = SozR 2200 § 385 Nr. 8, Rn. 15.

Gerechtigkeit und des sozialen Ausgleichs überwiegen und fungieren als Grenze des Modellierbaren.[771] Die gesetzliche Krankenversicherung lässt damit die konkrete Lebenssituation, den Gesundheitsstatus und selbst die Fähigkeit zur Beitragserbringung in gewissen Grenzen für den sozialen Schutz irrelevant werden.[772] Jeder Versicherte hat allein durch seinen Versichertenstatus denselben Anspruch auf Versicherungsleistungen. In der gesetzlichen Krankenversicherung findet demnach keine objektive Risikoberücksichtigung statt.

**bb. Subjektive Risikoberücksichtigung**

Risikoberücksichtigung im engeren Sinne kann nach wohl überwiegender Auffassung dahingehend verstanden werden, dass ein gesundheitsgefährdender Lebensstil, die Ausübung von Risikosportarten oder sonstige die Gesundheit gefährdende oder das Krankheitsrisiko erhöhende Verhaltensweisen unmittelbar Berücksichtigung in der Beitragsbemessung oder Leistungsgewährung finden sollen.[773]

Klassischerweise erfolgen Auseinandersetzungen in der Literatur anhand einer anfänglichen Aufzählung bestimmter gesundheitsrelevanter Faktoren, die in der Einflusssphäre der Versicherten liegen und anhand derer eine Form von Verschulden zu bemessen sei.[774] Insbesondere erfolgt unter Bezugnahme auf die appellativen Normen des Sozialversicherungsrechts wie § 1 SGB V oder § 6 SGB XI der Anstoß, ein bestimmtes Versichertenverhalten, dass gegen diese Appellnormen verstößt, zu sanktionieren.[775] Das entsprechende Versichertenverhalten wird als zum Versicherungszweck nicht geboten oder zumindest unüblich, jedenfalls als fernliegend, dabei aber als unvernünftig und in hohem Maße sorglos bewertet. Gemeint ist – zur besseren Darstellbarkeit angelehnt an eine durch die Rechtsprechung in der Unfallversicherung geschaffene Figur zur Kausalitätsprüfung – die Realisierung einer „selbstgeschaffenen Gefahr".[776]

---

[771] Vgl. etwa Eichenhofer/v. Koppenfels-Spies/Wenner/SGB V/*Axer*, § 1 Rn. 9; demgegenüber kritisch *Zweifel*, Ein Plädoyer für risikogerechte Prämien in der Gesetzlichen Krankenversicherung, S. 20. *Zweifel* kritisiert, dass der Antrieb des sozialen Ausgleichs, den es über die gesetzliche Krankenversicherung auf mehreren Ebenen zu verwirklichen gelte, gerade nicht automatisch nach einer Prämienregulierung in Form einer Einheitsprämie verlange.

[772] Vgl. *Rixen*, Eigenverantwortung im Gesundheitssozialrecht – Zwischen gesundheitspolitischer Forderung und positivrechtlicher Umsetzung, S. 345.

[773] Siehe etwa *Huster* ZEFQ 2012, 197; vgl. *Straub* Bundesgesundheitsbl 2006, 78; vgl. *Schwede* NZS 1996, 563; vgl. *Oldiges* DOK 1991, 537 f.; siehe die Ausführungen bei *Merten* VSSR 1983, 146 bis 152; frühes Beispiel für die Artikulation der Selbstverantwortung über eine „Modifikation der Leistungen oder durch selbständig sanktionierte Pflichten", *Zacher* VSSR 1973, 110.

[774] So etwa bei *Eichenhofer* VSSR 2004, 100, der eine umfassende Aufzählung im Kontext der Klärung der Bedeutung von „Verschulden" in den Zweigen des Sozialrechts liefert; vgl. auch *Marckmann* Ethik Med 2010, 216 f.

[775] Vgl. *Trenk-Hinterberger*, Eigenverantwortung in der sozialen Pflegeversicherung, S. 1167 f.; in dem Fall von § 1 SGB V von einer Verpflichtung der Versicherten zur Sorge um die Gesundheit sprechend, *Marckmann* Ethik Med 2010, 215.

[776] Diesen Begriff verwendend *Bühler* WzS 1992, 321 ff.; vgl. auch *Ecker*, Das schadensstiftende Verschulden gegen sich selbst und die soziale Sicherung, S. 59, der zudem auf die argumentative Nähe zur groben Fahrlässigkeit hinweist; siehe zur Begriffsbedeutung im Recht der

Eigenverantwortung würde demzufolge kausal verstanden werden und gleichzeitig eine Form der Haftung für eigenes gesundheitliches Fehlverhalten bedeuten. Die Berücksichtigung von bestimmten Risikogruppen – wie Rauchern, Alkoholkranken oder krankhaft Übergewichtigen – sowie der Kausalität ihres Verhaltens für den Versicherungsfall fungierten dann als „Einbruchstellen" in das ansonsten solidarische Sozialversicherungssystem.[777] Aufgrund der Abhängigkeit vom Versichertenverhalten wäre der anzulegende Maßstab also ein subjektiver Risikobegriff.[778] So wird häufig im Falle der Abhängigkeit eines normierten Leistungsausschlusses von der Bewertung eines Versichertenverhaltens von einem subjektivem Risikoausschluss gesprochen.[779]

### aaa. Verschuldenshaftung im Sozialversicherungsrecht

Wird die Frage nach einer auf dem Verschuldungsprinzip aufbauenden subjektiven Risikoberücksichtigung gestellt, gilt es zunächst den Begriff des Verschuldens zu umreißen. Dieser hat im Prinzip zwei Wirkungsrichtungen. Zum einen dient Verschulden dazu, im Rahmen von Zurechnungsfragen eine Zurechnung zu begrenzen, zum anderen dazu, die erfolgte Zurechnung zu rechtfertigen.[780] Grundsätzlich sind dem Sozialrecht, anders als etwa dem Straf- oder Zivilrecht, die Figuren des Verschuldens und des Mitverschuldens fremd.[781]

So hat der Bundesgerichtshof bezüglich des Zusammenhanges zwischen Verschulden und Freiheit des Willens ausgeführt: „Strafe setzt Schuld voraus. Schuld ist Vorwerfbarkeit. Mit dem Unwerturteil der Schuld wird dem Täter vorgeworfen, daß er sich nicht rechtmäßig verhalten, daß er sich für das Unrecht entschieden hat, obwohl er sich rechtmäßig verhalten, sich für das Recht hätte entscheiden können. Der innere Grund des Schuldvorwurfes liegt darin, daß der Mensch auf freie, verantwortliche, sittliche Selbstbestimmung angelegt und deshalb befähigt ist, sich für das Recht und gegen das Unrecht zu entscheiden, sein Verhalten nach den Normen des rechtlichen Sollens einzurichten und das rechtlich Verbotene zu vermeiden [...]".[782]

---

Unfallversicherung *Hänlein* ZVersWiss 2002, 586 f.; siehe auch die Darstellung bei *Köhler* VSSR 2017, 122 ff.; siehe explizierend BSG, Urteil v. 26.07.1977 – 8 RU 8/77 = SozR 2200 § 548 Nr. 35.

[777] Vgl. dazu *Mihm* NZS 1995, 8 f.; vgl. *Geschwinder* ZfS 1981, 104.

[778] Vgl. *Hänlein* ZVersWiss 2002, 597; vgl. *Mahr* ZversWiss 1977, 224.

[779] Vgl. *Hänlein* ZversWiss 2002, 595 ff. sowie 603; vgl. *Rolfs*, Das Versicherungsprinzip im Sozialversicherungsrecht, S. 347 ff.; vgl. *Voelzke*, Die Herbeiführung des Versicherungsfalls im Sozialversicherungsrecht, S. 70.

[780] Vgl. *Zacher* ZfS 1983, 171.

[781] Vgl. sowohl zum Straf-, als auch zum Zivilrecht die ausführliche Darstellung bei *Laufs* MedR 2011, 3 bis 7; vgl. *Schnapp* VSSR 1995, 109; vgl. *Schnapp* DVBl 2004, 1056; vgl. *Schnapp* G+S 2006, 53; vgl. *Hänlein* SGb 2003, 303; vgl. *Bühler* WzS 1992, 321; vgl. *Zacher* ZfS 1983, 172; vgl. den Untersuchungsgegenstand sowie die tiefergehende Feststellung bei *Faude*, Selbstverantwortung und Solidarverantwortung im Sozialrecht, S. 489 ff.; zum Privatversicherungsrecht vgl. *Wannagat* ZfS 1970, 34 ff.

[782] BGH, Beschluss v. 18.03.1952 – GSSt 2/51 = LMRR 1952, 8.

Das Straf- und Zivilrecht baut damit auf einem Handlungsbegriff auf, der durch Tun oder Unterlassen klar umrissen ist, knüpft an die Rechtswidrigkeit der Handlung an und rechnet über die Fragen nach Schuld oder Fahrlässigkeit den Erfolg zu. Gleichzeitig korrespondiert Verschulden mit der Vorstellung des in eigener Verantwortung handelnden Manschens, ja gründet sich der Verschuldensvorwurf überhaupt erst auf dieser Annahme.[783] Dies wiederum ist geknüpft an einen freien Willen und an die Möglichkeit der Wahl zwischen Handlungsalternativen.

Diese Grundsätze des Straf- und Zivilrechts besitzen im Sozialrecht keine unmittelbare Geltung. Wird auf Grundlage ebendieses eine Schädigung oder ein Nachteil übernommen und ausgeglichen, so ist es gleich, ob ein Verschulden vorliegt oder nicht. Im Recht der gesetzlichen Unfallversicherung schließt somit auch ein verbotswidriges Handeln gemäß § 7 Abs. 2 SGB VII den Versicherungsfall und damit folglich auch die Einstandspflicht der Unfallversicherung nicht aus. Im Bereich des sozialen Entschädigungsrechts werden Staat und Gemeinschaft sogar explizit aus dem Grund des Ursprungs der Gefährdung gegenüber dem Individuum verpflichtet, der die Eigenverantwortung und Selbsthilfe des Einzelnen ausscheiden lässt.[784]

Nur vereinzelt bestehen Vorschriften, die, entweder aufgrund eines Begehens einer vorsätzlichen Straftat oder aber eines selbstverschuldeten Eintritts des Versicherungsfalls, Leistungskürzungen oder -ausschlüsse vorsehen.[785] Diese wirken zum einen als eine Art Nebenstrafrecht, das in Ergänzung zum Strafgesetz den Zweck verfolgt, Kriminalunrecht zu sanktionieren.[786] Strafrechtswidriges Verhalten ist somit a priori solidaritätswidrig.[787] Zum anderen soll insbesondere über Sanktionsnormen in der Sozialversicherung ein absichtliches oder vorsätzliches Herbeiführen des Versicherungsfalls als unsolidarisch bewertet und im Gegenzug ein versichertes von einem nichtversicherten Risiko abgegrenzt werden. Solche Normen finden sich etwa in §§ 52 SGB V, 103 ff. SGB VI oder 101 SGB VII. Solidarität lebt schließlich von Wechselseitigkeit, von Reziprozität. Es besteht damit ein Sinnzusammenhang zwischen dem Solidaritäts- und dem Verschuldensprinzip im Sozialrecht. So schuldet auch der Geschützte ein gewisses Maß an Solidarität.[788]

Es hat sich daher im Sozialversicherungsrecht statt einer reinen Verschuldungshaftung ein partielles System der Gefährdungs- beziehungsweise der Verursachungshaftung auf einen eng begrenzten Bereich spezifischer „unsolidarischer“ Verhaltensweisen entwickelt.[789] Sie zeigen auf, ab welchem Grad eines

---

[783] Vgl. *Faude*, Selbstverantwortung und Solidarverantwortung im Sozialrecht, S. 93.
[784] Vgl. *Kunze* Sozialer Fortschritt 1955, 89.
[785] Vgl. *Wannagat* ZfS 1970, 66 f.; vgl. auch *Felix* NZS 2002, 226.
[786] *Wannagat* ZfS 1970, 66.
[787] *Faude*, Selbstverantwortung und Solidarverantwortung im Sozialrecht, S. 490.
[788] Vgl. *Zacher* ZfS 1983, 174; vgl. *Faude*, Selbstverantwortung und Solidarverantwortung im Sozialrecht, S. 39.
[789] Vgl. *Wannagat* ZfS 1970, 65; vgl. *Faude*, Selbstverantwortung und Solidarverantwortung im Sozialrecht, S. 490 f.

Fehlverhaltens „Unsolidarität" gegeben ist und wann diese zu einem Leistungsausschluss führt.[790] Das diesbezügliche Verschulden dient dazu, das versicherte vom nicht mehr versicherten Risiko zu unterscheiden, indem es dasjenige Risiko, welches in der Solidarverantwortung liegt, normativ von vornherein auf bestimmte und insoweit typisierte Risikozusammenhänge beschränkt.[791]

Da die unterschiedlichen sozialen Leistungssysteme auf unterschiedlichen Prinzipien gründen, sind es dessen systemspezifischen Prinzipien, von denen ausgehend die Frage zu beantworten ist, ob ein bestimmtes Versichertenverhalten Berücksichtigung finden soll.[792] So ist wie dargestellt[793] nach weit geteilter Auffassung insbesondere das System der gesetzlichen Krankenversicherung ein finales und gerade kein kausales System. Es gilt kein allgemeiner Grundsatz, nach welchem eine schuldhafte Verursachung des Versicherungsfalls der Krankheit leistungsrechtliche Konsequenzen hätte.[794] Die Ursache für den Versicherungsfall und damit auch das Rechtsinstitut der „selbstgeschaffenen Gefahr" spielen daher grundsätzlich für die Leistungsgewährung in der gesetzlichen Krankenversicherung keine Rolle.[795] Diese Wertung spiegelt sich etwa auch in der Auslegung des § 1 S. 3 SGB V wieder, die einheitlich dahingehend erfolgt, dass aus diesem weder konkrete Handlungspflichten der Versicherten, noch eine Rechtsgrundlage zur Sanktionierung gesundheitsschädlichen Verhaltens zu Gunsten der Krankenkassen abgeleitet werden können.[796] Gerechtfertigt wird die Nichtberücksichtigung des Verschuldens der Literatur zufolge in zweierlei Weise. Zum einen sei das Sozialversicherungsrecht grundsätzlich als „schuld*unabhängiges* Haftungssystem" konzipiert, weshalb eine Konzeption des Mitverschuldens systemwidrig wäre; und zum anderen hätten sich die Versicherten über die Beiträge – ähnlich einem Anwartschaftsrecht – die Leistungen vorab bereits „verdient".[797]

Allerdings besteht aufgrund des Problems, dass die Voraussetzungen für einen Leistungsanspruch ohne weiteres durch ein mitunter sogar gewolltes Versichertenverhalten ausgelöst werden können, eine thematische Nähe zu Eigenverantwortung und Verschuldensberücksichtigung.[798] So wird der Begriff des Eigenverschuldens zuweilen in einen Sinnzusammenhang mit der Eigenverantwortung der Versicherten und daraus resultierenden Anspruchsbegrenzungen gebracht.[799] Angesprochen ist damit der „Moral-Hazard" insbesondere in seiner Ausformung der missbrauchenden Inanspruchnahme von Versicherungsleistungen.

---

[790] Vgl. *Zacher* ZfS 1983, 174.
[791] *Faude*, Selbstverantwortung und Solidarverantwortung im Sozialrecht, S. 478.
[792] Vgl. *Zacher* ZfS 1983, 175.
[793] Siehe dazu oben unter B. II. 3.
[794] *Prehn* NZS 2010, 263; vgl. *Mihm* NZS 1995, 8.
[795] Vgl. *Bühler* WzS 1992, 322 sowie insbesondere 326. Diese Feststellung – bezogen auf die „selbstgeschaffenen Gefahr" – gilt so in den allermeisten sozialen Sicherungssystemen; siehe auch bei *Prehn* NZS 2010, 263.
[796] Vgl. Krauskopf/*Vossen* SGB V § 1 Rn. 4.
[797] *Schnapp* VSSR 1995, 109; vgl. auch *Mihm* NZS 1995, 8.
[798] Vgl. *Zacher* ZfS 1983, 171.
[799] Vgl. *Dietrich* zfme 2001, 371 ff.

### bbb. Eigenverantwortung als Fortschreibung des Subsidiaritätsgrundsatzes

Der Bereich der Eigenverantwortung ist nicht bloß Folge einer gezogenen Solidaritätsgrenze. Vielmehr ermöglicht dieser, sobald auf Grundlage kausaler Erwägungen die Bewältigungslast dem Individuum übertragen wird, auch eine normative Bestimmung dieser Grenze.[800] Gemeint ist damit ein Verantwortungsbereich, auf dessen Verletzung mit einer Zuständigkeitszuschreibung reagiert werden kann.[801]

Dahinter steht folgender Gedanke: Die Annahme, dass jemand ungerecht gegenüber anderen behandelt wird, wenn er, nachdem er sich auf freiwilliger Basis dazu entschieden hat, ein bestimmtes Risiko für sich und seine Gesundheit einzugehen, für die aus der Realisierung des Risikos resultierenden Folgekosten in Anspruch genommen wird, drängt sich keinesfalls auf.[802] Schließlich trifft ihn die Risikoverwirklichung gerade nicht „unverschuldet“. Vielmehr scheint es doch für die Solidargemeinschaft, die ansonsten einstandsverpflichtet wäre, unverhältnismäßig zu sein, für ebensolche Risikorealisierungen, die einzig und allein auf einer individuell und frei getroffenen Verhaltensentscheidung beruhen, es sich mitnichten also um einen Schicksalsschlag und um die Entlastung vom Zufälligen, sondern um vom Versicherten gesteuertes Verhalten handelt, die finanzielle Verantwortung zu tragen.[803]

Nach *Dworkin* kann die Zuweisung von Verantwortung sowie die daraus folgende Bewältigungszuständigkeit anhand der Unterscheidung in „option luck“ oder „brute luck“ vorgenommen werden.[804] Ist die Risikorealisierung kausal auf eine individuelle und bewusste Entscheidung unter Abwägung von Risiko und Gewinnchance zurückzuführen – es handelt sich also um „option luck“– so fällt diese in die individuelle Verantwortungssphäre.[805] Handelt es sich hingegen um ein unbeeinflussbares, schicksalhaftes (Natur-)Ereignis – in dem Fall also „brute luck“ – so fällt die Risikorealisierung in die Verantwortungssphäre der zu diesem Zwecke konstituierten Solidargemeinschaft. Anhand der Frage nach der Kausalität, die zu einem gewissen Grad mit der Frage des Verschuldens zusammenfällt,

---

[800] Vgl. *Huster* ZEFQ 2012, 197; tatsächlich einen ähnlichen Ansatz unter der Bezeichnung der „normativen Standardsetzung“ verfolgend *Höfling* ZEFQ 2009, 290 ff.

[801] Vgl. *Höfling* ZEFQ 2009, 290.

[802] Vgl. dazu *Huster*, Selbstbestimmung, Gerechtigkeit und Gesundheit, S. 17; vgl. *Gassner* ZRP 2022, 3; vgl. *Marckmann* Ethik Med 2010, 215; vgl. *Buyx* Ethik Med 2005, 272; vgl. *Patzig* Ethik Med 1989, 8 f.; vgl. *Geschwinder* ZfS 1981, 104 f. Im Übrigen ist dies gerade die Grundannahme, die hinter der Rechtfertigung von Verschuldenstatbeständen steht, vgl. dazu *Faude*, Selbstverantwortung und Solidarverantwortung im Sozialrecht, S. 94 f.

[803] Vgl. beispielsweise *Huster*, Selbstbestimmung, Gerechtigkeit und Gesundheit, S. 18; *Huster* Ethik Med 2010, 293, sowie *Huster* ZEFQ 2012, 197; ebenso auch *Dietrich* zfme 2001, 373; vgl. *Patzig* Ethik Med 1989, 9; vgl. zudem *Buyx* Ethik Med 2005, 272; siehe auch *Zacher* ZfS 1983, 174; vgl. *Geschwinder* ZfS 1981, 104 f.

[804] Vgl. *Dietrich* zfme 2001, 373; vgl. *Huster* ZEFQ 2012, 197; vgl. *Höfling* ZEFQ 2009, 289; die Theorie von *Dworkin* wird auch bezeichnet als „Glücksegalitarismus“, vgl. *Buyx* Ethik Med 2005, 270.

[805] Vgl. dazu und zum Nachfolgenden *Dietrich* zfme 2001, 373.

findet eine Abgrenzung der Bewältigungszuständigkeit und somit auch die Bestimmung des Vorliegens von Eigenverantwortung in einem so verstandenen Sinn statt.

Wird dieser Unterscheidung gefolgt, so lässt sich durchaus der Standpunkt vertreten, dass die staatliche Verpflichtung zur Schaffung gleicher sozialer Chancen nicht auch auf die Einstandspflicht für autonome Entscheidungen, die Ausdruck der individuellen Freiheit eines jeden Einzelnen sind, zielt. Eine freiwillige und eigenständige Entscheidung für ein bestimmtes, die Gesundheit betreffendes Verhalten, gebietet normativ betrachtet keine kollektive Verantwortung und somit auch keine kollektive Einstandspflicht.[806] Freiheit der Entscheidung bedeutet auch Bewusstsein über Konsequenzen und damit auch die freiheitliche Grundannahmen der Selbstverantwortung für tatsächliche wie finanzielle Folgen. „Chancen haben und gebrauchen ist Schicksal und Verantwortung des [E]inzelnen. Die Zurechnung an einen anderen ist die Ausnahme.“[807] Diese Annahme der Eigenverantwortlichkeit sei dem freiheitlichen Verfassungsstaat schließlich als „prägendes Merkmal“ inhärent.[808] Die Aufgabe der Vorsorge für die eigene soziale Sicherheit ist ursprünglich Aufgabe des Einzelnen selbst.[809] Dies wird so auch über den geltenden Subsidiaritätscharakter der sozialen Sicherung transportiert. De facto ist also zunächst der Versicherte an der Reihe, die Vor- und Nachteile seiner individuellen, auf Basis einer geschaffenen Gleichheit erfolgten Entscheidung auszugleichen. Schließlich ist er der Risikonächste. Es gilt der Grundsatz Eigenvorsorge vor Fremdvorsorge.[810]

Der Anknüpfungspunkt der autonomen Entscheidung und die Legitimationswirkung, die aus diesem gezogen wird, lassen statistische und schichtenspezifische Kausalitäten außer Acht. Im Fokus liegen das Individuum und seine Entscheidung, keine Zugehörigkeit zu einer bestimmten Risikogruppe. Ein solcher Ansatz erscheint insoweit zunächst gerecht, betreibt er doch keine Schuldzuweisung an diejenigen, die sich der Situation nicht erwehren können, sondern verpflichtet all jene zum Einstand, die sich aus freien Stücken selbstgeschädigt oder selbstgefährdet haben und sich daher bewusst außerhalb des versicherten Risikos und somit auch außerhalb der durch die Solidargemeinschaft gewährleisteten Chancengleichheit gestellt haben.[811] Anders formuliert soll derjenige, der ohne eine äquivalente Gegenleistung erbringen zu müssen, eine Leistung begehren, Solidarität

---

806 Vgl. *Huster* JZ 2008, 865.

807 *Zacher* ZfS 1983, 172.

808 Vgl. *Huster* JZ 2008, 865; *Münnich* spricht insoweit von einer „sozialpolitischen Norm“, vgl. *Münnich* VSSR 1981, 197.

809 So *Kunze* Sozialer Fortschritt 1955, 88; vgl. *Münnich* VSSR 1981, 197 f.

810 Vgl. *Butzer*, Fremdlasten in der Sozialversicherung, S. 494; vgl. *Merten* NZS 1996, 596; siehe *Süß*, Die Eigenverantwortung gesetzlich Krankenversicherter unter besonderer Berücksichtigung der Risiken wunscherfüllender Medizin, S. 136, die eine Gleichstellung dieses Grundsatzes mit Eigenverantwortung vor Fremdverantwortung vollzieht.

811 Vgl. die Fragestellung zur „Dissolidarisierung“ bei *Zacher* ZfS 1983, 175; siehe zum Aspekt der „Fairneß“ bei *Patzig* Ethik Med 1989, 8; siehe im Übrigen auch *Oldiges* DOK 1991, 537.

und Fürsorge beanspruchen kann, sich seinerseits zuvor korrekt verhalten haben. „Keine Wohltat ohne Wohlverhalten".[812]

Dieses Argument hat der Gesetzgeber auch im Rahmen des Gesetzgebungsverfahrens zum GKV-Wettbewerbsstärkungsgesetz[813] verfolgt. Mit Blick auf das in die Diskussion gebrachte Feld der „wunscherfüllenden Medizin" sollten Behandlungslasten, die aus dem Entschluss des Versicherten derartige Maßnahmen durchführen zu lassen und sich damit einem gesundheitlichen Risiko auszusetzen resultieren, nicht mehr der Solidargemeinschaft angelastet werden, weshalb ihre Bewältigung in die Eigenverantwortungssphäre des Versicherten eingeordnet wurde.[814] Durch die Einführung des § 52 Abs. 2 SGB V hat der Gesetzgeber die finanzielle Beteiligung der Versicherten an den Behandlungskosten für den Fall vorgesehen, dass im Anschluss an eine der dort aufgeführten nicht medizinisch indizierten Maßnahmen ein Behandlungsbedarf entsteht.

Eine solche Konstruktion erinnert in ihrem Aufbau – angelehnt an den im Sozialversicherungsrecht geltenden Subsidiaritätsgrundsatz – an eine Art Selbsthilfeobliegenheit. Der Zusammenhang des im Subsidiaritätsgedanken angelegten Eigenverantwortungsbegriffs, der sich als die Erstzuständigkeit des Individuums begreifen lässt, lässt die Wertung zu, die Vorsorgelast bestimmter Risiken aus der Verantwortungssphäre der Solidargemeinschaft zu entnehmen und in die des Individuums in diesem Sinne zurückzuführen.[815]

#### ccc. Bezugspunkt der Risikonähe

Das Argument der Risikonähe zur Zuständigkeitszuweisung wird etwa in der gesetzlichen Unfallversicherung aufgegriffen, da dort die Arbeitgeber in der Finanzierungspflicht sind und zugleich mit Rücksicht auf die Gesundheit Dritter und so auch zu Gunsten einer Entlastung der Versichertengemeinschaft dazu angehalten werden, die durch sie geschaffenen Gefahrenquellen und Risikopotentiale zu minimieren.[816] In ganz ähnlicher Weise wird auch unter dem Begriff der „neuen Subsidiarität" danach gefragt, inwieweit die Zuständigkeit für Risiko- und Lastentragung von der sachlichen oder räumlichen Nähe zu dieser abhängig sein

---

[812] *Hänlein* ZVersWiss 2002, 602.
[813] BGBl. I 2007, S. 378.
[814] Vgl. *Wienke*, Eigenverantwortung des Patienten/Kunden, S. 170.
[815] Siehe dazu die Darstellung unter dem Begriff der Fremdlasten bei *Butzer*, Fremdlasten in der Sozialversicherung, S. 494.
[816] Vgl. unter Bezugnahme auf die historische Entwicklung der Unfallversicherung *Hänlein* ZVersWiss 2002, 599 f.; vgl. *Faude*, Selbstverantwortung und Solidarverantwortung im Sozialrecht, S. 38 f.

soll.[817] Selbsthilfe und Selbstaktivierung der Versicherten zur eigenständigen Lösung ihrer sozialen Problemstellung werden so in den Fokus gerückt.[818]

Auch im Sinne der Eigenverantwortung kann die Frage nach der Risikonähe herangezogen werden. Wird davon ausgegangen, dass der Versicherte in der Wahrnehmung seiner Eigenverantwortung vor allem sich selbst gegenüber verantwortlich ist, da nur er es ist, der bestimmte Gesundheitsfaktoren beeinflussen kann, selbst dann, wenn ideale soziale und ökonomische Faktoren gegeben sind, lässt sich damit die Heranziehung des Individuums zur Folgenbewältigung gleichfalls begründen.[819]

Auch dem Subsidiaritätsgrundsatz liegt diese Rangfolge aufgrund der sachlichen Nähebeziehung in gewissem Umfang zu Grunde.[820] Zunächst ist danach zu unterscheiden, ob es sich um individuell tragbare oder um solche Risiken handelt, die etwa aufgrund ihrer existentiellen Relevanz oder Intensität dem Individuum nicht angelastet werden können. Daneben muss für das entsprechende Risiko auch die Beinflussbarkeit von Seiten des Individuums aus eigener Kraft gegeben sein. Hinzu tritt der Aspekt der Nähe zum alltäglichen Bedarf des Individuums, also zu dem Bereich, der auch ohne den Fall der Krankheit anfällt, sodass eine Zuweisung in die Zuständigkeit des Individuums als vertretbar erscheint. Die Zuständigkeitsverhältnisse wären damit über die Möglichkeit zur Einflussnahme auf diesen spezifischen Kreis an Verhaltens- beziehungsweise Lebensweisen und Individualfaktoren des Bedarfs festgelegt. Die Risiko- und Lastentragung für diese würde anhand des Kriteriums der Risikonähe gemäß dem Nachrangcharakters der kollektiven und durch Umverteilung wirkenden Sozialversicherung entweder von Anfang an in die Zuständigkeitssphäre des Versicherten gelegt oder aber im Zuge einer Rückverlagerung aus dem Zuständigkeitsbereich des Leistungsträger entnommen und in diesem Sinne „wieder" dem Versicherten angelastet. Dieser wäre dementsprechend dann in der Pflicht gegenüber sich selbst, spezifische private Vorsorge zu treffen, sodass die Wirkung des Subsidiaritätsgedankens bereits im Vorfeld der Beziehung zum Leistungsträger ansetzt.

### d. Ergebnisbetrachtung

Aufgrund der sich aus der Verfassung ergebenden freiheitlichen pluralistischen Gesellschafts- und Staatsordnung bedarf es zur Rechtfertigung von Risikoberücksichtigung der Verantwortungsfähigkeit und -zuweisung. Orientiert am

---

[817] Vgl. zum Begriff der „neuen Subsidiarität" *Schulin*, Empfiehlt es sich, die Zuweisung von Risiken und Lasten im Sozialrecht neu zu ordnen? – Gutachten E, S. E 80 m.w.N., sowie E 82; Hinweis auch bei *Gabriel*, Subsidiarität als Grundbegriff des deutschen Sozialstaats und Gesundheitswesens, S. 86.

[818] Vgl. *Gabriel*, Subsidiarität als Grundbegriff des deutschen Sozialstaats und Gesundheitswesens, S. 86.

[819] Vgl. *H. Schmidt* ZEFQ 2012, 186. Zu nennen wären etwa die Ernährung, sowie der Konsum von Alkohol und Tabak, die in der Frage des „ob", als auch des Ausmaßes allein in Händen des Versicherten liegen.

[820] Vgl. dazu *Butzer*, Fremdlasten in der Sozialversicherung, S. 496.

Individuum und seinen autonom getroffenen Entscheidungen wird diesem in einem kausalen Sinn die Verantwortung für bestimmte Risikosituationen oder Gefahrerhöhungen zugesprochen und dieses damit als Verantwortlicher ausgewiesen.[821] Geschuldet der Komplexität der gesellschaftlichen Zusammenhänge und der damit einhergehenden Schwierigkeit von Identifizierung, Zurechnung und Sanktion, tritt in der Argumentationsstruktur die soziale Dimension der durch die in diesem Sinne solidarwidrigen Handlung verursachten Schädigung in den Mittelpunkt.[822]

Gleichzeitig wird dadurch in einer sozialpolitischen, moralischen Weise eine Verantwortungsgrenze gezogen, nämlich die zwischen einem individuellen und einem kollektiven Risiko, an deren Unterscheidung sich die Verantwortlichkeit, also die Zuständigkeit, dafür Sorge zu tragen, dass sich das Risiko nicht manifestiert, anschließt.

Eine objektive Risikoberücksichtigung, die an außerhalb der primären Einflusssphäre des Versicherten liegende Risikopotentiale – wie etwa die genetische Disposition – anknüpft, stellt sich unter dem Eindruck der Ziele der Sozialstaatlichkeit als nicht zu rechtfertigen dar, zumindest mit Blick auf die staatlicherseits begründeten und geschaffenen Sozialversicherungssysteme. Eine subjektive Risikoberücksichtigung, wie vielfach in unterschiedlicher Ausformung gefordert[823], mag sozialpolitisch und unter bestimmten gerechtigkeits- insbesondere chancengerechtigkeitstheoretischen Erwägungen ansprechend erscheinen, stößt sich allerdings an der Autonomie und der Selbstbestimmung der Versicherten.

Als wichtiger Aspekt kann jedoch für den Fortgang der Untersuchung die Beziehung zwischen Autonomie und Verantwortlichkeit, insbesondere im Konflikt mit solidarischen Interessen, hervorgehoben werden, der sich vordergründig an der Problemstellung des „Moral-Hazard“ darstellen lässt. Jenseits eines festgelegten Minimums an Solidarität stellt sich das Verhalten des Versicherten als in diesem Sinne unsolidarisch dar. Für eine Risikoberücksichtigung im engeren und hier verstandenen Sinn lässt sich damit festhalten, dass es sich bei dieser um eine subjektive Verantwortungszuweisung auf einer überindividuellen Ebene handelt, die die Zuständigkeit der Verhütung einer Risikomanifestation im hiesigen Fall der gesetzlichen Krankenversicherung dem Versicherten zuschreibt. Sie definiert damit, was im sozialversicherungsrechtlichen Sinn der Solidaritätswidrigkeit des Verhaltens entsprechen soll. Eine Aussage über die sich daraus konkret ergebenden Konsequenzen wird über den Begriff der Risikoberücksichtigung hingegen noch nicht getroffen.

---

[821] Vgl. auch *Quante* Ethik Med 2010, 182.

[822] Vgl. *Heidbrink*, Kritik der Verantwortung, S. 192.

[823] Vgl. nur *Müller* Bundesgesundheitsbl 2007, 1122.

## IV. Verhaltenserwartungen im Sozialversicherungsrecht

Das System der gesetzlichen Krankenversicherung ist final ausgerichtet. Daneben existieren auch keine unmittelbar Versichertenpflichten mit Blick auf die Gesundheit oder zur möglichst gesundheitsdienlichen und nicht gesundheitsschädlichen Lebensweise. Ausgehend von der nachgezeichneten Ober- und Untergrenze der Leistungsversorgung gemessen am versicherten Risiko könnten gleichwohl die von Seiten der Solidargemeinschaft an den einzelnen Versicherten gerichteten Erwartungen bei Enttäuschung zu unterschiedlichen Sanktionen führen und somit im Ergebnis einer Obliegenheit entsprechen.[824] Die Betrachtung der Aussagen der Appellnorm des § 1 SGB V legt es zumindest nahe, dass eine Verknüpfung zwischen Mitwirkung des Versicherten und dem Verhältnis von Eigenverantwortung und Solidarität besteht. Mitunter wird in § 1 S. 3 Hs. 2 SGB V ein deklaratorischer Hinweis auf die sozialrechtlichen Mitwirkungspflichten des SGB I ausgemacht, indem dort dem Versicherten gegenüber geäußert wird, dass er sich frühzeitig an gesundheitlichen Vorsorgemaßnahmen beteiligen und aktiv dazu beitragen soll, den Einritt von Krankheit und Behinderung zu vermeiden oder ihre Folgen zu überwinden.[825] Aufgrund fehlender normativer Anhaltspunkte, aber auch aufgrund einer nicht belegbaren Intention des Gesetzgebers für einen solch konkreten Verweis – der sich im Übrigen auch auf Sanktionstatbestände erstrecken würde –, kann dem allerdings nicht zugestimmt werden.

### 1. Sozialrechtliche Mitwirkungspflichten

Während die Mitwirkung der Beteiligten im Verwaltungsrecht je nach Art des Verwaltungshandelns zuweilen nur eine untergeordnete Rolle spielt[826], ist das Prinzip der Mitwirkungspflichtverletzung dem Sozialrecht nicht fremd. Zwar unterblieb eine Gegenüberstellung von sozialen Rechten mit sozialen Pflichten in der Kodifikation des Allgemeinen Teils des Sozialgesetzbuches.[827] Dennoch lassen sich als schwache Alternativen bestimmte Mitwirkungspflichten in den §§ 60 ff. SGB I ausmachen.[828] Ergänzt werden diese Pflichten um das – außer in der gesetzlichen Unfallversicherung – geltende Prinzip des Antragserfordernisses, also dem Grundsatz, dass Leistungen nur auf Antrag zur Verfügung gestellt werden.[829] Die Mitwirkungspflichten sind im Sozialrecht von besonderer Bedeutung.[830] In den §§ 60 ff. SGB I finden die Mitwirkungspflichten ihre normative Ausgestaltung als Ausdruck eines Mindestanforderungsniveaus, welches das Leistungssystem an den leistungsberechtigten Versicherten zur Gewährung der Leistungsgarantie im sozialverwaltungsrechtlichen Dauerschuldverhältnis

---

[824] Vgl. etwa *Eichenhofer* VSSR 2004, 104.
[825] So NK-GesundheitsR/*Berchtold* SGB V § 1 Rn. 9.
[826] Dazu *Rüfner* VSSR 1977, 347 f.
[827] Vgl. BT-Drucks. 7/868, S. 23.
[828] Vgl. *Hänlein* ZVersWiss 2002, 596.
[829] *Felix*, Verbraucherschutz in der Gesetzlichen Krankenversicherung, S. 45.
[830] Vgl. *Rüfner* VSSR 1977, 348.

stellt.[831] Den Ausgangspunkt bildet dabei häufig eine getroffene Werteentscheidung, dass die Folgen, die aus bestimmten Verhaltensweisen oder aber aus dem Unterlassen bestimmter Handlungen resultieren, nicht von der Solidargemeinschaft, sondern ausschließlich oder zumindest teilweise aus Gründen der Finanzierbarkeit und Funktionsfähigkeit des staatlichen Sozialleistungsgefüges vom Leistungsberechtigten getragen werden müssen.[832] Sie sollen vor Missbrauch schützen und sind Ausdruck des Solidaritätsgedankens.[833]

Die Mitwirkungsverpflichtungen beschreiben damit gesellschaftliche Verhaltenserwartungen, die das Recht dem leistungsberechtigten Versicherten in dessen und im Interesse des Leistungsträgers auferlegt, aber deren Einhaltung durch den Versicherten zugleich nicht von der Solidargemeinschaft eingefordert werden kann.[834] Einzig aufgrund der grundsätzlichen Möglichkeit der Leistungsträger zur Ausübung von Druck auf den Versicherten, soll der Versicherte zur Erfüllung seiner solidarischen Mindestpflichten im eigenen Interesse angehalten werden.[835] Die Rechtsfolgen bei Nichtbeachtung einer Mitwirkungspflicht liegen dann in Rechtsnachteilen, die unter Beachtung von rechtsstaatlichen und sozialpolitischen Gesichtspunkten, gemessen an Zumutbarkeit, Verhältnismäßigkeit und Kausalität, einen unmittelbaren Zusammenhang zwischen der Pflichtverletzung und leistungsrechtlichen Beschränkung herstellen.[836] Unter Umständen bedeutet dies für den Leistungsberechtigten sogar den dauernden Verlust seines Anspruchs.[837] Diese Ermessensentscheidung kann aber gemäß § 66 Abs. 3 SGB I erst erfolgen, soweit der Leistungsberechtigte auf die Folgen seiner fehlenden Mitwirkung schriftlich hingewiesen worden und seine Mitwirkung in der gesetzten Frist unterblieben ist. Der Hinweispflicht kommt eine Appellfunktion zu, die dem Versicherten Gelegenheit geben soll, seine Einstellung bezüglich einer unter Umständen auch vorsätzlichen Erschwerung der Sachverhaltsaufklärung nochmals zu überdenken und der solidarischen Erwartungshaltung entsprechend anpassen zu können.[838]

Es könnten demnach mittelbare Formen der Realisierung einer formellen, da auf das sozialversicherungsrechtliche Verwaltungsverfahren bezogenen, Eigenverantwortung festgestellt werden, die sich über eine Mitwirkungsverpflichtung von

---

[831] Vgl. *Rüfner* VSSR 1977, 348.
[832] Vgl. *Gronwald* SGb 1989, 17, m.w.N.
[833] Vgl. *Mihm* NZS 1995, 11, m.w.N.; vgl. *Rüfner* VSSR 1977, 348; siehe zu dem Erfordernis des Schutzes der Leistungsträger gegenüber missbräuchlicher Inanspruchnahme abgeleitet aus dem Solidaritätsgedanken bei *Schulin*, Empfiehlt es sich, die Zuweisung von Risiken und Lasten im Sozialrecht neu zu ordnen? – Gutachten E, S. E 52 f.
[834] Vgl. BeckOGK/*Spellbrink* SGB I Vorbemerkungen zu §§ 60 – 67 Rn. 6; vgl. *Hänlein* ZVersWiss 2002, 597; vgl. *Jülicher* SGb 1979, 446 f.; vgl. *Rüfner* VSSR 1977, 349.
[835] Vgl. *Hänlein* ZVersWiss 2002, 597; vgl. *Jülicher* SGb 1979, 446 f.; vgl. *Rüfner* VSSR 1977, 350.
[836] Vgl. *Mihm* NZS 1995, 11; vgl. *Rüfner* VSSR 1977, 349.
[837] Vgl. BeckOGK/*Spellbrink* SGB I Vorbemerkungen zu §§ 60 – 67 Rn. 6.
[838] Vgl. zur Appellfunktion BSG, Urteil v. 12.10.2018 – B 9 SB 1/17 R = SozR 4-1200 § 66 Nr. 8; siehe auch bei *Voelzke* in: jurisPK-SGB I, 3. Aufl. 2018, § 66 SGB I Rn. 47 ff.

Seiten des Versicherten zur Auslösung oder Aufrechterhaltung seiner Leistungsansprüche darstellt.[839] Die Mitwirkungspflichten sind bereichsübergreifende, abstrahierte Rechtspflichten zum Tätigwerden, beginnend mit Eröffnung des Verfahrensrechtsverhältnis und bestehen häufig noch über den Abschluss des Verfahrens hinaus fort.[840] Regelmäßig enden sie jedoch dann, wenn sie tatsächlich nicht mehr erfüllt werden können.[841]

Darüber hinaus existieren einige Mitwirkungspflichten, die auf die Aufrechterhaltung beziehungsweise Veränderung eines tatsächlichen Zustandes gerichtet sind.[842] Diese können als teilweise materielle Mitwirkungspflichten qualifiziert werden.[843] Vor diesem Hintergrund wird diskutiert, ob jenseits gesetzlicher Vorgaben gesundheitsbewusstes Verhalten oder Früherkennungsmethoden der personalisierten Medizin als normgewordene Tugend mit Obliegenheiten versehen werden sollten oder könnten, an deren Erfüllung Vorteile und an deren Nichterfüllung Nachteile für das Individuum geknüpft wären.[844]

### 2. Die einzelnen Mitwirkungstatbestände nach dem SGB I

Die §§ 60 ff. SGB I statuieren Mitwirkungspflichten des Antragstellers oder Leistungsberechtigten.[845] Da sie im Allgemeinen Teil des Sozialgesetzbuchs verortet sind, entfalten sie nach § 37 S. 1 SGB I gleichsam Wirkung für alle Zweige des Sozialrechts, das heißt auch auf das Recht der gesetzlichen Krankenversicherung.[846]

#### a. Aufklärungspflichten

Nach den §§ 60 bis 62 SGB I ist der Leistungsberechtigte zum einen positiv zum Handeln im Sinne der Aufklärung des Sachverhaltes verpflichtet, als auch negativ dazu, eine absichtliche und erhebliche Erschwerung der Sachverhaltsaufklärung zu unterlassen.[847] § 60 SGB I regelt zunächst die Pflicht des Leistungsberechtigten zur Angabe der leistungserheblichen Tatsachen; § 61 SGB I statuiert die Pflicht zum persönlichen Erscheinen des Leistungsberechtigten auf Verlangen

---

[839] Vgl. auch *Höfling* ZEFQ 2009, 289; vgl. Hauck/Noftz/*Sichert* SGB I § 60 Rn. 9; zum Antragserfordernis vgl. *Felix*, Verbraucherschutz in der Gesetzlichen Krankenversicherung, S. 45, dortige Fn. 23.

[840] Vgl. BeckOK SozR/*Hase* SGB I § 60 Rn. 1 f.; vgl. Mrozynski SGB I § 60 Rn. 21.

[841] Vgl. Mrozynski SGB I § 60 Rn. 21.

[842] Vgl. BeckOGK/*Spellbrink* SGB I Vorbemerkungen zu §§ 60 – 67 Rn. 5.

[843] Vgl. BeckOGK/*Spellbrink* SGB I Vorbemerkungen zu §§ 60 – 67 Rn. 5; vgl. Hauck/Noftz/*Sichert* SGB I § 60 Rn. 5; vgl. Mrozynski SGB I § 60 Rn. 21.

[844] Vgl. etwa *Brömmelmeyer* r+s 2017, 225 f.; vgl. *König/Junge* GuP 2015, 135.

[845] Siehe zu den einzelnen Pflichten, zur Grenze der Mitwirkung und zur Sanktion die übersichtliche Darstellung bei *Gronwald* SGb 1989, 17 ff., sowie bei *Rüfner* VSSR 1977, 351 ff.

[846] Vgl. *Boecken* SDSRV 1997, 22 f.; vgl. BeckOGK/*Spellbrink* SGB I § 66 Rn. 2, sowie Vorbemerkungen zu §§ 60 – 67 Rn. 8.

[847] Vgl. BeckOGK/*Spellbrink* SGB I Vorbemerkungen zu §§ 60 – 67 Rn. 4; siehe auch BT-Drucks. 07/868, S. 33; diese können auch als „explorative Mitwirkungspflichten" bezeichnet werden, siehe *Faude*, Selbstverantwortung und Solidarverantwortung im Sozialrecht, S. 419.

des Leistungsträgers. § 62 SGB I enthält die Pflicht, sich auf Verlangen des Leistungsträgers – soweit für die Entscheidung über die Leistung erforderlich – ärztlichen und psychologischen Untersuchungsmaßnahmen zu unterziehen.

Diese rein formellen Mitwirkungspflichten stellen insoweit eine Ausnahme zum ansonsten im Verwaltungsverfahren geltenden Untersuchungsgrundsatz nach § 20 SGB X dar.[848] Ist die Verwaltung grundsätzlich in der Pflicht, das Vorliegen maßgebender Anspruchsvoraussetzungen von Amts wegen zu ermitteln und aufzuklären, bedarf sie aber auch der Mitwirkung durch den Leistungsberechtigten, wenn die benötigten Informationen aus deren Sphäre beschafft werden müssen.[849] Diese Mitwirkungspflichten sollen den Vorrang des öffentlichen Feststellungsinteresses gegenüber dem Privatinteresse verdeutlichen und sichern.[850] Die Vorschriften zeichnen damit Verantwortungssphären für den Bereich des sozialleistungsrechtlichen Verfahrensrechtsverhältnis. Allerdings bezieht sich ihre Bedeutung nicht auf das Grundverhältnis zwischen Leistungsberechtigten und Leistungserbringer oder gar auf die grundsätzlichen Leistungsansprüche, sondern nur auf die Ermittlung der tatsächlichen Voraussetzungen für die Entstehung des konkreten Sozialleistungsanspruchs. Fehlt es an der Nachvollziehbarkeit des Versicherungsfalls, kann keine Leistungsbeziehung entstehen. Insoweit besteht eine Form der individuellen Verantwortung des Versicherten, die sich in diesem Sinne als formelle Eigenverantwortung verstehen lässt, indem sie die wesentlichen Voraussetzungen der Leistungsgewährung absichert, auch im Interesse der Solidarverantwortlichkeit. Mittels Erfüllung dieser Pflichten, wird schließlich auch dem Auftrag der Sozialversicherung[851], die Voraussetzungen für die rechtlich gebotene Gleichheit und Freiheit zu schaffen, entsprochen.

### b. Besondere Pflichten

Die Pflichten der §§ 63 und 64 SGB I stehen in engem Zusammenhang mit einzelnen leistungsrechtlichen Vorschriften und haben aufgrund ihres materiellen Einschlags eine andere Qualität als die übrigen rein formellen Mitwirkungspflichten.[852] § 63 SGB I statuiert die Pflicht desjenigen, der wegen Krankheit oder Behinderung Sozialleistungen beantragt oder erhält, auf Verlangen des zuständigen Leistungsträgers eine erfolgversprechende Heilbehandlung zu dulden und daran aktiv mitzuwirken. Diese Pflicht dient zum einen den an einer Erfolgswahrscheinlichkeitsprognose gemessenen Interessen des Verpflichteten, zum anderen auch denen des Leistungsträgers, da durch eine Verbesserung des Zustandes oder die Verhinderung einer Verschlechterung desselben dessen Einstandspflicht

---

[848] Vgl. BeckOGK/*Spellbrink* SGB I Vorbemerkungen zu §§ 60 – 67 Rn. 1.

[849] Hauck/Noftz/*Sichert* SGB I § 60 Rn. 1.

[850] Vgl. BT-Drucks. 07/910, S. 48 f.

[851] Siehe dazu oben unter B. II. 1. b. bb.

[852] Vgl. BeckOGK/*Spellbrink* SGB I Vorbemerkungen zu §§ 60 – 67 Rn. 5; vgl. Hauck/Noftz/*Sichert* SGB I § 60 Rn. 5; diese können auch als „restitutive Mitwirkungspflichten" bezeichnet werden, siehe *Faude*, Selbstverantwortung und Solidarverantwortung im Sozialrecht, S. 418.

finanziell gemildert wird.[853] Aufgrund dessen handelt es sich – wenn auch nicht unumstritten – zumindest in rechtsdogmatischer Ähnlichkeit um sogenannte allgemeine Schadensminderungspflichten.[854]

Unter Heilbehandlung werden dabei alle Maßnahmen verstanden, die geeignet sind, „die vorhandenen oder drohenden Beeinträchtigungen der Gesundheit zu beheben, zu mildern oder zu verhindern".[855] Umfasst sind damit auch Eingriffe in die körperliche Unversehrtheit. Dabei muss der Verpflichtete sich so verhalten, dass die Heilbehandlung zweckdienlich durchgeführt werden kann, wobei ein Abbruch oder Widerstand gegen die Behandlung eine Mitwirkungspflichtverletzung bedeutet.[856] Die Mitwirkungspflicht des § 63 SGB I betrifft nicht die „initiale Herbeiführung eines Leidens", sondern setzt eine bereits bestehende Krankheit und die entsprechende Geltendmachung von Leistungsansprüchen voraus.[857] Auch wenn die nach § 63 SGB I einzufordernde Behandlungspflicht grundsätzlich für jede der in § 11 SGB I aufgeführte Art und Form von beantragter oder erhaltener Sozialleistungen besteht, kann für die gesetzliche Krankenversicherung festgestellt werden, dass die Anwendung im Rahmen des Anspruchs auf Krankengeld den praktisch relevantesten Fall darstellt.[858]

Die Behandlungspflicht auf Verlangen des zuständigen Leistungsträgers spricht damit ebenfalls für die Annahme einer vordergründig formellen Eigenverantwortung im Sinne einer Mitwirkung am bestehenden Sozialrechtsverhältnis. Insbesondere lässt sie die Ursache des Leistungsfalls unberücksichtigt. Anlass der Norm ist es, den Leistungsempfänger oder Antragsteller dem eine Selbststeuerung im Sinne der Inanspruchnahme einer objektiv in seinem Eigeninteresse liegenden Behandlung nicht gelingt, dazu zu bewegen, diese doch noch in die Wege zu leiten. Dabei berührt die Vorschrift einen Bereich, der grundsätzlich dem Selbstbestimmungsrecht des Leistungsberechtigten unterfällt, weshalb die Auferlegung einer Pflicht einer besonderen Rechtfertigung bedarf. Die Norm findet diese Rechtfertigung in dem Erfordernis solidarverträglichen und konsistenten Verhaltens, welches dem Mitglied der Solidargemeinschaft abzuverlangen ist, wenn dieser eine Sozialleistung verlangt.[859] Es besteht damit keine Pflicht zur Inanspruchnahme von Leistungen mit dem Ziel, den Leistungsaufwand aufgrund des Versicherungsfalls insgesamt so gering wie möglich zu halten.[860]

---

[853] Vgl. Hauck/Noftz/*Sichert* SGB I § 63 Rn. 1 sowie 15 f.; vgl. *Jülicher* SGb 1979, 446.

[854] Vgl. *Janßen/Spellbrink* SRa 2019, 144; vgl. BeckOGK/*Spellbrink* SGB I § 63 Rn. 2; vgl. Hauck/Noftz/*Sichert* SGB I § 63 Rn. 1; vgl. BeckOK SozR/*Hase* SGB I § 60 Rn. 2; vgl. kritisch etwa *Faude*, Selbstverantwortung und Solidarverantwortung im Sozialrecht, S. 434 ff.

[855] Hauck/Noftz/*Sichert* SGB I § 63 Rn. 13.

[856] Vgl. Hauck/Noftz/*Sichert* SGB I § 63 Rn. 1.

[857] BeckOK SozR/*Heberlein* SGB V § 52 Rn. 7.

[858] Vgl. BeckOk SozR/*Hase* SGB I § 63 Rn. 5, denn häufig ist die zu verlangende Heilbehandlung ebenjene, die der Leistungsberechtigte wegen Krankheit ohnehin in Anspruch nimmt.

[859] Vgl. BeckOK SozR/*Hase* SGB I § 63 Rn. 3 f.

[860] *Faude*, Selbstverantwortung und Solidarverantwortung im Sozialrecht, S. 165.

§ 64 SGB I verpflichtet ähnlich zu § 63 SGB I denjenigen, der spezifische Sozialleistungen beantragt oder erhält, zur Teilnahme an Leistungen zur Teilhabe am Arbeitsleben.[861] Auch hierbei handelt es sich um eine Schadensminderungspflicht, die verschiedene Sozialleistungen miteinander verknüpft und gleichermaßen auf ein Einwirken auf den leistungserheblichen Sachverhalt abzielt.[862] Die §§ 63 und 64 SGB I verknüpfen zwei Leistungen, indem der Leistungsträger eine beantragte oder gewährte Leistung zum Anlass nimmt, auf die Inanspruchnahme einer weiteren oder anderen Leistung hinzuwirken, sodass erstere nicht mehr benötigt wird oder zumindest herabgesetzt werden kann.[863]

### c. Grenzen der Mitwirkungspflicht

Den Mitwirkungsverpflichtungen sind allerdings Grenzen gesetzt. So werden in § 65 SGB I, Mitwirkungspflichten der §§ 60 bis 64 SGB I eingeschränkt, wofür die Kriterien der Zumutbarkeit und Angemessenheit normiert wurden. Damit handelt es sich bei § 65 SGB I im Wesentlichen um eine Konkretisierung des rechtsstaatlichen Verhältnismäßigkeitsgrundsatzes, welche ihren Grund im Übermaßverbot hat.[864] Die Frage nach der Zumutbarkeit hat die Funktion eines verbindenden Elementes zwischen der Pflichtwidrigkeit des Verhaltens und dessen Vorwerfbarkeit und individualisiert darüber hinaus die Vorwerfbarkeit der Pflichtverletzung auf den jeweiligen Einzelfall.[865] Entsprechend zu dem dahinterstehenden Gedanken der Verhältnismäßigkeit, ist auch im Rahmen der konkreten Anwendung der Mitwirkungstatbestände ein individualisierter Maßstab im Rahmen des § 66 SGB I anzulegen. Ist der Mitwirkungsverpflichtete nicht in der Lage, die Tragweite seiner Mitwirkungspflicht zu überblicken und entsprechend sachgerecht zu agieren, ist nicht etwa ein individueller Vorwurf die Konsequenz, sondern wird dies einer unterlassenen Aufklärung von Seiten des Leistungsträgers gleichgestellt.[866]

Erst wenn § 65 SGB I auf dessen Voraussetzungen hin überprüft wurde, kann beurteilt werden, ob eine Mitwirkungspflicht vorliegt oder nicht.[867] Soweit also die Erfüllung einer Mitwirkungspflicht unverhältnismäßig oder unzumutbar ist, verneint § 65 SGB I diese.

Näher konkretisiert wird dies in Abs. 2 für die Mitwirkungspflichten der §§ 62 und 63 SGB I, die in Zusammenhang mit Behandlungen und Untersuchungen stehen und damit invasiver sind als die übrigen Mitwirkungspflichten. Danach kann die Mitwirkung abgelehnt werden – es handelt sich insoweit um eine

---

[861] Hauck/Noftz/*Sichert* SGB I § 64 Rn. 13.
[862] Vgl. Hauck/Noftz/*Sichert* SGB I § 64 Rn. 1 bis 3.
[863] Vgl. Hauck/Noftz/*Sichert* SGB I § 63 Rn. 2.
[864] Vgl. *Rüfner* VSSR 1977, 357; vgl. *Schnapp* DVBl 2004, 1055 f.; vgl. *Schnapp* G+S 2006, 53.
[865] *Faude*, Selbstverantwortung und Solidarverantwortung im Sozialrecht, S. 413.
[866] Vgl. LSG Nordrhein-Westfalen, Urteil v. 16.10.2017 – L 20 SO 384/15 = BeckRS 2017, 130212.
[867] Vgl. Hauck/Noftz/*Sichert* SGB I § 60 Rn. 4.

erhebungsbedürftige Einrede[868] –, wenn im Einzelfall ein Schaden für Leben oder Gesundheit nicht mit hoher Wahrscheinlichkeit ausgeschlossen werden kann, wenn die Maßnahme mit erheblichen Schmerzen verbunden ist oder diese einen erheblichen Eingriff in die körperliche Unversehrtheit bedeutet.[869]

### d. Folgen unzureichender oder unterlassener Mitwirkung

Kommt ein Versicherter den in den §§ 60 ff. SGB I geregelten formellen und teilmateriellen Mitwirkungspflichten nicht nach, so sehen § 66 Abs. 1 und 2 SGB I unter weiteren Voraussetzungen vor, dass der Versicherungsträger die Leistung – bis zur Nachholung der Mitwirkung nach § 67 SGB I – ganz oder teilweise versagen oder entziehen kann und so mittelbaren Druck auf den Antragsteller auszuüben befähigt ist.[870] Für den Leistungsträger stellt sich dies als Leistungsverweigerungsrecht dar.[871] Der wesentliche Unterscheid zwischen § 66 Abs. 1 und Abs. 2 SGB I liegt allerdings darin, dass im Falle des Abs. 2 die Voraussetzungen des Anspruchs bekannt sind und so der völlige oder teilweise Entzug der Leistung unmittelbar zum Beugemittel wird.[872]

Allerdings bleibt es trotz Verletzung der verfahrensrechtlichen Mitwirkungspflichten beim Grundsatz der objektiven Beweislast, das heißt, dass der Sachverhalt von Amts wegen zu ermitteln ist, etwaige Unklarheiten aber zu Lasten des Leistungsberechtigten gehen.[873] Ein Verschulden des nach den §§ 60 bis 62 SGB I Mitwirkungsverpflichteten ist keine Tatbestandsvoraussetzung.[874] Erforderlich ist hingegen ein ursächlicher, das heißt kausaler Zusammenhang zwischen der unterlassenen Mitwirkung und der Erschwerung der Sachverhaltsaufklärung.[875] Aufgrund des Regelungsgehaltes, der ein Zurückbehaltungsrecht des Leistungsträgers[876] für das Hervorrufen eines Risikos vom Eintritt eines Versicherungsfalls an vorsieht, umgekehrt also die versichertenseitige Mitwirkung zur Aufrechterhaltung des Anspruches einfordert, ohne dass aber die Mitwirkung durchsetzbar wäre, kann daher bezogen auf die Mitwirkungspflichten

---

[868] Vgl. *Voelzke* in: jurisPK-SGB I, 3. Aufl. 2018, § 65 SGB I Rn. 37; vgl. Mrozynski SGB I § 65 Rn. 15.

[869] Siehe zur Auslegung der einzelnen unbestimmten Rechtsbegriffe und zur damit einhergehenden Problematik in der Handhabung, die sich insbesondere bei Abs. 2 Nr. 3 einstellt, nur *Voelzke* in: jurisPK-SGB I, 3. Aufl. 2018, § 65 SGB I Rn. 40 bis 59.

[870] Vgl. *Boecken* SDSRV 1997, 23; vgl. *Gronwald* SGb 1989, 20; vgl. BeckOGK/*Spellbrink* SGB I § 66 Rn. 2.

[871] Vgl. *Gronwald* SGb 1989, 20; vgl. *Wulfhorst* VSSR 1982, 11; vgl. *Jülicher* SGb 1979, 447.

[872] *Rüfner* VSSR 1977, 361.

[873] Hauck/Noftz/*Sichert* SGB I § 60 Rn. 2.

[874] Vgl. BeckOGK/*Spellbrink* SGB I § 66 Rn. 11 f.

[875] Vgl. BeckOGK/*Spellbrink* SGB I § 66 Rn. 12; vgl. BT-Drucks. 07/868, S. 34.

[876] Zur Diskussion, ob es sich um eine Sanktionsnorm oder um ein Zurückbehaltungsrecht des Leistungsträgers handelt, vgl. BeckOGK/*Spellbrink* SGB I § 66 Rn. 2 f. sowie *Hammel* ZFSH SGB 2014, 333, insbesondere die dortige Fn. 55.

entsprechend der h.M. von Obliegenheiten nach ihrem Vorbild im Zivilrecht gesprochen werden.[877]

### 3. Mitwirkungspflichten im SGB V

Neben den §§ 60 ff. SGB I gibt es eine Reihe weiterer, spezieller und somit nach dem Spezialitätsgrundsatz vorrangiger Mitwirkungspflichten im Sozialgesetzbuch,[878] so auch im Recht der gesetzlichen Krankenversicherung. Zu nennen sind hier etwa das Erfordernis der abgeschlossenen Behandlung zur Kostenerstattung der kieferorthopädischen Behandlung nach § 29 Abs. 3 SGB V oder das Erfordernis der regelmäßigen Kontrolluntersuchung zur Bestimmung der Höhe des Festzuschusses beim Zahnersatz in § 55 SGB V, wenngleich letztere wohl nur dem Rechtscharakter nach vergleichbar ist.

Weiterhin statuiert beispielsweise § 51 SGB V unter bestimmten Voraussetzungen für die Versicherten eine Mitwirkungspflicht in Form einer Antragspflicht für die Leistungsgewährung von Rehabilitation, Teilhabe und Rente. Für den Fall, dass sie entsprechende Anträge nicht innerhalb einer durch die Krankenkasse gesetzten Frist stellen, sieht § 51 Abs. 3 SGB V als lex specialis zu § 66 SGB I vor, dass der Anspruch der Versicherten auf Krankengeld – ohne dass es auf ein Vertretenmüssen ankäme[879] – entfällt. Sofern der Versicherte keine der übrigen Voraussetzungen erfüllt, endet dann auch gleichzeitig entsprechend zu § 192 Abs. 1 Nr. 2 SGB V durch den Wegfall des Anspruchs auf Krankengeld die Mitgliedschaft in der Krankenkasse.[880] Nimmt der Versicherte nach Antragstellung nicht an der beantragten Maßnahme teil, so gilt wiederum der Mechanismus des § 66 SGB I auf Grund einer Obliegenheitsverletzung der fehlenden Teilnahme an einer Heilbehandlung nach § 63 SGB I.[881] In den §§ 198 bis 206 SGB V finden sich zudem verschieden Auskunfts- und Meldepflichten. Gemäß § 199 SGB V haben etwa unständig Beschäftigte Beginn und Ende der berufsmäßigen Ausübung ihrer zuständigen Krankenkasse zu melden. § 206 SGB V ist eine Ergänzung zu § 60 I SGB I hinsichtlich der Auskunfts- und Mitteilungspflichten mit Bezug zur gesetzlichen Krankenversicherung.[882] Ihre Nichtbeachtung führt gleichfalls zu Rechtsnachteilen für den Versicherten.

---

[877] Vgl. *Mihm* NZS 1995, 11; vgl. *Hänlein* ZVersWiss 2002, 597; vgl. *Janßen/Spellbrink* SRa 2019, 143, m.w.N.; vgl. Hauck/Noftz/*Sichert* SGB I § 60 Rn. 10 ff.; vgl. Mrozynski SGB I § 60 Rn. 2; allerdings ist dies nicht nur für die Mitwirkungspflichten der §§ 60 ff. SGB I, sondern gleichfalls auch für diejenigen des Zivilrechts umstritten, vgl. *Jülicher* SGb 1979, 447, m.w.N.; zwar dahingehend argumentierend, letztlich aber auf eine fehlende Bedeutung der Einordnung als Obliegenheit hinweisend *Rüfner* VSSR 1977, 349, m.w.N.; ebenso wohl *Wulfhorst* VSSR 1982, 9.

[878] Vgl. BeckOGK/*Spellbrink* SGB I § 66 Rn. 2, sowie Vorbemerkungen zu §§ 60 – 67 Rn. 8.

[879] NK-GesundhR/Stefan Greiner SGB V § 51 Rn. 11.

[880] Siehe Becker/Kingreen/*Joussen* SGB V § 51 Rn. 7; ebenso BeckOK/Tischler SGB V § 51 Rn. 10; anderer Ansicht NK-GesundhR/Stefan Greiner SGB V § 51 Rn. 11; differenzierter LPK-SGB V/Georg Legde SGB V § 51 Rn. 9.

[881] Vgl. BeckOGK/*Spellbrink* SGB I Vorbemerkungen zu §§ 60 – 67 Rn. 9.

[882] Vgl. Hauck/Noftz/Sichert SGB I § 60 Rn. 51.

### 4. Über die normierten Tatbestände hinausgehende Mitwirkungspflichten

Angesichts der Vielzahl an gesetzlich normierten Obliegenheiten, stellt sich die Frage, ob zusätzliche, ungeschriebene Mitwirkungspflichten, etwa aus dem Sozialrechtsverhältnis zwischen Versichertem und der gesetzlichen Krankenversicherung, hergeleitet beziehungsweise in die normierten Mitwirkungstatbestände hineingelesen werden können.[883] Das Sozialrechtsverhältnis als zum einen stark normativ und zum anderen konkret individuell geprägten Staat-Bürger-Verhältnis, welches auf einmalige oder auf Dauer angelegte Rechts- und Pflichtenbeziehung bezüglich des Erhalts von Sozialleistungen gerichtet ist, bietet hier eine besondere Grundlage.[884] Denn das Sozialrechtsverhältnis ist in der Herstellung des relevanten Sachverhaltes in hohem Grade abhängig von Einbindung und Mitwirkung des Leistungsberechtigten.[885] Gemünzt auf eine Obliegenheit, die den Versicherten zu gesundheitsbewusstem Verhalten anhalten soll, könnte eine solche entweder vor oder aber nach Eintritt des Versicherungsfalls wirken, also entweder präventiv oder repressiv. Insoweit wären solche Obliegenheiten eine Verlängerung bereits bestehender Beugenormen bei einem „Verschulden gegen sich selbst“, also aktiver und bewusster Selbstschädigung bei mitunter absichtlicher Herbeiführung des Versicherungsfalls.[886]

So könnte § 63 SGB I beispielsweise dahingehend erweitert ausgelegt werden, dass dieser auch eine Pflicht des Versicherten umfasst, im Rahmen der Krankenbehandlung auf den Konsum von Tabak oder Alkohol oder auf die Ausführung schwerer Arbeiten zu verzichten.[887] Auf den ersten Blick ließen sich dagegen aufgrund des Umstandes, dass bereits harte Sanktionstatbestände Bestandteil der sozialstaatlichen Rechtsordnung sind, insbesondere mit Blick auf das SGB I und Art. 2 Abs. 1 GG für bestimmte Formen gesundheitsrelevanten Risikoverhaltens keine Einwände erheben.[888]

Allerdings birgt eine solche Konzeption der Verallgemeinerung von Obliegenheiten im Sozialversicherungsrecht mehrere Probleme. Zum einen bedürfen Sanktionsnormen bei Obliegenheitsverletzungen eines im Sinne von individuellem Verschulden vorwerfbaren und kausalen Verhaltens.[889] Dabei können aber nicht alle Verhaltensweisen als vorwerfbar, da mitunter sozialadäquat oder sogar grundsätzlich für die Gesunderhaltung empfohlen, angesehen oder aber aufgrund der Multikausalität von Krankheit als Ursache bestimmt werden. Zudem sind, aufgrund der sozialstaatlichen Zweckrichtung der sozialen Sicherungssysteme

---

[883] Dazu auch *Voelzke*, Die Herbeiführung des Versicherungsfalls im Sozialversicherungsrecht, S. 120 ff.

[884] Zum Begriff des Sozialrechtsverhältnis siehe bei Schoch/Schneider/*Rixen* VwVfG Vorbemerkungen zu § 9 Rn. 28 f.

[885] Vgl. Schoch/Schneider/*Rixen* VwVfG Vorbemerkungen zu § 9 Rn. 28.

[886] Vgl. *Merten* VSSR 1983, 151; *Bühler* stellt insoweit auf das Institut der „selbstgeschaffenen Gefahr“ ab, vgl. *Bühler* WzS 1992, 325 ff.

[887] Vgl. etwa *Faude*, Selbstverantwortung und Solidarverantwortung im Sozialrecht, S. 416.

[888] Vgl. *Merten* VSSR 1983, 151.

[889] Vgl. *Hänlein* ZVersWiss 2002, 598.

und nach dem Gebot der Verhältnismäßigkeit, auch immer Zumutbarkeits- und Härtefallerwägungen zu berücksichtigen, die eine Statuierung von Obliegenheiten wiederum im Wirkungsgrad reduzieren würde.[890] Auch im Rahmen der Anwendung des § 66 SGB I sind unter Berücksichtigung der Grenzen des § 65 SGB I in der Frage des „Ob“ und des „Wie“ die persönliche Befähigung des Versicherten, seine familiären und sozialen Umstände sowie die Zweckmäßigkeit zur Sachverhaltsaufklärung als Kriterien heranzuziehen.[891] Damit würden im Einklang mit der derzeit gültigen Rechtslage stehend Ermessensnormen aus einem entsprechenden Vorhaben resultieren. Diese würden im konkreten Einzelfall je nach Gegenstand und Rechtsnachteil auch eine bedarfsabhängige Prüfung erfordern, um nicht die Existenzsicherung zu gefährden. Statt tatsächlicher Obliegenheiten würden daher wohl im Ergebnis und für das Sozialrecht bisweilen symptomatische Grundsatznormen mit rein appellativen Charakter stehen.

Die Konzeption von teilmateriellen, da auf eine tatsächliche Einwirkung gerichteten Obliegenheiten in der Breite, erweist sich daher gemessen am verfolgten Ziel für die gesetzliche Krankenversicherung als unzutreffend.[892] Die bestehenden Obliegenheiten geben zudem keinen Anlass zu einer erweiternden Auslegung und Anwendung.[893] Mit Blick auf den Regelungszusammenhang der §§ 37 S. 1 und 31 SGB I ergibt sich, wenn auch nicht unumstritten, dass auf Grund des Vorbehalts des Gesetzes weder konkludent noch aus den systemspezifischen Strukturprinzipien weitere Mitwirkungspflichten ableitbar sind.[894] Gleiches gilt für das im konkreten Fall bestehende Sozialrechtsverhältnis, wenn auch die Ableitbarkeit von wechselseitigen öffentlich-rechtlichen Nebenpflichten unter Umständen aufgrund von rechtswidrigem oder treuwidrigem Verhalten aus ebendiesem zu bejahen ist.[895]

Schließlich spricht auch die in den einzelnen Sozialversicherungszweigen erfolgte Normierung spezifischer, auf den jeweiligen Leistungsbereich zugeschnittener Obliegenheiten gegen die Notwendigkeit und Möglichkeit der erweiterten Auslegung oder Erschließung im Wege einer Analogie.[896] Eine Erweiterung über die allgemeinen Mitwirkungspflichten der §§ 60 ff. SGB I hinaus ist dort über

---

[890] Diese Aspekte wurden etwa bei der Schaffung des § 66 SGB I von Seiten des Gesetzgebers als berücksichtigt angegeben, vgl. BT-Drucks. 07/868, S. 34.

[891] Vgl. Knickrehm/Kreikebohm/Waltermann/Joussen, 7. Aufl. 2021, SGB I § 66 Rn. 5 sowie *Hammel* ZFSH SGB 2014, 333.

[892] Vgl. zur Wirkungsprognose von reinen Appellnormen *Hänlein* ZVersWiss 2002, 599.

[893] So auch *Wulfhorst* VSSR 1982, 10.

[894] Vgl. BeckOGK/*Spellbrink* SGB I Vorbemerkungen zu §§ 60 – 67 Rn. 11; die überwiegende Ansicht geht so etwa von einer abschließenden Rechtsfolgenregelung in § 66 SGB I aus, vgl. *Jülicher* SGb 1979, 445, m.w.N.; siehe allgemeiner auch *Jülicher* SGb 1979, 448; ungenau hingegen Mrozynski SGB I § 60 Rn. 1.

[895] Vgl. BeckOGK/*Spellbrink* SGB I Vorbemerkungen zu §§ 60 – 67 Rn. 11; vgl. BeckOK SozR/*Hase* SGB I § 60 Rn. 1; vgl. *Janßen/Spellbrink* SRa 2019, 145; der Ansicht bereits BSG, Urteil v. 10.11.1977 – 3 RK 44/75 = NJW 1978, 1702; vgl. ausführlich auch *Jülicher* SGb 1979, 449 f.

[896] Dies hebt auch *Voelzke* hervor, *Voelzke*, Die Herbeiführung des Versicherungsfalls im Sozialversicherungsrecht, S. 121.

ausdrückliche spezialgesetzliche Regelung in den besonderen Teilen des Sozialgesetzbuches erfolgt.

### 5. Ergebnis

Im Ergebnis lässt sich damit festhalten, dass eine Eigenverantwortung der Versicherten im formellen Sinn – wenn auch mit teils materiellen Einschlägen – als Mindestanforderungsniveau der Gegenseitigkeit im Leistungsverhältnis zur Sozialversicherung bezogen auf das Sozialrechtsverhältnis existiert.[897] Den Mitwirkungspflichten der §§ 60 bis 62 SGB I kommt dabei eine ausschließlich verfahrensrechtliche Bedeutung zu.[898] Durch die Tragweite der Eingriffe, die aufgrund der §§ 63 und 64 SGB I bis in die körperliche Unversehrtheit reichen und bei Nichtbefolgen mit Rechtsnachteilen, die im Einzelfall einen totalen Anspruchsverlust bedeuten können, belegt sind, ist der Grad, der an die Eigenverantwortlichkeit des Versicherten angelegt wird, besonders hoch. Allerdings ist der hier anzulegenden Eigenverantwortungsmaßstab, aufgrund des fehlenden Verschuldenserfordernisses, ein rein formal kausaler Begriff. Insoweit können die §§ 60 ff. SGB I nicht in einen unmittelbaren Zusammenhang mit Selbstverschulden gebracht werden.[899] Insgesamt handelt es sich bei den Mitwirkungspflichten der §§ 60 ff. SGB I um nicht risikospezifische, sondern auf das Sozialrechtsverhältnis abstrahierte Verhaltenspflichten.[900] Das lässt sich auch in finanzieller Hinsicht durch die Regelung des § 65a SGB I bekräftigen, der die Kosten – Fahrtkosten oder Verdienstausfall – die einem Versicherten durch ein Entsprechen der in den §§ 61 und 62 SGB I normierten Mitwirkungspflichten entstanden sind, bei Antragstellung im notwendigen Umfang für erstattungsfähig erklärt.

Insbesondere kann die Androhung von Rechtsnachteilen durch § 66 SGB I, der als „Beugemittel“ aufzufassen ist und dessen Folgen nur vorläufig – eben bis zur Mitwirkung –sind, als auf das Verhalten und die Einstellung des Versicherten einzuwirkende Norm angesehen werden. In der Gesamtschau mit den Mitwirkungspflichten beschreibt § 66 SGB I gerade keine Eigenverantwortung, sondern handelt es sich bei dieser Vorschrift um eine leistungsträgerseitige Durchsetzungsnorm handelt.[901] So sieht für das SGB V exemplarisch § 51 in Abs. 3 S. 2 als Beugemittel für den Fall, dass der Antrag nach Fristablauf und eingetretenem

---

[897] Eventueller Hinweis bei *Becker* ZÖR 2010, 645; hingegen undifferenziert etwa rein von einer in den §§ 60 ff. SGB I stehenden Individualverantwortung sprechend *Grühn*, Gesundheitsbezogene Handlungspflichten der Versicherten in der Sozialversicherung als Dimensionen von Eigenverantwortung und Solidarität, S. 49.

[898] Vgl. BeckOGK/*Spellbrink* SGB I Vorbemerkungen zu §§ 60 – 67 Rn. 4; vgl. *Rüfner* VSSR 1977, 350.

[899] Vgl. dazu *Boecken* SDSRV 1997, 22 f.; siehe auch *Trenk-Hinterberger*, Eigenverantwortung in der sozialen Pflegeversicherung, S. 1167 f.

[900] Im Ergebnis auch *Faude*, Selbstverantwortung und Solidarverantwortung im Sozialrecht, S. 482.

[901] Vgl. insgesamt Hauck/Noftz/*Sichert* SGB I § 66 Rn. 2 bis 5, m.w.N.; andere Ansicht *Grühn*, Gesundheitsbezogene Handlungspflichten der Versicherten in der Sozialversicherung als Dimensionen von Eigenverantwortung und Solidarität, S. 49; vgl. *Rüfner* VSSR 1977, 350.

Sanktionsfall doch noch gestellt wird, vor, dass der Anspruch auf Krankengeld mit dem Tag der Antragstellung wieder auflebt. Umgekehrt bedeutet ein rechtzeitig gestellter Antrag auch eine Beschränkung der Dispositionsfreiheit des Versicherten, da der Versicherte seinen einmal gestellten Antrag nicht wieder zurücknehmen oder diesen rein vorsorglich stellen kann.[902] Auch diese starke Bindung des Versicherten an sein Mitwirken bekräftigt die Annahme einer formellen Eigenverantwortung und gerade keiner materiellen, faktischen Eigenverantwortung.[903]

Schließlich bleibt zu beachten, dass die Mitwirkungspflichten mit teilmaterieller Wirkungsrichtung im Ergebnis auf die vom Leistungsberechtigten ohnehin im Regelfall nachgefragten Leistungen, nämlich die Untersuchung und Krankenbehandlung, hinauslaufen.[904] Für die Frage nach einer materiellen Eigenverantwortung, die dem Sozialrechtsverhältnis vorgelagerte Zuständigkeitsbereiche zuweist und eine versichertenseitige Risikosetzung berücksichtigt, können die sozialrechtlichen Mitwirkungsobliegenheiten daher nicht herangezogen werden.

## V. Finanzwirtschaftliche Individualverantwortung

Unmittelbar auf den § 1 SGB V folgend wird auch in § 2 Abs. 1 S. 1. Hs. 2 SGB V die Eigenverantwortung wörtlich erwähnt. Nach § 2 Abs. 1 Satz 1 SGB V stellen die Krankenkassen den Versicherten die im Dritten Kapitel des SGB V benannten Leistungen zur Verfügung, soweit diese nicht der Eigenverantwortung der Versicherten zugerechnet werden. § 2 SGB V enthält Grundsätze zu den Leistungen der gesetzlichen Krankenversicherung hinsichtlich Art, Umfang und Qualität und wird durch die nachfolgenden §§ 2a und 2b SGB V ergänzt, beinhaltet dabei aber selbst weder Leistungsansprüche, noch begrenzt er sie.[905] Insoweit handelt es sich auch bei § 2 SGB V um eine Norm, deren Aussagen zu den Grundprinzipien des Leistungsrechts gehören und die für die Auslegung der nachfolgenden Bestimmungen sowie zum Zwecke der Bestimmung des Wesens der sozialen Krankenversicherung heranzuziehen sind.

### 1. Grundsatz des Leistungsrechts

Nach verbreiteter Auffassung wird in § 2 Abs. 1 S. 1 SGB V die zuvor durch § 1 SGB V programmatisch aufgeführte Eigenverantwortung ergänzt aber auch spezifiziert, indem der Eigenverantwortung ein Element der wirtschaftlichen

---

[902] Vgl. Becker/Kingreen/*Joussen* SGB V § 51 Rn. 6.

[903] Eine fehlende Unterscheidung in formelle und materielle Eigenverantwortung wohl bei *Meydam* SDSRV 1996, 78, der die Regelung zur Eigenverantwortung in § 1 SGB V bezogen auf die Gesundheit mit einer Eigenverantwortung, seiner Auffassung nach geregelt in den Mitwirkungspflichten des § 62 Abs. 1 SGB I, gleichsetzt.

[904] Vgl. *Schnapp* G+S 2006, 53; vgl. *Schnapp* DVBl 2004, 1056.

[905] Vgl. BeckOGK/*Peters* SGB V § 2 Rn. 2; vgl. Becker/Kingreen/*Scholz* SGB V § 2 Rn. 1.

Mitverantwortung zugeordnet wird.[906] Das Leistungsrecht werde damit durch § 2 Abs. 1 S. 1 SGB V in seinem Umfang über die Eigenverantwortung der Versicherten begrenzt. Dieser Vorbehalt gründe sich auf der gleichfalls in Satz 1 – durch den Einschub „soweit [...] zugerechnet werden" – verankerten gesetzlichen Möglichkeit der Begrenzung der Einstandspflicht der Solidargemeinschaft.[907] Zunächst aber enthält § 2 Abs. 1 S. 1 SGB V die Eigenverantwortung nur als negatives Tatbestandsmerkmal. Aufgrund der Eigenverantwortung sollen bestimmte Leistungen gerade nicht Bestandteil des Leistungsumfangs der gesetzlichen Krankenversicherung sein.

Über die leistungsrechtliche Grundsatznorm des § 2 Abs. 1 S. 1 SGB V wird also dem sozialkrankenversicherungsrechtlichen Eigenverantwortungsprinzip eine zusätzliche Bedeutung innerhalb des Krankenversicherungssystems beigemessen, die als „finanzielle Selbstzuständigkeit" verstanden werden kann.[908] Dem Versicherten wird damit in den durch das Dritte Kapitel des SGB V gesetzten Grenzen die Bewältigung von individuellen Gesundheits- beziehungsweise Krankheitsrisiken auferlegt. Die Leistungspflicht der Krankenkassen wird sowohl systematisch als auch funktional begrenzt, indem die den Versicherten zugeordneten Leistungen von den Krankenkassen nicht erbracht werden dürfen.[909] Es vollzieht sich so eine weitaus konkretere Verantwortungszuweisung, als dies in § 1 SGB V der Fall ist. Die tiefergehende Bedeutung scheint der Gesetzgeber darin gesehen zu haben, über die sozial-ethische Pflicht des § 1 SGB V hinaus auch eine wirtschaftliche Verantwortung des Versicherten in dem Spannungsfeld zwischen Solidarität und Eigenverantwortlichkeit zu positionieren. Der Gesetzesbegründung zufolge soll § 2 Abs. 1 S. 1 Hs. 2 SGB V nämlich gerade zum Ausdruck bringen, dass die gesetzliche Krankenversicherung nicht für alle Leistungen, die der Gesundheit dienen, als Kostenträger in Frage kommt.[910] Nicht vollzogen wird durch § 2 SGB V hingegen eine weitergehende Verengung des Leistungsangebotes als sie sich aus dem Leistungskatalog der gesetzlichen Krankenversicherung im Rahmen des SGB V ergibt.[911] Ebenso wenig enthält § 2 Abs. 1 S. 1 SGB V eine Ermächtigung zu Gunsten der Krankenkassen, unter Hinweis auf die Eigenverantwortung der Versicherten durch das SGB V vorgesehene Leistungen zu beschränken oder zu verwehren.[912] Im Umkehrschluss werden also alle im SGB V explizit aufgeführten Leistungen aus der Eigenverantwortung des Versicherten herausgenommen. In dieser Hinsicht ist § 2 Abs. 1 S. 1 Hs. 2 SGB V folglich deklaratorischer Natur, indem in ihm die normative

---

[906] Vgl. Hauck/Noftz/*Noftz* SGB V § 1 Rn. 11; siehe auch eingehend die Feststellung bei *Wolf*, Das moralische Risiko der GKV im Spannungsfeld zwischen Eigenverantwortung und Solidarität, S. 63 f.

[907] Vgl. Hauck/Noftz/*Noftz* SGB V § 2 Rn. 3, 8.

[908] Hauck/Noftz/*Noftz* SGB V § 2 Rn. 16; vgl. *Rixen*, Eigenverantwortung im Gesundheitssozialrecht – Zwischen gesundheitspolitischer Forderung und positivrechtlicher Umsetzung, S. 333.

[909] Vgl. Hauck/Noftz/*Noftz* SGB V § 2 Rn. 31.

[910] Siehe BT-Drucks. 11/2237, S. 157.

[911] Vgl. BeckOK SozR/*Joussen* SGB V § 2 Rn. 2.

[912] Vgl. Krauskopf/*Vossen* SGB V § 2 Rn. 5; im Übrigen auch BT-Drucks. 11/2237, S. 157.

Ausgestaltung des SGB V unter den in einer Wechselbeziehung stehenden Prinzipien der Solidarität und Eigenverantwortung zum Ausdruck gebracht wird.[913]

Dabei wirft diese Verantwortungszuweisung aber auch Fragen auf. So ist unklar, wie sich in der solidarisch angelegten gesetzlichen Krankenversicherung die Übertragung von Risikozuständigkeit auf das Individuum, obgleich es sich um ein rein auf die finanzielle Leistungsfähigkeit rekurrierendes Sicherungssystem handelt, gegenüber der bloßen Mitverantwortlichkeit für die eigenen Gesundheit verhält. Denn § 2 SGB V zeichnet eine Alleinzuständigkeit für bestimmte Maßnahmen, insbesondere in finanzieller Hinsicht und vollzieht damit eine fixe Grenzziehung. Damit scheint sich zu bestätigen, dass der Gesetzgeber versucht hat, den Ausruf der Eigen- und Mitverantwortung in § 1 SGB V, der Ausdruck des vordringlichen Leitthemas der Stärkung der Eigenverantwortung[914] ist, weiter mit Inhalt zu füllen, um sich des Eindrucks zu erwehren, ihn nur als „leere Hülse" konzipiert zu haben. Der Verweis auf die Eigenverantwortung in § 2 Abs. 1 S. 1 Hs. 2 SGB V geht über einen bloßen Hinweis auf Mitverantwortung der Versicherten – wie er in 1 SGB V erfolgt – hinaus. Durch ihn wird an finanzielle Aspekte angeknüpft, die wiederum zur Rechtfertigung der an dieser Stelle vollzogenen Verantwortungszuweisung dienen können.[915]

Insoweit begrenzt also die Eigenverantwortung den Umfang der Solidarität. Unklar ist jedoch, ob der Gesetzgeber Eigenverantwortung ausschließlich mit diesen finanzwirtschaftlichen Erwägungen gleichsetzt.

Mit Blick darauf ist ein grundlegendes Verständnis von finanzwirtschaftlichen Effekten und Ursachen betreffend die gesetzliche Krankenversicherung unerlässlich. Zudem spielen die Auffassungen des Gesetzgebers zur Regulation der Effekte und Ursachen ebenso wie die Rahmengebung durch das Bundesverfassungsgericht und nicht zuletzt auch das im SGB V verankerten Wirtschaftlichkeitsgebot zur Beantwortung der Fragstellung eine entscheidende Rolle.

### 2. Kostendämpfung in der gesetzlichen Krankenversicherung

In jeder der vergangenen zwölf Legislaturperioden wurden Reformen des Gesundheitssystems durchgeführt.[916] Allein in den Jahren 2020 bis 2023 ergingen beinah jeden Monat Änderungsgesetze.[917] Besonders hervorzuheben sind insbesondere bei umfangreicheren Reformen die Umstände, die zu den Reformen veranlassten, und die sie ausfüllenden Maßnahmenpakete. Im Folgenden soll ein kurzer Blick auf die immer wieder genannten finanzwirtschaftlichen

---

913 Siehe zur Wechselbeziehung von Solidarität und Eigenverantwortung auch bei *Becker* ZÖR 2010, 617 f.; kritisch gegenüber dieser Einordnung *Klement*, Verantwortung, S. 224 f., der die Eigenverantwortung daher als Beispiel symbolischen Rechts anführt.

914 Vgl. BT-Drucks. 11/2237, S. 149; BT-Drucks. 15/4833, S. 24; BT-Drucks. 18/4282, S. 33; vgl. *Becker* ZÖR 2010, 618.

915 Der Ansicht auch Eichenhofer/v. Koppenfels-Spies/Wenner/SGB V/*Axer*, § 2 Rn. 8.

916 Hinweis bei *Wasem* zfme 2020, 142.

917 Vgl. dazu die Übersicht unter https://www.buzer.de/gesetz/2497/l.htm, zuletzt am 01.01.2023.

Herausforderungen der gesetzlichen Krankenversicherung geworfen werden. Hervorgehoben werden dabei insbesondere die jeweiligen Bemühungen des Gesetzgebers. Zudem erfolgt eine Darstellung des in § 12 SGB V kodifizierten Gebots der Wirtschaftlichkeit, welches sich an alle Akteure des Systems der gesetzlichen Krankenversicherung richtet.

### a. Ein bekanntes Problem

Die Ausgaben im deutschen Gesundheitssystem, insbesondere die der gesetzlichen Krankenversicherung, steigen stetig.[918] Die Finanzkraft der gesetzlichen Krankenversicherung steht dadurch unter ständigem Druck.[919] *Eberbach* fasste das durch den diesbezüglich geführten öffentlichen Diskurs ausgemachte Problem in seiner Formulierung: „Das Geld ist knapp und die Kosten steigen weiter", pointiert zusammen.[920] Dabei ist das Auseinanderfallen von Einnahmen- und Ausgabenseite in Bezug auf die Finanzierung der gesetzlichen Krankenversicherung nicht erst in den letzten Jahren oder angesichts der Auswirkungen der SARS-CoV-2-Pandemie ständiger Gegenstand der Debatten im Gesundheitswesen.[921] Bereits seit den 1970er Jahren wurde der Kostendruck auf das System immer deutlicher, sodass sich die Verantwortlichen des Gesundheitssystems, zuvorderst der Gesetzgeber, dazu entschlossen, Maßnahmen der Kostendämpfung zu ergreifen.[922] Wurde zuvor eine Politik der Leistungsausweitung und einer umfassenden Einstandspflicht der gesetzlichen Krankenkassen aufgrund der überwundenen Rezension der Nachkriegszeit betrieben, äußerten sich deren finanzwirtschaftlichen Folgen schon bald auf der Einnahmenseite, bedingt durch den wirtschaftlichen Abschwung in den 1970er Jahren.[923] Eine „Kostendämpfungsgesetzgebung" hielt Einzug, und Kostendämpfungsmaßnahmen wurden zunehmend

---

[918] Vgl. dazu die statistischen Angaben des Bundesministeriums für Gesundheit 2020, abrufbar unter https://www.bundesgesundheitsministerium.de/fileadmin/Dateien/5_Publikationen/Gesundheit/Broschueren/Daten_des_Gesundheitswesens_2020.pdf, zuletzt am 01.04.2023; vgl. BT-Drucks. 10/669, S. 223, von einer „Ausgabenexpansion" sprechend; vgl. *Kemmler* NZS 2014, 521.

[919] *Sodan* beschreibt dies als „chronische Finanzierungsschwierigkeiten", *Sodan* NJW 2007, 1313; vgl. auch *Oduncu* MedR 2012, 359, der von „Finanzierungsdefizit" und „Finanzierungsproblem" spricht; ähnlich *Schlegel* NZS 2022, 681; vgl. *Hänlein* SGb 2003, 301, der von einer „katastrophalen wirtschaftlichen Entwicklung" spricht.

[920] *Eberbach* MedR 2010, 756. Daraus ergibt sich bereits, dass es sich um ein „Einnahmenschwäche" und nicht um eine „Ausgabenexpansion" handelt, die sich in der gesetzlichen Krankenversicherung fortsetzt, vgl. *Straub* Bundesgesundheitsbl 2006, 79.

[921] Vgl. *Hebeler* JURA 2005, 19; siehe etwa spezifisch zu der seit längerem grassierenden Debatte um den Umbau der gesetzlichen Krankenversicherung zu einer „Bürgerversicherung" zu deren finanziellen Sanierung bei *Isensee* NZS 2004, 393 ff.; vgl. einführend auch *Berlemann/Karmann* ZWS 1998, 573; siehe allgemeiner zu der wirtschaftlichen Not des sozialen Rechtsstaates und zu den multikausalen Gründen bei *Zacher* VSSR 1983, 132 bis 134; siehe bereits BT-Drucks. 10/669, S. 222 f.; vgl. BT-Drucks. 10/4295, S. 166.

[922] Vgl. BT-Drucks. 10/669, S. 223; vgl. *Hänlein* SGb 2003, 301.

[923] Vgl. *Wasem* zfme 2020, 142; vgl. *Kühn*, Zwanzig Jahre »Kostenexplosion«, S. 148; vgl. *Büscher*, Leistungsbeschränkung in der Gesetzlichen Krankenversicherung, S. 532 f.; vgl. BT-Drucks. 4295, S. 166.

auch akzeptiert.[924] Zu nennen sind hier etwa das Krankenversicherungs-Kostendämpfungsgesetz von 1977[925], das Krankenhaus-Kostendämpfungsgesetz von 1981[926], sowie das Kostendämpfungs-Ergänzungsgesetz ebenfalls aus 1981[927].

Die wachsende Divergenz zwischen Einnahmen- und Beitragsseite setzte sich indes fort.[928] So stieg der durchschnittliche allgemeine Beitragssatz in Westdeutschland von 8,2 % im Jahr 1970 auf 11,3 % bis 1976 an,[929] bis 1994 sogar auf 13 %.[930] Von einer „Kostenexplosion in der Krankenversicherung" war die Rede.[931] Vermehrt wurden Metaphern bemüht, um die anhaltende finanzielle Schieflage der gesetzlichen Krankenversicherung zum Ausdruck zu bringen.[932] 1984 etwa wurden die finanziellen Herausforderungen des Gesundheitssystems in Gänze als „Kostenlawine" bezeichnet, welche es zu bremsen gelte.[933] Von den 1950er Jahren bis Mitte der 1990er hatten sich die durchschnittlichen Behandlungskosten pro Versicherten pro Jahr von 37 DM auf 789 DM erhöht.[934]

Bereits kurz nach der Reform der gesetzlichen Krankenversicherung durch das Gesundheitsreformgesetzes[935] wurden Forderungen laut, die die Kostenentwicklung im Gesundheitswesen und daran anknüpfend das die gesetzliche Krankenversicherung prägende Sachleistungsprinzip als Stellschraube für mögliche

---

924 *Sodan* NJW 2007, 1313; vgl. Hauck/Noftz SGB V E 050 S. 1; vgl. *Hänlein* SGb 2003, 301.
925 BGBl I 1977, S. 1069.
926 BGBl I 1981, S. 1568.
927 BGBl I 1981, S. 1578. Eine weitergehende Aufzählung von Kostendämpfungsgesetzen findet sich etwa bei Hauck/Noftz SGB V E 050 S. 1.
928 Von einer „Schere" zwischen Leistungsausgaben der Krankenkassen und beitragspflichtigem Einkommen der Versicherten sprechend etwa *Wasem* zfme 2020, 142. Eine Zeitspanne der „expansiven Ausgabenentwicklung" von den 1970ern bis in die 1990er beschreibend etwa *Meydam* SGb 1991, 377.
929 Vgl. *Wasem* zfme 2020, 142 f.; vgl. Hauck/Noftz SGB V E 050 S. 1.
930 Siehe *Merten* NZS 1996, 593; siehe auch *Kühn*, Zwanzig Jahre »Kostenexplosion«, S. 147.
931 Siehe *Schmähl* Sozialer Fortschritt 1975, 241; vgl. auch BT-Drucks. 10/4295, S. 166; siehe *Merten* NZS 1996, 593; sich gegen das Vorliegen einer „Kostenexplosion" aussprechend *Berlemann/Karmann* ZWS 1998, 573; den Begriff der „Kostenexplosion" als unzutreffend bezeichnend *Kühn*, Finanzierbarkeit der gesetzlichen Krankenversicherung und das Instrument der Budgetierung, S. 4; ursprünglich ist diese Metapher zurückzuführen auf den ehemaligen rheinlad-pfälzischen Sozialminister Heiner Geißler, vgl. *Geissler*, Krankenversicherungsbudget – Eine Vorausschätzung der finanziellen Entwicklung der gesetzlichen Krankenversicherung für die Jahre 1973 bis 1978 sowie eine erste Analyse der Entwicklung in den Jahren 1960 bis 1973, Staatskanzlei Rheinland-Pfalz (Hrsg.), Mainz 1974; vgl. Hauck/Noftz SGB V E 050 S. 1; siehe dazu auch bei *Wasem* zfme 2020, 142; ausführlich zu Begriff und Entwicklung der „Kostenexplosion" bei *Schmidt*, Eigenverantwortung haben immer die Anderen, S. 77 f.; vgl. bereits den Titel bei *Kühn*, Zwanzig Jahre »Kostenexplosion«, S. 145, der im Übrigen kritisch gegenüber der Verwendung der Metapher eingestellt ist.
932 Siehe dazu auch bei *Kühn*, Zwanzig Jahre »Kostenexplosion«, S. 145 sowie 151; vgl. *Oduncu* MedR 2012, 359; vgl. *Kühn*, Finanzierbarkeit der gesetzlichen Krankenversicherung und das Instrument der Budgetierung, S. 4.
933 *Blüm* ZSR 1984, 770.
934 Siehe *Merten* NZS 1996, 593.
935 BGBl. I 1988, S. 2477.

Kostendämpfungsmaßnahmen zum Gegenstand hatten.[936] Mit der Überführung des Rechts der gesetzlichen Krankenversicherung aus der Reichsversicherungsordnung in das Sozialgesetzbuch wurde nicht nur erstmals der Sachleistungsgrundsatz normativ verankert, sondern wurden auch diverse Durchbrechungen desselben implementiert.[937] Zu nennen sind hier etwa die Regelungen zum Zahnersatz als wohl prominentestes Beispiel.[938] Die vermeintlich absolute Geltung des Sachleistungsprinzips erfuhr somit einen normativen „Dämpfer".[939] Dennoch gilt nach dem geltenden Recht das Sachleistungsprinzip als Grundsatz und die Kostenerstattung als Ausnahme.[940]

Inhalt von am Sachleistungsprinzip orientierten Kostendämpfungsansätzen ist im Regelfall eine das vorherrschende Sachleistungsprinzip ergänzende Kostenerstattungsstruktur, die zusätzliche Elemente von Selbstbehalten, Kostenbeteiligungen oder vollständigen Eigenleistungen enthält.[941] Durch das Zweite Gesetz zur Neuordnung von Selbstverwaltung und Eigenverantwortung in der gesetzlichen Krankenversicherung[942] wurde in § 13 Abs. 2 SGB V erstmals unter Bezugnahme auf eine Eigenverantwortlichkeit des Versicherten in der Gesetzesbegründung[943] für alle Versicherten die Möglichkeit geschaffen, statt einer Inanspruchnahme der Leistungen in Form der Sachleistung eine Kostenerstattung zu wählen. Der Versicherte nimmt, soweit er sich für die Kostenerstattung entscheidet, die Leistungen der gesetzlichen Krankenversicherung als Selbstzahler in Anspruch.[944] Je nach konkreter Ausgestaltung soll über Kostenerstattungs- beziehungsweise Kostenbeteiligungsregelungen entweder der Subsidiaritätsgrundsatz gewahrt oder aber eine wirtschaftliche Beteiligung der Versicherten ermöglicht werden, die zu einem sozial tragbaren Sozialversicherungsschutz in der gesetzlichen Krankenversicherung führen soll.[945] Durch die Selbstbeteiligungen der Versicherten sollte erreicht werden, dass sich für diese ein sparsames Verhalten als lohnenswert und

---

[936] Siehe dazu *Schnapp* ErsK 1991, 390; vgl. BT-Drucks. 10/669, S. 255 ff.; Vgl. BT-Drucks. 10/4295, S. 166 ff.; vgl. *Meydam* SGb 1991, 377; vgl. Hauck/Noftz SGB V E 050 S. 5.

[937] Vgl. das Gesundheits-Reformgesetz, BGBl. I 1988, S. 2477; siehe zur positivrechtlichen Normierung – etwa in § 13 Abs. 1 SGB V – *Schulin* ZVersWiss 1994, 40; eine Bekräftigung der durch das Gesundheits-Reformgesetz erfolgten Positivierung des Sachleistungsgrundsatzes, fand zudem auch im nachfolgenden Gesundheitsstrukturgesetz statt, vgl. BGBl. I 1992, S. 2266; vgl. zudem BT-Drucks. 12/3608, S. 76: „Das System der gesetzlichen Krankenversicherung ist [...] vom Sachleistungsprinzip geprägt".

[938] Siehe dazu BT-Drucks. 11/2237, S. 172.

[939] Siehe zur Diskussion um die rechtliche Zulässigkeit von Kostenerstattungsprogrammen in den „Primärkassen" bei *Schulin* SGb 1992, 289 ff.

[940] Vgl. *Schnapp* ErsK 1991, 391; vgl. *Fischer* SGb 2008, 461.

[941] Vgl. *Meydam* SGb 1991, 377; vgl. Hauck/Noftz SGB V E 050 S. 5.

[942] BGBl. I 1997, S. 1520.

[943] Siehe BT-Drucks. 13/6087, S. 20.

[944] Vgl. *Roos* NZS 1997, 464.

[945] Vgl. *Meydam* SGb 1991, 380. Diesen Auffassungen entschieden widersprechend *Riege* SGb 1994, 60 ff. Besonderes argumentatives Gewicht pro Sachleistungsgrundsatz legt *Riege* auf die Wichtigkeit von bedarfsgerechten Mantelverträgen zur Sicherung von Qualität und sozial vertretbaren Gesundheitspreisen, sowie auf die Wahrung wichtiger sozialstaatlicher Grundsätze.

folglich auch als erstrebenswert darstellt.[946] Ausdrückliches Ziel des Gesetzgebers war es die Eigenverantwortung und das Kostenbewusstsein der Versicherten über die breitenwirksame Möglichkeit der Kostenerstattung zu stärken.[947] Dabei waren die Sicherung der Beitragssatzstabilität und damit schlussendlich der Finanzierung der gesetzlichen Krankenversicherungen maßgeblicher Antrieb.[948]

Allerdings ist die Wirtschaftskraft der Solidargemeinschaft nicht der einzige Faktor zur finanziellen Stabilität. Die Zusammenhänge der Kostenentwicklung in der Gesundheitsversorgung sind weitaus komplexer. Es gibt keine „monokausale Erklärung" für die bestehende und wohl auf lange Sicht fortlaufend zunehmende Kostenbelastung des Gesundheitssystems.[949] So kann in der Literatur eine fast schon automatische Nennung von weiteren Kostentreibern und damit zum Teil von zentralen Faktoren einer Kostendämpfungspolitik festgestellt werden. Benannt werden mitunter längst bekannte Faktoren, die unter dem Begriff der „Zivilisationskrankheiten" firmieren[950], aber auch strukturelle und gesellschaftliche Faktoren wie beispielsweise der demographische Wandel[951] und ein damit einhergehender erhöhter Versorgungsbedarf, eine steigende Anzahl an multimorbiden Patienten, veränderte Arbeits- und Lebensbedingungen, immer häufiger diagnostizierte chronisch-degenerative und psychische Belastungen in der Bevölkerung, der medizintechnische Fortschritt, das Problem des „Moral-Hazard", die Beitragsfreiheit von durch das Mitglied mitversicherten Angehörigen sowie eine nach wie vor bestehende und sich wohl nachweislich verschärfende soziale Ungleichheit in der Verteilung der Gesundheitschancen.[952] Diese sich auf das

---

[946] Vgl. *Adam-Schwaetzer* ArbuSozPol 1986, 362.

[947] BT-Drucks. 13/6087, S. 20; ein expliziter Hinweis auf die Eigenverantwortung unter Bezugnahme auf die Kostenerstattung findet sich bei *Krasney* NJW 1998, 1738.

[948] Vgl. *Krasney* NJW 1998, 1737.

[949] *Adam-Schwaetzer* ArbuSozPol 1986, 361; so auch die Erkenntnis der Studie von *Berlemann/Karmann*, vgl. *Berlemann/Karmann* ZWS 1998, 574; siehe zur Prognose der Ausgabenentwicklung *Kemmler* NZS 2014, 521.

[950] Vgl. etwa *Nienhaus*, Eigenverantwortung in der GKV auf dem Vormarsch?, abrufbar unter https://www.juwiss.de/94-2017/, zuletzt am 01.04.2023, die von einem „Zeitalter der Zivilisationskrankheiten" spricht. Zivilisationskrankheiten beschreiben Krankheiten, die durch eine, mit durch Fortschritt herbeigeführten verbesserten sozialen und materiellen Lebensbedingung verbundene Lebensweise, hervorgerufen werden, vgl. https://www.duden.de/rechtschreibung/Zivilisationskrankheit, zuletzt am 01.04.2023. Klassische Beispiele für die sogenannten Zivilisationskrankheiten sind Übergewicht, Herzkreislauf- und Gefäßerkrankungen, Karies, bestimmte Krebsarten oder Diabetes mellitus Typ II.

[951] Eine Verbindung steigender Beiträge und Kosten mit einer „ungünstigen Bevölkerungsentwicklung" herstellend etwa *Merten* NZS 1996, 594; siehe zu Entwicklung, Ursache und Prognose des demographischen Wandels ausführlich bei *Brosius-Gersdorf* SR 2018, 70 bis 72; siehe gleichfalls auch bei *Wallerath* JZ 2004, 950.

[952] Siehe beispielsweise Eichenhofer/v. Koppenfels-Spies/Wenner/SGB V/*Axer*, § 1 Rn. 7; vgl. *Schlegel* NZS 2022, 681; vgl. *Wasem* zfme 2020, 145; vgl. *Meierjürgen* G+S 2014, 31; vgl. *Meierjürgen* G+S 2015, 25; vgl. *Eberbach* MedR 2014, 459; vgl. *Huster* JZ 2008, 861; vgl. *Huster* JZ 2006, 467; vgl. *Hense* ZEFQ 2007, 301 ff.; vgl. *Hebeler* JURA 2005, 19 f.; vgl. *Isensee* NZS 2004, 393; vgl. *Honecker* ZVersWiss 2004, 628; vgl. *Isensee* ZVersWiss 2004, 653 f.; vgl. *Wallerath* JZ 2004, 949; vgl. *Jaeger* NZS 2003, 226; ausführlich auch *Schlenker*, in: *Schulin*, Krankenversicherungsrecht, § 1 Rn. 211 ff.; vgl. *Pitschas* VSSR 1998, 253; siehe auch den Hinweis zur

gesamte Krankenversicherungssystem auswirkenden Faktoren können daher auch als systemische, also sich aufgrund ihrer dynamischen Wechselwirkung flächendeckend statt punktuell realisierende Risiken bezeichnet werden.[953] Genannt wird weiterhin die als sozialpolitisch ineffizient zu bewertende Orientierung der sozialstaatlichen Sicherungssysteme an der Erwerbsbevölkerung, die weitere Herausforderungen wie unstete Erwerbsstände, Migration und damit wiederum demographische Veränderungen mit sich bringen und in einem „Finanzierungsdilemma“ münden würden.[954]

Gleichzeitig äußerten sich die beschriebenen Faktoren in einer unreinen Verwirklichung des Versicherungsprinzips im System der Sozialversicherung.[955] In seiner reinen Form meint das Versicherungsprinzip, dass sich die Leistungen ausschließlich nach dem entrichteten Beitrag bemessen.[956] Der einzelnen Versicherte bestimmt also selbst den Umfang der Leistungen durch seinen Beitrag.

Dies ist so überwiegend in den privaten Versicherungen zu sehen. Dort ist abgesehen von § 257 Abs. 2 S. 1 SGB V – wonach die Leistungen der Art nach den Leistungen der gesetzlichen Krankenversicherung entsprechen – das Leistungsniveau kaum bestimmt. § 192 Abs. 1 VVG legt die Konkretisierung des Leistungsumfangs in die vertragliche Gestaltungsfreiheit von Versichertem und Versicherer. Dennoch sind auch die privaten Krankenversicherer etwa dazu angehalten Standardtarife anzubieten und ist ein von der ursprünglichen Prämienkalkulation abweichender Versorgungsaufwand von der Solidargemeinschaft der Privatversicherten zu tragen.[957]

In der Sozialversicherung gilt das Versicherungsprinzip hingegen nur eingeschränkt. Denn dort besteht ein Konflikt zwischen dem Versicherungsprinzips auf der einen und der Sozialstaatlichkeit auf der anderen Seite. Dem Versicherungsprinzip entspricht in der Sozialversicherung die Bildung von Risikogemeinschaften, die die Lebensrisiken kalkulierbar werden lässt; dem Sozialstaatsprinzip wiederum entspricht das Element der Fürsorge, welches das individuelle Lebensrisiko kollektiviert und die Last der Eigenvorsorge von der eigenen Leistungsfähigkeit entkoppelt.[958] So verläuft in Solidargemeinschaften aufgrund ihrer inhärenten Umverteilungsaspekte, die mit einem gewissen „Zwang zum

---

finanzwirtschaftlichen Kritik an der Familienversicherung in der gesetzlichen Krankenversicherung bei *Felix* NZS 2003, 624, m.w.N.; siehe zum Wandel der Altersstrukturen und dem medizintechnischen Fortschritt *von Maydell* NZS 1993, 425; siehe auch *Kemmler* NZS 2014, 521, m.w.N.

[953] Dazu *Spiecker gen. Döhmann*, Risikomanagement durch Versicherungsmechanismen im Krankenversicherungsrecht, S. 234, m.w.N.

[954] Vgl. *Jochem* Sozialer Fortschritt 2018, 26, 38; siehe zur traditionellen Zielsetzung aufgrund und der Orientierung der Sozialversicherung an der entgeltlichen unselbständigen Beschäftigung *Felix* NZS 2002, 226 f.

[955] Dazu *Isensee* NZS 2004, 396; siehe auch bei *Krasney* NJW 1998, 1738; *Wulfhorst* spricht von einer Abweichung vom Versicherungsprinzip, vgl. *Wulfhorst* VSSR 1982, 3.

[956] Vgl. *Kunze* Sozialer Fortschritt 1955, 89; vgl. *Wulfhorst* VSSR 1982, 3.

[957] Siehe zur Problemstellung der Konkretisierung des Leistungsumfangs in der privaten Krankenversicherung bei *Wallrabenstein*, Kontrolle der Privaten Krankenversicherung, S. 82 bis 91.

[958] Vgl. *Merten* VSSR 1983, 150.

Ausgleich von sozialen Ungleichheiten“ verbunden sind, die Leistungsbilanz asymmetrisch.[959] Daher übersteigen in der Sozialversicherung die Leistungen unter Umständen die Summe der individuell aufgebrachten Beiträge. Durch die Einführung von bundesstaatlichen Zuschüssen, Arbeitgeberanteilen und Zuzahlungen hat sich der selbst zu tragende Anteil des Versicherten an der Mittelaufbringung immer weiter reduziert, wobei sich zunehmend ein Anspruchsdenken der Versicherten etabliert hat.[960]

### b. Das Ziel des Gesetzgebers

Antrieb der Gegensteuerungsmaßnahmen war es offenbar stets, eine Beitragserhöhung um jeden Preis zu vermeiden und eine finanziell stabile Gesundheitsversorgung aufrecht zu erhalten.[961] So wurde in der Gesetzesbegründung des Gesetzes zur Stärkung der Solidarität in der gesetzlichen Krankenversicherung, beispielsweise als ausdrückliches Ziel des Gesetzes benannt, „die Finanzierungsgrundlage der gesetzlichen Krankenversicherung dauerhaft [zu stabilisieren] und ein[en] weitere[n] Anstieg der Krankenversicherungsbeiträge“ zu stoppen.[962] Ein Beitragserhöhungsstopp sollte in doppelter Hinsicht denjenigen zu Gute kommen, die dem einkommensschwachen Bevölkerungsteil[963] angehörten: Auf der einen Seite führten Beitragserhöhungen zu steigenden Lohnnebenkosten, wodurch sich das Anstellungsverhältnis für den Arbeitgeber verteuert und dieser deshalb womöglich auf eine Anstellung verzichten würde und entweder zur Automation des Arbeitsplatzes oder zur Verlagerung desselben in Niedriglohnländer greifen würde.[964] Auf der anderen Seite würden höhere Sozialversicherungsbeiträge die Differenzen in der Lohnbesteuerung zu Lasten der einkommensschwachen Bevölkerungsteile konterkarieren.[965]

---

[959] *Möhring-Hesse,* Solidaristische Sozialpolitik, S. 275.

[960] Vgl. bereits *Kunze* Sozialer Fortschritt 1955, 89.

[961] Vgl. ausführlich und zugleich kritisch *Leisner*, Finanzielle Stabilität der gesetzlichen Krankenversicherung, S. 15 ff.; vgl. *Krasney* NJW 1998, 1737; siehe auch *Blüm* ZSR 1984, 770. Auch im aktuellen Koalitionsvertrag 2021 der Regierungsparteien SPD, Bündnis 90/Die Grünen und FDP, wird auf die finanzielle Stabilität als Ziel verwiesen, abrufbar unter https://www.bundesregierung.de/resource/blob/974430/1990812/04221173eef9a6720059cc353d759a2b/2021-12-10-koav2021-data.pdf?download=1, zuletzt am 01.04.2023, S. 80 und 87.

[962] BT-Drucks. 14/25, S. 1.

[963] Unter dem sogenannten einkommensschwachen Bevölkerungsteil werden diejenigen Einkommensgruppen gefasst, denen weniger als 70% des Medianeinkommens als Einkommen zur Verfügung steht, siehe dazu unter https://www.bpb.de/kurz-knapp/zahlen-und-fakten/soziale-situation-in-deutschland/61763/einkommensgruppen/, zuletzt am 01.04.2023.

[964] Vgl. *Blüm* ZSR 1984, 770; vgl. *Leisner*, Finanzielle Stabilität der gesetzlichen Krankenversicherung, S. 15; vgl. kritisch *Kühn*, Zwanzig Jahre »Kostenexplosion«, S. 151 f.; ausweislich der Gesetzesbegründung zum Beitragssatzstabilisierungsgesetz, war die „Verhinderung eines Anstiegs der Lohnnebenkosten“ erklärtes Hauptziel, BT-Drucks. 15/28, S. 2; vgl. *Merten* NZS 1996, 593 f., der in der Konsequenz einen „Salto mortale“ des Sozialstaats beschreibt. Durch die Verlagerung oder Wegrationalisierung von inländischen Arbeitsplätzen aufgrund steigender Lohnnebenkosten, würde sich wiederum das Verhältnis von Beitragszahler zu Leistungsempfängern verschlechtern. Die Folge wären erneut steigende Beiträge.

[965] Vgl. *Blüm* ZSR 1984, 770.

Zugleich sollte aber neben einem Beitragserhöhungsstopp auch eine Drosselung des Ausgabenanstiegs erzielt werden.[966] Dies sollte sich wiederum positiv auf die Abgabenlast der Versicherten auswirken.[967] Ziel seit den 1970er Jahren war es also, durch die entsprechenden Kostendämpfungsgesetze „die Ausgaben der [gesetzlichen Krankenversicherung] bei stabilen Beitragssätzen im Gleichgewicht mit den Beitragseinnahmen zu halten".[968] Im Koalitionsvertrag von CDU/CSU und FDP für die Wahlperiode 1987 bis 1990 wurde bereits explizit für die folgende Reform der gesetzlichen Krankenversicherung geplant, wirksame Anreize für alle Beteiligten zu mehr Sparsamkeit und Eigenverantwortung zu schaffen, die Beitragsstabilität und den Subsidiaritätsgrundsatz zu beachten sowie die Finanzgrundlage zu stärken.[969]

Insgesamt lassen sich die gesetzlichen Maßnahmen in zwei Grundtypen unterscheiden.[970] Auf der einen Seite stehen nachfrageorientierte Maßnahmen, die sich an das Inanspruchnahmeverhalten von Gesundheitsleistungen der Versicherten richten. Darunter können bereits die Bemühungen des Gesetzgebers gezählt werden, über die Durchbrechung des Sachleistungsgrundsatzes durch Implementierung von Kostenerstattungs- und Selbstbeteiligungsprogrammen auf das Inanspruchnahmeverhalten der Versicherten einzuwirken, um Kosteneinsparungspotentiale zu erschließen.[971] Insbesondere die Selbstbeteiligungsregelungen waren darauf ausgelegt, das Inanspruchnahmeverhalten der Versicherten gesundheitsökonomisch positiv zu beeinflussen.[972] Häufig erfolgten die Maßnahmen im Rahmen einer angestrebten Stärkung der Eigenverantwortung.[973] So wurde etwa im Zuge des 2. GKV-NOG[974] für die Kassen die Möglichkeit geschaffen, solchen Versicherten, die die eingeführte Option der Kostenerstattung gewählt hatten, bei Übernahme eines Selbstbehaltes Beitragsermäßigungen oder für den Fall der Nichtinanspruchnahme von Leistungen sogar Beitragsrückzahlungen anzubieten.[975] Damit sollten die Versicherten zu einer möglichst „ökonomischen Ausgestaltung des Versicherungsfalls veranlasst werden".[976] Angesprochen ist das Problem des „Moral-Hazard", dem es entgegenzuwirken galt.[977]

---

966 Vgl. *Schmähl* Sozialer Fortschritt 1975, 241.
967 Vgl. *Schmähl* Sozialer Fortschritt 1975, 241; siehe dazu auch *Hebeler* JURA 2005, 20.
968 Hauck/Noftz SGB V E 050 S. 1.
969 Vgl. dazu die überblicksartige Zusammenstellung der Koalitionsvereinbarung in der CDU-Dokumentation von 1987, S. 11, abrufbar unter https://downloads.kas.de/dokumente/2018/12/kas_26810-544-1-30.pdf, zuletzt am 01.04.2023.
970 Diese Unterteilung vornehmend *Wasem* zfme 2020, 144.
971 So bereits *Schulin* SGb 1992, 293; vgl. auch *Riege* SGb 1994, 59; siehe auch *Wrase* GuP 2014, 59.
972 Vgl. *Wasem/Greß* SDSRV 2003, 124.
973 Vgl. *Krasney* NJW 1998, 1737.
974 BGBl. I 1997, S. 1520.
975 Vgl. BGBl. I 1997, S. 1520.
976 *Hänlein* ZVersWiss 2002, 591.
977 Vgl. *Wasem/Greß* SDSRV 2003, 122 ff.; vgl. *Götze/Salomon* ZSR 2009, 73.

In eine ähnliche Wirkungsrichtung zielten auch durch den Gesetzgeber veranlasste Leistungskürzungen oder gar die vollständige Entnahme von Leistungen aus dem Leistungsumfang des SGB V. Seit 1990 waren gehäuft Leistungskürzungen Bestandteil von Änderungsgesetzen.[978] Ein strittiges Beispiel für eine echte Begrenzung des Leistungsumfangs durch Entnahme einer Leistung aus dem Leistungskatalog war etwa der Ausschluss von Brillengestellen und -gläsern sowie Kontaktlinsen als Kassenleistung für Versicherte, die das 18. Lebensjahr vollendet haben, § 33 Abs. 2 SGB V. Kritisiert wurde dies insbesondere deshalb, da bei entsprechenden Dioptrien-Werten nicht an einer medizinischen Notwendigkeit gezweifelt werden könne und zudem eine geeignete Vorsorgemaßnahme zur Vorbeugung von Kurz- oder Weitsichtigkeit nicht gegeben ist.[979] Der Verweis dieser Leistungen in die Eigenverantwortung der Versicherten überzeugt daher nicht ohne Weiteres. Weiteres Beispiel für derartige Leistungsbegrenzungen ist der Ausschluss von nichtverschreibungspflichtigen Arzneimitteln, § 34 Abs. 1 S. 1 SGB V.[980]

Der beabsichtigte und auf das Versichertenverhalten gerichtete Steuerungseffekt, der über Selbstbeteiligungsregelungen bewirkt werden sollte, kann im Ergebnis nur als zweitrangig bewertet werden.[981] Hauptanliegen war und ist es, Finanzierungseffekte auszulösen.[982] Gesetzliche Leistungseinschränkungen gründen daher auf rein fiskalischen Erwägungen.[983]

Den soeben beschriebenen Maßnahmen stehen solche Maßnahmen gegenüber, die am Leistungsangebot orientiert sind und die sich an die Leistungserbringer richten. Von Relevanz ist hier der Begriff der „einnahmenorientierten Ausgabenpolitik“: Die Einnahmen folgten fortan nicht mehr den Ausgaben, sondern die Ausgabenseite hatte sich seit dem Krankenversicherungs-Kostendämpfungsgesetz[984] an den Einnahmen zu orientieren.[985] Dieser Ansatz wurde zum „Grundsatz der Beitragssatzstabilität“ verdichtet, welcher seither im Sinne einer Globalbudgetierung die zur Verfügung stehenden Mittel wesentlich mitbestimmte und in der Folge prägend für den sozialpolitischen Diskurs war.[986] Dieser Grundsatz wurde im Zuge des Gesundheitsreformgesetzes[987] in § 71 i.V.m. § 141 Abs. 2 S.

---

978 Vgl. *Krasney* NJW 1998, 1737; vgl. *Wrase* GuP 2014, 59.

979 *Wenner* GesR 2009, 174.

980 BSG, Urteil v. 06.11.2008 – B 1 KR 6/08 R = SozR 4-2500 § 34 Nr. 4.

981 So auch vgl. *Wasem/Greß* SDSRV 2003, 124.

982 Vgl. *Wasem/Greß* SDSRV 2003, 124; vgl. *Wrase* GuP 2014, 59.

983 So *Wenner* GesR 2009, 174; vgl. *Götze/Salomon* ZSR 2009, 73; im Ergebnis auch *Littmann*, Empfiehlt es sich, die Zuweisung von Risiken und Lasten im Sozialrecht neu zu ordnen? – Gutachten F, S. F 34 f.; vgl. *Wrase* GuP 2014, 59.

984 BGBl. I 1977, S. 1069.

985 *Wasem* zfme 2020, 144; vgl. *Kühn*, Zwanzig Jahre »Kostenexplosion«, S. 156.

986 Vgl. *Wasem* zfme 2020, 145; vgl. *Leisner*, Finanzielle Stabilität der gesetzlichen Krankenversicherung, S. 17; vgl. *Schaks*, in: *Sodan*, Krankenversicherungsrecht, § 16 Rn. 55; vgl. *Kühn*, Zwanzig Jahre »Kostenexplosion«, S. 156.

987 BGBl. I 1988, S. 2477.

3 SGB V, später dann in § 71 Abs. 1 S. 1 SGB V einheitlich legaldefiniert.[988] Die Vertragspartner auf Seiten der Krankenkassen und die Leistungserbringer haben danach Vereinbarungen über die Vergütungen nach dem SGB V so zu gestalten, dass Beitragserhöhungen ausgeschlossen werden, es sei denn, die notwendige medizinische Versorgung ist auch nach Ausschöpfung von Wirtschaftlichkeitsreserven nicht zu gewährleisten.

Der Grundsatz soll sicherstellen, dass die Vergütung der Leistungserbringer maximal um die Summe steigt, um die auch die beitragspflichtigen Einnahmen steigen.[989] So soll eine finanzielle Überforderung der gesetzlichen Krankenversicherung, aber auch eine Erhöhung der Beitragsbelastung vermieden werden.[990] Durch die Orientierung am Grundsatz der Beitragssatzstabilität wurde aber zugleich auch eine Grenze der Einnahmensteigerung gezogen.

In den letzten Jahrzehnten – seit der Reform der gesetzlichen Krankenversicherung durch das Gesundheitsreformgesetzes[991] – hat der Gesetzgeber zunehmend neben Maßnahmen der Kosteneinsparung auch Erweiterungen der Leistungen vorgenommen beziehungsweise vereinzelt eine Rückkehr zu vormals gewährten Leistungen angestrebt. Beispiel hierfür ist etwa das GKV-Solidaritätsstärkungsgesetz[992]. Die zuvor über das 2. GKV-Neuordnungsgesetz[993] eingeführten Kostenerstattungsregelungen wurden durch dieses zu einem Großteil wieder begrenzt.[994] Zugleich wurde die Versorgung mit Zahnersatz für alle Versicherten als Teil der Kassenleistungen eröffnet.[995] Schließlich wurden die durch das 1.[996] und 2. GKV-Neuordnungsgesetz[997] aus der Privaten Krankenversicherung übernommenen und durch das GKV-Solidaritätsstärkungsgesetz[998] wieder entnommenen Elemente der Kostenerstattung, des Selbstbehalts oder des Festbetrags bei Zahnersatz, durch das GKV-Modernisierungsgesetz[999] erneut eingeführt.

Auch das spätere Wettbewerbsstärkungsgesetz[1000] stand im Zeichen von Beitragsstabilität und Änderungen des Umfangs des Leistungsanspruchs. Grundlegende Maßnahmen waren etwa die Einrichtung eines Gesundheitsfonds, die morbiditätsorientierte Zuweisung der Finanzmittel an die Krankenkassen sowie eine

---

988 Vgl. BGBl. I 1988, S. 2477 (2499 und 2519); vgl. zudem *Kühn*, Zwanzig Jahre »Kostenexplosion«, S. 156; siehe dazu auch *Ebsen* NDV 1997, 71.
989 Vgl. *Schaks*, in: *Sodan*, Krankenversicherungsrecht, § 16 Rn. 56.
990 Vgl. BT-Drucks. 11/2237, S. 191.
991 BGBl. I 1988, S. 2477.
992 BGBl. I 1998, S. 3853.
993 BGBl. I 1997, S. 1520.
994 Vgl. dazu die Darstellung bei *Krasney* NJW 1999, 1745.
995 Vgl. dazu die Darstellung bei *Krasney* NJW 1999, 1746.
996 BGBl. I 1997, S. 1518
997 BGBl. I 1997, S. 1520.
998 BGBl. I 1998, S. 3853.
999 BGBl. I 2003, S. 2190.
1000 BGBl. I 2007, S. 378.

Darbietung eines Bundeszuschusses.[1001] Um Kosten einzusparen, wurde zudem § 52 SGB V um einen Abs. 2 ergänzt, durch welchen die Kosten für die Behandlung von aus Maßnahmen wunscherfüllender Medizin resultierenden Versicherungsfällen den Versicherten ganz oder teilweise überantwortet wurden, um so rund 0,05 Mrd. Euro Minderausgaben verzeichnen zu können.[1002] Weiter heißt es in der Gesetzesbegründung ausdrücklich: „Das Gesetz führt zu finanzwirksamen Entlastungen der gesetzlichen Krankenkassen und begrenzt den Beitragssatzanstieg der gesetzlichen Krankenversicherung ab der Einführung des Gesundheitsfonds."[1003] So wurde der Wille, einen Beitragsanstieg zu verhindern, in Beziehung zur allgemeinen Kostendämpfungspolitik gesetzt. Auf der Leistungsseite wurden praktisch alle Impfungen, die von der Ständigen Impfkommission empfohlen wurden, zu eine Kassenleistung.[1004]

Daneben war auch der versicherte Personenkreis von Reformen betroffen. Dies geschah entweder über eine explizite Einbeziehung oder indirekt über eine Anhebung der Pflichtversicherungsgrenze[1005].[1006] Die ehemalige Bundesgesundheitsministerin Ulla Schmidt bezeichnete im Jahr 2004 die Anhebung der Pflichtversicherungsgrenze als notwendig für die Stärkung der Leistungsfähigkeit und Finanzierbarkeit der gesetzlichen Krankenversicherung.[1007] Daneben hatten auch stets „ideologische Nebenzwecke" der ihrer Natur nach interessengeprägten Politik Einfluss auf die jeweils anvisierten Entwicklungsziele.[1008]

Für eine heftige Debatte sorgte der Vorschlag der sogenannten „Rürup-Kommission"[1009] sowie die anschließenden Arbeitsentwürfe der Bundesregierung zu einer sogenannten „Bürgerversicherung"[1010] als wohl radikalste Ausformung einer

---

[1001] Vgl. BT-Drucks. 16/3950, S. 1 bis 3.

[1002] Vgl. BT-Drucks. 16/3100, S. 211.

[1003] BT-Drucks. 16/3100, 213.

[1004] BT-Drucks. 16/3100, 8.

[1005] Die Pflichtversicherungsgrenze, besser bezeichnet als Jahresarbeitsentgeltgrenze, bestimmt ab welcher Einkommenshöhe Arbeiter und Angestellte versicherungsfrei in der gesetzlichen Krankenversicherung sind.

[1006] Siehe zu Ersterem die Darstellung bei Hauck/Noftz/*Gerlach* SGB V § 5 Rn. 35 bis 57h, zu Letzterem etwa die Beschlüsse des BVerfG v. 14.02.2004 – 1 BvR 1103/03 sowie vom 18.02.2004 – 1 BvR 2152/03; vgl. zudem insbesondere zu den verfassungsrechtlichen Dimensionen einer Einbeziehung weiterer Personenkreise unter die Versicherungspflicht *Merten* NZS 1998, 545 ff.; eine umfassende Darstellung möglicher Reformansätze bezogen auf die Finanzierung der gesetzlichen Krankenversicherung bei *von Maydell* NZS 1993, 426; vgl. auch *Wallerath* JZ 2004, 956; generelle Bezugnahme bei *Schlegel* NZS 2022, 681.

[1007] Entnommen https://rp-online.de/wirtschaft/unternehmen/hoehere-versicherungspflichtgrenze-zulaessig_aid-16948629, Stand 26.02.2004, zuletzt aufgerufen am 01.04.2023.

[1008] *Isensee* NZS 2004, 393.

[1009] Bericht der „Rürup-Kommission" mit dem Titel: Nachhaltigkeit in der Finanzierung der sozialen Systeme, herausgegeben durch das Bundesministerium für Gesundheit und Soziale Sicherung, Stand 2003, abrufbar unter https://www.bwva.de/steuer/ruerup-kommission.html, zuletzt am 01.04.2023.

[1010] Siehe dazu etwa die Pressemitteilung des Deutschen Gewerkschaftsbundes vom 05.11.2003, abrufbar unter https://www.dgb.de/presse/++co++edf03ca4-1559-11df-4ca9-00093d10fae2, zuletzt am 01.04.2023.

Erweiterung des Versichertenkreises zu Gunsten der finanziellen Funktionsfähigkeit der gesetzlichen Krankenversicherung.[1011] Eine solche „Bürgerversicherung“ löst sich von der an der abhängigen Beschäftigung anknüpfenden Versicherungspflicht und weitet diese schlicht auf alle Einwohner im Sinne einer umfassenden Bürgerzwangsversicherung ausweitet, um die Finanzkraft und damit die Zukunftsfähigkeit des jeweils betroffenen sozialen Sicherungssystems zu erhalten.[1012] Gleichzeitig soll eine „Bürgerversicherung“, indem sie allen eine einheitliche Leistungsqualität zukommen lässt, auch Gerechtigkeitsdefiziten abhelfen, die dadurch ausgelöst würden, dass finanziell bessergestellte Versicherte die Möglichkeit haben, auf dem privaten Gesundheitsmarkt zusätzliche Leistungen einzukaufen.[1013] Eine zeitnahe Umsetzung, auch unter der eine Bürgerversicherung zu Teilen befürwortenden 20. deutschen Bundesregierung, ist derzeit nicht in Sicht.[1014]

Allerdings wurde die Kostendämpfungspolitik ebenso wie die Reformpolitik insgesamt nicht unkritisch beobachtet, obwohl so mancher auf die Vorteile einer kleinteiligen Reformpolitik hinwies.[1015] Kritisch betrachtet wurde insbesondere die Kurzfristigkeit der erzielten Effekte.[1016] Seit der Strukturreform der gesetzlichen Krankenversicherung ergingen mehr als 250 Änderungsgesetze, Reform folgte auf Reform.[1017] Dieser Takt beschleunigte sich in den letzten Jahren

---

[1011] Vgl. dazu eingehend die Darstellung bei *Isensee* NZS 2004, 393 ff., der sich nicht nur kritisch gegenüber dem Begriff der „Bürgerversicherung“ per se äußert, sondern darüber hinaus auch bezüglich der verfassungsrechtlichen Zulässigkeit derselben; vgl. dazu auch *Wallerath* JZ 2004, 956.

[1012] Siehe dazu die Darstellung bei *Schnüffner/Franck*, in: *Sodan*, Krankenversicherungsrecht, § 43 Rn. 180 ff.; vgl. auch *Wallerath* JZ 2004, 956; vgl. *Sodan* ZRP 2004, 217.

[1013] Dazu vertiefend *Prütting/Winter* ZRP 2019, 167 f., die dies zugleich als „politisches Wunschdenken“ abtun.

[1014] Vgl. dazu etwa https://www.transparent-beraten.de/private-krankenversicherung/buergerversicherung/, Stand 2023, zuletzt am 01.04.2023. Der derzeitige Bundesgesundheitsminister Prof. Dr. Karl Lauterbach ist ein großer Befürworter der Bürgerversicherung, auch wenn er zuletzt kaum mehr für diese geworben hat, vgl. dazu Medienstimmen unter https://www.zdf.de/nachrichten/briefing/lauterbach-krankenversicherung-corona-zdfheute-update-100.html, zuletzt am 01.04.2023.

[1015] Vgl. zur „Reformbaustelle“ der gesetzlichen Krankenversicherung *Hauck* SGb 2007, 203; siehe zu Letzterem *Littmann*, Empfiehlt es sich, die Zuweisung von Risiken und Lasten im Sozialrecht neu zu ordnen? – Gutachten F, S. F 50: Angeführt wird etwa das Potential großer Wirkung auch durch nur kleine Veränderungen, die Einfachheit der Revidierung, geringer ausfallenden zu erwartenden Widerstand und dadurch insgesamt weniger Risikobehaftung von Vorhaben für den Gesetzgeber.

[1016] Vgl. *Adam-Schwaetzer* ArbuSozPol 1986, 361; vgl. *Riege* SGb 1994, 59; vgl. *Berlemann/Karmann* ZWS 1998, 592. *Krasney* spricht insoweit von stets nur „vorläufig letzten“ Reformvorhaben, *Krasney* NJW 2000, 2697; vgl. *Muschallik* MedR 2000, 216 und 218; vgl. *Sodan* ZRP 2004, 217; vgl. *Sodan* NJW 2007, 1313; vgl. Hauck/Noftz SGB V E 050 S. 2; siehe insgesamt zur Strategie in der Reformpolitik bezüglich die gesetzliche Krankenversicherung *Littmann*, Empfiehlt es sich, die Zuweisung von Risiken und Lasten im Sozialrecht neu zu ordnen? – Gutachten F, S. F 50, der von „Minimalreformen“ spricht.

[1017] Vgl. *Muckel/Ogorek/Rixen*, Sozialrecht, § 8 Rn. 1, 2; vgl. *Sodan*, in: *Sodan*, Krankenversicherungsrecht, § 1 Rn. 11; vgl. auch Eichenhofer/v. Koppenfels-Spies/Wenner/SGB V/*Axer*, § 1 Rn. 4 mit Beispielen, sowie die dortige Fn. 4; eine umfassende Auflistung bei Becker/Kingreen/*Becker/Kingreen* SGB V § 1 Rn. 29-76.

nochmals, ohne das entscheidende Veränderungen herbeigeführt worden wären.[1018] Vielmehr wurde nur an einzelnen Stellschrauben angesetzt, Symptom- statt Ursachenbekämpfung betrieben, ohne dass eine „Gesamtstrategie" zu erkennen wäre.[1019] Daher wurden zunehmend echte Strukturreformen gefordert.[1020] Gefragt wurde nach einem die Kosten langfristig stabilisierenden System.[1021] Den immer wieder vorgenommenen Reformen wurde und wird vorgeworfen, durch ihre Anzahl die eigentlichen Mängel des Systems zu verdecken, zu perpetuieren und lediglich der „Schadensbegrenzung" vorangegangener „Fehlentscheidungen" zu dienen.[1022] Vorgehalten wurde dem Gesetzgeber, dass er an den zum Teil historischen Grundstrukturen und -prinzipien der gesetzlichen Krankenversicherung nach wie vor festhielte.[1023] Die Forderung nach einer Strukturreform besteht daher in großen Teilen bis heute fort.[1024]

Als ein weiterer zentraler und zugleich besonderer Aspekt der Kostenbewältigungsstrategien ist die Einführung des Risikostrukturausgleichs zu nennen. Dieser war notwendig geworden, um die aus unterschiedlichen Versichertenstrukturen resultierenden finanziellen Belastungen der Krankenkassen aufzufangen und Wettbewerbsverzerrungen als Folge der seit dem 01.01.1996 grundsätzlich herrschenden Kassenwahlfreiheit der Versicherten, die sich beispielsweise durch das kassenseitige Werben um möglichst junge und gesunde Versicherte durch die Krankenkassen einstellten, vorzubeugen.[1025] Daneben sollte der Risikostrukturausgleich durch die Fokussierung auf die standardisierten durchschnittlichen Leistungsausgaben und damit insbesondere durch die Nichtberücksichtigung von kassenspezifischen Sonderleistungen finanziellen Druck auf die Kassen ausüben, um diese zu einer wirtschaftlichen Aufgabenwahrnehmung zu bewegen.[1026] Zusätzliche Einschränkungen des Versichertenwettbewerbs sollten darüber hinaus der Wahrung des sozialversicherungsrechtlichen Grundgedankens der Risikosolidarität, der Versorgungsqualitätssicherung und damit der wirtschaftlichen Gleichstellung von Gesund und Krank über die Umlagemechanismen der gesetzlichen Krankenversicherung dienen.[1027]

---

1018 Vgl. *Büscher*, Leistungsbeschränkung in der Gesetzlichen Krankenversicherung, S. 529; vgl. *Huster*, Selbstbestimmung, Gerechtigkeit und Gesundheit, S. 9.

1019 Vgl. *Dettling* MedR 2006, 81 sowie 89.

1020 Vgl. *Adam-Schwaetzer* ArbuSozPol 1986, 361; siehe auch *Pitschas* VSSR 1998, 253: „Mit bloßen Systemkorrekturen ist es jedenfalls nicht mehr getan."; vgl. *Sodan* ZRP 2004, 217; vgl. *Wasem* zfme 2020, 146 f.; vgl. Hauck/Noftz SGB V E 050 S. 2; vgl. auch *Kühn*, Zwanzig Jahre »Kostenexplosion«, S. 149.

1021 *Drabinski* ifo Schnelldienst 2018, 3; vgl. *Riege* SGb 1994, 59.

1022 So *Littmann*, Empfiehlt es sich, die Zuweisung von Risiken und Lasten im Sozialrecht neu zu ordnen? – Gutachten F, S. F 50.

1023 Vgl. *Büscher*, Leistungsbeschränkung in der Gesetzlichen Krankenversicherung, S. 529; vgl. *Muschallik* MedR 2000, 216.

1024 Vgl. etwa *Blümel/Reichebner* zfme 2020, 127, 137; vgl. auch *Drabinski* ifo Schnelldienst 2018, 3.

1025 Vgl. BT-Drucks. 12/3608, S. 117; vgl. zudem *Sodan/Gast* NZS 1999, 265.

1026 Vgl. BT-Drucks. 12/3608, S. 117 f.

1027 Vgl. dazu *Schulte/Sievers/Tebarts* Gesundheitswesen aktuell 2018, 58 ff.

Auch im Rahmen des Präventionsgesetzes[1028], stand der Aspekt der Kostensenkung im Fokus. Es erging maßgeblich unter dem Aspekt der Kostenreduzierung und der Erschließung von Effizienzpotentialen. Prävention und Gesundheitsförderung gelten spätestens seit den 1990er Jahren als gesundheitspolitische „Hoffnungsträger“ bei der Reduzierung der Kostenlast in der gesetzlichen Krankenversicherung. Diese Kostenlast nimmt in einer Gesellschaft, in der die Menschen deutlich älter werden, veränderten Arbeits- und Lebensbedingungen ausgesetzt sind und sich häufiger mit chronisch-degenerativen und psychischen Erkrankungen konfrontiert sehen, stetig zu.[1029] Die Bedeutung von Prävention und Gesundheitsförderung für die finanzielle Stabilität der gesetzlichen Krankenversicherung kann nach Ansicht ihrer Befürworter als „wissenschaftlich unbestritten“ betrachtet werden.[1030] Grund sei die dahinterliegende Verknüpfung eines möglichst positiven Gesundheitszustands der Bevölkerung, der sich wiederum positiv auf die Nachfrage derselben nach Leistungen des Gesundheitssystems auswirke.[1031]

Durch die im Präventionsgesetz vorgesehenen Maßnahmen, die stark verkürzt eine Förderung und Stärkung der Eigenverantwortlichkeit der Versicherten bezwecken sollten, um diese zu einer gesundheitsfördernden Lebensweise zu befähigen[1032], wurde zwei Annahmen verfolgt. Zum einen wurde davon ausgegangen, dass gesündere Menschen weniger Ausgaben für Gesundheitsleistungen verursachen würden und zum anderen, dass durch Investitionen in Präventionsangebot und -leistungen spätere Behandlungskosten gesenkt werden könnten.[1033] Diese Annahmen wurden im Referentenentwurf zum Präventionsgesetz wie folgt dargestellt: „Prävention fördert die Eigenverantwortung der Bürgerinnen und Bürger für ihre Gesundheit und unterstützt den Erhalt der Beschäftigungsfähigkeit. Effektive und zielgerichtete präventive Maßnahmen führen mittel- oder langfristig zu Einsparungen aufgrund von Krankheitsvermeidung oder aufgrund der Verhinderung einer Chronifizierung mit der Folge kostengünstigerer Behandlungsmöglichkeiten“.[1034]

Jüngstes Beispiel für Bemühungen des Gesetzgebers, die Kostenlast der gesetzlichen Krankenversicherung zu reduzieren, ist der Entwurf eines Gesetzes zur finanziellen Stabilisierung der gesetzlichen Krankenversicherung (GKV-

---

1028 BGBl. I 2015, S. 1368.

1029 *Meierjürgen* G+S 2014, 31, 25.

1030 Vgl. dazu auch *Meierjürgen* G+S 2014, 31, der einen Rückblick über 25 Jahre der Präventionsarbeit und Gesundheitsförderung in der gesetzlichen Krankenversicherung nachzeichnet.

1031 Vgl. die Gesundheitsberichterstattung des Bundes, abrufbar unter https://www.gbe-bund.de/gbe/abrechnung.prc_abr_test_logon?p_uid=gast&p_aid=0&p_knoten=FID&p_sprache=D&p_suchstring=10570, zuletzt am 01.04.2023.

1032 Vgl. die Gesundheitsberichterstattung des Bundes, abrufbar unter https://www.gbe-bund.de/gbe/abrechnung.prc_abr_test_logon?p_uid=gast&p_aid=0&p_knoten=FID&p_sprache=D&p_suchstring=10570, zuletzt am 01.04.2023.

1033 Vgl. auch BT-Drucks. 18/4282, S. 26.

1034 Referentenentwurf des Bundesministeriums für Gesundheit, Stand 20.10.2014, abrufbar unter https://www.bundesgesundheitsministerium.de/fileadmin/Dateien/3_Downloads/Gesetze_und_Verordnungen/GuV/P/PraevG-RefE.pdf, zuletzt am 01.04.2023, S. 26 f.

Finanzstabilisierungsgesetz)[1035] vom 19.09.2022, mit welchem sich der Bundestag am 20.10.2022 abschließend befasst hat. Vorgesehen sind neben einem höheren Bundeszuschuss auch höhere Beiträge der Versicherten, wobei Leistungskürzungen nicht eingeplant sind. Der kassenspezifische Zusatzbeitrag für Versicherte ist zudem 2023 gestiegen. Der durchschnittliche Zusatzbeitragssatz wurde um 0,3 Prozentpunkte auf nun 1,6 Prozent angehoben.[1036] In der Folge kann je nach Kasse der Gesamtbeitrag der Versicherten auf 16,2 Prozent steigen. Sowohl der Bund als auch die Versicherten werden damit fortan stärker finanziell beteiligt.

Diagnostiziert werden kann für die Intention des Gesetzgebers bei Betrachtung der letzten Jahrzehnte zuvorderst, dass dieser das Ziel verfolgte und wohl zukünftig noch verfolgen wird, die Wirtschaftlichkeit zu wahren. Wo immer möglich sollen Kosten gesenkt werden, um das System der gesetzlichen Krankenversicherung nachhaltig zu finanzieren.[1037] Die Funktionalität und die Leistungsfähigkeit der gesetzlichen Krankenkassen wurden und werden vermehrt anhand des Gesichtspunktes der Kosteneffizienz gemessen.[1038]

### c. Das Wirtschaftlichkeitsgebot

Der Begriff der Wirtschaftlichkeit erweist sich nach dem bisher Gesagtem als elementarer Bestandteil wie auch Antrieb gesetzgeberischer Reformerwägungen und Kosteneinsparungsinstrumente. Sein normatives Pendant findet sich im Recht der gesetzlichen Krankenversicherung im sogenannten Wirtschaftlichkeitsgebot. Das Wirtschaftlichkeitsgebot zählt zu den „Grundprinzipien“[1039] der gesetzlichen Krankenversicherung und ist für deren Leistungssystem konstitutiv[1040]. Es gilt über § 12 SGB V im Verhältnis der Krankenkasse zum Versicherten sowie über § 70 SGB V im Verhältnis der Krankenkasse zum Leistungserbringer.[1041] Das Wirtschaftlichkeitsgebot ist ein „formales Prinzip“, weshalb es keine eigenen Ziele setzt, sondern bei der Verfolgung der Ziele der gesetzlichen Krankenversicherung zu beachten ist.[1042] Es verlangt stets einen rationalen Umgang mit den in der Gesundheitsversorgung gegebenen Ressourcen.[1043]

Die in wirtschaftlicher Weise zu verwirklichenden Ziele der gesetzlichen Krankenversicherung werden in § 27 Abs. 1 SGB V als das Erkennen von Krankheit, das Heilen von Krankheit, das Verhüten ihrer Verschlimmerung und das Lindern

---

[1035] BT-Drucks. 20/3448.

[1036] Vgl. BT-Drucks. 20/3448.

[1037] Vgl. dazu etwa unter Bezugnahme auf die Folgen des demographischen Wandels BT-Drucks. 18/4282, S. 26.

[1038] Ähnliches Ergebnis bei *H. Schmidt* ZEFQ 2012, 192.

[1039] Begriff der „Grundprinzipien“ entnommen der Gesetzesbegründung zum Gesetz zur Strukturreform im Gesundheitswesen (Gesundheits-Reformgesetz) vom 20.12.1988 (BGBl. I 1988, 2477), BT-Drucks. 11/2237, S. 157.

[1040] Vgl. *Meydam* SGb 1991, 379.

[1041] Vgl. *Meydam* SGb 1991, 379.

[1042] Vgl. *von Langsdorff*, in: *Sodan*, Krankenversicherungsrecht, § 9 Rn. 2, m.w.N.

[1043] Vgl. *Isensee* ZVersWiss 2004, 656.

von Beschwerden ausgegeben.[1044] Das Wirtschaftlichkeitsgebot führt dabei zu einem Konflikt zwischen versichertem Individuum und der Versichertengemeinschaft, welcher von fundamentaler Bedeutung für das Recht der gesetzlichen Krankenversicherung ist.[1045]

§ 12 SGB V ist eine Grundnorm des Leistungsrechts und enthält in ihrem Abs. 1 S. 1 die Definition des Wirtschaftlichkeitsgebots.[1046] Danach verlangt das Gesetz, dass Leistungen ausreichend, zweckmäßig und wirtschaftlich sein müssen und das Maß des Notwendigen nicht überschreiten dürfen. Die Definition besteht ihrerseits aus einer Reihe unbestimmter Rechtsbegriffe, die allesamt keinen Beurteilungsspielraum zugestehen und daher gerichtlich voll überprüfbar sind.[1047]

Die Kriterien „zweckmäßig", „ausreichend" und „notwendig" beziehen sich auf die Qualität der Leistungserbringung, wohingegen sich die Wirtschaftlichkeit im engeren Sinn als „Einfallstor für ökonomische Erwägungen" darstellt.[1048]

Zweckmäßig meint die Ausrichtung der Leistung auf eine Behandlung einer Krankheit bei deren qualitativer Eignung.[1049] Das eingesetztes Mittel muss geeignet sein, das angestrebte Ziel zu erreichen.[1050] Es muss also einen konkreten Nutzen für das an § 27 Abs. 1 S. 1 SGB V orientierte Behandlungsziel aufweisen, wenngleich Nutzen und Zweckmäßigkeit nicht dasselbe meinen.[1051] Zweckmäßigkeit beinhaltet den Begriff der Wirksamkeit, da nur eine hinreichend wirksame Leistung auch zweckmäßig und somit wirtschaftlich sein kann.[1052] Eine hohe Wirksamkeit spricht für einen überwiegenden Nutzen, der nur durch ein Schadensrisiko in der Anwendung geschmälert werden könnte.[1053] Dabei ergibt sich der „Wirksamkeitszusammenhang" zu den angestrebten Zielen der Behandlung aus einer „leistungsartabhängigen Betrachtung".[1054] Allerdings bedarf es zum Vergleich der Wirksamkeitswahrscheinlichkeit einer bestimmten Behandlungsmethode – wie auch insgesamt ihrer Wirtschaftlichkeit – mehrerer alternativer wirksamer und damit vergleichbarer Behandlungsmethoden.[1055] Die Zweckmäßigkeit erfordert eine Finalität und damit eine durchgängige Kausalkette von der

---

[1044] Vgl. dazu *von Langsdorff*, in: *Sodan*, Krankenversicherungsrecht, § 9 Rn. 2.

[1045] *von Langsdorff*, in: *Sodan*, Krankenversicherungsrecht, § 9 Rn. 1.

[1046] Vgl. *Heinz* in: jurisPK-SGB V, 4. Aufl. 2020, § 12 SGB V Rn. 12, 17.

[1047] Wohl h.M., vgl. nur BeckOGK/*Roters* SGB V § 12 Rn. 17, m.w.N.

[1048] Vgl. *von Langsdorff*, in: *Sodan*, Krankenversicherungsrecht, § 9 Rn. 2.

[1049] Vgl. *Felix* NZS 2012, 5; vgl. BeckOGK/*Roters* SGB V § 12 Rn. 34; vgl. Eichenhofer/v. Koppenfels-Spies/Wenner/SGB V/*Ulmer*, § 12 Rn. 12.

[1050] Vgl. *von Langsdorff*, in: *Sodan*, Krankenversicherungsrecht, § 9 Rn. 3.

[1051] Vgl. *Roters* NZS 2010, 613 sowie 616, der den Nutzen von den Begriffen der Zweckmäßigkeit, Notwendigkeit und Wirtschaftlichkeit abgrenzt und zugleich dessen Aspekte unter diese subsumiert. Siehe zudem ausführlich zum Nutzenbegriff selbst, sowie zur schwierigen Abgrenzungsfrage zum nicht definierten „Zusatznutzen" anhand des Beispiels der Insulinanaloga bei *Roters* NZS 2010, 612 ff.

[1052] Vgl. BeckOGK/*Roters* SGB V § 12 Rn. 25a, 28 f.; vgl. Eichenhofer/v. Koppenfels-Spies/Wenner/SGB V/*Axer*, § 2 Rn. 5.

[1053] *Roters* NZS 2010, 616.

[1054] *von Langsdorff*, in: *Sodan*, Krankenversicherungsrecht, § 9 Rn. 4.

[1055] Vgl. *Felix* NZS 2012, 5.

Behandlung zum Behandlungserfolg.[1056] Für die Versicherten bedeutet dies, dass sie nur in ihrer Qualität hinreichende Leistungen verlangen können.[1057]

Im Anschluss an die Zweckmäßigkeit bedeutet die Voraussetzungen „ausreichend", dass die Krankenkassen „genügende" Leistungen zu gewähren haben, die also „hinreichende Chancen" auf den Heilerfolg bieten, womit zugleich ein Mindeststandard im Sinne des „Minimalprinzips" gewährleistet wird.[1058] „Ausreichend" als Kriterium beschreibt damit also eine Untergrenze der Leistungsversorgung in der gesetzlichen Krankenversicherung.

Die Notwendigkeit einer Leistung muss an deren Zweck bestimmt werden.[1059] Demnach kann notwendig nur sein, was nach Art und Umfang unter Zugrundelegung des Leistungszwecks unentbehrlich, unvermeidlich oder unverzichtbar ist.[1060] Dies legt die Vermutung nahe, dass nur auf solche Leistungen ein Anspruch des Versicherten bestehen würde, „ohne die er Not leiden müsste".[1061] Allerdings stünde eine solche Auffassung in einem unvereinbaren Gegensatz zu den Zielen der gesetzlichen Krankenversicherung, weshalb zu fragen ist, ob die konkrete Behandlungsmethode tatsächlich nötig ist.[1062] Die Notwendigkeit beschreibt daher ein „Übermaßverbot" der Leistungserbringung,[1063] vergleichbar mit einer Art „Erheblichkeitsschwelle".[1064]

Aufgrund der medizinischen Zwecksetzung der Leistung ist die Berücksichtigung des Behandlungsziels dringend erforderlich.[1065] Da der Fall eintreten kann, dass eine Behandlungsmethode ausreichend und zweckmäßig ist, jedoch das „Maß des Unverzichtbaren" überschreitet,[1066] markieren die Kriterien „ausreichend" und „notwendig" zusammen das wirtschaftlich Vertretbare.[1067]

Wirtschaftlichkeit im engeren Sinn – als eines der vier Unterkriterien der Wirtschaftlichkeit im weiteren Sinn – meint „entweder mit den gegebenen Mitteln den größtmöglichen Nutzen zu erzielen (Maximalprinzip) oder einen bestimmten

---

[1056] Vgl. BeckOGK/*Roters* SGB V § 12 Rn. 31; vgl. auch *Roters* ZEFQ 2011, 528.

[1057] Vgl. Eichenhofer/v. Koppenfels-Spies/Wenner/SGB V/*Axer*, § 2 Rn. 5.

[1058] BeckOGK/*Roters* SGB V § 12 Rn. 26; siehe zu dem Vorwurf, das Kriterium „ausreichend" sei aufgrund des Kriteriums „zweckmäßig" und dessen Zielrichtung „überflüssig", die Darstellung bei *von Langsdorff*, in: *Sodan*, Krankenversicherungsrecht, § 9 Rn. 5 f.

[1059] Vgl. BSG, Urteil v. 24. November 1983 – 8 RK 6/82 = SozR 2200 § 182 Nr. 93.

[1060] Vgl. BSG, Urteil v 26. Oktober 1982 – 3 RK 28/82 = SozR 2200 § 182b Nr. 26.

[1061] *Roters* NZS 2010, 616.

[1062] Vgl. *Roters* NZS 2010, 616; siehe auch BSG, Urteil v. 24. November 1983 – 8 RK 6/82 = SozR 2200 § 182 Nr. 93.

[1063] Vgl. Eichenhofer/v. Koppenfels-Spies/Wenner/SGB V/*Ulmer*, § 12 Rn. 13: vgl. *von Langsdorff*, in: *Sodan*, Krankenversicherungsrecht, § 9 Rn. 7.

[1064] *Roters* NZS 2010, 616.

[1065] Vgl. *Felix* NZS 2012, 5.

[1066] *von Langsdorff*, in: *Sodan*, Krankenversicherungsrecht, § 9 Rn. 8.

[1067] Vgl. BeckOGK/*Roters* SGB V § 12 Rn. 27.

Nutzen mit den geringstmöglichen Mitteln zu erreichen (Minimalprinzip)".[1068] Damit kann nur die nach der Relation kosteneffektivste Leistung angeboten werden, womit sich eine Beschränkung des Anspruchs des Versicherten ergibt, was wiederum Ausdruck des Rechtskonkretisierungskonzeptes des Wirtschaftlichkeitsgebotes ist.[1069] Probleme in der Beurteilung ergeben sich dann, wenn die teurere Leistung einen Vorteil gegenüber der Standardtherapie zeigt.[1070] Bezüglich der Wirtschaftlichkeit sind die Kosten daher nicht der einzige Bezugspunkt.[1071] Denn nach dem Maximalprinzip kann eine Behandlungsmethode nur dann ausgeschlossen werden, wenn eine gleichwertige Alternative zur Verfügung steht, wobei die Versicherten grundsätzlich aber keinen Anspruch auf die bestmögliche Behandlung haben.[1072] Dieser Konflikt wird unter Berücksichtigung des Behandlungszieles der Heilung aufgelöst, welches nicht zu Gunsten eines aus Kostengesichtspunkten günstigeren aber geringeren Ziels beschränkt werden kann.[1073]

Vergleichswert der Kosten-Nutzen-Relation in der gesetzlichen Krankenversicherung ist damit der Heilerfolg bei verschiedenen zu vergleichenden Behandlungsalternativen.[1074] Insgesamt kann daher das „Minimalprinzip" oder auch „Untermaßverbot" als das für das Recht der gesetzlichen Krankenversicherung passende Konzept bewertet werden.[1075] So werden im Spannungsfeld von „Therapiefreiheit" und „finanziell Realisierbarem" der gesetzliche Leistungsanspruch gewahrt und die Kosten gleichzeitig optimiert.[1076]

Durch das Wirtschaftlichkeitsgebot erfährt der Leistungsanspruch des Versicherten unter anderem seine inhaltliche Bestimmung und Konkretisierung.[1077] Bereits § 2 Abs. 1 S. 1 SGB V beinhaltet einen ersten ausdrücklichen Hinweis auf das Wirtschaftlichkeitsgebot durch Verweis auf § 12 SGB V; und sein Abs. 4 enthält dazu eine konkrete Angabe:[1078] So sind alle Beteiligten, das heißt die Leistungserbringer, Krankenkassen und Versicherten, dazu verpflichtet, darauf zu achten, Leistungen wirksam, wirtschaftlich und nur im notwendigen Umfang zu erbringen beziehungsweise in Anspruch zu nehmen.[1079] Dieser Hinweis bezieht sich indes nicht nur auf die Leistung im Einzelfall, sondern auch auf die abstrakte und

---

[1068] *Heinz* in: jurisPK-SGB V, 4. Aufl. 2020, § 12 SGB V Rn. 103; vgl. auch *Felix* NZS 2012, 5; siehe auch bei BeckOGK/*Roters* SGB V § 12 Rn. 26; siehe zudem die Ausführung bei *Kemmler* NZS 2014, 528.
[1069] Vgl. BeckOGK/*Roters* SGB V § 12 Rn. 32, 41.
[1070] Vgl. BeckOGK/*Roters* SGB V § 12 Rn. 42; siehe auch *Roters* NZS 2010, 619.
[1071] Vgl. *Roters* NZS 2010, 617.
[1072] Vgl. *Roters* NZS 2010, 617; siehe zum Anspruch auf bestmögliche Behandlung BSG, Urteil v. 16.06.1999 – B 1 KR 4/98 R = SozR 3-2500 § 18 Nr. 4.
[1073] Vgl. *Roters* NZS 2010, 617.
[1074] Siehe dazu BSG, Urteil v. 22.09.1981 – 11 RK 10/79 = SozR 2200 § 182 Nr. 76.
[1075] So zumindest *Heinz* in: jurisPK-SGB V, 4. Aufl. 2020, § 12 SGB V Rn. 105.
[1076] *Felix* NZS 2012, 1, 6; vgl. zudem BeckOGK/*Roters* SGB V § 12 Rn. 24.
[1077] Siehe dazu BSG, Urteil v. 21.11.1991 – 3 RK 8/90 = SozR 3-2500 § 12 Nr. 2.
[1078] Vgl. Krauskopf/*Vossen* SGB V § 2 Rn. 4.
[1079] Vgl. BeckOGK/*Peters* SGB V § 2 Rn. 12; vgl. *Meydam* SGb 1991, 379; vgl. BT-Drucks. 11/2237, S. 158.

allgemeine Ausgestaltung in Normverträgen oder Richtlinien.[1080] Dahingehend nimmt § 92 Abs. 1 S. 1 SGB V das Wirtschaftlichkeitsgebot wieder auf und richtet es als Auftrag in Hinblick auf die Ausgestaltung der Richtlinien an den Gemeinsamen Bundesausschuss.

Das Wirtschaftlichkeitsgebot befindet sich in einem Spannungsfeld. Auf der einen Seite steht das in der gesetzlichen Krankenversicherung geltende Versicherungsprinzip. Auf der anderen Seite die den Staat treffenden Verpflichtung zur auf die Gesundheit des Einzelnen ausgerichteten und dem aktuellen medizinischen-technischen Stand entsprechenden Individualmedizin. Weitere Faktoren sind die Interessen der Leistungserbringer, die Belastbarkeit der Beitragszahler und die Leistungsfähigkeit der Volkswirtschaft.[1081] Das Wirtschaftlichkeitsgebot ist Ausdruck des in der Sozialversicherung und in der öffentlichen Verwaltung geltenden Grundsatzes der Wirtschaftlichkeit und Sparsamkeit.[1082] Dabei wirkt das Wirtschaftlichkeitsgebot gleichzeitig anspruchsbegründend im Sinne eines Mindeststandards und über die Kriterien notwendig, zweckmäßig, wirtschaftlich auch anspruchsbegrenzend, woran sich die Konsequenzen des § 12 Abs. 1 S. 2 SGB V anschließen.[1083] Danach können Leistungen, die nicht notwendig oder unwirtschaftlich sind, vom Versicherten nicht beansprucht und dürfen von den Leistungserbringern nicht erbracht und von den Krankenkassen nicht gebilligt werden. Daraus lässt sich ableiten, dass die gesetzliche Krankenversicherung nur einen einheitlichen Wirtschaftlichkeitsbegriff[1084] für das Leistungsrecht und das Leistungserbringerrecht kennt. Die Krankenkasse kann keine Leistung gewähren, die ein Arzt zuvor ablehnen muss; der Versicherte darf keine Leistung verlangen, die der Leistungserbringer nicht erbringen darf.[1085] Leistungsanspruch und Leistungserbringung stehen demnach in einem unmittelbaren Zusammenhang. Das Verhältnis der zu gewährenden Ansprüche kann sich nicht anders darstellen als das Verhältnis der Leistungserbringer zu den Krankenkassen.[1086]

Seine weitere Konkretisierung findet das Wirtschaftlichkeitsgebot in den Normen des Leistungserbringungsrechts, vor allem in §§ 27 ff. SGB V.[1087] Es gilt für alle Leistungsbereiche.[1088] Demnach muss jede Leistung den vier benannten

---

[1080] Vgl. Eichenhofer/v. Koppenfels-Spies/Wenner/SGB V/*Axer*, § 2 Rn. 3.
[1081] Vgl. Eichenhofer/v. Koppenfels-Spies/Wenner/SGB V/*Ulmer*, § 12 Rn. 5 f.
[1082] Vgl. BSG, Urteil vom 29.02.1984 – 8 RK 27/82 = SozR 2100 § 69 Nr. 4; siehe auch bei Eichenhofer/v. Koppenfels-Spies/Wenner/SGB V/*Ulmer*, § 12 Rn. 6, m.w.N.
[1083] Vgl. *Heinz* in: jurisPK-SGB V, 4. Aufl. 2020, § 12 SGB V Rn. 18 f.
[1084] Vgl. BeckOGK/*Roters* SGB V § 12 Rn. 56.
[1085] Vgl. BeckOGK/*Roters* SGB V § 12 Rn. 14.
[1086] *Kingreen/Rixen* DÖV 2008, 747. Dieses Rechtskonkretisierungskonzept und der Wirtschaftlichkeitsgrundsatz treffen so etwa in § 92 Abs. 1 SGB V im Rahmen der Richtlinienkompetenz des Gemeinsamen Bundesausschusses aufeinander.
[1087] Vgl. *Heinz* in: jurisPK-SGB V, 4. Aufl. 2020, § 12 SGB V Rn. 12.
[1088] Ständige Rechtsprechung, siehe etwa BSG, Urteil v. 21.03.2013 – B 3 KR 2/12 R = SozR 4-2500 § 137c Nr. 6, S. 23, 29; vgl. *Felix* NZS 2012, 4.

Definitionsbestandteilen entsprechen.[1089] Aufgrund einer definitorischen Überschneidung der Begriffe ist letztlich das sich nach den Kriterien ergebende Gesamtbild entscheidend.[1090]

Zur Sicherstellung des Wirtschaftlichkeitsgebotes sieht § 12 Abs. 3 SGB V „die schärfste Waffe“[1091] vor, indem dort die Möglichkeit des Regresses gegen die Vorstandsmitglieder der Krankenkasse verankert wurde. Zudem gilt bei Überschreiten des Wirtschaftlichkeitsgebotes, dass der Leistungserbringer nur Anspruch im Umfang der wirtschaftlichen Alternativleistung oder, sofern eine solche nicht vorgesehene ist, gar keinen Anspruch auf Vergütung hat. Bei Festbeträgen ist die Leistungspflicht der Krankenkasse mit diesem Festbetrag erfüllt, auch wenn dieser nicht zur Behandlung ausreichend sein sollte; bei Unterschreiten des Festbetrages hat die Krankenkasse nur den niedrigeren Preis zu tragen.[1092]

### 3. Der Grundsatz der finanziellen Stabilität als Gemeinwohlbelang

Wie bereits aufgezeigt, hat das Bundesverfassungsgericht aus dem Sozialstaatsprinzip die Verpflichtung des Gesetzgebers zur Schaffung sozialer Sicherungssystem entnommen.[1093] Fraglich ist jedoch, ob mit dem System nicht auch dessen Effektivität einzufordern ist.[1094] Mit anderen Worten: „Verlangt das Grundgesetz Stabilität der Gesundheitskosten?“[1095]

Abgesehen von den vereinzelten, etwa in der Versicherteneigenverantwortung nach § 2 Abs. 1 SGB V oder dem Wirtschaftlichkeitsgebot nach § 12 SGB V zu findenden normativen Eingrenzungen des Leistungsanspruchs der Versicherten nach § 27 Abs. 1 S. 1 SGB V orientiert sich der Anspruch des Versicherten an dessen Behandlungsbedarf, mit anderen Worten also am medizinisch Gebotenem. Dabei stellen die Kosten einer Behandlung grundsätzlich keinen Grund dar, eine medizinisch gebotene Leistung zu verweigern.[1096] Finanziell betrachtet ist daher die Krankenbehandlung kein „knappes Gut“.[1097] Gleichwohl werden aber Leistungsbegrenzungen oder -verweigerungen unter Bezugnahme auf die limitierte Finanzierbarkeit der gesetzlichen Krankenversicherung vorgenommen,

---

[1089] Vgl. BeckOK SozR/*Joussen* SGB V § 12 Rn. 2; Diese können auch als die vier „Unterkriterien“ des Gebots der Wirtschaftlichkeit verstanden werden, vgl. *von Langsdorff*, in: *Sodan*, Krankenversicherungsrecht, § 9 Rn. 2.

[1090] Vgl. BSG, Urteil v. 22.09.1981 – 11 RK 10/79 = SozR 2200 § 182 Nr. 76; vgl. von einer „Gesamtbetrachtung“ sprechend BeckOGK/*Roters* SGB V § 12 Rn. 23, 25; siehe zu den einzelnen Kriterien (ausreichend, zweckmäßig und notwendig) auch die umfassende Darstellung bei *Heinz* in: jurisPK-SGB V, 4. Aufl. 2020, § 12 SGB V Rn. 48 – 102.

[1091] Eichenhofer/v. Koppenfels-Spies/Wenner/SGB V/*Ulmer*, § 12 Rn. 1.

[1092] Vgl. BeckOK SozR/*Joussen* SGB V § 12 Rn. 9a - 12.

[1093] Siehe hierzu an dieser Stelle nur BVerfG, Beschluss vom 02.05.1967 – 1 BvR 578/63 = NJW 1967, 1411 (1413 f.).

[1094] Siehe diese Überlegung bei *Schaks*, in: *Sodan*, Krankenversicherungsrecht, § 16 Rn. 14.

[1095] So einleitend *Leisner*, Finanzielle Stabilität der gesetzlichen Krankenversicherung, S. 17.

[1096] Vgl. *Ebsen* NDV 1997, 71.

[1097] *Ebsen* NDV 1997, 71.

sodass die Frage der Finanzierbarkeit eine „wesentliche politische und ökonomische Anforderung an das System“ stellt.[1098]

Diesen kollidierenden Anforderungen an die gesetzliche Krankenversicherung begegnet der sogenannte Grundsatz der finanziellen Stabilität. Bei diesem handelt es sich um einen durch das Bundesverfassungsgericht geschaffenen „Abwägungsposten“.[1099] So ist der Grundsatz der finanziellen Stabilität der gesetzlichen Krankenversicherung „eine Gemeinwohlaufgabe, welche der Gesetzgeber nicht nur verfolgen darf, sondern der er sich nicht einmal entziehen dürfe“.[1100] Nach Ansicht des Bundesverfassungsgerichts ist dieser Grundsatz ein so bedeutend wichtiger Gemeinwohlbelang,[1101] dass durch diesen sogar erhebliche Grundrechtseingriffe zu rechtfertigen seien.[1102] Das Bundesverfassungsgericht führte dazu aus: „Die Sicherung der finanziellen Stabilität der gesetzlichen Krankenversicherung ist [...] ein Gemeinwohlbelang von derart hoher Bedeutung, dass Maßnahmen, die ihr zu dienen bestimmt sind, auch dann gerechtfertigt sein können, wenn sie für die Betroffenen zu fühlbaren Einschränkungen führen“.[1103] Aufgrund der zwingenden Gebundenheit des Gesetzgebers an diesen Grundsatz kann dem Grundsatz der finanziellen Stabilität schon beinahe Verfassungsrang zugesprochen werden.[1104]

Zugleich spricht das Bundesverfassungsgericht dem Gesetzgeber aber auch einen weiten Gestaltungsspielraum bei der Umsetzung dieses Grundsatzes zu.[1105] Dieser hat an verschiedenen Stellen im SGB V die Bedeutung der finanziellen Stabilität zum Ausdruck gebracht.[1106] Zu nennen sind unter anderem die in § 71 Abs. 1 SGB V erfolgte Verankerung der Beitragssatzstabilität, die Aufforderung an die Beteiligten in § 2 Abs. 4 SGB V, der Wirtschaftlichkeitsgrundsatz in § 12 Abs. 1 SGB V sowie in § 70 Abs. 1 S. 2 SGB V.

Der Grundsatz der finanziellen Stabilität wird in der Literatur kritisiert.[1107] Ein zentraler Kritikpunkt ist dabei die unter Berufung auf den Grundsatz der

---

[1098] *Kluth/Bauer* VSSR 2010, 342.

[1099] Vgl. *Schaks*, in: *Sodan*, Krankenversicherungsrecht, § 16 Rn. 1.

[1100] BVerfG, Beschluss v. 31.10.1984 – 1 BvR 35/82 u.a. = NJW 1985, 1385 (1388).

[1101] Vgl. BVerfG, Beschluss v. 20.03.2001 – 1 BvR 491/96 = NJW 2001, 1779 (1780).

[1102] Vgl. dazu die Begründungen des Bundesverfassungsgerichts in BVerfG, Urteil v. 28.02.1980 – 1 BvL 17/77 = NJW 1980, 692, sowie BVerfG, Beschluss v. 20.03.2001 – 1 BvR 491/96 = JuS 2001, 909.

[1103] BVerfG, Beschluss v. 14.05.1985 – 1 BvR 449/82 u.a. = NJW 1986, 772 (773).

[1104] Vgl. *Schaks*, in: *Sodan*, Krankenversicherungsrecht, § 16 Rn. 8 f.; vgl. kritisch auch *Depenheuer* NZS 2014, 204.

[1105] Siehe dazu etwa BVerfG, Beschluss v. 20.09.1991 – 1 BvR 879/90 = NJW 1992, 735 (736).

[1106] Vgl. *Kluth/Bauer* VSSR 2010, 342, dortige Fn. 1.

[1107] Siehe dazu die zusammenfassende Darstellung bei *Schaks*, in: *Sodan*, Krankenversicherungsrecht, § 16 Rn. 2 f.; siehe auch die Kritik bei *Depenheuer* NZS 2014, 203 f.; vgl. zudem *Schaks* VSSR 2008, 53; vgl. ausführlich auch *Dettling* MedR 2006, 84 - 87; vgl. *Isensee* ZVersWiss 2004, 654; im Ergebnis eine verfassungsrechtliche Verpflichtung zur Sicherung der finanziellen Stabilität der gesetzlichen Krankenversicherung trotz Kritik an den Entscheidungen des Bundesverfassungsgerichts – wenn auch nur unter Heranziehung eingeschränkter Instrumentarien – bejahend, etwa *Leisner*, Finanzielle Stabilität der gesetzlichen Krankenversicherung, S. 25.

finanziellen Stabilität erfolgende Abkehr von der anvisierten sozialen Sicherung grundrechtlicher Freiheiten der Bürger und die Zuwendung zu einer vordergründig forcierten Systemerhaltung.[1108] Aufgrund der bisher in diesem Sinne wohl nicht als Erfolg zu verzeichnenden Bemühungen des Gesetzgebers, durch Reformen die finanzielle Situation der gesetzlichen Krankenversicherung zu verbessern, wird auch im Rahmen der Kritik am Grundsatz der finanziellen Stabilität der Vorwurf laut, es handle sich um ein Festhalten an einer „überkommenen Form“.[1109]

Hintergrund der angesprochenen Entscheidungen des Bundesverfassungsgerichts waren die finanziellen Probleme der gesetzlichen Krankenversicherung seit den 70er Jahren.[1110] Über die Zeit bildete sich ein Argumentationsmuster des Bundesverfassungsgerichts heraus, welches sich zu dem bezeichneten und nunmehr zentralen Grundsatz der finanziellen Stabilität verdichtete.[1111] Diesen Grundsatz hat das Bundesverfassungsgericht allerdings nie näher begründet.[1112]

Inhaltlich verpflichtet der Grundsatz den Gesetzgeber dazu, Vorkehrungen zu treffen, die ein „Auseinanderdriften von Einnahmen und Ausgaben im Bereich der gesetzlichen Krankenversicherung“[1113] verhindern beziehungsweise regulierend einzugreifen, sobald die finanzielle Stabilität gefährdet wird.[1114] Diese Bindung des Gesetzgebers an den Grundsatz steht in Widerspruch dazu, dass dieser grundsätzlich nur an höherrangiges Recht, also an die Verfassung gebunden ist.[1115] Obwohl das Bundesverfassungsgericht dem Grundsatz somit Verfassungsrang zuspricht, hat es eine Erklärung dafür bisher nicht gegeben.[1116] Dass der Grundsatz anders als das System der gesetzlichen Krankenversicherung aber Verfassungsrang haben sollte, hebt in besonderer Weise die Sonderstellung der Rechtsprechung des Bundesverfassungsgerichts im Rahmen des Grundsatzes der finanziellen Stabilität hervor.[1117]

Darüber hinaus schafft der Grundsatz der finanziellen Stabilität wenig inhaltliche Klarheit. Unter Bezugnahme auf mehrere Entscheidungen des Bundesverfassungsgerichts ist darunter wohl die Erhaltung der „Funktions- und Leistungsfähigkeit“ der sozialen Sicherungssysteme, wozu auch die gesetzliche

---

[1108] Vgl. *Depenheuer* NZS 2014, 203 f., der in der Abwägung zwischen „Systemschutz“ und „Freiheitsschutz“ einen Widerspruch innerhalb der Rechtsprechung des Bundesverfassungsgerichts sieht.

[1109] Vgl. *Schaks*, in: *Sodan*, Krankenversicherungsrecht, § 16 Rn. 2a ff., 39 ff., m.w.N.; siehe auch *Schaks* VSSR 2008, 31 f.

[1110] Siehe etwa *Blüm* ZSR 1984, 769; siehe auch bei *Wasem* zfme 2020, 142.

[1111] Vgl. etwa *Leisner*, Finanzielle Stabilität der gesetzlichen Krankenversicherung, S. 18; Vgl. *Schaks* VSSR 2008, 32.

[1112] Vgl. *Schaks*, in: *Sodan*, Krankenversicherungsrecht, § 16 Rn. 5.

[1113] *Schaks*, in: *Sodan*, Krankenversicherungsrecht, § 16 Rn. 5.

[1114] Vgl. BVerfG, Beschluss v. 31.10.1984 – 1 BvR 35/82 u.a. = NJW 1985, 1385 (1389); vgl. BVerfG, Beschluss v. 14.05.1985 – 1 BvR 449/82 u.a. = NJW 1986, 772 (773 f.).

[1115] Vgl. *Schaks*, in: *Sodan*, Krankenversicherungsrecht, § 16 Rn. 8.

[1116] *Schaks* VSSR 2008, 39.

[1117] So das Ergebnis bei *Schaks*, in: *Sodan*, Krankenversicherungsrecht, § 16 Rn. 33, 35.

Krankenversicherung zählt, zu verstehen.[1118] Damit ist letztlich dasselbe gemeint, da schon Funktions- und Leistungsfähigkeit korrelierende Begrifflichkeiten sind. Ohne leistungsfähig zu sein, kann ein System auch nicht funktionieren – und umgekehrt.[1119] Für eine gleichbedeutende Auslegung spricht zudem, dass die Entscheidungen des Bundesverfassungsgerichts allesamt Fragen der Einschränkbarkeit von Grundrechten der Leistungserbringer zu Gunsten der Finanzierung der gesetzlichen Krankenversicherung zum Gegenstand hatten.[1120]

Die Sicherungssysteme sollen die ihnen zugewiesenen Aufgaben – auch in Krisenzeiten – weiter erfüllen können.[1121] Konkret müssen sich die Ein- und Ausgabenseite des Systems über kurz oder lang im „Gleichklang" entwickeln, um von finanzieller Stabilität sprechen zu können.[1122] Allerdings werden die Handlungsanweisungen, die der Gesetzgeber aus diesem Grundsatz mit Blick auf die Ausübung seines weiten Gestaltungsspielraums zu ziehen hat, durch das Bundesverfassungsgericht nicht weiter ausdefiniert. Der Grundsatz lässt seine Folgen für den Einzelnen und das System – obschon er als eigenständiger Gemeinwohlbelang bewertet wurde[1123] – gänzlich offen.[1124] Es scheint im Ergebnis belanglos zu sein, welche Maßnahmen im konkreten Einzelfall ergriffen werden, solange sie nur dem System in finanzieller Hinsicht zu Gute kommen.[1125]

### 4. Individuelle Kostenverantwortung als Ausdruck von Eigenverantwortung

Vor der Reform der gesetzlichen Krankenversicherung[1126] wurde den Versicherten und Patienten eine eher passive Rolle bei der Aufgabenbewältigung zugesprochen.[1127] Die Verantwortung für die Ausgabenentwicklung des Gesundheitssystems wurde überwiegend den Leistungserbringern zugewiesen.[1128] Gefordert wurden daher mehr Möglichkeiten und Raum zur Eigenverantwortung, um damit eine Rückführung der Sozialversicherung auf das Versicherungsprinzip zu ermöglichen.[1129] Maßgebend durch die Reformen seit der Jahrtausendwende[1130], wurde die gesetzliche Krankenversicherung verstärkt auf den Patienten

---

[1118] Siehe etwa BVerfG, Beschluss v. 17.02.1997 – 1 BvR 1903/96 = NJW 1997, 2444 oder auch BVerfG, Urteil v. 17.12.2002 – 1 BvL 28/95 = NZS 2003, 144.

[1119] So schon *Leisner*, Finanzielle Stabilität der gesetzlichen Krankenversicherung, S. 19.

[1120] Siehe *Schaks* VSSR 2008, 34.

[1121] Vgl. *Leisner*, Finanzielle Stabilität der gesetzlichen Krankenversicherung, S. 19; vgl. *Schaks* VSSR 2008, 35.

[1122] *Schaks* VSSR 2008, 35.

[1123] Vgl. *Schaks* VSSR 2008, 34, 36.

[1124] Siehe dazu auch *Schaks* VSSR 2008, 37 f.

[1125] Ergebnis bei *Schaks* VSSR 2008, 38.

[1126] Gesundheitsreformgesetz, BGBl. I 1988, S. 2477.

[1127] Vgl. *Seger*, wiedergegeben bei *Mutz* DAngVers 1996, 562, von einem „paternalistischen Ethos" sprechend; demgegenüber kritisch eingestellt *Kunze* Sozialer Fortschritt 1955, 90.

[1128] Vgl. *Adam-Schwaetzer* ArbuSozPol 1986, 361.

[1129] So etwa *Kunze* Sozialer Fortschritt 1955, 90; Überblick auch bei Hauck/Noftz SGB V E 050 S. 4.

[1130] GKV-Gesundheitsreform 2000, BGBl. I 1999, S. 2626.

ausgerichtet.[1131] Dieser erhielt mehr Entscheidungsfreiheiten und weitreichende Informationsrechte.[1132] Dabei gingen und gehen Forderung nach mehr Eigenverantwortung stets mit Kritik an einer in diesen Forderungen gesehenen „Entsolidarisierung“ einher, die sich in der Verlagerung auf die individuelle im Verhältnis zur kollektiven Verantwortung ausdrücke.[1133] Paradoxerweise sahen sich diejenigen Bestrebungen, die die Befähigung des Einzelnen zur Verantwortungsübernahme in den Mittelpunkt stellen, dem Vorwurf ausgesetzt, die Autonomie des Versicherten nur unzureichend anzuerkennen.[1134] Ein ganz ähnlicher Vorwurf wurde im Übrigen auch außerhalb der gesetzlichen Sozialversicherungssysteme in Hinblick auf Telematik- und Vitalitäts-Tarife in den Berufsunfähigkeits- und Lebensversicherungen der Privatversicherer erhoben.[1135]

Mit Blick auf die Kostenherausforderungen der gesetzlichen Krankenversicherung liegt daher der Schluss nahe, dass Selbstverantwortung des Versicherten auch Kostenverantwortung bedeutet.[1136] Begründen lässt sich dies wohl über die beiden prägenden Pole der gesetzlichen Krankenversicherung, die der Gesetzgeber als nicht gegensätzlich gewertet hat: Solidarität und Eigenverantwortung. Solidarität wird für sich genommen weitläufig im Rahmen finanzwirtschaftlicher Lastenzuteilung gebraucht und verstanden, sodass sich Eigenverantwortung im Verhältnis dazu als Gegenbegriff gedacht als „finanziell folgenreiche Eigenverantwortung“ darstellt.[1137]

Eigenverantwortung wird damit auch verstanden als Instrument dafür, „dass Entscheidungen im Gesundheitswesen stärker an der Zahlungsbereitschaft der

---

1131 Vgl. *Eberbach* MedR 2014, 460; vgl. dazu ausdrücklich auch die Begründung zum Entwurf eines Gesetzes zur Reform der gesetzlichen Krankenversicherung ab dem Jahr 2000, BT-Drucks. 14/1245, S. 1: „Ein sozial gerechtes Krankenversicherungssystem muß sich zudem verpflichtet wissen, die Selbstbestimmung und Selbstverantwortung der Patientinnen und der Patienten zu achten, ihre Eigenkompetenz zu stärken [...]“; siehe darauf bezogen die Darstellung von ausgewählten Regelungen der GKV-Gesundheitsreform 2000 bei *Krasney* NJW 2000, 2697 ff.

1132 Vgl. *Wöllenstein* Bundesgesundheitsbl. 2004, 944.

1133 Vgl. *Wienke*, Eigenverantwortung des Patienten/Kunden, S. 171 sowie 175 ff.; vgl. *Huster* Ethik Med 2010, 294; vgl. *Schmidt* Gesundheitswesen 2010, 29; vgl. Hauck/Noftz SGB V E 050 S. 4; siehe zur „Entsolidarisierung“ als Rückzug aus der Solidarverantwortung bei *Grühn*, Gesundheitsbezogene Handlungspflichten der Versicherten in der Sozialversicherung als Dimensionen von Eigenverantwortung und Solidarität, S. 28 f.

1134 Vgl. *Huster* Ethik Med 2010, 294.

1135 Vgl. dazu *Brömmelmeyer* r+s 2017, 226.

1136 Vgl. *Adam-Schwaetzer* ArbuSozPol 1986, 362; im Ergebnis auch *Wöllenstein* Bundesgesundheitsbl. 2004, 948; siehe dazu auch *Schmidt* Gesundheitswesen 2010, 29; vgl. auch *Nienhaus*, Eigenverantwortung in der GKV auf dem Vormarsch?, abrufbar unter https://www.juwiss.de/94-2017/, zuletzt am 01.04.2023, die Eigenverantwortung als wichtig für die Frage der finanziellen Stabilität der gesetzlichen Krankenversicherung erachtet; Hinweis auf die Verbreitung der Annahme eines „monetären Zwecks“ der Eigenverantwortung auch bei *Schmidt*, Eigenverantwortung haben immer die Anderen, S. 11; vgl. *Sehlen*, Eigenverantwortung im Gesundheitswesen, S. 23; vgl. auch *Augsberg*, Grundversorgung oder Wunscherfüllung? Grundrechtliche Vorgaben für die staatliche Gesundheitsfürsorge, S. 139; siehe eindringlich *Gassner* ZRP 2022, 2 f.

1137 *Rixen*, Eigenverantwortung im Gesundheitssozialrecht – Zwischen gesundheitspolitischer Forderung und positivrechtlicher Umsetzung, S. 334.

Individuen getroffen werden".[1138] Häufig wurde daher die Forderung nach mehr Eigenverantwortung dahingehend konkretisiert, etwa diejenigen, die sich gesundheitsschädlich verhielten, stärker zur finanziellen Verantwortung heranzuziehen.[1139] Zuletzt wurden diese Forderungen vermehrt angesichts einer steigenden Nachfrage an Leistungen der wunscherfüllenden Medizin erhoben.[1140] Gefolgert wird beispielsweise, dass statt rein lohnabhängiger Versicherungsprämien fortan risikoabhängige Prämien zur Finanzierungsgrundlage gemacht werden sollten, die ein Individualverhalten der Versicherten berücksichtigen.[1141] Die grundsätzliche Frage lautet daher, ob nicht die Versicherten, unter Zugrundelegung bestimmter Einkommensgrenzen, die Kosten der Behandlung ganz oder teilweise selbst zu tragen haben, der Versicherte also für ein bestimmtes finanzielles Risiko die Verantwortung selbst übernehmen muss und nicht die Risikogemeinschaft belasten dürfte.[1142] Mit dieser Frage geht zudem die Forderung einher, eine klare Trennung der Verantwortungszuständigkeit zwischen Individuum und Gemeinschaft vorzunehmen, um insbesondere einer missbrauchenden Inanspruchnahme der Versicherungsleistungen entgegenzuwirken.[1143]

In ähnlicher Weise hat sich auch das Bundesverfassungsgericht geäußert. Diesem zufolge ließe sich persönliche Freiheit auf Dauer nicht losgelöst von der Funktionsfähigkeit und dem Gleichgewicht des Systems verwirklichen.[1144] Ein unbegrenztes subjektives Anspruchsdenken auf Kosten der Allgemeinheit sei unvereinbar mit dem Sozialstaatsgedanken.[1145] Eine auf Freiheitseinschränkungen basierende Kostenvermeidungsstrategie von solchen Kosten, die ansonsten zu Lasten der Solidargemeinschaft gingen, kann nach dem Bundesverfassungsgericht daher durch das Sozialstaatsprinzip gerechtfertigt werden.[1146] Sozialstaatlich begründete Ansprüche finden so ihrerseits in sozialstaatlich begründeten Gesichtspunkten ihre Grenze. Zur Sicherung der Stabilität eines Sozialversicherungssystems könnten dem Gedanken nach daher Anspruchskürzungen oder Anspruchsausschlüsse durchaus eine rechtlich zulässige Option sein.[1147]

Auch der Gesetzgeber hat das Eigenverantwortungsprinzip stets als ein Instrument zur Kostendämpfungspolitik in der gesetzlichen Krankenversicherung verstanden. So komme es dem Gesetzgeber nach im Gesundheitswesen typischer

---

[1138] *Sehlen*, Eigenverantwortung im Gesundheitswesen, S. 23.

[1139] Vgl. *Nienhaus*, Eigenverantwortung in der GKV auf dem Vormarsch?, abrufbar unter https://www.juwiss.de/94-2017/, zuletzt am 01.04.2023; vgl. *Gassner* ZRP 2022, 2 f.

[1140] Vgl. *Augsberg*, Grundversorgung oder Wunscherfüllung? Grundrechtliche Vorgaben für die staatliche Gesundheitsfürsorge, S. 137.

[1141] Siehe dazu *Eberbach* MedR 2014, 460.

[1142] Frühes Beispiel einer solchen Forderung ist etwa *Kunze* Sozialer Fortschritt 1955, 90. *Kunze* sieht darin die Frage nach der „Begrenzung der Versicherungspflicht und der Begrenzung der Inanspruchnahme und Höhe von Versicherungsleistungen".

[1143] Vgl. etwa *Ballstaedt* DÄ 2003, A 2271.

[1144] Vgl. BVerfG, Urteil v. 18.07.192 – 1 BvL 32/70 und 25/71 = NJW 1972, 1561.

[1145] Vgl. BVerfG, Urteil v. 18.07.192 – 1 BvL 32/70 und 25/71 = NJW 1972, 1561 (1565).

[1146] Vgl. BVerfG, Urteil v. 18.07.192 – 1 BvL 32/70 und 25/71 = NJW 1972, 1561 (1565).

[1147] Vgl. *Voßkuhle/Wischmeyer* JuS 2015, 694; vgl. *Gassner* ZRP 2022, 3.

Weise darauf an, „die Fähigkeit des einzelnen zur eigenverantwortlichen Vorsorge für seine Gesundheit zu stärken."[1148] Das Gesundheitssystem könne nicht auf Dauer „leistungsfähig bleiben, wenn sich nicht zunächst der einzelne um seine Gesundheit bemüht."[1149] Damit hebt der Gesetzgeber unter dem Schlagwort der Eigenverantwortung das Prinzip der Subsidiarität entsprechend hervor und stellt es durch die Verbindung mit der Solidarität auf eine gemeinsame Wirkungsebene.[1150] Die Spannung zwischen Individuum und Gemeinschaft wird über die Gemeinschaftsgebundenheit des Individuums entschieden.[1151]

Erinnert sei hier an die Ausführungen zu § 2 Abs. 1 S. 1 SGB V. Durch Verweis auf die Eigenverantwortung der Versicherten wird der Leistungsbereich der gesetzlichen Krankenversicherung und damit die Einstandsverpflichtung der Solidargemeinschaft begrenzt. Es erfolgt über die Kostenzuständigkeitsverantwortung eine Grenzziehung zwischen einer in der Eigenverantwortung der Versicherten liegenden Lebensgestaltung auf eigene Kosten und der finanziellen Einstandsverpflichtung der Solidargemeinschaft.[1152] Dies hat der Gesetzgeber auch zusätzlich betont, indem er die „Verpflichtung der Versicherten gegenüber der Versichertengemeinschaft zu gesundheitsbewusstem und eigenverantwortlichem Verhalten" besonders herauszustellen gedenkt.[1153]

Dieser Zusammenhang zwischen Versorgungs- und Kostenzuständigkeit lässt sich besonders anschaulich an den sogenannten individuellen Gesundheitsleistungen – kurz IGeL – explizieren. Bei IGeL handelt es sich um „ärztliche Leistungen, die nicht zum Leistungsumfang der GKV gehören, die dennoch von Patienten nachgefragt werden und die ärztlich empfehlenswert oder je nach Intensität des Patientenwunsches zumindest ärztlich vertretbar sind".[1154] IGeL sind daher private, unmittelbar durch den Patienten bezahlte Zusatzleistungen, die seit ihrer Entwicklung durch die Kassenärztliche Bundesvereinigung 1998 von niedergelassenen Ärzten angeboten werden dürfen.[1155] Der Begriff wurde Ende der 90er Jahre in Reaktion auf die im Gesundheitsstrukturgesetz[1156] erfolgte Budgetierung der ärztlichen Leistungsvergütung geprägt.[1157] Hinter IGeL als offizielles Leistungskonzept, im Gegensatz zu bereits zuvor bekannten privaten Zusatzleistungen, stand daher zuvorderst ein wirtschaftlicher Gedanke im Sinne der Schaffung einer ergänzenden Einnahmequelle. Als IGeL kommen eine Vielzahl an Leistungen in Betracht, da grundsätzlich jede Leistung, die nicht von der

---

1148 BT-Drucks. 11/2237, S. 146.
1149 BT-Drucks. 11/2237, S. 146.
1150 Vgl. die Darstellung in BT-Drucks. 11/2237, S. 146.
1151 Vgl. BVerfG, Urteil v. 18.07.192 – 1 BvL 32/70 und 25/71 = NJW 1972, 1561.
1152 Vgl. *Meydam* SDSRV 1996, 72.
1153 BT-Drucks. 16/3100, S. 87.
1154 *Koch/Thomas/Windeler* Bundesgesundheitsbl 2014, 334; vgl. zudem *Straub* Bundesgesundheitsbl 2006, 76, die dortige Fn. 4; siehe auch *Schuldzinski* VuR 2007, 428.
1155 Vgl. *Schuldzinski* VuR 2007, 428.
1156 BGBl. I 1992, S. 2266.
1157 Vgl. *Koch/Thomas/Windeler* Bundesgesundheitsbl 2014, 334; vgl. *Zok* WIdOmonitior 2019, 2.

gesetzlichen Krankenversicherung abgedeckt wird, zur IGeL werden kann. Dazu gehören etwa Beratungsleistungen, Impfungen vor Reisen, die Versorgung mit Zahnspangen zur Korrektur von Zahnfehlstellung, die professionelle Zahnreinigung, Vorsorge- und Früherkennungsangebote und weitere diagnostische und therapeutische Verfahren.[1158]

Wann im konkreten Fall keine Indikation als Kassenleistung besteht und damit eine IGeL vorliegt, hängt maßgeblich von zwei wesentlichen Merkmalen ab. Zum einen kann eine Leistung schon mit Blick auf § 27 Abs. 1 SGB V keine Kassenleistung sein, wenn sie nicht der Früherkennung, Krankenversorgung oder Rehabilitation dient.[1159] Zum anderen können Leistungen deshalb nicht Bestandteil des Leistungskataloges sein, weil sie entweder durch Beschluss des nach § 92 Abs. 1 SGB V zuständigen Gemeinsamen Bundesausschusses mit Blick auf die §§ 27, 2 und 12 SGB V abgelehnt wurden oder weil bisher noch keine abschließende Bewertung durch selbigen stattgefunden hat.[1160]

Ob schließlich eine IGeL erbracht wird, hängt von der individuellen Entscheidung desjenigen ab, dem diese angeboten wird. Dieser trägt alleine die finanzielle Belastung, muss potentiellen Nutzen und Schaden abwägen und je nach Leistung auch die Folgekosten von bestimmten Schadenserscheinungen selbst bewältigen. Das Anforderungsprofil für diesen Bereich an medizinischen Leistungen, welches an den Patienten gestellt wird, ist damit ungleich höher als es bei Kassenleistungen der Fall ist.[1161]

Das Interesse der Patienten ist aber gerade bezüglich der Vorsorgeuntersuchungen besonders hoch. Nach Angaben des Medizinischen Dienstes des Spitzenverbandes Bund der Krankenkassen e.V. aus dem Jahr 2018 hat jeder zweite Versicherte eine IGeL angeboten bekommen oder selbst nachgefragt.[1162] Dabei wurden als die drei häufigsten IGeL die professionelle Zahnreinigung, die Augeninnendruckmessung zur frühzeitigen Erkennung von Grünem Star (Glaukom) und die Ultraschalluntersuchung der Eierstöcke zur Krebsfrüherkennung genannt.[1163] IGeL-Angebote werden zudem überproportional Patienten angeboten, die

---

[1158] Vgl. *Koch/Thomas/Windeler* Bundesgesundheitsbl 2014, 334 f. Der Katalog an möglichen IGeL ist jedoch nicht abschließend, dass der Begriff lediglich in Abgrenzung zu den Leistungen des Leistungskataloges der gesetzlichen Krankenversicherung entwickelt wurde, vgl. dazu *Schuldzinski* VuR 2007, 428.

[1159] Vgl. *Koch/Thomas/Windeler* Bundesgesundheitsbl 2014, 335; vgl. *Straub* Bundesgesundheitsbl 2006, 76.

[1160] Vgl. *Koch/Thomas/Windeler* Bundesgesundheitsbl 2014, 335; vgl. *Schuldzinski* VuR 2007, 429; vgl. *Straub* Bundesgesundheitsbl 2006, 76.

[1161] Vgl. kritisch gegenüber IGeL *Straub* Bundesgesundheitsbl 2006, 76.

[1162] Vgl. den IGeL-Report 2018 des MDS, Stand 02. Mai 2018, abrufbar unter https://www.igel-monitor.de/fileadmin/Downloads/Presse/2018_05_03_PK_IGEL-MONITOR/18_05_03_IGeL-Report_2018_Ausfuehrlicher_Bericht.pdf, zuletzt am 01.04.2023, S. 2, 8.

[1163] Vgl. den IGeL-Report 2018 des MDS, Stand 02. Mai 2018, abrufbar unter https://www.igel-monitor.de/fileadmin/Downloads/Presse/2018_05_03_PK_IGEL-MONITOR/18_05_03_IGeL-Report_2018_Ausfuehrlicher_Bericht.pdf, zuletzt am 01.04.2023, S. 2, 13, 16; gleiches Ergebnis auch bei *Zok* WIdOmonitior 2019, 1.

bildungsnäher und einkommensstarke sind.[1164] Leistungsverweisungen in die Privatzuständigkeit bergen damit das Risiko, einkommensschwache und bildungsferne Versicherte in ihren Gesundheitschancen zu benachteiligen, wenn kein gleicher Zugang zu den Maßnahmen und Methoden besteht.

Der Argumentation des Gesetzgebers, mit welcher dieser einen Zusammenhang zwischen Versorgungs- und Kostenverantwortung herstellt, kann jedoch entgegengehalten werden, dass der Begriff der Eigenverantwortung an sich für die Bestimmung der Grenzen der solidarischen Einstandsverpflichtung ungeeignet ist.[1165] Denn beschrieben ist damit die Zuweisung der Einstandsverpflichtung zwischen Individuum und Solidargemeinschaft lediglich als die Folge einer bereits zuvor festgelegten normativen Grenze. Der Konnex zwischen der Einstandsverpflichtung der Solidargemeinschaft und der Selbstverantwortlichkeit des Individuums stützt diese Erkenntnis: Diejenigen Leistungen, die von der Solidargemeinschaft nicht getragen werden und damit nicht Teil des normierten Leistungskataloges sind, liegen ohnehin in der Verantwortung des Einzelnen selbst. Entweder waren die Leistungen nie Bestandteil des Leistungskataloges oder sie wurden aufgrund von Kostendämpfungserwägungen seitens des Gesetzgebers aus dem Leistungskatalog entnommen. So hat der Gesetzgeber unter Berufung auf das Eigenverantwortungsprinzip in der Vergangenheit wiederholt Leistungsbegrenzungen zur Sicherung der Finanzierung der gesetzlichen Krankenversicherung vorgenommen.[1166] Im Gesetzesentwurf zum GKV-Modernisierungsgesetz hieß es etwa, dass „[b]estimmte Leistungen [...] in die Eigenverantwortung der Versicherten übertragen [werden]".[1167] Darunter fielen das „Sterbegeld, das Entbindungsgeld und Leistungen bei Sterilisation, die nicht aus medizinischen Gründen geboten sind".[1168] Auch in der Gesetzesbegründung zum GKV-Wettbewerbsstärkungsgesetz[1169] wurden Leistungsbegrenzungen im Zusammenhang mit einer Eigenverantwortung der Versicherten vorgenommen. So wurde etwa mehr Eigenverantwortung bei „Folgeerkrankungen aufgrund nicht notwendiger medizinischer Eingriffe" unter explizitem Hinweis auf „Komplikationen infolge von Schönheitsoperationen oder Piercing" eingefordert.[1170] Darauf bezogen hatten „die Krankenkassen den Leistungsumfang einzuschränken".[1171]

Letzen Endes versucht der Gesetzgeber durch Verantwortungszuweisungen, welche die finanzielle Bewältigungslast betreffen, dem beschriebenen Problem des „Moral-Hazard", also einem subjektiv rationalen, durch die Anreizstrukturen der

[1164] Vgl. *Zok* WIdOmonitior 2019, 12.
[1165] Deutlich drastischer *Huster* ZEFQ 2012, 197, der den Begriff der Eigenverantwortung diesbezüglich als „völlig wertlos" empfindet und diesen darüber hinaus als „parasitären Substraktionsbegriff" bezeichnet.
[1166] Vgl. dazu etwa auch Hauck/Noftz SGB V E 050 S. 4.
[1167] BT-Drucks. 15/1525, S. 77.
[1168] BT-Drucks. 15/1525, S. 77.
[1169] BGBl. I 2007, S. 378.
[1170] BT-Drucks. 16/3100, S. 87.
[1171] BT-Drucks. 16/3100, S. 87.

Quasivollversicherung gegen den Versicherungsfall der Krankheit auftretendem Anspruchsverhalten der Versicherten, entgegen zu wirken und dieses möglichst weitgehend einzudämmen.[1172] Schließlich lassen sich die zur Verfügung stehenden Handlungsalternativen der Intervention auf eine „Lenkung durch Geld" oder eine „Lenkung durch Verhaltensvorgaben" reduzieren.[1173] So ist es demzufolge etwa das Ziel von Selbstbeteiligungsregelungen, den Versicherten effektiv durch anteilige Beteiligung von missbräuchlicher oder über den Bedarf hinausgehenden Inanspruchnahme abzubringen und dieser damit vorzubeugen.[1174]

Damit wird der Begriff der Eigenverantwortung in seiner finanzwirtschaftlichen Dimension bestimmt durch zuvor festgelegte Einstandsverpflichtungen der Solidargemeinschaft und fungiert als reiner Sammelbegriff für all jene Maßnahmen, die nicht in diesen Leistungsbereich – aus welchem konkreten Grund auch immer – fallen.[1175] Für die Bestimmung dieses Bereichs selbst wiederum liefert die Eigenverantwortung allerdings weder Kriterien noch inhaltliche Vorgaben. Zusätzlich führt aber eine zur Bekämpfung des „Moral-Hazard" forcierte Implementierung von Selbstbeteiligungen oder die Verlagerung von Versicherungsleistungen in die private Vorsorge zu einer Verschlechterung der in der Versicherung erfolgenden Risikoallokation und so wiederum auch zu einer Abnahme des sozialen Ausgleichs, der über die gesetzliche Krankenversicherung bezogen auf den Fall der Krankheit verwirklicht werden soll. Mittelaufbringung durch Selbstbeteiligungen und die damit einhergehende Mehrbelastung für die Versicherten laufen dem Solidargedanken insoweit zuwider, als das einkommensschwache Versicherte zu einer Unternachfrage gezwungen werden, wohingegen besserverdienende Versicherte praktisch unveränderten Leistungszugriff erhalten. Anders lässt sich das daraus resultierende Problem als ein gesundheitspolitischer „Trade-Off zwischen optimaler Risikoallokation, die einen Ausgleich des Grenznutzens des Vermögens über alle Umweltzustände erfordert, und einer Vermeidung der durch Moral-Hazard-Effekte bedingte Fehlallokation von Gesundheitsleistungen" formulieren.[1176]

Der Begriff der Eigenverantwortung kann im Ergebnis gleichfalls, wenn auch nicht zwangsläufig, als Oberbegriff für die finanzielle (Allein-)Zuständigkeit des Individuums für bestimmte Bedarfsfelder verstanden werden.[1177]

---

[1172] Vgl. *Berlemann/Karmann* ZWS 1998, 579 f., eingehend dargestellt anhand der Kostenbeteiligung bei kieferorthopädischen Behandlungen; vgl. *Gassner* ZRP 2022, 2.

[1173] *Eberbach* MedR 2014, 459.

[1174] Vgl. *Merten* NZS 1996, 597.

[1175] In ähnlicher Weise, wenn auch unspezifischer, den Begriff der Eigenverantwortung als „Containerbegriff" bezeichnend *Grühn*, Gesundheitsbezogene Handlungspflichten der Versicherten in der Sozialversicherung als Dimensionen von Eigenverantwortung und Solidarität, S. 15.

[1176] *Berlemann/Karmann* ZWS 1998, 590.

[1177] Dieses Ergebnis auch bei *Huster* ZEFQ 2012, 197: „'Eigenverantwortung' klingt nach Autonomie und Selbstbestimmung, bedeutet hier aber nur, dass man selber zahlen muss".

## VI. Zusammenfassung und Konkretisierung der Ergebnisse

Bereits 1996 kam *Mutz* in seinem Resümee über die Beiträge zur Bundestagung des Deutschen Sozialrechtsverbandes e.V. unter dem Thema „Individualverantwortung und Versicherungsschutz“ nicht umhin festzustellen, dass sich der Begriff der Eigenverantwortung bei verstärkter Einbettung in die Sozialversicherung zu einer eigenständigen Fragestellung im Sozialgesetzbuch entwickeln würde.[1178] Dies lässt sich anhand der dargestellten Dimensionen des Eigenverantwortungsbegriffs bestätigen.

Die Vorstellung davon, was unter Eigenverantwortung zu verstehen ist, hat sich zu einem Zerrbild entwickelt, welches seinen Bezug zum originären Verantwortungsbegriff durch die Beifügung „Eigen-“ verloren zu haben scheint, sodass der Begriff nunmehr der freien Interpretation und dem freien Gebrauch zugänglich wurde. Insbesondere an den Schnittstellen zwischen den einzelnen Disziplinen, die sich der Eigenverantwortung widmen, wird die Verwendung des Begriffs immer unklarer.[1179] Geboten erscheint unter diesem Eindruck jedenfalls eine Unterscheidung zwischen sozialpolitischem, gesundheitlichem und marktwirtschaftlichem Diskurs auf der einen sowie der Auslegung des Begriffs innerhalb des SGB V auf der anderen Seite. Nachfolgend sollen zunächst die zentralen Ergebnisse dieses Kapitels zusammengefasst werden, ehe ein eingrenzender Definitionsversuch unternommen wird, der die unterschiedlichen Ausgestaltungen des Begriffs abzudecken und zugleich die Funktionalität desselben zu verdeutlichen sucht.

### 1. Risikobegriff und Risikosolidarität

Die gesetzliche Krankenversicherung dient, wie auch die übrigen Sozialversicherungszweige, der Vorsorge und dem Schutz betreffend die wesentlichen Lebensrisiken. Die Grundnorm des Leistungsrechts der gesetzlichen Krankenversicherung, § 27 Abs. 1 S. SGB V, die den Anspruch auf Krankenbehandlung begründet, beschreibt das primäre versicherte Risiko der gesetzlichen Krankenversicherung mit dem Versicherungsfall der Krankheit. Eine zeitlich extensivierende Dimension des versicherten Risikos besteht in der Krankheitsprävention und der Nachsorge. Neben dieses versicherte Risiko treten mitunter daraus resultierende, insbesondere finanzielle Lasten.

Den Umfang von Risiko und Last, der von der Solidargemeinschaft der gesetzlichen Krankenversicherung zu tragen ist, hat unter anderem eine Erweiterung durch das Bundesverfassungsgericht im Rahmen der sogenannten Nikolausrechtsprechung[1180] und ihrer Folgerechtsprechung erfahren. Allerdings sind dem versicherten Risiko auch nicht unerhebliche Grenzen gesetzt. Zum einen dadurch, dass die sozialstaatlichen Aspekte der Fürsorge, der sozialen Sicherung und der

---

[1178] Vgl. *Mutz* DAngVers 1996, 561.

[1179] Vgl. dazu auch bei *Rothhaar*, Philosophische Grundlagen der Eigenverantwortung im Gesundheitswesen, S. 290.

[1180] Siehe dazu oben unter B. II. 1. b. cc. ccc.

sozialen Gerechtigkeit vereinzelt durch Mitwirkung und Eigenleistung der Versicherten reduziert sind; zum anderen dadurch, dass der Leistungsträger nicht dazu verpflichtet ist, jede zur Verfügung stehende Methode und jedes zur Verfügung stehende Mittel auch gewährleisten zu müssen, sondern Eingrenzungen anhand von Erwägungen der Wirksamkeit, Notwendigkeit und insgesamt der Kosteneffizienz vornehmen muss.

Das damit skizzierte Risiko der gesetzlichen Krankenversicherung wird von den Versicherten gemeinschaftlich getragen. Durch den Prozess der Vergemeinschaftung wird eine Unterbrechung des Gleichlaufs von Selbstbestimmung und der Selbsttragung von Risiken bewirkt. Dies hat gleichfalls Auswirkungen auf die an individuelle Freiheit und Risikolast gekoppelte Verantwortungszuweisung. Aufbauend auf dem damit erfolgenden Risikoausgleich kennt die gesetzliche Krankenversicherung für ihr versichertes Risiko nur eine Kollektivverantwortlichkeit im Maße des durch das SGB V bestimmten leistungsrechtlichen Umfangs. Insbesondere hinsichtlich des die eigenen sozialversicherten Risiken beeinflussenden, erhöhenden und neudefinierenden Verhaltens treffen den Versicherten in der gesetzlichen Krankenversicherung dem Grunde nach keine korrespondierenden rechtsverbindlichen Pflichten. Eine in diesem Sinne rechtliche Verantwortlichkeit des Versicherten besteht daher nicht.

### 2. Allgemeine Voraussetzungen und Bedeutungsebenen von Eigen-verantwortung

Der Begriff der Eigenverantwortung erweist sich als zwischen strikten juristischen Verantwortlichkeiten und einem Kodifikationsbereich stehend, der weder konkrete Verhaltensanforderungen noch Lastentragungen zuweist, sodass eine Begriffskonkretisierung erschwert und Abgrenzungen notwendig werden.[1181] Dabei behindert der zweifach belegte Begriff der Verantwortung[1182] – einmal verstanden als Folgenzurechnung und einmal als Handlungsverpflichtung – und dessen uneindeutige Verwendung in der Literatur die Auflösung der hinter der Eigenverantwortung stehenden Bedeutungsdimensionen. Eigenverantwortung „sagt eben einemjedem das, was er hören will".[1183] Dem der Rechtsordnung zugrundeliegenden inhaltlich wandelbaren verfassungsrechtlichen Menschenbild entsprechend trägt jeder Einzelne seine ihn treffenden Lebensrisiken und die damit korrespondierenden Lasten selbst.

Eigenverantwortung ist durch die Verbindung mit dem Menschenbild insoweit stets auch mit außerrechtlichen Dimensionen von Ethik, Tugendlehre und Kultur

---

1181 Vgl. dazu auch *Führ*, Eigen-Verantwortung im Rechtsstaat, S. 58 f.; vgl. auch die einleitende Fragestellung bei *Middel*, Gesundheitsgerechtigkeit zwischen Eigenverantwortung und Solidarität, S. 359; vgl. *Rothhaar*, Philosophische Grundlagen der Eigenverantwortung im Gesundheitswesen, S. 289 f.

1182 Vgl. dazu ausführlich *Rothhaar*, Philosophische Grundlagen der Eigenverantwortung im Gesundheitswesen, S. 290 f.

1183 Angelehnt an die Feststellung betreffend den Begriff der Verantwortung bei *Klement*, Verantwortung, S. 27.

verknüpft. Wenn eine diesbezügliche Lastenübertragung stattfindet, besteht ein Konflikt mit der in diesem Sinne verstandenen Eigenverantwortung als Selbstzuständigkeit und der Kollektivierung derselben. Daran anknüpfend kann der Versuch einer strukturierten und allgemeinen Darstellung der Begrifflichkeiten von Eigen-, Selbst- und Individualverantwortung im Zusammenhang mit unterschiedlichen Sozialversicherungszweigen unternommen werden.[1184] So ließen sich drei Ausdrucksformen der Eigenverantwortung in der Sozialversicherung herauskristallisieren: Eigenverantwortung im Sinne von „Dispositionsfreiheit", als „Einstehen für eigenes Verschulden" und im Rahmen der „Heranziehung zur Selbsthilfe".[1185] Allerdings ist diese Darstellung keinesfalls als abschließend zu bewerten.[1186] So konnten weitere Aspekte ausgemacht werden, die aufgrund der Häufigkeit ihrer Verwendung aber auch aufgrund ihrer Bedeutung für die Wirkung der Begriffe von Eigenverantwortung und Risikoberücksichtigung als deren elementare Bestandteile beziehungsweise als gebräuchliche Ausformungen angesehen werden können. Dies wiederum hat gleichfalls Einfluss auf die engere Umgrenzung des Begriffs der Eigenverantwortung selbst.

Die Betonung der Eigenverantwortung in der gesundheitspolitischen Debatte verfolgt nach einer hinter dem Begriff stehenden, der Public-Health-Lehre entsprungenen Intention, in aller Regel den Zweck, den Menschen zu einer aktiven Rolle und einer, bezogen auf den eigenen wie auch den gesamtgesellschaftlichen Gesundheitsstatus, positiven Handlungseinstellung zu bewegen. Dabei ist eigenverantwortliches Handeln zuweilen mit erheblichen Schwierigkeiten verbunden. Das Individuum muss sich zwischen mehreren, zur Verfügung stehenden Alternativen entscheiden, muss sich zur Handlung motivieren und zugleich die Erwartungen einer gesundheitsdienlichen Handlungsaufforderung erfüllen.[1187] Allerdings bietet Eigenverantwortung auch Chancen und Vorteile.[1188] Je komplexer Systeme werden, desto größer scheint der Bedarf an Orientierungsmöglichkeiten.[1189] Eigenverantwortung, ebenso wie der originäre Verantwortungsbegriff, fungieren dort als „normative Ersatzbegriffe", wo klassische Konzepte von Pflicht, Rechenschaft und Moral in unübersichtlichen Handlungsräumen aufgehen.[1190] Steht für das Individuum fest, wofür es die Verantwortung trägt und

---

[1184] So etwa *Boecken* SDSRV 1997, 7 ff. unter dem Titel „Formen der Individualverantwortung in der Sozialversicherung".

[1185] Vgl. *Boecken* SDSRV 1997, 13.

[1186] Dies indes wohl annehmend *Grühn*, Gesundheitsbezogene Handlungspflichten der Versicherten in der Sozialversicherung als Dimensionen von Eigenverantwortung und Solidarität, S. 25 bis 29 sowie nachfolgend auch unter wiederkehrender Bezugnahme auf S. 57 f. und S. 86.

[1187] Vgl. *Schmidt* Gesundheitswesen 2010, 31.

[1188] Siehe dazu auch bei *Schmidt*, Eigenverantwortung haben immer die Anderen, S. 25, m.w.N.

[1189] So auch *Middel*, Gesundheitsgerechtigkeit zwischen Eigenverantwortung und Solidarität, S. 355; vgl. *Kersting*, Verantwortliche Verantwortung, S. 10.

[1190] Vgl. *Middel*, Gesundheitsgerechtigkeit zwischen Eigenverantwortung und Solidarität, S. 355; vgl. zum Verantwortungsbegriff *Kersting*, Verantwortliche Verantwortung, S. 10, der die „Konjunktur" desselben in den Diskursen, mit dessen Orientierungshilfefunktion in einer modernen, komplexen und globalisierten Welt für den Einzelnen erklärt; siehe dazu umfassend auch *Heidbrink*, Kritik der Verantwortung, S. 187 ff., der statt eines starren Verantwortungsbegriffs daher

wofür nicht, erlaubt es ihm diese Erkenntnis, sich zurechtzufinden und auf die Zukunft gerichtete Handlungsentscheidungen, die tagtäglicher Begleiter eines autonom geführten Lebens sind, zu treffen.

Insofern ist der Begriff der Autonomie hervorzuheben. Ein zentraler Aspekt der Eigenverantwortung, noch bevor sie einen spezifischen Bedeutungsgehalt erhält, ist die gleichzeitig für diese als Bedingung fungierende Freiheit des Willens. Diese kann aber nur gegeben sein, wenn es für das Individuum die Möglichkeit der Wahl und der Entscheidung gibt. Dabei können in den dargestellten Rekursen auf den Begriff der Eigenverantwortung zuweilen diesbezüglich nicht unerhebliche Paradoxien ausgemacht werden. In der zuletzt wohl vorherrschenden Grundannahme, dass in positiver Weise und damit schließlich verhaltenssteuernd zum gesundheitlichen Wohle der Versicherten vermehrt auf Eigenverantwortung verwiesen werden soll, widerspricht sich die Verwendung des Begriffs bereits selbst. Aufoktroyierte Verhaltenspflichten entbinden schon definitorisch von der Möglichkeit der Eigenverantwortung, da es an dem entscheidenden Moment der Selbstgewähltheit fehlt.[1191]

Setzt ein System also Eigenverantwortung als eines ihrer Strukturmerkmale voraus, so gebietet dies gleichzeitig die Schaffung und Wahrung der Möglichkeit zur freien Willensbildung und Willensäußerung im systemspezifischen Rahmen. Unter Rückgriff auf die bereits geschilderten und weithin anerkannten Ausdrucksformen von Eigenverantwortung innerhalb der Sozialversicherung, kann dafür zusammenfassend der Terminus der „Dispositionsfreiheit“ verwendet werden.[1192] Dahinter steht letztlich ein Sammelbegriff für Ausprägungen von Eigenverantwortung, die dem Individuum in einem vom Gesetzgeber festgelegten Umfang Wahlmöglichkeiten eröffnen.[1193] Angesprochen wurde diesbezüglich unter anderem bereits Wahlmöglichkeiten betreffend Form und Art der Leistungsinanspruchnahme.[1194]

### 3. Eigenkompetenz und formelle Eigenverantwortung im Sozialversicherungsrecht

Der Begriff der Eigenverantwortung wird nicht zuletzt auch wegen seiner inhaltlichen Unbestimmtheit in einen Bezug zur Versichertenmündigkeit und -kompetenz gesetzt.[1195] Dies erfolgt gleichsam innerhalb des Gesetzes, wenn in § 1 S. 2 SGB V als Förderungsziele der Krankenkassen die Eigenverantwortung und die Eigenkompetenz der Versicherten benannt werden. Der Einzelne sei es, der die

---

einen „prozeduralen Verantwortungsbegriff einfordert, der den komplexen gesellschaftlichen Strukturen gerecht wird.

[1191] Siehe dazu auch *Gabriel*, Eigenverantwortung als Grundbegriff des deutschen Sozialstaats und Gesundheitswesens, S. 315.

[1192] Vgl. *Boecken* SDSRV 1997, 13 f. sowie 18 f.; siehe auch *Schulin* ZVersWiss 1994, 30.

[1193] Dahingehend auch *Bertelsmann Stiftung*, Eigenverantwortung: Ein gesundheitspolitisches Experiment, S. 146.

[1194] Siehe dazu oben unter B. III. 1. b.

[1195] Vgl. *Schmidt*, Eigenverantwortung haben immer die Anderen, S. 53.

Verantwortung für die Chancen und Risiken des eigenen Lebens trüge, weshalb diese so verstandene Eigenverantwortung gestärkt werden müsse.[1196] Selbstmanagement und Selbstregulierung treten hier in den Fokus. Ziel sei es daher, die Voraussetzungen für einen aufgeklärten und damit gesundheitlich eigenverantwortlichen Versicherten zu schaffen. Dabei gilt jedoch umgekehrt, dass, je mehr Wissen und Können um die eigenen Gesunderhaltung bestehen, desto höher auch die diesbezügliche Erwartung der Solidargemeinschaft gesteckt ist. Eigenverantwortung gerät so aber schnell in Verdacht, zu einem dem Versicherten aufgedrängten gesundheitsgerechten Verhaltens- und Entscheidungsprogramm modifiziert zu werden. Insbesondere in Anbetracht der Präventionsforderung, die sich unter anderem darauf stützt, dass in Zukunft auf Basis der individualisierten Medizin umfassende Risikoprofile erstellt werden könnten, die den betroffenen Patienten in die Lage versetzen, Verantwortung in Kenntnis ihres persönlichen Gesundheitsstatus zu übernehmen und entsprechende Maßnahmen zu ergreifen,[1197] liegt ein solcher Verdacht nahe.

Annahmen dieser Art eröffnen eine Bedeutungsebene der Eigenverantwortung als generalisierter Verschuldensbegriff, bezogen auf den durch das Versichertenverhalten herbeigeführten Versicherungsfall – insbesondere in Kenntnis der Risikodisposition – oder einer unterlassenen Mitwirkung an der Feststellung oder Behandlung eines solchen.[1198] Problematisch ist dies insofern, als dass allzu häufig die individuelle und soziale Fähigkeit zur Verantwortungstragung unberücksichtigt bleibt.[1199]

Mit Blick auf das sozialversicherungsrechtliche Verfahrensrechtsverhältnis sind bestimmte Mitwirkungsobliegenheiten geschaffen worden, die als Mindestanforderungsniveau der Eigenbeteiligung an der Leistungserbringung an diesen gestellt wurden. Gemein ist diesen Pflichten, dass sie bei Enttäuschung durch den Leistungsberechtigten zu einer Sanktion führen, die teils erhebliche negative Auswirkungen auf die Stellung des Versicherten haben kann.

Indem im Rahmen der Mitwirkungsobliegenheiten exakte Angaben über Art und Weise der Mitwirkung der Versicherten gemacht und damit konkrete Verhaltensregeln vorgegeben werden, liegen die Mitwirkungspflichten näher an einem ursprünglichen Verständnis von Verantwortung.[1200] Die Vorschriften beschreiben daher keine Eigenverantwortung im materiellen Sinn, die sich zumindest dadurch kennzeichnet, dass sie gerade keine eindeutigen Pflichtenzuweisungen transportiert. Es handelt sich lediglich um Normen mit ausschließlich verfahrensrechtlicher Bedeutung sowie bezogen auf die als Beugemittel zu qualifizierenden Sanktionstatbestände um leistungsträgerseitige Durchsetzungsnormen. Realisiert sind

[1196] Siehe dazu oben unter B. III. 2. a.

[1197] Vgl. BT-Drucks. 16/12000, S. 12, 151; vgl. zu der Problemstellung *König/Junge* GuP 2015, 135 f.

[1198] Vgl. bereits *Boecken* SDSRV 1997, 11; ähnlich auch *Schuldzinski* ZEFQ 2012, 214; vgl. *König/Junge* GuP 2015, 135.

[1199] Siehe dazu oben unter B. III. 2. b.

[1200] Vgl. *Führ*, Eigen-Verantwortung im Rechtsstaat, S. 60.

also nur mittelbare Formen von einer in diesem Sinne formell gedachten, da auf das Verfahrensrechtsverhältnis bezogenen Eigenverantwortung des Versicherten, die rein an den für die Sanktion auslösenden Moment und die Beteiligung am Prozess der Leistungsgewährung anknüpft.

### 4. Risikoberücksichtigung im engeren Sinn und die Frage nach dem Verschulden

Eigenverantwortung steht ihrer Natur nach zudem in einem Spannungsverhältnis mit der Solidarität. Bedeutende Ausformung dieses Grundkonfliktes ist der sogenannte „Moral-Hazard“. Umgekehrt wird die eigene Verantwortlichkeit für sich selbst über zentrale Güter kollektiviert. Bezogen auf dieses Spannungsverhältnis wird unter Berücksichtigung von in der Verantwortungssphäre der Versicherten stehenden Verhaltensweisen und Lebensstilen die Forderung erhoben, gleichzeitig zur Aktivierung der Eigenverantwortung eine korrespondierende Inaktivität oder ein Zuwiderhandeln mit Sanktion zu belegen. Der Mensch soll also selbst entscheiden, welche gesundheitsrelevante Lebensweise er verfolgt, dafür aber nicht nur selbst die Verantwortung tragen, sondern darüber hinaus auch die potentiellen Folgekosten. Gemeint ist eine Einstandsverpflichtung aufgrund eines Verschuldens gegen sich selbst, wiederum verstanden als Verstoß gegen ein überindividuelles, zugleich aber auch eigenes Interesse.

Dadurch rücken schließlich auch grundrechtliche Aspekte der Förderung von Gesundheit, umgekehrt aber auch die Einschränkbarkeit von Freiheitsrechten in den Vordergrund. Pflicht und Recht stehen sich bei der Frage einer „optimierenden Allokation kollektiver Güter“ im Rahmen der sozialen Sicherung gegenüber.[1201] So knüpften bereits Überlegungen zu Zeiten der Krankenversicherung der Arbeiter an einer Übertragung der Konsequenzen von individuellen Entscheidungen der Lebensführung auf das Individuum an.[1202] Die Entwicklungsmöglichkeiten, die hinter Forderungen dieser Art stehen, zeichnen sich dadurch aus, dass diejenigen, die sich nicht gesundheitsgerecht und folglich in diesem Sinne unsolidarisch verhalten, entweder Abstriche in ihrer medizinischen Versorgung hinnehmen müssen oder sich im Extremfall ganz aus der Solidargemeinschaft ausgeschlossen sehen.[1203]

Ein solcher Aspekt der Eigenverantwortung, der eine Bewältigungslast der entstandenen Konsequenzen dem Individuum überträgt, könnte dem Bereich des „Einstehens für eigenes Verschulden“ zugeordnet werden.[1204] Dieses ist eines der Kernprobleme in der Sozialversicherung.[1205] Dahinter steht letztlich die Frage, ob ein „venire contra factum proprium“ als Sanktion gegen eine Verletzung der

---

[1201] *Höfling* ZEFQ 2009, 287.
[1202] Siehe dazu oben unter B. II. 1. a.
[1203] Zusammenfassend auch *Höfling* ZEFQ 2009, 286 sowie 287.
[1204] Vgl. *Boecken* SDSRV 1997, 20.
[1205] *Boecken*, wiedergegeben bei *Mutz* DAngVers 1996, 562.

Solidarpflicht einen Leistungsausschluss nach sich ziehen kann.[1206] Verhält sich das Individuum solidarwidrig, das heißt mit final auf die Risikorealisierung ausgerichtetem Handeln bei entsprechendem Schädigungswillen, bedürfte es einer gesetzlichen Gestaltung, die das Verantwortungsobjekt aus der Zuständigkeit der Kollektivverantwortung in die Zuständigkeit des Individuums zurücküberträgt. Eigenverantwortung dient dann als verschuldensabhängiges Kriterium zur Zuweisung der Zuständigkeiten betreffend die Konsequenzenbewältigung. Dieses Kriterium wird über einen freien Willen legitimiert, der der Entscheidung, das Interesse an einer gesundheitlichen Sorgfalt gegenüber sich selbst unberücksichtigt zu lassen, zugrunde liegt. Sobald jedenfalls eine Risikoberücksichtigung im Sinne einer Reglementierung in Anbetracht von gesundheitsschädlichem Verhalten erfolgt, kann festgestellt werden, dass Darstellung und Begründung der Maßnahme unter Gebrauch der Eigenverantwortung, aufgrund ihrer positiven Konnotation durch Bezug zur damit verbundenen Autonomie und Freiheit, erfolgen.[1207]

## 5. Kostenverantwortung und Bewältigungszuständigkeit

Dem Gesetzgeber – so scheint es – geht es bei der Einbringung der Eigenverantwortung einzig um die Absenkung der Behandlungs- und Versorgungskosten. Besonders hervorzuheben ist dabei der sich abzeichnende Konnex einer vorgelagerten Verantwortungszuweisung und der normativ zugewiesenen finanziellen Bewältigungszuständigkeit. Eigenverantwortung beschriebt insofern die Zuständigkeit des Versicherten, über das „Ob“ und „Wie“ der Inanspruchnahme sowie über die Preisgestaltung von außerhalb des Leistungskataloges der gesetzlichen Krankenversicherung stehende Leistungsangebote zu entscheiden.[1208]

Demnach korrespondiert Eigenverantwortung mit individueller Kostenverantwortung und setzt dabei gleichzeitig auch Kostenbewusstsein zwingend voraus. Erzielt werden soll damit eine bedarfsgerechte Ausgestaltung und Inanspruchnahme des gesundheitlichen Leistungsspektrums. Eigenverantwortlich im gesundheitsbezogenen Sinn handelt demnach, wer sich in einem hohen Maße gesundheitsförderlich und krankheitspräventiv verhält und von krankheitsförderndem und gesundheitlich riskantem Verhalten absieht.[1209] Erwünscht ist ein „kostenbewusstes ‚sozialwirtschaftliches‘ Handeln“ der Versicherten.[1210] Der Begriff der Eigenverantwortung fungiert dabei als eine Art normativer Platzhalter. Die Nachfrage nach Gesundheitsgütern soll graduell steigend durch einen höheren Anteil privater Vorsorgeleistung bedient werden. Diese Verantwortungszuweisung wiederum ist es, die den Aspekt der individuellen Finanzverantwortlichkeit auf einem gesundheitlichen Finanzprodukte- und Dienstleistungsmarkt in sich

---

[1206] *Boecken* SDSRV 1997, 20; dazu auch *Butzer*, Fremdlasten in der Sozialversicherung, S. 514.

[1207] Vgl. auch *Eberbach* MedR 2014, 463.

[1208] Vgl. *Borchert*, Die Rolle der Patienten und Versicherten im neustrukturierten GKV-System, S. 136. Besonders klar wird dies im Bereich der IGeL.

[1209] Vgl. *Schmidt*, Eigenverantwortung haben immer die Anderen, S. 54.

[1210] *Schmidt*, Eigenverantwortung haben immer die Anderen, S. 58.

trägt und damit die Bedeutungsdimension der Kostentragung im Recht der gesetzlichen Krankenversicherung eröffnet.[1211]

Die Zuweisung erfolgt demzufolge über den Leistungskatalog, wie es auch § 2 Abs. 1 S. 1 SGB V klarstellt. Waren etwa Überlegungen wie die Ausweitung des versicherten Personenkreises oder des beitragsrelevanten Einkommens und Vermögens Bestandteile der Reformen des Krankenversicherungsrechts, so kann aufgrund der Begrenztheit der damit zu erzielenden Kostendämpfungseffekte davon ausgegangen werden, dass Zweck der Maßnahmen eine Verantwortungszuweisung und damit die Maßnahmen selbst dem Weg der Leistungskürzung zuzuordnen sind.[1212] Der Ausweitung der Rechte mündiger Versicherter folgt daher auch eine Ausweitung der Verantwortungstragung.

Ein in diesem ökonomischen Sinne optimaler Versicherter ist demzufolge ein solcher, der keine unnötigen Leistungen in Anspruch nimmt, der notwendige Leistungen zum Teil selbst finanziert, der in Erwartung einer Bonifizierung an Präventionsangeboten partizipiert und der schließlich die Kosten für individuell nachgefragte Gesundheitsleistungen selbst trägt.[1213] Eigenverantwortung meint so nicht nur Kostenbewusstsein, sondern auch Kostenverantwortung und fungiert als Kriterium der Kostendämpfung.

Hinter diesem Verständnis der Eigenverantwortung steht aber zugleich die Frage, ob eine unmittelbare Risikoberücksichtigung im Sinne einer haftungsrechtlichen Kostenverantwortung für den Gesetzgeber überhaupt möglich und gangbar wäre. Diskussionsgegenstand ist demnach eine Einstandsverpflichtung aufgrund kausaler Erwägungen. Die Zielsetzung dürfte zumindest eindeutig in einer Kostenreduzierung aufgrund einer beschränkten Einstandspflicht der Solidargemeinschaft auszumachen sein.

Von den soeben dargestellten Grundlagen ausgehend, soll nun – zum einen bezogen auf ihre einzelnen Bestandteile, wie auch bezogen auf die dahinter liegenden Erwägungen und Zwecksetzungen – ein die unterschiedlichen Elemente zusammenführender Eigenverantwortungsbegriff identifiziert werden.

### 6. Materielle Eigenverantwortung in der gesetzlichen Krankenversicherung

Nach der soeben erfolgten zusammenfassenden Darstellung konnten insbesondere unter dem Begriff der Kostenverantwortung wichtige Erkenntnisse bezüglich des funktionalen Mechanismus der Eigenverantwortung im Sozialversicherungssystem der gesetzlichen Krankenversicherung gewonnen werden. Diesen Mechanismus gilt es daher – um den Begriff der Eigenverantwortung für eine Gesetzesanalyse, aber auch für die Möglichkeit der Kritik am bestehenden

---

[1211] In der Sache vergleichbar erkennend *Schlenker*, in: *Schulin*, Krankenversicherungsrecht, § 1 Rn. 211; siehe ähnlich auch *Gabriel*, Eigenverantwortung als Grundbegriff des deutschen Sozialstaats und Gesundheitswesens, S. 315.

[1212] Vgl. zur Endlichkeit der positiven Reformeffekte im Bereich der Finanzierung bei *von Maydell* NZS 1993, 426 f.

[1213] Vgl. deutlich harscher *Schmidt*, Eigenverantwortung haben immer die Anderen, S. 58.

System oder dessen Fortentwicklung zu operationalisieren – in einem eindeutigen und umfassenden, die unterschiedlichen interdependenten Strukturen zwischen Risiko, Verschulden, Solidarität und freiheitlicher Autonomie berücksichtigenden Verständnis zusammenzuführen. Ziel ist es also nicht, eine Definition des wechselhaften und diffusen Begriffs der Eigenverantwortung generell, das heißt vorrechtlich, oder bezogen auf bestimmte Archetypen, wie dem des Gesundheitswesens in Gänze, zu entwickeln, sondern den Begriff anhand seiner Funktion spezifisch für die gesetzliche Krankenversicherung neu zu konzipieren.

Auch wenn bislang keine allgemeingültige und allgemein anerkannte Definition der Eigenverantwortung entwickelt worden ist, bedeutet dies keinesfalls, dass es nicht bereits entsprechende Versuche und Ansätze gibt.[1214] Teilweise sind diese auch schon in einem Zusammenhang mit dem Gesundheitswesen und damit auch unter Berücksichtigung von Aspekten der gesetzlichen Krankenversicherung ergangen.[1215] Einigen Definitionsansätzen ist gemein, dass neben der Grundsatzaussage, dass Eigenverantwortung positiv prospektiv die Verantwortung zur Gesunderhaltung und negativ retrospektiv bei unterlassener Verantwortungswahrnehmung mit Nachteilen, Konsequenzen oder Sanktion belegt ist, Kausalität gefordert wird.[1216] Es wird versucht, einen Haftungsmaßstab für eine Verantwortungsübernahme zu begründen, dem über einen Kausalitätsbeweis die Verantwortung bezüglich der Konsequenzen von Erfolg und Misserfolg der eigenverantwortlichen Entscheidung folgt. Damit ist Eigenverantwortung und das sich an diese anschließende Haftungssystem geprägt von individueller Freiheit. Insbesondere wird in diesem Zusammenhang an einen idealisierten, aktiven und mündigen Versicherten als Konterpart zur solidarpflichtigen Gemeinschaft angeknüpft, der den Grad seiner Eigenverantwortung durch Reflektion und Wissen mitbestimmt und sich seiner Position und Rolle im Sozialgefüge bewusst ist.[1217]

Dass es diesen idealisierten Versicherten realiter gibt, kann ohne statistische Erhebung bereits aufgrund der weitergehenden Beschreibung seiner Eigenverantwortlichkeit hinterfragt werden. So wird unterschieden zwischen einem eigenverantwortlichen Verhalten bezogen auf sich selbst, die eigene Gesundheit und deren

---

[1214] Vgl. *Schmidt*, Eigenverantwortung haben immer die Anderen, S. 58 f.; *Schmidt* Gesundheitswesen 2010, 30; eine definitorische Unterscheidung in Selbst- und Eigenverantwortung vornehmend *Goertz* ETHICA 2005, 347 f.; vgl. *Süß*, Die Eigenverantwortung gesetzlich Krankenversicherter unter besonderer Berücksichtigung der Risiken wunscherfüllender Medizin, S. 116 f.; insgesamt auch *Bertelsmann Stiftung*, Eigenverantwortung: Ein gesundheitspolitisches Experiment, S. 143 ff.; siehe auch *Grühn*, Gesundheitsbezogene Handlungsverpflichtungen der Versicherten in der Sozialversicherung als Dimensionen von Eigenverantwortung und Solidarität, 2001.

[1215] So etwa bei *Schmidt*, Eigenverantwortung haben immer die Anderen, S. 59 f.; dies für sich in Anspruch nehmend auch *Süß*, Die Eigenverantwortung gesetzlich Krankenversicherter unter besonderer Berücksichtigung der Risiken wunscherfüllender Medizin, S. 144 ff.

[1216] Siehe dazu und zu den nachfolgenden Ausführungen zu den unterschiedlichen Definitionsansätzen *Schmidt*, Eigenverantwortung haben immer die Anderen, S. 58 bis 60.

[1217] Dahingehend *Bertelsmann Stiftung*, Eigenverantwortung: Ein gesundheitspolitisches Experiment, S. 146 f.; siehe auch *Grühn*, Gesundheitsbezogene Handlungspflichten der Versicherten in der Sozialversicherung als Dimensionen von Eigenverantwortung und Solidarität, S. 292 f.

Aufrechterhaltung und der Nutzbarmachung der Individualverantwortlichkeit innerhalb eines interdependenten sozialen Gefüges. Festzustellen ist daneben häufig auch eine Bezugnahme auf eine Art Kerngehalt der Eigenverantwortung, vergleichbar mit dem Begriff der Autonomie, der die Zuständigkeit für sich selbst dem Individuum zuschreibt und damit auch die so geschaffenen Lasten, denen die Zuständigkeit für die jeweils korrespondierenden Konsequenzen folgt.[1218] Hervorgehoben wird dabei wiederholt die Beziehung zwischen der Eigenverantwortung auf der einen und der Verflechtung von Individuum und Sozialgemeinschaft auf der anderen Seite.

Zudem wird Eigenverantwortung als ein Sonderfall in der Rechtsordnung bewertet, der abweichend von einem Urbegriff der Verantwortung den einzelnen Menschen zum Verantwortungsträger und zur Verantwortungsinstanz erklärt, die Bestimmung des Verantwortungsmaßstabs also losgelöst ist von „fremdgesetzten, vertraglich oder gesetzlich bestimmten Verhaltensvorgaben".[1219] Demnach sei Eigenverantwortung, entsprechend dem verfassungsrechtlichen Menschenbild in einem freiheitlichen Verfassungsstaat, eine dem Recht vorgelagerte Annahme, die einer externen Bewertung nicht zugänglich sei.[1220] Nur im Fall der Sozialversicherung erwerbe der Versicherte durch seine Beitragszahlung eine Form der modifizierten Eigenverantwortung, die letztlich abgeschwächt und in einer auf dem Solidarprinzip basierenden Gemeinschaftsverantwortung aufgeht, die wiederum die Lokalisation des Individuums in der Gemeinschaft hervorhebt.[1221] Darin spiegelt sich aber vielmehr die in § 1 S. 3 Hs. 1 SGB V benannte Mitverantwortlichkeit wieder, als dass es sich bereits faktisch um Eigenverantwortung handeln kann. Die Bezeichnung als modifizierte Eigenverantwortung geht damit fehl, kürzt ein solches Eigenverantwortungsverständnis ja bereits den für die Eigenverantwortung maßgeblich Autonomie im Setzen der eigenen Entscheidungsparameter.

Andere Definitionsansätzen lassen sich wiederum von den bisher aufgezeigten strukturell abgrenzen. Eigenverantwortlichkeit bestimme sich diesen zufolge als feststehendes Merkmal, wonach Eigenverantwortung die „komprimierte Fassung für ‚eigenständige Lebensführung und persönliche Verantwortungsübernahme für retrospektive und prospektive Gesundheitsrisiken, einerseits unter vorrangiger Selbstverpflichtung auf ein wandelbar definiertes gesundheitsbezogenes Selbst- und Gemeinwohl, andererseits unter größtmöglichem Verzicht auf gegenseitige Verantwortungsansprüche'" sei.[1222] Das Individuum trägt Sorge für den

---

[1218] Siehe dazu die Ausführungen bei *Bertelsmann Stiftung*, Eigenverantwortung: Ein gesundheitspolitisches Experiment, S. 143 bis 145.

[1219] *Süß*, Die Eigenverantwortung gesetzlich Krankenversicherter unter besonderer Berücksichtigung der Risiken wunscherfüllender Medizin, S. 117.

[1220] So *Süß*, Die Eigenverantwortung gesetzlich Krankenversicherter unter besonderer Berücksichtigung der Risiken wunscherfüllender Medizin, S. 326.

[1221] Vgl. *Süß*, Die Eigenverantwortung gesetzlich Krankenversicherter unter besonderer Berücksichtigung der Risiken wunscherfüllender Medizin, S. 148 ff. sowie zusammenfassend S. 326 f.

[1222] *Schmidt*, Eigenverantwortung haben immer die Anderen, S. 60.

eigenen Gesundheitsstatus und seine Gesunderhaltung, weshalb es ausgehend von dieser Prämisse auch selbstbestimmt für diese einzustehen hat. Dabei würde durch das Individuum die Gesellschaft, in der es sich bewegt, im inneren Entscheidungsprozess berücksichtigt. Entweder werden die an das Individuum gestellten Gesundheitswohlvorstellungen durch dieses erfüllt oder nicht. Daran entscheide sich letztlich, ob das Individuum eigenverantwortlich bezogen auf seine Gesundheit lebt und handelt. Verzichtet wird dabei auf eine Bestimmung der Verantwortung über einen Kausalitätsnachweis. Konstruiert wird vielmehr ein an einem Idealbild der Eigenverantwortung anknüpfendes „alles-oder-nichts-Prinzip“: Da das Individuum im Zweifel trotz fehlendem gesundheitsbewusstem Verhalten nicht auf Sozialleistungsansprüche an das Gesundheitssystem verzichten wird, wird ihm als Reflex zu seiner Entscheidung die idealisierte Eigenschaft zugesprochen, für eigenes, autonomes und damit bewusstes gesundheitliches Fehlverhalten einzustehen, freiwillig Kosten und Verantwortung zu übernehmen und in der Konsequenz auf eine Belastung des Sozialsystems von sich aus zu verzichten.

Fasst man diese unterschiedlichen Ansätze zusammen, so beschreibt Eigenverantwortung allgemein, dass es dem Individuum obliegt, die eigene Gesundheit in einem Sozialgefüge selbst zu erreichen und zu erhalten. Diese Grundannahme wird punktuell erweitert um eine gestufte Kausalität, die sich daran bemisst, ob das Individuum in der Lage war, den Gesundheitserfolg optimal zu erzielen, um die autonome Entscheidung, wie dieser Erfolg zu erreichen sei, sowie um ein gegenläufiges Gefüge einer maximalen Eigen- und einer minimalen Systembelastung, welches schlussendlich eine bewusste Selbsttragung der Konsequenzen beschreibt.

Nach bisheriger Erkenntnis ist der Begriff der Eigenverantwortung jedoch bezogen auf die gesetzliche Krankenversicherung enger zu fassen. Eigenverantwortung ist in diesem Kontext als ein zweistufiger Wertungsbegriff zu verstehen, bestehend aus einer Ebene der als eigenständigen Begriff herausgearbeiteten Risikoberücksichtigung im engeren Sinn und einer Ebene der Zuweisung von Bewältigungszuständigkeit. Er beinhaltet demnach gleichfalls klassische Aspekte einer ex-post Verantwortlichkeit sowie einer ex-ante Verantwortlichkeit.

Aufbauend auf dem Begriff der subjektiven Risikoberücksichtigung wird demnach zunächst eine überindividuelle, an einem solidarischen und ethischen Minimalanspruch orientierte Verpflichtung formuliert. Dieser umfasst die Verantwortung dafür Sorge zu tragen, dass sich ein gesetztes Risiko, welches in die Einflusssphäre des Versicherten zu einem weitüberwiegenden Teil fällt und damit einen Grad von Verschulden beschreibt, nicht realisiert oder manifestiert oder erst gar nicht gesetzt wird. Eigenverantwortung begrenzt somit individuelle Freiheit, die sich zum einen aus der solidarischen Bindung, zum anderen aber auch rein aus finanziellen Gründen legitimiert.

Auf nächster Ebene wird sodann über den Begriff der Bewältigungszuständigkeit, unter welchem die Tragung der finanziellen wie reellen Folgenlast einer

Risikomanifestation dem Individuum zugeschrieben wird, eine das Sicherungssystem prägende und den Leistungsumfang bestimmende Wertung vorgenommen. Eigenverantwortung versteht sich daher nicht von selbst, sondern bedarf der rechtlichen Zurechnung und Konkretisierung.[1223] Allerdings bezeichnet die Eigenverantwortlichkeit nicht a priori die sanktionsbewehrte Verhaltensobliegenheit des Individuums als die aus der Autonomie entspringende Möglichkeit zur gesundheitsdienlichen Lebensweise.

Eigenverantwortung ist als ein vom Individuum losgelöster Oberbegriff für eine subjektiv begründete und normativ wirkende überindividuelle Werteentscheidung zu verstehen, die aufgrund von sozialpolitischen und verfassungsrechtlichen Erwägungen ergeht, sich auf die Leistungszuständigkeit beschränkt und erst im Rahmen der Berücksichtigung einer ex-post Verantwortlichkeit Kausalitäten berücksichtigt.

Ex-post und ex-ante Verantwortungszuweisungen vollzeihen sich demzufolge gleichzeitig und mit interdependenter Wirkung. Dem Eigenverantwortungspostulat selbst ist zunächst keine gesteigerte eigenständige Bedeutung im Sinne einer absoluten Förderung der Versichertenkompetenz bei damit einhergehender Verantwortungsentwicklung beizumessen, was sich auch durch das Fehlen einer allgemeinen Definition innerhalb der Kodifikation und der unspezifischen Verwendung durch den Gesetzgeber belegen lässt. Es handelt sich schlicht um einen Funktionsbegriff innerhalb eines Sozialgefüges.

Der Begriff der krankenversicherungsrechtlichen Eigenverantwortung dient nicht dazu, „eine selbständige Lebensführung, eine verantwortungsbewusste, gesunde Lebensweise und einen möglichst optimalen Gesundheitszustand, [...] verantwortungsbewusstes Handeln gegenüber dem Gesundheitswesen und der Sozialversicherung sowie [...] Verantwortungsübernahme für Kosten und für Krankheit“ auf Seiten der in diesem Sinne gesundheitsverantwortlichen Versicherten zu erzielen.[1224] Vielmehr hat Eigenverantwortung eine Objektivierung und Generalisierung in nicht unerheblichem Ausmaß im Zuge einer Ökonomisierung von Verantwortung im Gesundheitswesen erfahren.

Die Entscheidung darüber, welche Leistungsbereiche aus welchen sozialpolitischen und finanzwirtschaftlichen Erwägungen nicht der Sozialversicherung obliegen, sondern in die Privatzuständigkeit fallen, ist eine von diesen Aspekten losgelöste Entscheidung, die dabei nicht das Potential besitzt, den verwendeten Begriff der Eigenverantwortung eigenständig mit Inhalt zu füllen. Der Begriff dient demnach einzig und allein der leistungsrechtlichen Ab-, Ein- und Ausgrenzung zum Zweck der Erschließung von Einsparpotentialen und der Generierung von Finanzierungsinstrumenten. Dies ist zuvorderst dem Umstand geschuldet, dass aufgrund der beinahe erreichten Vollversicherung, die finanzpolitischen Stellschrauben für das bestehende System der gesetzlichen Krankenversicherung

---

1223 Darauf hinweisend bereits *Rixen*, Eigenverantwortung im Gesundheitssozialrecht – Zwischen gesundheitspolitischer Forderung und positivrechtlicher Umsetzung, S. 335.

1224 *Schmidt*, Eigenverantwortung haben immer die Anderen, S. 59.

mehr oder weniger reduziert sind auf Beitragserhöhungen oder Leistungskürzungen[1225] – sei es über höhere Eigenbeteiligungen, geminderte Zuschüsse oder eben durch die Ausgliederung von Leistungen. Die Verteilung von Lasten und Risiken in der Gesellschaft folgt politischen Erwägungen, die unterschiedliche Adressaten in die Verantwortung nehmen können, soweit dies zum Ausgleich individueller Benachteiligung oder solidargemeinschaftlicher Überbeanspruchung notwendig erscheint.[1226]

So ergibt sich auch der Widerspruch zu idealisierten Definitionsansätzen der gesundheitlichen Eigenverantwortung.[1227] Diese beschreiben im Unterschied zur krankenversicherungsrechtlichen, normativen Eigenverantwortung eine durch Ansichten der Public-Health-Lehre modifizierte, eine Rückkopplung zur originären Verantwortung vollziehende, vom autonomen Individuum ausgehenden Eigenverantwortung.[1228] Insoweit ist der Begriff in gewisser Weise gleichfalls eine Absage an die Idealvorstellung von einer „Beherrschung von Krankheitsrisiken und die Vermeidung von Krankheit auf der Basis von rationellen, individualisierten Strategien der Prävention“.[1229]

Anderseits werden von der dargelegten Definition bestimmte Bereiche entweder unmittelbar oder mittelbar tangiert, die insoweit als für deren funktionale Bestimmung wesentlich angesehen werden. Dazu gehören unter anderem die Wechselbeziehung zwischen der Eigenverantwortung und dem Solidaritätsprinzip, ihre Verbindung mit der finanzwirtschaftlichen Dimension des sozialen Sicherungssystems der gesetzlichen Krankenversicherung, mit der Risikoberücksichtigung und mit dem geltenden Subsidiaritätsgrundsatz, ebenso wie die Frage nach Kausalität, Verschulden und Haftung.

Damit zeigt sich abschließend ein ähnlich komplexes Bild, wie es auch für den bereits zahlreich zum Untersuchungsgegenstand wissenschaftlicher Monographien und Abhandlungen gemachten Begriff der Solidarität[1230] festgehalten werden kann. Den seit seiner normativen Einführung in außerrechtlichen, aber auch normativen Sinnzusammenhängen fortwährend angewachsenen Eigenverantwortungsbegriff auf einen einheitlichen Begriffskern zu reduzieren erweist sich damit als überaus schwierig. Vielleicht ist dies auch Grund dafür, warum der Gesetzgeber es bisher unterlassen hat, den Begriff legal zu definieren.

---

[1225] Vgl. *Depenheuer* NZS 2014, 203.

[1226] So schon *Heidbrink*, Kritik der Verantwortung, S. 196.

[1227] Vgl. dazu das Fazit bei *Grühn*, Gesundheitsbezogene Handlungspflichten der Versicherten in der Sozialversicherung als Dimensionen von Eigenverantwortung und Solidarität; S. 292 bis 298.

[1228] Einen solchen Begriff der Eigenverantwortung definierend auch *Marckmann* Ethik Med 2010, 215.

[1229] *Paul* Ethik Med 2011, 202.

[1230] Vgl. statt vieler bloß die umfassende Aufzählung bei *Bieback* SGb 2012, 1, dortige Fn. 1.

# C. Eigenverantwortung im SGB V

Der Begriff der Eigenverantwortung zeichnet sich durch seine Allgemeinheit und durch das Fehlen einer Legaldefinition aus. Seine ausdrückliche Erwähnung beschränkt sich auf lediglich zwei Normen, die zu den Einweisungsvorschriften des SGB V und damit zu den programmatischen Grundsätzen der ordnungspolitischen Entscheidungen des Gesetzgebers bezüglich des sozialen Sicherungssystems der gesetzlichen Krankenversicherung gehören. Aufgrund des Charakters eines allgemeinen Programmsatzes, fehlt es an einer unmittelbaren Rechtswirkung.[1231] Konkrete Aspekte einer Form von Risikoberücksichtigung lassen sich jedenfalls nicht ausmachen. Der unbestimmte Inhalt des Eigenverantwortungsbegriffs führt bereits vorrechtlich zu einer unklaren Bestimmung des Eigenverantwortungspostulats im Gesundheitswesen. Die spezifische Bedeutung der Eigenverantwortung im Rahmen des SGB V muss deshalb entweder aus den Normen selbst oder aber aus den hinter den Normen stehenden gesetzgeberischen Erwägungen ermittelt werden.

## I. § 1 SGB V als normativer Ausgangspunkt

Eigenverantwortung und Solidarität werden durch den Gesetzgeber zwar in der Überschrift des § 1 SGB V miteinander verwoben. Allerdings zieht der Gesetzgeber den Begriff über § 1 S. 2 und § 2 Abs. 1 S. 1 SGB V in einen weiteren und damit weniger konkret greifbaren Zusammenhang.[1232] Obwohl der Begriff in der Konsequenz also zunächst den Eindruck erweckt, sich einer näheren Konkretisierung zu entziehen, und ihm daher lediglich die Bedeutung eines unverbindlichen Appels beizumessen sei[1233], kann durch die finanzwirtschaftlichen Erwägungen, die mittelbar hinter § 2 Abs. 1 S. 1 SGB V ausgemacht werden können, zumindest ein erhöhter Stellenwert innerhalb der Kodifikation als auch in der gesetzgeberischen Intention festgestellt werden. Gerade unter Hinzunahme der Gesetzesbegründungen zu § 1 und § 2 SGB V ist dem Begriff eine tiefere Bedeutung zuzusprechen ist.

### 1. Eigenverantwortung als Korrektiv

Eigenverantwortung ist nach Auffassung des Gesetzgebers zur Systemkomplementierung zusammen mit dem Solidaritätsprinzip gedacht. „Ohne Solidarität wird Eigenverantwortung egoistisch, ohne Eigenverantwortung wird Solidarität anonym und mißbrauchbar“, heißt es dazu im Entwurf zum Gesundheits-

---

[1231] Andere Ansicht wohl im Ergebnis bei *Grühn*, Gesundheitsbezogene Handlungspflichten der Versicherten in der Sozialversicherung als Dimensionen von Eigenverantwortung und Solidarität, S. 49 ff., die von einer Mitwirkungsverpflichtung spricht, ohne diese Annahme weiter zu begründen.

[1232] So auch die Einschätzung bei *Butzer*, Fremdlasten in der Sozialversicherung, S. 464, dortige Fn. 435.

[1233] Wiederholt auf die Eigenverantwortung in der Kodifikation des SGB V als folgenloser Appell nicht unkritisch deutend *Schnapp* G+S 2006, 52, 55.

Reformgesetz.[1234] Auch wenn der Aussage selbst kaum eine konkrete Bedeutung entnommen werden kann und sie sich in ihrer Formulierung eher in eine lange Reihe an sozialpolitischen Forderungen einreiht, kann zumindest die dahinterstehende Intention des Gesetzgebers ermittelt werden, der wiederholt auf die Eigenverantwortung hinweist.[1235] Gerade in Verbindung mit einer Leistungsbegrenzungspolitik wird deutlich, dass der Gesetzgeber davon ausging, dass die steigenden Ausgaben der gesetzlichen Krankenversicherung zum Teil auch auf das individuelle „Anspruchsdenken und -verhalten der Versicherten zurückzuführen sind".[1236] Nicht ohne Grund hat der Gesetzgeber durch den im Zuge des Präventionsgesetzes eingefügten Satz 2 versucht, die bereits in § 1 SGB V angelegte Eigenverantwortung näher zu bestimmen, wodurch er innerhalb der bestehenden Zielsetzung der gesetzlichen Krankenversicherung den Fokus stärker auf die Eigenverantwortung gelegt hat, statt weitere Ziele zu setzen.[1237] Damit lädt der Gesetzgeber den Hinweis auf eine Verantwortungssphäre des Versicherten zusätzlich auf, ohne die Ausweitung der Bedeutung konkret zu formulieren.

Die Eigenverantwortung, die Solidargemeinschaft und die Unterstützungsfunktion der Krankenkassen werden durch § 1 SGB V unmittelbar in eine Wechselbeziehung miteinander gebracht.[1238] Über das Medium der Verantwortungszuweisung konkretisiert sich der Zusammenhang zwischen Individualität und Solidarität dergestalt, als dass versucht wird, sie in Übereinstimmung zu bringen.[1239] Mitverantwortung und Solidargemeinschaft als Prinzipien stünden so nicht im Gegensatz zueinander;[1240] Satz 2, der sich unmittelbar auf Satz 1 bezieht, stellt dies ausdrücklich klar.[1241] Vielmehr ist die Eigenverantwortung dazu gedacht, die Solidarität zu ergänzen, indem sie den Versicherten dazu anhält – soweit möglich – diejenigen Verhaltensweisen zu wählen, die sich positiv auf die Erhaltung seiner Gesundheit auswirken. Angedacht ist demnach, dass der Staat die Vorsorge organisiert, der Einzelne sie betreibt.[1242]

Ob dadurch eine Obliegenheit zur Vermeidung von rechtlichen Nachteilen auferlegt wird, oder aber von einer weitestgehend unterbliebenen normativen

---

[1234] BT-Drucks. 11/2237, S. 157.

[1235] Vgl. beispielsweise den Gesetzesentwurf zum 1. GKV-Neuordnungsgesetz, BT-Drucks. 13/5724, S. 4; vgl. auch den Gesetzesentwurf zum 2. GKV-Neuordnungsgesetz, BT-Drucks. 13/6087, S. 1 f., 16; vgl. ebenfalls den Gesetzesentwurf zum GKV-Modernisierungsgesetz, BT-Drucks. 15/1525, S. 1, 72, 83, begleitet von dem wiederkehrenden Ausspruch, die Versicherten „müssen von Betroffenen zu Beteiligten werden"; siehe auch den Entwurf eines Gesetzes zur Stärkung der Prävention, BT-Drucks. 15/4833, S. 24.

[1236] Vgl. Krauskopf/*Vossen* SGB V § 1 Rn. 12.

[1237] BeckOK SozR/*Geene/Heberlein/Buchholtz* SGB V § 1 Rn. 11; kritisch daher NK-GesundheitsR/*Berchtold* SGB V § 1 Rn. 2.

[1238] Vgl. BeckOGK/*Beck* SGB V § 1 Rn. 7; vgl. NK-GesundheitsR/*Berchtold* SGB V § 1 Rn. 8.

[1239] Vgl. *Ruland*, Solidarität – Notwendigkeit und aktuelle Herausforderungen, S. 484; *Ruland* NJW 2002, 3519.

[1240] Vgl. BT-Drucks. 11/2237, S. 157.

[1241] So Hauck/Noftz/*Noftz* SGB V § 1 Rn. 6a.

[1242] *Ruland* NJW 2002, 3519.

Umsetzung auszugehen ist, ist umstritten.[1243] Zumindest könnte Solidarität in gewissen Grenzen auch die Anforderung an den Einzelnen stellen, individuelle Vorsorge und Selbsthilfe zu leisten, um die „kollektive Einstandspflicht so gering wie möglich zu halten“.[1244] Ob dies wiederum zur Begründung einer rechtlichen Obliegenheit genügt, ist fraglich. Fest steht, dass sich der Gesetzgeber gleichzeitig darum bemüht, die Bereitschaft zur Eigenverantwortung zu erhöhen und für die Versicherten entsprechende Anreize zu schaffen, was ebenfalls einer intendierten Schaffung von Obliegenheiten widerspricht.[1245] Eindeutig hingegen beinhaltet § 1 SGB V, insbesondere Satz 2, keinerlei Rechtspflicht. Es gibt keine konkrete Handlungspflicht des Versicherten, bestimmte Leistungen zur Herstellung, Förderung oder Wiederherstellung seiner Gesundheit in Anspruch zu nehmen, ebenso – gleichaus umgekehrt – keine Ansprüche oder rechtsverbindlichen Verbeziehungsweise Gebote.[1246] Gerade Letztgenanntes erscheint ohnehin in Anbetracht der grundsätzlichen Unbeachtlichkeit der Krankheitsursache in der gesetzlichen Krankenversicherung als abwegig.[1247] Satz 2 kann aber gleichwohl als Begrenzung des Satz 1 herangezogen werden, indem eine Allzuständigkeit der gesetzlichen Krankenversicherung zumindest ausgeschlossen wird. Ein konkreter Leistungsumfang ist wiederum nicht ableitbar. Dieser ergibt sich auf Grundlage des im SGB V gewährten Schutz erst aus den in §§ 11 ff. SGB V festgeschriebenen und durch untergesetzliche Normen konkretisierte Leistungsansprüchen.[1248]

## 2. Eigen- und Mitverantwortlichkeit der Versicherten

Wie bereits festgestellt, kommt § 1 SGB V maßgeblich der Charakter einer „allgemeinen Aufgabenumschreibung“ zu.[1249] Eingeführt durch das Gesundheits-Reformgesetz[1250] im Zuge der Überführung der Gesundheitsleistungen aus der Reichsversicherungsordnung in das neue SGB V, blieb § 1 SGB V lange Zeit unverändert, ehe durch das Präventionsgesetz[1251] in Satz 2 die Eigenkompetenz und die Eigenverantwortung ergänzt wurden.[1252] Damit erfolgte eine stärkere

---

[1243] Von Verpflichtung und Obliegenheiten sprechend Spickhoff/*Nebendahl* SGB V § 1 Rn. 2, 6; siehe auch Igl/Welti/*Nebendahl*, Gesundheitsrecht, § 30 Rn. 9; a.A. bezüglich der Begründung von Obliegenheiten hingegen *Schuler* in LPK-SGB V, § 1 Rn. 3; vgl. auch Eichenhofer/v. Koppenfels-Spies/Wenner/SGB V/*Axer*, § 1 Rn. 16; vgl. NK-GesundheitsR/*Berchtold* SGB V § 1 Rn. 9; siehe ebenfalls bei Becker/Kingreen/*Becker/Kingreen* SGB V § 1 Rn. 8.

[1244] *Ruland*, Solidarität – Notwendigkeit und aktuelle Herausforderungen, S. 484.

[1245] Vgl. BT-Drucks. 11/2237, S. 2, 149.

[1246] Vgl. BT-Drucks. 11/2237, S. 157; vgl. Schlegel/Knispel in: jurisPK-SGB V, 4. Aufl. 2020, § 1 SGB V Rn. 84; vgl. Eichenhofer/v. Koppenfels-Spies/Wenner/SGB V/*Axer*, § 1 Rn. 10; siehe auch bei Becker/Kingreen/*Becker/Kingreen* SGB V § 1 Rn. 1.

[1247] Vgl. NK-GesundheitsR/*Berchtold* SGB V § 1 Rn. 9; vgl. *Huster* Ethik Med 2010, 292.

[1248] Vgl. Becker/Kingreen/*Becker/Kingreen* SGB V § 1 Rn. 3; vgl. NK-GesundheitsR/*Berchtold* SGB V § 1 Rn. 8.

[1249] Becker/Kingreen/*Becker/Kingreen* SGB V § 1 Rn. 1 f.; siehe auch BT-Drucks. 11/2237, S. 157.

[1250] Siehe BGBl. I 1988, S. 2477.

[1251] Siehe BGBl. I 2015, S. 1368.

[1252] Vgl. BeckOK SozR/*Geene/Heberlein/Buchholtz* SGB V § 1 Rn. 1; vgl. *Sodan*, in: *Sodan*, Krankenversicherungsrecht, § 1 Rn. 11; siehe auch BT-Drucks. 11/2237, S. 2.

Betonung des Gedankens der Eigenverantwortung und zugleich eine Betonung der Förderung ebendieser durch die Krankenkassen als eine ihrer Kernaufgaben.[1253]

Durch die Positionierung innerhalb des ersten Kapitels des SGB V an den Beginn der allgemeinen Vorschriften kann gesetzessystematisch von einer Einweisungsvorschrift gesprochen werden, der „Signalcharakter" in Gestalt einer Maxime zukommen soll.[1254] Die in den §§ 1 ff. SGB V niedergelegten Grundprinzipien der gesetzlichen Krankenversicherung formulieren Ziele, wonach zusammengefasst, eine umfassende, qualitative, und wirtschaftliche medizinischen Versorgung der Bevölkerung unter Beachtung des Solidaritätsprinzips gewährleistet werden soll.[1255] § 1 SGB V entfaltet als solche Grundprinzipiennorm „übergreifende" Geltung für das gesamte SGB V.[1256] In ihr werden einerseits die Aufgaben der Krankenkassen, anderseits die der Solidargemeinschaft hervorgehoben und gleichzeitig eine Verantwortungszuweisung vorgenommen, wonach die Versicherten grundsätzlich für ihre eigene Gesundheit mitverantwortlich sind, wobei sie ihrerseits von den Krankenkassen durch Aufklärung, Beratung und Förderung gesunder Lebensverhältnisse unterstützt werden. Beschrieben wird so ein eigenständiger und gleichwohl undefinierter Bereich der Eigenverantwortung der Versicherten. Dabei soll aber der einzelne Versicherte nur soweit für seine eigene Gesundheit verantwortlich sein, wie er in der Lage ist, auf diese Einfluss zu nehmen.[1257]

In dieser Konsequenz bringt § 1 S. 3 SGB V lediglich eine Mitverantwortung des Einzelnen Versicherten für seine Gesundheit zum Ausdruck – ergänzt durch explizit benannt Felder, die in die Mitverantwortung des Versicherten fallen. Insofern richtet die Norm einen für sich genommen unverbindlichen Appel der gesundheitsbewussten Lebensführung an den Versicherten.[1258] Gesundheitsbewusste Lebensführung kann etwa verstanden werden als eine Form der Lebensführung, „die unnötige Risiken für die Gesundheit vermeidet".[1259] Die Versicherten sollen durch eine entsprechende Lebensführung, durch frühzeitige Beteiligung an gesundheitlichen Vorsorgemaßnahmen sowie durch eine aktive Mitwirkung an Krankenbehandlung und Rehabilitation dazu beitragen, das Eintreten von Krankheiten zu verhindern und deren Folgen zu überwinden. Eine in irgendeiner Weise rechtlich erhebliche und relevante Mitverantwortlichkeit kann dem Grunde nach aber nur dort bestehen, wo der Versicherte überhaupt in der Lage

---

[1253] Vgl. BT-Drucks. 18/4282, S. 32; *Berchtold* spricht diesbezüglich von einer Verklammerung der Gedanken von Solidarität und Eigenverantwortung, vgl. NK-GesundheitsR/*Berchtold* SGB V § 1 Rn. 8.

[1254] Vgl. BT-Drucks. 11/2237, S. 157; siehe auch *Schnapp* ErsK 1991, 390.

[1255] Vgl. *Von Maydell* NZS 1993, 426.

[1256] BeckOK SozR/*Joussen* SGB V § 11 Rn. 1.; vgl. Hauck/Noftz/*Noftz* SGB V § 1 Rn. 10; vgl. *Schnapp* ErsK 1991, 390.

[1257] Vgl. BT-Drucks. 11/2237, S. 157.

[1258] Vgl. Eichenhofer/v. Koppenfels-Spies/Wenner/SGB V/*Axer*, § 1 Rn. 1, 16; vgl. NK-GesundheitsR/*Berchtold* SGB V § 1 Rn. 9.

[1259] Krauskopf/*Vossen* SGB V § 1 Rn. 13.

ist, Einfluss auf die Erhaltung seiner Gesundheit zu nehmen.[1260] Aus diesem Grund werden durch § 1 SGB V auch keine schicksalhaften Faktoren in die Verantwortung des Versicherten gestellt.[1261]

Dadurch, dass in § 1 S. 3 SGB V dem Versicherten bereichsspezifisch nur eine Mitverantwortung zugewiesen wird, ergibt sich im Umkehrschluss das Bild einer grundlegenden Verantwortungsteilung innerhalb des SGB V. Der Versicherte ist demnach gerade nicht allein, sondern neben der Solidargemeinschaft formal gleichrangig mitverantwortlich für seine Gesundheit.[1262] Im Ergebnis wird daher die in Satz 2 und in der Überschrift normierte Eigenverantwortung bereits durch den Wortlaut des Satz 3 relativiert.[1263]

Der Gesetzgeber hat die Zusammenhänge zwischen der Verantwortungsteilung und der individuellen Fähigkeit zur Verantwortungsübernahme wohl erkannt, weshalb die in Satz 2 beschriebene Förderung der Eigenkompetenz der Versicherten nicht nur eine wichtige Aufgabe der gesetzlichen Krankenversicherung darstellt, sondern ausdrücklich als originäre Kernaufgabe der Krankenkassen gestaltet wurde.[1264] Denn Mitverantwortlichkeit im so verstandenen Sinn setzt individuelle Wahlmöglichkeit bezüglich gesundheitsfördernder und krankheitsvermeidender Verhaltensweisen voraus.[1265] In der Literatur wird daher mitunter geschlussfolgert, dass derjenige, der sein Leben nicht gesundheitsbewusst führe, in Verdacht gerate, seiner Eigenverantwortung nicht gerecht zu werden, gerade weil es sich bei der Krankheit nicht zwangsläufig um ein unvermeidbares Schicksal handle.[1266]

Da § 1 SGB V aber gerade keine unmittelbar normative Wirkung zukommt, könnte sich seine Bedeutung in der reinen Aufstellung von Prinzipien der gesetzlichen Krankenversicherung erschöpfen.[1267] Richtigerweise handelt es sich bei § 1 SGB V um sogenanntes „softlaw“, für welches eine entsprechende Ausgestaltung charakteristisch ist.[1268] Solche Programmsätze sind gesetzliche Bestimmungen, die zwar keine unmittelbare Verbindlichkeit beanspruchen, jedoch Absichten, Ziele und Vorstellungen des Gesetzgebers wiedergeben.[1269] Bezogen auf das SGB V werden in diesen Normen Aufgaben beschrieben und kennzeichnende

---

[1260] Vgl. Eichenhofer/v. Koppenfels-Spies/Wenner/SGB V/*Axer*, § 1 Rn. 15.

[1261] Vgl. Spickhoff/*Nebendahl* SGB V § 1 Rn. 6.

[1262] Vgl. Eichenhofer/v. Koppenfels-Spies/Wenner/SGB V/*Axer*, § 1 Rn. 14; vgl. Becker/Kingreen/*Becker/Kingreen* SGB V § 1 Rn. 7; vgl. Hauck/Noftz/*Noftz* SGB V § 1 Rn. 12.

[1263] So auch Krauskopf/*Vossen* SGB V § 1 Rn. 12.

[1264] Vgl. BT-Drucks. 18/4282, S. 32; siehe auch Spickhoff/*Nebendahl* SGB V § 1 Rn. 2, 5.

[1265] Vgl. Eichenhofer/v. Koppenfels-Spies/Wenner/SGB V/*Axer*, § 1 Rn. 15.

[1266] *Wolf*, Das moralische Risiko der GKV im Spannungsfeld zwischen Eigenverantwortung und Solidarität, S. 63.

[1267] Gleichfalls hinterfragend auch *Wolf*, Das moralische Risiko der GKV im Spannungsfeld zwischen Eigenverantwortung und Solidarität, S. 62 f.; siehe zudem *Klement*, Primärprävention gegen Gesundheitsrisiken als Freiheitsrisiko, S. 113.

[1268] Vgl. *Schlegel/Knispel* in: jurisPK-SGB V, 4. Aufl. 2020, § 1 SGB V Rn. 4.

[1269] Vgl. *Weber*, in: Weber, Rechtswörterbuch, 29. Edition 2022, “Programmsatz”; anderer Auffassung wohl *Brocke* SGb 1990, 437 f., der von „Pflichten“ der Versicherten spricht.

Merkmale der gesetzlichen Krankenversicherung hervorgehoben beziehungsweise schlagwortartig zusammengefasst.[1270] So ergeben sich etwa Kuration, Pflege, Rehabilitation und Prävention als die „vier Säulen der gesundheitlichen Versorgung".[1271] Allerdings wäre es verfehlt, den Einweisungsnormen allgemein eine mindere rechtliche Bedeutung oder fehlende Verbindlichkeit beizumessen.[1272] In ihrer normativen Bedeutung sind sie im fortdauernden Reformprozess und in der Auslegung der nachfolgenden Vorschriften heranzuziehen.[1273] Gerade den Gerichten wird so in der Überprüfung von unbestimmten Rechtsbegriffen die Möglichkeit der Akzentsetzung eröffnet.[1274] Insoweit gibt § 1 SGB V durch die Sätze 1 bis 3 ein Zusammenwirken von Solidaritätsprinzip, Eigenverantwortung und Prävention vor.[1275]

## 3. Fazit

Damit bleibt aber die Frage danach, was den Versicherten dazu bewegen soll, sich seiner Eigenverantwortung bewusst zu werden und sie im Einklang mit den Interessen der Solidargemeinschaft wahrzunehmen, in § 1 SGB V unbeantwortet. Ein Verstoß gegen die Verantwortungszuweisung in § 1 SGB V ist nach der Vorschrift selbst bisher nicht sanktioniert. Die Norm bedient vorrangig ethisch-moralische Werteimplikationen, die unkonkretisiert in den Raum gestellt werden, sodass die daraus resultierenden gebotsartigen Kategorien keine rechtliche Handhabe ermöglichen können.[1276] Der Zweck der Norm ist damit gleichwohl nach wie vor ungeklärt. Eine motivierende oder gar verhaltenssteuernde Wirkung kann nur schwer angenommen werden; ein Nachweis ist zumindest nicht erbracht.[1277] Es kann daher im Kontext des ausdrücklichen Gesetzesbefundes von einem „sanktionslosen Programmsatz mit Appellcharakter" gesprochen werden, der lediglich „vollmundig daherkommt".[1278] Mit anderen Worten handelt es sich mehr um „Schein als um Sein". Aus diesem Grund verwundert es auch nicht, wenn die

---

[1270] Vgl. BT-Drucks. 11/2237, S. 157; vgl. Becker/Kingreen/*Becker/Kingreen* SGB V § 1 Rn. 1; vgl. Spickhoff/*Nebendahl* SGB V § 1 Rn. 1.
[1271] BeckOK SozR/*Geene/Heberlein/Buchholtz* SGB V § 1 Rn. 3.
[1272] Vgl. Eichenhofer/v. Koppenfels-Spies/Wenner/SGB V/*Axer*, § 1 Rn. 2; von einer fehlenden Feststellbarkeit einer nennenswerten Bedeutung der Vorschriften in der Rechtsanwendung hingegen sprechend BeckOGK/*Beck* SGB V § 1 Rn. 2; so in Bezug auf § 3 SGB V auch Krauskopf/*Vossen* SGB V § 3 Rn. 2.
[1273] Vgl. Spickhoff/*Nebendahl* SGB V § 1 Rn. 1; vgl. *Schuler* in LPK-SGB V, § 1 Rn. 1; vgl. Igl/Welti/*Nebendahl*, Gesundheitsrecht, § 30 Rn. 1; vgl. zur Grundlage BT-Drucks. 11/2237, S. 157.
[1274] Vgl. *Schlegel/Knispel* in: jurisPK-SGB V, 4. Aufl. 2020, § 1 SGB V Rn. 4.
[1275] Vgl. *Schuler* in LPK-SGB V, § 1 Rn. 1; vgl. BT-Drucks. 11/2237, S. 157; vgl. BR-Drucks. 640/14, S. 31.
[1276] Vgl. Hauck/Noftz/*Noftz* SGB V § 1 Rn. 16.
[1277] Vgl. allgemein zu derart gefassten Vorschriften *Trenk-Hinterberger*, Eigenverantwortung in der sozialen Pflegeversicherung, S. 1171.
[1278] *Schnapp* DVBl 2004, 1055; *Schnapp* G+S 2006, 52; so auch *Heinig*, Kommentar: Primärprävention gegen Gesundheitsrisiken als Freiheitsrisiko, S. 148.

Vorschrift von Stimmen in der Literatur als „überflüssig“ oder „der Qualität der Sozialrechtskodifikation abträglich“ bewertet wird.[1279]

Für den Fortgang der Arbeit gilt es daher zu klären, ob sich darin eine zusätzliche Bedeutungsebene der Eigenverantwortung mit Blick auf § 1 SGB V manifestiert, welche hinter weiteren Normen des SGB V als Verbindung von Kostenbelastung und Eigenverantwortung steht, oder ob der Gesetzgeber von Beginn an eine primär finanzielle Individualverantwortung im Sinn hatte und deshalb von einer abstrahierenden Darstellung Gebrauch gemacht hat.

## II. Analyse des Eigenverantwortungsbegriffs anhand weiterer Normen des SGB V

Bisher wurde ein Versuch der inhaltlichen Klärung des auf die gesetzliche Krankenversicherung bezogenen Begriffs der Eigenverantwortung in der sozialpolitischen und sozialrechtlichen Diskussion weitgehend losgelöst von konkreten Normen angestrengt. Entscheidend herausgearbeitet werden konnte dabei die finanzwirtschaftliche Dimension der Eigenverantwortung, wie sie im Wesentlichen noch unkonkretisiert in § 2 Abs. 1 S. 1 SGB V aufgeführt wird. Wie schon in Hinsicht auf § 1 SGB V sticht auch hier der besondere Charakter als allgemeine und zugleich als systemprägend gedachte Norm heraus. Gerade letztgenannte Eigenschaft ist in den Gesetzgebungsmaterialien zu § 1 SGB V zum Ausdruck gebracht worden.[1280]

Gleichwohl ist der finanziellen Eigenverantwortung auch außerhalb des § 2 SGB V in Anbetracht der großen Fülle an Aspekten, die der Eigenverantwortung der in der gesetzlichen Krankenversicherung Versicherten zugeschrieben werden, ein besonderer Stellenwert zu bescheiden. Der Begriff der Eigenverantwortung wird in unterschiedlichen Kontexten gleich eines Deckmantels verwendet, der eine Verlagerung von finanziellen Zuständigkeiten auf oder die Begründung von solchen bei den Versicherten kaschiert, indem sie sich die mit dem Begriff verbundenen positiv konnotierten Elemente zu Nutze macht.[1281] Der im Großteil der Fälle eigentlich verfolgte finanzwirtschaftliche Kernaspekt tritt damit kaum in Erscheinung. Er ist folglich über die jeweilige Konzeption der Berücksichtigung von Eigenverantwortung aus den dahinterstehenden Erwägungen herauszulesen. Insofern ist auch unter Berücksichtigung der Elemente von Risiko- und Lastenverteilung ein Blick in die weiteren Normen des SGB V, die als Konkretisierung der allgemeinen Vorschriften zu verstehen sind, angezeigt. Die Vorschriften werden dahingehend überprüft, ob sich unmittelbare oder erst mittelbare

---

[1279] So *Trenk-Hinterberger*, Eigenverantwortung in der sozialen Pflegeversicherung, S. 1171.

[1280] BT-Drucks. 11/2237, S. 157: „Ohne Solidarität wird Eigenverantwortung egoistisch, ohne Eigenverantwortung wird Solidarität anonym und missbrauchbar“.

[1281] Ebenfalls den Begriff des Deckmantels verwendend *Nienhaus*, Eigenverantwortung in der GKV auf dem Vormarsch?, abrufbar unter https://www.juwiss.de/94-2017/, zuletzt am 01.04.2023; ebenso *Wolf*, Das moralische Risiko der GKV im Spannungsfeld zwischen Eigenverantwortung und Solidarität, S. 17, 80, 86, 160, 163.

Bezüge zu unterschiedlichen Elementen des Eigenverantwortungspostulats erkennen lassen. Zudem bietet sich so die Möglichkeit mitunter verschiedene Ausprägungen der Eigenverantwortung im SGB V voneinander abzugrenzen. Es erstaunt, dass gemessen an der Präsenz des Begriffs in der Debattenkultur, aber auch in den Begründungen oder gar Gesetzesbezeichnungen des Gesetzgebers, die Anzahl der wörtlichen Erwähnungen im SGB V ein vollständig anderes Bild zeichnen, als es die Überschrift des § 1 SGB V zunächst vermuten lässt.

Insofern ergeht nachfolgend eine normative Analyse anhand einzelner Normen beziehungsweise anhand einzelner Normkomplexe des SGB V auf Existenz und Ausgestaltungsformen von Elementen der Eigenverantwortung, aber auch von Aspekten einer Risikoberücksichtigung und -zuweisung. Klar ist jedenfalls, dass man sich aufgrund fehlender direkter Bezüge zuvorderst auf die hinter den Normen stehenden gesetzgeberischen Intentionen und die zugehörigen Gesetzesbegründungen stützen muss. Im Zuge der Ergebnisbetrachtung soll dann schließlich Bilanz darüber gezogen werden, inwiefern eine systemische Verwirklichung der Bedeutungsebenen der Eigenverantwortung im SGB V stattgefunden hat, ob es sich um einen im Generellen tragenden oder systemfremden Begriff handelt und ob sich eventuelle Diskontinuitäten oder sogar Widersprüche erkennen lassen. Insbesondere soll so die normative Verwirklichung der Figur des mündigen Bürgers, die wiederholt in einen Bedeutungszusammenhang mit der Versicherteneigenverantwortung gestellt wird, dargestellt und kritisch hinterfragt werden, inwieweit eine materiell rechtliche Basis für diese geschaffen wurde. Das so gewonnen Ergebnis soll sodann als Ausgangspunkt für eine im abschließenden Teil der hier dargelegten Arbeit erfolgende sozialpolitische Auseinandersetzung herangezogen werden, indem sich eventuelle Bezüge auf am Befund anknüpfende sozialpolitische Implikationen oder Konsequenzen erkennen lassen.

### 1. Die gesetzliche Krankenversicherung als Pflichtversicherung

Für den Begriff der Versicherungspflicht lässt sich in § 2 Abs. 1 SGB IV eine Legaldefinition finden. Danach besteht Versicherungspflicht für Personen, die kraft Gesetzes oder durch Satzung in der Sozialversicherung versichert sind. Die Versicherungspflicht entsteht grundsätzlich mit Vorliegen der gesetzlichen Voraussetzungen, das heißt unabhängig vom Willen und Wissen der Betroffenen. Der damit zum Ausdruck kommende Versicherungszwang ist selbst Ausdruck des Solidaritätsprinzips und dient zugleich der Stärkung der Funktionsfähigkeit der gesetzlichen Krankenversicherung.[1282] Zur Feststellung der Versicherungspflicht in den unterschiedlichen Zweigen der Sozialversicherung und damit zur Begründung des Versicherungsverhältnisses, aus welchem sich die Rechte und Pflichten der Versicherten ergeben, ist die der Kenntnis der Versicherungsträger entzogene Angabe über Antritt und Ende des Beschäftigungsverhältnisses des Versicherten sowie über die weiteren eine Versicherungspflicht begründenden

1282 Dazu *Bieback* SGb 2012, 2.

Sachverhalte gemäß der Pflichten des § 28a SGB IV zu melden.[1283] Die gemäß § 28a Abs. 1 SGB IV Meldeverpflichteten sind die Arbeitgeber. Dies gilt auch für versicherungsfreie Beschäftigte, sofern der Arbeitgeber einen anteiligen Beitrag zu leisten hat.[1284]

### a. Grundsatz der kraft Gesetzes Versicherten

Der Kreis der im SGB V versicherten Personen wird in den §§ 5 bis 10 SGB V geregelt. Aus § 5 Abs. 1 SGB V ergeben sich die in der gesetzlichen Krankenversicherung pflichtversicherten Personen. Erfasst wird danach der größte Teil der Mitglieder der gesetzlichen Krankenversicherung.[1285] Aus den Regelungen der §§ 186 ff. SGB V ergibt sich, dass nicht erst aktiv ein Versicherungsverhältnis eingegangen werden muss. Sobald die Voraussetzungen der Pflichtmitgliedschaft erfüllt sind, entsteht ein öffentlich-rechtliches Versicherungsverhältnis.[1286] Die gesetzliche Krankenversicherung hat damit weitgehend den Charakter einer Zwangsversicherung.

Praktisch relevantester und zugleich für die Sozialversicherung klassischer Tatbestand ist derjenige der Beschäftigung, welcher für die gesetzliche Krankenversicherung in § 5 Abs. 1 Nr. 1 SGB V geregelt wurde.[1287] Arbeiter, Angestellte und zu ihrer Berufsausbildung Beschäftigte im Sinne des § 7 Abs. 1 SGB IV[1288], die gegen Arbeitsentgelt entsprechend der Legaldefinition[1289] in § 14 Abs. 1 S. 1 SGB IV beschäftigt sind, sind gemäß § 5 Abs. 1 Nr. 1 SGB V in Verbindung mit § 186 Abs. 1 SGB V in der gesetzlichen Krankenversicherung ab dem Tag des Eintritts in das Beschäftigungsverhältnis pflichtversicherte Mitglieder. Die Versicherungspflicht selbst sowie das Entstehen des Versicherungsverhältnisses kraft Gesetzes bedeuten ferner, dass es dem Arbeitgeber und dem Arbeitnehmer unmöglich ist, die Versicherungspflicht abzubedingen.[1290] Hintergrund ist die durch das Bundessozialgericht hervorgehobene Einschätzung des Gesetzgebers,

---

1283 Vgl. *Steffens* WzS 1998, 353 f.; vgl. dazu auch *Felix* NZS 2013, 921.

1284 Vgl. Hauck/Noftz/*Sehnert* SGB IV § 28a Rn. 7.

1285 *Felix* in: jurisPK-SGB V, 4. Aufl. 2020, § 5 SGB V Rn. 17, 20.

1286 Siehe dazu § 1 PflVG.

1287 *Felix* in: jurisPK-SGB V, 4. Aufl. 2020, § 5 SGB V Rn. 12, 23; vgl. Igl/Welti/*Nebendahl*, Gesundheitsrecht, § 30 Rn. 38.

1288 Beschäftigung gemäß § 7 Abs. 1 SGB IV ist die nichtselbständige Arbeit, insbesondere in einem Arbeitsverhältnis. Anhaltspunkte für eine Beschäftigung sind eine Tätigkeit nach Weisungen und eine Eingliederung in die Arbeitsorganisation des Weisungsgebers.

1289 Arbeitsentgelt im Sinne des § 14 Abs. 1 S. 1 SGB V sind alle laufenden oder einmaligen Einnahmen aus einer Beschäftigung, gleichgültig, ob ein Rechtsanspruch auf die Einnahmen besteht, unter welcher Bezeichnung oder in welcher Form sie geleistet werden und ob sie unmittelbar aus der Beschäftigung oder im Zusammenhang mit ihr erzielt werden. Zur Problemstellung bei unregelmäßigen Einkommensposten und deren Zurechnung zum Arbeitsentgelt mit möglichen Konsequenzen bezüglich der Jahresarbeitsentgeltgrenze nach § 6 Abs. 1 Nr. 1 SGB V, siehe bei *Rolfs* NZS 2019, 841 ff.

1290 Vgl. Hauck/Noftz/*Gerlach* SGB V § 5 Rn. 66 f.; vgl. *Felix* in: jurisPK-SGB V, 4. Aufl. 2020, § 5 SGB V Rn. 19, unter Bezug auf den Regelungsinhalt von § 32 SGB I.

dass die versicherungspflichtigen Personenkreise mit Blick auf das jeweils versicherte Risiko sozial besonders schutzbedürftig sind.[1291]

Neben den Pflichtversicherungstatbeständen sieht § 5 SGB V in den Abs. 2 ff. für bestimmte Personengruppen Ausnahmen und Ergänzungen sowie für den Fall der Erfüllung mehrerer Tatbestände und bezüglich des Verhältnisses von gesetzlicher und privater Krankenversicherung Konkurrenzregelungen vor. Damit wird bereits deutlich, dass das Vorliegen eines Versicherungspflichttatbestand nach § 5 SGB V nicht automatisch zur Versicherungspflicht führt.

### b. Weitere Versicherungstatbestände und Modifikationen

Auch die §§ 6, 7, 8 und 10 SGB V können § 5 SGB V modifizieren. Nach § 6 SGB V besteht unter anderem für Arbeiter und Angestellte, deren Einkommen aus abhängiger Arbeit die Jahresarbeitsentgeltgrenze nach § 6 Abs. 4 bis 7 SGB V überschreitet, für Studenten mit der Einschränkung des § 6 Abs. 3 SGB V, für Beamte, Richter und Soldaten Versicherungsfreiheit. Hintergrund der Versicherungsfreiheit für Personengruppen, die dem Grunde nach versicherungspflichtig wären, ist zum einen die Annahme, dass aufgrund des erzielten Entgelts die Möglichkeit zur Eigenvorsorge besteht und zum anderen die Tatsache, dass bereits eine Absicherung in einem anderen System existiert.[1292] Es fehlt insoweit an der sozialen Schutzbedürftigkeit.[1293]

Bezüglich der Überschreitung der Jahresarbeitsentgeltgrenze genügt seit dem GKV-Finanzierungsgesetz[1294] wieder deren einmaliges Überschreiten. Ausweislich der Gesetzesbegründung sollte damit für die betroffenen Arbeitnehmer in Anwendung des geltenden Subsidiaritätsprinzips die Möglichkeit geschaffenen werden, „eigenverantwortlich über ihren Versicherungsschutz [zu] entscheiden".[1295] Zuvor war mit dem GKV-Wettbewerbsstärkungsgesetz[1296] eine dreimalige Überschreitung nach dem eingeführt worden, wodurch ein Wechsel aus der gesetzlichen Krankenversicherung erschwert und die Finanzbasis gestärkt werden sollte.[1297] Allerding zielte das GKV-Finanzierungsgesetz – wie seine Bezeichnung unschwer erkennen lässt – maßgeblich auf die Stärkung der Finanzkraft der gesetzlichen Krankenversicherung und sollte die Ausgaben stabilisieren.[1298] Da vordringliches Ziel im GKV-Finanzierungsgesetz insbesondere die Stärkung des Wettbewerbs zwischen der gesetzlichen und der privaten

---

[1291] Dazu BSG, Urteil v. 24.11.1992 – 12 RK 8/92 = NZS 1993, 360 (362).

[1292] Vgl. Becker/Kingreen/*Just* SGB V § 6 Rn. 1; vgl. BeckOK SozR/*Ulmer* SGB V § 6 Rn. 1; vgl. BeckOGK/*Peters* SGB V § 6 Rn. 2.

[1293] Vgl. *Felix* in: jurisPK-SGB V, 4. Aufl. 2020, § 6 SGB V Rn. 11; vgl. Igl/Welti/*Nebendahl*, Gesundheitsrecht, § 30 Rn. 78, 80.

[1294] BGBl. I 2010, S. 2309.

[1295] BT-Drucks. 17/3040, S. 21.

[1296] BGBl. I 2007, S. 378.

[1297] Vgl. BT-Drucks. 16/3100, S. 95.

[1298] Vgl. BT-Drucks. 17/3040, S. 1 ff.

Krankenversicherung war[1299], kann angenommen werden, dass die Exklamation der Stärkung von Eigenverantwortung durch eigenständige Entscheidung der Versicherten über den Versicherungsschutz an dieser Stelle zuvorderst aus finanzpolitischen Erwägungen erfolgte.

In Hinblick auf § 6 Abs. 3a SGB V kann zudem der Gedanke des Schutzes vor missbräuchlicher Inanspruchnahme als Ziel ausgemacht werden. Versicherungsfreie Personen, die sich rechtzeitig für eine Absicherung in der privaten Krankenversicherung entschieden haben, sollen danach auch im Alter dort versichert bleiben, um so die Solidargemeinschaft vor erhöhten Belastungen aus Altersgründen zu schützen.[1300]

Versicherungsfreiheit besteht gemäß § 7 SGB V auch für geringfügig Beschäftigte im Sinne der §§ 8 und 8a SGB IV, wenn es sich bei dem maßgeblichen Beschäftigungsverhältnis entweder um eine entgelt- oder zeitgeringfügige Beschäftigung (im Privathaushalt) handelt.[1301]

§ 8 Abs. 1 SGB V ermöglicht eine Befreiung von der Versicherungspflicht auf Antragstellung für bestimmte Fälle. Die Befreiungserklärung nach Antragstellung hat insofern konstitutive Wirkung.[1302] Damit ist der Versichertenstatus von der Antragstellung des Betroffenen abhängig. Der Betroffene muss eigenverantwortlich und fristgebunden darüber entscheiden, ob er den Versicherungsschutz in der gesetzlichen Krankenversicherung in Anspruch nehmen oder ob er in der privaten Krankenversicherung verbleiben will.[1303] Lediglich für den Kreis der Bezieher von Arbeitslosengeld wird ein Nachweis über einen vergleichbaren Krankenversicherungsschutz gefordert.[1304] Bei den übrigen Betroffenen scheint der Gesetzgeber die Fähigkeit der eigenständigen Vorsorge zu unterstellen.[1305]

§ 9 SGB V eröffnet bestimmten versicherungsfreien Personengruppen eine Wahlfreiheit bezüglich ihrer Krankenvorsorge.[1306] Als alternative Möglichkeit zur privaten Krankenversicherung besteht für sie die Option der freiwilligen Versicherung in der gesetzlichen Krankenversicherung. Insoweit wird von einer Versicherungsberechtigung im Sinne des § 2 Abs. 1 SGB IV gesprochen.

Die Begrenzung des freiwillig versicherten Personenkreises wird damit begründet, dass die Solidargemeinschaft der gesetzlichen Krankenversicherung davor geschützt werden soll, dass sich Personen bei guten Risiken in der privaten

---

1299 Vgl. BT-Drucks. 17/3040, 21.

1300 Vgl. BeckOK SozR/*Ulmer* SGB V § 6 Rn. 2; vgl. BeckOGK/*Peters* SGB V § 6 Rn. 2; vgl. *Felix* in: jurisPK-SGB V, 4. Aufl. 2020, § 6 SGB V Rn. 11; vgl. BT-Drucks. 14/1245, S. 59 f.

1301 Siehe zu §§ 8 und 8a SGB IV und zum Begriff der geringfügigen Beschäftigung die Darstellung bei BeckOK SozR/*Rittweger* SGB IV § 8 Rn. 9-32 sowie BeckOGK/*Peters* SGB V § 7 Rn. 11.

1302 Vgl. *Muckel/Ogorek/Rixen*, Sozialrecht, § 8 Rn. 46; vgl. NK-GesundhR/*Joachim Simon* SGB V § 8 Rn. 2; vgl. BeckOGK/*Peters* SGB V § 8 Rn. 45.

1303 Hinweis auf die eigenverantwortliche Entscheidung bei Becker/Kingreen/*Just* SGB V § 8 Rn. 1; vgl. zudem Hauck/Noftz/*Gerlach* SGB V § 8 Rn. 15, 31.

1304 § 8 Abs. 1 Nr. 1a SGB V.

1305 So Igl/Welti/*Nebendahl*, Gesundheitsrecht, § 30 Rn. 97.

1306 Dazu *Rolfs* NZS 2019, 841.

Krankenversicherung versichern und bei fortgeschrittenem Alter oder Erkrankungen in die gesetzliche Krankenversicherung wechseln.[1307] Anders als für Pflichtversicherte ist die Beitragsbemessungsgrundlage nicht gesetzlich festgeschrieben, sondern wird diese gemäß § 240 Abs. 1, Abs. 2 SGB V – unter einigen Vorgaben – durch den Spitzenverband Bund der Krankenkassen geregelt. Die freiwillige Versicherung begründet für den Versicherten die gleichen Ansprüche wie für Pflichtversicherte. Davon ausgenommen ist gemäß § 44 Abs. 2 Nr. 2 SGB V das Krankengeld. Allerdings besteht für die freiwillig Versicherten die Möglichkeit, entweder über die sogenannte Wahlerklärung nach § 44 Abs. 2 Nr. 2 SGB V, indem statt des vergünstigten Beitragssatzes der allgemeine Beitragssatz gezahlt wird, oder aber durch die Vereinbarung eines Krankengeld-Wahltarifs nach § 53 Abs. 6 SGB V mit der Krankenkasse gleichfalls einen Anspruch auf Krankengeld zu erhalten.[1308]

Die Regelung des § 9 SGB V stellt sich als Gegenstück zu in § 8 SGB V dar, indem dem Berechtigten hier die Möglichkeit eröffnet wird, der gesetzlichen Versicherung durch aktive Ausübung seines Wahlrechts freiwillig beizutreten. Der Versicherungsberechtigte hat für sich abzuwägen, ob die solidarische Vorsorge in der gesetzlichen Krankenversicherung in seinem Interesse ist. Insoweit hat er eine privatautonome und selbst zu verantwortende Willenserklärung abzugeben.[1309] Neben den Vorteilen, die die gesetzliche Krankenversicherung gegenüber der privaten Vorsorge aufweist, tritt der Berechtigte auch in die solidarische Tragung der Risikolast mit ein.[1310] Es besteht keine Garantie dafür, dass die zur Verfügung gestellten Leistungen auf Dauer dem Stand zum Zeitpunkt des Beitritts entsprechen.[1311] Der freiwillig Versicherte kann jedoch durch Nachweis eines anderweitigen Versicherungsschutzes jederzeit das Versicherungsverhältnis beenden.[1312] Dies ist aber nicht gleichbedeutend mit einer vollständigen Aufhebung jedweden Versicherungsschutzes. Vielmehr hat der freiwillig Versicherte entweder seine gesetzliche Krankenkasse entsprechend § 176 SGB V zu wechseln oder in die private Krankenversicherung einzutreten, vgl. § 193 VVG.[1313]

Allerdings hat sich die Bedeutung der freiwilligen Versicherung in den letzten Jahren gewandelt. Aufgrund der eingeführten Auffangversicherungstatbestände des § 5 Abs. 1 Nr. 13 SGB V und § 193 Abs. 3 VVG ist im Grunde kein Bürger

---

[1307] Vgl. Igl/Welti/*Nebendahl*, Gesundheitsrecht, § 30 Rn. 107.

[1308] Siehe zur Entwicklungsgeschichte und zur Unterscheidung der beiden Optionen bei *Schmidt* in Peters, Handb KV III SGB V § 44 Rn. 28b.

[1309] Vgl. auch *Faude*, Selbstverantwortung und Solidarverantwortung im Sozialrecht, S. 363. Wird im Fortgang von Willenserklärungen des Versicherten gesprochen, die dieser zu erklären hat oder die zu erklären in seinem Belieben steht, so ist gleichfalls von einer privatautonomen zu verantwortenden Willenserklärung im hier bezeichneten Sinn die Rede.

[1310] Vgl. BeckOK SozR/*Ulmer* SGB V § 9 Rn. 2.

[1311] Vgl. BeckOK SozR/*Ulmer* SGB V § 9 Rn. 2.

[1312] Vgl. BeckOK SozR/*Ulmer* SGB V § 9 Rn. 2 unter Berufung auf BSG, Urteil v. 29.10.1985 – 5b RJ 6/84 = BeckRS 1985, 30715020.

[1313] Vgl. MAH SozialR/*Hauck* § 17 Rn. 4.

mehr ohne zugewiesenen Versicherungsschutz für den Fall der Krankheit.[1314] Dies kommt umso mehr in § 188 Abs. 4 SGB V zum Ausdruck. Dort wird die freiwillige Mitgliedschaft in Form einer Anschlussversicherung zwangsweise begründet, um einen nahtlosen Versicherungsschutz zu gewährleisten.[1315] Die Vorschrift des § 9 SGB V dient damit als Abgrenzungstatbestand zwischen dem System der gesetzlichen und dem der privaten Krankenversicherung.[1316]

## 2. Das Beitragsrecht der gesetzlichen Krankenversicherung

Im Mittelpunkt des Finanzrechts der gesetzlichen Krankenversicherung steht der Sozialversicherungsbeitrag. Dieser stellt die vordergründige Einnahmenart der gesetzlichen Krankenversicherung dar.[1317] Er wird für Beschäftigte gemäß § 249 Abs. 1 SGB V jeweils zur Hälfte von den beschäftigten Versicherten und deren Arbeitgebern getragen. Freiwillig Versicherte haben hingegen die Beiträge entsprechend § 250 Abs. 2 SGB V allein zu tragen und sind damit selbst verantwortlich für deren Erbringung. § 3 S. 1 SGB V stellt für die Finanzierung klar, dass diese aus Beiträgen erfolgt, die solidarisch erbracht werden. Dahinter steht die Grundannahme, dass es sich bei der gesetzlichen Krankenversicherung um eine „Einstehensgemeinschaft" sozialer Sicherheit handelt.[1318] Solidarisch meint in diesem Sinne, dass die Beitragslasten solidarisch geteilt werden, dass also die individuelle wirtschaftliche Leistungsfähigkeit Grund und Grenze der Beitragsbelastung darstellt[1319]; gleichzeitig bedeutet es aber auch, dass Solidarität insbesondere mit finanziellen Folgen verknüpft ist.[1320]

Die überwiegend symbolisch-appellative Vorschrift des § 3 SGB V wird durch weitere Normen des SGB IV und des SGB V konkretisiert und ausgeformt.[1321] Die §§ 28d und 28e SGB IV verpflichten den Arbeitgeber zur Zahlung des sogenannten Gesamtsozialversicherungsbeitrages an die Krankenkassen als gemäß §§ 28h und 28i SGB IV sowie § 252 Abs. 2 SGB V zuständige Einzugsstelle. Für den Beitrag zur gesetzlichen Krankenversicherung verweist § 253 SGB V entsprechend auf die Normen des SGB IV. Aus dem öffentlich-rechtlich ausgestalteten Anspruch des Arbeitgebers gegenüber dem Arbeitnehmer zur Einziehung des Arbeitnehmeranteils am Sozialversicherungsbeitrag nach § 28g SGB IV lässt sich ableiten, dass der Sozialversicherungsbeitrag als alleinige und originäre eigene Schuld des Arbeitgebers zu erbringen ist.[1322] Vergleichbar zum

---

[1314] Vorausgesetzt, es wird ein Vertrag in der privaten Krankenversicherung abgeschlossen.
[1315] Vgl. BeckOK SozR/*Heberlein* SGB V § 188 Rn. 15 f.
[1316] So BeckOGK/*Peters* SGB V § 9 Rn. 3.
[1317] Vgl. *Rixen/Kluckert*, in: *Sodan*, Krankenversicherungsrecht, § 37 Rn. 2.
[1318] *Rixen/Kluckert*, in: *Sodan*, Krankenversicherungsrecht, § 37 Rn. 5.
[1319] Sogenannte Einkommenssolidarität, vgl. *Schuler* in LPK-SGB V, § 1 Rn. 2.
[1320] Vgl. *Rixen/Kluckert*, in: *Sodan*, Krankenversicherungsrecht, § 37 Rn. 6 ff.; kritisch gegenüber dem solidarischen Aspekt der Finanzierung und daher von einer „unsolidarischen Finanzierung" sprechend *Ruland*, Solidarität – Notwendigkeit und aktuelle Herausforderungen, S. 488.
[1321] Vgl. Hauck/Noftz/*Noftz* SGB V § 3 Rn. 5; vgl. *Hänlein* in LPK-SGB V, § 3 Rn. 1; vgl. *Rixen/Kluckert*, in: *Sodan*, Krankenversicherungsrecht, § 37 Rn. 7.
[1322] Ganz einhellige Meinung, vgl. nur Hauck/Noftz/*Noftz* SGB V § 3 Rn. 66 f., m.w.N.

Erhebungsverfahren bei Steuern[1323] findet daher ein Quellenabzugsverfahren statt, also die Erhebung vor Auszahlung an Ort und Stelle der Entstehung der sozialversicherungsbeitragspflichtigen Vergütung. Die Zahlungsverpflichtung kann auch nicht auf den Arbeitnehmer übertragen werden.[1324] Somit muss sich die Einzugsstelle bei ausstehenden Beitragszahlungen an den Arbeitgeber wenden und diesen mit Zwangsmaßnahmen belegen.[1325] Selbst bei Insolvenz des Arbeitgebers besteht für die zuständige Einzugsstelle kein Durchgriffsrecht auf den Arbeitnehmer.[1326]

Im Falle der Nichterbringung von Beiträgen durch den Arbeitgeber ist der pflichtversicherte Arbeitnehmer abgesichert; Voraussetzung seiner Leistungsansprüche im Verhältnis zum Leistungsträger ist ausschließlich seine Mitgliedschaft in der gesetzlichen Krankenversicherung, das heißt das Bestehen eines gesetzlichen Krankenversicherungsverhältnisses.[1327] Der materielle Versicherungsschutz ist dadurch in seinem Bestehen unabhängig von der Meldung und der Beitragserbringung durch den Arbeitgeber. Hervor sticht auch die in Konsequenz zu § 5 Abs. 1 Nr. 13 SGB V erfolgte Regelung in § 256a SGB V, auch wenn diese aufgrund des durch sie geregelten Sachverhaltes heute so gut wie keine Rolle mehr spielt.[1328] So ist nach Abs. 1 eine Ermäßigung, nach Abs. 2 ein Erlass der bisher nicht erbrachten Beiträge einschließlich des Säumniszuschlags nach § 24 SGB IV für den Fall vorgesehen, dass ein Versicherter das Vorliegen der Voraussetzungen des § 5 Abs. 1 Nr. 13 SGB V erst nach Eintritt der Versicherungspflicht gemeldet hat. Insofern schadet dem Versicherten die verspätete Meldung selbst dann nicht, wenn er bewusst und absichtlich die Meldung nicht vorgenommen hat.[1329]

Das Beitragsrecht der gesetzlichen Krankenversicherung ist in den §§ 220 ff. SGB V abschließend normiert. § 220 SGB V stellt dabei die Einweisungsnorm dar. Die §§ 220 ff. SGB V treffen Vorgaben zur Mittelaufbringung, die §§ 226 ff. SGB V über die beitragspflichtigen Einnahmen der Mitglieder, die §§ 241 ff. SGB V zu den Beitragssätzen und bezüglich der Zusatzbeiträge. In Hinblick auf die Finanzierung der gesetzlichen Krankenversicherung kommt nach Auffassung

---

[1323] Siehe zu Begriff und Bedeutung des Quellenabzugsverfahrens bei *Eggert/Minter* in: Gabler Wirtschaftslexikon, Stand 2018, abrufbar unter https://wirtschaftslexikon.gabler.de/definition/quellenabzugsverfahren-44318/version-267631, zuletzt am 01.04.2023.

[1324] Vgl. BeckOK SozR/*Wagner* SGB IV § 28e Rn. 3.

[1325] Vgl. Hauck/Noftz/*Sehnert* SGB IV § 28e Rn. 3.

[1326] Vgl. BSG, Urteil v. 29.06.2000 – B 4 RA 57/98 R = NZS 2001, 370 (376).

[1327] Dies ergibt sich aus einem Umkehrschluss aus § 19 Abs. 1 SGB V, vgl. dazu *Muckel/Ogorek/Rixen*, Sozialrecht, § 7 Rn. 19, sowie § 8 Rn. 13; siehe auch *Kokemoor*, Sozialrecht, Rn. 172; vgl. zudem Hauck/Noftz/*Gerlach* SGB V § 5 Rn. 58, 63; vgl. *Felix* in: jurisPK-SGB V, 4. Aufl. 2020, § 5 SGB V Rn. 19; vgl. NK-GesundhR/Joachim Simon SGB V § 5 Rn. 7; vgl. auch *Felix* SGb 2019, 714, insbesondere die dortige Fn. 58; allgemeiner vgl. Igl/Welti/*Nebendahl*, Gesundheitsrecht, § 30 Rn. 129, 132.

[1328] Vgl. dazu *Felix* SGb 2019, 710 sowie *Felix* NZS 2013, 922; vgl. BeckOK SozR/*Ulmer* SGB V § 256a allg.

[1329] Vgl. *Felix* in: jurisPK-SGB V, 4. Aufl. 2020, § 256a SGB V Rn. 8, 10; vgl. *Felix* NZS 2013, 925.

des Bundesverfassungsgerichts insbesondere dem Sozialstaatsprinzip eine gesteigerte Bedeutung zu, dem der Gesetzgeber umfassend Rechnung trägt[1330]: „In Konkretisierung des Sozialstaatsprinzips richtet [der Gesetzgeber] die Beiträge an der – regelmäßig durch das Arbeitsentgelt oder die Rente bestimmten – wirtschaftlichen Leistungsfähigkeit des einzelnen Versicherten (§ 226 SGB V) und nicht am individuellen Risiko aus, ist ferner auf Stabilität der Beitragssätze bedacht (§ 71 SGB V), wirkt auf Beitragssenkungen hin (§ 220 Abs. 4 SGB V) und nimmt auch bei der Ausgestaltung der Verpflichtung zur Erbringung von Zuzahlungen zu gesetzlichen Leistungen (vgl. § 61 SGB V) auf die soziale Situation des Einzelnen Rücksicht (§ 62 SGB V). Damit geht der Gesetzgeber davon aus, dass den Versicherten regelmäßig erhebliche finanzielle Mittel für eine zusätzliche selbständige Vorsorge im Krankheitsfall und insbesondere für die Beschaffung von notwendigen Leistungen der Krankenbehandlung außerhalb des Leistungssystems der gesetzlichen Krankenversicherung nicht zur Verfügung stehen“.[1331]

Hervorzuheben ist – besonders in Abgrenzung zur privaten Krankenversicherung –, dass der Anknüpfungspunkt der Beteiligung der Versicherten an der Finanzierung nicht das versicherte individuelle Risiko, sondern vor allem das Erwerbseinkommen ist.[1332] Es ist damit für die Beitragsdifferenzierung völlig unerheblich, wie oft Leistungen in Anspruch genommen werden oder wie kostenintensiv die jeweilige Leistung ist, die nachgefragt wird.[1333]

Neben dem in § 241 SGB V festgelegten allgemeinen Beitragssatz wurde in § 242 SGB V für die Krankenkassen die Verpflichtung zur Erhebung eines kassenindividuellen einkommensabhängigen Zusatzbeitrages implementiert.[1334] Der Zusatzbeitrag fungiert als zusätzliches Finanzierungsinstrument und gehört entsprechend § 220 Abs. 1 S. 1 SGB V zum Sozialversicherungsbeitrag, sodass nach § 242 Abs. 4 SGB V, auf diesen die allgemeinen Regeln des SGB IV über Beiträge Anwendung finden.[1335] Die Kassen haben einen Zusatzbeitrag zu erheben, wenn sie mit den Zuweisungen aus dem Gesundheitsfonds[1336] ihre Ausgaben nicht mehr decken können. Abweichend von § 242 Abs. 1 S. 4 SGB V kann der

---

[1330] Vgl. BT-Drucks. 11/2237, S. 158.

[1331] BVerfG, Beschluss v. 6.12.2005 – 1 BvR 347/98 = MedR 2006, 165; siehe dazu auch BVerfG, Beschluss v. 20.03.2001 – 1 BvR 491/96 = NJW 2001, 1779 (1780).

[1332] *Rixen/Kluckert*, in: *Sodan*, Krankenversicherungsrecht, § 37 Rn. 9, die insoweit von einer „Risikoblindheit“ der gesetzlichen Krankenversicherung sprechen; vgl. BeckOGK/*Peters* SGB V § 3 Rn. 2, 4 ff.

[1333] Vgl. *Schnapp* G+S 2006, 52.

[1334] Siehe zur Einführung und Entwicklung des Zusatzbeitrages von einem einkommensunabhängigen zu einem einkommensabhängigen Kassenindividuellen Zusatzbeitrag die Darstellung bei NK-GesundhR/*Bernd Schlüter* SGB V § 242 Rn. 1 ff.

[1335] Siehe auch BT-Drucks. 16/3100, S. 165 sowie BT-Drucks. 18/1307, S. 43.

[1336] In den durch das Bundesamt für Soziales verwalteten Gesundheitsfonds fließen die entrichteten Krankenversicherungsbeiträge und die zusätzlichen Bundesmittel, § 271 SGB V. Über dieses erfolgt die Finanzierung der gesetzlichen Krankenversicherung zentralisiert. Siehe dazu auch *Schneil*, in: Weber, Rechtswörterbuch, 29. Edition 2022, “Gesundheitsfonds”.

Zusatzbeitrag nur unter bestimmten in § 242 SGB V selbst genannten Voraussetzungen angehoben werden.[1337] Für Personengruppen, deren Beiträge von Dritten getragen werden, sieht § 242 Abs. 3 SGB V vor, dass anstelle des kassenindividuellen Zusatzbeitrags der durchschnittliche Zusatzbeitrag nach § 242a SGB V zu erheben ist. Der Zusatzbeitrag war von seiner Einführung im Jahr 2009 im Zuge des GKV-Wettbewerbsstärkungsgesetzes[1338] bis Ende 2018 allein von den Versicherten zu tragen. Seit 2019 wird auch der Zusatzbeitrag paritätisch von Arbeitnehmern und Arbeitgebern aufgebracht.

Vereinzelt wird der Zusatzbeitrag im Zusammenhang mit dem Prinzip der Eigenverantwortung der Versicherten gebracht.[1339] Unter Beachtung der finanziellen Dimension der Eigenverantwortung im SGB V, wie sie in § 2 Abs. 1 S. 1 SGB V zum Ausdruck kommt, werde die Eigenverantwortung des Versicherten nicht nur in rechtsethischer Hinsicht im SGB V konkretisiert, sondern ebenso in wirtschaftlicher Hinsicht.[1340] Eine eigenständige Konkretisierung des Eigenverantwortungspostulats in seiner Bedeutung, kann damit aber nicht gemeint sein. Vielmehr ist unter Berücksichtigung des in § 3 SGB V aufgeführten Prinzips der solidarischen Finanzierung festzustellen, dass die Konkretisierung des Spannungsverhältnisses zwischen Eigenverantwortung und Solidarität im Rahmen des sozialen Ausgleichs auch innerhalb des Finanzierungsrechts realisiert werden kann.[1341] Dafür spricht auch, dass der Zusatzbeitrag auch als Wettbewerbsinstrument unter den Krankenkassen fungieren soll, indem darauf hingewiesen wird, dass wirtschaftlich arbeitende Krankenkassen ihren Kapitalbedarf allein aus den Zuweisungen aus dem Gesundheitsfonds decken oder sogar Überschüsse generieren könnten.[1342] In diesem Fall wäre die Erhebung des Zusatzbeitrages obsolet. Da also theoretisch sowohl Kassen mit als auch ohne einen Zusatzbeitrag auf dem Gesundheitsmarkt agieren, grundsätzlich also nicht jeder Versicherte einen solchen zu erbringen hat, steht hier der Aspekt des Solidarausgleichs innerhalb der kassenspezifischen Solidargemeinschaft im Vordergrund, der einen zusätzliche Beitragsleistung aufgrund der Festschreibung des allgemeinen Beitragssatzes erfordert. Dieser Solidaraspekt wurde spätestens mit der Einführung der paritätischen Tragung des Zusatzbeitrages verstärkt. Gegen einen Bedeutungszusammenhang mit Eigenverantwortung spricht dann letztlich auch erneut der

---

[1337] Näher dazu, insbesondere zum Aspekt der Zweckbindung der Beiträge und deren Ausstrahlungswirkung auf die Höhe der Beiträge, BT-Drucks. 19/4454, S. 28. Unter den Begriff der Erhöhung fällt auch die erstmalige Einführung, vgl. *Propp* in: jurisPK-SGB V, 4. Aufl. 2020, § 242 SGB V Rn. 31.

[1338] BGBl. I 2007, S. 378 (424).

[1339] So etwa Hauck/Noftz/*Noftz* SGB V § 3 Rn. 11b.

[1340] Vgl. Hauck/Noftz/*Noftz* SGB V § 3 Rn. 11b; vgl. ähnlich auch BeckOGK/*Peters* SGB V § 2 Rn. 3; knapp hingegen Krauskopf/*Vossen* SGB V § 2 Rn. 5.

[1341] Vgl. dazu *Hänlein* in LPK-SGB V, § 3 Rn. 13; vgl. *Schulin*, Empfiehlt es sich, die Zuweisung von Risiken und Lasten im Sozialrecht neu zu ordnen? – Gutachten E, S. E 67 ff.; dahingehend auch auszulegen die Auflistung in BT-Drucks. 11/2237, S. 149 f., die insbesondere Aspekte des Finanzierungsrechts der gesetzlichen Krankenversicherung umfasst.

[1342] Vgl. BT-Drucks. 16/3100, S. 165.

Umstand, dass der Versicherte auch im Rahmen der paritätischen Tragung seine Beiträge nicht selbst zahlt.

### 3. Das Leistungsrecht der gesetzlichen Krankenversicherung

Die aus der Perspektive der Versicherten wohl relevanteste Folge des Bestehens des Versicherungsverhältnisses sind die Leistungsansprüche, die sie gegenüber ihrer Krankenkasse geltend machen können. Bei den zu gewährenden Sozialleistungen handelt es sich um Pflichtleistungen, soweit den Leistungserbringern nicht ausnahmsweise Ermessen eingeräumt ist.[1343] Allerdings erwachsen mit dem Leistungsanspruch auch Verpflichtungen der Versicherten gegenüber ihrer Krankenkasse. Hierzu zählen etwa die Mitwirkungsverpflichtungen im Rahmen des Sozialverfahrensrechtsverhältnisses[1344] oder die Verpflichtung zur Mittragung der Beiträge.

#### a. Naturalleistungsprinzip und Kostenerstattung in der gesetzlichen Krankenversicherung

§ 2 SGB V ist keine dem in den §§ 11 ff. SGB V normierten Leistungsrecht der gesetzlichen Krankenversicherung unmittelbar zugehörige Norm. Durch ihre Positionierung in den allgemeinen Vorschriften stellt sie aber gleichwohl Grundsätze für das Leistungsrecht auf, die im dritten Kapitel des SGB V weiter konkretisiert werden. Die Einführungsnorm des § 2 Abs. 2 S. 1 SGB V legt für die Leistungsgewährung in der gesetzlichen Krankenversicherung konstitutiv fest, dass die Leistungen den Versicherten als Sach- oder Dienstleistungen zur Verfügung gestellt werden. Angesprochen ist damit das Sach- beziehungsweise Naturalleistungsprinzip, welches die zentrale Leistungsmaxime der gesetzlichen Krankenversicherung darstellt.[1345] Korrespondierend zu dieser erhalten die Versicherten die Leistungen in der gesetzlichen Krankenversicherung in der Regel kostenfrei, vorfinanzierungsfrei und frei von dem Risiko, überhöhte und nicht erstattungsfähige Vergütungsansprüche tragen zu müssen.[1346] Der Versicherte hat also grundsätzlich keinen Anspruch auf die Erstattung der durch die Behandlung entstanden Kosten; sein Anspruch ist vielmehr gerichtet auf die Versorgungsleistung selbst, weshalb wesentliches Merkmal des Sachleistungsprinzips die Unmittelbarkeit der Bedarfsbefriedigung ist.[1347]

Weil die Krankenkassen den Versicherten die Leistungen als Sach- oder Dienstleistung zu verschaffen haben, tragen sie die Verantwortung für die

[1343] Vgl. *Muckel/Ogorek/Rixen*, Sozialrecht, § 8 Rn. 68.
[1344] Siehe dazu oben unter B. IV. 2. und B. IV. 3.
[1345] Vgl. BT-Drucks. 11/2237, S. 157.
[1346] Vgl. BSG, Urteil v. 16.12.1993 – 4 RK 5/92 = NZS 1994, 507 (511); Hauck/Noftz/*Noftz* SGB V § 2 Rn. 78; vgl. Krauskopf/*Vossen* SGB V § 2 Rn. 22 f.; vgl. Becker/Kingreen/*Scholz* SGB V § 2 Rn. 13; vgl. *Muckel/Ogorek/Rixen*, Sozialrecht, § 8 Rn. 63.
[1347] Vgl. Quaas/Zuck/Clemens/*Quaas* Medizinrecht § 9 Rn. 4.

Leistungserbringung.[1348] Dieser Verantwortung kommen die Kassen in der Regel nicht selbst, sondern durch Verträge mit den Leistungserbringern nach Maßgabe der §§ 69 ff. SGB V nach. Dadurch bestimmen die Krankenkassen zugleich Inhalt, Qualität und Honorierung der Leistungen – im Gegensatz zu den Versicherten – wesentlich mit.[1349] Eine Entlastung erfahren die Krankenkassen dadurch, dass zwischen Leistungserbringer und Versichertem individuell geklärt wird, was in der jeweiligen Behandlungssituation notwendig und wirtschaftlich ist.[1350] Dabei ist die Selbstbestimmung des Patienten zwischen allen Parteien maßgebend, welche im Zustimmungserfordernis des Patienten sowie der Aufklärung durch den Arzt und der damit einhergehenden Einschränkung der Therapiefreiheit ihren Ausdruck findet.[1351] Zu berücksichtigen ist jedoch, dass das Selbstbestimmungsrecht nicht so weit zu verstehen ist, dass die Behandlungswahl und ihr Verlauf vollumfänglich dem Willen des Patienten unterworfen sind und damit in seinem Belieben stehen.

Die Leistungspflicht, die in den §§ 11 ff. SGB V als Rahmenrecht normiert wird, wird zudem maßgeblich durch die Wirkung des Wirtschaftlichkeitsgebots in § 12 Abs. 1 SGB V und die daraus resultierenden untergesetzlichen Leistungsrichtlinien des Gemeinsamen Bundesausschusses nach § 92 SGB V inhaltlich begrenzt.[1352] Es besteht damit ein geteiltes Verantwortungsgefüge zwischen dem Gemeinsamen Bundesausschuss, den Krankenkassen und den Leistungserbringern bei der praktischen Konkretisierung der Ansprüche und der Wahrung des Wirtschaftlichkeitsgebots. Für die Krankenkassen erwachsen aus der sie treffenden Verantwortungslast zusätzliche Aufklärungs-, Informations- und Obhutspflichten gegenüber den Versicherten, da diesen der unmittelbare Zugriff auf die Abläufe der Leistungserbringung durch das Sachleistungsprinzip versagt ist. Einzige normative Möglichkeit der Einsichtnahme in die Abrechnungsvorgänge sind die in § 305 SGB V vorgesehenen Auskunftspflichten, die jedoch nur bei vorherigem Antrag beziehungsweise Verlangen der Versicherten und der Entrichtung einer Aufwandsentschädigung ausgelöst werden.

Die Versicherten selbst wirken durch die erforderliche Antragsstellung nach § 19 SGB IV an der Leistungserbringung mitwirken. Die elektronische Gesundheitskarte dient gemäß § 15 Abs. 2 SGB V gegenüber dem Leistungserbringer als entsprechender Nachweis der Berechtigung von Seiten der Krankenkasse. Auf die inhaltliche Ausgestaltung des Leistungsanspruchs hat Versicherte keinen Einfluss. Der Leistungsumfang ist unabhängig von der Beitragshöhe und sowohl qualitativ als auch quantitativ standardisiert.[1353]

---

[1348] Sogenannte Leistungsverschaffungspflicht, vgl. BSG, Urteil v. 14.03.2001 – B 6 KA 54/00 R = NZS 2002, 217 (220).

[1349] Vgl. NK-GesundhR/*Berchtold* SGB V § 2 Rn. 21; vgl. *Muckel/Ogorek/Rixen*, Sozialrecht, § 8 Rn. 63; vgl. bereits *Münnich* VSSR 1981, 201.

[1350] Vgl. *Plagemann* in: jurisPK-SGB V, 4. Aufl. 2020, § 11 SGB V Rn. 19.

[1351] Vgl. Spickhoff/*Spickhoff* Einleitung Rn. 19.

[1352] Dazu Becker/Kingreen/*Becker/Kingreen* SGB V § 11 Rn. 20 f.

[1353] Vgl. *Thüsing* NZS 2008, 454.

Einzige Alternative für den Versicherten ist die private Nachfrage auf dem Gesundheitsmarkt in Form von IGeL[1354]. Insbesondere ist es den Versicherten nicht möglich, etwa durch individuell erhöhte Beitragszahlung, ein Mehr an Gesundheitsleistungen „einzukaufen".[1355] Das Beitragsrecht ist, wie bereits dargestellt, in den §§ 241 ff. SGB V abschließend geregelt. Der Leistungsanspruch in der gesetzlichen Krankenversicherung setzt voraus, dass der Anspruchsteller Versicherter ist, dass der Versicherungsfall eingetreten ist oder es sich um eine Präventions- beziehungsweise Früherkennungsmaßnahme handelt, dass der Leistungskatalog die nachgefragte Leistung umfasst und dass weitere leistungsspezifische Voraussetzungen gegeben sind.

Neben den reinen Sach- oder Dienstleistungen besteht als weitere Leistungsart die Geldleistung im Sinne des § 44 SGB V, welche eine zum Anspruch auf Krankenbehandlung rechtlich gleichwertige Hauptleistung ist.[1356] Das Krankengeld bei Arbeitsunfähigkeit nach § 44 Abs. 1 SGB V stellt den häufigsten Zahlungsanlass dar, der zugleich Grund seiner Einführung war.[1357] Das Krankengeld fungiert als Ausgleich des Lohnausfalls im Falle der Krankheit und hat damit Entgeltersatzfunktion, wie es § 47 Abs. 3 SGB V klarstellt. Die Bedeutung dieser Ausgleichsleistung hat sich jedoch im Zuge der Schwerpunktverlagerung auf Prävention, Erkennung und Behandlung von Krankheit rückläufig entwickelt.[1358] Für den Krankengeldanspruch bedarf es grundsätzlich wie für jede Leistung der gesetzlichen Krankenversicherung gem. § 19 S. 1 SGB IV eines Antrages von Seiten des Versicherten. Im Fall des Krankengeldes wird dieser jedoch durch die Meldung von Seiten des Vertragsarztes oder durch die Übermittlung der Arbeitsunfähigkeitsbescheinigung unmittelbar mit zum Ausdruck gebracht, sodass hier die Antragstellung im Ergebnis durch Dritte erfolgt.[1359]

§ 2 Abs. 2 S. 1 SGB V sieht in Hs. 2 einen Ausnahmevorbehalt vom ansonsten geltenden Sachleistungsgrundsatz vor, der in der Gesamtschau mit § 13 Abs. 1 SGB V die Möglichkeit der Kostenerstattung auf die im SGB V und SGB IX ausdrücklich aufgeführten Ausnahmetatbestände begrenzt. Für das SGB V lassen sich solche Ausnahmetatbestände etwa in den §§ 13, 14, 17, 18, 37 Abs. 4, 38

---

[1354] Siehe dazu oben unter B. V. 4.

[1355] Vgl. *Schnapp* G+S 2006, 53; vgl. *Schnapp* DVBl 2004, 1057; anders ist das in der privaten Krankenversicherung, wo der Kunde seinen Versicherungsschutz seinen Bedürfnissen und seiner finanziellen Situation entsprechend ausgestalten kann, vgl. dazu *Kalis*, in: *Sodan*, Krankenversicherungsrecht, § 42 Rn. 3, 7.

[1356] Vgl. Hauck/Noftz/*Gerlach* SGB V § 44 Rn. 5; vgl. *Peick*, in: *Sodan*, Krankenversicherungsrecht, § 10 Rn. 61.

[1357] Vgl. Hauck/Noftz/*Gerlach* SGB V § 44 Rn. 26.

[1358] So Hauck/Noftz/*Gerlach* SGB V § 44 Rn. 26 ff.; siehe dazu auch *Schnapp* G+S 2006, 53.

[1359] Vgl. BeckOGK/*Schifferdecker* SGB V § 44 Rn. 138 ff.. Der Antrag wird unabhängig davon, ob ein Anspruch auf Lohnfortzahlung besteht beziehungsweise ob diese auch durch den Arbeitgeber tatsächlich geleistet wird, in die Meldung hineingelesen. Besteht ein Anspruch und wird diesem durch den Arbeitgeber entsprochen, so tritt die Krankenkasse nach Ablauf des Lohnfortzahlungszeitraumes ein.

Abs. 4, 53 Abs. 4, 64 Abs. 4 S. 2, 87 Abs. 2a S. 10 bis 12, Abs. 5c S. 4 oder 129 Abs. 1 S. 6 SGB V finden.

§ 13 Abs. 2 SGB V enthält den wohl wichtigsten Fall zulässiger Kostenerstattung.[1360] Dieser sieht die Wahl der Kostenerstattung für den gesamten Leistungsbereich oder aber beschränkt auf einzelne Leistungsbereiche vor. Das diesbezügliche Wahlrecht wird durch eine einseitige, empfangsbedürftige Willenserklärung des Versicherten gegenüber der Krankenkasse ausgeübt.[1361] Zweck der Vorschrift ist es nach Maßgabe der Gesetzesbegründung, die Souveränität der Patienten zu stärken[1362]: „Frei die Versorgungsform wählen zu können, entspricht der Vorstellung vom mündigen Bürger, der selbst entscheidet, was für ihn zweckmäßig ist".[1363] Auch sollte dadurch das Eigenverantwortungsprinzip gestärkt werden, von welchem die Norm nach der Zielsetzung des GKV-Modernisierungsgesetzes[1364] insgesamt getragen wird.[1365] Der Patient soll die Leistung kritisch hinterfragen und über ein sich durch die Kostentragung einstellendes Kostenbewusstsein größere Zurückhaltung bei der Inanspruchnahme der Versorgung üben.[1366] Die so geschaffenen Möglichkeiten der Kostenerstattung sollen in der Gesamtschau daher verhaltenssteuernde Wirkung entfalten, die sich insbesondere auf der Seite der Inanspruchnahme einstellen soll. Diese intendierte Steuerungswirkung, die nach soeben Gesagtem im Wesentlichen auf die Förderung eines Kostenbewusstseins gestützt ist, geht allerdings aufgrund anzunehmender Differenz zu den Präferenzen der Versicherten bezüglich des Kostenerstattungsverfahrens fehl. Es besteht für die wenigsten Versicherten tatsächlicher Anreiz. Zum anderen sind die Versicherten – soweit sie Kostenerstattung wählen – für die zusätzlich anfallenden Kosten meistens anderweitig abgesichert oder entstammen einer Altersgruppe, die ihrer Gesundheit einen höheren Stellenwert einräumen und unterstellt über umfassendere finanzielle Mittel verfügen.[1367]

§ 13 Abs. 2 Satz 8 SGB V begrenzt die Kostenerstattung auf den Umfang der Sachleistung, wobei stets gilt, dass Kosten, die die Krankenkasse nicht übernimmt, allein vom Versicherten zu tragen sind.

Nach § 13 Abs. 2 Satz 12 SGB V sind die Versicherten an ihre Wahl der Kostenerstattung mindestens ein Kalendervierteljahr gebunden. Vollständig ergibt sich die Wirkung der Wahl der Kostenerstattung erst in der Gesamtschau mit § 53

---

1360 So *Helbig* in: jurisPK-SGB V, 4. Aufl. 2020, § 13 SGB V Rn. 32; gleichfalls Quaas/Zuck/Clemens/*Quaas* Medizinrecht § 9 Rn. 6.

1361 Ganz h.M., vgl. Hauck/Noftz/*Noftz* SGB V § 13 Rn. 31; vgl. Krauskopf/*Wagner* SGB V § 13 Rn. 12; vgl. *Muckel/Ogorek/Rixen*, Sozialrecht, § 8 Rn. 66.

1362 Vgl. BT-Drucks. 15/1525, S. 2, 72.

1363 BT-Drucks. 15/1525, S. 80.

1364 BT-Drucks. 15/1525, S. 1.

1365 Vgl. BT-Drucks. 15/1525, S. 80; vgl. *Wissenschaftliche Dienste des Bundestages*, WD-9-3000-073/18, S. 6; vgl. zudem BeckOGK/*Schifferdecker* SGB V § 13 Rn. 4.

1366 Dazu etwa *Hauck*, in: *Sodan*, Krankenversicherungsrecht, § 8 Rn. 11.

1367 Vgl. dazu die Stellungnahme des Bundesministeriums für Gesundheit auf den Bericht des GKV-Spitzenverbandes nach § 13 Absatz 2 SGB V, BT-Drucks. 16/12639, S. 1, 8, 22; ebenfalls die Abschreckende Wirkung bei der Inanspruchnahme verneinend *Merten* NZS 1996, 597.

SGB V, der den mit § 13 Abs. 2 SGB V korrespondierenden Wahltarif regelt. Allerdings ist die praktische Bedeutung des Wahlrechts gering. Zwar fehlen aktuelle Studien, es wird jedoch angenommen, dass sich der Anteil der Versicherten, die von dem Wahlrecht Gebrauch gemacht haben, seit dem Bericht des Spitzenverbands Bund der Krankenkassen aus 2008 nicht wesentlich verändert hat.[1368] Grund dafür sei insbesondere die mangelnde Attraktivität des Verfahrens.[1369]

Die Absätze 3 und 3a des § 13 SGB V regeln Ansprüche des Versicherten bei Systemversagen.[1370] Abs. 3 gewährt dem Leistungsberechtigten einen zum Sachleistungsanspruch akzessorischen Kostenerstattungsanspruch auf diejenigen Kosten, die durch die Selbstbeschaffung aufgrund des Systemversagens für den Versicherten notwendigerweise angefallen sind.[1371] Die Vorschrift verlangt als Voraussetzung, dass die selbstbeschaffte Leistung grundsätzlich der Leistungsverschaffungspflicht der Krankenkasse unterfällt. Auch wenn über § 13 Abs. 3 SGB V punktuell Erweiterungen des Leistungsumfangs vorgenommen wurden – wie etwa vor Einführung des § 2 Abs. 1a SGB V – ist die Vorschrift nicht als eine im Belieben des Versicherten stehenden Öffnungsklausel zu verstehen; sie ist an strenge Voraussetzungen bezüglich des Bestehens eines Leistungsanspruchsgekoppelt, was sich insbesondere darin zeigt, dass bei fehlerhafter Abrechnung durch einen Vertragsarzt oder bei Inanspruchnahme eines nicht zugelassenen Leistungserbringers, der Kostenerstattungsanspruch nicht entsteht.[1372] Etwas anderes gilt mit Blick auf die in § 13 Abs. 3a S. 6 SGB V geregelte Genehmigungsfiktion, die dann greift, wenn die Krankenkassen trotz Leistungsantragstellung die vorgesehene Frist untätig verstreichen lassen und sich der Leistungsberechtigte nach Ablauf der Frist die Leistung selbst und auf eigene Rechnung beschafft. Denn hier kann der Versicherte auch eine Berechtigung zur Selbstbeschaffung erreichen für eine Leistung, auf die er materiellrechtlich keinen Anspruch hat. Nach neuerer Rechtsprechung des Bundessozialgerichts führt die Genehmigungsfiktion nicht zu einem Naturalleistungsanspruch, sondern besteht allein ein reiner Anspruch auf Kostenerstattung.[1373] Auch nach geänderter Auffassung[1374] bleibt es jedoch dabei, dass der Versicherte den Antrag bereits gestellt hat, sodass die wesentlichen versichertenseitigen Schritte bereits erfüllt sind. Dem

---

[1368] Im zweiten Halbjahr 2008 lag dieser bei 0,19%, sprich knapp 132.000 Personen, vgl. dazu BT-Drucks. 16/12639, S. 9 sowie BT-Drucks. 17/3696, S. 38; siehe zur Annahme Becker/Kingreen/*Kingreen* SGB V § 13 Rn. 10; vgl. auch *Helbig* in: jurisPK-SGB V, 4. Aufl. 2020, § 13 SGB V Rn. 36.

[1369] Vgl. *Helbig* in: jurisPK-SGB V, 4. Aufl. 2020, § 13 SGB V Rn. 25.

[1370] Es können drei Fälle des sogenannten Systemversagens unterschieden werden: die nicht rechtzeitige Erbringung einer Leistung, die rechtswidrige Leistungsablehnung und die nicht rechtzeitige Entscheidung über einen Leistungsantrag, vgl. Becker/Kingreen/*Kingreen* SGB V § 13 Rn. 16.

[1371] Vgl. BSG, Urteil v. 26.01.2006 – B 3 KR 4/05 R = NZS 2006, 534 (538).

[1372] Vgl. Becker/Kingreen/*Kingreen* SGB V § 13 Rn. 22.

[1373] Vgl. BSG, Urteil v. 26.05.2020 – B1 KR 9/18 R = NJW 2020, 3267.

[1374] Vgl. zur bisherigen Rechtsprechung BSG, Urteil v. 07.11.2017 – B 1 KR 24/17 R = NZS 2018, 941 (942).

Regelungsgehalt nach ist hier jedoch dann aus Zweckmäßigkeitserwägungen ein Kostenerstattungsanspruch die logische Konsequenz, denn dem Versicherten wird durch die Genehmigungsfiktion eine Rechtsposition zugestanden, die zur Selbstbeschaffung der Leistung berechtigt.[1375] Von einer vollkommen eigenverantwortlichen Leistungsverschaffung kann daher insgesamt nicht gesprochen werden.

Bei der Leistungsart des Zuschusses, welchen eine Krankenkasse den Versicherten etwa im Rahmen des Zahnersatzes nach § 55 SGB V oder bei Krankenfahrten gemäß § 60 SGB V zur Verfügung stellt, handelt es sich hingegen nicht um eine Unterform der Kostenerstattung, da der Zuschuss nicht „anstelle der Sach- oder Dienstleistung" erbracht wird.[1376]

Im Zusammenhang mit finanzieller Verantwortung ist auch das trägerübergreifende persönliche Gesamtbudget zu nennen, welches Versicherte mit Behinderung und mit bestimmten Leistungsanforderungen gemäß § 29 Abs. 1 S. 1, S. 5 SGB IX beanspruchen können. Die Selbsthilfe des Versicherten wird innerhalb des Gesundheitswesens als wesentlicher Bestandteil anerkannt. Im Rahmen des persönlichen Budgets wird ihr Raum zur Befriedigung individueller Bedürfnisse gegeben, da die betroffenen Versicherten aufgrund ihrer eigenen Betroffenheit über eine unmittelbare Bedarfskompetenz verfügen.[1377] So soll das persönliche Budget dazu dienen, den Versicherten ein in eigener Verantwortung möglichst selbstbestimmtes Leben zu ermöglichen. Der Anspruch auf Leistungen des persönlichen Budgets wird in § 11 Abs. 1 Nr. 5 SGB V explizit – anders als etwa Leistungen zum Zahnersatz – aufgeführt. Dies wiederum kann als zusätzliches Signal des Gesetzgebers interpretiert werden, dass, soweit möglich, chronisch kranke Menschen Verantwortung für ihre Versorgung übernehmen können und sollen.[1378]

### b. Leistungsausschlüsse

Leistungsausschlüsse im Recht der gesetzlichen Krankenversicherung werden gemeinhin verstanden als Konkretisierung der generellen Aussage des § 2 Abs. 1 S. 1 SGB V.[1379] Die betreffenden Leistungen werden nicht von der gesetzlichen Krankenversicherung übernommen, sondern der Eigenverantwortung der Versicherten übertragen. Sie sind damit gleichfalls Ausdruck des vom Bundesverfassungsgericht festgestellten Grundsatzes, dass die gesetzliche

---

[1375] Vgl. BSG, Urteil v. 18.06.2020 – B 3 KR 14/18 R = NZS 2021, 219.

[1376] Becker/Kingreen/*Kingreen* SGB V § 13 Rn. 2; siehe auch Eichenhofer/v. Koppenfels-Spies/Wenner/*Ulmer* SGB V § 13 Rn. 6.

[1377] Vgl. Kossens/von der Heide/Maaß/*von der Heide* SGB IX § 29 Rn. 4 ff.

[1378] Vgl. *Plagemann* in: jurisPK-SGB V, 4. Aufl. 2020, § 11 SGB V Rn. 22.

[1379] Vgl. Becker/Kingreen/*Scholz* SGB V § 2 Rn. 2; vgl. Krauskopf/*Vossen* SGB V § 2 Rn. 5; vgl. Krauskopf/*Vossen* SGB V § 1 Rn. 17; vgl. Eichenhofer/v. Koppenfels-Spies/Wenner/*Axer* SGB V § 2 Rn. 7.

Krankenversicherung nicht alle zur Verfügung stehenden Leistungen auch gewähren muss.[1380] Diese Zuweisung bedeutet aber weder eine über die geltenden Normen hinausgehende Einschränkung der Leistungsansprüche noch eine eigenständige Ermächtigung der Krankenkassen, Leistungen unter Berufung auf die Versicherteneigenverantwortung abzulehnen oder zu beschränken.[1381]

Zentrale Beispiele für einen solchen grundsätzlichen Leistungsausschluss sind zum einen der vieldiskutierte Ausschluss von Sehhilfen gemäß § 33 Abs. 2 SGB V und zum anderen die Regelung zu Fahrkosten für Fahrten und Transporte des Versicherten zum oder vom Ort der Leistungserbringung gemäß § 60 SGB V. Bei Fahrten entstandene Kosten werden nur unter den engen Tatbestandsvoraussetzungen des § 60 SGB V ausnahmsweise als Leistung der gesetzlichen Krankenversicherung eingeordnet. Der Gesetzgeber hatte damit die Grundentscheidung getroffen, dass Fahrtkosten zur ambulanten Versorgung grundsätzlich nicht zum Leistungskatalog der gesetzlichen Krankenversicherung gehören. Voraussetzung für den Ausnahmeanspruch sind neben einem bestehenden Zusammenhang mit einer Leistung der Krankenkassen die Erforderlichkeit der Fahrt aus dringenden medizinischen Gründen sowie im Falle einer Fahrt zu einer ambulanten Versorgung die Aufführung in der Krankentransport-Richtlinie des Gemeinsamen Bundesausschusses.

Grundlegende gesetzgeberische Erwägung für entsprechende Leistungsbegrenzungen ist der Schutz der Solidargemeinschaft gegen Überforderung, mithin also ein finanzwirtschaftlicher Beweggrund.[1382] Es ist dem Gesetzgeber unbenommen, lediglich einen begrenzten Leistungskatalog unter Beachtung des Wirtschaftlichkeitsgebots und mit Hinblick auf die Eigenverantwortung der Versicherten – eben insbesondere aus finanzwirtschaftlichen Gründen – zur Verfügung zu stellen, aus dem sich Leistungspflichten der gesetzlichen Krankenversicherung ergeben.[1383] Leistungsausschlüsse sind aber auch Konsequenz des § 2 Abs. 1 S. 3 SGB V; bei unerprobten oder nicht hinreichend qualitätsgesicherten oder unwirksamen Maßnahmen geht es primär darum, die gesundheitlichen und körperlichen Interessen der Versicherten zu schützen. Dabei wird zugleich die Finanzierbarkeit und damit die finanzielle Stabilität der gesetzlichen Krankenversicherung gesichert.[1384]

Rund 95% der Leistungsausgaben der gesetzlichen Krankenversicherung belaufen sich auf die Finanzierung der einheitlich nach dem SGB V zu übernehmenden Leistungen.[1385] Die übrigen 5% liegen im individuellen Gestaltungsspielraum der

---

1380 Vgl. BVerfG, Beschluss v. 12.12.2012 – 1 BvR 69/09 = NZS 2013, 297 (299); siehe auch BT-Drucks. 11/2237, S. 157.

1381 Vgl. BT-Drucks. 11/2237, S. 157.

1382 Vgl. dazu BT-Drucks. 17/12659, S. 2 f., sowie BT-Drucks. 17/11925, S. 6.

1383 Dazu BSG, Urteil v. 26.09.2006 – B 1 RK 20/05 = NJOZ 2006, 4317 (4318 f.).

1384 Vgl. Becker/Kingreen/*Scholz* SGB V § 2 Rn. 3; vgl. BT-Drucks. 11/2237, S. 157.

1385 Siehe den Sonderbericht zum Wettbewerb in der gesetzlichen Krankenversicherung des Bundesamtes für Soziale Sicherung, Stand 2018, S. 27, abrufbar unter

Krankenkassen als sogenannte Satzungsleistungen. Die Möglichkeit, Satzungsleistungen anzubieten, besteht insbesondere auch aus dem Grund, dass Leistungsausschlüsse aus dem Leistungskatalog erfolgen können.[1386] § 11 Abs. 6 SGB V ermöglicht die Gewährung bestimmter Satzungsleistungen, wodurch nicht nur die Wettbewerbschancen der Kassen erhöht, sondern gleichfalls auch die Versicherten dazu in die Lage versetzt werden sollen, Leistungsangebote anhand ihres individuellen Bedarfs nutzen zu können.[1387]

### aa. Zahnärztliche Versorgungsleistungen

Im Gegensatz zur ärztlichen Behandlung nach § 28 Abs. 1 SGB V wird die zahnärztliche Behandlung im Recht der gesetzlichen Krankenversicherung bereits über ihren Behandlungsgegenstand inhaltlich in § 28 Abs. 2 SGB V begrenzt. Die dem § 28 Abs. 2 S. 1 SGB V nachfolgenden Sätze sowie § 29 SGB V relativieren den Anspruch auf zahnärztliche Versorgung umfassend. § 28 Abs. 2 S. 6 SGB V stellt für den Leistungsbereich der zahnärztlichen Behandlung klar, dass für Versicherte, die das 18. Lebensjahr vollendet haben, die kieferorthopädische Behandlung nicht zum Umfang der von der gesetzlichen Krankenversicherung getragenen zahnärztlichen Behandlung gehört. Hintergrund ist die Wertung, dass eine kieferorthopädische Behandlung vor Abschluss des Körperwachstums initiiert werden sollte und derartige Behandlungen im Erwachsenenalter vordergründig ästhetischen Gründen oder unzureichender zahnmedizinsicher Versorgung geschuldet seien.[1388] Unberücksichtigt bleibt damit, ob dies tatsächlich der Fall ist, ob Korrekturmaßnahmen medizinisch indiziert sind oder die Funktion bereits oder zukünftig eingeschränkt ist. Eine Ausnahme vom Ausschluss der sogenannten Erwachsenenkieferorthopädie[1389] gilt insoweit nur und ausschließlich für Versicherte mit schweren Kieferanomalien.[1390]

Nach § 28 Abs. 2 Satz 8 SGB V gehören auch funktionsanalytische und funktionstherapeutische Leistungen nicht zum Leistungsumfang der gesetzlichen Krankenkassen. Dies gilt gemäß Satz 9 auch für die Implantatversorgung, wobei diesbezüglich Ausnahmetatbestände in den Richtlinien des Gemeinsamen Bundesausschusses vorgesehen werden können. Für diese Leistungen muss sich der Versicherte daher auf dem privaten Gesundheitsmarkt entweder eine Vorsorgeform

---

https://www.bundesamtsozialesicherung.de/fileadmin/redaktion/allgemeine_dokumente/Taetigkeitsberichte/20180404Sonderbericht_web.pdf, zuletzt am 01.04.2023.

1386 Siehe den Sonderbericht zum Wettbewerb in der gesetzlichen Krankenversicherung des Bundesamtes für Soziale Sicherung, Stand 2018, S. 27, abrufbar unter https://www.bundesamtsozialesicherung.de/fileadmin/redaktion/allgemeine_dokumente/Taetigkeitsberichte/20180404Sonderbericht_web.pdf, zuletzt am 01.01.2023.

1387 Vgl. BT-Drucks. 17/6906, S. 53; vgl. BT-Drucks. 17/8005, S. 4. Auf der anderen Seite sehen kritische Stimmen in satzungsmäßigen Zusatzleistungen nach § 11 Abs. 6 SGB V das Problem, dass diese Selektionsprozesse begünstigten, vgl. dazu Becker/Kingreen/*Becker/Kingreen* SGB V § 11 Rn. 40.

1388 Vgl. BT-Drucks. 12/3608, S. 79.

1389 Zum Begriff Becker/Kingreen/*Niggehoff* SGB V § 28 Rn. 32.

1390 Vgl. dazu BSG, Urteil v. 09.12.1997 – 1 RK 11/97 = BeckRS 1997, 30004364.

oder die entsprechende Leistung selbst beschaffen, unabhängig davon, ob die Leistung im Einzelfall medizinisch geboten ist oder nicht. Zu diesem Zwecke besteht daher auch die in Satz 2 ff. verankerte Möglichkeit der Mehrkostenvereinbarung im Rahmen einer über den Leistungsanspruch hinausgehenden zahnärztlichen Behandlung. Die Einführung der Mehrkostenregelung bei Zahnfüllung sollte die Eigenverantwortung der Versicherten stärken und ihre Wahlmöglichkeiten erweitern.[1391]

### bb. Versorgung mit Arznei-, Heil- und Hilfsmitteln

§ 31 Abs. 1 SGB V begründet einen Versorgungsanspruch gerichtet auf die Versorgung mit Arznei- und Verbandsmitteln, Teststreifen und bestimmten Medizinprodukten. Ergänzend tritt das Erfordernis der vertragsärztlichen Verordnung im Sinne des § 73 Abs. 2 S. 1 Nr. 7 SGB V als konkretisierende Anspruchsvoraussetzung hinzu.[1392] Die Vorschrift gewährt den Anspruch nur, soweit die betreffenden Mittel nicht durch die Regelung des § 34 SGB V oder durch Richtlinien des Gemeinsamen Bundesausschusses nach § 92 Abs. 1 S. 2 Nr. 6 SGB V ausgeschlossen sind. Die Bezugnahme auf § 34 SGB V schafft einen Leistungsausschluss unmittelbar durch Gesetz. Ausgeschlossen sind demnach nicht verschreibungspflichtige Mittel, sogenannte Bagatellarzneimittel, unwirtschaftliche Arzneimittel und Lifestyleprodukte. Für letztere enthielt die Gesetzbegründung den Hinweis, dass der Ausschluss dieser aus der solidarischen Versorgung seinen Grund insbesondere darin findet, dass diese Produkte zuvorderst der Befriedigung individueller Bedürfnisse oder einer Verbesserung des Selbstwertgefühls und damit nicht der Behandlung eines medizinischen Befundes zur Krankenbehandlung dienen, weshalb sie durch den Patienten selbst zu besorgen seien.[1393]

Nach Ansicht des Bundessozialgerichts verstößt der Ausschluss nicht verschreibungspflichtiger Arzneimittel in § 34 SGB V weder gegen Verfassungsrecht, noch gegen Gemeinschaftsrecht.[1394] In seiner Begründung rekurrierte das Bundessozialgericht insbesondere auf die Erwägungen des Gesetzgebers, dass die betreffenden Mittel leicht und kostengünstig zu beschaffen seien und ihre Einnahme ein verhältnismäßig geringes Risiko für den Versicherten darstellten. Insofern sei es in Anbetracht des Wirtschaftlichkeitsgebots und der Eigenverantwortung der Versicherten insbesondere zulässig, auf der Grundlage von finanzwirtschaftlichen Erwägungen nicht jedes zur Verfügung stehende Mittel über den Leistungskatalog der gesetzlichen Krankenversicherung abzudecken.[1395] Damit erfährt der Ausschluss seine verfassungsrechtliche Legitimation schlussendlich durch den

---

[1391] Vgl. BT-Drucks. 13/3695, S. 4.
[1392] Vgl. BeckOGK/*Nolte* SGB V § 31 Rn. 5.
[1393] Vgl. BT-Drucks. 15/1525, S. 87; siehe zur Frage der Bestimmung eines Mittels als ausschließlich einem solchen Zweck dienendes die Darstellung bei Krauskopf/*Dettling-Kuchler* SGB V § 34 Rn. 20 f., m.w.N.
[1394] Siehe dazu BSG, Urteil v. 06.11.2008 – B 1 KR 06/08 = NZS 2009, 624.
[1395] Vgl. BSG, Urteil v. 06.11.2008 – B 1 KR 06/08 = NZS 2009, 624 (625 f.).

Gedanken der Eigenverantwortung und der Eigenvorsorge.[1396] Diese werden demnach verstanden als Zumutbarkeitskriterium, mit Blick auf die Frage, welche Leistungen in welchem Umfang Bestandteil des Leistungskataloges sind.

Auch § 33 Abs. 1 SGB V verweist bezüglich des Anspruchs auf Versorgung mit Hilfsmitteln auf § 34 SGB V. Hilfsmittel nach dem Verständnis der Vorschrift sind Hörhilfen, Körperersatzstücke, orthopädische und andere Hilfsmittel, die im Einzelfall erforderlich sind, um den Erfolg der Krankenbehandlung zu sichern, einer drohenden Behinderung vorzubeugen oder eine Behinderung auszugleichen.[1397] § 34 Abs. 4 SGB V sieht für Hilfsmittel allerdings keinen Ausschluss kraft Gesetzes, sondern durch Verordnung des Bundesministeriums für Gesundheit vor. Von dieser Verordnungsermächtigung wurde durch die Verordnung über Hilfsmittel mit geringem therapeutischen Nutzen oder geringem Abgabepreis in der gesetzlichen Krankenversicherung[1398] Gebrauch gemacht. Insgesamt stellt die Vorschrift des § 34 SGB V somit die Ausnahme zum weiterhin konkretisierungsbedürftigen Anspruch des Versicherten nach § 27 S. 2 Nr. 3 SGB V auf die Versorgung mit Arznei- und Hilfsmitteln dar.

§ 33 Abs. 1 SGB V schließt zudem die Versorgung mit Hilfsmitteln aus, die als allgemeine Gebrauchsgegenstände des täglichen Lebens anzusehen sind. Auch dieser Ausschluss soll – neben der Kausalität von Funktionsverlust und Hilfsmittel – insbesondere dem Gedanken der Eigenverantwortung Rechnung zu tragen.[1399] Vormals grenzte die Rechtsprechung ein Hilfsmittel von einem Gebrauchsgegenstand anhand des Verbreitungsgrades und der Kosten des Mittels ab.[1400] Nunmehr wird auf die Zweckbestimmung des Gegenstandes sowohl aus Hersteller- als auch aus Verbrauchersicht abgestellt.[1401] Sobald ein Gegenstand nicht nur dem täglichen Gebrauch, sondern auch dem Behinderungsausgleich dient, ihm mithin also eine sogenannte Doppelfunktion zukommt, und die auf die Hilfsmittelfunktion entfallenden Herstellungskosten im Verhältnis überwiegen, verbleibt der Gegenstand in der Leistungspflicht der Krankenkasse, allerdings ergänzt um einen Eigenanteil des Versicherten.[1402] Hintergrund der dann anfallenden finanziellen Beteiligung ist der Gedanke, dass dem Versicherte durch die erfolgende Übernahme die Kosten einer ansonsten anfallenden Beschaffung erspart

---

1396 Vgl. zudem *Pitz* in: jurisPK-SGB V, 4. Aufl. 2020, § 34 SGB V Rn. 23.

1397 Gemeint sind im Unterschied zu Heilmitteln, bei denen die persönliche medizinische Dienstleistung im Vordergrund steht, und Arzneimitteln, bei deren Anwendung es vordergründig um einen Verstoffwechslungsprozess der enthaltenen Wirkstoffe geht, nur Sachen, dazu weiter *Pitz* in: jurisPK-SGB V, 4. Aufl. 2020, § 33 SGB V Rn. 17 f.

1398 BGBl I 1989, S. 2237, zuletzt geändert durch Artikel 1 der Verordnung vom 17.01.1995, BGBl. I 1995, S. 44.

1399 So ohne weitere Ausführung zur Eigenverantwortung *Pitz* in: jurisPK-SGB V, 4. Aufl. 2020, § 33 SGB V Rn. 51.

1400 Siehe etwa BSG, Urteil v. 17.01.1996 – 3 RK 16/95 = NZS 1996, 526.

1401 Vgl. dazu BSG, Urteil v. 23.07.2002 – B 3 KR 3/02 R – NZS 2003, 482.

1402 Vgl. BSG, Urteil v. 23.08.1995 – 3 RK 7/95 = BeckRS 1995, 30756490.

bleiben.[1403] Mit Blick auf die Aspekte der erfolgte Zuständigkeitsverweisung und der Tragung der finanziellen Risikolast können die soeben benannten Leistungsausschlüsse und die normierten Formen der Kostenbeteiligung einer Konkretisierung der Eigenverantwortung der Versicherten im finanziellen Sinne des § 2 Abs. 1 SGB V zugeordnet werden.

§ 33 Abs. 2 SGB V schließt Sehhilfen, die Hilfsmittel im Sinne des § 33 Abs. 1 SGB V sind[1404], von der Versorgung für diejenigen Versicherten aus, die das 18. Lebensjahr vollendet haben, sofern kein in Nr. 1 und 2 aufgeführter Ausnahmetatbestand greift. Die Kosten des Brillengestells bleiben aber in jedem Fall von der Einstandsverpflichtung ausgeschlossen.[1405] Hintergrund des Ausschlusses der Sehhilfen aus dem Leistungsumfang war das Ansinnen des Gesetzgebers im Zuge des GKV-Modernisierungsgesetzes, die Finanzierungslücken in der gesetzlichen Krankenversicherung zu schließen.[1406] Durch die weiterhin gewährleisteten Versorgungsansprüche für Versicherte unter 18 Jahren sowie für schwer Sehbeeinträchtigte wollte der Gesetzgeber den besonderen Bedürfnissen dieser Versichertengruppen, aber auch dem Erfordernis einer frühzeitigen Intervention zur Vermeidung von Folgeschäden Rechnung tragen.[1407] Begründet hat der Gesetzgeber den Ausschluss für die übrigen Versicherten mit der Annahme, dass Versicherte grundsätzlich bereit wären, über den medizinisch notwendigen Bedarf hinaus Kosten auf eigene Rechnung in der Versorgung mit Sehhilfen in einem nicht unerheblichen Umfang aufzuwenden.[1408] Für den Gesetzgeber ergab sich daraus der Befund, dass eine Versorgung mit Sehhilfen die Versicherten unter diesen Umständen grundsätzlich nicht finanziell überfordere.[1409] Zugleich ging der Gesetzgeber davon aus, dass sich mit dem Ausschluss der Sehhilfen aus der Versorgung der Wettbewerb, insbesondere der Preiswettbewerb, zu Gunsten der Versicherten intensivieren würde.[1410]

Insgesamt hat die in § 33 SGB V angelegte „Vollversorgung“ durch Wachstum und Fortschritt im Hilfsmittelbereich, dem damit einhergegangenen deutlichen Kostenanstieg in der Versorgung mit Hilfsmitteln und der sich einstellenden Notwendigkeit der Kostenreduktion, nicht unerhebliche Einschränkungen erfahren.[1411] Im Zuge vergangener Reformgesetze sind die Leistungsansprüche der Versicherten erheblich begrenzt worden. Betroffen waren dabei insbesondere Leistungen, deren Verordnung in den Augen des Gesetzgebers unwirtschaftlich war und bezüglich derer den Versicherten die Beschaffung und Kostentragung

---

[1403] Vgl. BSG, Urteil v. 23.08.1995 – 3 RK 7/95 = BeckRS 1995, 30756490; vgl. BSG, Urteil v. 16.04.1998 – B 3 KR 9/97 R = BeckRS 1998, 30011751.
[1404] Vgl. dazu nur BeckOGK/*Nolte* SGB V § 33 Rn. 54c.
[1405] Zu den Gründen BT-Drucks. 13/4615, S. 1, 10.
[1406] Vgl. BT-Drucks. 15/1525, S. 1 ff.
[1407] Vgl. BT-Drucks. 15/1525, S. 85.
[1408] Vgl. BT-Drucks. 15/1525, S. 85.
[1409] Vgl. BT-Drucks. 15/1525, S. 85.
[1410] Vgl. BT-Drucks. 15/1525, S. 85.
[1411] Krauskopf/*Wagner* SGB V § 33 Rn. 2.

zugemutet werden konnte.[1412] Sie sind damit weiterer Beleg für die Erwägungen des Gesetzgebers betreffend Leistungsausschlüsse in der gesetzlichen Krankenversicherung.

### cc. Sonderfall Zuschuss

Die der grundlegenden Konzeption nach wohl stärkste finanzielle Eigenbelastung durch Kostenbeteiligung erfahren die Versicherten im Rahmen von Regelungen, die sowohl die Versorgung als auch die finanzielle Zuständigkeit in die Sphäre der Versicherten legen und bei denen von Seiten der Krankenkassen lediglich ein finanzieller Zuschuss vorgesehen ist. Der Zuschuss kann verstanden werden als eine Teilfinanzierung durch die Krankenkasse aufgrund spezifischer Erwägungen des Gesetzgebers.[1413] Zuschüsse sind insofern atypisch für das Leistungsrecht der gesetzlichen Krankenversicherung, als sie keinen Anspruch auf die Leistung selbst, sondern lediglich auf eine finanzielle Beileistung gewähren.[1414] Es handelt sich bei einem Zuschuss um eine dem Sachleistungsprinzip zugeordnete Geldleistung im Sinne des § 11 S. 1 SGB I, die als solche geschuldet wird, soweit eine Verpflichtung zur Bezuschussung besteht.[1415] Normative Beispiele für Zuschüsse sind solche zu ambulanten Vorsorgeleistungen nach § 23 Abs. 2 S. 2 SGB V, bei der Wahl von Kontaktlinsen nach § 33 Abs. 3 S. 3 SGB V, sowie Zuschüsse nach § 39a SGB V zur stationären oder teilstationären Versorgung in Hospizen.

#### aaa. Zuschussanspruch bei stationären und ambulanten Hospizleistungen

Versicherte, die keiner Krankenhausbehandlung bedürfen, haben nach § 39a Abs. 1 S. 1 SGB V Anspruch auf einen Zuschuss zu stationärer oder teilstationärer Versorgung in Hospizen, in denen palliativmedizinische Behandlung erbracht wird, wenn eine ambulante Versorgung im Haushalt oder der Familie des Versicherten nicht erbracht werden kann. Hintergrund der Einführung des Zuschussanspruchs war, dass stationäre Hospizangebote zuvor durch Krankenkassen, die Pflegekassen, die Träger der Sozialhilfe sowie durch Spenden und durch Eigenleistungen finanziert worden waren, wobei gerade die Finanzierung durch die Krankenkassen aufgrund des Fehlens einer entsprechenden Rechtsgrundlage kritisch gesehen wurde.[1416] Die Versorgung in Hospizen sollte dadurch auf eine eigene finanzielle Grundlage gestellt werden, wobei zugleich die besondere Bedeutung der Hospizarbeit betont werden sollte.[1417]

---

[1412] Vgl. die Argumentationslinie in BT-Drucks. 13/4615, S. 7 zu § 33.
[1413] Vgl. dazu Krauskopf/*Föllmer* SGB V § 39a Rn. 11.
[1414] Vgl. LSG Berlin-Brandenburg, Beschluss v. 24.02.2006 – L 24 B 28/06 = BeckRS 2006, 41218.
[1415] Vgl. Becker/Kingreen/*Kingreen* SGB V § 39a Rn. 10; vgl. Hauck/Noftz/*Noftz* SGB V § 39a Rn. 50; vgl. Hauck/Noftz/*Noftz* SGB V § 2 Rn. 30; vgl. Hauck/Noftz/*Ross* SGB I § 11 Rn. 20; vgl. zudem die ausführliche Einordnung des Zuschusses nach § 39a Abs. 1 SGB V bei *Föllmer*, Palliativversorgung in der gesetzlichen Krankenversicherung, S. 84 ff.
[1416] Vgl. BT-Drucks. 13/7264, S. 60.
[1417] Vgl. BT-Drucks. 13/7264, S. 60.

Gemäß § 39a Abs. 1 S. 2 SGB V trägt die Krankenkasse die zuschussfähigen Kosten unter Anrechnung der Leistungen der Pflegeversicherung zu 95 Prozent. Der nicht zuschussfähige Anteil in Höhe von 5 Prozent verbleibt damit beim Hospizträger und ist aus ehrenamtlicher Arbeit, Spenden oder sonstigen Zuwendungen zu finanzieren.[1418] Eine Überwälzung dieser Kosten auf die Versicherten ist nach § 10 Abs. 8 S. 3 der Rahmenvereinbarung nach § 39a Abs. 1 S. 4 SGB V ausgeschlossen worden. Vormals sah die Norm als Ausdruck der finanziellen Eigenverantwortung der Versicherten im Sinne des § 2 Abs. 1 SGB V noch eine Eigenbeteiligung vor, die aber nach dem gesetzgeberischen Willen durch das Gesetz zur Änderung arzneimittelrechtlicher und anderer Vorschriften gestrichen wurde.[1419] Die Versicherteneigenbeteiligung erging zuvor im Kontext der Erwägungen des 2. GKV-Neuordnungsgesetzes, welches insbesondere von dem Gedanken der Eigenverantwortung getragen wurde.[1420]

**bbb. Zuschuss zu ambulanten Vorsorgeleistungen**

§ 23 SGB V erweitert den Umfang der Leistungsverpflichtung der gesetzlichen Krankenversicherung auf ärztliche Behandlungen und die Versorgung mit Arznei-, Verband-, Heil- und Hilfsmitteln auf den Bereich der Vorsorge. Die Vorschrift durchbricht durch ihre Gewährung eines Anspruchs auf individuelle medizinische Vorsorgeleistungen den Grundsatz, dass die gesetzliche Krankenversicherung eine Versicherung gegen das Risiko der Krankheit ist. Der Behandlungsanlass des § 23 SGB V setzt gerade nicht das Vorliegen eines Versicherungsfalls im Sinne des § 27 SGB V voraus. Voraussetzung für die Gewährung von Leistungen der §§ 27 ff. SGB V ohne das Vorliegen eines Versicherungsfalls ist der drohende Eintritt eines solchen, sollte die entsprechende Leistung unterbleiben.[1421] Die Vorschrift gehört damit zu dem Kreis der Präventionsmaßnahmen[1422] im SGB V und verfolgt einen ähnlichen Zweck.

Allerdings ist ihr Leistungsbereich ein grundsätzlich anderer. Knüpfen andere Präventionsmaßnahmen an Unterstützungsmaßnahmen unterhalb der ärztlichen Intervention an, so gewährt § 23 SGB V gerade ärztliche Behandlungen und verordnungsbedürftige Mittel.[1423] § 23 Abs. 1 S. 1 Nr. 1 bis 4 SGB V nennen die für alle Leistungsarten anspruchsbegründenden Leistungszwecke. Dazu gehören die Stärkung der Gesundheit, die Absicherung der gesundheitlichen Entwicklung von Kindern, die Verhütung von Krankheiten sowie die Vermeidung von Verschlimmerung oder Pflegebedürftigkeit. Im Rahmen der Frage nach der Notwendigkeit

---

[1418] Vgl. dazu Krauskopf/*Föllmer* SGB V § 39a Rn. 11.

[1419] BGBl. I 2009, S. 1990; zu den Gründen BT-Drucks. 16/13428, S. 89; vgl. zudem die Darstellung bei Hauck/Noftz/*Noftz* SGB V § 39a Rn. 61 ff.

[1420] Vgl. BT-Drucks. 13/6087, S. 1; vgl. BT-Drucks. 13/7264, S. 2, 60.

[1421] Vgl. *Schütze* in: jurisPK-SGB V, 4. Aufl. 2020, § 23 SGB V Rn. 15, 20; vgl. Becker/Kingreen/*Welti* SGB V § 23 Rn. 4 ff.

[1422] Siehe dazu oben unter B. III. 2. a.

[1423] Vgl. *Schütze* in: jurisPK-SGB V, 4. Aufl. 2020, § 23 SGB V Rn. 16; siehe auch *Hauck* NJW 2016, 2696.

der Versorgung im Sinne des Abs. 1 S. 1 ist eine strikte Trennung zwischen der Sphäre der Eigenverantwortung des Versicherten und derjenigen der medizinischen Vorsorgeleistung einzuhalten.[1424] Zu fragen ist also, ob dem Versicherten der Verweis auf Maßnahmen der eigenverantwortlichen Lebensführung zugemutet werden kann oder nicht. § 23 Abs. 2 S. 1 SGB V enthält für den Fall, dass die Leistungen nach Abs. 1 nicht ausreichend sind oder aufgrund besonderer Umstände[1425] nicht durchgeführt werden können, einen Anspruch auf ambulante Vorsorgeleistungen in anerkannten Kurorten. Die ambulante Vorsorgeleistung ersetzt seit der GKV-Gesundheitsreform 2000[1426] begrifflich die „ambulante Vorsorgekur", um insbesondere Zweifel an deren medizinischem Nutzen zu beseitigen.[1427]

Durch das Gesundheitsversorgungsweiterentwicklungsgesetzes[1428] sind die Leistungen nach § 23 Abs. 2 SGB V für die Krankenkassen obligatorisch geworden und stehen nicht mehr in deren Ermessen. Bei Einführung des § 23 SGB V wurde die Ermessensgewährung noch damit begründet, dass dadurch den Krankenkassen mehr Steuerungsmöglichkeiten gegeben wären.[1429] Ziel der Änderung war nun unter anderem die Förderung eines „bewussteren und verantwortungsvolleren" Umgangs der Versicherten mit ihrer Gesundheit und die Korrektur von „krankheitsträchtigen" Verhaltensweisen durch Vorsorgeleistungen zu bewirken.[1430]

Neben der Vorsorgeleistung als Sachleistung selbst können die Krankenkassen nach Abs. 2 S. 2 tägliche Zuschüsse zu den übrigen Kosten einer Kur, wozu etwa die Kosten der Unterkunft, die Kurtaxe oder Fahrtkosten zählen, gewähren.[1431] Da Kurleistungen ambulant erbracht werden, fallen Unterkunft und Verpflegung in die alleinige Zuständigkeit des Versicherten.[1432] Fahrtkosten sind entsprechend § 60 SGB V ohnehin nur im Ausnahmefall Leistung der Krankenkasse. Zudem verweist § 23 Abs. 3 SGB V auf die §§ 31 bis 34 SGB V.

Die Höhe der Zuschüsse war vormals auf 15 DM, später auf 13 Euro begrenzt, um die finanzielle Belastung der Krankenkassen nicht ausufern zu lassen.[1433] Um den Anreiz für die Inanspruchnahme von Leistungen nach § 23 Abs. 2 S. 1 SGB V zu erhöhen und um sich eingestellten Preissteigerungen Rechnung zu tragen, hat der Gesetzgeber im Zuge des Präventionsgesetzes die zulässige Obergrenze der

---

[1424] Vgl. dazu *Schütze* in: jurisPK-SGB V, 4. Aufl. 2020, § 23 SGB V Rn. 47 f.

[1425] Als besondere persönliche Umstände kommen beispielsweise Schichtarbeit oder die Pflege von Angehörigen in Betracht, vgl. BT-Drucks. 18/4282, S. 39.

[1426] BGBl. I 1999, S. 2626.

[1427] Zu den Gründen BT-Drucks. 14/1245, S. 64.

[1428] BGBl. I 2021, S. 2754.

[1429] Vgl. BT-Drucks. 11/2237, S. 168.

[1430] BT-Drucks. 19/26822, S. 66.

[1431] Vgl. BT-Drucks. 11/2237, S. 168.

[1432] Sogenannte „offene Kur", vgl. BeckOGK/*Nolte* SGB V § 23 Rn. 14; vgl. BeckOK SozR/*Gerlach/Heberlein/Buchholtz* SGB V § 23 Rn. 15.

[1433] Dazu nur BT-Drucks. 11/2237, S. 168.

möglichen Zuschüsse auf 16 Euro angehoben.[1434] Es steht jedoch im Ermessen der Krankenkassen, einen niedrigeren Zuschuss oder auch gar keinen Zuschuss zu gewähren. Allerdings kann festgestellt werden, dass die Krankenkassen aus Wettbewerbsgründen den vollen zulässigen Betrag ausschöpfen.[1435]

Zu beachten bleibt – da es sich bei den im Rahmen einer Kur erbrachten Leistungen um solche nach den §§ 27 ff. SGB V handelt –, dass Zuzahlungs- oder Festbetragsregelungen[1436] greifen können, die wiederum zusätzliche finanzielle Beteiligungen der Versicherten auslösen. Die Möglichkeit der Inanspruchnahme von Kurleistungen steht zudem unter der Begrenzung des § 23 Abs. 5 S. 4 SGB V, wonach Leistungen des Abs. 2 nur nach Ablauf von drei Jahren nach einer vorangehenden Leistung nach Abs. 2 erneut erbracht werden können, soweit die Leistung nicht aus zwingenden medizinischen Gründen erforderlich ist.

#### ccc. Zuschuss für Kontaktlinsen

Selbst wenn nach § 33 Abs. 2 SGB V ein Anspruch auf die Versorgung mit Sehhilfen besteht, sind nach § 33 Abs. 3 S. 1 SGB V Kontaktlinsen nur in medizinisch zwingenden Ausnahmetatbeständen vom Anspruchsumfang umfasst. Der Gemeinsame Bundesausschuss legt in seinen Richtlinien fest, bei welchen Indikationen Kontaktlinsen verordnet werden dürfen.[1437] Liegen die Voraussetzungen von § 33 Abs. 3 S. 1 SGB V nicht vor und wählt der Versicherte statt einer erforderlichen Brille dennoch Kontaktlinsen, so bezuschusst die Krankenkasse die Kontaktlinsen höchstens in der Höhe der Kosten der Brille. Mehrkosten sind entsprechend von dem Versicherten selbst zu tragen.

Insoweit besteht für die Versicherten ein Wahlrecht bezüglich der Inanspruchnahme von Brillen oder Kontaktlinsen. Da eigentlich nur eine Brille erforderlich wäre, die Versicherten aber dennoch Kontaktlinsen in Anspruch nehmen können, handelt es sich bei der Vorschrift um einen normierten Fall der sogenannten Überversorgung.[1438] Daher erhalten die Versicherten auch nur einen Zuschuss. Die Versicherten haben insofern also nur die Mehrkosten zu tragen. Ausgeschlossen bleibt jedoch die Übernahme von Kosten für Pflegemittel unabhängig davon, ob die Kontaktlinsen medizinisch indiziert sind oder nicht.

### c. Leistungsbeschränkung bei Selbstverschulden

Im Recht der gesetzlichen Krankenversicherung findet sich mit § 52 SGB V eine Regelung zur Anspruchsbegrenzung und finanziellen Beteiligung der Versicherten als Folge eines vorangegangenen, die eigene Gesundheit gefährdenden

---

[1434] Vgl. BT-Drucks. 18/4282, S. 40.

[1435] Dazu Krauskopf/*Luik* SGB V § 23 Rn. 4.

[1436] Siehe dazu ausführlich unten unter C. II. 5. sowie bereits oben unter C. II. 2.

[1437] Vgl. dazu § 15 der Hilfsmittel-Richtlinie in der Fassung vom 01.04.2012, Stand 01.04.2021, abrufbar unter https://www.g-ba.de/downloads/62-492-2467/HilfsM-RL_2021-03-18_iK-2021-04-01.pdf, zuletzt am 01.04.2023.

[1438] Vgl. Becker/Kingreen/*Lungstras* SGB V § 33 Rn. 56.

Verhaltens. Die Norm stellt damit eine Ausnahme vom in der gesetzlichen Krankenversicherung geltenden Finalitätsprinzip und damit von der grundsätzlich nichtrisikobezogenen Leistungspflicht dar.[1439] Sie ist gleichfalls ein Fall der sogenannten „sekundären Risikoabgrenzung“, da durch sie eine Ausnahme beziehungsweise eine Korrektur des versicherten Risikos in der gesetzlichen Krankenversicherung formuliert wird.[1440]

Voraussetzung für die finanzielle Beteiligung der Versicherten an den Behandlungskosten beziehungsweise die Versagung des Krankengeldes ist, dass sich der Versicherte die Krankheit vorsätzlich oder bei einer risikoerhöhenden Handlung zugezogen hat. Die dogmatische Einordnung der durch § 52 SGB V in Abs. 1 und Abs. 2 in unterschiedlichen Alternativen sanktionierten Selbstschädigung ist umstritten, wird aber weitestgehend als ein „Verschulden gegen sich selbst“ oder als Obliegenheit verstanden, ohne dass durch die Norm aber umgekehrt Pflichten bezüglich der eigenen Gesunderhaltung beziehungsweise zur Vermeidung von selbstschädigendem Verhalten geschaffen würden.[1441] Damit entspricht sie zumindest dem verfassungsrechtlich gewährleisteten Recht auf Selbstschädigung.[1442] Vielmehr bringt die Norm zum Ausdruck, dass in bestimmten Fällen der bewussten oder vermeidbaren Selbstschädigung eine Schadensüberwälzung auf die Solidargemeinschaft unzulässig ist.[1443] Das Interesse der Versichertengemeinschaft – welches sich maßgeblich in der Beitragserbringung zur wechselseitigen Sicherung im Bedarfsfall niederschlägt – wird bei atypischem Versichertenverhalten dadurch beeinträchtigt, dass sie für eine Risikorealisierung eintreten soll, die bei angemessenem Verhalten nicht eingetreten wäre. Die Vorschrift des § 52 SGB V dient damit dem Schutz der Solidargemeinschaft vor insoweit solidarwidrigem Handeln.[1444]

§ 52 SGB V steht in mehrfacher Hinsicht in unmittelbarem Zusammenhang mit dem Begriff der Eigenverantwortung. Die Norm wird als eine Konkretisierung beziehungswiese als eine Ausweitung der in § 1 S. 2 und § 2 Abs. 1 S. 1 SGB V

---

[1439] Vgl. Krauskopf/*Knittel* SGB V § 52 Rn. 2; vgl. BeckOk SozR/*Heberlein* SGB V § 52 Rn. 9; vgl. Hauck/Noftz/*Noftz* SGB V § 52 Rn. 4; vgl. NK-GesundhR/*Höfling*/*Engels*/*Buhr* SGB V § 52 Rn. 4.

[1440] Vgl. dazu *Voelzke*, Die Herbeiführung des Versicherungsfalls im Sozialversicherungsrecht, S. 61.

[1441] Vgl. Hauck/Noftz/*Noftz* SGB V § 52 Rn. 3, m.w.N.; vgl. Knickrehm/Kreikebohm/Waltermann/*Waltermann* SGB V § 52 Rn. 1; siehe auch NK-GesundhR/*Höfling*/*Engels*/*Buhr* SGB V § 52 Rn. 4, insbesondere die dortige Fn. 20.

[1442] Vgl. nur BeckOK GG/*Lang* GG Art. 2 Rn. 187.

[1443] Vgl. *Mihm* NZS 1995, 7 ff.; vgl. *Merten*, VSSR 1983, 151; Vgl. Knickrehm/Kreikebohm/Waltermann/*Waltermann* SGB V § 52 Rn. 1; vgl. Igl/Welti/*Nebendahl*, Gesundheitsrecht, § 30 Rn. 141.

[1444] Vgl. zur Ersatzfunktion der Solidarwidrigkeit von Versichertenverhalten im Sozialrecht an Stelle eines klassischen Rechtswidrigkeitselementes ausführlich die Untersuchung bei *Faude*, Selbstverantwortung und Solidarverantwortung im Sozialrecht, S. 126 ff., 480 f.; diese Einordnung mit dem Argument ablehnend, dass nicht die Selbstschädigung oder fehlende Mitwirkung sondern die Abwälzung auf die Solidargemeinschaft verboten ist, das Verhalten selbst also erlaubt bleibt, *Butzer*, Fremdlasten in der Sozialversicherung, S. 514.

angesprochenen Eigenverantwortung der Versicherten eingeordnet.[1445] Präziser formuliert zieht die Norm eine Grenze für das Solidarprinzip, indem es eine Verantwortungs- und Lastenzuweisung vornimmt, die das versicherte vom nicht mehr versicherten Risiko insbesondere in finanzieller Hinsicht abgrenzt.[1446] Damit wird durch den Tatbestand des § 52 SGB V die Verantwortung der Versicherten für ihre eigene Gesundheit entsprechend der ethisch-sozialen Norm des § 1 S. 2 SGB V hervorgehoben und der wirtschaftliche Aspekt des § 2 Abs. 1 S. 1 SGB V in den Rechtsfolgen verwirklicht.[1447]

Darüber hinaus ist die Eigenverantwortung des Versicherten auch ein zentraler Anknüpfungspunkt in der tatbestandlichen Ausgestaltung. Denn im Tatbestand des § 52 SGB V sollen die Prinzipien der Solidarität und der Eigenverantwortung miteinander in einen Ausgleich gebracht werden.[1448] Der Grundsatz der Eigenverantwortung ist insofern nach Auffassung des Gesetzgebers durch die Einführung des jetzigen § 52 Abs. 1 SGB V gegenüber der Regelung des § 192 RVO deutlicher gefasst und erweitert worden.[1449] Die Beziehung des § 52 SGB V zur Selbstverantwortung der Versicherten drückt sich zudem in besonderer Weise in dessen Abs. 1 durch das aus der Vorsätzlichkeit zu folgerndem Erfordernis der Schuld- und damit der Zurechnungsfähigkeit aus.[1450] Eigenverantwortung wird hier als die Fähigkeit verstanden, überhaupt erst Verantwortung für die eigene Handlung tragen zu können. Gemeint ist damit eine Handlung, die auf dem freien Willensentschluss des Versicherten beruht.[1451] Nur so wird das solidarwidrige Verhalten subjektiv vorwerfbar und damit leistungsrechtlich sanktionsfähig.

### aa. Vorsätzliche Handlung oder Straftat

Sowohl tatbestandlich, als auch in der Rechtsfolge, sind § 52 Abs. 1 und Abs. 2 SGB V voneinander zu unterscheiden. § 52 Abs. 1 SGB V betrifft zum einen den Fall, dass sich ein Versicherter eine Krankheit vorsätzlich zugezogen hat.[1452]

---

[1445] Vgl. Becker/Kingreen/*Lang* SGB V § 52 Rn. 1; vgl. BeckOGK/*Schifferdecker* SGB V § 52 Rn. 1; vgl. NK-GesundhR/*Höfling*/*Engels*/*Buhr* SGB V § 52 Rn. 4; vgl. Igl/Welti/*Nebendahl*, Gesundheitsrecht, § 30 Rn. 141; vgl. *Schwede* NZS 1996, 563; vgl. BT-Drucks. 11/2237, S. 182; vgl. BT-Drucks. 16/3100, S. 108. An anderer Stelle wird hingegen Bezug auf die gleichfalls in § 1 SGB V angesprochene Mitverantwortung der Versicherten genommen, vgl. etwa Becker/Kingreen/*Welti* SGB V § 20 Rn. 3.

[1446] Vgl. zur konzeptionellen Einordnung BeckOK SozR/*Heberlein* SGB V § 52 Rn. 1; vgl. BeckOGK/*Schifferdecker* SGB V § 52 Rn. 3 f.

[1447] Vgl. Hauck/Noftz/*Noftz* SGB V § 52 Rn. 4.

[1448] Vgl. Hauck/Noftz/*Noftz* SGB V § 52 Rn. 10.

[1449] Vgl. BT-Drucks. 11/2237, S. 24; siehe zur Entwicklung des § 192 RVO bei *Voelzke*, Die Herbeiführung des Versicherungsfalls im Sozialversicherungsrecht, S. 137 ff.

[1450] Vgl. BeckOK SozR/*Heberlein* SGB V § 52 Rn. 17, 20.

[1451] So die Einordnung bei *Wienke*, Eigenverantwortung der Patienten/Kunden, S. 171.

[1452] Strittig, ob auch zufügen lassen durch Dritten den Tatbestand erfüllt, vgl. LSG Sachsen, Urteil v. 09.10.2002 – L 1 KR 32/02, BeckRS 2002, 17099, Rn. 25; dem folgend Becker/Kingreen/*Lang* SGB V § 52 Rn. 2; vgl. Spickhoff/*Nebendahl* SGB V § 52 Rn. 4; a.A. *Reyels* in: jurisPK-SGB V, 4. Aufl. 2020, § 52 SGB V Rn. 39, 42; siehe auch BeckOGK/*Schifferdecker* SGB V § 52 Rn. 7;

Vom Krankheitsbegriff mitumfasst sind auch Wieder- und Folgeerkrankungen, soweit die Wieder- oder Folgeerkrankung das Resultat eines ununterbrochenen Kausalverlaufs des ursprünglichen tatbestandserfüllenden Verhaltens darstellt.[1453] § 52 Abs. 1 Alt. 1 SGB V sanktioniert demnach die vorsätzliche Herbeiführung des Versicherungsfalls in Ansehung des subjektiven Versichertenverhaltens. Dahinter steht ein allgemeiner Grundsatz des Versicherungsrechts: Ein Versicherungsnehmer, der sich in Hinblick auf das versicherte Interesse unlauter verhält, hat keinen Versicherungsschutz verdient.[1454] Wer Solidarität missbraucht, für den soll kein Anspruch im selben Umfang bestehen, wie für einen in Bezug auf die Solidargemeinschaft redlichen Versicherten.

Indem die Vorschrift zur Begrenzung des versicherten Risikos an das Versichertenverhalten anknüpft, kann ihr die Funktion einer „subjektiven sekundären Risikoabgrenzung" zugeordnet werden.[1455] Der erforderliche Vorsatz muss sich zur Tatbestandserfüllung auf die konkrete Handlung, den Eintritt des Erfolgs und die Kausalität zwischen Handlung und Erfolg und damit insbesondere auf den Eintritt des Versicherungsfalls der Krankheit beziehen.[1456] Nach herrschender Auffassung wird für die Bestimmung des Vorsatzes auf den dreistufigen Vorsatzbegriff des Strafrechts zurückgegriffen, sodass dolus directus ersten und zweiten Grades wie auch Eventualvorsatz den Tatbestand erfüllen.[1457] Hinzu tritt das bereits genannte Erfordernis der Schuld- und Einsichtsfähigkeit, welches das Vorsatzelement im Sinne von Verschulden des Versicherungsfalls voraussetzt.

Zum anderen wird von § 52 Abs. 1 SGB V der Fall erfasst, dass der Versicherte ein Verbrechen im Sinne des § 11 Abs. 1 StGB vorsätzlich oder fahrlässig oder ein Vergehen im Sinne des § 11 Abs. 2 StGB vorsätzlich begangen und sich dabei eine Krankheit zugezogen hat. Der Vorsatz muss sich dabei anders als bei der 1. Alt. nicht auf den Eintritt des Versicherungsfalls erstrecken.[1458] Relevant ist einzig und allein die objektiv zu bewertende Erfüllung des sozialrechtsextern normierten Straftatbestandes. Insoweit kann von einer Funktion der Regelung als „objektive sekundäre Risikobegrenzung" gesprochen werden.[1459]

---

differenzierend im Rahmen von Notwehr oder Notstand hingegen Eichenhofer/v. Koppenfels-Spies/Wenner/SGB V/*Padé/Lungstras*, § 52 Rn. 23 f.

[1453] Wohl h.M., vgl. *Künnell* DOK 1990, 335; vgl. Becker/Kingreen/*Lang* SGB V § 52 Rn. 4; vgl. *Reyels* in: jurisPK-SGB V, 4. Aufl. 2020, § 52 SGB V Rn. 38; vgl. Hauck/Noftz/*Noftz* SGB V § 52 Rn. 16. Zu den Begriffen der Wieder- und der Folgeerkrankung siehe bei *Rompf* SGb 1997, 109.

[1454] Vgl. *Kalis*, in: *Sodan*, Krankenversicherungsrecht, § 44 Rn. 56.

[1455] Siehe dazu *Voelzke*, Die Herbeiführung des Versicherungsfalls im Sozialversicherungsrecht, S. 83.

[1456] Vgl. Becker/Kingreen/*Lang* SGB V § 52 Rn. 2; vgl. LSG Sachsen, Urteil v. 09.10.2002 – L 1 KR 32/02, BeckRS 2002, 17099, Rn. 25.

[1457] Vgl. Becker/Kingreen/*Lang* SGB V § 52 Rn. 2; vgl. BeckOGK/*Schifferdecker* SGB V § 52 Rn. 8 f.; NK-GesundheitsR/*Höfling/Engels/Buhr* SGB V § 52 Rn. 13; Spickhoff/*Nebendahl* SGB V § 52 Rn. 5 f.; Knickrehm/Kreikebohm/Waltermann/*Waltermann* SGB V § 52 Rn. 2; *Rompf* SGb 1997, 105.

[1458] Vgl. *Künnell* DOK 1990, 333.

[1459] Zu dem Ergebnis kommt *Voelzke*, Die Herbeiführung des Versicherungsfalls im Sozialversicherungsrecht, S. 68 f.

Die Vorschrift sanktioniert damit Verstöße gegen Verhaltenspflichten der allgemeinen Rechtsordnung auch sozialrechtlich. Entscheidend ist die ungeschriebene Tatbestandsvoraussetzung des Kausalzusammenhangs zwischen Straftat und Krankheit.[1460] Dieser Kausalzusammenhang muss nach Maßgabe der im Sozialversicherungsrecht geltenden Theorie der wesentlichen Bedingung bestehen, wonach nur solche Ursachen als kausal und rechtserheblich angesehen werden, die wegen ihrer besonderen Beziehung zum Erfolg zu dessen Eintritt wesentlich mitgewirkt haben.[1461] Im Gegensatz zu den Parallelvorschriften der § 104 Abs. 1 SGB VI und § 101 Abs. 2 SGB VII[1462] setzt § 52 Abs. 1 SGB V kein strafgerichtliches Urteil voraus. Den Krankenkassen steht insoweit ein unabhängiges Prüfungs- und Beurteilungsrecht zu.[1463]

Rechtsfolge des § 52 Abs. 1 SGB V ist die Berechtigung der Krankenkassen, den Versicherten an den Kosten der Leistungen in angemessener Höhe zu beteiligen und das Krankengeld ganz oder teilweise für die Dauer der Krankheit zu versagen oder zurückzufordern. Die Kostenbeteiligung kann sich dabei auf alle Leistungen bei Krankheit im Sinne des versicherten Risikos nach dem SGB V erstrecken.[1464] Die Kostenbeteiligung, wie auch die Versagung oder Rückforderung des Krankengeldes stehen im pflichtgemäßen Ermessen der Krankenkasse, die dabei unter Berücksichtigung der Umstände des Einzelfalls die Interessen des Versicherten mit denen der Versichertengemeinschaft abzuwägen hat.

Strittig ist, ob die Beteiligung in angemessener Höhe eine vollständige Leistungsversagung miteinschließt oder nicht.[1465] Zumindest der Wortlaut „angemessen" lässt eine weite Auslegung zu. Nach den in den Besprechungsergebnissen der Spitzenverbände der Krankenkassen vom 22./23.01.2008 festgehaltenen Grundsätzen ist in Anlehnung an § 27a Abs. 3 S. 3 SGB V in der Höhe grundsätzlich eine fünfzigprozentige Kostenbeteiligung als angemessen angesehen worden, jedenfalls aber begrenzt auf die in § 33 Abs. 3 Einkommensteuergesetz geregelte Zumutbarkeitsgrenze. Nach oben ist damit eine rechtlich zulässige, wenn auch nicht bindende, so jedenfalls das Interesse der Gleichbehandlung der Versicherten wahrende Grenze gesetzt.[1466] Während eine Beteiligung an den

---

[1460] Vgl. BeckOK SozR/*Heberlein* SGB V § 52 Rn. 9.

[1461] Siehe dazu ausführlich BSG, Urteil v. 09.05.2006 – B 2 U 1/05 R = NZS 2007, 212 (213 ff.); siehe auch bei BeckOK SozR/*Heberlein* SGB V § 52 Rn. 11 f.

[1462] § 104 Abs. 1 SGB VI und § 101 Abs. 2 SGB VII erfassen jeweils den Fall, dass der Versicherte den Versicherungsfall auf eine Weise herbeiführt, durch die er ein Verbrechen oder vorsätzliches Vergehen begeht, welches zu einer rechtskräftigen strafgerichtlichen Verurteilung führt. In diesem Fall steht es im Ermessen des Versicherungsträgers, ob er die Leistungen ganz oder teilweise versagt beziehungsweise entzieht.

[1463] Vgl. Becker/Kingreen/*Lang* SGB V § 52 Rn. 5.

[1464] Vgl. Becker/Kingreen/*Lang* SGB V § 52 Rn. 6; vgl. BeckOK SozR/*Heberlein* SGB V § 52 Rn. 3.

[1465] Dafür wohl Becker/Kingreen/*Lang* SGB V § 52 Rn. 6.

[1466] Dies gilt insoweit auch für das Ermessen in § 52 Abs. 2 SGB V. Siehe zu den dort getroffenen Grundsätzen die Zusammenfassung bei *Marburger* BPUVZ 2014, 252. Siehe zu der rechtlichen Einschätzung der benannten Grundsätze bei SG Berlin, Urteil v. 05.11.2018 – S 81 KR 1075/18 = BeckRS 2018, 31503; siehe auch die Anmerkungen bei *Pitz* NZS 2014, 231; vgl. zudem BSG,

Leistungskosten und eine Versagung oder Rückforderung des Krankengeldes möglich sind, muss die Krankenbehandlung selbst trotz der Tatbestandserfüllung des § 52 SGB V gewährt werden. Dies ergibt sich aus einem Umkehrschluss aus dem Wortlaut der Norm, der lediglich von einer Kostenbeteiligung und von einer Versagung nur im Fall des Krankengeldes spricht.[1467] Insoweit ist der Versicherte trotz Missbilligung seines Verhaltens in der Beschaffung der Sachleistung nicht auf sich gestellt, sondern profitiert nach wie vor vom final ausgerichteten Leistungssystem.

### bb. Medizinisch nicht indizierte Maßnahmen

Der Tatbestand des § 52 Abs. 2 SGB V bezieht sich auf den Fall, dass ein Versicherter sich eine Krankheit durch eine der dort aufgeführten medizinisch nicht indizierten Maßnahmen zugezogen hat. Für die benannten Maßnahmen selbst besteht ohnehin keine Leistungspflicht der Krankenkassen, da es sich mangels Indikation nicht um solche zur Behandlung von Krankheiten handelt.[1468] Eine medizinische Indikation von Tätowierungen oder Piercings kann als ausgeschlossen betrachtet werden.[1469] Wesentliche Voraussetzung ist, dass die Maßnahme mit Einwilligung des Versicherten durchgeführt wurde.[1470] Zugezogen im Sinne der Vorschrift hat sich der Versicherte die Krankheit dann durch eine nicht indizierte medizinische Operation, wenn diese wesentliche Bedingung für die behandlungsbedürftige Krankheit ist.[1471] Gemäß § 294a Abs. 2 SGB V besteht eine Meldeverpflichtung seitens der Leistungserbringer, die dazu dient, die zur Realisierung des § 52 Abs. 2 SGB V notwendigen Informationen an die Krankenkassen zu übermitteln.[1472]

Die Vorschrift hat für den Versicherten nicht unerhebliche Konsequenzen. Er sieht sich bei der Durchführung einer nicht notwendigen Maßnahme dem Risiko ausgesetzt, im Falle einer behandlungsbedürftigen Folgeerkrankung, die unter Umständen mit schweren Komplikationen verbunden sein kann, von seiner Krankenkasse an den dadurch entstehenden Kosten beteiligt zu werden. Ein Ermessen der Krankenkassen besteht nur in Form eines Ausübungsermessens hinsichtlich

---

Urteil v. 27.08.2019 – B 1 KR 37/18 R = NZS 2020, 58, mit Anmerkungen von *Dr. Katja Chandna-Hoppe*, sowie *Hauck* in Peters, Handb KV SGB V § 52 Rn. 115.

[1467] Vgl. *Schnapp* G+S 2006, 53; vgl. *Wenner* GesR 2009, 174; vgl. *Wilksch*, Recht auf Krankenbehandlung und Recht auf ein menschenwürdiges Existenzminimum, S. 24 unter Hinweis auf die Andersartigkeit des § 101 SGB VII in dieser Hinsicht; vgl. Igl/Welti/*Nebendahl*, Gesundheitsrecht, § 30 Rn. 141, der insoweit von einem „beschränkten Leistungsausschluss" spricht.

[1468] Siehe bezüglich Tätowierung LSG Nordrhein-Westfalen, Urteil v. 22.4.2008 – L 16 B 5/08 KR, BeckRS 2009, 51583; siehe ausführlich zu den unsachgemäß hergestellten Brustimplantaten der Firma PolyImplantProthése SG Berlin, Urteil v. 10.12.2013 – S 182 KR 1747712, BeckRS 2014, 65961; vgl. auch BSG, Urteil v. 27.08.2019 – B 1 KR 37/18 R = NZS 2020, 58.

[1469] Vgl. Spickhoff/*Nebendahl* SGB V § 52 Rn. 16.

[1470] Vgl. BeckOGK/*Schifferdecker* SGB V § 52 Rn. 27.

[1471] Vgl. BSG, Urteil v. 27.08.2019 – B 1 KR 37/18 R = NZS 2020, 58 (59).

[1472] Zur verfassungsrechtlichen Kritik im an der Regelung des § 294a Abs. 2 SGB V mit Blick auf die Rechte der Versicherten aus Art. 2 Abs. 1 i.V.m. Art. 1 Abs. 1 GG siehe etwa *Reimer/Merold* SGb 2008, 715 f.

der Höhe der Beteiligung.[1473] Nicht ohne Grund erstreckt sich daher die medizinische Aufklärungspflicht des Leistungserbringers auch auf die vom Patienten selbst zu tragenden Kosten im Falle einer Komplikation, die zu einem den Leistungsfall der gesetzlichen Krankenversicherung auslösenden behandlungsbedürftigen Zustand führt.[1474]

§ 52 Abs. 2 SGB V steht in besonderem Bezug zu dem Begriff der Eigenverantwortung. Die Regelung wurde durch Art. 1 Nr. 31 in Verbindung mit Art. 46 des GKV-Wettbewerbsstärkungsgesetz mit Wirkung vom 01.04.2007 angefügt.[1475] In seiner ursprünglichen Fassung sah § 52 Abs. 2 SGB V vor, dass die Krankenkasse in den Fällen, in denen ein Versicherter sich eine Krankheit durch eine medizinisch nicht indizierte Maßnahme wie zum Beispiel eine ästhetische Operation, eine Tätowierung oder ein Piercing zugezogen hat, ihn in angemessener Höhe an den Kosten zu beteiligen und das Krankengeld für die Dauer dieser Behandlung ganz oder teilweise zu versagen oder zurückzufordern hat.[1476] Bei Schaffung der Norm wurde explizit auf die Versicherteneigenverantwortung und eine damit korrespondierende Begrenzung von Leistungen zum Schutz vor rechtsmissbräuchlichen finanziellen Belastungen der Solidargemeinschaft Bezug genommen: „Mehr Eigenverantwortung wird bei Folgeerkrankungen aufgrund nicht notwendiger medizinischer Eingriffe wie z. B. Komplikationen infolge von Schönheitsoperationen oder Piercing eingefordert. Hier haben die Krankenkassen den Leistungsumfang einzuschränken“.[1477] Und: „Durch medizinisch nicht notwendige Schönheitsoperationen, Piercing und Tätowierungen entstehen oft gravierende Gesundheitsstörungen, deren Behandlung nach der bisherigen Rechtslage durch die Krankenkassen finanziert werden muss. Da sich Versicherte, die derartige Maßnahmen durchführen lassen, aus eigenem Entschluss gesundheitlichen Risiken aussetzen, ist es nicht sachgerecht, diese Risiken durch die Versichertengemeinschaft abzudecken. Hier ist von den betroffenen Versicherten die Übernahme von Eigenverantwortung einzufordern. Die Krankenkassen haben sie daher an den Behandlungskosten angemessen zu beteiligen und Krankengeld gegebenenfalls ganz oder teilweise zu versagen oder zurückzufordern“.[1478]

Die Vorschrift des § 52 Abs. 2 SGB V reagiert demnach auf unterschiedliche, für die gesetzliche Krankenversicherung typische Risikopotentiale.[1479] Zum einen kann sie als Antwort auf das Problem des „Moral Hazard“ aufgefasst werden. Wenn für den Versicherten durch die Versicherung kein Anreiz mehr besteht,

---

[1473] Vgl. BSG, Urteil v. 27.08.2019 – B 1 KR 37/18 R = NZS 2020, 58; der Ansicht auch *Hauck* in Peters, Handb KV SGB V § 52 Rn. 99.
[1474] Siehe dazu nur *Janda* GuP 2015, 24.
[1475] BGBl. I 2007, S. 378.
[1476] Vgl. BT-Drucks. 16/3100, S. 12.
[1477] BT-Drucks. 16/3100, S. 87.
[1478] BT-Drucks. 16/3100, S. 108. Allein in Bezug auf die Folgekosten von Schönheitsoperationen wird mit einer jährlichen Entlastung des Solidarsystems in Höhe von rund 0,05 Mrd. Euro kalkuliert, vgl. BT-Drucks. 16/3100, S. 211.
[1479] Siehe dazu und zum Nachfolgenden *Spiecker gen. Döhmann*, Risikomanagement durch Versicherungsmechanismen im Krankenversicherungsrecht, S. 229 - 235.

dem Risikoeintritt vorzubeugen, entgegen zu wirken oder ihn zu verhindern, gilt es ihn an der Risikoausgestaltung finanziell zu beteiligen. Zum anderen wirkt die Vorschrift langfristig auch auf eine Nachfragesteuerung hin. Sie richtet sich zum einen an die Nachfragenden, indem bestimmte nicht medizinisch indizierte Leistungen mit einem finanziellen Risiko in der Behandlung potentieller Folgen belegt werden. Zum anderen richtet sie sich auch an die Anbietenden, indem das für die Nachfragenden geschaffene Kostenrisiko zum Bestandteil der Aufklärungspflicht gemacht wird. So soll durch die Norm der Herausforderung einer angebotsinduzierten Nachfrage bestimmter risikobehafteter Leistungen begegnet werden. Damit begegnet § 52 Abs. 2 SGB V der erhöhten versichertenseitigen Risikohingabe und entlastet die Krankenkassen partiell durch zumindest teilweise Rücküberantwortung der Kostenlast auf den Versicherten von eben diesem für eine Vollversicherung typischen Risiko.

Bereits mit Wirkung vom 01.07.2008 wurden durch Art. 6 Nr. 7 in Verbindung mit Art. 17 Abs. 1 des Pflege-Weiterentwicklungsgesetzes in Abs. 2 die Wörter „Maßnahme wie zum Beispiel" gestrichen.[1480] Diese Änderung sollte der Klarstellung dienen[1481]: „Durch sie wird gewährleistet, dass nur bei Folgen einer medizinisch nicht indizierten ästhetischen Operation, einer Tätowierung oder einem Piercing eine Kostenbeteiligung der Versicherten erfolgt".[1482] Die Aufzählung von Maßnahmen zur Optimierung des äußerlichen Erscheinungsbildes ist demnach – und damit auch die Konkretisierung der Risiken – abschließend.[1483]

### cc. Verfassungsrechtliche Kritik

Die Regelung des § 52 SGB V – vor allem ihr Abs. 2 – ist seit ihrer Einführung stets kritisch betrachtet und auf erhebliche Ablehnung gestoßen.[1484] Die zentralen und überwiegend verfassungsrechtlichen Kritikpunkte sollen hier überblicksartig dargestellt werden.

Gegenstand der Diskussion bilden im Kern drei Aspekte. Zum einen bestünde ein gleichheitswidriger Wertungswiderspruch zwischen der Regelung in § 52 Abs. 1 SGB V und derjenigen in § 52 Abs. 2 SGB V.[1485] Abs. 1 enthält eine

---

[1480] BGBl. I 2008, S. 874.

[1481] BT-Drucks. 16/7439, S. 96.

[1482] BT-Drucks. 16/7439, S. 96.

[1483] SG Berlin, Urteil v. 10.12.2013 – S 182 KR 1747/12 = GuP 2014, 117 (118).

[1484] Siehe beispielsweise NK-GesundhR/*Höfling/Engels/Buhr* SGB V § 52 Rn. 7; siehe auch *Welti* GesR 2015, 7, der die Kritik für berechtigt hält; vgl. *König/Junge* GuP 2015, 135 f.; siehe auch bei *Huster* ZEFQ 2012, 197 f.; *Huster* G+S 2012, 25; vgl. *Damm* GesR 2010, 648 f.; vgl. *Wienke*, Eigenverantwortung der Patienten/Kunden, S. 174, der Abs. 2 für verfassungswidrig hält; ebenso Abs. 2 für verfassungswidrig haltend *Bernzen* MedR 2008, 550 f.; umfassende Überprüfung bei *Süß*, Die Eigenverantwortung gesetzlich Krankenversicherter unter besonderer Berücksichtigung der Risiken wunscherfüllender Medizin, S. 280 ff.; siehe zu den gescheiterten Anträgen von *die Linke* und von *Bündnis 90/die Grünen* bezüglich des Vorhabens einer Streichung des Abs. 2, BT-Drucks. 16/4247, S. 12 f. sowie S. 20; keine verfassungsrechtlichen Bedenken hingegen Hauck/Noftz/*Noftz* SGB V § 52 Rn. 11.

[1485] Vgl. *Eberbach* MedR 2010, 765; vgl. Becker/Kingreen/*Lang* SGB V § 52 Rn. 8.

Ermessenvorschrift, wohingegen es sich bei der Entscheidung nach Abs. 2 hinsichtlich der Entschließung um eine gebundene Entscheidung handelt. Der Widerspruch wird darin ausgemacht, dass der „Unwertgehalt“, der in Abs. 1 sanktioniert wird, intensiver sei als derjenige in Abs. 2, aber im Unterschied dazu dennoch ein Ermessen der Krankenkasse besteht.[1486] Dieser Unterschied in der Sanktion wird von der Rechtsprechung bisher damit gerechtfertigt, dass im Gegensatz zum weiten Tatbestand des Abs. 1 ein sachlicher Grund in den klar abgrenzbaren drei Erscheinungsformen des Abs. 2 zu erkennen und zudem eine ausreichende Flexibilität in der Beteiligung in angemessener Höhe gegeben sei.[1487] Auch läge ein wesentlicher Unterschied darin, dass Abs. 2 anders als Abs. 1 eine Sanktion nicht von solidarwidrigem Verhalten, sondern von einer bewussten Risikobegründung abhängig mache.[1488]

Weiterhin wird die Auswahl der zu sanktionierenden gesundheitsgefährdenden Verhaltensweisen in Abs. 2 kritisiert. So gäbe es eine Vielzahl vergleichbarer gesundheitsgefährdender Verhaltensweisen die angeführt werden könnte, welche jedoch nicht vom Tatbestand des Abs. 2 erfasst werden.[1489] Der Vorwurf einer willkürlichen Auswahl und damit ein Verstoß gegen Art. 3 Abs. 1 GG steht im Raum.[1490] Diese Ungleichbehandlung ist damit gerechtfertigt worden, dass die aufgezählten Maßnahmen im Gegensatz zu anderen, gleich oder sogar stärker risikobelasteten Eingriffen, eine erheblich höhere finanzielle Relevanz aufweisen, da sie in Summe zu den praktisch häufigsten Fällen zählen.[1491] Zudem könnten bestimmte körpermodifizierende Eingriffe von bestimmter Intensität durchaus unter den Begriff der ästhetischen Operation des Abs. 2 subsummiert werden.[1492]

---

1486 Vgl. Becker/Kingreen/*Lang* SGB V § 52 Rn. 8.

1487 SG Berlin, Urteil v. 10.12.2013 – S 182 KR 1747/12 = GuP 2014, 117 ff.

1488 Vgl. BeckOGK/*Schifferdecker* SGB V § 52 Rn. 35; vgl. *Süß*, Die Eigenverantwortung gesetzlich Krankenversicherter unter besonderer Berücksichtigung der Risiken wunscherfüllender Medizin, S. 261 f., 318 f.

1489 Vgl. *Huster* ZEFQ 2012, 197, m.w.N.; vgl. *Wienke*, Eigenverantwortung der Patienten/Kunden, S. 174; vgl. *Bernzen* MedR 2008, 550.

1490 Vgl. *Wienke*, Eigenverantwortung der Patienten/Kunden, S. 174; vgl. *Rixen*, Eigenverantwortung im Gesundheitssozialrecht – Zwischen gesundheitspolitischer Forderung und positivrechtlicher Umsetzung, S. 340 f.; vgl. *Kemmler* NZS 2014, 526, m.w.N.; vgl. *Prehn* NZS 2010, 265; vgl. *Bernzen* MedR 2008, 550 f.

1491 Vgl. SG Berlin, Urteil v. 10.12.2013 – S 182 KR 1747/12 = GuP 2014, 117 ff.; vgl. SG Berlin, Urteil v. 05.11.2018 – S 81 KR 1075/18 = BeckRS 2018, 31503 (Rn. 17 ff.), sowie darauf berufend *Pitz* NZS 2014, 231; vgl. LSG Niedersachsen-Bremen, Beschluss v. 28.01.2019 – L 16 KR 324/18 = BeckRS 2019, 669 (Rn. 21); vgl. Hauck/Noftz/*Noftz* SGB V § 52 Rn. 2; vgl. *Bernzen* MedR 2008, 550; kritisierend, da ohne Belege Becker/Kingreen/*Lang* SGB V § 52 Rn. 8; keine Belege vorbringend etwa *Kemmler* NZS 2014, 526; ebenso wenig bei BeckOGK/*Schifferdecker* SGB V § 52 Rn. 36; ebenfalls ohne Beleg BT-Drucks. 16/3100, S. 108. Das BSG erkennt zwar eine Ungleichbehandlung in den drei Fällen, sieht diese jedoch als gerechtfertigt an, vgl. BSG, Urteil v. 27.08.2019 – B 1 KR 37/18 R = NZS 2020, 58 (59 ff.).

1492 So BSG, Urteil v. 27.08.2019 – B 1 KR 37/18 R = NZS 2020, 58 (61); ebenfalls dieser Ansicht *Chandna-Hoppe* NZS 2020, 63; a.A. BeckOGK/*Schifferdecker*, SGB V § 52 Rn. 29, der hingegen die Brustvergrößerung oder -verkleinerung wie auch das Implantieren von sogenannten Subdermals

Dem wird aber entgegengehalten, dass es des Aufführens von Piercing und Tätowierung nicht bedurft hätte, wenn der Begriff der ästhetischen Operation bereits Maßnahmen erfassen würde, die nicht von Ärzten durchgeführt werden.[1493]

Schließlich wird unter Betrachtung der Rechtsfolgenseite des § 52 Abs. 2 SGB V von kritischen Stimmen angemahnt, dass es zu einem Entsolidarisierungsprozess kommen könnte.[1494] Unabhängig davon, dass der Gesetzgeber die zuvor weitergefasste Regelung des § 52 Abs. 2 SGB V tatbestandlich wieder verengt hat, berge die Norm noch immer das Potential, weiteren vergleichbaren Durchbrechungen des Solidarprinzips den Weg geebnet zu haben.[1495] Anderer Auffassung nach sei § 52 Abs. 2 SGB V lediglich als solidaritätsschützend Reaktion zu verstehen. Wer nicht nach einem gewissen Standard des eigenen Gesundheitsstatus, sondern nach einer Verbesserung strebe, der entsolidarisiere sich bereits selbst.[1496] Die Norm erweise sich demzufolge vielmehr als punktuelle Verwirklichung des Autonomieprinzips statt als alleinige Abkehr vom Solidarprinzip.[1497] § 52 Abs. 2 SGB V stelle lediglich heraus, dass mangels Indikation ohnehin nicht zum Leistungsspektrum gehörende Maßnahmen in der Verantwortungssphäre des Versicherten zu verorten sind, weshalb auch sich aus diesen ergebende finanzielle Konsequenzen selbst zu tragen seien.[1498]

### dd. Mangelnde praktische Bedeutung

Allerdings ist die teilweise Leistungsbefreiung der Krankenkassen bei einem selbstverschuldetem Versicherungsfall nach § 52 Abs. 1 und 2 SGB V bisher kaum wirklich von praktischer Relevanz gewesen und wird dies wohl bei gleichbleibendem Wirkungsrahmen auch bleiben.[1499] Insbesondere die tatbestandliche Ausgestaltung verhindert eine Anwendung der Norm. Zum einen vereitelt oftmals das Erfordernis der Zurechnung die Anwendung, zum anderen ist in der Ermessensentscheidung des § 52 Abs. 1 SGB V und in der Frage nach der angemessenen Beteiligung nach § 52 SGB V bereits eine „Verzichtskompetenz“

---

oder Transdermals anführt; der Ansicht wohl auch *Reyels* in: jurisPK-SGB V, 4. Aufl. 2020, § 52 SGB V Rn. 113.

[1493] Vgl. *Bernzen* MedR 2008, 551.

[1494] Vgl. die Zusammenstellung bei *Wienke*, Eigenverantwortung der Patienten/Kunden, S. 171, sowie 175; vgl. *Eberbach* MedR 2008, 333.

[1495] Daran anknüpfend etwa *König/Junge* GuP 2015, 135 f.

[1496] Vgl. *Eberbach* MedR 2008, 333.

[1497] So *Reyels* in: jurisPK-SGB V, 4. Aufl. 2020, § 52 SGB V Rn. 29.

[1498] Im Übrigen genügen ästhetische und kosmetische Eingriffe nicht um eine Leistungsverpflichtung der gesetzlichen Krankenversicherung zu begründen. Dadurch entstehende Mehrkosten sind stets vom Versicherten zu tragen. Vgl. dazu etwa zum Zahnersatz BeckOGK/*Nolte* SGB V § 55 Rn. 15; vgl. insgesamt auch *Prehn* NZS 2010, 262; vgl. auch *Eberbach* MedR 2008, 333.

[1499] Vgl. zu der Fragestellung der sanktionsrechtlichen Konsequenzen einer bewussten Ansteckung mit SARS-CoV-2 *Köhler/Hitzig* COVuR 2020, 409; siehe allgemein zur fehlenden praktischen Relevanz *Huster* Ethik Med 2010, 293; vgl. *Welti* GesR 2015, 7; vgl. *Wienke*, Eigenverantwortung der Patienten/Kunden, S. 170.

angelegt worden.[1500] Damit erweist sich die gesetzgeberische Maßnahme als mehr oder weniger offenkundige Quelle für Ineffizienz in der Kostensenkungspolitik, mithin also als „stumpfes Schwert“[1501]. Anstrengungen der Politik, gegensteuernde und effizienzsteigernde Maßnahmen zu ergreifen, sind aktuell jedenfalls nicht zu erkennen.[1502]

### d. Ruhen des Anspruchs

§ 16 SGB V fasst mehrere Ruhenstatbestände zusammen, die für Leistungen der gesetzlichen Krankenversicherung und das Krankengeld gelten. Für Letzteres sieht § 49 SGB V weitere Ruhenstatbestände vor. Ruhen bedeutet, dass ein dem Grunde nach bestehender Anspruch aufgrund von Leistungshindernissen nicht realisiert werden, insbesondere der Leistungsberechtigte die Leistung nicht beanspruchen, kann.[1503] Der Anspruch bleibt folglich bestehen, muss von den Krankenkassen jedoch nicht erfüllt werden.[1504]

Die unterschiedlichen Ruhenstatbestände verfolgen jeweils unterschiedliche Ziele. So liegt etwa dem Ruhen bei Auslandsaufenthalt nach § 16 Abs. 1 Nr. 1 SGB V der Sinn zugrunde, dass bestimmte Sachleistungen im Ausland schlicht nicht erbracht werden können.[1505] Im Falle des § 16 Abs. 2 SGB V erhält der Versicherte bereits gleichartige Leistungen durch eine ausländische Unfallversicherung, ist damit zur deutschen Krankenversicherung vergleichbar abgesichert und bedarf keiner weiteren Leistungsansprüche. Hintergrund ist also die Zuständigkeit eines anderen Leistungsträgers und die Vermeidung von Doppelleistungen.[1506]

Im Weiteren ist der Fokus gerichtet auf den Tatbestand der Nichtzahlung von Beiträgen nach § 16 Abs. 3a SGB V.

§ 16 Abs. 3a SGB V ist als gesetzgeberische Antwort auf erhebliche Beitragsrückstände in der gesetzlichen Krankenversicherung zu verstehen. Er geht auf die Beschlussempfehlung des Ausschlusses für Gesundheit zum GKV-Wettbewerbsstärkungsgesetz[1507] zurück. Hintergrund war die Ausweitung des Versicherungsschutzes durch die Einführung des § 5 Abs. 1 Nr. 13 SGB V, wodurch zugleich

---

[1500] *Rixen*, Eigenverantwortung im Gesundheitssozialrecht – Zwischen gesundheitspolitischer Forderung und positivrechtlicher Umsetzung, S. 341 f.

[1501] *Schnapp* DVBl 2004, 1056.

[1502] Ein ähnlicher Vorwurf findet sich auch schon bei *Richter* G+S 2016, 71.

[1503] Vgl. Becker/Kingreen/*Kingreen* SGB V § 16 Rn. 1; vgl. Hauck/Noftz/*Noftz* SGB V § 16 Rn. 72; vgl. *Wissenschaftliche Dienste des Bundestages*, WD-9-3000-023/15, S. 18.

[1504] Vgl. BeckOK SozR/*Harich* SGB V § 16 Rn. 1.

[1505] Vgl. Hauck/Noftz/*Noftz* SGB V § 16 Rn. 3.

[1506] Dazu Becker/Kingreen/*Kingreen* SGB V § 16 Rn. 8, 12; BeckOGK/*Peters* SGB V § 16 Rn. 15.

[1507] Vgl. BT-Drucks. 16/4200, S. 12.

das Ende der Mitgliedschaft im Falle des Zahlungsverzuges aufgehoben wurde.[1508]

Das Ruhen der Leistungsansprüche dient insbesondere dem Schutz der Solidargemeinschaft vor einer unbilligen, da ansonsten folgenlosen Nichtzahlung von Beiträgen.[1509] Die Vorschrift des § 16 Abs. 3a Satz 2 in Verbindung mit Satz 1 SGB V richtet sich zu diesem Zwecke an alle beitragspflichtigen Mitglieder der gesetzlichen Krankenversicherung. Das Ruhen des Leistungsanspruchs wird angeordnet, soweit das Mitglied mit einem Betrag in Höhe von Beitragsanteilen von zwei Monaten im Rückstand ist und trotz Mahnung seiner Krankenkasse nicht zahlt. Von der Regelung betroffen sind also nur diejenigen Versicherten, die ihren Beitrag selbst zahlen müssen.[1510] § 16 Abs. 3a S. 2 SGB V soll in einem solchen Fall den Druck auf den Beitragszahler erhöhen.[1511] Verfahren und weitere Voraussetzungen des Ruhens werden über § 16 Abs. 2 KSVG auch für die Versicherten nach dem SGB V geregelt. Ist oder wird der Versicherte im Sinne des SGB II oder SGB XII hilfebedürftig, tritt das Ruhen gemäß § 16 Abs. 3a S. 4 SGB V nicht ein beziehungsweise endet. Die Krankenkassen haben daher festzustellen, ob das Mitglied hilfebedürftig ist oder wird.[1512] Die Vorschrift richtet sich zudem ausdrücklich an die Mitglieder, um klarzustellen, dass die Familienversicherten nicht von der Regelung betroffen sind.[1513]

Das Ruhen führt allerdings nicht zu einem vollständigen Leistungsverlust. Der gewährte Leistungsumfang, der gemäß § 16 Abs. 3a S. 2 SGB V vom Ruhen ausgenommen ist, umfasst neben Früherkennungsmaßnahmen nach §§ 25, 26 SGB V auch Akutbehandlungen sowie Leistungen bei Mutterschaft und Schwangerschaft.[1514] Der Regelung liegt insofern eine sozialethisch-humanitäre Wertung zugrunde.[1515] Hintergrund der Gewährung von Leistungen der §§ 25 und 26 SGB V ist zudem die besondere Bedeutung der Leistungen nicht nur für den Versicherten selbst, sondern auch für die Versichertengemeinschaft insgesamt.[1516] Bei der Konzeptionierung der Norm hat man sich an § 4 Abs. 1, Abs. 2 AsylbLG orientiert.[1517] Aus diesem Grund wird § 16 Abs. 3a S. 2 SGB V dahingehend verfassungskonform ausgelegt, dass – ebenso wie es im AsylbLG durch § 6

---

[1508] Vgl. Becker/Kingreen/*Kingreen* SGB V § 16 Rn. 16; vgl. Hauck/Noftz/*Noftz* SGB V § 16 Rn. 64; vgl. BeckOK SozR/*Harich* SGB V § 16 Rn. 25; vgl. *Schäfer* GesR 2019, 684; vgl. *Felix* NZS 2013, 921.

[1509] Vgl. Hauck/Noftz/*Noftz* SGB V § 16 Rn. 3.

[1510] Vgl. *Heinz* in: jurisPK-SGB V, 4. Aufl. 2020, § 16 SGB V Rn. 61; vgl. *Felix* SGb 2019, 714; vgl. zur Situation bei Empfängern von Arbeitslosengeld II *Schäfer* GesR 2019, 683 f.; zu Situation der Selbstständigen vgl. *Schäfer* GesR 2019, 8 f.

[1511] Vgl. *Heinz* in: jurisPK-SGB V, 4. Aufl. 2020, § 16 SGB V Rn. 61.

[1512] Dazu BSG, Urteil v. 08.03.2016 – B 1 KR 31/15 R = BeckRS 2016, 68294 (Rn. 15).

[1513] Siehe BT-Drucks. 16/13428, S. 75, 88; siehe dazu auch *Felix* SGb 2019, 714; vgl. *Schäfer* GesR 2019, 684.

[1514] *Felix* spricht insoweit von „grundlegende[n]“ beziehungsweise „essentielle[n] Leistungsansprüche[n]“, vgl. *Felix*, Verbraucherschutz im Recht der Gesetzlichen Krankenversicherung, S. 44.

[1515] Hauck/Noftz/*Noftz* SGB V § 16 Rn. 65c.

[1516] Vgl. BT-Drucks. 16/4247, S. 31.

[1517] Vgl. BT-Drucks. 16/4247, S. 31.

vorgesehen ist – auch im SGB V über § 16 Abs. 3a S. 2 hinausgehende Leistungen erbracht werden können, soweit diese zur Sicherung der Gesundheit unerlässlich sind.[1518]

Das Ruhen endet entsprechend § 16 Abs. 3a S. 2 SGB V, wenn alle rückständigen und die auf die Zeit des Ruhens entfallenden Beitragsanteile gezahlt sind. Ab dem Zeitpunkt der Beendigung des Ruhens hat das Mitglied wieder Anspruch auf alle Leistungen. Wurde eine Ratenzahlungsvereinbarung getroffen, so hat das Mitglied gemäß § 16 Abs. 3a S. 3 SGB V ab diesem Zeitpunkt Anspruch auf Leistungen, sofern die Raten vereinbarungsgemäß bezahlt werden. Die Ratenzahlungsvereinbarung sollte zusätzlichen Anreiz für den Versicherten setzen, seine Beitragsrückstände auch tatsächlich zu tilgen.[1519]

In der Zeit des Ruhens angefallene Behandlungskosten werden nicht übernommen. Insofern besteht ein Unterschied zu den Mitwirkungspflichten des Versicherten nach den §§ 63 ff. SGB I.[1520] Wird die notwendige Mitwirkungshandlung nachgeholt, besteht Anspruch auf die Leistung. Anders ist dies im Fall des Ruhens des Anspruchs. Hier erhält zwar die Krankenversicherung dem Grunde nach die vollständige Beitragssumme, die Leistungsverpflichtung besteht aber nur für die Zeit bis zur Anordnung des Ruhens und ab dessen Beendigung. Insofern handelt es sich hier um einen tatsächlichen Sanktionstatbestand.[1521] Der Versicherte „riskiert" im Rahmen des gesetzlichen Tatbestandes durch Nichtzahlung der Beiträge mitunter selbstverschuldet und eigenverantwortlich eine nicht unerhebliche Absenkung seines Versicherungsschutzes.[1522] Diese Einordnung deckt sich auch mit den Ausführungen im Bericht des Ausschusses für Gesundheit, wonach die Nichtzahlung von Beiträgen für den Versicherten über mögliche Säumniszuschläge als rein finanzielle Konsequenzen hinaus insbesondere auch spürbare Konsequenzen in der Leistungsversorgung haben soll.[1523]

### e. Leistungsanspruch bei Zahnersatz

Die Versorgung mit Zahnersatz nimmt im Recht der gesetzlichen Krankenversicherung eine Sonderstellung ein. De lege lata gehört diese nicht zur zahnärztlichen Leistungsversorgung im Sinne der § 27 Abs. 1 S. 2 Nr. 2 und § 28 Abs. 2 S. 1 SGB V, sondern stellt wie es § 27 Abs. 1 S. 2 Nr. 2a SGB V vermittelt, einen eigenen Leistungsbereich dar.[1524] Dieser wurde normativ durch das GKV-Modernisierungsgesetz mit Wirkung zum 01.01.2005 eigenständig in den §§ 55 ff.

---

[1518] Vgl. Becker/Kingreen/*Kingreen* SGB V § 16 Rn. 17; vgl. BeckOK SozR/*Harich* SGB V § 16 Rn. 20; vgl. Knickrehm/Kreikebohm/Waltermann/*Waltermann* SGB V § 16 Rn. 13.

[1519] Vgl. BT-Drucks. 16/13428, S. 89.

[1520] Siehe *Felix* SGb 2019, 714.

[1521] Das Element der Sanktion ausmachend *Felix* SGb 2019, 714, dortige Fn. 69.

[1522] *Felix* SGb 2019, 717.

[1523] BT-Drucks. 16/4247, S. 31.

[1524] Vgl. dazu und zur normativen Entwicklungsgeschichte Hauck/Noftz/*Steege* SGB V § 28 Rn. 45.

SGB V geregelt.[1525] Zuvor war der Zahnersatz in § 30 a.F. SGB V geregelt; die Norm wurde seit Einführung wiederholt novelliert. Bereits durch das Gesundheits-Reformgesetz[1526] wurde die Versorgung mit Zahnersatz grundlegend umgestaltet, um so den Leistungsumfang einzuschränken.[1527] Zu diesem Zweck wurde für die Versorgung mit Zahnersatz in § 30 SGB V a.F. die ausdrücklich so bezeichnete Kostenerstattung eingeführt.[1528]

Durch das Gesundheitsstrukturgesetz[1529] wurde die Regelung erneut umgestaltet. Fortan war ein Zuschuss vorgesehen, den der Versicherte erhielt, wobei sich die notwendige Eigenbeteiligung erhöhte.[1530] Im Zuge des Beitragsentlastungsgesetzes[1531] und des 2. GKV-Neuordnungsgesetzes[1532] wurde die Regelung einmal durch den später revidierten Ausschluss des Anspruchs für nach dem 31.12.1978 geborenen Versicherten und schließlich durch die Einführung von Festzuschüssen erneut umfassend umgestaltet. Im Bereich der Versorgung mit Zahnersatz sollte der Einschätzung des Gesetzgebers Rechnung getragen werden, wonach sich Zahnersatz durch regelmäßige Mundhygiene und die regelmäßige Inanspruchnahme zahnärztlicher Untersuchungen weitgehend vermeiden ließe, weshalb langfristig auf eine solidarische Finanzierung der Leistung verzichtet werden könne.[1533] Das Betraf etwa die Inanspruchnahme von Vorsorgeuntersuchungen zur Früherkennung oder der Fissurenversiegelung zur Vermeidung von Karies im Backenzahnbereich. Zum anderen sollte durch die Einführung der Festzuschüsse die Eigenverantwortung der Versicherten erhöht und Anreiz für diese geschaffen werden, an Prävention und Zahnerhaltung mitzuwirken.[1534]

Im Rahmen des GKV-Modernisierungsgesetzes[1535] sollte die Versorgung mit Zahnersatz nach dem Willen des Gesetzgebers ursprünglich vollständig aus dem Leistungskatalog der gesetzlichen Krankenversicherung gestrichen werden.[1536] Stattdessen sollten die Krankenkassen ihren Versicherten eine obligatorische, mittels eines einkommensunabhängigen Beitrags finanzierte Zahnersatzversicherung als Satzungsleistung anbieten.[1537] Das schließlich noch vor Inkrafttreten

---

[1525] Vgl. BGBl. I 2003, S. 2190.

[1526] BGBl. I 1988, S. 2477.

[1527] Vgl. BT-Drucks. 11/2237, S. 172.

[1528] Vgl. BGBl. I 1988, S. 2477.

[1529] Vgl. BGBl. I 1992, S. 2266.

[1530] Trotz der Bezeichnung als Zuschuss, bewertet etwa *Blöcher* die Regelung nach wie vor als Kostenerstattungsanspruch, vgl. dazu Hauck/Noftz/*Blöcher* SGB V § 55 Rn. 10.

[1531] BGBl. I 1996, S. 1631.

[1532] BGBl. I 1997, S. 1520.

[1533] Vgl. BT-Drucks. 13/4615, S. 7, 9; siehe zur Kritik an der Einschätzung, dass die Zahngesundheit in jedem Fall abhängig ist von einem entsprechend gesundheitsgerechtem Vorverhalten des Versicherten bei *Rixen*, Eigenverantwortung im Gesundheitssozialrecht – Zwischen gesundheitspolitischer Forderung und positivrechtlicher Umsetzung, S. 347 f.

[1534] Vgl. BT-Drucks. 13/6087, S. 19.

[1535] BGBl. I 2003, S. 2190.

[1536] Vgl. BT-Drucks. 15/1525, S. 91.

[1537] Vgl. BT-Drucks. 15/1525, S. 91.

revidierte Gesetzesvorhaben[1538] zielte insbesondere unter Bezugnahme auf eine angestrebte Verbesserung von Versorgungsqualität und -wirtschaftlichkeit, auf eine Erhöhung von Transparenz und auf die Stärkung der Eigenverantwortung der Versicherten.[1539] Zum einen sollten die Leistung zum Zahnersatz in die Eigenverantwortung der Versicherten gelegt werden, zum anderen sollte es durch die Ergänzung um die Zuschussregelung den Versicherten ermöglicht werden, frei jede medizinisch anerkannte Versorgungsform beim Zahnersatz wählen zu können.[1540] Der originäre Anspruch auf Zahnersatz wurde letztlich nicht aus dem Sachleistungskatalog gestrichen. Das zeigt der Wortlaut der Vorschrift, der von „Versicherte haben [...] Anspruch auf" spricht.[1541]

De lege lata handelt es sich bei § 55 Abs. 1 S. 1 SGB V um einen Sachleistungsanspruch des Versicherten, dessen Gegenstand befundbezogene Festzuschüsse unter Berücksichtigung der §§ 135 Abs. 1 und 56 SGB V sind. Der Leistungsmechanismus des befundorientierten Festzuschusses gewährt Patienten mit identischen Ausgangsbefunden einen einheitlichen Zuschussbetrag zur Versorgung mit Zahnersatz, der unabhängig ist von der tatsächlich gewählten Therapiemethode. Erforderlich ist damit nur, dass die geplante Versorgung im Sinne der Regelversorgung nach § 56 SGB V insgesamt notwendig ist, nicht aber dass jeder Bestandteil für sich genommen ebenfalls notwendig ist.[1542] Insoweit kommt es nicht auf die tatsächlichen Kosten des Zahnersatzes an, denn es besteht in jedem Fall nur der Anspruch auf den Zuschuss.[1543] Wählt der Versicherte einen über die Regelversorgung hinausgehenden gleichartigen Zahnersatz, hat er die Mehrkosten gegenüber der Regelversorgung selbst zu tragen. Wird also statt der bewilligten Regelversorgung eine andersartige Versorgung gewählt, so gewährt die Krankenkasse nur die bewilligten Festzuschüsse. Die Anspruchshöhe richtet sich nach den Sätzen 2 bis 7 des § 55 Abs. 1 SGB V. Mit Wirkung zum 01. Januar 2021[1544] wurden die Zuschüsse angehoben, um die Versicherten bei der Aufbringung ihres Eigenanteils an der Versorgung mit Zahnersatz zu entlasten.

Grundsätzlich beträgt der Festzuschuss nun 60% der nach § 57 Abs. 1 S. 3 und Abs. 2 S. 5 und 6 SGB V festgesetzten Beträge für die Regelversorgung. § 55 Abs. 1 S. 3 SGB V sieht als Bonusregelung eine Erhöhung des Zuschusses auf 70% für eigenes Bemühen um die Gesunderhaltung der Zähne vor, soweit die subjektiven Voraussetzungen gegeben sind. Die Formulierung „für eigene Bemühungen zur Gesunderhaltung der Zähne" ist zwar selbst zu unbestimmt, um als Voraussetzung herangezogen zu werden, dennoch lässt sich aus ihr auch unter

---

1538 Durch das Gesetz zur Anpassung der Finanzierung von Zahnersatz vom 15.12.2004, BGBl. I 2004, S. 3445; siehe zudem BT-Drucks. 15/3681, S. 4.

1539 Vgl. BT-Drucks. 15/1525, S. 1, 71.

1540 Vgl. BT-Drucks. 15/1525, S. 71, 91 f.

1541 Zur Darstellung des Streits, ob es sich um einen Sachleistungs- oder Kostenerstattungsanspruch handelt siehe bei *Altmiks* in: jurisPK-SGB V, 4. Aufl. 2020, § 55 SGB V Rn. 42 – 51.

1542 Vgl. Becker/Kingreen/*Niggehoff* SGB V § 55 Rn. 11; vgl. BT-Drucks. 15/1525, S. 91.

1543 LSG Berlin-Brandenburg, Beschluss v. 24.02.2006 – L 24 B 28/06 = BeckRS 2006, 41218.

1544 Vgl. BT-Drucks. 19/6337, S. 146.

Berücksichtigung des § 20 Abs. 3 ff. SGB V der Zweck der Norm ableiten.[1545] Gefördert werden soll die Eigenbemühung des Versicherten um die Durchführung der Individualprophylaxe bei regelmäßiger Kontrolle der Zahngesundheit zur Erhaltung eines gesunden Gebisses. Es gilt demnach der Grundsatz „Zahnerhalt vor Zahnersatz“.[1546] Damit soll die Bonusregelung ausweislich der Gesetzesbegründung die Versicherteneigenverantwortung stärken.[1547] Schließlich sind Erwachsene – anders als Kinder und Jugendliche – nach dem SGB V selbst für die Aufrechterhaltung der Zahngesundheit verantwortlich.[1548]

Allerdings wird für die Bonusgewährung im darauffolgenden § 55 Abs. 1 S. 4 SGB V nicht positiv geregelt, wann die Voraussetzungen erfüllt sind, sondern lediglich negativ, wann eine Zuschusserhöhung entfällt. Dies ist der Fall, wenn der Gebisszustand regelmäßige Zahnpflege nicht erkennen lässt und der Versicherte in den letzten fünf Jahren vor Beginn der Behandlung keine Untersuchungen nach § 22 Abs. 1 SGB V in jedem Kalenderhalbjahr und nach Vollendung des 18. Lebensjahres nicht wenigstens eine zahnärztliche Untersuchung je Kalenderjahr in Anspruch genommen hat. Dem Wortlaut entsprechend handelt es sich bei der Erfüllung dieser negativ formulierten Voraussetzungen um eine kumulative Bedingung für die Bonusgewährung, das heißt es muss sich regelmäßige Zahnpflege erkennen lassen und es müssen die entsprechenden Vorsorgeuntersuchungen regelmäßig in Anspruch genommen worden sein.[1549] § 55 Abs. 1 S. 5 SGB V sieht zudem die Möglichkeit einer weiteren Erhöhung auf dann 75% der Regelversorgung vor, sofern der Versicherte die Zähne gepflegt und in den letzten zehn Jahren vor der Behandlung die Untersuchungen nach S. 4 ohne Unterbrechung in Anspruch genommen hat. Im begründeten Ausnahmefall – über den sich die Vorschrift jedoch ausschweigt – kann nach S. 7 bei einmaliger Unterbrechung trotzdem auf 75% erhöht werden, da insoweit die Voraussetzungen fingiert werden.

Da es sich bei der Bonifizierung um die Ausnahme vom Grundsatz handelt, ist es am Versicherten, die für ihn günstigen Umstände zu beweisen. Den Versicherten trifft somit die Beweislast.[1550] Dieser kann er mithilfe des sogenannten Bonusheftes nachkommen. Damit wird aber auch ersichtlich, dass es dem Gesetzgeber bei der Ausgestaltung wohl nicht um eine Sanktionierung einer bestimmten Verhaltensweise gegangen ist. Wäre dies der Fall, so hätte der den erhöhten Zuschuss zum Grundtatbestand erheben und bei fehlendem Nachweis eine entsprechende Reduzierung vorsehen können. Der hinter dem § 55 SGB V stehende

---

[1545] Vgl. BeckOGK/*Nolte* SGB V § 55 Rn. 20; vgl. Spickhoff/*Nebendahl* SGB V § 55 Rn. 12 f.
[1546] Becker/Kingreen/*Niggehoff* SGB V § 55 Rn. 13; vgl. dazu BT-Drucks. 11/3480, S. 32 f., 52.
[1547] Vgl. BT-Drucks. 11/2237, S. 149, 172; siehe diesbezüglich auch BSG, Urteil v. 11.10.1994 – 1 RK 50/94 = NJW 1995, 806 (807).
[1548] Vgl. dazu Krauskopf/*Luik* SGB V § 22 Rn. 3.
[1549] Der Auffassung Hauck/Noftz/*Blöcher* SGB V § 55 Rn. 57; ebenso Becker/Kingreen/*Niggehoff* SGB V § 55 Rn. 16.
[1550] Vgl. *Altmiks* in: jurisPK-SGB V, 4. Aufl. 2020, § 55 SGB V Rn. 79 f.; vgl. Hauck/Noftz/*Blöcher* SGB V § 55 Rn. 54.

Leistungsmechanismus kann daher eingeordnet werden als ein an die Eigenverantwortung des Versicherten anknüpfende Verantwortungszuweisung mit finanziell bonifizierendem Charakter zur Reduzierung der Risikolast.[1551]

Als Leistung durch die Krankenkasse geschuldet ist von Beginn an nur der befundbezogene Zuschuss der jeweils auf 60% beziffert ist. Mehrkosten sowie der Restbetrag liegen in der finanziellen Verantwortung des Versicherten. Ist der Versicherte darauf bedacht, seinen Eigenanteil zu reduzieren, steht ihm der Weg der Zahnpflege bei zusätzlicher Inanspruchnahme regelmäßiger Zahnuntersuchungen und professioneller Prophylaxe zur Verfügung. Dabei gilt zu beachten, dass der Versicherte, sobald er das 18. Lebensjahr vollendet hat, keinen Anspruch mehr auf die Leistung der Individualprophylaxe nach § 22 SGB V hat, die für die Bonifizierung in Betracht kommende Vorsorgeleistung also zumindest teilweise sowohl betreffend die Kosten als auch die Inanspruchnahme in der Verantwortungssphäre des Versicherten liegt.[1552] Der vormals in § 22 Abs. 4 SGB V verankerte Anspruch ist mit dem GKV-Gesundheitsreformgesetz 2000 aufgehoben[1553] und die Prophylaxe in den Bereich der IGeL ausgegliedert worden. Schließlich hat die Norm, wie andere Bonusregelungen auch, den Zweck, die Eigenverantwortung der Versicherten zu stärken, indem sie diese motiviert, Vorsorgemaßnahmen wie Untersuchungen regelmäßig in Anspruch zu nehmen.[1554] Damit ist ihr im Sinne der Präventionsstrategie im Gesundheitswesen gleichfalls eine verhaltenssteuernde Tendenz zu entnehmen.[1555]

Ausgenommen von der Nachweispflicht sind Versicherte, bei denen durch die Eigenbeteiligung eine unzumutbare Belastung vorliegen würde. Nach § 55 Abs. 2 SGB V haben Versicherte in diesem Fall einen Anspruch auf einen Zuschuss in Höhe von 40% des Betrages der Regelversorgung und damit in der Gesamtschau mit dem Anspruch nach Abs. 1 einen Anspruch auf einen Zuschuss in Höhe von 100% des Betrages, nicht aber über die tatsächlichen Kosten der Regelversorgung hinaus. Dazu werden in den Sätzen 2 bis 5 Voraussetzungen benannt, die erfüllt sein müssen, damit ein Härtefall vorliegt. Da eine Bonusregelung bei einer faktisch vollständigen Kostenübernahme ohne Sinn wäre, gelten die in § 55 Abs. 1 S. 3 bis 6 SGB V geregelten Voraussetzungen der Bemühung um die Zahngesundheit nicht, sobald die Härtefallklausel des Abs. 2 greift. Das bedeutet aber

---

[1551] Ohne dies ausdrücklich so zu benennen *Hammel* ZfS 1996, 131.

[1552] Vgl. dazu auch BT-Drucks. 14/1245, S. 64; allerdings ist es wohl strittig, ob die Zahnuntersuchung auch prophylaktische Leistungen mitumfasst. Eindeutig dafür Spickhoff/*Nebendahl* SGB V § 55 Rn. 14, nach welchem der Begriff der zahnärztlichen Untersuchung auch die individualprophylaktische Untersuchung nach § 22 SGB V umfasst; ebenso ist wohl *Altmiks* in: jurisPK-SGB V, 4. Aufl. 2020, § 55 SGB V Rn. 84, zu verstehen. Anders hingegen Hauck/Noftz/*Blöcher* SGB V § 55 Rn. 61, unter Hinweis darauf, dass die Prophylaxe bei Erwachsenen gerade keine Kassenleistung mehr sei; nicht eindeutig die Ausführung bei Becker/Kingreen/*Niggehoff* SGB V § 55 Rn. 16.

[1553] Vgl. BGBl. I 1999, S. 2626.

[1554] Vgl. *Altmiks* in: jurisPK-SGB V, 4. Aufl. 2020, § 55 SGB V Rn. 77.

[1555] Diese wird insoweit auch in der Ausarbeitung der Wissenschaftlichen Dienste des Bundestages zur Steuerungswirkung von Selbstbeteiligung der Versicherten hervorgehoben, vgl. *Wissenschaftliche Dienste des Bundestages* WD-9-3000-142/10, S. 4 f., 7.

auch, dass der Versicherte in diesem Fall unabhängig von seinen Bemühungen um die Zahngesundheit den erhöhten Zuschuss erhält. Die in Abs. 2 verankerte Härtefallklausel bringt damit – wie vom Bundessozialgericht festgestellt – zum Ausdruck, dass der Gesetzgeber es für unangebracht und unzweckmäßig hielt, die Übernahme der Kosten davon abhängig zu machen, ob der Versicherte die Anforderungen des eigenen präventiven Bemühens um die Gesunderhaltung der Zähne erfüllt hat oder nicht.[1556] Die Härtefallklausel soll ihrem Wortlaut nach uneingeschränkte Geltung haben, da andernfalls eine Belastung durch Eigenbeteiligung für Versicherte drohte, denen dieser Eigenanteil gerade nicht zugemutet werden kann.[1557] Der Gedanke der Solidarität verdrängt damit denjenigen der Eigenverantwortung in Fällen, in denen die Härtefallklausel greift.[1558]

Im Gegensatz dazu steht die sogenannte gleitende Härtefallregelung nach § 55 Abs. 3 SGB V, die für alle Versicherten, die nicht unter die Härtefallregelung des Abs. 2 fallen, einen Anspruch auf einen weiteren Betrag einräumt, der die Grenzen des vollen Zuschusses nicht überschreiten kann. Durch die gleitende Härtefallklausel soll sichergestellt werden, dass Versicherte, die nur knapp unterhalb der Grenze für eine unzumutbaren Belastung liegen, nicht sofort mit dem vollen Eigenanteil belastet, sondern entsprechend ihrer wirtschaftlichen Leistungsfähigkeit stufenweise beteiligt werden.[1559] Umgekehrt bedeutet dies aber auch, dass diese Versicherten von dem Erfordernis der Bonifizierung nicht befreit sind. Dies ist insoweit auch sinnvoll, da sich der Anteil der Eigenbeteiligung durch das Erfüllen der Voraussetzungen nach § 55 Abs. 1 SGB V bereits verringern kann.

### f. Sachleistungsanspruch und Eigenbeteiligung in der kieferorthopädischen Versorgung

§ 29 SGB V definiert den Anspruch der Versicherten für den Bereich der kieferorthopädischen Versorgung. Die normative Ausgestaltung des Leistungsanspruchs wurde wiederholt geändert. Vor Inkrafttreten des Gesundheits-Reformgesetzes[1560] war die kieferorthopädische Versorgung vollständig Gegenstand des Sachleistungsanspruchs der Versicherten. Mit dem Gesundheits-Reformgesetz[1561] wurde der § 29 SGB V neu eingeführt. Dieser gestaltete die kieferorthopädische Leistung als eine Form der Kostenerstattung aus, mit der Folge, dass der Leistungserbringer im Zuge einer sogenannte Direktabrechnung unmittelbar mit dem Patienten abrechnete.[1562] Der Kostenerstattungsanspruch war bis zum Behandlungsabschluss auf 75% begrenzt. Die übrigen 25% waren als vorübergehende Eigenbeteiligung des Versicherten ausgestaltet, die erst nach

[1556] Vgl. BSG, Urteil v. 11.10.1994 – 1 RK 49/93 = BeckRS 1994, 30751424; siehe auch BSG, Urteil v. 11.11.1994 – 1 RK 50/94 = NJW 1995, 806.
[1557] Vgl. BSG, Urteil v. 11.10.1994 – 1 RK 49/93 = BeckRS 1994, 30751424.
[1558] Vgl. *Bieback* SGb 2012, 5.
[1559] Krauskopf/*Wagner* SGB V § 55 Rn. 30.
[1560] BGBl. I 1988, S. 2477.
[1561] BGBl. I 1988, S. 2477.
[1562] Vgl. BT-Drucks. 11/2237, S. 171.

Behandlungsabschluss erstattet werden durften. Bezweckt werden sollte damit zum einen eine gesteigerte Kostentransparenz in der kieferorthopädischen Versorgung und zum anderen eine Verringerung von Überinanspruchnahmen.[1563]

Nachfolgende Reformen richteten sich auf eine Umgestaltung des Zahlungsweges, ließen das Prinzip der Kostenerstattung aber unberührt.[1564] Schließlich führte das GKV-Solidaritätsstärkungsgesetz[1565] erneut das Sachleistungsprinzip ein, behielt aber das vormals implementierte Element der Eigenbeteiligung des Patienten mit späterer Rückerstattung bei. Durch diese Verknüpfung von Sachleistung- und Kostenerstattungselementen stellt § 29 SGB V eine Besonderheit im Leistungskatalog des SGB V dar.

Der Umfang des Anspruchs richtet sich nach § 29 Abs. 1 und Abs. 4 SGB V in Verbindung mit der Richtlinie des Gemeinsamen Bundesausschusses über befundbezogene Indikationsgruppen.[1566] Zur vertragszahnärztlichen Versorgung gehört danach die kieferorthopädische Behandlung, wenn durch sie eine Kiefer- oder Zahnfehlstellung die Funktion des Beißens, des Kauens, der Artikulation der Sprache oder eine andere Funktion erheblich beeinträchtigt ist oder beeinträchtigt zu werden droht und wenn nach Abwägung aller zahnärztlich-therapeutischen Möglichkeiten durch kieferorthopädische Behandlung die Beeinträchtigung mit Aussicht auf Erfolg behoben werden kann.[1567]

§ 29 Abs. 2 SGB V sieht eine Eigenbeteiligung der Versicherten vor. Diese beträgt 20% der Kosten. Seinen Anteil hat der Versicherte gemäß Abs. 2 S. 1 unmittelbar an den Leistungserbringer zu entrichten. Unter der Voraussetzung, dass zumindest zwei Kinder unter 18 Jahren sich zeitgleich in kieferorthopädischer Behandlung befinden, die mit dem Erziehungsberechtigten in einem Haushalt leben, erhöht sich der Sachleistungsanspruch gemäß Abs. 2 S. 3 auf 90%; es verringert sich also die Höhe der Eigenbeteiligung auf 10%. Ziel ist es, die Familien vor finanzieller Überlastung zu schützen.[1568] Ist die Behandlung im erforderlichen, das heißt durch den zuvor aufgestellten Behandlungsplan bestimmten Umfang abgeschlossen worden, definiert §. 29 Abs. 3 SGB V einen eigenen Rückzahlungsanspruch des Versicherten auf die zuvor erbrachte Eigenbeteiligung gegen seine Krankenkasse. Die Krankenkasse kommt mit der Erstattung ihrer Leistungsverpflichtung gegenüber dem Versicherten vollständig nach. Da die Eigenbeteiligung an den Leistungserbringer und nicht an die Krankenkasse geleistet

---

[1563] Vgl. BT-Drucks. 11/2237, S. 171.

[1564] So etwa das Gesundheitsstrukturgesetz, BGBl. I 1992, S. 2266, oder das 2. GKV-Neuordnungsgesetz, BGBl. I 1997, S. 1520.

[1565] BGBl. I 1998, S. 3853.

[1566] Siehe die Richtlinien des Bundesausschusses der Zahnärzte und Krankenkassen für die kieferorthopädische Behandlung vom 03.12.2003, Stand 01.01.2004, abrufbar unter https://www.g-ba.de/downloads/62-492-8/RL-Kieferorthopaedie.pdf, zuletzt am 01.04.2023.

[1567] Zu beachten ist die Einschränkung des § 28 Abs. 2 SGB V, siehe dazu oben unter C. II. 3. b. aa.

[1568] Vgl. BT-Drucks.11/3480, S. 51.

wird, handelt es sich nicht um eine Rückzahlung im klassischen Wortsinn.[1569] Zweck des Rückzahlungskonzeptes ist es, einem verfrühten Abbruch der Behandlung entgegenzuwirken, der bei kieferorthopädischen Behandlungen aufgrund deren regelmäßiger Dauer wahrscheinlicher als bei anderen Leistungen erfolgen könnte.[1570] Die Vorschrift soll demnach verhaltenssteuernde Wirkung entfalten.

In besonderer Weise wird in § 29 Abs. 5 SGB V zudem die Möglichkeit der Mehrleistungsvereinbarung geregelt und ausdifferenziert.[1571] Eine Vereinbarung, wonach der Versicherte entstehende Mehrkosten für eine kieferorthopädische Behandlung zu tragen hat, berührt damit nicht den grundsätzlichen Sachleistungsanspruch. Die Krankenkasse trägt weiter die Kosten bis zu der nach der Regelleistung vorgesehenen Höhe. Dadurch bleibt aber auch die Eigenbeteiligungsverpflichtung der Versicherten bezüglich der Sachleistung unberührt.[1572] Bislang steht ein Katalog an Mehrleistungen, die mit den Versicherten vereinbart werden können, noch aus. Dieser ist gemäß § 29 Abs. 6 SGB V durch den Bewertungsausschuss bis zum 31.12.2022 zu definieren. Für die Versicherten bietet sich durch die Mehrkostenvereinbarung die Möglichkeit, statt der medizinisch indizierten und nach den Regeln der zahnärztlichen Kunst ausreichenden und zweckmäßigen kieferorthopädischen Leistung eine andere Behandlungsalternative zu wählen, ohne gleichzeitig das vollständige finanzielle Risiko der Behandlung tragen zu müssen. Voraussetzung ist allerdings, dass sich diese lediglich in der Durchführungsart oder durch die eingesetzten Behandlungsmittel von den Regelleistungen unterscheiden.[1573] Zumindest teilweise wird so den Versicherten die Option gegeben, die Art der Leistung mitzugestalten.

## 4. Wahl- und Gestaltungsrechte der Versicherten

Abgesehen von der Wahlmöglichkeit der Befreiung von der Versicherungspflicht oder des freiwilligen Beitritts in die gesetzliche Krankenversicherung bestehen noch weitere Regelungsbereiche, die den Versicherten bestimmte Rechte einräumen, durch deren Ausübung er Einfluss auf die Ausgestaltung seines Anspruchsumfangs, seiner Beitragsbelastung und seiner Versorgungsleistungen nehmen kann. Die anhaltenden Reformen im Bereich des Gesundheitswesens haben in den letzten Jahrzehnten für beträchtliche Veränderungen betreffend die unterschiedlichen Wahlrechte der Versicherten gesorgt. Das gilt vor allem für die Ausgestaltung der Wahltarife. Die eingeführten und ausgestalteten Wahlinstrumente haben gerade in Hinblick auf den Wettbewerb der gesetzlichen Krankenkassen untereinander, aber auch auf denjenigen zwischen der gesetzlichen und privaten Krankenversicherung, zu nicht unerheblichen Interessenskonflikten geführt.[1574]

---

[1569] BeckOGK/*Nolte* SGB V § 29 Rn. 15.
[1570] Vgl. BT-Drucks. 11/2237, S. 171; siehe zudem BeckOGK/*Nolte* SGB V § 29 Rn. 11.
[1571] Dazu Becker/Kingreen/*Niggehoff* SGB V § 29 Rn. 30.
[1572] Vgl. Becker/Kingreen/*Niggehoff* SGB V § 29 Rn. 32.
[1573] Dazu BT-Drucks. 19/6337, S. 88.
[1574] Vgl. dazu *Preisner* SGb 2011, 443.

### a. Allgemeines Kassenwahlrecht

Nachdem der Gesetzgeber nach der Gesundheitsreform[1575] verstärkt dem Problem der Finanzierbarkeit der gesetzlichen Krankenversicherung insgesamt, aber auch dem Problem der unterschiedlichen Beitragsentwicklung in den einzelnen Krankenkassen gegenüberstand, wurde durch das Gesundheitsstrukturgesetz[1576] erstmals ein Krankenkassenwahlrecht eingeführt.[1577] Die Mitgliedschaft in einer Kasse erfolgt seither nicht mehr durch Zwangszuweisung, sondern durch Ausübung eines Wahlrechts. Nach den §§ 173 ff. SGB V besteht für die Versicherten Wahlfreiheit zwischen den unterschiedlichen Kassen im Sinne der §§ 4 Abs. 2, 143 ff. SGB V. Die wählbaren Kassen finden sich abschließend aufgeführt in § 173 Abs. 2 bis 5, sowie Abs. 7 SGB V. Für Sozialhilfeempfänger gilt dies entsprechend für die Erstwahl, wohingegen ein Wechsel für diese Personengruppe nicht möglich ist.[1578] Für die nach § 10 SGB V mitversicherten Angehörigen gilt nach § 173 Abs. 6 SGB V die Wahl des Stammmitglieds als verbindlich. Die Vorschrift soll dadurch auf eine familieneinheitliche Versicherung hinwirken.[1579] Weitere Besonderheiten finden sich in § 174 SGB V.

Die Gesamtschau der § 173 und 174 SGB V zeigt bereits, dass das Wahlrecht nicht uneingeschränkt und nicht für jeden Versicherten besteht.[1580] Zudem besteht das Wahlrecht nur hinsichtlich einer einzelnen Krankenkasse. Der Versicherte muss sich also für eine der Kassen entscheiden; eine gleichzeitige Wahl mehrerer Kassen ist unzulässig. § 175 SGB V regelt die erstmalige Ausübung und Durchführung des Kassenwahlrechts sowie dessen erneute Durchführung bei einem Kassenwechsel. Die Ausübung erfolgt mittels empfangsbedürftiger Willenserklärung gegenüber der jeweiligen Krankenkasse.[1581] Gemäß § 175 Abs. 1 S. 2 SGB V ist die vom Versicherten gewählte Krankenkasse verpflichtet, den Versicherten als Mitglied aufzunehmen. Eine Risikoselektion ist unzulässig.[1582]

Der Versicherte kann abhängig von den Faktoren der Servicequalität und des Angebotes an Satzungsleistungen seine Krankenkasse frei wählen. Hier kommt den Wahltarifen eine besondere Bedeutung zu. Aufgrund des nunmehr geltenden allgemeinen Beitragssatzes entfällt das Kriterium der Beitragsbelastung zumindest in dieser Hinsicht. Über das Kassenwahlrecht erhält der Versicherten allerdings ein eigenes Steuerungsinstrument bezüglich des von ihm selbst aufzubringenden Anteils des seit 2019 paritätisch getragenen kassenindividuellen Zusatzbeitrags.

---

[1575] BGBl. I 1988, S. 2477.

[1576] BGBl. I 1992, S. 2266.

[1577] Zu den Gründen vgl. BT-Drucks. 12/3608, S. 112 f.; siehe zudem die Darstellung von Beweggründen bei BeckOGK/*Beck* SGB V § 173 Rn. 6.

[1578] Vgl. BeckOK SozR/*Heberlein* SGB V § 173 Rn. 1; vgl. Becker/Kingreen/*Just* SGB V § 173 Rn. 1.

[1579] Becker/Kingreen/*Just* SGB V § 173 Rn. 20.

[1580] Zu den insoweit greifenden „Wählbarkeitsprinzipien" vgl. BeckOGK/*Beck* SGB V § 173 Rn. 11.

[1581] Vgl. Becker/Kingreen/*Just* SGB V § 175 Rn. 3.

[1582] Vgl. BT-Drucks. 12/3608, S. 113.

Da es sich bei diesem um einen der wenigen Wettbewerbsfaktoren unter den Krankenkassen handelt und sich daher die Zusatzbeiträge von Kasse zu Kasse unterscheiden, kann der Versicherte unter Berücksichtigung des jeweiligen Angebots an Satzungsleistungen und unter Berücksichtigung des Zusatzbeitrages zumindest diesbezüglich seinen finanziellen und leistungsbezogenen Vorstellungen Ausdruck verleihen.

Der Versicherte kann insoweit durch eigenverantwortliche Entscheidung anhand selbstgesetzter Präferenzen Leistungsunterschiede überwinden.[1583] Gleichzeitig wird dem Kassenwahlrecht positiv beschieden, dass es – indem es dem Versicherten Entscheidungsspielräume eröffnet – bei Akzeptanz und Wahrnehmung durch die Versicherten Druck auf nicht oder abgewählte Krankenkassen erzeugt, wodurch diesen eine Ausgabendisziplin auf der einen und höhere Qualität der Leistungen auf der anderen Seite abverlangt werden.[1584]

### b. Recht auf Einholung einer Zweitmeinung

§ 27b Abs. 1 S. 1 SGB V begründet für Versicherte einen Anspruch, sich bei bestimmten Indikationen vor einem planbaren Eingriff eine unabhängige ärztliche Zweitmeinung zur medizinischen Notwendigkeit und Sachgerechtigkeit des vorgesehenen Eingriffs einzuholen. Der Anspruch ergänzt als gesonderte Sachleistung den Anspruch auf Krankenbehandlung nach § 27 SGB V.[1585] Das Recht auf Zweitmeinung gestattet dann die erneute Durchführung von ärztlichen Untersuchungs- und Beratungsleistungen zu Lasten der gesetzlichen Krankenversicherung. In der Gesetzesbegründung wird der Anspruch wie folgt beschrieben: „Gegeben ist der Anspruch auf Zweitmeinung nach der Regelung bei einem planbaren Eingriff, bei dem insbesondere unter Berücksichtigung der zahlenmäßigen Entwicklung seiner Durchführung das Risiko einer zu weiten Indikationsstellung und damit einer nicht durchgängig medizinisch gebotenen Vornahme des Eingriffs nicht auszuschließen ist (sogenannte mengenanfällige Eingriffe).“[1586] Solche mengenanfälligen Eingriffe sind jedenfalls, soweit keine Indikation besteht, nicht erforderlich, mithin also gegebenenfalls unwirtschaftlich im Sinne des Wirtschaftlichkeitsgebots, weshalb die Vorschrift insbesondere der Sicherstellung einer wirtschaftlichen Versorgung, zugleich aber auch dem Patientenschutz dient.[1587]

Die Zulassung eines Zweitmeinungsverfahrens beschränkt allerdings ihrerseits auch das Wirtschaftlichkeitsgebot, welches grundsätzlich einer

[1583] Vgl. *Thüsing* NZS 2008, 454.
[1584] Vgl. *Hauck* SGb 2007, 206; vgl. MAH SozialR/*Hauck* § 17 Rn. 12.
[1585] Vgl. BT-Drucks. 18/4095, S. 74; siehe zudem *Fahlbusch* in: jurisPK-SGB V, 4. Aufl. 2020, § 27b SGB V Rn. 5.
[1586] BT-Drucks. 18/4095, S. 74.
[1587] Vgl. BeckOK SozR/*Knispel* SGB V § 27b Rn. 2; vgl. *Fahlbusch* in: jurisPK-SGB V, 4. Aufl. 2020, § 27b SGB V Rn. 6; vgl. Becker/Kingreen/*Lang* SGB V § 27b Rn. 2; vgl. Krauskopf/*Wagner* SGB V § 27b Rn. 4.

Mehrfachinanspruchnahme von Leistungserbringern entgegensteht.[1588] Für welche Eingriffe das Recht auf Zweitmeinung besteht, legt gemäß § 27b Abs. 2 S. 1 SGB V der Gemeinsame Bundesausschuss fest. Nach der Richtlinie zur Regelung des Zweitmeinungsverfahrens sind dies derzeit die Eingriffe Mandeloperation, Gebärmutterentfernung (Hysterektomien), Arthroskopische Eingriffe an der Schulter, Amputationen beim diabetischen Fußsyndrom sowie Implantationen einer Knieendoprothese.[1589] Planbare Eingriffe sind dabei insbesondere solche, bezüglich derer hinreichend Zeit für die Einholung einer Zweitmeinung besteht, bei denen der Zeitpunkt der Vornahme also im Grunde frei wählbar ist. Für den Patienten besteht damit eine echte Wahlentscheidung über das „Ob" und abhängig davon auch über das „Wie" des Eingriffs.[1590] Ausgenommen vom Anspruch sind damit insbesondere Akutbehandlungen, aber auch medikamentöse Behandlungen und der gesamte Bereich der Zahnbehandlung.[1591] Eine Inanspruchnahme gehört nicht zum Leistungskatalog der gesetzlichen Krankenversicherung und ist dann privat zwischen dem Versicherten und dem Zweitmeinungsleistungserbringer abzurechnen.

Im Rahmen seines Wahlrechts kann der Versicherte gemäß § 27b Abs. 3 SGB V zwischen allen nach § 95 Absatz 1 Satz 1 SGB V an der vertragsärztlichen Versorgung teilnehmenden Ärzten und Einrichtungen sowie zugelassenen Krankenhäusern wählen. Abs. 1 S. 2 grenzt im Rahmen der Auswahl jedoch denjenigen Leistungserbringer aus, der den geplanten Eingriff durchführen soll. Nach Vorstellung des Gesetzgebers zielt dieser Leistungsausschluss einer Inanspruchnahme eines wirtschaftlich am Eingriff beteiligten Leistungserbringers darauf ab, die Unabhängigkeit der Zweitmeinung zu stärken und gleichzeitig falsche finanzielle Anreize zur Zweitmeinungserbringung zu vermeiden.[1592]

§ 27b Abs. 5 S. 1 SGB V normiert zusätzlich eine Verpflichtung des indikationsstellenden Arztes, den Versicherten über seinen Anspruch auf Einholung einer Zweitmeinung bei einem Eingriff im Sinne des Absatz 1 Satz 1 in aller Regel zehn Tage vor dem geplanten Eingriff aufzuklären und ihn auch auf zusätzliche Informationsangebote nach Abs. 4 hinzuweisen. Dies sei erforderlich, so die Gesetzesbegründung, um die Inanspruchnahme des Rechts auf Zweitmeinung zu fördern und damit letztlich den Anspruch zu sichern.[1593] Dass dem Versicherten ausreichend Zeit für seine Entscheidung über die Einholung einer Zweitmeinung gegeben werden muss, betont das Erfordernis, dass die Aufklärung über den Zweitmeinungsanspruch nicht unter besonderem zeitlichen Druck erfolgen darf,

---

[1588] Dazu BeckOK SozR/*Knispel* SGB V § 27b Rn. 1.

[1589] Vgl. Richtlinie zum Zweitmeinungsverfahren in der Fassung vom 21.09.2017, Stand 27.05.2021, abrufbar unter https://www.g-ba.de/downloads/62-492-2498/Zm-RL_2020-04-16_2021-03-18_iK-2021-05-27.pdf, zuletzt am 01.04.2023.

[1590] Vgl. *Fahlbusch* in: jurisPK-SGB V, 4. Aufl. 2020, § 27b SGB V Rn. 8.

[1591] BeckOK SozR/*Knispel* SGB V § 27b Rn. 5; siehe zum Bereich der Zahnbehandlung auch Becker/Kingreen/*Lang* SGB V § 27b Rn. 6.

[1592] BT-Drucks. 18/4095, S. 74.

[1593] BT-Drucks. 18/4095, S. 75.

damit der Versicherte die Gründe für und gegen das Einholen einer Zweimeinung abwägen und seinem Selbstbestimmungsrecht in angemessener Weise Raum gegeben werden kann.[1594] Schließlich sieht § 27b Abs. 6 SGB V für die Krankenkassen die Option vor, in ihren Satzungen weitere Möglichkeiten für die Versicherten vorzusehen, eine Zweitmeinung einzuholen.

### c. Wahltarife in der gesetzlichen Krankenversicherung

§ 53 SGB V sieht eine Reihe unterschiedlicher Wahltarife vor, die – soweit sie durch die jeweilige Krankenkasse angeboten werden – von den Versicherten individuell gewählt werden können. Eingeführt wurde § 53 SGB V durch das GKV-Wettbewerbsstärkungsgesetz.[1595] Hintergrund war zum einen das Anliegen, den Wettbewerb unter den gesetzlichen Krankenkassen aber auch zwischen der gesetzlichen und der privaten Krankenversicherung zu fördern und das Gesundheitswesen in Anbetracht von Ineffizienz und finanzwirtschaftlichen Herausforderungen weiterzuentwickeln.[1596] Die gesetzliche Krankenversicherung wurde zu diesem Zweck für Elemente der Privatversicherung geöffnet, wozu insbesondere Aspekte der Vertragsfreiheit, der Dispositionsfreiheit und der Bemessung des Beitrags am versicherten Risiko gehören.[1597] Die Dispositionsfreiheit im Recht der gesetzlichen Krankenversicherung beschreibt Situationen, in denen der Versicherte mittels einer bestimmten und autonom getroffenen Entscheidung Einfluss auf seinen Versicherungsschutz nehmen kann.[1598] Diese Möglichkeit war in den Augen des Gesetzgebers lange Zeit unterrepräsentiert. Durch ihre Stärkung sollten die Krankenkassen die Möglichkeit erhalten, sich im Wettbewerb zu positionieren, damit sie langfristig auf die Erhebung von Zusatzbeiträgen verzichten könnten.[1599] Zum anderen sollte die vom Gesetzgeber als dafür wesentliches Instrument eingeschätzte Wahlfreiheit der Versicherten gestärkt werden.[1600]

In dieser Entwicklung wird zumindest vereinzelt ein Ausdruck des in der gesetzlichen Krankenversicherung herrschenden Widerstreits zwischen Solidarität und Eigenverantwortung gesehen.[1601] Die Vorschrift des § 53 SGB V zeige demzufolge auf, inwieweit durch die Übernahme von Aspekten der privaten Krankenversicherung zugunsten der Lösung insbesondere finanzieller Problemstellung eine Abkehr von Solidaraspekten und eine verstärkte Gewichtung der

---

[1594] Krauskopf/*Wagner* SGB V § 27b Rn. 13.

[1595] BGBl. I 2007, S. 378.

[1596] Vgl. BT-Drucks. 16/3100, S. 1 f.; zur verfassungsrechtlichen Kritik der dadurch erfolgten Annährung von gesetzlicher und privater Krankenversicherung siehe etwa *Isensee* NZS 2007, 452 ff.

[1597] Vgl. *Isensee* NZS 2007, 449.

[1598] *Schulin* ZVersWiss 1994, 30.

[1599] Vgl. *Preisner* SGb 2011, 444; siehe zudem ausdrücklich BT-Drucks. 16/3100, S. 163.

[1600] Vgl. BT-Drucks. 16/3100, S. 108; vgl. den Sonderbericht zum Wettbewerb in der gesetzlichen Krankenversicherung des Bundesamtes für Soziale Sicherung, Stand 2018, S. 59, abrufbar unter https://www.bundesamtsozialesicherung.de/fileadmin/redaktion/allgemeine_dokumente/Taetigkeitsberichte/20180404Sonderbericht_web.pdf, zuletzt am 01.04.2023.

[1601] So Krauskopf/*Wagner* SGB V § 53 Rn. 2; ebenfalls BeckOGK/*Nolte* SGB V § 53 Rn. 4.

Versicherteneigenverantwortung letztlich möglich ist.[1602] Zumindest aber soll die Eigenverantwortung der Versicherten durch das Mittel der Mitgestaltung an der Beitragshöhe gestärkt werden.[1603]

Die Mitgestaltungsmöglichkeit kann sich entweder in einer Prämienzahlung als Handlungsanreiz oder in einer Ergänzung des Leistungsumfangs gegen Prämienzahlung realisieren. Wahltarifen kann in der Konsequenz gleichfalls eine Tendenz zu verhaltenssteuernder Wirkung über finanzielle Regelungstechniken unterstellt werden.[1604] Daneben können die Wahltarife als eine Art des Ausgleichs für die Krankenkassen angesehen werden, die durch den Verlust der Beitragssatzautonomie nicht nur an Gestaltungsfreiheit, sondern insbesondere auch an Individualisierungsmöglichkeiten innerhalb des Kassenwettbewerbs eingebüßt hatten.[1605]

§ 53 SGB V regelt zum einen fakultative, zum anderen aber auch obligatorische satzungsrechtliche Wahltarife. Zu den fakultativen Wahltarifen gehören unter anderem nach Abs. 1 der Wahltarif „Selbstbehalt“, nach Abs. 2 der Wahltarif „Beitragsrückerstattung“ und nach Abs. 4 der Wahltarif „Kostenerstattung“. Auch die Wahltarife nach Abs. 7 sind für die Krankenkassen freiwillig. Verpflichtend vorzusehen sind hingegen nach Abs. 3 ein Wahltarif für Versicherte, die an besonderen Versorgungsformen teilnehmen, sowie der Wahltarif „Krankengeld“ nach Abs. 6. Die Entscheidung für einen Wahltarif erfolgt durch einseitige, empfangsbedürftige Willenserklärung gegenüber der Krankenkasse und stellt eine Ausübung eines Gestaltungsrechts des Versicherten dar.[1606] Durch die Entscheidung des Versicherten, einen Wahltarif in Anspruch zu nehmen, entsteht für diesen ein gesetzlich abweichender Versicherungsschutz, indem dieser durch den Wahltarif entweder erweitert oder begrenzt wird, was zudem entweder mit einer finanziellen Ent- oder Belastung des teilnehmenden Versicherten einhergeht.[1607]

Die Wahltarife selbst dürfen nicht durch Quersubventionierungen aus den allgemeinen Krankenversicherungsbeiträgen finanziert werden, sondern müssen entsprechend § 53 Abs. 9 S. 1 SGB V von den Prämien der Versicherten sowie aus

---

[1602] So Krauskopf/*Wagner* SGB V § 53 Rn. 2.

[1603] So BeckOGK/*Nolte* SGB V § 53 Rn. 3, unter Bezugnahme auf BT-Drucks. 15/1552, S. 71 zu den dortigen Ausführungen zu den Hintergründen von Zuzahlungen der Versicherten. Siehe zudem BT-Drucks. 15/1525, S. 91, zu § 53 SGB V a.F.; vgl. auch *Preisner* SGb 2011, 444.

[1604] So etwa Krauskopf/*Wagner* SGB V § 53 Rn. 3; ohne dies so zu benennen wohl auch *Preisner* SGb 2011, 444.

[1605] Vgl. *Schlegel*, in: *Sodan*, Krankenversicherungsrecht, § 8 Rn. 7 f.; vgl. *Dreher* in: jurisPK-SGB V, 4. Aufl. 2020, § 53 Rn. 9 ff.

[1606] Vgl. BeckOGK/*Nolte* SGB V § 53 Rn. 4c; vgl. Becker/Kingreen/*Lang* SGB V § 53 Rn. 5; vgl. Krauskopf/*Wagner* SGB V § 53 Rn. 4.

[1607] Vgl. *Schneider* GesR 2020, 436; vgl. *Dreher* in: jurisPK-SGB V, 4. Aufl. 2020, § 53 Rn. 5; vgl. *Weber* G+S 2007, 54, der diesbezüglich von Wahltarifen für „Unterversicherungsschutz“ und für „Vollversicherungsschutz“ spricht; vgl. den Sonderbericht zum Wettbewerb in der gesetzlichen Krankenversicherung des Bundesamtes für Soziale Sicherung, Stand 2018, S. 59 f., abrufbar unter https://www.bundesamtsozialesicherung.de/fileadmin/redaktion/allgemeine_dokumente/Taetigkeitsberichte/20180404Sonderbericht_web.pdf, zuletzt am 01.04.2023.

Einsparungen und Effizienzsteigerungen durch die Wahltarife selbst getragen werden. Darüber haben die Krankenkassen nach § 53 Abs. 9 S. 3 SGB V regelmäßig, wenigstens aber alle drei Jahre, Rechenschaft abzulegen.

Der Versicherte erhält unter den Voraussetzungen der einzelnen Wahltarife entweder eine Prämienzahlung seiner Krankenkasse, die einen finanziellen Anreiz darstellt, um den Versicherten zur Wahl eines entsprechenden Tarifs zu motivieren, oder er wird verpflichtet, eine zusätzliche Prämie an seine Krankenkasse zu entrichten. Der Gedanke hinter Prämienzahlungen an den Versicherten ist, dass sich das Krankheitskostenrisiko der Krankenkasse entsprechend mindert, wenn der Versicherte im Sinne der Kostensenkung einen modifizierten Leistungsumfang in Anspruch nimmt, den es in der Folge zu honorieren gelte.[1608]

§ 53 Abs. 8 SGB V regelt bestimmte Mindestzeiträume, während derer der Versicherte an seine Wahl gebunden ist.[1609] Den Kassen steht es also frei, längerer Zeiträume in ihren Satzungen vorzusehen. Gleichzeitig wird der Versicherte aber auch an seine Mitgliedschaft in der Krankenkasse für den Bindungszeitraum gebunden. Dies gilt ebenfalls für freiwillig Versicherte.[1610] Ein Recht zur Kündigung besteht frühestens zum Ablauf der Mindestbindungsfrist, soweit kein in der Satzung geregeltes besonderes Kündigungsrecht für Härtefälle greift. Um einen Härtefall handelt es sich dann, wenn für den Versicherten das Festhalten am gewählten Tarif aufgrund besonderer Umstände nicht zugemutet werden kann.[1611] Mit Hilfe der Mindestbindungsfristen soll verhindert werden, dass sich ein missbräuchlicher Wechsel nach Erwartung der Inanspruchnahme aus Sicht des Versicherten zwischen den Tarif etabliert, um auf diese Weise zugleich die Finanzierbarkeit der Tarife zu gewährleisten.[1612] Dieses Problem wird insbesondere durch besserverdienende Versicherte geschaffen, denen die Möglichkeit des Wechsels in die private Krankenversicherung offensteht.[1613] Mit Blick auf diese Versichertengruppe soll durch Wahltarife die Möglichkeit der Kundenbindung gestärkt werden, um finanzielle Mittel in der gesetzlichen Krankenversicherung zu halten. Erst die Bindungsfristen ermöglichen es schließlich, dass das den Tarifen immanente Kostenrisiko auf die Tarifteilnehmer und die Krankenkassen verteilt wird und sich nicht etwa einseitig bei der Kasse realisiert.[1614] Daneben sollte die Kürzung der Mindestbindungsfrist für die Wahltarife nach § 53 Abs. 2 und 4 SGB V durch das GKV-Finanzierungsgesetz[1615] von drei Jahren auf ein Jahr die

---

[1608] *Dreher* in: jurisPK-SGB V, 4. Aufl. 2020, § 53 Rn. 26.

[1609] Strittig ist, ob die Mindestbindungsfristen durch die Krankenkassen abweichend von der gesetzlichen Dauer auch verlängert werden kann. Dafür etwa *Preisner* SGb 2011, 445; andere Ansicht Krauskopf/*Wagner* SGB V § 53 Rn. 32.

[1610] Dazu nur *Preisner* SGb 2011, 447 f.

[1611] Vgl. *Knispel* in Peters, Handb KV SGB V § 53 Rn. 183 f.

[1612] Vgl. BT-Drucks. 16/3100, S. 109; dazu auch *Preisner* SGb 2011, 444.

[1613] Vgl. dazu *Weber* G+S 2007, 55.

[1614] Vgl. *Preisner* SGb 2011, 445.

[1615] BGBl. I 2010, S. 2309.

Wahlfreiheit der Versicherten stärken, da die lange Bindungsfrist die Versicherten daran gehindert habe, die Tarife in Anspruch zu nehmen.[1616]

§ 53 Abs. 8 S. 4 SGB V sieht eine generelle Höchstgrenze für die möglichen Prämienzahlungen vor, um Missbrauchsmöglichkeiten zu verhindern, die sich durch ein Ungleichgewicht von Prämie zu Beitrag einstellen könnten.[1617] Danach gelten bei einem Tarif 20 vom Hundert der durch den Versicherten aufgebrachten Beiträge beziehungsweise nicht mehr als 600 € jährlich sowie im Falle mehrerer Tarife 30 vom Hundert beziehungsweise nicht mehr als 900 € jährlich als Kappungsgrenze. Die Wahl ist gemäß § 53 Abs. 8 S. 6 SGB V für Mitglieder, deren Beiträge vollständig von Dritten getragen werden, begrenzt auf den Wahltarif nach Abs. 3. Ausweislich der Gesetzesbegründung würde Selbstbehaltstarife und andere Wahltarifformen aufgrund der in diesen Fällen ohnehin schon niedrigen und nicht kostendeckenden Beiträge durch ihre Prämienzahlungen die Beiträge noch weiter reduzieren, was wiederum im Verhältnis zu Versicherten mit höhen Beiträgen unsachgerecht erscheine.[1618]

### aa. Selbstbehalte

Tarife mit Selbstbehalt wurden erstmals durch das 2. GKV-Neuordnungsgesetz eingeführt.[1619] Der Wahltarif „Selbstbehalt“ nach Abs. 1 bedeutet im Grunde genommen, dass die Vergütung, die nach erfolgter Inanspruchnahme von Leistungen dem jeweiligen Leistungserbringer zu zahlen ist, von der Krankenkasse nur zu einem zuvor vorgegebenen Teil aufgebracht wird, sodass der Versicherte die entstandenen Kosten in einem bestimmten Umfang selbst tragen muss. Alternativ zu diesem klassischen Modell besteht die Option der Ausgestaltung in Form einer Zahlungsverpflichtung der Kasse, die erst dann eintritt, wenn ein bestimmter Schwellenwert der Leistungskosten durch den Versicherten in Summe erreicht wurde.[1620]

Der Gesetzgeber hat dabei nun ausdrücklich darauf hingewiesen[1621], dass Selbstbehalte auch unter dem Sachleistungsprinzip umsetzbar und nicht mehr an die Kostenerstattung gekoppelt sind. Der Sache nach handelt es sich bei der Abwicklung des Selbstbehaltes daher nunmehr um eine Form der Beitragsrückgewährung, da Einzelerfassungen im Rahmen des Sachleistungsprinzips praktisch nicht zu realisieren sind.[1622] Ziel des Tarifs ist es, dass der Versicherte seine Beiträge durch Wahl des Selbstbehaltes in eigener Verantwortung senken kann und ihm so Raum zur Eigenverantwortung gegeben wird.[1623] Das Prinzip des

[1616] So BT-Drucks. 17/3696, S. 45.
[1617] Vgl. BT-Drucks. 16/3100, S. 109.
[1618] Vgl. BT-Drucks. 16/3100, S. 109.
[1619] BGBl. I 1997, S. 1520.
[1620] Vgl. *Dreher* in: jurisPK-SGB V, 4. Aufl. 2020, § 53 Rn. 31.
[1621] BT-Drucks. 16/3100, S. 108.
[1622] Vgl. BeckOK SozR/*Heberlein* SGB V § 53 Rn. 9.
[1623] So schon BT-Drucks. 13/6087, S. 24, sowie BT-Drucks. 15/1525, S. 91, wenngleich noch bezogen auf die freiwilligen Mitglieder in der gesetzlichen Krankenversicherung.

Selbstbehaltes erweist sich dadurch im Ergebnis allerdings als Instrument der Risikoverlagerung in finanzieller Hinsicht von der Krankenkasse auf den Versicherten. Dabei sind Mindest- und Höchstgrenzen für den Selbstbehalt gesetzlich nicht festgelegt, stehen daher also im Ermessen der Krankenkasse. Für diese wird sich das Modell nur dann als vielversprechend erweisen, wenn die erwartete Prämienerstattung geringer ausfällt als die im Vergleich dazu anfallenden Beitragszahlungen des Versicherten.[1624] Der Versicherte wiederum wird sich nur dann für den Selbstbehaltstarif entscheiden, wenn er das Risiko der eigenen Kostenbelastung im Verhältnis zu der zu erwartenden Prämienzahlung als günstig ansieht.[1625]

Selbstbehaltstarife relativieren in dieser Hinsicht das ansonsten für die gesetzliche Krankenversicherung prägende Prinzip des sozialen Ausgleichs. Während junge und gesunde Versicherte durch die Wahl eines Selbstbehaltstarifs von regelmäßigen Prämienzahlungen profitieren können, wird dies für alte und chronisch kranke Versicherte nicht möglich sein.[1626] Selbstbehalte implementieren damit einen Mechanismus der indirekten Risikoberücksichtigung, da das individuelle Krankheitsrisiko das finanzielle Kostenrisiko mitbestimmt. Kritische Stimmen bewerten Selbstbehalte daher nicht nur als Fremdkörper in der gesetzlichen Krankenversicherung, sondern ebenso als Durchbrechung des geltenden Solidaritätsgrundsatzes.[1627] Allerdings sind keine individuellen Tarifangebote an einzelne Versicherte möglich; es handelt sich also stets um an die Versichertengemeinschaft gerichtete Angebote insoweit unter Beachtung des Gedankens der Solidargemeinschaft.[1628]

### bb. Nichtinanspruchnahme von Leistungen

§ 53 Abs. 2 SGB V sieht die Möglichkeit eines freiwilligen Wahltarifs vor, der die Nichtinanspruchnahme von Leistungen zu Lasten der gesetzlichen Krankenversicherung – mit einigen Ausnahmen – zum Gegenstand hat. Die Krankenkasse kann dafür eine Prämienzahlung von maximal einem Zwölftel der im Kalenderjahr gezahlten Beiträge auszahlen, die sogar den Anteil des Arbeitgebers an der Beitragsaufbringung mitumfasst.[1629] Eine Nichtinanspruchnahme liegt vor im Fall des vollständigen Verzichts der Leistungsinanspruchnahme („Alles-oder-Nichts-Prinzip“[1630]); aber auch die Inanspruchnahme von für den Prämienanspruch unschädlichen Leistungen nach Abs. 2 S. 3 wird erfasst. Dazu gehören alle Leistungen, die an Versicherte geleistet werden, die das 18. Lebensjahr noch nicht vollendet haben, sowie Leistungen des 3. Und 4. Abschnitts des 3. Kapitels des SGB V. Durch diese Ausnahmetatbestände wollte der Gesetzgeber

[1624] Vgl. *Dreher* in: jurisPK-SGB V, 4. Aufl. 2020, § 53 Rn. 39.
[1625] *Dreher* in: jurisPK-SGB V, 4. Aufl. 2020, § 53 Rn. 39; vgl. *Thüsing* NZS 2008, 454.
[1626] Vgl. *Bieback* SGb 2012, 8; vgl. *Thüsing* NZS 2008, 452 f.
[1627] Vgl. dazu *Bieback* SGb 2012, 8; vgl. *Thüsing* NZS 2008, 454, der von „Entsolidarisierung“ spricht; vgl. *Isensee* NZS 2007, 449; vgl. *Dreher* in: jurisPK-SGB V, 4. Aufl. 2020, § 53 Rn. 44.
[1628] Vgl. BeckOGK/*Nolte* SGB V § 53 Rn. 7; so schon BT-Drucks. 13/6087, S. 24.
[1629] Dazu *Dreher* in: jurisPK-SGB V, 4. Aufl. 2020, § 53 Rn. 58 ff.
[1630] Krauskopf/*Wagner* SGB V § 53 Rn. 12.

sicherstellen, dass kein finanzieller Anreiz besteht, auf Leistungen zu verzichten, die der Gesetzgeber aus Gründen des Kindeswohls, des Mutterschutzes oder der Gesunderhaltung der Versichertengemeinschaft insgesamt als relevant erachtet hat. Für Letzteres ist insbesondere die durch das Präventionsgesetz erfolgte Ausweitung an Präventionsleistungen im 3. und 4. Abschnitt des 3. Kapitels des SGB V ein Indiz.[1631] Über den Wortlaut hinaus kann davon ausgegangen werden, dass auch Leistungen zur Individualprophylaxe als prämienunschädlich angesehen werden können, da diese von den Versicherten zur Auslösung der Bonifizierung in § 55 SGB V zwingend vorzunehmen sind.[1632] Gleichfalls möglich und letztlich auch regelmäßige Folge des Wahltarifs ist die Inanspruchnahme von Leistungserbringern auf eigene Rechnung im Wege eines privatärztlichen Behandlungsvertrages.[1633]

Ebenso wie im Fall des Wahltarifs „Selbstbehalt" ist auch für den Wahltarif nach § 53 Abs. 2 SGB V davon auszugehen, dass dieser vordergründig von Versicherten gewählt wird, die jung und gesund und daher nicht auf die Leistungen angewiesen sind.[1634] Insoweit findet auch hier eine bedingte Form der Risikoberücksichtigung statt. Für die Krankenkassen bieten sich solche Tarife aber gleichwohl an, um beitragsstarke Versichertengruppen zu halten, die proportional höhere Beiträge erbringen.[1635] So rechnen sich für die Krankenkassen die angebotenen Tarife in Summe trotz der an die Versicherten zu entrichtenden Prämien.

### cc. Teilnahme an besonderen Versorgungsformen

Nach § 53 Abs. 3 SGB V muss jede Krankenkasse in ihrer Satzung einen Wahltarif mit Prämienzahlung oder alternativ mit Zuzahlungsermäßigung für Versicherte vorsehen, die an besonderen Versorgungsformen teilnehmen. Zu den besonderen Versorgungsformen zählen die Programme nach § 63 SGB V, § 73b SGB V, § 137f SGB V und § 140a SGB V. Voraussetzung für die Berechtigung zum Wahltarif sind die jeweils für die einzelnen besonderen Versorgungsformen notwendigen Voraussetzungen. Der Wahltarif soll den Versicherten finanziellen Anreiz dazu geben, sich für besondere Versorgungsformen zu entscheiden.[1636]

Damit weist auch diese Regelung verhaltenssteuernde Tendenz auf. Der Gesetzgeber scheint nur in geringem Umfang auf die Einsicht der Versicherten zu vertrauen, Leistungen zum Wohl der Solidargemeinschaft sparsam und nur wenn notwendig in Anspruch zu nehmen, weshalb er durch finanzielle Boni die Versicherten in die begrenzte Leistungsinanspruchnahme nach den besonderen Versorgungsformen zu bewegen versucht.[1637]

---

[1631] Vgl. zum Ansinnen des Gesetzgebers BT-Drucks. 18/4282, S. 1 f., 21 ff.
[1632] So *Dreher* in: jurisPK-SGB V, 4. Aufl. 2020, § 53 Rn. 56.
[1633] Vgl. *Dreher* in: jurisPK-SGB V, 4. Aufl. 2020, § 53 Rn. 49.
[1634] Vgl. *Thüsing* NZS 2008, 452.
[1635] Vgl. *Thüsing* NZS 2008, 452 f.; vgl. *Weber* G+S 2007, 55, 59.
[1636] Vgl. *Schlegel*, in: *Sodan*, Krankenversicherungsrecht, § 8 Rn. 15.
[1637] Vgl. *Schlegel*, in: *Sodan*, Krankenversicherungsrecht, § 8 Rn. 14.

Betreffend die Zuzahlungsermäßigung besteht keine Obergrenze, wie sie für die Prämienzahlungen in § 53 Abs. 8 SGB V vorgesehen ist. Zusätzlich ist die Belastungsgrenze nach § 62 SGB V zu beachten. Für Versicherte, die an der Versorgung für chronisch Kranke partizipieren, wird damit die Zuzahlungsgrenze ohnehin bereits bei lediglich einem Prozent der jährlichen Bruttoeinnahmen zum Lebensunterhalt betragen. Prämienberechtigt ist nicht nur das Mitglied, sondern alle Versicherten. Das führt dazu, dass auch Versicherte, die keine Beiträge leisten – etwa mitversicherte Angehörige nach § 10 SGB V – berechtigt sind, Prämienzahlungen zu erhalten. In der Konsequenz kann demzufolge der Fall eintreten, dass die Prämien, die eine Familie von der Krankenkasse ausgeschüttet bekommt, in Summe den tatsächlich erbrachten Beitrag des beitragspflichtigen Familienmitglieds übersteigen. Der Gesetzgeber hat diesen Umstand – so scheint es zumindest – unter dem Aspekt hingenommen, einen möglichst umfassenden Anreiz für die Teilnahme an besonderen Versorgungsformen, insbesondere an der freiwilligen hausarztzentrierten Versorgung, zu schaffen.[1638]

### dd. Wahltarif der Kostenerstattung

§ 53 Abs. 4 SGB V sieht für die Krankenkassen die Möglichkeit vor, in ihren Satzungen für ihre Mitglieder und deren familienversicherte Angehörige Tarife für Kostenerstattung einzurichten, die von den Mitgliedern gewählt werden können. Anders als im Fall des § 13 Abs. 2 SGB V, dessen Kostenerstattung vom Versicherten ohne Satzungsregelung einseitig verlangt werden kann, bedarf es für den Wahltarif einer eigenständigen Satzungsregelung.[1639] Die Höhe der Kostenerstattung kann dabei variieren. Auch können spezielle Prämienzahlungen der Versicherten festgelegt werden. Wählt der Versicherte die Kostenerstattung, so werden keine Sach- oder Dienstleistungen mehr durch die Krankenkasse erbracht. Fortan verschafft sich der Versicherte die Leistungen zunächst selbst auf eigene Rechnung, bevor die Krankenkasse ihm die Kosten in dem Umfang erstattet, der im entsprechenden Wahltarif vorgesehen ist, wobei die Kasse dazu berechtigt ist, einen Betrag von bis zu 5% für den Verwaltungsaufwand zu berechnen.

Fraglich ist, ob diese Ermächtigung den Krankenkassen gleichzeitig auch das Recht einräumt, über die Wahltarife Leistungen anzubieten, die ansonsten außerhalb des Leistungskatalogs der gesetzlichen Krankenversicherung lägen und sie damit die Möglichkeit hätten, den Leistungsumfang der gesetzlichen Krankenversicherung nach eigenem Ermessen auszuweiten.[1640] Immerhin besteht diese

---

[1638] Vgl. hierzu die Ansicht von *Dreher* in: jurisPK-SGB V, 4. Aufl. 2020, § 53 Rn. 70; vgl. zudem zum Anliegen der Attraktivitätssteigerung der hausarztzentrierten Versorgung BT-Drucks. 19/8351, S. 177.

[1639] Vgl. Krauskopf/*Wagner* SGB V § 53 Rn. 15; auf Unterschiede und Gemeinsamkeiten eingehend *Wolf* NZS 2011, 87 ff.

[1640] Zu der Frage etwa *Isensee* NZS 2007, 450; siehe auch *Wolf* NZS 2011, 88 f.; unter Berufung auf ein Rundschreiben des Bundesversicherungsamtes v. 13.07.2007 die Möglichkeit der Leistungsausweitung bejahend *Thüsing* NZS 2008, 450.

Möglichkeit in gewissem Umfang für den Wahltarif nach § 53 Abs. 3 SGB V für Modellvorhaben nach § 63 SGB V.[1641] Das Bundessozialgericht hat sich jedoch gegen eine Leistungsausweitung ausgesprochen und zudem klargestellt, dass der Wahltarif des § 53 Abs. 4 SGB V für die Krankenkassen lediglich die Möglichkeit bietet, über die Wahl der Kostenerstattung nach § 13 Abs. 2 SGB V hinaus den Versicherten eine höhere Kostenerstattung zu gewähren.[1642] Durch die Möglichkeit einer Prämienzahlung zusätzlich zum allgemeinen Beitragssatz durch den Versicherten kann sich im Unterschied zur Kostenerstattung nach § 13 Abs. 2 SGB V der Umfang der Kostenerstattung auf bis zu 100% der Kosten belaufen.[1643] Zugleich kann aus diesem Nebeneinander unterschiedlicher Kostenerstattungsalternativen abgeleitet werden, dass dem Versicherten sowohl die Möglichkeit der Wahl der Kosterstattung nach § 13 Abs. 2 SGB V als auch nach § 53 Abs. 4 SGB V offen steht.[1644]

#### ee. Krankengeld und Leistungsbeschränkungen für Personengruppen mit beamtenrechtlichen Beihilfeansprüchen

§ 53 Abs. 6 SGB V sieht für diejenigen Versicherten, die keinen Anspruch auf Krankengeld oder bei Arbeitsunfähigkeit nicht für mindestens sechs Wochen einen Anspruch auf Fortzahlung des Arbeitsentgelts haben, die Möglichkeit eines Krankengeld-Wahltarifs vor.[1645] Angesprochen ist insbesondere der Kreis der freiwillig Versicherten. Den Mitgliedern wird damit die Möglichkeit gegeben, eigenständig über ihre finanzielle Absicherung im Krankheitsfall zu entscheiden und auch darüber, wann diese greifen soll.[1646] Durch die Wahl des besagten Tarifs erhält der betroffene Personenkreis denselben Versicherungsschutz wie die übrigen Versicherten. Dadurch findet keine Leistungsausweitung im engeren Sinn statt, sondern es werden verschiedene Gruppen von Leistungsberechtigten in ihren Ansprüchen gleichgestellt, wobei durch die Zusatzprämie das Beitragsniveau ebenfalls angeglichen wird. Der Wahltarif ist damit eine Reaktion auf den eingeführten allgemeinen Beitragssatz sowie den reduzierten Beitrag für Versicherte ohne Krankengeldanspruch.[1647] Krankengeldansprüche können so nur durch Satzung bei zusätzlicher Prämienzahlung statt erhöhten Beiträgen entstehen.

---

[1641] Vgl. *Schneider* GesR 2020, 436.

[1642] Vgl. BSG, Urteil v. 30.07.2019 – B 1 KR 34/18 R = GesR 2020, 469; der Ansicht bereits *Isensee* NZS 2007, 450 ff.; ebenso *Wolf* NZS 2011, 90; siehe zudem die kritische Auseinandersetzung mit der Urteilsbegründung bei *Schneider* GesR 2020, 437 ff.

[1643] Vgl. BSG, Urteil v. 30.07.2019 – B 1 KR 34/18 R = GesR 2020, 469; vgl. *Dreher* in: jurisPK-SGB V, 4. Aufl. 2020, § 53 Rn. 76; vgl. *Schlegel*, in: *Sodan*, Krankenversicherungsrecht, § 8 Rn. 102.

[1644] Strittig ist die Frage, inwieweit eine gleichzeitige Partizipation an den beiden Kostenerstattungsoptionen möglich ist. Dagegen *Dreher* in: jurisPK-SGB V, 4. Aufl. 2020, § 53 Rn. 74; andere Ansicht hingegen *Wolf* NZS 2011, 89.

[1645] Dazu *Sodan* NJW 2007, 1315.

[1646] BT-Drucks. 16/3100, S. 109; vgl. *Schlegel*, in: *Sodan*, Krankenversicherungsrecht, § 8 Rn. 117 ff. und 120 ff.; vgl. zudem *Thüsing* NZS 2008, 450.

[1647] Vgl. Krauskopf/*Wagner* SGB V § 53 Rn. 20.

§ 53 Abs. 7 SGB V sieht schließlich für Versicherte im Gegenzug zu einer Leistungsumfangskürzung einen verminderten Beitrag vor. Der Leistungsanspruch bezieht sich entgegen des weitgefassten Wortlauts aber lediglich auf den ohnehin beschränkten Leistungsanspruch von Versicherten, denen beamtenrechtliche Beihilfeansprüche zustehen und die insoweit Teilkosterstattung nach § 14 SGB V gewählt haben.[1648] Es besteht daher nicht die Option, durch gewillkürten Leistungsverzicht Beitragsermäßigung in Form von Prämien zu erzielen.[1649] Der Wahltarif ersetzt damit die vormals bestehende Beitragsermäßigung.[1650] Durch die zur Leistungsbegrenzung entsprechende Prämienzahlung soll verhindert werden, dass die betroffenen Versicherten, die zumeist freiwillig versichert sind, in einem Umfang entsprechend zum allgemeinen Beitragssatz belastet werden und sich deshalb für einen Wechsel in die private Krankenversicherung entscheiden.[1651]

### d. Freie Arztwahl

Bereits die in § 2 Abs. 3 S. 1 SGB V enthaltende Vorgabe an die Krankenkassen, im Rahmen der Auswahl der Leistungserbringer auf deren Vielfalt zu achten, versucht einen Ausgleich zwischen der fehlenden Beteiligung der Versicherten an der Leistungserbringung auf der einen und dem Schutz des besonderen Vertrauensverhältnisses zwischen Leistungserbringer und Versichertem auf der anderen Seite zu schaffen und den unterschiedlichen Bedürfnissen Rechnung zu tragen.[1652] Dazu zählen ausdrücklich auch die religiösen Bedürfnisse des Versicherten. Die Vorschrift steht daher in engen Zusammenhang mit § 33 SGB I.[1653] Insbesondere für das Vertrauensverhältnis sei, so der Gesetzgeber, ein Auswahlrecht des Versicherten essentielle Voraussetzung.[1654] Seinen verfassungsrechtlichen Ausgangspunkt findet das Recht zur freien Arztwahl in der allgemeinen Handlungsfreiheit des Art. 2 Abs. 1 GG sowie bezogen auf das Vertrauensverhältnis zwischen Arzt und Patient in Art. 2 Abs. 1 in Verbindung mit Art. 1 Abs. 1 GG.[1655] Die freie Arztwahl kann in der Folge als wesentlicher Ausdruck der Patientensouveränität und der autonomen Selbstverantwortung eingeordnet werden.[1656] Einfachgesetzlich wurde die freie Arztwahl in § 76 Abs. 1 SGB V verankert.

---

[1648] Vgl. *Helbig* in: jurisPK-SGB V, 4. Aufl. 2020, § 14 Rn. 18; vgl. Becker/Kingreen/*Lang* SGB V § 53 Rn. 23.

[1649] Dazu eingehend LSG Hamburg, Urteil v. 27.09.2012 – L 1 KR 73/10 = NZS 2013, 141.

[1650] Vgl. BT-Drucks. 16/3100, S. 109.

[1651] Vgl. *Dreher* in: jurisPK-SGB V, 4. Aufl. 2020, § 53 Rn. 110.

[1652] Vgl. BT-Drucks. 11/2237, S. 158; vgl. Becker/Kingreen/*Scholz* SGB V § 2 Rn. 15.

[1653] Expliziter Verweis in BT-Drucks. 11/2237, S. 158.

[1654] Vgl. BT-Drucks. 11/2237, S. 158.

[1655] Auch wenn die Herleitung aus Art. 2 Abs. 1 GG offengelassen, vgl. dazu BVerfG, Beschluss v. 23.07.1963 – 1 BvL 1/61 u.a. = NJW 1963, 1667 (1670); davon indes ausgehend Becker/Kingreen/*Lang* SGB V § 76 Rn. 4; siehe auch NK-GesundhR/Marco König SGB V § 76 Rn. 3.

[1656] Hauck/Noftz/*Klückmann* SGB V § 76 Rn. 9; vgl. NK-GesundhR/Marco König SGB V § 76 Rn. 2.

Die Norm gibt dem Versicherten ein subjektives Recht auf freie Arztwahl unter den zugelassenen Leistungserbringern, insbesondere den Vertragsärzten und zugelassenen medizinischen Versorgungszentren im Sinne des § 95 Abs. 1 S. 1, 2 SGB V, nach Maßgabe der durch diese ausgeübten Tätigkeiten und unter Umständen nur nach vorheriger Überweisung.[1657] § 76 Abs. 1a SGB V hat die Wahlmöglichkeit der Versicherten zusätzlich um stationär zugelassene Krankenhäuser erweitert.[1658] Voraussetzung ist allerdings, dass dem Versicherten gemäß § 75 Abs. 1a S. 7 ff. SGB V ein Vermittlungsangebot durch eine Terminservicestelle unterbreitet wurde. Das Wahlrecht der Versicherten wird somit zunächst durch das in der gesetzlichen Krankenversicherung weithin geltende Sachleistungsprinzip eingeschränkt.[1659] Unter dessen Geltung kommen die Krankenkassen ihrer Verschaffungsverpflichtung durch Verträge mit den Leistungserbringern nach, wodurch die Versicherten – wollen sie Leistungen der gesetzlichen Krankenversicherung in Anspruch nehmen – nur auf diese zurückgreifen können. Demgegenüber wird der Versicherte im Gegenzug von der Gefahr einer mangelnden ärztlichen Versorgung sowohl in quantitativer als auch qualitativer Hinsicht, von dem Risiko einer zu hohen oder nicht erstattungsfähigen Rechnungsstellung sowie von einer Vorleistungspflicht entlastet. Die Versicherten sollen aus diesem Pool an möglichen Leistungserbringern den „Arzt ihres Vertrauens" wählen können.

Die Inanspruchnahme eines nicht zugelassenen Arztes ist gemäß § 76 Abs. 1 S. 2 SGB V nur im Notfall möglich. Aus seiner systematischen Stellung im Bereich der ambulanten vertragsärztlichen und vertragszahnärztlichen Versorgung bezieht sich das Wahlrecht in § 76 SGB V gleichfalls nur auf diesen Versorgungsbereich.[1660] Für andere Versorgungsbereiche, etwa den der Versorgung im Krankenhaus, sind die für diese Bereiche ausgestalteten Wahlmöglichkeiten der Versicherten einschlägig.

Das Recht der freien Arztwahl gilt nach § 76 SGB V nicht uneingeschränkt. Die Beschränkungen sind sowohl inhaltlicher, zeitlicher als auch räumlicher Art. Zunächst beschränkt Abs. 1 das Wahlrecht nur auf zugelassene oder ermächtigte Leistungserbringer in der ärztlichen und zahnärztlichen Versorgung. Andere als die in Abs. 1 S. 1 genannten Leistungserbringer kann der Versicherte außer im

---

[1657] Vgl. NK-GesundhR/Marco König SGB V § 76 Rn. 2; vgl. Spickhoff/*Nebendahl* SGB V § 76 Rn. 2, 4; vgl. BeckOGK/*Rademacker* SGB V § 76 Rn. 4; vgl. Hauck/Noftz/*Klückmann* SGB V § 76 Rn. 12 f.; vgl. Krauskopf/*Sproll* SGB V § 76 Rn. 1. Zur Überweisungsvoraussetzung siehe § 13 Abs. 4 S. 1 BMV-Ä. Dazu gehören Ärzte für Laboratoriumsmedizin, Mikrobiologie und Infektionsepidemiologie, Nuklearmedizin, Pathologie, Radiologische Diagnostik beziehungsweise Radiologie, Strahlentherapie und Transfusionsmedizin.

[1658] Vgl. BT-Drucks. 18/4095, S. 92.

[1659] Vgl. Becker/Kingreen/*Scholz* SGB V § 2 Rn. 13; vgl. Krauskopf/*Vossen* SGB V § 2 Rn. 22 f.; vgl. BeckOK SozR/*Joussen* SGB V § 2 Rn. 6 f.

[1660] BeckOK SozR/*Wendtland* SGB V § 76 Rn. 1.

Notfall nur auf eigene Rechnung in Anspruch nehmen. So soll die Solidargemeinschaft vor der Belastung durch unkalkulierbare Mehrkosten geschützt werden.[1661]

Über die inhaltliche Begrenzung hinaus finden sich in den Abs. 2, 3 und 3a des § 76 SGB V weitere Begrenzungen. Abs. 2 statuiert für die Versicherten eine Obliegenheit zur Vermeidung unnötiger Mehrkosten, die im Falle der Obliegenheitsverletzung dem Versicherten auferlegt werden.[1662] Die Vorschrift ist Ausdruck des Wirtschaftlichkeitsgebots.[1663] Denn Sinn und Zweck der Vorschrift ist es der Gesetzesbegründung zufolge, die finanzielle Belastung der Solidargemeinschaft zu verringern, indem das finanzielle Risiko von Mehrkosten auf die Versicherten übertragen wird.[1664] Der Versicherte wird angehalten, ohne zwingenden Grund nur den nächsterreichbaren Leistungserbringer zu wählen: „Einer der "nächsterreichbaren" Ärzte [...] ist ein solcher Arzt, bei dessen Inanspruchnahme durch den Versicherten - gegenüber den durch die Inanspruchnahme des nächsterreichbaren Arztes entstehenden Fahrkosten (= Mindestkosten) - nur geringfügige Mehrkosten entstanden sind.“[1665] Das Siebenfache der Mindestkosten ist nach Auffassung des Bundessozialgerichts jedenfalls nicht mehr als „geringfügige Mehrkosten“ anzusehen.[1666]

Ein wichtiger Grund im Sinne des § 76 Abs. 2 SGB V kann sich in aller Regel nicht aus dem besonderen Vertrauensverhältnis zum bisher behandelnden Arzt ergeben, umgekehrt jedoch aus einem zerrütteten Vertrauensverhältnis etwa aufgrund eines Behandlungsfehlers.[1667] Allerdings ist die praktische Bedeutung der Regelung als eher gering einzuschätzen, da es sich bei den Mehrkosten fast ausschließlich um Fahrtkosten handelt, die ohnehin zum Großteil keine Leistung der gesetzlichen Krankenversicherung sind.[1668]

§ 76 Abs. 3 SGB V bindet die Versicherten in zeitlicher Hinsicht, indem dort eine Quartalsregelung implementiert wurde, die einen Arztwechsel innerhalb desselben Kalendervierteljahres an das Vorliegen eines wichtigen Grundes knüpft. Die Regelung ist im Unterschied zu Abs. 2 nicht sanktionsbewehrt und hat mithin Appellcharakter.[1669] Darüber hinaus soll über den gleichfalls sanktionslosen Abs. 3a eine unkoordinierte Mehrfachinanspruchnahme verhindert werden. Aufgrund der fehlenden Abrufbarkeit entsprechender Informationen über die Versichertenkarte, kann diesem Ansinnen jedoch nur im Rahmen von Modellvorhaben nach

---

[1661] Siehe dazu die Begründung des Bundesverwaltungsgerichts, BVerwG, Urteil v. 04.09.1980 – 5 C 42/79 = BeckRS 1980, 30443089.
[1662] Zur Qualifikation als Obliegenheit Becker/Kingreen/*Lang* SGB V § 76 Rn. 2.
[1663] Vgl. BSG, Urteil v. 08.09.2015 – B 1 KR 27/14 R = NZS 2016, 100 (101); vgl. BSG, Urteil v. 20.01.1982 – 3 RK 72/80 = NJW 1982, 1350.
[1664] Vgl. BT-Drucks 11/2237, S. 186.
[1665] BSG, Urteil v. 20.01.1982 – 3 RK 72/80 = NJW 1982, 1350.
[1666] Vgl. BSG, Urteil v. 20.01.1982 – 3 RK 72/80 = NJW 1982, 1350.
[1667] So BSG, Urteil v. 08.09.2015 – B 1 KR 27/14 R = NZS 2016, 100 (101); a.A. zum besonderen Vertrauensverhältnis wohl Becker/Kingreen/*Lang* SGB V § 76 Rn 19.
[1668] Vgl. dazu BSG, Urteil v. 08.09.2015 – B 1 KR 27/14 R = NZS 2016, 100.
[1669] Siehe zum Appellcharakter NK-GesundhR/Marco König SGB V § 76 Rn. 10.

§ 64 Abs. 4 SGB V oder der hausarztzentrierten Versorgung nachgekommen werden.[1670] Haben sich die Versicherten für die hausarztzentrierte Versorgung entschieden, wozu nach § 76 Abs. 3 S. 2 SGB V aber keine Pflicht besteht[1671], so sind sie gemäß § 73b Abs. 3 S. 2 SGB V an den von ihnen gewählten Hausarzt gebunden.

Neben dieser Option der Wahlrechtsgestaltung durch freiwillige Entscheidung des Versicherten kann dieser auch durch die Teilnahme an weiteren Formen sogenannter Selektivverträge[1672] im Rahmen der besonderen Versorgung nach § 140a Abs. 4 S. 1 SGB V seine Wahlfreiheit eigenständig einschränken. Durch das GKV-Gesundheitsreformgesetz 2000[1673] wurde der Regelungskomplex der integrierten Versorgung in das SGB V eingefügt. Der Gesetzgeber eröffnete damit den Krankenkassen die Möglichkeit, mit Leistungserbringern außerhalb der Regelversorgung Verträge über die Versorgung der Versicherten abzuschließen.[1674] Ziel war es unter anderem, einen Wettbewerb unter den an der Versorgung Beteiligten um die „beste" Versorgung der Versicherten zu bewirken.[1675] Die Ausweitungen der Versorgungsstrukturen sind aus Sicht des Gesetzgebers insbesondere zur Wahrung der Finanzierbarkeit der gesetzlichen Krankenversicherung gedacht.[1676]

Die Versicherten können nach § 140a Abs. 4 SGB V ihre Teilnahme an der besonderen Versorgung gegenüber ihrer Krankenkasse erklären, wodurch sich aber die Zahl der Leistungserbringer, aus denen sie auswählen können, weiter reduziert. Die Bindung der Versicherten an die Leistungserbringer der besonderen Versorgung ist zwar nicht mehr unmittelbar gesetzlich geregelt, ergibt sich aber zum einen aus Sinn und Zweck der Versorgungsform sowie mittelbar aus § 140a Abs. 4 S. 5 SGB V, welcher für die Krankenkassen die Verpflichtung vorsieht, eine entsprechende Bindung in den Teilnahmebedingungen zu regeln.[1677] Bezüglich der geschaffenen Möglichkeit der Teilnahmeerklärung durch die Versicherten hat der Gesetzgeber daher explizit klargestellt, dass das Prinzip des Rechts auf freie Arztwahl uneingeschränkt erhalten bleibt, weshalb die Teilnahme des

---

[1670] Vgl. BeckOGK/*Rademacker* SGB V § 76 Rn. 30; vgl. Becker/Kingreen/*Lang* SGB V § 76 Rn. 24; vgl. Krauskopf/*Sproll* SGB V § 76 Rn. 22; vgl. Hauck/Noftz/*Klückmann* SGB V § 76 Rn. 20; vgl. NK-GesundhR/Marco König SGB V § 76 Rn. 11.

[1671] Dazu Hauck/Noftz/*Klückmann* SGB V § 76 Rn. 21; siehe auch BSG, Urteil v. 22.03.2006 – B 6 KA 76/04 = BeckRS 2006, 42298 (Rn. 25).

[1672] Zum Begriff *Huster/Schütz* NZS 2016, 646.

[1673] Siehe das Gesetz zur Reform der gesetzlichen Krankenversicherung ab dem Jahr 2000, BGBl. I 1999, S. 2657.

[1674] Zur Ausweitung der Versorgung über die Regelversorgung hinaus siehe bei Hauck/Noftz/*Engelhard* SGB V § 140a Rn. 2, 7, 19.

[1675] *Baumann/Matthäus* in: jurisPK-SGB V, 4. Aufl. 2020, § 140a SGB V Rn. 2; vgl. auch BT-Drucks. 14/1245, S.91 f.; vgl. BT-Drucks. 16/3100, S. 113.

[1676] So die Schlussfolgerung im Kontext der integrierten Versorgung bei *Butzer* MedR 2004, 187.

[1677] Vgl. § 140a Abs. 2 SGB V a.F.; ausführlich zur Bindung der Versicherten an die reduzierte Anzahl der Leistungserbringer Hauck/Noftz/*Engelhard* SGB V § 140a Rn. 150 ff.

Versicherten an der integrierten Versorgung nur auf freiwilliger Basis erfolgen könne.[1678]

Allerdings besteht für die Krankenkassen die Möglichkeit, Anreize zur Teilnahme an der besonderen Versorgung für die Versicherten zu setzen. Ausgehend von der bereits dargestellten Verpflichtung der Krankenkassen, Wahltarife für die Teilnahme an der Versorgung nach § 140a SGB V vorzusehen, räumt der Gesetzgeber den Krankenkassen in § 53 Abs. 3 S. 2 SGB V die Möglichkeit ein, für die teilnehmenden Versicherten Prämienzahlungen oder Zuzahlungsermäßigungen vorzusehen. Soweit der Versicherte seine Teilnahmeerklärung abgegeben hat, ist er entsprechend der Regelungsverpflichtung der Krankenkassen aus § 140a Abs. 4 S. 5 SGB V nach den geltenden Teilnahmebedingungen zeitlich an diese gebunden. Die Teilnahmeerklärung kann unter den Voraussetzungen des Abs. 4 S. 2 bis 4 widerrufen werden. Aufgrund der Tragweite der Entscheidung bezüglich des Versorgungsumfangs, der Bindungswirkung in zeitlicher Hinsicht, aber auch hinsichtlich der Leistungserbringerwahl, hatte der Gesetzgeber zunächst zudem die Notwendigkeit von Transparenz im Prozess der Teilnahme an der integrierten Versorgung betont und dafür in § 140 Abs. 3 SGB V a.F. umfassende Informationsrechte der Versicherten gegenüber den Krankenkassen und Leistungserbringern statuiert.[1679] Diese wurden jedoch unter Verweis auf die allgemeinen Auskunfts- und Beratungspflichten der Krankenkassen nach den §§ 13 ff. SGB I sowie deren allgemeines Informationsinteresse wieder gestrichen.[1680] Allgemein ist der Information über selektivvertragliche Angebote ein hoher Stellenwert beizumessen, da einzelne Leistungsangebote erhebliche Auswirkungen auf die Qualität der medizinischen Versorgung haben.[1681]

### 5. Selbstbeteiligungsformen der Versicherten

Finanzielle Selbstbeteiligungen der Versicherten in der gesetzlichen Krankenversicherung sind ebenso wie Leistungsbeschränkungen und Leistungsausschlüsse Konkretisierungen der in § 2 Abs. 1 S. 1 SGB V aufgestellten leistungsrechtlichen Grundsätze, insbesondere desjenigen der Eigenverantwortung der Versicherten.[1682] Das Mittel der Selbstbeteiligung der Versicherten wurde wiederholt als Instrument unter dem Gedanken der Kostenbegrenzung und Qualitätssicherung im Recht der gesetzlichen Krankenversicherung ausgebaut und neugestaltet. Bei einer Reihe von Leistungen muss der Versicherte demzufolge einen eigenen

---

1678 Vgl. BT-Drucks. 14/1245, S. 91.

1679 Vgl. BT-Drucks. 14/1245, S. 91.

1680 Vgl. BT-Drucks. 18/4095, S. 127.

1681 Siehe dazu den Sonderbericht zum Wettbewerb in der gesetzlichen Krankenversicherung des Bundesamtes für Soziale Sicherung, Stand 2018, S. 58, abrufbar unter https://www.bundesamtsozialesicherung.de/fileadmin/redaktion/allgemeine_dokumente/Taetigkeitsberichte/20180404Sonderbericht_web.pdf, zuletzt am 01.04.2023, in dem sich für mehr Transparenz betreffend die Selektivverträge ausgesprochen wird.

1682 Vgl. Becker/Kingreen/*Scholz* SGB V § 2 Rn. 2; Krauskopf/*Vossen* SGB V § 2 Rn. 5; vgl. Eichenhofer/v. Koppenfels-Spies/Wenner/*Axer* SGB V § 2 Rn. 7.

finanziellen Beitrag zur Leistungserbringung leisten. Dabei können unterschiedliche Formen der Konkretisierung von Selbstbeteiligungen im SGB V ausgemacht werden. Zu nennen sind neben dem bereits dargestellten freiwilligen Selbstbehalt des Versicherten im Rahmen des § 53 Abs. 1 SGB V die Festbetragsregelungen in den §§ 12 Abs. 2, 33 Abs. 7, 35 und 36 SGB V sowie die Zuzahlungen im Sinne des § 61 SGB V und ihre jeweiligen Bezüge im Leistungsrecht.

Selbstbeteiligungen unterteilen sich demnach grob in Festbeträge, Zuzahlungen, Gebühren und Selbstbehalte.[1683] Gemein ist den Formen der Selbstbeteiligung, dass entsprechende Höchstgrenzen oder ähnliche Schutzmechanismen bestehen, die die Versicherten aus sozialen Gründen vor Überforderung schützen sollen.

### a. Festbeträge

Festbeträge vergüten einen festen Betrag pro Leistung. Entsprechende Regelungen wurden erstmals durch das Gesundheits-Reformgesetz[1684] eingeführt.[1685] In der Reichsversicherungsordnung bestanden demnach keine entsprechenden Vorgängervorschriften. § 12 Abs. 2 SGB V stellt klar, dass die Krankenkassen die sie treffende Leistungspflicht bei einer Leistung, für die ein Festbetrag festgesetzt ist, mit der Leistung dieses Festbetrages erfüllen. Für Mittel, für die keine Festbeträge festgesetzt sind, trägt die Krankenkasse die Kosten allein. Festbetragsregelungen begrenzen damit die Sachleistungsverpflichtung der Krankenkassen und fungieren als Konkretisierung des Wirtschaftlichkeitsgebots, indem sie als Instrument der Begrenzung der Ausgaben der gesetzlichen Krankenversicherung dienen.[1686]

Die Festbetragsregelungen bewirken aber nur insoweit eine Selbstbeteiligung des Versicherten, als die Preise der Produkte über dem Festbetrag liegen. Gleichzeitig entfalten Festbetragsregelungen aber auch eine Sperrwirkung gegenüber Verordnungseinschränkungen oder -ausschlüssen gemäß § 92 Abs. 1 S. 1 SGB V, da die Bezifferung des Festbetrages insoweit als wirtschaftlich im Sinne des Wirtschaftlichkeitsgebots anzusehen ist.[1687]

Eine umfangreiche Beschränkung erfahren die Ansprüche der Versicherten gegen ihre Krankenkasse in finanzieller Hinsicht so etwa durch die Möglichkeit der Festlegung von Festbeträgen bei der Versorgung mit Arznei-, Verbands- und Heilmitteln nach den §§ 35 und 36 SGB V. § 35 SGB V ergänzt insoweit § 31 Abs. 2 SGB V, indem er vorschreibt, wie hoch die Festbeträge anzusetzen sind, bis zu denen die Krankenkassen die Kosten tragen. Für Arzneimittel erfolgt – anders als für Verbandsmittel – nach § 35 SGB V ein zweigestuftes Festsetzungsverfahren. Zunächst bestimmt der Gemeinsame Bundesausschuss, für welche

---

1683 *Götze/Salomon* ZSR 2009, 72.
1684 BGBl. I 1988, S. 2477.
1685 Entsprechend dazu BT-Drucks. 11/2237, S. 175.
1686 Vgl. BT-Drucks. 11/2237, S. 175.
1687 NK-GesundhR/Karsten Engelke SGB V § 35 Rn. 9.

Arzneimittelgruppen Festbeträge gebildet werden sollen, ehe in einem zweiten Schritt durch den Spitzenverband Bund der Krankenkassen die Festbeträge für die vorgesehenen Arzneimittelgruppen festgesetzt werden. Gedanke hinter der Regelung § 31 Abs. 2 SGB V ist, dass durch die nur begrenzte Kostentragung durch die Krankenkassen der Versicherte dazu animiert wird, preisgünstige Arznei- und Verbandsmittel nachzufragen.[1688] Höhere Kosten sind von den Versicherten selbst zu tragen, wobei keine Ausweichmöglichkeit auf die Härtefallklauseln der §§ 61 f. SGB V besteht. Ausnahmsweise leistet die Krankenkasse im Fall eines Rabattvertrages zwischen ihr und einem pharmazeutischen Unternehmen nach § 130a Abs. 8 SGB V gemäß § 31 Abs. 2 S. 2 SGB V nicht nur bis zur Höhe des Festbetrages, sondern den Apothekenpreis abzüglich der Zuzahlung des Versicherten und übernimmt damit gleichfalls die sich ergebenden Mehrkosten.

Die Krankenkassen sollen dadurch an einer mehrkostenfreien Versorgung mitwirken.[1689] Durch die Hinweispflicht des verordnenden Arztes gemäß § 73 Abs. 5 S. 3 SGB V ist dem Versicherten auch die Möglichkeit der an den Kosten ausgerichteten Entscheidung eröffnet.[1690] Insgesamt soll durch die Festbetrags- und Mehrkostenregelungen über die Versicherten effektiv auf den Preiswettbewerb eingewirkt werden, um so das Ausgabenvolumen der gesetzlichen Krankenversicherung für Arznei- und Verbandsmittel abzusenken, ohne aber zugleich die Qualität der angebotenen Produkte zu verschlechtern.[1691] Da die Erstattung nur im Rahmen des Festbetrages erfolgt, sind die pharmazeutischen Unternehmen mehr oder weniger gezwungen, entweder ihre Preise auf den Betrag des Festbetrages zu senken oder aber darauf zu vertrauen, dass die Versicherten die Mehrkosten auf eigene Rechnung tragen.

§ 36 Abs. 1 SGB V setzt die Erstattungsobergrenze für Hilfsmittel fest. Erfolgt ist dies für Einlagen, Sehhilfen, Inkontinenzhilfen, Kompressionstherapie und Hörhilfen.[1692] Die durch den Spitzenverband Bund der Krankenkassen festgesetzten Festbeträge wirken über § 33 Abs. 1 S. 1 SGB V unmittelbar anspruchsbegrenzend gegenüber den Versicherten. Ebenso wie im Falle des § 35 SGB V ist die Vorschrift des § 36 SGB V dazu gedacht, für den Versicherten einen Anreiz für die Wahl der kostengünstigeren Versorgungsmöglichkeit zu setzen und zugleich einen wirksamen Preiswettbewerb zu fördern.[1693] Der Gesetzgeber hat den Versicherten dementsprechend als unmittelbaren Nachfrager instrumentalisiert. Die Leistungsbegrenzung durch Festbeträge ist jedoch nur bezogen auf das Kriterium der Kostengünstigkeit der Versorgung gestattet, nicht aber zur

---

[1688] Vgl. BT-Drucks. 11/2237, S. 173, 175.
[1689] Ausdrücklich BT-Drucks. 16/194, S. 7.
[1690] So Hauck/Noftz/*Luthe* SGB V § 35 Rn. 6.
[1691] Vgl. BT-Drucks. 11/2237, S. 173.
[1692] Siehe im Einzelnen die Beschlüsse des GKV-Spitzenverbandes, abrufbar unter https://www.gkv-spitzenverband.de/krankenversicherung/hilfsmittel/festbetraege_3/festbetraege.jsp, zuletzt am 01.04.2023.
[1693] Vgl. BT-Drucks. 11/2237, S. 139; vgl. BT-Drucks. 11/3480, S. 43 f.

Einschränkung des Leistungskataloges selbst.[1694] Es geht also zuvorderst um die Preis- und damit um die Ausgabenkontrolle. Gleichzeitig wird aber auch eine Versorgungsuntergrenze markiert; denn die Krankenkassen sind in der Verantwortung, eine ausreichende Versorgung über die Festbeträge sicherzustellen.[1695] Die grundsätzliche Sachleistungsverpflichtung bleibt schließlich unberührt.

Zu berücksichtigen ist ferner, dass die Vorschriften der §§ 35 und 36 SGB V durchaus verfassungs- und kartellrechtliche Kritik erfahren haben. Allerdings hielt das Bundesverfassungsgericht, die Grundrechtsbeeinträchtigung für gerechtfertigt.[1696]

### b. Zuzahlungen im Sinne des § 61 SGB V

Zuzahlungen der Versicherten sind seit langem Bestandteil des Rechts der Gesundheitsversorgung. Bereits vor der Neubekanntmachung der Reichsversicherungsordnung im Dezember 1924[1697] wurde mit § 182a RVO bei Arznei-, Heil- und Stärkungsmitteln mit Wirkung zum 01.01.1924 die erste Zuzahlungspflicht in der gesetzlichen Krankenversicherung eingeführt. Damals wie heute steht hinter Zuzahlungsverpflichtungen der maßgebliche Gedanke, die Ausgaben der gesetzlichen Krankenversicherung in dem mit Zuzahlungen belegten Versorgungsbereich zu senken.[1698] Der Gesetzgeber erhoffte sich durch die Neugestaltung der Zuzahlungsregelungen durch das GKV-Modernisierungsgesetz[1699] und die darin erfolgte Ausweitung auf alle Versicherten, die das 18. Lebensjahr vollendet haben, einen Rückgang in der Inanspruchnahme von ärztlichen und nichtärztlichen Leistungen.[1700]

Maßgeblicher Gedanke war also eine erwünschte Steuerung des Inanspruchnahmeverhaltens durch das Instrument der Zuzahlung. Dies hatte der Gesetzgeber auch schon in der Begründung zum Gesundheits-Reformgesetz[1701] ausdrücklich klargestellt.[1702] Gerechtfertigt hat der Gesetzgeber die Notwendigkeit von Zuzahlungen und Eigenbeteiligungen damit, dass diese einen Finanzierungsbeitrag zum Schutz der Solidargemeinschaft vor finanzieller Überforderung leisten und zudem sowohl das Kostenbewusstsein der Versicherten mit Blick auf die medizinischen Leistungen als auch die Eigenverantwortung der Versicherten stärken.[1703] Eine Erklärung darüber, wie die Zuzahlungen die Eigenverantwortung konkret

---

[1694] BSG, Urteil v. 17.12.2009 – B 3 KR 20/08 R = MPR 2010, 87 (94); siehe auch Becker/Kingreen/*Lungstras* SGB V § 36 Rn. 3; vgl. zudem NK-GesundhR/Karsten Engelke SGB V § 35 Rn. 2.

[1695] Vgl. BSG, Urteil v. 17.12.2009 – B 3 KR 20/08 R = MPR 2010, 87 (94 f.).

[1696] Dazu BVerfG, Urteil v. 17.12.2002 – 1 BvL 28/95 u.a. = NJW 2003, 1232.

[1697] Siehe RGBl. Nr. 75 1924, S. 779 (799).

[1698] Vgl. Hauck/Noftz/*Luthe* SGB V § 31 Rn. 110; vgl. auch BT-Drucks. 18/12192, S. 5.

[1699] BGBl. I 2003, S. 2190.

[1700] Vgl. *R. Richter* DStR 2004, 321.

[1701] BGBl. I 1988, S. 2477.

[1702] Vgl. BT-Drucks. 11/2237, S. 173.

[1703] Vgl. BT-Drucks. 18/12192, S. 5; vgl. BT-Drucks. 17/11925, S. 2; vgl. BT-Drucks. 17/12659, S. 2 ff.

stärken sollen, unterblieb allerdings.[1704] Es wurde lediglich zum Ausdruck gebracht, dass es sich bei Zuzahlungen nicht nur um einen Verzicht auf Leistungen handle, sondern Zuzahlungen in einem engen Zusammenhang zur Solidargemeinschaft stünden.

§ 61 S. 1 SGB V enthält Regelungen zur Höhe der Zuzahlungen, die die Versicherten zu leisten haben. Schon dem Wortlaut nach ist vorausgesetzt, dass andere Vorschriften Zuzahlungsverpflichtungen vorsehen. Diese geben jeweils spezifisch Auskunft über Grund und Höhe der Zuzahlung.[1705] Zu nennen sind hier etwa § 31 Abs. 3 SGB V, § 33 Abs. 8 SGB V oder § 60 Abs. 1, 2 SGB V. Der Umfang der Zuzahlungsverpflichtung wird durch einen prozentualen Anteil sowie Mindest- und Höchstgrenzen dargestellt. Nach § 61 S. 1 SGB V ist die absolute Obergrenze bei den Kosten des Mittels selbst erreicht. Satz 2 hingegen sieht unmittelbar eine Zuzahlungsverpflichtung für bestimmte Leistungsformen vor. Dennoch sind die Zuzahlungsmodalitäten in den speziellen Leistungsnormen konkret geregelt.[1706] Dies – so die amtliche Begründung - diene der Rechtsklarheit.[1707]

### aa. Belastungsgrenze nach § 62 SGB V

Vor sozialer Überforderung im Rahmen der finanziellen Beteiligung der Versicherten soll die in § 62 SGB V normierte Belastungsgrenze schützen, die die finanzielle Beteiligung der Versicherten im Sinne des § 61 SGB V auf einen bestimmten Teil ihrer kalenderjährlichen Bruttoeinkünfte beschränkt.[1708] Die allgemeine Belastungsgrenze beträgt zwei Prozent der individuellen Bruttoeinnahmen. Sie findet Anwendung, soweit nicht die geringere Belastungsgrenze für chronisch Kranke in Höhe von einem Prozent der individuellen Bruttoeinnahmen nach Abs. 1 S. 2 Hs. 2 greift. Eine vollständige Freistellung ist nicht vorgesehen.[1709] Zuzahlungen sind daher von jedem Versicherten, der das 18. Lebensjahr vollendet hat, bis zur Belastungsgrenze des § 62 SGB V zu zahlen.

Für chronisch kranke Versicherte sieht die Vorschrift allerdings eine weitere Voraussetzung für die geringere Belastungsgrenze vor. Nach § 62 Abs. 1 S. 3 SGB V haben auch chronisch oder schwerwiegend Erkrankte in Dauerbehandlung zwei statt der geringeren ein Prozent der individuellen kalenderjährlichen Bruttoeinnahmen zu leisten, wenn sie vor ihrer Erkrankung nicht regelmäßig an Gesundheitsuntersuchungen im Sinne des § 25 Abs. 1 SGB V teilgenommen haben. Durch das Präventionsgesetz[1710] wurde der Tatbestand auf primärpräventive

[1704] Vgl. BT-Drucks. 17/12659, S. 5 f. zu Frage 16 bis 18, sowie insbesondere die dortigen Verweise auf die Antworten zu den Fragen 2, 3, 5, 8, 9 und 10.

[1705] Vgl. BeckOK SozR/*Heberlein* SGB V § 61 Rn. 2.

[1706] Vgl. Becker/Kingreen/*Sichert* SGB V § 61 Rn. 1.

[1707] Siehe BT-Drucks. 15/1525, S. 95.

[1708] Vgl. *Muckel/Ogorek/Rixen*, Sozialrecht, § 8 Rn. 79; vgl. Krauskopf/*Baier* SGB V § 62 Rn. 2; vgl. Hauck/Noftz/*Gerlach* SGB V § 62 Rn. 6; vgl. *Hiddemann/Muckel* NJW 2004, 13; vgl. *R. Richter* DStR 2004, 321.

[1709] Vgl. dazu BGBl. I 1998, S. 3853 (3854, 3857).

[1710] BGBl. I 2015, S. 1368.

Maßnahmen ausgeweitet, was dementsprechend auch eine Ausweitung der Voraussetzungen nach § 62 SGB V zur Folge hatte. Vormals waren die Voraussetzungen sogar noch umfassender und erstreckten sich auch auf Krebsfrüherkennungsuntersuchungen nach § 25 Abs. 2 SGB V. Dies wurde jedoch durch den Gesetzgeber mit Inkrafttreten des Krebsfrüherkennungs- und Registergesetzes[1711] insbesondere aufgrund des Risikopotentials bei ungewissem Nutzen der Untersuchungsmethoden aufgegeben.[1712] Das Inanspruchnahmeverhalten der Versicherten sollte daher ausschließlich durch ausreichende und verständliche Beratung und durch die individuellen Präferenzen, nicht aber durch Anreizsysteme bestimmt sein.[1713]

Dem Ansinnen des Gesetzgebers entsprechend soll durch die Regelung des § 62 Abs. 1 S. 3 SGB V die „Verpflichtung der Versicherten gegenüber der Versichertengemeinschaft zu gesundheitsbewusstem und eigenverantwortlichem Verhalten betont werden".[1714] So sollen nur diejenigen Versicherten von der reduzierten Belastungsgrenze profitieren, die vor ihrer Erkrankung regelmäßig die für sie relevanten, vom Gemeinsamen Bundesausschuss näher zu bestimmenden Vorsorgeuntersuchungen in Anspruch genommen haben. Denn die frühzeitige Erkennung einer Krankheit oder einer zugrunde liegenden Risikokonstellation könne nach Auffassung des Gesetzgebers durch Maßnahmen der Primärprävention beziehungsweise einen frühen Therapiebeginn und die damit verbundene Aussicht auf eine Vermeidung von Folgeerkrankungen oder -komplikationen zu einem insgesamt günstigeren Krankheitsverlauf führen.[1715]

Es handelt sich damit um einen Sanktionstatbestand in Form einer Obliegenheit, der an das individuelle gesundheitsrelevante Versichertenverhalten anknüpft.[1716] Besonders heikel ist der Umstand, dass die Sanktion unabhängig davon eintritt, ob die Gesundheitsuntersuchungen überhaupt geeignet gewesen wären, die betreffende Krankheit zu erkennen oder ihr vorzubeugen beziehungsweise den Verlauf abzumildern. Es geht einzig und allein um die tatsächliche Inanspruchnahme, unabhängig also von einem durch die Nichtteilnahme möglicherweise erhöhten individuellen Risiko. Erwartungsgemäß ist die Norm daher auf Kritik gestoßen.[1717]

Ebenfalls kritisiert wird eine im Sinne der Norm nur unzureichende Festlegung von Ausnahmetatbeständen durch den Gemeinsamen Bundesausschuss nach

---

[1711] BGBl. I 2013, S. 617.
[1712] Siehe zu den Gründen BT-Drucks. 17/11267, S. 25.
[1713] BT-Drucks. 17/11267, S. 26.
[1714] BT-Drucks. 16/3100, S. 110.
[1715] BT-Drucks. 16/3100, S. 110.
[1716] Zur Qualifikation als Obliegenheit BeckOGK/*Schifferdecker* SGB V § 62 Rn. 17.
[1717] Vgl. etwa Krauskopf/*Baier* SGB V § 62 Rn. 17; vgl. die Begründung zum Beschluss des Gemeinsamen Bundesausschusses über eine Änderung der Richtlinien zur Definition schwerwiegender chronischer Erkrankungen im Sinne des § 62 SGB V, abrufbar unter https://www.g-ba.de/downloads/40-268-394/e33d1cc82432fc648df0beeed3df9857/2007-07-19-Chroniker-Zuzahlung_TrG.pdf, zuletzt am 01.04.2023.

§ 62 Abs. 1 S. 5 SGB V, „in denen die Teilnahme an Vorsorgeuntersuchungen nicht zwingend zur Erreichung der 1-Prozent-Zuzahlungsgrenze vorzugeben ist“.[1718] Kritisiert wurde zunächst, dass die Ausnahmen, soweit sie Krebsfrüherkennungsuntersuchungen betrafen, so umfassend ausgestaltet waren, dass nach § 4 der sogenannten Chroniker-Richtlinie[1719] bereits eine nicht einmal in allen Fällen obligatorische Beratung über Chancen und Risiken der jeweiligen Untersuchungen ausreichend gewesen ist und in der Folge schon als regelmäßige Inanspruchnahme nach § 62 Abs. 1 S. 3 SGB V gegolten hat.[1720] Zum anderen bezieht sich § 4 der Chroniker-Richtlinie nach wie vor nur auf die bereits obsolete Regelung in § 62 SGB V betreffend die Inanspruchnahme von Krebsfrüherkennungsleistungen, weshalb § 4 der Chroniker-Richtline gegenstandslos wurde.

Bezogen auf die weiteren Gesundheitsuntersuchungen nach § 25 Abs. 1 SGB V enthält die Chroniker-Richtlinie hingegen keine Bestimmungen. Weder Beratung noch Untersuchung müssen damit bisher vorgenommen werden. Zwar beanstandete das Bundesministerium für Gesundheit die Differenz zwischen dem eindeutigen Wortlaut und der Umsetzung durch den Gemeinsamen Bundesauschuss nicht. Es reagierte aber gleichwohl mit einer Auflage, die den Gemeinsamen Bundeszuschuss zur Fortentwicklung und damit zur gesetzeskonformen Umsetzung anhalten sollte, wozu diesem eine Dreijahresfrist eingeräumt wurde.[1721] Dieser Auflage ist der Gemeinsame Bundesausschuss bisher aber nicht nachgekommen. Ein echter Ausschluss von der Beratungspflicht besteht nach § 4 Abs. 3 der Chroniker-Richtlinie damit lediglich für Versicherte mit schweren psychischen Erkrankungen oder schwerer geistiger Behinderung und für solche Versicherte, die bereits an einer zu untersuchenden Krankheit leiden. Die Obliegenheit des § 62 Abs. 1 S. 3 SGB V ist damit in der Realität folgenlos.[1722]

Zusätzlich gilt die geringere Belastungsgrenze für chronisch kranke Patienten, die an den strukturierten Behandlungsprogrammen nach § 137f SGB V teilnehmen. In den Augen des Gesetzgebers gilt dies gleichfalls als „Ausdruck der besonderen Eigenverantwortung“.[1723] Allerdings ist es anders als im Falle der Untersuchungen nach § 25 Abs. 1 SGB V für die Versicherten unerheblich, ob sie die Teilnahme an Vorsorgeuntersuchungen versäumt haben, solange sie nach Ausbruch der Erkrankung an einem solchen Programm teilnehmen.

---

[1718] BT-Drucks. 16/3100, S. 110; kritisch dazu Becker/Kingreen/*Sichert* SGB V § 62 Rn. 13; ebenfalls kritisch BeckOGK/*Schifferdecker* SGB V § 62 Rn. 21 ff.; siehe auch Krauskopf/*Baier* SGB V § 62 Rn. 20 ff.

[1719] Siehe https://www.g-ba.de/richtlinien/8/, zuletzt am 01.04.2023.

[1720] Dazu etwa Hauck/Noftz/*Gerlach* SGB V § 62 Rn. 46.

[1721] Vgl. dazu den Bescheid des Bundesgesundheitsministeriums vom 17.09.2007, abrufbar unter https://www.g-ba.de/downloads/40-268-429/2007-07-19-Chroniker-Zuzahlung_BMG.pdf, zuletzt am 01.04.2023.

[1722] Vgl. BeckOGK/*Schifferdecker* SGB V § 62 Rn. 23; so auch Hauck/Noftz/*Gerlach* SGB V § 62 Rn. 43.

[1723] BT-Drucks. 16/3100, S. 110.

Zuvor galt ein erheblich strengerer Maßstab. § 62 Abs. 1 S. 7 SGB V a.F.[1724] sah zur Ausstellung der für die Dauerbehandlung notwendigen Bescheinigung die Notwendigkeit vor, dass der bescheinigende Arzt therapiegerechtes Verhalten der Versicherten, wie etwa die Teilnahme an einem strukturierten Behandlungsprogramm, feststellen konnte. Dieser Satz 7 sowie der dazugehörige Satz 8, der eine Regelungskompetenz für den Gemeinsamen Bundesausschuss vorsah, wurden gestrichen.[1725] Zum einen sollte die Streichung der Kopplung der verminderten Belastungsgrenze an therapiegerechtes Verhalten der „Entbürokratisierung" dienen, zum andern war sie der mangelnden praktischen Bedeutung der Vorschrift geschuldet.[1726]

### bb. Zuzahlungen bei Arznei-, Heil- und Hilfsmitteln

Für Arznei- und Verbandsmittel ergeben sich die Grundsätze der Zuzahlung aus § 61 S. 1 SGB V, wohingegen § 31 Abs. 3 SGB V die weiteren Einzelheiten normiert. Versicherte, die das 18. Lebensjahr vollendet haben, haben demnach zu jedem zu Lasten der gesetzlichen Krankenversicherung verordneten Arznei- oder Verbandsmittel eine Zuzahlung in Höhe des Betrages nach § 61 S. 1 SGB V zu leisten. Nach § 31 Abs. 3 S. 4 SGB V kann der Spitzenverband Bund der Krankenkassen abweichend von diesem Grundsatz Arzneimittel von der Zuzahlung befreien, wenn ihr Preis mindestens 30 Prozent unter dem Festbetrag liegt und dabei Einsparungen für die Krankenkasse zu erwarten sind.[1727] Zudem ist es den Krankenkassen gemäß § 31 Abs. 3 S. 5 SGB V gestattet, bei bestehenden Rabattverträgen mit einem pharmazeutischen Unternehmen nach § 130a Abs. 8 SGB V die Zuzahlung um die Hälfte zu reduzieren oder aber gänzlich auf diese zu verzichten.

Die Zuzahlungen verfolgen einen doppelten Zweck. Zum einen soll für die gesetzliche Krankenversicherung eine Kostenbegrenzung dadurch erreicht werden, dass die Versicherten an den jeweils anfallenden Kosten beteiligt werden. Dadurch reduziert sich der von den Krankenkassen zu erbringende Anteil um den Prozentsatz, den der Versicherte zu leisten verpflichtet ist. Auf der anderen Seite kann der Regelung aber auch eine verhaltenssteuernde Funktion zugesprochen werden.[1728] Neben der bereits vom Gesetzgeber explizit intendierten Schaffung eines Preisbewusstseins bei den Versicherten soll insbesondere in der Gesamtschau mit dem Ausschluss von Arzneimitteln bei bestimmten Packungsgrößen aus der Versorgung eine Mengensteuerung erfolgen. Die Versicherten sollen motiviert werden, nicht nur insgesamt weniger Arznei- und Verbandsmittel

---

[1724] In der vom 01.01.2012 bis 08.04.2013 gültigen Fassung.

[1725] BGBl. I 2013, S. 618.

[1726] BT-Drucks. 17/12221, S. 23.

[1727] Vgl. dazu die Befreiungsliste Arzneimittel, Stand 15.03.2023, abrufbar unter https://www.bundesgesundheitsministerium.de/fileadmin/Dateien/3_Downloads/Gesetze_und_Verordnungen/GuV/P/PraevG-RefE.pdf, zuletzt am 01.04.2023.

[1728] Der Ansicht auch Hauck/Noftz/*Luthe* SGB V § 31 Abs. 3 Rn. 111 f.; siehe auch BeckOGK/*Nolte* SGB V § 31 Rn. 58.

nachzufragen, sondern wichtige und benötigte Mittel in einem geringeren Maß in Anspruch zu nehmen.

Als jeweiliges Pendent zu § 31 Abs. 3 SGB V sieht § 32 Abs. 2 S. 1 SGB V die Detailregelung für Zuzahlung bei Heilmitteln und § 33 Abs. 8 SGB V für Hilfsmittel vor. Auch diese Normen verweisen wiederum auf § 61 SGB V, wobei für die Versorgung mit Heilmitteln in § 33 Abs. 8 S. 3 SGB V eine von S. 1 abweichende Zuzahlungsregelung getroffen ist. Versicherte haben demnach 10 Prozent der Kosten des Heilmittels sowie 10 € pro Verordnung aufzubringen. Für die Zuzahlungsregelung bei zum Verbrauch bestimmten Hilfsmitteln sieht § 33 Abs. 8 SGB V eine Ergänzung zu § 61 S. 1 SGB V vor. Danach darf sich die Zuzahlung höchstens auf 10 € für den gesamten Monatsbedarf belaufen. Diese Deckelung erfolgte mit Blick auf die spezifischen Anforderungen an die Versorgung bei zum Verbrauch bestimmten Hilfsmitteln, wozu insbesondere Inkontinenzartikel zu zählen sind, die häufig in großer Zahl und separat verpackt zu erwerben sind. Durch die Begrenzung sollte sichergestellt werden, dass die betroffenen Versicherten nicht finanziell überfordert werden.[1729] Eingeführt wurde die Zuzahlungsverpflichtung für Hilfsmittel durch das GKV-Modernisierungsgesetz[1730], welches insgesamt das Ziel verfolgte, die Finanzierung der gesetzlichen Krankenversicherung bei gleichzeitiger Stärkung der Eigenverantwortung der Versicherten neu zu gestalten[1731] Die Zuzahlungen nach den §§ 31 Abs. 3 und 33 Abs. 8 SGB V sind jeweils an die das Mittel abgebende Stelle zu entrichten.[1732]

### cc. Kostenbeteiligung bei Fahrkosten

Die Vorschrift des § 60 SGB V verfolgt primär das Ziel, die Ausgaben der gesetzlichen Krankenversicherung in Bezug auf Fahrtkosten der Versicherten zu reduzieren, weshalb die Norm wiederholt einschränkend geändert wurde.[1733] So gilt nunmehr das Erfordernis der zwingend medizinischen Notwendigkeit der Fahrt oder des Transports.[1734] Die im Rahmen des Anspruchs des Versicherten nach § 60 SGB V von der Krankenkasse zu tragenden Kosten werden nur in dem Umfang übernommen, der denjenigen der Zuzahlung überschreitet. Ausdrücklich nehmen § 60 Abs. 1 S. 3 sowie Abs. 2 S. 1 SGB V insoweit klarstellend Bezug auf die Regelung des § 61 S. 1 SGB V. Fahrtkosten fallen damit in die finanzielle Zuständigkeit der Versicherten, soweit nicht ausnahmsweise die Voraussetzungen des § 60 SGB V erfüllt sind.

Auch die Übernahme der Fahrtkosten soll damit wohl der Inanspruchnahme von notwendigen medizinischen Leistungen dienen. Fahrtkosten zur ambulanten Versorgung hat der Versicherte grundsätzlich selbst zu tragen, soweit § 60 Abs. 2

---

[1729] Vgl. BT-Drucks. 15/1525, 85.
[1730] BGBl. I 2003, S. 2190.
[1731] Vgl. BT-Drucks. 15/1525, S. 1 f., 85.
[1732] Vgl. BeckOK SozR/*Heberlein* SGB V § 61 Rn. 19, 24.
[1733] Ausführlich Hauck/Noftz/*Gerlach* SGB V § 60 Rn. 2.
[1734] Vgl. dazu BT-Drucks. 15/1525, S. 94.

SGB V oder der Gemeinsame Bundesausschuss in seiner Krankentransport-Richtlinie[1735] nach § 92 Abs. 1 S. 2 Nr. 12 SGB V keine Ausnahme vorsieht. Hin- und Rückfahrt werden als getrennte Fahrten und damit als voneinander unabhängige Sachverhalte behandelt, sodass die Zuzahlung sowohl für den Hin-, als auch für den Rückweg entsprechend zu erbringen ist.[1736] Der Zuzahlungsbetrag wird von der zuständigen Krankenkasse je nach Sachverhalt entweder vom Versicherten oder vom die Fahrt durchführenden Unternehmer entsprechend § 42c Abs. 1 S. 1 SGB V eingezogen. Der Anspruchsinhalt der Kostenübernahme durch die Krankenkasse ist nicht mit einer Form der Kostenerstattung im Sinne des § 13 SGB V gleichzusetzen, sondern stellt eine in Geld erbrachte Sachleistung dar.[1737] Nicht von § 60 SGB V erfasst werden Fahrten im Rahmen der Mitwirkungspflichten der Versicherten nach §§ 61, 62 SGB I.[1738] Hier ist § 65a SGB I einschlägige Grundlage.

### 6. Krankheitsprävention in der Schnittmenge zwischen Eigenverantwortung und sozialstaatlicher Fürsorge

Der Präventionsauftrag der gesetzlichen Krankenversicherung ist bereits seit dem Gesundheitsreformgesetz[1739] Bestandteil des SGB V. Der mit Wirkung zum 01.01.1989 eingeführte § 20 SGB V trug die Überschrift „Gesundheitsförderung, Krankheitsverhütung" und enthielt weit gefasste Bestimmungen zu fakultativen Maßnahmen der Verhütung arbeitsbedingter Gesundheitsgefahren, über Ermessensleistungen zur Erhaltung und Förderung der Gesundheit und zur Verhütung von Krankheit. Im Zuge der Weiterentwicklung des Präventionsauftrages in den letzten drei Jahrzehnten erfuhr nicht nur § 20 SGB V vielfache Änderungen; vielmehr wurde der unbestimmte Präventionsauftrag für die Krankenkassen überwiegend obligatorisch ausgestaltet und in den nachfolgenden Vorschriften weiter ausdifferenziert.[1740] Seine letzte wesentliche Novellierung hat der Präventionsauftrag durch das Präventionsgesetz, das in seinen wesentlichen Teilen am 25.07.2015 in Kraft trat, erfahren.[1741] Seither ist in § 20 SGB V auch von der „Verhinderung und Vermeidung von Krankheitsrisiken" die Rede, statt lediglich von der „Verbesserung des allgemeinen Gesundheitszustandes".

---

[1735] Siehe §§ 7 Abs. 2 Lit. b und c, 8 sowie Anlage 2 der Krankentransport-Richtlinie in der Fassung v. 22.01.2004, Stand 11.01.2023, abrufbar unter https://www.g-ba.de/downloads/62-492-3026/KT-RL_2022-10-20_iK-2023-01-11.pdf, zuletzt am 01.04.2023.

[1736] Vgl. Becker/Kingreen/*Kingreen* SGB V § 60 Rn. 29; vgl. Hauck/Noftz/*Gerlach* SGB V § 60 Rn. 2, 18, 69.

[1737] Siehe hierzu BSG, Urteil v. 18.11.2014 – B 1 KR 8/13 R = NZS 2015, 220 f. Rn. 9; vgl. BeckOK SozR/*Heberlein* SGB V § 60 Rn. 1a; vgl. Krauskopf/*Dettling-Kuchler* SGB V § 60 Rn. 5; vgl. Becker/Kingreen/*Kingreen* SGB V § 60 Rn. 31; vgl. BeckOGK/*Nolte* SGB V § 60 Rn. 15.

[1738] Siehe Krauskopf/*Dettling-Kuchler* SGB V § 60 Rn. 4.

[1739] BGBl. I 1988, S. 2477.

[1740] Vgl. zur Entwicklung die Darstellung bei *Schütze* in: jurisPK-SGB V, 4. Aufl. 2020, § 20 SGB V Rn. 1 ff.

[1741] Vgl. BGBl. I 2015, S. 1368. Zuvor hatte es drei erfolglose Anläufe bedurft, ein Präventionsgesetz auf den Weg zu bringen. Erste Versuche wurden bereits 2005 unternommen, vgl. BT-Drucks. 17/845.

Der Umfang, den der Präventionsauftrag in Recht der gesetzlichen Krankenversicherung mittlerweile angenommen hat, zu weitreichend, als dass er hier vollumfänglich dargestellt werden könnte. Für den hiesigen Untersuchungsgegenstand relevant ist aber auch nur der wesentliche Gedanke des Präventionsauftrages selbst und die sich aus den Gesetzgebungsmaterialien ergebenden Intentionen des Gesetzgebers. Im Folgenden werden daher in einem kurzen Einblick in die wesentlichen Kernaspekte des Präventionsauftrages punktuell einige Regelungen herausgegriffen, die in besonderer Weise in einer Beziehung zu dem Begriff der Eigenverantwortung des Versicherten und zu Formen subjektiver Risikoberücksichtigung stehen.

### a. Intention der Präventionspolitik und des damit korrespondierenden Leistungsangebotes

Mit steigendem Aufkommen chronisch degenerativer Erkrankungen – weithin geläufig unter dem Begriff der „Zivilisationskrankheiten" –, die selten rein genetisch, sondern häufig durch das individuelle Verhalten und den individuellen Lebensstil bedingt sind, rücken Konzepte, die den Einzelnen zu eine gesundheitsförderlichen Einstellung und Lebensweise animieren, in das Interesse der Akteure des Gesundheitssystems.[1742] Ziel solcher insbesondere verhaltensbezogener Präventionsmaßnahmen ist es, die gesellschaftliche Krankheitslast über eine Minimierung der individuellen Risikolast zu reduzieren. Um dieses Ziel zu erreichen, wurde Prävention nach ihrem Ausschluss aus dem Leistungskatalog im Zuge des 2. GKV-Neuordnungsgesetzes[1743] durch die Wiedereinführung im Rahmen der GKV-Gesundheitsreform 2000[1744], spätestens aber durch das Präventionsgesetz von 2015[1745], zur öffentlich und normativ organisierten Aufgabe des Staates, die zu einem wesentlichen Teil von der gesetzlichen Krankenversicherung wahrgenommen wird.[1746] Prävention wurde damit in großem Umfang aus der Privatzuständigkeit entnommen und in die Verantwortung der Akteure des Gesundheitswesens gelegt. Dabei ist Prävention aber keinesfalls zur Hauptaufgabe der gesetzlichen Krankenversicherung avanciert, sondern dient in erster Linie dazu, den Eintritt des maßgeblichen Versicherungsfalls der Krankheit zu verhindern.[1747]

Grundlage der Präventionsarbeit ist es, die Versicherten über Mitwirkungstatbestände und Anreizstrukturen mit in den Prozess der Verbesserung des gesellschaftlichen Gesundheitszustandes einzubeziehen, um dadurch eine finanzielle Entlastung der gesetzlichen Krankenversicherung zu bewirken und benötigte

---

[1742] Vgl. *Huster* VSSAR 2019, 330 f.; vgl. *Gerlinger* SDSRV 2018, 9 f.; vgl. *Petersen-Ewert/Wehowsky* MedR 2015, 867; vgl. *Marckmann* Ethik Med 2010, 208; vgl. *Kluth/Bauer* VSSR 2010, 342; vgl. *Kuhn* GGW 2013, 22; vgl. *Kohl/Carius* DRV 2003, 31 f.

[1743] BGBl. I 1997, S. 1520.

[1744] BGBl. I 1999, S. 2626.

[1745] BGBl. I 2015, S. 1368.

[1746] Vgl. *Kiefer* SDSRV 2018, 51; vgl. *Kuhn* GGW 2013, 23; vgl. *Rothgang/Dräther* ZSR 2003, 531; vgl. *Kohl/Carius* DRV 2003, 37.

[1747] Vgl. insgesamt zu den Zweigen der Sozialversicherung *Welti* VSSAR 2019, 321, 323.

Ressourcen effizienter nutzen zu können.[1748] Der Präventionsansatz ist nicht auf die gesetzliche Krankenversicherung beschränkt, sondern existiert auch in weiteren Zweigen der Sozialversicherung und wird auch in diesen weiterentwickelt. Prävention wurde daher der Rang einer gesamtgesellschaftlichen Aufgabe zugeschrieben.[1749]

Unterschieden werden können Formen der Prävention in Abhängigkeit von ihrem Interventionszeitpunkt oder von ihrem Wirkungsrahmen. Zu nennen sind die sogenannte Primärprävention, die Maßnahmen vor Krankheitseintritt umfasst und zumeist an den individuellen Versichertenverhalten anknüpft, die Sekundär- und Tertiärprävention, sowie die Gesundheitsförderung, wobei deren Grenzen fließend verlaufen.[1750] Leistungen zur verhaltensbezogenen Prävention zielen auf eine Änderung der Lebensgewohnheiten der Versicherten ab, um bestehenden Risikofaktoren entgegen zu wirken.[1751] Sekundärprävention zielt auf die Früherkennung von Krankheiten ab; Tertiärprävention versucht, ein Wiederauftreten einer durchlebten oder die Verschlimmerung einer bestehenden Erkrankung zu verhindern.[1752]

Der Begriff der Gesundheitsförderung ist vergleichsweise neu und hat weniger die Verringerung und Vermeidung von Risikofaktoren als die Stärkung der gesundheitlichen Lebensbedingungen zum Gegenstand und deckt sich insoweit, was die Zielsetzung betrifft, in weiten Teilen mit dem Begriff der primären Prävention.[1753] Neben der bereits benannten Verhaltensprävention, unter der Leistungen zu verstehen sind, die sich an den einzelnen Versicherten richten und das Ziel verfolgen, Krankheitsrisiken durch die Beeinflussung des menschlichen Verhaltens zu reduzieren,[1754] werden daher auch Maßnahmen der Verhältnisprävention[1755] ergriffen, um exogene Risikoeffekte zu minimieren. Schließlich werden Gesundheit und Krankheit nicht nur durch das individuelle Verhalten oder die genetische Veranlagung bestimmt, sondern auch durch soziale und andere

---

[1748] Vgl. *Kluth/Bauer* VSSR 2010, 342 f.; vgl. *Gerlinger* SDSRV 2018, 16.

[1749] Vgl. etwa *Petersen-Ewert/Wehowsky* MedR 2015, 867; vgl. *Axer*, Finanzlast für Primärprävention, S. 44; *Kemmler*, Kommentar: Finanzlast für Primärprävention, S. 62, m.w.N.

[1750] Siehe tiefergehend zu den Begriffen und ihrer Bedeutung bei *Gebert*, Verhaltens- und verhältnisbezogene Primärprävention und Gesundheitsförderung im Recht der gesetzlichen Krankenversicherung, S. 28 ff.; siehe zudem bei *Kohl/Carius* DRV 2003, 32 f.

[1751] Vgl. *Schneider* SGb 2015, 601.

[1752] Vgl. Igl/Welti/*Welti*, Gesundheitsrecht, § 29 Rn. 1 f.; vgl. *Rothgang/Dräther* ZSR 2003, 532 f.; vgl. auch BT-Drucks. 15/4833, S. 4, 29 f.

[1753] Vgl. dazu die Ottawa Charta der Weltgesundheitsorganisation vom 21.11.1986, S. 1, abrufbar unter https://www.euro.who.int/__data/assets/pdf_file/0006/129534/Ottawa_Charter_G.pdf, zuletzt am 01.04.2023; vgl. *Axer*, Finanzlast für Primärprävention, S. 44; vgl. *Kohl/Carius* DRV 2003, 33.

[1754] BT-Drucks. 18/4282, S. 45.

[1755] Oberbegriff für präventive Maßnahmen, die an den Lebensverhältnissen ansetzen, siehe ferner dazu unter https://www.bundesgesundheitsministerium.de/service/begriffe-von-a-z/p/praevention.html, zuletzt am 01.04.2023.

Umweltfaktoren – wie beispielsweise dem Wohn- und Arbeitsumfeld – beeinflusst.[1756]

Zusätzlich sind gesundheitsrelevante Faktoren in einem nicht unerheblichen Ausmaß schichtenspezifisch ausgeprägt. Untere soziale Schichten erleben häufiger ein die Gesundheit nachteilig beeinträchtigendes Arbeits- und Wohnumfeld, ernähren sich ungesünder und unausgewogener, neigen verstärkt zu übermäßigem Alkohol- und Nikotinkonsum, treiben seltener oder unzureichend Sport oder leiden allgemein an Bewegungsmangel.[1757] Daher sollen Präventionsleistungen und -angebote auch den sozial bedingten Ungleichheiten von Gesundheitschancen entgegenwirken.[1758]

### b. Exemplarische Übersicht zum Leistungsangebot und zu Regelungstechniken im Bereich der Prävention

§ 1 S. 2 SGB V spricht von einer Eigenverantwortung und gesundheitlichen Eigenkompetenz der Versicherten, die zu fördern Aufgabe der gesetzlichen Krankenversicherung ist. Um auf seine Gesundheit zu achten und sich dementsprechend auch verhalten zu können, bedürfe es neben Wissen und Befähigung insbesondere auch der Eigenverantwortung der Versicherten.[1759] Bezüglich der in § 1 S. 3 SGB V dargestellten Mitverantwortung der Versicherten für ihre eigene Gesundheit kommt den Krankenkassen gemäß S. 4 die Aufgabe zu, die Versicherten durch Aufklärung, Beratung und Leistung zu unterstützen sowie auf gesunde Lebensverhältnisse hinzuwirken. Besondere Relevanz besitzen diese allgemeinen Aussagen in den Augen des Gesetzgebers für den Leistungs- und Wirkungsbereich der gesundheitlichen Prävention. Die Funktionsfähigkeit der Solidargemeinschaft wird durch den Gesetzgeber in einen Zusammenhang mit der Erhaltung der eigenen Gesundheit durch die Versicherten gebracht.[1760] Zudem entspringe den gesetzlichen Krankenkassen bereits aus dem Umstand, dass 90% der Wohnbevölkerung bei ihnen versichert sind, eine Verpflichtung, auf gesunde Lebensverhältnisse hinzuwirken.[1761] Nicht unkritisch wurde die starke Fokussierung des Gesetzgebers auf die Eigenverantwortung der Versicherten insbesondere im Rahmen des Präventionsgesetzes betrachtet, die ein bewusstes Abwenden von der Zielsetzung, Prävention zur gesamtgesellschaftlichen Aufgabe zu machen, erkennen ließe.[1762]

---

[1756] Siehe insbesondere *Huster* Ethik Med 2010, 291, m.w.N.; vgl. *Huster* VSSAR 2019, 331; Hinweis auch bei *Buyx/Huster* Ethik Med 2010, 175; Hinweis zur Gesellschaftsgebundenheit von Krankheit und Behinderung bei *Welti* GesR 2015, 5.

[1757] *Huster* Ethik Med 2010, 291.

[1758] Vgl. BT-Drucks. 18/4282, S. 32; vgl. BT-Drucks. 14/1977, S. 160.

[1759] Vgl. BT-Drucks. 18/4282, S. 32.

[1760] Vgl. BT-Drucks. 18/4282, S. 32.

[1761] BT-Drucks. 11/2237, S. 157.

[1762] Vgl. dazu das Plenarprotoll des Bundestages 18/112, S. 10770 bis 10774.

### aa. Primärpräventives Leistungsangebot

Im Leistungsrecht der gesetzlichen Krankenversicherung ist zwischen Maßnahmen der Krankheitsverhütung, der medizinischen Vorsorgeleistung, der Früherkennung von Krankheiten und der Krankenbehandlung zu unterscheiden.[1763] Die unterschiedlichen Leistungsfelder der primären Prävention sind dabei in den §§ 20 bis 20i SGB V sowie für die Zahnmedizin in den §§ 22 und 22a SGB V normiert. Sie lassen sich in medizinische und nichtmedizinische primärpräventive Leistungen unterscheiden.[1764] Der als Grundnorm für Leistungen der nichtmedizinischen Primärprävention und Gesundheitsförderung fungierende § 20 SGB V selbst gewährt keinen unmittelbaren Leistungsanspruch.[1765] Er statuiert für die Krankenkassen die Pflicht, Satzungsregelungen zur Prävention und Gesundheitsförderung im Sinne des § 20 SGB V vorzusehen.[1766] Die Satzung konkretisiert die Leistungsangebote insbesondere in Hinblick auf Art, Umfang, Häufigkeit der Inanspruchnahmemöglichkeit, Mindestteilnahme, Kosten und dahingehend, ob es sich um eine Ermessensleistung handelt oder nicht.[1767] Der individuelle Anspruch des Versicherten ergibt sich damit erst aus der jeweiligen Satzung der Krankenkasse, bei der er versichert ist, wobei diese bei der Entscheidung über Leistungen Präventionsempfehlungen nach § 25 Abs. 1 S. 2 und § 26 Abs. 1 S. 3, 4 SGB V zu berücksichtigen hat.

Inhalt der Satzungsleistungen können Leistungen zur verhaltensbezogenen Prävention nach § 20 Abs. 5 SGB V, Leistungen nach § 20a SGB V und nach § 20b SGB V sein. Der Spitzenverband Bund der Krankenkassen bestimmt gemäß § 20 Abs. 2 SGB V zu diesem Zweck prioritäre Handlungsfelder und einheitliche Kriterien, die zum einen dem anerkannten Stand der medizinischen Erkenntnisse und zum anderen dem Prinzip der Wirksamkeit und Wirtschaftlichkeit entsprechen. Durch den Spitzenverband Bund der Krankenkassen sollen dabei insbesondere die in § 20 Abs. 3 SGB V aufgeführten Gesundheitsziele berücksichtigt werden. Für den Bereich der Primärprävention sind derzeit im Leitfaden Prävention des Spitzenverbandes die Handlungsfelder Bewegungsgewohnheiten, Ernährung, Stressreduktion/Entspannung sowie Genuss- und Suchtmittelkonsum ausgegeben.[1768]

Die jährlichen Kosten, die die Krankenkassen zur Aufgabenbewältigung aufzubringen haben, belaufen sich nach § 20 Abs. 6 SGB V auf rechnerisch 7,52 € pro Versicherten, wobei der Gesetzgeber klargestellt hat, dass es sich dabei lediglich

---

1763 Krauskopf/*Luik* SGB V § 23 Rn. 3.
1764 Siehe *Kiefer* SDSRV 2018, 52.
1765 Vgl. dazu *Schneider* SGb 2015, 601.
1766 Vgl. BT-Drucks. 18/4282, S. 32; vgl. auch BT-Drucks. 14/1977, S. 160.
1767 Vgl. *Huster* VSSAR 2019, 335.
1768 Vgl. den derzeit gültigen Leitfaden Prävention – Handlungsfelder und Kriterien nach § 20 Abs. 2 SGB V vom 21.07.2000, in der Fassung vom 27.03.2023, abrufbar unter https://www.gkv-spitzenverband.de/krankenversicherung/praevention_selbsthilfe_beratung/praevention_und_bgf/leitfaden_praevention/leitfaden_praevention.jsp, zuletzt am 01.04.2023, S. 96 ff.

um einen Richtwert handelt, der auch überschritten werden darf.[1769] Damit soll erstens sichergestellt werden, dass die Versicherten unabhängig von ihrer Kasse einen bestimmten Mindestumfang an Maßnahmen erwarten können und zweitens für die Krankenkassen eine zusätzliche Möglichkeit im Wettbewerb geschaffen werden, sich durch höheres Präventionsengagement absetzen zu können.

Nach der Vorstellung des Gesetzgebers fördert Prävention die Eigenverantwortung der Versicherten für ihre Gesundheit.[1770] „Jeder Einzelne trägt Verantwortung für die Chancen und Risiken seines Lebens. Diese Eigenverantwortung gilt es zu stärken."[1771] Insoweit korrespondiert die Pflicht der Krankenkassen mit der Aufgabenzuweisung in § 1 S. 2 SGB V. Der Gesetzgeber will dem Anschein nach also den Versicherten dazu befähigen, sich um seine eigene Gesundheit möglichst ohne Unterstützung kümmern zu können und dafür sorgen, dass der Versicherte in der Konsequenz auch in der Lage dazu ist, die Last einer Risikoverwirklichung selbst zu tragen. Dies sei „primäres Ziel".[1772] Unterstrichen wird dies durch die ansonsten wenig aussagekräftige Zuweisung in § 1 S. 3 SGB V, wonach Prävention nicht alleinige Aufgabe der gesetzlichen Krankenversicherung ist, sondern zugleich der Mitwirkung des Versicherten bedarf.

Die §§ 20 ff. SGB V brechen allerdings die Trennung der Eigenverantwortung des Versicherten vor Eintritt des Versicherungsfalls und der Einstandspflicht der Versichertengemeinschaft nach Eintritt eines solchen auf und zielen auf Leistungen zur Verhinderung eines Versicherungsfalls ab.[1773] Nach den Präventionsleistungen zu beurteilen ist der Versicherte also nicht innerhalb der Regelungen des SGB V eigenverantwortlich, sondern soll erst aufgrund der Bestimmungen im SGB V auf eine gesundheitliche Eigenverantwortung „hinerzogen" werden. Zu beachten ist dabei auch die verstärkte Fokussierung auf verhältnisbezogene Präventionsmaßnahmen, die möglichst früh – bereits im Kindesalter – und möglichst umfassend auf die Versicherten einwirken sollen, wobei ihr Ansatz in aller Regel losgelöst ist vom konkreten Einzelfall. Der „Setting"-Ansatz ist also entindividualisiert. Prävention kennzeichnet sich zudem durch das Charakteristikum als Sozialinvestitionsstrategie, das heißt Prävention zielt darauf ab, Ausgaben zu vermeiden und die volkswirtschaftlich relevanten Produktivitätspotentiale zu erschließen.[1774]

Die Erwähnung der Eigenverantwortung stellt sich damit als wenig weiterführend dar. Auch ob die „Risiken", über die sich der Gesetzgeber ausschweigt, selbst vom Individuum zu tragen sind – etwa durch Leistungsausschluss oder ähnliche Sanktionen – bedürfte ebenfalls der Klarstellung.

---

[1769] Vgl. BT-Drucks. 18/4282, S. 34; im Zuge der SARS-CoV-2-Pandemie, wurde durch das zweite Gesetz zum Schutz der Bevölkerung bei einer epidemischen Lage von nationaler Tragweite vom 19.05.2020 der gesetzliche Mindestausgabenwert ausgesetzt, vgl. BT-Drucks. 19/18967, S. 25, 64.
[1770] Vgl. BT-Drucks. 18/4282, S. 27.
[1771] Vgl. BT-Drucks. 18/4282, S. 33.
[1772] Vgl. BT-Drucks. 18/4282, S. 33.
[1773] Vgl. *Schütze* in: jurisPK-SGB V, 4. Aufl. 2020, § 20a SGB V Rn. 4.
[1774] Vgl. dazu *Gerlinger* SDSRV 2018, 16 f.

Einen zentralen Ansatzpunkt könnte jedenfalls die Frage nach der finanziellen Verantwortung für den Bereich der Prävention darstellen. Auch nach dem Präventionsgesetz sind in finanzieller Hinsicht nicht nur die gesetzlichen Krankenkassen, sondern daneben auch weitere staatliche Stellen und Private, insbesondere also auch die Versicherten selbst, zuständig.[1775] Die Kosten, die durch den Präventionsauftrag entstehen, fallen in mehrfacher Hinsicht den Versicherten zur Last. Das ergibt sich schon daraus, dass die Krankenkassen zur Wahrnehmung ihrer Aufgaben auf Finanzmittel zugreifen, die maßgeblich durch die Beitragslast der Versicherten finanziert werden.[1776] Neben dieser offensichtlichen und insoweit notwendigen Finanzierungslast trifft die Versicherten aber in einem nicht unbeachtlichen Ausmaß eine weitere finanzielle Zuständigkeit. Je nach Krankenkasse sind die an den Handlungsfeldern ausgerichteten und angebotenen (Kurs-)Teilnahme entweder kostenlos, es werden Teile der Kosten rückerstattet oder die Gesamtkosten werden lediglich bis zu bestimmten Grenzen bezuschusst.[1777] Wählt der Versicherte ein Angebot, das nicht vollständig von der Kasse finanziert wird, oder überschreitet er die maximale Inanspruchnahmesumme, so trägt er die entstandenen Kosten selbst.

Daneben sind nach § 242 SGB V die sich nicht kurzfristig amortisierenden Kosten der Prävention über kassenindividuelle Zusatzbeiträge zu decken, die wiederum – zumindest anteilig – die Versicherten belasten, ohne dass hierin ein direkter Konnex zum Präventionsangebot hergestellt würde. Es zeigt sich damit, dass der Anspruch, die gesundheitliche Eigenverantwortung des Versicherten zu stärken, unmittelbar in einem Zusammenhang mit finanzieller Verantwortung unterschiedlichen Ausmaßes steht.

### bb. Leistungen zur Früherkennung von Krankheiten – Gesundheitsuntersuchungen

Die Leistungsansprüche der §§ 25, 25a und 26 SGB V gehören im Kern zu dem Bereich der sekundären Prävention, obgleich sie um Elemente der primären Prävention ergänzt sind.[1778] Die Vorschriften gewähren Ansprüche auf diagnostische Leistungen, die nicht das Vorhandensein einer Krankheit voraussetzen, sondern die dazu dienen, durch ihre regelmäßige Inanspruchnahme sich entwickelnde und häufig vorkommende Krankheitsbilder – sogenannte bevölkerungsmedizinisch bedeutsame Krankheiten oder auch Zivilisationskrankheiten – möglichst

[1775] *Axer*, Finanzlast für Primärprävention, S. 44.
[1776] Vgl hierzu nur *Kemmler*, Kommentar: Finanzlast für Primärprävention, S. 62.
[1777] Einen Überblick gibt etwa https://www.krankenkassen.de/gesetzliche-krankenkassen/leistungen-gesetzliche-krankenkassen/gesundheit/Gesundheitskurse/, zuletzt am 01.04.2023; vgl. auch § 18 der Satzung der Techniker Krankenkasse, Stand 31.03.2023, abrufbar unter https://www.tk.de/resource/blob/2077108/01fa0c89015af442be9baf52f445b775/tk-satzung-data.pdf, zuletzt am 01.04.2023; siehe auch § 31 der Satzung der BARMER, Stand 14.01.2023, abrufbar unter https://www.barmer.de/resource/blob/1022552/90bdcd25998b6738d7ea10183a0a00cf/barmer-satzung-der-barmer-barrierefrei-19-data.pdf, zuletzt am 01.04.2023.
[1778] Klarstellung in BT-Drucks. 18/4282, S. 40; vgl. auch Krauskopf/*Wagner* SGB V § 25 Rn. 2 f.

frühzeitig erkennen zu können.[1779] Dazu gehören maßgeblich Herz-Kreislauf-Erkrankungen, Nierenerkrankungen und Diabetes mellitus, aber auch verschiedene Krebserkrankungen.[1780] Damit weiten die Vorschriften den Leistungsanspruch der Versicherten über den krankheitsindizierten Umfang der §§ 27 und 23 SGB V hinaus aus.[1781] § 25 SGB V wurde durch das Gesundheits-Reformgesetz[1782] eingeführt und wesentlich durch das Krebsfrüherkennungs- und -registergesetz[1783] sowie durch das Präventionsgesetz[1784] ergänzt. Der Leistungsanspruch steht allen gesunden und symptomlosen Versicherten, die das 18. Lebensjahr vollendet haben, zur Verfügung. Der Gemeinsame Bundesausschuss hat in seiner Gesundheitsuntersuchungs-Richtlinie das Nähere zu den maßgeblichen Krankheiten, zum erforderlichen Lebensalter und zum Untersuchungsturnus festgelegt.[1785] Danach haben Versicherte ab Vollendung des 18. Bis zur Vollendung des 35. Lebensjahres einmalig einen Anspruch auf eine Gesundheitsuntersuchung, ab dem 36. Lebensjahr dann alle drei Jahre. Durch die Gesundheitsuntersuchung als Kassenleistung sollen möglichst viele Personen untersucht werden, bei denen die Möglichkeit der Risikoanlage im Sinne des § 25 SGB V besteht, um aus dieser Gruppe diejenigen zu identifizieren, bei denen ein erhöhtes Risiko besteht oder sich bestimmte Risiken bereits realisiert haben.[1786]

Gegenstand und Anlass der Gesundheitsuntersuchungen ist damit ein abstraktes Gesundheits- beziehungsweise Krankheitsrisiko. Ziel ist es, wie sich gerade mit Blick auf die Leistungen zur Krebsfrüherkennung ergibt, durch das frühzeitige Erkennen auch frühzeitig erfolgsversprechende Maßnahmen einleiten und ergreifen zu können, die schweren Verläufen oder nicht mehr behandelbaren Stadien entgegenwirken sollen. Nicht umfasst sind daher Untersuchungen für Krankheiten, bei denen keine Möglichkeit der Behandlung besteht und es somit an einem Behandlungsvorteil, der durch die Untersuchung erzielt werden kann, fehlt.[1787]

Hervorzuheben ist daneben die Ausweitung um eine verhaltenspräventive Dimension im Zuge des Präventionsgesetzes. Die Regelung bezweckt damit nunmehr wesentlich ein frühzeitiges Erkennen von verhaltenspräventiv beeinflussbaren gesundheitlichen Risiken. Der behandelnde Arzt soll den Versicherten nach

---

[1779] Vgl. Igl/Welti/*Nebendahl*, Gesundheitsrecht, § 30 Rn. 184 f.; vgl. Krauskopf/*Wagner* SGB V § 25 Rn. 6.

[1780] Vgl. BT-Drucks. 11/2237, S. 16; vgl. die Krebsfrüherkennungs-Richtlinie in der Fassung v. 18.06.2009, Stand 28.08.2020, S. 4, abrufbar unter https://www.g-ba.de/downloads/62-492-2238/KFE-RL_2020-06-18_iK-2020-08-28.pdf, zuletzt am 01.04.2023.

[1781] Siehe zur Abgrenzung der Tatbestände bei *Schütze* in: jurisPK-SGB V, 4. Aufl. 2020, § 25 SGB V Rn. 10 ff.

[1782] BGBl. I 1988, S. 2477.

[1783] BGBl. I 2013, S. 617.

[1784] BGBl. I 2015, S. 1368.

[1785] Vgl. die Gesundheitsuntersuchungs-Richtlinie des Gemeinsamen Bundesausschusses in der Fassung v. 19.12.2017, Stand 12.02.2021, abrufbar unter https://www.g-ba.de/downloads/62-492-2383/GU-RL_2020-11-20_iK-2021-02-12.pdf, zuletzt am 01.04.2023.

[1786] Vgl. *Schütze* in: jurisPK-SGB V, 4. Aufl. 2020, § 25 SGB V Rn. 13.

[1787] Vgl. *Schütze* in: jurisPK-SGB V, 4. Aufl. 2020, § 25 SGB V Rn. 29 ff.

erfolgter Untersuchung auf sein individuelles Risikoprofil aufmerksam machen und ihn auf Möglichkeiten und Hilfestellungen hinweisen, wie er gesundheitsschädigende Verhaltensweisen reduzieren oder ablegen kann. Änderungen des individuellen Lebensstils und verhaltenspräventive Maßnahmen sollen möglichst früh initiiert werden. Dabei soll der Arzt motivierend auf das gesundheitsbezogene Änderungspotenzial des Versicherten einwirken.[1788] Soweit medizinisch angezeigt, soll der behandelnde Arzt zudem eine schriftliche Empfehlung für Leistungen zur verhaltensbezogenen Prävention nach § 20 Abs. 5 SGB V, insbesondere bezogen auf die Risikofaktoren Bewegungsmangel, unausgewogenen Ernährung, chronischer psychosozialer Stress und Suchtmittelkonsum, ausstellen.[1789]

Die Teilnahme an Gesundheitsuntersuchungen ist für die Versicherten freiwillig. Der Versicherte soll nur dann eine Leistung erhalten, wenn er dies ausdrücklich wünscht. Darauf wird etwa auch mit Nachdruck im Versicherteninformationsbogen zum Ultraschallscreening bei Bauchaortenaneurysmen als besonderer Form einer Gesundheitsuntersuchungsmethode hingewiesen.[1790] Der Versicherte soll wissen, dass unabhängig davon, ob er an dem Screening teilnimmt oder nicht, sein Versicherungsschutz in der gesetzlichen Krankenversicherung unbeeinträchtigt bliebt, selbst dann, wenn zu einem späteren Zeitpunkt im Rahmen einer anderen Untersuchung oder Behandlung ein entsprechendes Aneurysma festgestellt wird.

Auch § 62 Abs. 1 S. 3 SGB V begründet keine Pflicht zur Teilnahme, wenngleich durch die Sanktionsnorm finanzieller Druck auf den Versicherten ausgeübt werden soll, Früherkennungsmaßnahmen in Anspruch zu nehmen. Damit der Versicherte in die Lage versetzt wird, eine Entscheidung treffen zu können, sind insbesondere Beratung und Aufklärung über Nutzen und Risiken entscheidende Determinanten.[1791] Jede Untersuchung sieht sich einer kritischen Kosten-Nutzen-Bewertung ausgesetzt, die über den reinen Behandlungsvorteil hinausreicht. Neben primärinvasiven Maßnahmen am Versicherten können falsche oder medizinisch eventuell nicht gefährliche und damit nicht behandlungsbedürftige Diagnosen beim Versicherten erhebliche psychische Belastungen auslösen, die ohne die Vornahme nicht eingetreten wären.[1792] Der Versicherte muss daher befähigt werden, für sich selbst das Für und Wider abzuwägen und eine darauf gestützte und an seinen individuellen Präferenzen orientierte Entscheidung zu treffen.

Wesentliche Problemstellung ist der überindividuelle Ansatz der Gesundheitsuntersuchungen, die das Versichertenindividuum zu einer Variablen in einer

---

[1788] Vgl. BT-Drucks. 18/4282, S. 41.

[1789] Vgl. BT-Drucks. 18/4282, S. 40.

[1790] Vgl. die Gesundheitsuntersuchungs-Richtlinie des Gemeinsamen Bundesausschusses in der Fassung v. 19.12.2017, Stand 12.02.2021, S. 18, abrufbar unter https://www.g-ba.de/downloads/62-492-2383/GU-RL_2020-11-20_iK-2021-02-12.pdf, zuletzt am 01.04.2023.

[1791] Vgl. *Schütze* in: jurisPK-SGB V, 4. Aufl. 2020, § 25 SGB V Rn. 32.

[1792] Vgl. am Beispiel der Krebsfrüherkennungsuntersuchungen *Marckmann/in der Schmitten* Bundesgesundheitsbl. 2014, 329 f.

statistischen Erhebung reduziert. Es fragt sich daher, inwieweit eigenverantwortliches, risikobewusstes Handeln im Rahmen der Entscheidung für eine Gesundheitsuntersuchung primäres Anliegen der Leistungen ist. Zumindest gibt der Gesetzgeber bezogen auf die Präventionsempfehlungen an, dass diese durch einen erhöhten Individualbezug die Effizienz der primärpräventiven Leistungsangebote steigern könnten.[1793] Betont wird zwar der Aspekt der individuellen Mitwirkung an der Vorsorge, letztlich bedeutend wird dies aber erst in der Erwartung, durch frühzeitiges Erkennen und Behandeln bedeutsamer Krankheiten die mit diesen verbundenen Kosten zu minimieren.[1794]

Vergegenwärtigt man sich das informatorische und faktische Ausmaß, welches insbesondere Krebsfrüherkennungsuntersuchungen bezogen auf Nutzen und Risiken kennzeichnet, so erscheint es fernliegend anzunehmen, eine Entscheidung sei durch den Versicherten ohne Empfehlung sinnvoll zu treffen.[1795] Auf der anderen Seite würde aber eine Übertragung der Entscheidungshoheit auf Institutionen oder Fachleute dem Individuum wiederum vollständig seine Fähigkeit der eigenverantwortlichen Entscheidung nehmen. Darin zeigt sich erneut das Spannungsfeld zwischen dem Verweis auf die Eigenverantwortung des Versicherten und der darauf aufbauenden gesundheitspolitischen Ziele auf der einen Seite und der in der Praxis zu akzeptierenden und folgenlosbleibenden Entscheidung des Versicherten, an Präventionsmaßnahmen nicht teilzunehmen oder mitzuwirken, auf der anderen Seite.

### cc. Leistungen zur Verhütung übertragbarer Krankheiten und bei substanziellem HIV-Infektionsrisiko

#### aaa. Schutzimpfungen

Einen besonderen und nicht erst seit der SARS-CoV-2-Pandemie auch bedeutenden Bereich der medizinischen Primärprävention stellen Schutzimpfungen im Sinne des § 2 Nr. 9 IfSG dar.[1796] Die Impfung wird in aller Regel von Ärzten durchgeführt und gewinnt durch die Arzt-Patienten-Beziehung – die sich insbesondere durch Untersuchung, Beratung und Aufklärung kennzeichnet – an individuellem Charakter.[1797] Die derzeit zur Verfügung stehenden Schutzimpfungen gegen übertragbare Krankheiten sind entsprechend der Normierung in § 20i SGB V zu einem großen Teil durch den Pflichtleistungskatalog der gesetzlichen Krankenversicherung umfasst. Die Ausgestaltung des Anspruchs hinsichtlich

---

[1793] Vgl. BT-Drucks. 18/4282, S. 41.

[1794] So Spickhoff/*Nebendahl* SGB V § 25 Rn. 1.

[1795] Vgl. auch *Marckmann/in der Schmitten* Bundesgesundheitsbl. 2014, 331 f.; insgesamt zu der Thematik der Informationsbereitstellung für den „eigenverantwortlichen Patienten" *Wöllenstein* Bundesgesundheitsbl. 2004, 941 f.

[1796] Siehe zur Einordnung unter den Begriff der medizinischen Prävention bei *Huster* VSSAR 2019, 333; vgl. auch *Kiefer* SDSRV 2018, 52. Siehe zu den Eindrücken und den umfassenden Änderungen an § 20i SGB V im Zuge der SARS-CoV-2-Pandemie in Deutschland bei Hauck/Noftz/*Gerlach* SGB V § 20i Rn. 11 ff.

[1797] Vgl. *Zuck* MedR 2008, 413; vgl. Epi-Bull 34/21, S. 4 f.

Voraussetzung, Art und Umfang erfolgt mittels Richtlinie des Gemeinsamen Bundesausschusses, der wiederum die aktuellen Empfehlungen der STIKO zugrunde legt.[1798]

Jedoch besteht kein allgemeiner Anspruch der Versicherten auf Schutzimpfungen. So werden durch Auslandsaufenthalt indizierte Schutzimpfungen nur dann vom Anspruch des § 20i Abs. 1 S. 1 SGB V umfasst, wenn die Schutzimpfung aufgrund des öffentlichen Interesses an der Verhinderung der Einschleppung einer übertragbaren Krankheit angezeigt oder wenn der Auslandsaufenthalt beruflich oder durch Ausbildung bedingt ist. Reiseschutzimpfungen hingegen sind nicht Bestandteil des versicherten Risikos, sondern gehören zum sogenannte allgemeinen Lebensrisiko beziehungsweise zum privaten Risiko, gegen welches der Einzelne selbst Vorsorge zu betreiben angehalten ist und dessen Kosten selbst zu tragen sind.[1799] Der Gesetzgeber sieht die Veranlassung einer solchen Reise in der Erholung, weshalb keine Einstandspflicht der Solidargemeinschaft gegeben ist. Den Krankenkassen steht es gemäß § 20i Abs. 2 SGB V jedoch frei, in ihren Satzungen abweichend von der Schutzimpfungs-Richtlinie weitere Schutzimpfungen oder andere Maßnahmen der spezifischen Prophylaxe vorzusehen und damit den Anspruchsumfang ihrer Versicherten zu erweitern. Diese Erlaubnis hat dazu geführt, dass – wegen der Häufigkeit von Fernreisen, aber wohl auch aus Wettbewerbsgründen – viele Krankenkassen dazu übergegangen sind, Reiseschutzimpfungen trotz des grundsätzlichen Ausschlusses als Satzungsleistung anzubieten und damit über die Solidargemeinschaft zu finanzieren.[1800]

Der Anspruch auf Schutzimpfungen stellt eine Konkretisierung des staatlichen Schutzauftrages betreffend die Rechtsgüter aus Art. 2 Abs. 2 GG dar. Zweck von Schutzimpfungen ist es, das Individuum vor dem Risiko einer Ansteckung mit einem Krankheitserreger sowie die Allgemeinheit vor der Verbreitung eines solchen bei epidemiologischer Lage zu schützen.[1801] Abgesehen vom individuellen Schutz, der sich durch die Impfung beim Geimpften einstellt, verfolgt die Prävention durch Schutzimpfung demzufolge auch das Ziel eines Bevölkerungsschutzes – mithin sogar ein globales Präventionsziel.[1802] Wird eine bestimmte, krankheitsspezifische Durchimpfungsrate in der Bevölkerung erzielt, so werden Übertragungswege wirksam reduziert und damit die Durchseuchung eingedämmt

---

[1798] Vgl. die derzeit gültige Schutzimpfungs-Richtlinie des Gemeinsamen Bundesausschusses in der Fassung vom 18.10.2007, Stand 01.04.2023, abrufbar unter https://www.g-ba.de/downloads/62-492-3100/SI-RL_2022-03-18_iK-2023-04-01.pdf, zuletzt am 01.04.2023.

[1799] Vgl. BT-Drucks. 16/3100, S. 100; vgl. BT-Drucks. 12/3608, S. 77.

[1800] Vgl. dazu *Schuldzinski* VuR 2007, 429; siehe zudem für die Übernahme von Reiseschutzimpfungen bei der BARMER unter https://www.barmer.de/gesundheit-verstehen/urlaub-reise-ausland/impfschutz-fuer-den-urlaub-3576#bernimmt_die_Barmer_die_Kosten_fr_Reiseschutzimpfungen, zuletzt am 01.04.2023, die 100% der Kosten übernimmt, sowie der AOK Hessen unter https://www.aok.de/pk/hessen/inhalt/reiseschutzimpfungen/, zuletzt am 01.04.2023, die einen Anteil von 200 € pro Kalenderjahr für Reiseschutzimpfungen erstattet.

[1801] Hauck/Noftz/*Gerlach* SGB V § 20i Rn. 19; vgl. auch *Marckmann* Ethik Med 2010, 212.

[1802] Vgl. *Zuck* MedR 2008, 413.

und kontrollierbar.[1803] Gesprochen wird dann von einer sogenannten Herdenimmunität[1804], durch welche nicht nur der Geimpfte selbst, sondern auch diejenigen Gesellschaftsmitglieder, die sich nicht impfen lassen können oder aus anderen Gründen der Infektionskrankheit besonders exponiert sind, geschützt werden.

Aus diesem Grund wird die Inanspruchnahme einer Schutzimpfung assoziiert mit der Wahrnehmung einer das Individuum treffenden Verantwortung.[1805] Anhand der Risikoursache, aber auch der Risikointensität wird eine Verantwortungszuweisung, nicht nur hinsichtlich der finanziellen, sondern auch bezüglich der versorgungstechnischen Zuständigkeit vorgenommen. Durch die Implementierung als Pflichtleistung und damit als Bestandteil der Regelversorgung sollte eine Signalwirkung erzielt werden, die dazu führen sollte, dass die Impfbeteiligung und damit die Verantwortungswahrnehmung durch die Versicherten steigt.[1806]

Daneben hat der Gesetzgeber aber gleichwohl auch rein finanzielle Erwägungen berücksichtigt. Er geht davon aus, dass Schutzimpfungen zu den kosteneffektivsten Präventionsmaßnahmen zählen, zudem einen Beitrag zur Vermeidung von Krankheitskosten leisten und teilweise sogar zu Kosteneinsparungen führen können.[1807] Aufgrund des Fehlens eines Verweises auf § 61 SGB V besteht für die Versicherten keine Zuzahlungsverpflichtung. Jedoch können sich bezogen auf die Mehrversorgung mit Schutzimpfungen als Satzungsleistungen Eigenbeteiligungen der Versicherten ergeben.

Schutzimpfungen haben einen hohen gesundheitspolitischen Wert. Soweit mit dem Mittel der Schutzimpfung maßgeblich Gemeinwohlzwecke von nationaler und internationaler Tragweite verfolgt werden, verblasst jedoch das Bild des mündigen und selbstbestimmten Versicherten.[1808] Das Einzelschicksal gerät in den Hintergrund zugunsten gesamtgesellschaftlicher Belange, die in aller Regel nur durch eine weitreichende Beteiligung erreicht werden können.

Schutzimpfungen liegt folglich weniger eine individuelle als vielmehr eine generalisierte Risikoabschätzung zugrunde.[1809] Intention des sogenannten „aufsuchenden Impfens" ist es beispielsweise Impflücken zu schließen, wobei diese und insbesondere an Schulen, in Kindergärten und Senioreneinrichtungen vorgenommen werden soll.[1810] Sein zumindest vorläufiges normatives Ende haben Maßnahmen

---

[1803] Vgl. BT-Drucks. 16/3100, S. 100; vgl. *Marckmann* Ethik Med 2010, 212.

[1804] Zum Begriff siehe die Veröffentlichung der Bundeszentrale für gesundheitliche Aufklärung, abrufbar unter https://www.bzga.de/fileadmin/user_upload/Pressemotive/impfaufklaerung_und_hygiene/bzga_herdenimmunitaet--a0cc46c09f22f8b23fd2e6d5208f7d09.pdf, zuletzt am 01.04.2023.

[1805] Siehe etwa *Welti* GuP 2015, 215.

[1806] Vgl. BT-Drucks. 16/3100, S. 100.

[1807] BT-Drucks. 16/3100, S. 100.

[1808] So auch *Zuck* MedR 2008, 413.

[1809] *Schütze* in: jurisPK-SGB V, 4. Aufl. 2020, § 20i SGB V Rn. 16.

[1810] Vgl. BT-Drucks. 16/3100, S. 100.

zur Steigerung der Impfbereitschaft und -beteiligung im Masernschutzgesetz[1811] und der durch dieses eingeführte Masernimpfpflicht gefunden.

Gleichwohl findet auch eine nicht zu übersehende Verschaltung der Eigenverantwortung mit dem Anliegen der Schutzimpfung statt. Besonders befeuert wurde dieser Umstand zuletzt durch die anhaltende SARS-CoV-2-Pandemie. Eine Schutzimpfung ist das einzig zur Verfügung stehende Instrument zur Beendigung der Pandemie, ohne eine Durchseuchung der Bevölkerung zu vollziehen.[1812] Notwendig ist die Erreichung einer bestimmten Durchimpfungsrate in der Bevölkerung.[1813] Mit der sich langsam einstellenden Erfolgen der Impfkampagne nimmt allerdings die Wahrnehmung des Risikos besonders für die bisher ungeimpften Gesellschaftsteile weiter ab.[1814] Damit sinkt auch die Impfbereitschaft. Ein hohes und stabiles Impfniveau ist also selbst in Zeiten einer Pandemie kein Selbstläufer. Scheitern milde Maßnahmen, die an die Eigenverantwortung der Bevölkerung appellieren, rücken Interventionsmechanismen in das Zentrum der Diskussion, die eigenverantwortliches Handeln – abhängig von ihrem jeweiligen Interventionsgrad – reduzieren oder vollständig ausschließen.[1815] Lange zur Debatte stand etwa die Frage, ob eine Impfpflicht betreffend die Schutzimpfung gegen SARS-CoV-2 in Deutschland implementiert werden sollte oder nicht.[1816] Hauptargument ist das hinter der Schutzimpfung stehende globalgesellschaftliche Anliegen eines stabilen Bevölkerungsschutzes. Notwendig werden invasivere Maßnahmen in den Augen der Befürworter letztlich aufgrund einer unzureichenden Wahrnehmung der Eigenverantwortung der Bürger, verstanden insbesondere als Verantwortung gegenüber der Solidargemeinschaft.

### bbb. HIV-Präexpositionsprophylaxe

Die Infektion mit dem HIV-Erreger stellt eine lebenslange Infektion dar, die unbehandelt potentiell tödlich ist und gegen die bislang keine Schutzimpfung zur Verfügung steht. Gängigster Fall einer HIV-Übertragung ist der ungeschützte Sexualkontakt bei vaginalem oder analem Geschlechtsverkehr.[1817]

---

[1811] BGBl. I 2020, S. 148.

[1812] *Wolff/Zimmermann* NVwZ 2021, 182; vgl. auch die Antworten des Robert Koch-Instituts auf häufig gestellte Fragen zu Corona und Impfen, Stand 28.03.2023, abrufbar unter https://www.rki.de/SharedDocs/FAQ/COVID-Impfen/gesamt.html, zuletzt am 01.04.2023.

[1813] Vgl. Epi-Bull 27/21, S. 3. Allerdings kann der notwendige Wert der Impfquote auch je nach Virusvariante divergieren, vgl. dazu ärztebaltt.de, Stand 12.11.2021, abrufbar unter https://www.aerzteblatt.de/nachrichten/129060/Studie-Herdenimmunitaet-wegen-Delta-erst-ab-Impfquote-von-90-Prozent, zuletzt am 01.04.2023.

[1814] Vgl. *Wolff/Zimmermann* NVwZ 2021, 182; vgl. auch zu dem sogenannten „Trittbrettfahrer-Verhalten" *Marckmann* Ethik Med 2010, 213.

[1815] Vgl. die die Darstellung bei *Wolff/Zimmermann* NVwZ 2021, 185 f.; vgl. *Kruse/Maturana* NVwZ 2021, 1669.

[1816] Siehe etwa den Diskussionsgegenstand bei *Wolff/Zimmermann* NVwZ 2021, 182 ff.; siehe auch pro Impfpflicht den Kommentar von *Huster*, Impfung oder Lockdown, vom 06.02.2022, abrufbar unter https://taz.de/Corona-und-Impfpflicht/!5830407/, zuletzt am 01.04.2023.

[1817] Hauck/Noftz/*Gerlach* SGB V § 20j Rn. 4.

Seit September 2019 wird durch § 20j SGB V Versicherten mit substantiellem HIV-Infektionsrisiko ein Anspruch auf ärztliche Beratung, erforderliche Untersuchungen und Versorgung mit Arzneimitteln zur Präexpositionsprophylaxe (PrEP) gewährt.[1818] Damit wurde die Leistung aus der Eigenverantwortung der Versicherten im Sinne des § 2 Abs. 1 S. 1 SGB V entnommen. Der Anspruch auf die Versorgung mit Arzneimitteln nach § 20j Abs. 4 SGB V ist an die vorherige Inanspruchnahme der Beratungsleistung nach Abs. 1 gekoppelt. Besonders die PrEP-Erstberatung trägt dazu bei, unentdeckte HIV-Infektionen zu erkennen, die ansonsten lange Zeit unentdeckt geblieben wären.[1819] Zusätzlich sind weitere notwendige Begleituntersuchungen einschließlich risikoadaptiver Diagnostiken vor Beginn und im Verlauf der Medikation vom Leistungsumfang umfasst.[1820] Zu dem Personenkreis mit einem substantiellen HIV-Infektionsrisiko werden unter anderem Männer, die Geschlechtsverkehr mit Männern haben, Transgender-Personen mit der Angabe von analem Geschlechtsverkehr ohne Kondom, drogeninjizierende Personen ohne den Gebrauch steriler Injektionsmaterialien, Personen in einer serodiskordanten Konstellation oder nach individueller Risikoprüfung, Personen die ungeschützten Geschlechtsverkehr mit Personen hatten, bei denen eine unentdeckte HIV-Infektion wahrscheinlich ist, gezählt.[1821] Die Ansprüche nach § 20j SGB V stehen allen Versicherten mit entsprechendem Infektionsrisiko ab Vollendung des 16. Lebensjahres zu, um den Schutz vor einer Infektion schon für jüngere Menschen auszubauen.[1822] Betreffend die Arzneimittelversorgung im Rahmen der medikamentöser PrEP gelten § 31 Abs. 2 ff. SGB V, sodass Versicherten nach Vollendung des 18. Lebensjahres, Zuzahlungen bis zur Belastungsgrenze aufzubringen haben.

§ 20j SGB V ist als Bestandteil einer effektiven Präventionsstrategie gedacht, die darauf abzielt, die Zahl der HIV-Neuinfektionen und der AIDS-Erkrankungen in Deutschland wirksam zu reduzieren.[1823] Der Gesetzgeber hat internationale Ergebnisse zunächst als positiv bewertet und die Einführung an eine Evaluation der PrEP als Leistung der gesetzlichen Krankenversicherung geknüpft.[1824] Nach § 20j Abs. 5 SGB V sollte diese bis Ende 2020 abgeschlossen sein. Erste Ergebnisse wurden in einem Zwischenbericht durch das Robert Koch-Institut veröffentlicht, wobei die Studie unter Einschränkungen der SARS-CoV-2-Pandemie erging. Den Ergebnissen zufolge sind 96% der PrEP-Nutzenden männlich, deren Gebrauch zu 99% indiziert ist durch das Infektionsrisiko „Männer, die Sex mit

---

1818 Vgl. BGBl. I 2019, S. 646.

1819 Vgl. zur Bedeutung des Erstscreenings Epi-Bull 06/21, S. 9 f.; siehe auch Epi-Bull 44/21, S. 9.

1820 Vgl. § 3 der Anlage 33 zum BMV-Ä vom 24. Juli 2019, abrufbar unter https://www.kbv.de/media/sp/Anlage_33_HIV-Praeexpositionsprophylaxe.pdf, zuletzt am 01.04.2023.

1821 Vgl. § 2 der Anlage 33 zum BMV-Ä vom 24. Juli 2019, abrufbar unter https://www.kbv.de/media/sp/Anlage_33_HIV-Praeexpositionsprophylaxe.pdf, zuletzt am 01.04.2023.

1822 Vgl. BT-Drucks. 19/6337, S. 68.

1823 Vgl. BT-Drucks. 19/6337, S. 86.

1824 Vgl. BT-Drucks. 19/3581, S. 1, 4; vgl. BT-Drucks. 19/6337, S. 86.

Männern haben“ (nachfolgend MSM).[1825] 87% der PrEP-Nutzenden waren zwischen 20 und 49 Jahre alt. Im Regelfall wird nach der Erstberatung eine PrEP-Einleitung erfolgen. Gründe für eine Ablehnung sind insbesondere solche des individuellen Patientenwunsches, weil beispielsweise lieber zum Kondom gegriffen oder für sich selbst kein Risiko gesehen wird.[1826]

Insgesamt aber scheint es einen entsprechenden Bedarf für die Leistung zu geben, was sich in der hohen Anzahl an Medikationseinleitungen nach erfolgter Erstberatung erkennen lässt. Im dritten Quartal 2020 nahmen 7.656 Personen die medikamentöse PrEP-Versorgung in Anspruch.[1827] Nur in Einzelfällen – bei 0.16% der Teilnehmenden – kam es trotz der PrEP-Einnahme zu einer HIV-Infektion, was grundsätzlich für die Qualität und Wirksamkeit der PrEP-Versorgung spricht.[1828]

Durch die Einschränkungen, unter denen die Studie bis dato erfolgte, konnten noch keine Erkenntnisse betreffend der durch die Teilnahme an der PrEP einstellende Änderungen im Sexualverhalten erlangt werden.[1829] Allerdings konnte gezeigt werden, dass etwa in Anbetracht der Restriktionen des öffentlichen Lebens aufgrund der SARS-CoV-2-Pandemie zwar die Einnahme der PrEP angepasst wurde, dies aber nicht bedeutet, dass keine oder weniger Sexualkontakte stattgefunden hätten.[1830] Diesbezüglich sind weitere Testungen nötig.[1831] Zudem ist noch nicht ersichtlich, inwieweit das Angebot der PrEP-Versorgung Einfluss auf das gesamtdeutsche HIV-Infektionsgeschehen hat. Trotz des überwiegenden Gebrauchs der PrEP-Medikation durch MSM, ist es dennoch im Jahr 2020 zu noch gut 1.000 Neuinfektionen im Bereich dieser Risikogruppe gekommen.[1832] Die Gruppe der MSM stellt nicht nur den größten Anteil der in Deutschland mit HIV

---

[1825] Siehe den Abschlussbericht des Robert Koch-Institutes betreffend die Evaluation der Einführung der medikamentösen PrEP als Kassenleistung, Stand 01.12.2021, abrufbar unter https://www.rki.de/DE/Content/InfAZ/H/HIVAIDS/Abschlussbericht_EvE-PrEP.pdf?__blob=publicationFile, zuletzt am 01.04.2023, S. 6.

[1826] Vgl. Epi-Bull 44/21, S. 10.

[1827] Sie den Ergebnisbericht des Robert Koch-Institutes betreffend die Evaluation der Einführung der medikamentösen PrEP als Kassenleistung, Stand 01.2021, abrufbar unter https://www.rki.de/DE/Content/InfAZ/H/HIVAIDS/EvE-PrEP_Zwischenbericht.pdf?__blob=publicationFile, zuletzt am 01.04.2023, S. 9.

[1828] Vgl. Epi-Bull 6/21, S. 7; vgl. Epi-Bull 44/21, S. 9.

[1829] Sie den Ergebnisbericht des Robert Koch-Institutes betreffend die Evaluation der Einführung der medikamentösen PrEP als Kassenleistung, Stand 01.2021, abrufbar unter https://www.rki.de/DE/Content/InfAZ/H/HIVAIDS/EvE-PrEP_Zwischenbericht.pdf?__blob=publicationFile, zuletzt am 01.04.2023, S. 11.

[1830] Vgl. Epi-Bull 06/21, S. 10; vgl. *Rüsenberg/Schmidt* DÄ 2020, S. A-2402.

[1831] Siehe den Abschlussbericht des Robert Koch-Institutes betreffend die Evaluation der Einführung der medikamentösen PrEP als Kassenleistung, Stand 01.12.2021, abrufbar unter https://www.rki.de/DE/Content/InfAZ/H/HIVAIDS/Abschlussbericht_EvE-PrEP.pdf?__blob=publicationFile, zuletzt am 01.04.2023, S. 6.

[1832] Siehe dazu Epi-Bull 47/21, S. 13.

infizierten Menschen dar, sondern ist maßgeblicher Treiber des Infektionsgeschehens.[1833]

Es überrascht daher insgesamt, dass nach wie vor die Empfehlung des Gebrauchs von Kondomen als „Grundpfeiler“ der HIV-Prävention ausgegeben wird.[1834] Schützende Verhaltensmodifikationen, wie die Reduzierung von Sexual- und Risikokontakten oder der als zuverlässige Barrieremethode fungierende Gebrauch von Kondomen, sind von den Versicherten realiter nicht zu erwarten.[1835] Durch Information und Kommunikation eine Verhaltensänderung im Sinne einer Lernstrategie – die seit Beginn der HIV-Prävention in Deutschland fester Bestandteil der Präventionsstrategie ist – herbeiführen zu wollen, erweist sich damit als lebensferne Annahme.[1836] Es wird daher bereits mit einem erneuten Anstieg der HIV-Infektionszahlen nach Ende der SARS-CoV-2-Pandemie gerechnet.[1837]

Das PrEP-Angebot als Leistung der gesetzlichen Krankenversicherung hat zwar einen nachweislichen individuellen, insbesondere medizinischen Nutzen, verhindert aber jeden Anreiz zur aktiven Umstands- und Verhaltensanpassung. So lässt sich aus diesem prägnanten Beispiel individuell ansetzender, aber global ausgerichteter Maßnahmen der Krankheitsprävention schlussfolgern, dass die fehlende Bereitschaft der Leistungsadressaten, ihr Verhalten in ausreichendem Umfang anzupassen, vom mit der Maßnahme verfolgten Public-Health-Ansatz unlängst erkannt und akzeptiert wurde. Auf die eigenverantwortliche Entscheidung, Safer-Sex zu betreiben oder bereits im Vorhinein Risikokontakte zu meiden oder Infektionsrisiken möglichst frühzeitig abzuklären, wird letztlich nicht eingegangen. Die Entscheidungsmöglichkeiten des Versicherten belaufen sich schließlich, wie so oft, auf die Teilnahme an einer Beratungsleistung und die Frage, ob eine Leistung in Anspruch genommen wird oder nicht.

Der in der Wissenschaft bereits diskutierten Annahme der Unterstützung eines risikobehafteten Lebensstils durch PrEP[1838], kann zumindest mit dem Argument entgegengetreten werden, dass der deutsche Gesetzgeber durch § 20j SGB V lediglich versucht, auf ein seit langem existierendes gesellschaftliches Gesundheitsrisiko zu reagieren.[1839] Umso mehr wird durch dieses Argument aber die risikobezogene Aufgabe des Eigenverantwortungsprinzips betont, welches die gesetzliche Krankenversicherung und insbesondere den Bereich der Prävention

---

1833 Vgl. die Pressemitteilung des Robert Koch-Instituts vom 26.11.2020, abrufbar unter https://www.rki.de/DE/Content/Service/Presse/Pressemitteilungen/2020/09_2020.html, zuletzt am 01.04.2023; siehe auch bereits BT-Drucks. 17/11923, S. 3.

1834 Etwa in Epi-Bull 47/21, S. 14.

1835 Vgl. zu den einzelnen Schutzmaßnahmen die „Deutsch-Österreichische Leitlinie zur HIV-Präexpositionsprophylaxe“ der Deutschen Aids Gesellschaft e.V. und der Österreichischen Aids Gesellschaft, Stand 2018, S. 3, abrufbar unter https://daignet.de/site-content/hiv-leitlinien/leitlinien-1/deutsch-oesterreichische-leitlinien-zur-hiv-praeexpositionsprophylaxe, zuletzt am 01.04.2023.

1836 So bereits kritisch *Dennin/Lafrenz/Sinn* MedR 2009, 457.

1837 Vgl. Epi-Bull 47/21, S. 14.

1838 Siehe beispielsweise bei *Scott/Klausner* AIDS Res Ther 2016, 1 f.

1839 So etwa BeckOGK/*Schifferdecker* SGB V § 20j Rn. 4.

prägt. Die fehlende Bereitschaft zu selbstverantwortlichem und letztlich auch solidarschonendem Verhalten wird jedoch staatlich akzeptiert. Es wird ein Freiraum des Versicherten von der für die Prävention zur Grundannahme gemachten Versicherteneigenverantwortung geschaffen. So hat es für den Versicherten letzten Endes auch mit Blick auf die Vermeidung von anderen sexuell übertragbaren Infektionskrankheiten keinerlei Konsequenzen, eine einfache Praktizierung von Safer-Sex abzulehnen, obwohl diese den größten Teil der Indikationen ausmachen.

Die Mitverantwortung des Versicherten, die in § 1 SGB V zum Ausdruck gebracht wird, entfällt für den Bereich der sexuell übertragbaren Krankheiten zu einem Großteil, will man sie nicht auf die Teilnahme an der PrEP reduzieren. So kann schließlich eine Favorisierung der PrEP durch die Versicherten zusätzlich zu einem Anstieg der Infektion mit anderen sexuell übertragbaren Krankheiten – insbesondere Syphilis[1840] – führen, wenn keine Bereitschaft zur Verwendung eines Kondoms besteht. Vielmehr erhöht sich sogar durch das Leistungsangebot der PrEP der Verzicht auf die Verwendung ebendieses, da das Risiko einer Infektion mit HIV erheblich reduziert ist.[1841] Dieser nicht unwesentliche Aspekt war erst durch die Beschlussempfehlung des Ausschusses für Gesundheit in den § 20j Abs. 5 SGB V eingefügt worden, indem die Evaluation betreffend die PrEP auf das Infektionsgeschehen im Bereich sexuell übertragbarer Krankheiten ausgeweitet wurde.[1842] Der endgültige Nachweis dafür steht noch aus. Positiv zu bewerten ist, dass im Rahmen der PrEP-Routineuntersuchungen auch Testungen auf weitere sexuell übertragbare Krankheiten erfolgen, sodass eine gesteigerte Inanspruchnahme der PrEP zu einem Anstieg an möglichst frühzeitigen Diagnosen führen kann.[1843]

Rein finanzwirtschaftlich betrachtet beläuft sich die tatsächliche Wahrnehmung der Eigenverantwortung durch den Versicherten im Rahmen der PrEP auf die Übernahme der über die Festbeträge nach §§ 31 Abs. 1 i.V.m. 35 Abs. 1 SGB V hinausgehende Eigenbeteiligung sowie einer unterstellt fremdnützigen Inanspruchnahme einer Präventionsleistung im Sinne des § 1 SGB V. Ob aber namentlich letztgenannter Aspekt überhaupt durch die PrEP nachvollziehbar beeinflusst wird, bedarf noch der Evaluation.

---

[1840] Vgl. Epi-Bull 49/20, S. 11; auch in BT-Drucks. 17/11923, S. 3, konnte bereits ein Zusammenhang zwischen einem Anstieg der HIV-Neuinfektionen und dem Infektionsgeschehen von Syphilis nachgezeichnet werden.

[1841] Siehe dazu Epi-Bull 49/20, S. 11; vgl. auch die „Deutsch-Österreichische Leitlinie zur HIV-Präexpositionsprophylaxe" der Deutschen Aids Gesellschaft e.V. und der Österreichischen Aids Gesellschaft, Stand 2018, S. 21, abrufbar unter https://daignet.de/site-content/hiv-leitlinien/leitlinien-1/deutsch-oesterreichische-leitlinien-zur-hiv-praeexpositionsprophylaxe, zuletzt am 01.04.2023; bereits in BT-Drucks. 17/11923, S. 3, wurde auf eine erhöhte Risikohingabe von Männern, die Sex mit Männern haben, aufgrund der besseren Behandelbarkeit von HIV hingewiesen.

[1842] Siehe dazu BT-Drucks. 19/8351, S. 176.

[1843] Siehe dazu die „Deutsch-Österreichische Leitlinie zur HIV-Präexpositionsprophylaxe" der Deutschen Aids Gesellschaft e.V. und der Österreichischen Aids Gesellschaft, Stand 2018, S. 21, abrufbar unter https://daignet.de/site-content/hiv-leitlinien/leitlinien-1/deutsch-oesterreichische-leitlinien-zur-hiv-praeexpositionsprophylaxe, zuletzt am 01.04.2023.

### dd. Bonifizierung von präventiven Bemühungen der Versicherten

Da Prävention zu einem gewichtigen Teil auf das individuelle Versichertenverhalten bezogen ist, bietet sich die Möglichkeit finanzieller Anreizstrukturen.[1844] Der Gesetzgeber hat dies erkannt und normativ in Form von Bonusprogrammen umgesetzt. Den Krankenkassen steht mit der Bonifizierung gemäß § 65a SGB V eine Möglichkeit der zusätzlichen Anreizsetzung für gesundheitsbewusstes Versichertenverhalten zur Verfügung. Bonus im Sinne des § 65a SGB V, ist ein finanzieller Vorteil, welcher dem Versicherten aufgrund eines bestimmten Verhaltens von seiner Krankenkasse gewährt wird.[1845]

Durch das Präventionsgesetz[1846] waren die Bonusregelungen für die Krankenkassen zu einer „Soll"-Vorschrift umgewandelt worden,[1847] ehe die Regelung des § 65a Abs. 1 SGB V durch das Masernschutzgesetz[1848] obligatorisch wurde[1849]. § 65a Abs. 1 S. 1 SGB V sieht vor, dass die Krankenkassen in ihren Satzungen Voraussetzungen festzulegen haben, unter denen Versicherte einen Anspruch auf einen Bonus haben, wenn sie Leistungen zur Erfassung von gesundheitlichen Risiken und Früherkennung von Krankheiten nach den §§ 25, 25a und 26 SGB V oder Leistungen für Schutzimpfungen nach § 20i SGB V in Anspruch nehmen. Die Regelung zeigt, dass der Gesetzgeber sowohl die Teilnahme an Gesundheitsuntersuchungen als auch die Inanspruchnahme von Schutzimpfungsangeboten als gesundheitspolitisch erwünscht und gewollt wertet.[1850] Dennoch besteht kein unmittelbarer Anspruch auf den Bonus aus dem Gesetz, sondern wird dieser erst mittelbar über die Satzung der Krankenkasse gewährt.

Weiterhin besteht die Möglichkeit einer Bonifizierung durch die „Soll"-Vorschrift des § 65a Abs. 1a SGB V für den Fall, dass Versicherte regelmäßig Leistungen der Krankenkassen zur verhaltensbezogenen Prävention nach § 20 Abs. 5 SGB V in Anspruch nehmen oder an vergleichbaren, qualitätsgesicherten Angeboten zur Förderung eines gesundheitsbewussten Verhaltens teilnehmen. Zudem soll der Bonus auch Versicherten zugutekommen, bei denen bereits nach § 62 Abs. 1 S. 2 SGB V die abgesenkte Belastungsgrenze greift. Ziel war es, dadurch für chronisch kranke Versicherte eine doppelte Anreizwirkung für die Inanspruchnahme von Vorsorgeleistungen zu schaffen.

Ansonsten sind die Aufführung in den Abs. 1 und 1a des § 65a SGB V als abschließend zu verstehen; sie begrenzen insoweit den Spielraum für die Krankenkassen, entsprechende Boni vorzusehen.[1851]

---

[1844] *Huster* VSSAR 2019, 335.
[1845] Vgl. NK-GesundhR/Nils-David Ullrich SGB V § 65a Rn. 6; vgl. Becker/Kingreen/*Welti* SGB V § 65a Rn. 3.
[1846] BGBl. I 2015, S. 1368.
[1847] Vgl. BT-Drucks. 18/4282, S. 43.
[1848] BGBl. I 2020, S. 148.
[1849] Vgl. BT-Drucks. 19/15164, S. 59.
[1850] Vgl. auch Eichenhofer/v. Koppenfels-Spies/Wenner/SGB V/*Lungstras*, § 25 Rn. 11.
[1851] Vgl. dazu *Gebert*, Verhaltens- und verhältnisbezogene Primärprävention und Gesundheitsförderung im Recht der gesetzlichen Krankenversicherung, S. 223.

Die Höhe des Bonus, der Zeitpunkt der Zahlung sowie die „Regelmäßigkeit“ der Inanspruchnahme im Sinne des § 65a Abs. 1a SGB V sind ebenfalls in der Satzung der Krankenkasse festzulegen.[1852] Frei steht den Kassen auch die Wahl der Form der Bonusgewährung, wobei zu beachten ist, dass der Gesetzgeber den Kassen einen weiten Gestaltungsspielraum zuerkannt hat. Denkbar sind Geld- oder Sachleistungen, wobei eine Geldleistung entweder als eigenständige Leistung, aber auch als Zuzahlungsermäßigung oder Beitragsreduzierung in Betracht kommt.[1853] Diese Gestaltungsfreiheit überlässt den Krankenkassen im Wesentlichen die Entscheidung, mit welchen Mitteln sie die Versicherten zu gesundheitsbewusstem Verhalten motivieren und welche Verhaltensweisen der Versicherten sie finanziell fördern wollen.[1854] Zuvor galt die nunmehr nur noch in § 65a Abs. 1a SGB V aufgeführte Rechenschaftspflicht der Krankenkassen bezüglich der durch die Bonifizierung erzielten Einsparungen und Effizienzsteigerungen auch für die Bonusgewährung nach § 65a Abs. 1 SGB V. Da Vorsorgeuntersuchungen und Schutzimpfungen neben dem Schutz der individuellen Gesundheit auch der Erhaltung des Gesundheitsstatus der Gesellschaft dienen und damit letztlich die Ausgaben der gesetzlichen Krankenversicherung senken sollen, wurde von der Rechenschaftspflicht abgesehen.[1855] Dem kann jedoch entgegengehalten werden, dass aufgrund von Prädisposition, Bedarfsfaktoren und weiteren Lebensumständen Bonusprogramme häufig nur von ohnehin gesünderen und finanziell besser gestellten Versicherten in Anspruch genommen werden, die Programme im Wesentlichen also ihren Zweck verfehlen, finanzielle Anreize zu schaffen.[1856]

Der Bonus nach § 65a SGB V honoriert das Bemühen des Versicherten um gesundes Verhalten und damit um seine Gesundheit.[1857] Sowohl nach den

---

[1852] Vgl. *Koch* in: jurisPK-SGB V, 4. Aufl. 2020, § 65a SGB V Rn. 11, 14.

[1853] Vgl. NK-GesundhR/Nils-David Ullrich SGB V § 65a Rn. 6; vgl. Becker/Kingreen/*Welti* SGB V § 65a Rn. 3, bei gleichzeitiger Kritik an einem prozentualen Beitragsnachlass; siehe zum Problem der Zweckbindung *Gebert*, Verhaltens- und verhältnisbezogene Primärprävention und Gesundheitsförderung im Recht der gesetzlichen Krankenversicherung, S. 230 ff.

[1854] *Wissenschaftliche Dienste des Bundestages* WD-9-3000-090/20, S. 4; kritisch gegenüber den oftmals weitgefächerten bonifizierbaren Verhaltensweisen oder Zuständen die nur peripher mit zertifizierungsfähigen primärpräventiven Leistungsangeboten im Sinne des § 20 SGB V in Verbindung gebracht werden können *Gebert*, Verhaltens- und verhältnisbezogene Primärprävention und Gesundheitsförderung im Recht der gesetzlichen Krankenversicherung, S. 223 ff.

[1855] Dazu BT-Drucks. 19/15164, S. 60.

[1856] Vgl. dazu im speziellen *Jordan/v. der Lippe/Starker/Hoebel/Franke* Gesundheitswesen 2014, 861 ff.; vgl. *Wissenschaftliche Dienste des Bundestages* WD-9-3000-090/20, S. 7 ff., passim; vgl. auch den Sonderbericht zum Wettbewerb in der gesetzlichen Krankenversicherung des Bundesamtes für Soziale Sicherung Stand 2018, S. 147, abrufbar unter https://www.bundesamtsozialesicherung.de/fileadmin/redaktion/allgemeine_dokumente/Taetigkeitsberichte/20180404Sonderbericht_web.pdf, zuletzt am 01.04.2023, worin sogar der Hinweis an den Gesetzgeber ergeht, über den „Fortbestand der gesetzlichen Regelungen zur Entwicklung von Bonusprogrammen nachzudenken“.

[1857] Siehe zu der Problemstellung, dass die Krankenkassen die Möglichkeit der Bonusprogramme zweckentfremden, indem sie Boni gewähren, die kein gesundheitsförderndes Verhalten verlangen, nicht in einem Zusammenhang mit zertifizierungsfähigen Maßnahmen stehen oder statt an Verhalten, an bestimmte Zustände geknüpft sind, ausführlich bei *Gebert*, Verhaltens- und

Voraussetzungen des § 65a SGB V als auch nach den entsprechend ausgestalteten Satzungen der Krankenkassen kommt es nicht darauf an, ob ein tatsächlicher Gesundheitserfolg erzielt wurde.[1858] Der Bonus knüpft demnach rein objektiv an ein nachvollziehbares Tun des Versicherten an und setzt gerade keinen konkreten Erfolg oder einen bestimmten Zustand voraus. Die Norm soll damit Steuerungswirkung auf das Versichertenverhalten entfalten, wobei als Nebenerfolge insgesamt auch die Verbesserung des Gesundheitszustandes und dadurch Kosteneinsparungen angestrebt werden.

Anders als im Fall der Wahltarife[1859] nach § 53 SGB V muss der Versicherte sich die Bonifizierung aufgrund gesundheitsbewusster Verhaltensweisen auch nicht durch einen modifizierten Leistungsumfang „erkaufen“. Es genügt, wenn die freiwilligen Leistungsangebote der Krankenkassen oder vergleichbare, qualitätsgesicherte Angebote zur Förderung gesundheitsbewussten Verhaltens in Anspruch genommen werden und der Nachweis dafür auf dem von der Krankenkasse in ihrer Satzung festgelegten Weg erbracht wird. Dabei bleibt es dem Versicherten überlassen, ob er kostenfreie Programme der Krankenkassen oder Angebote und Leistungen auf eigene Rechnung – wie etwa der Besuch eines Fitnessstudios oder eine professionelle Zahnreinigung – in Anspruch nimmt, die nach den Krankenkassensatzungen als vergleichbare, qualitätsgesicherte Angebote zur Förderung eines gesundheitsbewussten Verhaltens gelten. Insoweit bestehen also mit der Bonifizierung nach § 65a SGB V und der Prämierung nach den Wahltarifen im Sinne des § 53 SGB V zwei grundlegend unterschiedliche Regelungsmechanismen.[1860]

Auch wenn nicht explizit so benannt, wird auch im Rahmen des Zuschusses beim Zahnersatz nach § 55 Abs. 1 SGB V[1861] von der Gewährung eines Bonus gesprochen.[1862] Ebenso wie im Fall des § 65a SGB V wird anknüpfend an das präventive Versichertenverhalten ein Bonus in Form einer Zuschusserhöhung gewährt, lediglich ergänzt um das Erfordernis der Erkennbarkeit von eigenen Bemühungen um die Zahngesundheit anhand des Gebisszustandes. Insoweit ist zumindest in einem gewissen Grad die Bonifizierung abhängig von der Erreichung eines

verhältnisbezogene Primärprävention und Gesundheitsförderung im Recht der gesetzlichen Krankenversicherung, S. 229 ff.; siehe auch *Wissenschaftliche Dienste des Bundestages* WD-9-3000-090/20, S. 7 f., m.w.N.; vgl. zudem den Sonderbericht zum Wettbewerb in der gesetzlichen Krankenversicherung des Bundesamtes für Soziale Sicherung Stand 2018, S. 70 ff., abrufbar unter https://www.bundesamtsozialesicherung.de/fileadmin/redaktion/allgemeine_dokumente/Taetigkeitsberichte/20180404Sonderbericht_web.pdf, zuletzt am 01.04.2023. Im Übrigen entspricht dies auch seinem Sinn und Zweck, vgl. BT-Drucks. 18/4282, S. 43; vgl. BT-Drucks. 15/1525, S. 95 f.

[1858] Vgl. etwa § 26 der Satzung der Techniker Krankenkasse, Stand 31.03.2023, abrufbar unter https://www.tk.de/resource/blob/2077108/01fa0c89015af442be9baf52f445b775/tk-satzung-data.pdf, zuletzt am 01.04.2023.

[1859] Siehe dazu oben unter C. II. 4.

[1860] So auch *Dreher* in: jurisPK-SGB V, 4. Aufl. 2020, § 53 Rn. 26.

[1861] Siehe dazu oben unter C. II. 3. e.

[1862] Siehe etwa *Gebert*, Verhaltens- und verhältnisbezogene Primärprävention und Gesundheitsförderung im Recht der gesetzlichen Krankenversicherung, S. 229; vgl. *Eberbach* MedR 2014, 451; siehe auch *Kluth/Bauer* VSSR 2010, 350.

bestimmten Zustandes, der es dem fachkundigen Zahnarzt ermöglicht, Rückschlüsse auf das Pflegeverhalten des Versicherten zu ziehen. Letztlich ist aber auch hier nur das Versichertenverhalten relevant, auf welches bei der Beurteilung abgestellt wird.

#### ee. Prävention und Sanktion

Instrumente der Prävention können schematisch in Aufklärung, Anreize oder Nachteile und Zwang unterteilt werden, wobei sich die Eingriffsstärke des Instruments mit jeder Stufe erhöht.[1863] Auf niedrigster und damit auf intensitätsärmster Stufe steht die informatorische Aufklärung. Im Rahmen der Prävention sollten nach verbreiteter Auffassung nur Information, Beratung, Aufklärung, Motivation und eine der Gesundheit dienliche Ausgestaltung der Lebenswelten, nicht aber strikte und durchsetzbare Ge- und Verbote eingesetzt werden, um die Hemmschwelle der Partizipation möglichst gering zu halten.[1864] Gerade im Bereich der großflächig verfolgten verhaltensbezogenen Prävention erfolgt die Förderung des Versichertenverhaltens mittels Information, Beratung und Maßnahmen zur Einübung entsprechender Verhaltensweisen.[1865]

Ob eine Sanktionsbewehrtheit von Präventionsmaßnahmen tatsächlich nicht existiert, oder letztlich gar nicht möglich ist, ist damit nicht beantwortet. Wäre dem so, so würde die Freiheit des Individuums die Grenze des durch Prävention Leistbaren aufzeigen. Wer sich demnach trotz aller Aufklärung, trotz verständlicher Informationen, trotz ausreichender Präventionsangebote für einen gesundheitsschädlichen Lebensstil oder einzelne, gesundheitsschädliche Verhaltensweisen entscheidet, würde folglich nur von seiner in Art. 2 Abs. 1 und Abs. 2 GG verbrieften, gesundheitsbezogenen Willensfreiheit und Selbstbestimmung Gebrauch machen, welche ihm von der Gemeinschaft in einem freiheitlich konstitutiven Staat auch nicht genommen werden könnte.

Das primärpräventive Leistungsangebot der gesetzlichen Krankenversicherung zeigt aber, dass Prävention in aller erster Linie Anreiz geben soll, sich gesundheitsdienlich zu verhalten und sich aktiv um seine eigene Gesundheit zu bemühen. Der Gesetzgeber hat darauf verzichtet, Prävention und Sanktion in einen Regelungszusammenhang zu bringen, sodass Sanktionen in Verbindung mit Leistungen der Prävention faktisch nicht existieren. Zwar werden insgesamt die Instrumente der Prävention im SGB V – wenn überhaupt – nur punktuell ausdifferenziert und konkretisiert. Ersichtlich ist jedoch, dass der Gesetzgeber keine Ermächtigungsgrundlagen zur Schaffung von Präventions-, Verhaltens- oder

---

1863 Siehe *Eberbach* MedR 2010, 765; vgl. die Darstellung bei *Mathis*, Verhaltenssteuerung durch Aufklärung, Anreize und „Nudging", S. 88 f.

1864 Hinweis bei *Huster* Ethik Med 2010, 298.

1865 Vgl. *Jordan/v. der Lippe* Bundesgesundheitsbl 2013, 878.

Informationspflichten oder -zwang, an welche sich Sanktionen knüpfen ließen, geschaffen hat.[1866]

Für den Bereich der Patientencompliance[1867], verstanden als flankierende Maßnahme über den Zeitraum einer Behandlung, existieren bereits verhaltenssteuernde Maßnahmen im SGB V. Zu nennen sind die schon erwähnten Disease-Management-Programme. Diese haben eine Beeinflussung des Krankheitsverlaufs im Behandlungsprozess durch das individuelle Versichertenverhalten zum Gegenstand. § 137f Abs. 1 S. 1 SGB V bestimmt, dass der Gemeinsame Bundesausschuss in Richtlinien nach Maßgabe von Satz 2 geeignete chronische Krankheiten festlegt, für die strukturierte Behandlungsprogramme entwickelt werden sollen, die den Behandlungsablauf und die Qualität der medizinischen Versorgung chronisch Kranker verbessern. Satz 2 Nr. 5 bezieht sich dabei explizit auf das Kriterium der Beeinflussbarkeit des Krankheitsverlaufs durch Eigeninitiative des Versicherten. Allerdings stellt Abs. 3 S. 1 klar, dass die Teilnahme für die Versicherten freiwillig ist. Zudem ist das Kriterium der Beeinflussbarkeit des Krankheitsverlaufs durch Eigeninitiative des Versicherten nur ein Auswahlkriterium, aus welchem weder Mitwirkungspflichten noch Nachteile der Versicherten erwachsen.[1868] De lege lata ist eine schlechte Patientencompliance demnach nicht mit Sanktion für den Versicherten belegt. Dies äußert sich schließlich auch darin, dass mögliche Folgen einer fehlenden Mitwirkung im Rahmen einer Behandlungsmaßnahme wiederum von der Versicherung ohne Einschränkungen abgedeckt und finanziert werden.[1869]

Einzig relevante Norm hinsichtlich konkreter Folgen aus Verhalten, welches nicht dem Präventionsgedanken folgt, ist damit § 62 Abs. 1 S. 3 SGB V. Hier erfährt der chronisch kranke Versicherte eine tatsächliche negative Sanktion, soweit er vor Ausbruch seiner Erkrankung keine Gesundheitsuntersuchungen nach § 25 Abs. 1 SGB V regelmäßig in Anspruch genommen hat. Die Sanktion gilt sogar grundsätzlich völlig unabhängig davon, ob die Krankheit überhaupt hätte erkannt werden können oder ob es für die Krankheit ein entsprechendes Verfahren gibt. Für den Regelungsmechanismus kommt es einzig und alleine auf die Tatsache an, ob die Leistung in Anspruch genommen wurde oder nicht. Allerdings ist die Regelung praktisch nach wie vor unanwendbar.[1870]

In Betracht kommt weiterhin die Regelung des § 55 Abs. 1 S. 2 ff. SGB V sein. Allerdings handelt es sich bei der Erhöhung des Festzuschusses bei Erfüllen der subjektiven Voraussetzungen nicht wirklich um eine Sanktion, sondern vielmehr um eine Bonifizierung. Der Grundanspruch ist von vornherein begrenzt auf 60% der Kosten nach der Regelversorgung. Durch die regelmäßige Inanspruchnahme

---

[1866] Anders etwa im Fall des Masernschutzgesetzes im IfSG, vgl. dazu und zur sogenannten „Masernimpfpflicht" nur *Makoski/Netzer-Nawrocki* GesR 2020, 427 ff.

[1867] Siehe zu dem Begriff und seiner Anwendung nur *Schäfer*, Patientencompliance, S. 13 ff.

[1868] Vgl. *Kluth/Bauer* VSSR 2010, 349.

[1869] Vgl. *Berlemann/Karmann* ZWS 1998, 579.

[1870] Siehe dazu oben unter C. II. 5. b. aa.

der Individualprophylaxe bei Minderjährigen nach § 22 SGB V beziehungsweise bei der regelmäßigen Durchführung der zahnärztlichen Untersuchung bei Erwachsenen kann sich der Eigenanteil als „Belohnung" erhöhen.

Im weitesten Sinne präventiv sanktionierend wirkt § 52 Abs. 2 SGB V.[1871] Zwar wird hier nicht an ein bestimmtes präventives Verhalten der Versicherten im Sinne einer Präventionsleistung angeknüpft; diese ist auch nicht – anders als im Fall des § 62 Abs. 1 SGB V – Teil des Tatbestandes. Gleichwohl soll aber darauf hingewirkt werden, dass nicht indizierte ästhetische Operationen gar nicht erst in Anspruch genommen werden. Die Vorschrift zielt darauf ab, den Gesundheitsstatus zu erhalten, indem dem Versicherten das selbstschädigende Verhalten finanziell erschwert wird. Der Versicherte soll durch die drohende Beteiligung im Falle von Krankheiten, die aufgrund einer nichtindizierten Maßnahme eingetreten sind, dahingehend beeinflusst werden, dass er gleich von dem Eingriff absieht. Es gilt das unausgesprochene Motto: „Bleibe naturbelassen wie du bist!".[1872] Verfolgt wird demnach eine Lernstrategie, die den Versicherten den Wert des Gutes Gesundheit erkennen lassen soll. Diese adressiert faktisch aber nur diejenigen Versicherten, die in Anbetracht ihrer schlechteren finanziellen Situation und der möglichen finanziellen Konsequenzen tatsächlich von der Vornahme einer nicht indizierten Maßnahme absehen werden. Umgekehrt wird durch den Gesetzgeber aber auch in Kauf genommen, dass ebendiese Versichertengruppe bei sich einstellenden Komplikationen aufgrund der drohenden Kostenbeteiligung notwendige Behandlungen nicht vornehmen lässt.[1873] Zudem erfordert eine derartige Lernstrategie die möglichst umfassende und fehlerfreie Informationsbereitstellung durch die Leistungserbringer und zugleich die Informationsverarbeitungsfähigkeit der Versicherten, sollen letztere ihr Verhalten prospektiv im gewünschten Maße anpassen.[1874]

Eine Prävention mit umfassenden Grundrechtseingriffen in Form von Sanktion oder Zwang ist der gesetzlichen Krankenversicherung damit weitgehend fremd.[1875] Die Beteiligung an Präventionsmaßnahmen ist freiwillig, liegt also trotz Leistungen der Unterstützung und Beratung seitens der Kassen in Händen des Versicherten. Dem Recht der gesetzlichen Krankenversicherung fehlt es an einer Verbindung von Prävention mit Sanktion; lediglich im Fall des § 62 Abs. 1 S. 3 SGB V findet sich eine entsprechende Verknüpfung. Diese Norm kann damit als Ausnahmetatbestand angesehen werden.

---

[1871] Ebenfalls § 52 Abs. 2 SGB V dem Konzept der Prävention zuordnend *Spiecker gen. Döhmann*, Risikomanagement durch Versicherungsmechanismen im Krankenversicherungsrecht, S. 223, dortige Fn. 16.

[1872] *Eberbach* MedR 2014, 451.

[1873] Dies ebenfalls anmerkend *Duttge* medstra 2021, 338.

[1874] Siehe zu den diese Fähigkeit eingrenzenden Faktoren – die insbesondere in der Verhaltenspsychologie eine wichtige Rolle einnehmen – nur bei *Spiecker gen. Döhmann*, Risikomanagement durch Versicherungsmechanismen im Krankenversicherungsrecht, S. 236 ff.

[1875] Vgl. mit Blick auf die betreffenden Schutzgüter des Art. 2 Abs. 2 GG bei Maunz/Düring/*Di Fabio* GG Art. 2 Abs. 2 Nr. 1 Rn. 51 f.

Vereinzelt lassen sich obliegenheitsbegründende Normen finden, die die Versicherten von der Partizipation an einer Bonifizierung im Sinne einer „weichen" Sanktion[1876] exkludieren. Zu nennen ist § 55 Abs. 1 SGB V, aber auch § 65a SGB V, wobei hierin aber zu unterscheiden ist, dass es sich bei den Bonusprogrammen nach § 65a SGB V um solche handelt, die in ihrer Ausgestaltung anders als die Erhöhung des Zuschusses nach § 55 SGB V im Ermessen der Krankenkassen liegen. Das Risiko der Krankheit und ihrer insbesondere finanziellen Folgen bei fehlendem präventivem Engagement wird im Wesentlichen nicht dem Versicherten überantwortet.[1877]

Auch hat der Gesetzgeber Zwang in der Gesundheitsförderung und Krankheitsprävention ebenso wenig wie im Rest des Leistungsrechts als Mittel implementiert. Prävention bleibt damit im Kern nach wie vor – insbesondere auch in finanzieller Hinsicht – Sache des Einzelnen. Es entsteht der Eindruck, als fehle es an einem politischen Interesse daran, Prävention und Sanktion tatsächlich miteinander zu kombinieren. So lässt sich dann auch der Umfang der Präventionsleistungen in Rahmen der Notfallversorgung bei Beitragsrückstand erklären. Offenbar will der Gesetzgeber die Schwelle zur Teilnahme an Präventionsprogrammen möglichst niedrig halten und es vermeiden, den Versicherten dem Gefühl von Zwang auszusetzen.

### Exkurs: Eigenverantwortung im Sozialgesetzbuch

Ob es sich bei den im vorangegangenen Abschnitt herausgearbeiteten normativen Anknüpfung an die Eigenverantwortung um eine Charakteristik des Sozialrechts[1878] handelt, kann durch einen Blick in die unmittelbaren Nachbarkodifikationen des SGB V, sprich die weiteren Bücher des Sozialgesetzbuches, beantwortet werden. Wird zunächst – wie zuvor im SGB V[1879] – am Wortlaut und damit gleichfalls am expliziten Befund angesetzt, so fällt auf, dass sowohl der Begriff der Eigenverantwortung im SGB I, SGB IV, SGB VI und SGB X kein einziges Mal Erwähnung findet. Das überrascht zunächst nicht, handelt es sich bei den Kodifikationen von SGB I, SGB IV und SGB X um Zusammenstellungen allgemeiner Vorschriften, die Gültigkeit für alle Sozialleistungsbereiche, im Fall des

---

[1876] Die Bezeichnung ist selbst gewählt und soll die Abgrenzungsschwierigkeit zwischen einer Sanktion und einem Bonus, gerade in einem Fall wie der Regelung des § 55 Abs. 1 SGB V, zum Ausdruck bringen. Die Einordnung als Bonus oder Malus hängt hier nicht unwesentlich vom Betrachtungswinkel ab.

[1877] Insofern untersucht etwa *Gebert*, ob die Möglichkeit von Malusregelungen bei unzureichender Primärprävention durch den Versicherten, de lege ferenda rechtlich zulässig wären, vgl. *Gebert*, Verhaltens- und verhältnisbezogene Primärprävention und Gesundheitsförderung im Recht der gesetzlichen Krankenversicherung, S. 237 ff.

[1878] Ausgegangen wird hier vom formellen Sozialrechtsbegriff, weshalb sich die Untersuchung vornehmlich auf die weiteren Bücher des Sozialgesetzbuches beschränkt. Siehe zu der Unterteilung von formellem und des materiellem Sozialrechtsbegriff bei *Schnitzler* JuS 2019, 215 ff.; *Kokemoor*, Sozialrecht, Rn. 1 ff.; *Muckel/Ogorek/Rixen*, Sozialrecht, § 3 Rn. 1 ff.; *Schaumberg*, Sozialrecht, § 1 Rn. 1 ff.; siehe allgemein zum Begriff des Sozialrechts bei *Becker* ZÖR 2010, 611 ff.

[1879] Siehe dazu oben unter B. I. sowie C. I.

SGB IV speziell für das Recht der Sozialversicherung, besitzen. Innerhalb des SGB I und SGB IV werden für die Sozialversicherungszweige grundlegende Inhaltskonkretisierungen zu Leistung, Finanzierung und Organisation vorgenommen.[1880] Die Bände schaffen ein Grundgerüst, auf welchem die weiteren Bände zu den Sozialversicherungen aufbauen, in dieser Weise vergleichbar zum Allgemeinen Teil des BGB.[1881] Insbesondere das SGB X beinhaltet durch seine Regelungen zum sozialrechtlichen Verwaltungsverfahren, zum Sozialdatenschutz oder zu den Leistungsträgern keine von der Eigenverantwortung der Versicherten abhängige Rechtsmaterie.

Neben der weiteren expressis-verbis-Untersuchung soll zudem eine Darstellung der für den jeweiligen Versicherungs- und Fürsorgezweig relevanten Normen erfolgen, die ihrer Zwecksetzung nach Leistungsausschlüsse und Leistungsminderung aufgrund eines als unsolidarisch und damit der individuellen Bewältigungslast zugesprochenen Versichertenverhalten beinhalten.[1882]

### a. Gesetzliche Rentenversicherung

Überraschend hingegen erscheint das Fehlen einer expliziten Erwähnung der Eigenverantwortung im SGB VI. In diesem wird das Recht der gesetzlichen Rentenversicherung geregelt. Diese ist dem Bereich der Sozialversicherung zugeordnet und stellt, gemessen an der Versichertenzahl und ihrem Finanzvolumen, deren bedeutendsten Teil dar.[1883]

Im SGB VI lässt sich keine dem § 27 SGB V vergleichbare, am konkreten Versicherungsfall orientierte Rahmennorm finden. So greift etwa § 33 SGB VI die Risiken des § 23 SGB I wieder auf und nutzt diese als Leistungsgründe zur Einteilung der Rentenarten.[1884] Einen Leistungsanspruch schafft die Norm aber nicht und verfügt ebenso wenig über einen eigenständigen Regelungsgehalt.[1885] Auch legt das SGB VI, für welches gleichfalls das Solidaritätsprinzip im Sinne eines Generationenvertrages prägend ist[1886], anders als das SGB V keinen Schwerpunkt auf die Individualverantwortung der Versicherten.[1887] Das ergibt sich nach überwiegender Meinung aus einem Umkehrschluss der besonderen Regelungen in den §§ 103, 104 SGB VI, in denen ausnahmsweise die Ursache, dass der Versicherungsfall absichtlich herbeigeführt oder sich die für die Rentenleistung

---

[1880] Vgl. Hauck/Noftz SGB IV E 010 S. 3 f.

[1881] Zur Vergleichbarkeit siehe *Kokemoor*, Sozialrecht, Rn. 27.

[1882] In seiner Darstellung von „regelwidrigem“ Verhalten sprechend *Heinz* ZFSH SGB 2014, 532 ff.; vgl. auch die Darstellung bei *Mihm* NZS 1995, 9 f.

[1883] Vgl. Hauck/Noftz SGB VI E 010 S. 1.

[1884] Vgl. Hauck/Noftz/*Fichte* SGB VI § 33 Rn. 1, 9.

[1885] Vgl. *Uta Freudenberg* in: jurisPK-SGB VI, 3. Aufl. 2021, § 33 Rn. 1.

[1886] Vgl. BeckOGK/*Wehrhahn* SGB VI § 153 Rn. 2 f.

[1887] Siehe dazu die Zielsetzung der Rentenversicherungsreform, BT-Drucks. 11/4124, S. 136 ff.

erforderliche Gesundheitsbeeinträchtigung im Zuge eines Verbrechens oder Vergehens zugezogen wurde, berücksichtigt wird.[1888]

Da insbesondere das Alter oder auch die Verwitwung als Leistungsgründe außerhalb des Einflussbereichs der Versicherten liegen und sich in dieser Hinsicht auch keine, die Risikoverwirklichung mindernden Maßnahmen denken lassen, gleichzeitig aber die Leistungen der gesetzlichen Rentenversicherung für den größten Teil der Bevölkerung über eine lange Lebensphase hinweg die einzige oder zumindest bedeutendste Einkommensquelle sind,[1889] erscheint die programmpolitische Wertung nachvollziehbar. Die Rentenversicherung fragt nur danach, ob das in ihr versicherte Risiko eingetreten ist, nicht hingegen danach, aufgrund welcher Ursache das geschehen ist.[1890] So erklärt sich auch, warum im Unterschied zur gesetzlichen Krankenversicherung keine Bestrebungen einer verschärften, am Versichertenverhalten ansetzenden Begrenzung der Rentenversicherungsleistungen erwogen werden.[1891]

Zudem wurde die vormals in § 9 Abs. 2 S. 2 SGB VI vorgesehene Verpflichtung der Versicherten, im Zuge einer zum Ziel gesetzten aktiven Partnerschaft auch aktiv an der Rehabilitation mitzuwirken und Verantwortung für die eigenen Gesundheit und den Rehabilitationserfolg zu übernehmen, schon vor über 20 Jahren mit Blick auf die §§ 60 ff. SGB I, aufgehoben.[1892] Nach Ansicht des Gesetzgebers würde der Verantwortung der Versicherten für ihre Gesundheit und ihrer Erwerbsfähigkeit durch die Mitwirkungsobliegenheiten in den §§ 60 ff. SGB I ausreichend Rechnung getragen.[1893]

### b. Grundsicherung für Arbeitsuchende und Arbeitsförderung

Fündig bezüglich einer expliziten Erwähnung der Eigenverantwortung wird man hingegen im SGB II, SGB III, SGB VII, SGB VIII, SGB IX und SGB XI. Im SGB II wird – wie im SGB V – direkt zu Beginn in den §§ 1 und 2 die Eigenverantwortung der Versicherten zum einen als zu förderndes Ziel des Sicherungssystems, zum anderen als Forderungsvoraussetzung erwähnt. So liegt das Bestreiten des Lebensunterhalts zunächst in der Verantwortung des erwerbsfähigen Leistungsberechtigten als Ausdruck der Subsidiarität sozialstaatlicher Sicherung. Dadurch wird versucht, eine funktionale Beziehung zwischen der Eigenverantwortung der Adressaten und der Aufgabe und der Zielsetzung der

---

[1888] Vgl. Hauck/Noftz/*Fichte* SGB VI § 103 Rn. 1; vgl. *Reyels* in: jurisPK-SGB VI, 3. Aufl. 2021, § 103 Rn. 17 f., m.w.N.; vgl. Kreikebohm/Roßbach/*Kühn* SGB VI § 103 Rn. 2 f.; vgl. *Heinz* ZFSH SGB 2014, 537 f.

[1889] BT-Drucks. 11/4124, S. 138.

[1890] Vgl. *Ruland* NJW 2002, 3519, der darin einen „gravierende[n] politische[n] Fehler" sieht, der „korrigiert" werden müsse.

[1891] Vgl. *Reyels* in: jurisPK-SGB VI, 3. Aufl. 2021, § 103 Rn. 52, m.w.N.

[1892] Siehe zur Gesetzesbegründung zu § 9 Abs. 2 S. 2 SGB VI BT-Drucks. 11/4124, S. 153; siehe zur Gesetzesänderung BGBl. I 2001, S. 1046.

[1893] BT-Drucks. 14/5074, S. 119.

Grundsicherung für Arbeitsuchende zu schaffen.[1894] Diese Form der Verantwortungszuweisung wird im Wortlaut des § 2 Abs. 5 Nr. 2 SGB III aufgegriffen, indem dort die Aufforderung an die versicherten Arbeitnehmer geht, zum Zweck der Vermeidung oder Beendigung der Arbeitslosigkeit eigenverantwortlich nach Beschäftigung zu suchen. Ergänzend dazu statuiert § 4 SGB III einen Vorrang der Arbeitsvermittlung vor dem Sozialleistungsbezug als Ersatz des Arbeitsentgelts.

In den §§ 31 bis 32 SGB II werden Sanktionen für Pflichtverletzungen seitens der Versicherten statuiert. § 31 SGB II beschreibt die Pflichtverletzungen, § 31a SGB II sieht die daran anschließenden Rechtsfolgen vor. Darüber hinaus sieht § 32 SGB II Sanktionen bei der Pflichtverletzung des Meldeversäumnisses parallel zu § 31 und § 31a SGB II vor. Bei den Sanktionen des § 31a SGB II handelt es sich um gestaffelte Minderungen des Sozialleistungsanspruchs. Beginnend mit einer Minderung des Regelbedarfs nach § 20 SGB II um 10% erfolgt nach wiederholter Pflichtverletzung eine Minderung um 20% und maximal um 30%.[1895]

Gemessen an dem erforderlichen Zusammenwirken zwischen Sozialleistungsberechtigtem und Sozialleistungserbringer stellen die Pflichtverletzungen, die in § 31 SGB II aufgeführt werden, aus Sicht des Gesetzgebers unsolidarisches Verhalten dar. Nur wer ein bestimmtes Maß an Eigenengagement aufweist, soll auch ein Forderungsrecht besitzen. Eingefordert wird also ein Mindestmaß an Solidarität. Umgekehrt entfällt das Vorliegen einer Pflichtverletzung, soweit ein gewichtiger Grund zur Pflichtverletzung gegeben ist.[1896] Dabei handelt es sich um einen durch die Rechtsprechung entwickelten Abwägungsposten, der zum einen die Vorwerfbarkeit aber auch die Zumutbarkeit im Einzelfall berücksichtigt.[1897] Dieses Zusammenspiel zwischen versicherungswidrigem Verhalten, Sanktion und gewichtigem Grund wird besonders anschaulich im Tatbestand des § 159 Abs. 1 SGB III verwirklicht. Die dort vorgesehene Sperrzeit des Arbeitslosengeldanspruch ist Ausfluss des Versicherungsprinzips.[1898] Sie dient dem Schutz der Versichertengemeinschaft vor einer ungerechtfertigten Inanspruchnahme. Voraussetzung für die Sperrzeit ist die Feststellung eines versicherungswidrigen Verhaltens des Arbeitslosen und das Fehlen eines wichtigen Grundes.

Damit ist die Verknüpfung von Eigenverantwortung und Sanktion im SGB II weitaus umfassender verwirklicht als im SGB V.

---

[1894] Vgl. Hauck/Noftz/*Noftz* SGB V §1 Rn. 13.

[1895] Das Bundesverfassungsgericht hat die bis 01.01.2023 geltende Fassung des § 31a Abs. 1 SGB II, nach der eine Minderung bis zu 100% möglich war, für mit Art. 1 Abs. 1 GG i.V.m. Art. 20 Abs. 3 GG unvereinbar erklärt, sobald eine Minderung über 30% geht und kein, eine 100% Minderung rechtfertigender besonderer Einzelfall gegeben ist, vgl. dazu BVerfG, Urteil v. 05.11.2019 – 1 BvL 7/16 = NJW 2019, 3703.

[1896] Vgl. *Heinz* ZFSH SGB 2014, 533.

[1897] Vgl. *Heinz* ZFSH SGB 2014, 533.

[1898] Vgl. BeckOK SozR/*Michalla-Munsche* SGB III § 159 Einführung.

### c. Gesetzliche Unfallversicherung

In § 157 Abs. 1 SGB VII wird die Berechnung eines Gefahrentarifs für die gesetzliche Unfallversicherung geregelt. Danach sind die Beiträge nach Graden der Unfallgefahr anhand von Gefahrenklassen der Unternehmen zu berechnen.[1899] Anders als die anderen Sozialversicherungszweige ist die gesetzliche Unfallversicherung wesentlich stärker vom Versicherungsprinzip geprägt, womit die Orientierung der Beiträge am versicherten Risiko – nämlich der Unfallgefahr des Betriebes – in ihrem Umfang zu erklären ist.[1900] So wird in § 7 Abs. 2 SGB VII klargestellt, dass selbst verbotswidriges Handeln nicht zu einem generellen Ausschluss des Versicherungsfalls – dem Arbeitsunfall oder einer Berufskrankheit – führt.[1901] Dahinter steht der Grundsatz, dass in der gesetzlichen Unfallversicherung, unabhängig von einem Verschulden irgendeines Beteiligten, Versicherungsschutz gegen Gefahren im Zusammenhang mit versicherten Tätigkeiten gewährt wird.[1902] Dies gilt sogar dann, wenn es sich um einen Verstoß gegen eine Verbotsnorm handelt und darüber hinaus der Versicherungsfall ohne den Verstoß nicht eingetreten wäre.[1903]

Nur wenn das Verhalten des Versicherten nicht mehr auf die Ausführung einer versicherten Tätigkeit gerichtet ist, entfällt nach Ansicht der Rechtsprechung der Versicherungsschutz.[1904] Dies gilt nach der Rechtsprechung auch für den Fall, dass der Versicherte sich bei Ausübung der Tätigkeit derart unvernünftig verhält, dass die versicherte Tätigkeit nicht mehr als ursächlich für den Eintritt des Versicherungsfalls angesehen werden kann.[1905] Ferner kann auch die absichtliche Herbeiführung einer Schädigung nicht den Versicherungsfall begründen.[1906] Kann nach der Rechtsprechung entgegen § 7 Abs. 2 SGB VII der Versicherungsschutz entfallen, so gilt zu beachten, dass aufgrund des § 11 Abs. 5 SGB V insoweit nur eine Entlastung der gesetzlichen Unfallversicherung, nicht aber der gesetzlichen Krankenversicherung erfolgt. Ihre Einstandspflicht bleibt unberührt.[1907] Eine auf der Eigenverantwortung fußende Risikoberücksichtigung lässt sich im SGB VII im Grundsatz nicht finden. Es gilt also das Prinzip der Verschuldensunabhängigkeit.[1908] Allerdings deutet bereits § 1 SGB VII auf eine

---

[1899] Vgl. *Brandenburg/K. Palsherm* in: jurisPK-SGB VII, 3. Aufl. 2022, § 157 Rn. 26 f.

[1900] Vgl. Hauck/Noftz SGB VII E 010 S. 3; siehe auch die Feststellung bei *Mecke*, wiedergegeben durch das Bundessozialgericht, Medieninformation Nr. 31/13; siehe derselbe, wiedergegeben durch *Jüttner* G+S 2014, 61.

[1901] Vgl. BeckOK SozR/*Wietfeld* SGB VII § 7 Rn. 4 f.; siehe zum Versicherungsfall *Kaiser* JA 2009, 539.

[1902] Vgl. *G. Wagner* in: jurisPK-SGB VII, 3. Aufl. 2022, § 7 Rn. 52.

[1903] Vgl. BSG, Urteil v. 05.08.1976 – 2 RU 231/74 = SozR 2200 § 548 Nr. 22; BSG, Urteil v. 04.06.2002 – B 2 U 11/01 = SozR 3-2700 § 8 Nr. 10.

[1904] Vgl. dazu und zu den Abgrenzungskriterien BSG, Urteil v. 24.07.1985 – 9b RU 58/84 = NZA 1986, 36.

[1905] Vgl. BSG, Urteil v. 12.04.2005 – B 2 U 11/04 R = NZS 2006, 154.

[1906] Vgl. BSG, Urteil v. 18.12.1986 – 4 a RJ 9/86 = NJW 1987, 3151; vgl. auch BeckOK SozR/*Wietfeld* SGB VII § 7 Rn. 9, m.w.N.

[1907] *Schnapp* DVBl 2004, 1056.

[1908] Vgl. *Lang/Hügel* RdJB 2019, 348, anhand des Beispiels Schulsport.

Verantwortlichkeit der Unternehmer und konkretisierte Mitwirkungspflichten der Versicherten zur Verhütung des Eintritts des Versicherungsfalls hin, auf die es als Aufgabe der Unfallversicherung hinzuwirken gilt.

Eine Risikosetzung durch das Individuum wird zwar nicht geahndet, jedoch findet sich in § 101 SGB VII gleichwohl eine Regelung, die Sanktionen für den Fall bestimmter, von der Rechtsordnung missbilligter Verhaltensweisen vorsieht. Damit stellt sich dies als eine Fortführung von sozialrechtsexternen Strafsanktionen dar. Abs. 1 sieht den Anspruchsausschluss beim vorsätzlichen Herbeiführen des Todes eines Versicherten vor. Abs. 2 beinhaltet eine Ermessensentscheidung, die Leistungen ganz oder teilweise zu versagen oder zu entziehen, soweit der Versicherungsfall bei einer Handlung eingetreten ist, die mit einem rechtskräftigen strafgerichtlichen Urteil sanktioniert wurde. Voraussetzung ist, dass die strafrechtlich sanktionierte Handlung in einem Zusammenhang mit der versicherten Tätigkeit erfolgt ist, also etwa auf dem Weg zur Arbeit.[1909]

### d. Kinder- und Jugendhilferecht

Das SGB VIII umfasst das Kinder- und Jugendhilferecht, welches entsprechend der Einteilung des Sozialrechts nach *Zacher* dem Bereich der sozialen Vorsorge, oder nach *Hauck/Noftz* dem Bereich der sozialen Förderung zugeordnet werden kann.[1910] Kerngehalt des Kinder- und Jugendhilferechts ist es, begleitend zu der Unterstützung der Eltern in der Erziehung, positive Bedingungen für die Entwicklung der Kinder und Jugendlichen zu schaffen.[1911] Dies aufgreifend statuiert § 1 Abs. 1 SGB VIII ein Recht jedes jungen Menschen auf Förderung seiner Entwicklung und auf Erziehung zu einer eigenverantwortlichen und gemeinschaftsfähigen Persönlichkeit. § 1 SGB VIII fungiert als Programmsatz für das SGB VIII und setzt einen besonderen Schwerpunkt auf die Entwicklungsunterstützung staatlicherseits zu Gunsten der Kinder und Jugendlichen, hin zu individuellen eigenverantwortlichen Persönlichkeiten.[1912]

Das Recht auf Erziehung ist folglich auf eine eigenverantwortliche und gemeinschaftsfähige Persönlichkeit ausgerichtet. Die Verantwortung für dieses Entwicklungsziel wird auf den Staat oder die mit der Erziehung und Pflege beauftragten Personen und Stellen übertragen. Es lassen sich daher zu Lasten der Schutzbefohlenen keine Zuweisungen oder Berücksichtigung von Eigenverantwortung finden. Schließlich gilt es eine solche erst noch zu entwickeln. Dies habe unmittelbaren Bezug zur Menschwürde, da das Kind nicht im Rahmen der Erziehung

---

[1909] Vgl. *Heinz* ZFSH SGB 2014, 537.

[1910] Siehe zur Einteilung nach *Zacher* die Darstellungen bei *Kokemoor*, Sozialrecht, Rn. 16 f., *Muckel/Ogorek/Rixen* Sozialrecht, § 5 Rn. 4; siehe auch überblicksartig bei *Zacher* VSSR 1973, 105; zur weiteren Differenzierung siehe Hauck/Noftz SGB VIII E 010 S. 1; zur Einordnung der Kinder- und Jugendhilfe auch *Kaiser* JA 2009, 540.

[1911] Vgl. Hauck/Noftz SGB VIII E 010 S. 1.

[1912] Vgl. zum programmatischen Charakter des § 1 SGB VIII statt vieler nur Hauck/Noftz/*Neumann* SGB VIII § 1 Rn. 5.

zu einem bloßen Objekt derselben verkommen dürfe.[1913] So wird die Fähigkeit zur eigenverantwortlichen Lebensführung, die Entwicklung zu eigenverantwortlichen Persönlichkeiten und die Verantwortung für Mitmenschen wiederholt aufgegriffen und etwa in den §§ 14 Abs. 2 Nr. 1, 22 Abs. 2 Nr. 1, 24 Abs. 1 Nr. 1, 35 S. 1 und 41 Abs. 1 SGB VIII erwähnt. Hinzu tritt in § 8a SGB VIII eine explizite Verantwortungszuweisung an den Staat bei Kindeswohlgefährdung, durch welche der besonderen Funktion des staatlichen Wächteramtes aus Art. 6 Abs. 2 S. 2 GG in Form eines Schutzauftrages zu Gunsten der Kinder und Jugendlichen eigenes Gewicht zukommt. So ist dies erneut Ausdruck der besonderen Schutzbedürftigkeit und fehlenden Eigenverantwortlichkeit der schutzberechtigten Personen.

### e. Recht der Rehabilitation und Teilhabe von Menschen mit Behinderung

Ebenfalls an eine eigenverantwortliche und selbstbestimmte Lebensführung anknüpfend wird in § 76 Abs. 1 SGB IX für das Recht der Rehabilitation und Teilhabe von Menschen mit Behinderung im Rahmen der Leistungen zur Sozialen Teilhabe die besondere Bedeutung einer eigenverantwortlichen Lebensführung zur Folgenbewältigung von Krankheit und Behinderung herausgestellt.[1914] Auch das Recht der Rehabilitation und Teilhabe von Menschen mit Behinderung kann zu dem Bereich der sozialen Vorsorge gezählt werden, wobei das SGB IX selbst kein Leistungsgesetz darstellt.[1915]

§ 90 SGB IX stellt die Bedeutung einer eigenverantwortlichen Lebensführung für Leistungen der Eingliederungshilfe heraus. Diese zielt auf eine volle und wirksame Teilhabe der Menschen mit Behinderung an der Gesellschaft sowie deren Einbeziehung in die Gesellschaft ab.[1916] Vor diesem Hintergrund ist insbesondere der übergreifende § 113 SGB IX zu sehen, der die Leistungen zur Sozialen Teilhabe im Rahmen der Eingliederungshilfe aufstellt.[1917] Es lässt sich für die Leistungen in der Folge feststellen, dass diese geprägt sind von dem Erfordernis der aktiven Nutzung durch die Versicherten und damit letztlich durch die Wahrnehmung ihrer Verantwortung für sich selbst. Um diesbezüglich Negativerfolgen vorzubeugen, wurde von weitergehenden Mitwirkungsobliegenheiten abgesehen.[1918]

### f. Gesetzliche Pflegeversicherung

Auch im SGB XI findet sich in den Einweisungsvorschriften eine Regelung zur Eigenverantwortung für das Recht der sozialen Pflegeversicherung. Die soziale

---

[1913] Vgl. BT-Drucks. 11/5948, S. 47.
[1914] Vgl. BT-Drucks, 18/9522, S. 260; vgl. BeckOK SozR/*Jabben* SGB IX § 76 Rn. 2.
[1915] Vgl. *Kaiser* JA 2009, 540.
[1916] BT-Drucks, 18/9522, S. 270; siehe dazu auch *Wehrhahn* in: jurisPK-SGB IX, 3. Aufl. 2018, § 90 Rn. 15.
[1917] Vgl. *Luthe* in: jurisPK-SGB IX, 3. Aufl. 2018, § 113 Rn. 22.
[1918] Vgl. für die Rehapraxis die Ausführungen in der Gesetzesbegründung zum SGB VI, BT-Drucks. 14/5074, S. 119.

Pflegeversicherung dient gemäß § 1 Abs. 1, 4 SGB XI der Absicherung derjenigen Versicherten gegen das Risiko der Pflegebedürftigkeit, die wegen der Schwere der Pflegebedürftigkeit auf solidarische Unterstützung angewiesen sind.

Zu den allgemeinen Vorschriften des SGB XI gehört § 6, der die Überschrift Eigenverantwortung trägt. § 6 SGB XI stellt die Pflicht des Versicherten heraus, durch eigenverantwortliche und gesunde Lebensführung den Eintritt der Pflegebedürftigkeit zu vermeiden oder eine Verschlimmerung derselben nach Eintritt zu verhindern.[1919] Die Konzeption des § 6 SGB XI und die mit dieser einhergehenden Verwendung des Begriffs der Eigenverantwortung gleichen der Darstellung in § 1 SGB V.[1920] So wird auch hier die Eigenverantwortung in eine Wechselbeziehung mit dem Solidaritätsprinzip gebracht. Der Schutz, den der Versicherte erwarten und fordern kann, steht der Verpflichtung des Versicherten gegenüber, die Belastung der Solidargemeinschaft so gering wie möglich zu halten, ohne dafür aber Sanktionen vorzusehen.[1921] § 6 SGB XI ist daher wie auch § 1 SGB V als Appell an die Versicherten zu verstehen, sich risikobewusst zu verhalten.[1922] Problematisch stellt sich allerdings dar, dass die Gründe der Pflegebedürftigkeit zu großen Teilen im Alter oder in angeborenen Defiziten liegen, weshalb eine verhaltensbedingte Risikoverminderung praktisch kaum zu erreichen ist.[1923]

Ein einziger möglicher Leistungsausschluss wurde in § 33a SGB XI geregelt. Nach dieser Vorschrift entfällt der Anspruch auf Leistung, wenn sich eine Person in den Geltungsbereich des Gesetzes nur deshalb begeben hat, um Versicherungsleistungen missbräuchlich in Anspruch zu nehmen. Die Norm ist daher Kehrseite des Umstandes, dass in Deutschland für jeden, spätestens seit den Ergänzungen in den §§ 20 Abs. 1 S. 2 Nr. 12 SGB XI und § 5 Abs. 1 Nr. 13 SGB V, ein Versicherungsschutz besteht und damit die Möglichkeit der Leistungserschleichung gegeben ist.[1924] Die Norm sanktioniert damit missbräuchliches und unsolidarisches Verhalten und schützt die Solidargemeinschaft.

### g. Sozialhilfe

§ 1 S. 1 SGB XII gibt für die Sozialhilfe das Ziel aus, jedem Leistungsberechtigten die Führung eines Lebens zu ermöglichen, das der Würde des Menschen entspricht. Dazu wird in den §§ 1 S. 2 und 2 Abs. 1 SGB XII eine Verantwortungsteilung aufgestellt. Gemäß § 1 S. 2 SGB XII sind die Leistungen der Sozialhilfe darauf ausgelegt, dass die Berechtigten in die Lage versetzt werden, unabhängig

---

[1919] Siehe zudem BT-Drucks. 12/5262, S. 91.

[1920] Siehe zur konzeptionellen Ähnlichkeit der Sozialversicherungen BT-Drucks. 12/5262, S. 88.

[1921] Vgl. Hauck/Noftz/*Schwedler* SGB XI § 6 Rn. 4; vgl. *Trenk-Hinterberger*, Eigenverantwortung in der sozialen Pflegeversicherung, S. 1168 f.

[1922] Vgl. Knickrehm/Kreikebohm/Waltermann/*Philipp* SGB XI § 6 Rn. 1; vgl. *Trenk-Hinterberger*, Eigenverantwortung in der sozialen Pflegeversicherung, S. 1167; nicht festgelegt hingegen Udsching/Schütze/Udsching SGB XI § 6 Rn. 2.

[1923] Vgl. Hauck/Noftz/*Noftz* SGB V §1 Rn. 13.

[1924] Vgl. *Heinz* ZFSH SGB 2014, 537.

von ihr zu leben, woran diese selbst mitzuwirken haben. So soll eine Art Verantwortungsgemeinschaft geschaffen werden.[1925] Daher werden nach § 2 Abs. 1 SGB XII die Leistungen für diejenigen ausgeschlossen, die sich ausreichend aus eigenen Kräften oder Mitteln selbst versorgen können.

Das Prinzip des Vorrangs der Selbsthilfe ist damit prägend für das SGB XII, die eine subsidiäre Sozialleistung ist.[1926] So ergibt sich auch die Möglichkeit für den Sozialhilfeträger nach § 26 SGB XII, den Sozialhilfeanspruch des Sozialhilfeempfängers bei dessen Fehlverhalten einzuschränken. Vorwerfbares, pflichtwidriges und unwirtschaftliches Verhalten, das der Stärkung des Selbsthilfewillens zuwiderläuft, soll daher zur Wahrung von Subsidiarität und Schutz der Solidargemeinschaft sanktioniert werden.[1927]

### h. Opferentschädigungsrecht

Soweit weitere Gesetze außerhalb des Sozialgesetzbuchs dem Sozialrecht durch den Gesetzgeber zugeordnet werden, sie aber noch keine Aufnahme in das Sozialgesetzbuch erfahren haben, werden sie über § 68 SGB I als besonderer Teile des Sozialgesetzbuchs angesehen, sodass die Regelungen des SGB I über eine gesetzliche Fiktion auch für diese Geltung besitzen.[1928] Damit fallen die in § 68 SGB I benannten Regelungswerke neben dem eigentlichen Sozialgesetzbuch gleichfalls unter den formellen Sozialrechtsbegriff.[1929] Unter dem Begriff der Eigenverantwortung sticht dabei das Opferentschädigungsgesetz mit seinen unbestimmten Rechtsbegriffen in besonderer Weise heraus, auch wenn es die Eigenverantwortung selbst nicht explizit erwähnt.

§ 1 OEG stellt die zentrale Norm des Opferentschädigungsgesetzes dar[1930], welches ab 2024 im dann vollständig in Kraft getretenen SGB XIV in den §§ 13 ff. in das Sozialgesetzbuch aufgenommen worden sein wird. § 1 OEG regelt die wesentlichen Anspruchsvoraussetzungen für Leistungen der Entschädigung für Opfer von Gewalttaten. Hinter diesem Anspruch steht der Gedanke, dass der Staat eine besondere Verantwortung für durch vorsätzliche Straftaten geschädigte Personen hat, soweit der Täter nicht gefasst werden konnte oder nicht in der Lage ist, hinreichenden Schadensersatz zu leisten.[1931] Da es die Pflicht des Staates sei, seine Bürger vor Gewalttaten zu schützen, er diese aber nicht immer erfüllen könne, trifft ihn die Verantwortung zur Entschädigung der Opfer.[1932] Ziel des

---

[1925] BT-Drucks. 15/1514, S. 55.

[1926] Vgl. zur Subsidiarität BT-Drucks. 3/1799, S. 38; BT-Drucks. 15/1514, S. 55, Betonung des Grundsatzes von „Fördern und Fordern" durch eigenständige Verpflichtung der Versicherten zur Mitwirkung; zur Bezeichnung siehe bei *Kaiser* JA 2009, 540.

[1927] Vgl. dazu ausführlich *Heinz* ZFSH SGB 2014, 533 f.

[1928] Siehe dazu *Kokemoor*, Sozialrecht, Rn. 1; *Schaumberg*, Sozialrecht, § 1 Rn. 2, 4.

[1929] Siehe zu dem Begriff *Kokemoor*, Sozialrecht, Rn. 1 f.; *Schaumberg*, Sozialrecht, § 1 Rn. 2 ff.; *Muckel/Ogorek/Rixen*, Sozialrecht, § 3 Rn. 2.

[1930] Vgl. HK-SozEntschR/Rademacker OEG § 1 Rn. 10.

[1931] Vgl. BT-Drucks. 7/2506, S. 7; vgl. MAH SozialR/*Petri-Kramer* § 34 Rn. 47.

[1932] Vgl. HK-SozEntschR/Rademacker OEG § 1 Rn. 7; BT-Drucks. 7/2506, S. 1.

Opferentschädigungsgesetzes ist es demnach, das unschuldige Opfer einer Gewalttat, die einen erheblichen Bruch der Rechts- und damit eine Enttäuschung des Vertrauens auf die Friedensordnung darstellt, vor den wirtschaftlichen Folgen der Gewalttat zu schützen und entsprechend zu entschädigen.[1933] Es dient dem „Rechtsfrieden".[1934]

An diese Wertung anknüpfend wurde in § 2 OEG ein zwingender und ein fakultativer Ausschlusstatbestand geschaffen, um zu verhindern, dass „rechtsfeindliches Verhalten mit einer Entschädigung ‚belohnt' wird".[1935] Nach § 2 OEG sind die Entschädigungen zu versagen, wenn der Geschädigte die Schädigung verursacht hat (Abs. 1 S. 1 Alt. 1), wenn die Entschädigung aus sonstigen Gründen unbillig wäre (Abs. 1 S. 1 Alt. 2). Sie können versagt werden, wenn der Geschädigte es unterlassen hat, das ihm Mögliche zur Aufklärung des Sachverhaltes – insbesondere die Erstattung einer Strafanzeige – beizutragen (Abs. 2). Abs. 1 S. 2 sieht zudem besondere – praktisch aber nicht relevante – Versagungsgründe für Ausländer vor.[1936] Sowohl Abs. 1 als auch Abs. 2 knüpfen damit die Versagung allein an Voraussetzungen, die im Verhalten oder in der Person des Opfers liegen. Allerdings handelt es sich bei Abs. 2 um eine spezielle Mitwirkungspflicht, die nur im Fall des Nichtmitwirkens an der Aufklärung strafrechtlich relevanter Sachverhalte Anwendung finden kann.

Nach § 2 Abs. 1 S. 1 Alt. 1 OEG geht es um eine Mitverursachung seitens des Geschädigten. Diese bestimmt sich nach der sozialversicherungsrechtlichen Kausalitätstheorie der wesentlichen Bedingung.[1937] Damit ist eine Mitverursachung des Opfers gegeben, wenn sein Beitrag wesentliche Bedingung für den Eintritt der Schädigung war. Daneben kommt eine Unbilligkeit im Sinne der Alt. 2 in Betracht, wenn sich das Opfer leichtfertig durch eine räumlich-zeitliche in engem Zusammenhang stehende Förderung der Tat selbst gefährdet hat oder sich einer Gefährdung leichtfertig nicht entzogen hat.[1938] Bei der Bewertung des anlassgebenden Verhaltens ist dabei stets auf den konkreten Einzelfall abzustellen.[1939] Weitere Fallgruppen, die der Mitverursachung gleich kommen können und nach

---

1933 Vgl. BT-Drucks. 7/2506, S. 1, 10; vgl. HK-SozEntschR/Rademacker OEG § 1 Rn. 8, § 2 Rn. 6.

1934 *Eichenhofer* VSSR 2004, 102.

1935 HK-SozEntschR/Rademacker OEG § 2 Rn. 6; vgl. zudem *Heinz* ZFSH SGB 2014, 534.

1936 Die Regelung ist auf Bedenken im Gesetzgebungsprozess zurückzuführen und sollte die politische Akzeptanz steigern. Zweck ist die Vermeidung von Entschädigungsansprüchen von Personen, die in ihren Heimatländern an politischen Auseinandersetzungen beteiligt sind und diese unter Erhalt von Entschädigung in Deutschland fortführen könnten. Siehe dazu bei HK-SozEntschR/Rademacker OEG § 2 Rn. 30 f.

1937 Vgl. BSG, Urteil v. 18.04.2001 – B 9 VG 5/00 R = SozR 3-3800 § 1 Nr. 19, m.w.N., ständige Rechtsprechung.

1938 Vgl. HK-SozEntschR/Rademacker OEG § 2 Rn. 14.

1939 Vgl. MAH SozialR/*Petri-Kramer* § 34 Rn. 63. Zu nennen ist etwa das Urteil des BSG v. 18.10.1995 – 9 RVg 5/95 = NJW 1996, 1619, welches eine wesentliche Mitverursachung für den Fall angenommen hat, dass eine Person freiwillig ungeschützten Geschlechtsverkehr mit einer „Zufallsbekanntschaft" hat und sich im Zuge dessen mit HIV infiziert hat, sodass ein Anspruch nach § 1 OEG gem. § 2 OEG ausgeschlossen ist.

dem Bundessozialgericht daher eine Unbilligkeit aus sonstigen Gründen begründen, sind eine im Vorfeld der Tat liegenden rechtsfeindliche Betätigung des Opfers, die Zugehörigkeit zum Milieu des Alkohol- und Drogenkonsums, soweit die Tat aus diesem heraus entstanden ist, das bewusste und leichtfertige Eingehen einer Gefahr und eine Begünstigung des Täters aus der Versorgung.[1940]

Die Vorschrift des § 2 Abs. 1 OEG räumt im Gegensatz zu ihrem Abs. 2 keinen Ermessensspielraum ein. Ebenso wenig existiert eine nach dem Grad des Verschuldens differenzierende Regelung. Die Entschädigung ist zwingend vollumfänglich zu versagen.[1941] Eigenverantwortung und Risiko werden zwar nicht explizit im Opferentschädigungsgesetz erwähnt, jedoch weist die Ausdeutung der unbestimmten Rechtsbegriffe von Mitverursachung und Unbilligkeit eindeutige Parallelen zu Verantwortungszuweisungsinstrumenten zwischen Staat und Anspruchsberechtigten sowie der Grenzziehung zwischen versichertem und nicht versichertem Risiko auf.

### i. Ergebnis zum Befund im Sozialgesetzbuch

Zusammenfassend lässt sich für den Kodifikationskomplex des Sozialgesetzbuches festhalten, dass in mehreren Sozialleistungs- und Sozialversicherungszweigen eine dem SGB V, insbesondere dem § 1 SGB V ähnliche Versichertenindividualverantwortung zur Systemkomplementierung herangezogen wird. Ähnlich sind sich diese vor allem in ihrer konzeptionellen Allgemeinheit.[1942]

Die normativen Verantwortungsbezüge können zudem als Ausdruck des in der Sozialstaatlichkeit vordringlichen Grundsatzes der Subsidiarität bewertet werden. Zudem lässt sich insgesamt im Sozialgesetzbuch feststellen, dass die Eigenverantwortung vor allem dann durch den Gesetzgeber Verwendung gefunden hat, wenn es darum geht, finanzwirtschaftlich effektiv zu agieren, den Leistungskatalog zu reduzieren oder das versicherte Risiko von einem nicht versicherten Risiko abzugrenzen. Diese Zielsetzung findet sich auch im SGB V in § 2 S. 1.[1943]

Weiterhin finden sich in weiten Teilen der Sozialgesetzgebung Normen, die einer Exklusion von verbotenem Verhalten dienen und das „Prinzip der minimalen Solidarität" realisieren. Hervor sticht die Mitverursachung des Opfers im Rahmen des Opferentschädigungsgesetzes, die explizit an Verhalten oder die Person des Opfers anknüpft und insbesondere sich außerhalb des Schutzzwecks des Opferentschädigungsgesetzes stellende Personen aus dem Kreis der Anspruchsberechtigten nimmt, woran sich eine Zuweisung der Lastenbewältigung anschließt. Zudem erfolgt, mitunter unter Hinweis auf die allgemeine Rechtsordnung, eine missbilligende Bewertung von Verhalten, welches insofern gegenüber der eigenverantwortlichen Herbeiführung des Versicherungsfalls als ahndungsbedürftiger

[1940] Vgl. BSG, Urteil v. 29.03.2007 – B 9a VG 2/05 R = BeckRS 2007, 47546 Rn. 16.

[1941] HK-SozEntschR/Rademacker OEG § 2 Rn. 8 spricht daher vom sogenannten „Alles-oder-Nichts-Prinzip".

[1942] Darauf hinweisend auch Hauck/Noftz/*Noftz* SGB V §1 Rn. 13.

[1943] Siehe dazu oben unter B. V. 1.

Moment überwiegt.[1944] Dieses Prinzip der Sanktion findet sich im SGB V insbesondere in den §§ 52 und 52a SGB V.

Schließlich wird auch mit Blick auf die weiteren Sozialversicherungszweige neben der gesetzlichen Krankenversicherung Kritik betreffend die unterschiedlichen Formen normativer Verantwortungszuweisungen erhoben.[1945]

## III. Ergebnisbetrachtung

Wesentliches Ziel dieses Kapitels war es, in Anbetracht der bisher erzielten Ergebnisse, die Diskrepanz zwischen normativer Realität und sozialpolitscher beziehungsweise rechtstheoretischer Idee von Eigenverantwortung zu identifizieren. Die Untersuchung dieses Begriffs hat dabei ein breites, heterogenes Gemisch an unterschiedlichen und mitunter sogar gegenläufigen Elementen offenbart, die der Eigenverantwortung zugeschrieben werden. Je nach Standpunkt werden dabei Erwartungshaltungen erkennbar, die sich an den Begriff selbst beziehungsweise seinen Gebrauch und insoweit auch an seine Verwirklichung im Recht der gesetzlichen Krankenversicherung richten. Dabei bestehen oftmals erhebliche Divergenzen zwischen den expliziten Erwähnungen des Begriffs in den §§ 1 und 2 SGB V und den jeweiligen Begriffsvorstellungen. Zudem kann in der gesetzgeberischen Begründung von Änderung und Fortentwicklung unter Berufung auf die Einweisungsvorschriften geradezu ein überbordender Gebrauch des Eigenverantwortungsbegriffs nachgezeichnet werden. In der Folge kommt der Auswertung der Gesetzesbegründungen erhebliches Gewicht zu. Umso interessanter gestaltet sich daher die Analyse des SGB V mit Blick auf direkte oder indirekte Konkretisierungen der Eigenverantwortungspostulate.

Eindeutig belegen lässt sich der durch die Sozialversicherung vollzogene Prozess der Vergesellschaftung oder Kollektivierung individueller Lebensrisiken.[1946] So ist grundsätzlich eine Ausweitung des Leistungskataloges in der gesetzlichen Krankenversicherung nachzuvollziehen, der lediglich punktuell von Leistungskürzungen oder -ausschlüssen gekennzeichnet ist. Beispiel dafür sind § 20j SGB V sowie die weitreichenden Änderungen in § 20i SGB V unter dem Eindruck der SARS-CoV-2-Pandemie.

Durch die Kollektivierung von gesundheitlichen Risiken erklärt sich auf der anderen Seite aber auch der weitestgehende Verzicht auf die Berücksichtigung individueller Risikoanlage, Risikoursache oder Risikosetzung durch den

---

1944 Vgl. *Mihm* NZS 1995, 9.

1945 Kritisch gegenüber diesem „Elementarwort“ Wannagat/*Trenk-Hinterberger* SGB XI § 6 Rn. 3; *Trenk-Hinterberger*, FS Zacher, S. 1169, von einer Euphorie sprechend; siehe auch die kritische Zusammenstellung bei *Kreßner*, Gesteuerte Gesundheit – Grund und Grenzen verhaltenswissenschaftlich informierter Gesundheitsförderung und Krankheitsprävention, S. 405 f., m.w.N.; siehe auch bei *Wolf*, Das moralische Risiko der GKV im Spannungsfeld zwischen Eigenverantwortung und Solidarität, S. 67.

1946 Vgl. *Blöcher*, Die Berücksichtigung der persönlichen Lebensführung bei der Leistungsvergabe der Gesetzlichen Krankenkassen nach § 52 SGB V, S. 146; ebenso auch *Schnapp* DVBl 2004, 1060.

Versicherten. Der Gedanke der Solidarität tritt hier in den Vordergrund. Diesen hat der Gesetzgeber versucht, über § 1 SGB V hinaus auch in weiteren Normen des SGB V mit dem Gedanken der Eigenverantwortung zu verbinden, weshalb auch wiederholt auf beide Begriffe rekurriert wird.[1947] Bezogen auf die Eigenverantwortung konnte dabei zum einen festgestellt werden, dass je nach konkretem Regelungsgegenstand unterschiedliche Attribute mit Eigenverantwortung in Bezug gesetzt wurden. Zum anderen ließ sich jedoch so gut wie ausschließlich die Motivation finanzieller Problemstellungen erkennen, weshalb der Grundsatzaussage des § 2 Abs. 1 SGB V insofern besondere Bedeutung zugesprochen werden kann.

Vorliegend lassen sich zunächst Aspekte erkennen, die an Formen freier Wahl der Versicherten anknüpfen. Die Dispositionsfreiheit als eine Dimension von Eigenverantwortung beschreibt die Möglichkeit für den Versicherten, in bestimmten Situationen eine (Aus-)Wahl zwischen mehreren zur Verfügung stehenden Alternativen innerhalb des Rechts der gesetzlichen Krankenversicherung zu wählen. Der grundlegende Gedanke ist dabei der die Rechtsordnung durchziehende Respekt vor der maßgeblich aus der Menschenwürde und dem individuellen Selbstbestimmungsrecht des Einzelnen hergeleiteten Patientenautonomie.[1948] Zu nennen sind in diesem Kontext etwa das freie Kassenwahlrecht, die freie Arztwahl sowie die Möglichkeit der freiwilligen Versicherung für bestimmte Personengruppen.

Allerdings sind die Wahlmöglichkeiten des Versicherten nicht unwesentlich begrenzt. Eigenverantwortliches Handeln als Ausdruck eines freien Willens setzt stets die Freiheit voraus, zwischen Alternativen wählen zu können. Die Freiheit der Entscheidungsfindung setzt damit das Bestehen von mindestens zwei Handlungsalternativen voraus.

Bezüglich der Versicherteneigenschaft besteht für die meisten Versicherten gerade keine Entscheidungsfreiheit. Die Versicherungspflicht ersetzt insoweit die auf den Krankheitsfall gerichtete vorsorgebezogene Eigenverantwortung. Sind die Voraussetzungen der §§ 5 ff. SGB V erfüllt, ist man versichert. Auch die gemäß § 9 SGB V freiwillig Versicherten sind nur in Hinblick auf diese Entscheidung frei; im Übrigen gelten für diesen Personenkreis die gleichen Konditionen – mit Ausnahme der Regelung des § 250 Abs. 2 SGB V – wie für die Pflichtversicherten.

Auch fehlt es an einer Selbstzuständigkeit der Versicherten bei der Entrichtung der Beiträge. Aufgrund der zwangsweisen Eingliederung der Versicherten in den Solidarverbund, die im Rahmen der zu erzielenden Globaläquivalenz entindividualisiert erfolgt[1949], ist das auf Begründung und Finanzierung des Sozialrechtsverhältnis bezogene Verfahren weit überwiegend nicht am Willen des Versicherten orientiert, sondern dient der Vereinfachung des Verwaltungsaufwands. Nur

[1947] Vgl. BT-Drucks. 11/2237, S. 157.
[1948] Siehe dazu *Hauck* SGb 2014, 9 ff.
[1949] Vgl. dazu *Rixen/Kluckert*, in: *Sodan*, Krankenversicherungsrecht, § 37 Rn. 20.

punktuell ist es dem Versicherten möglich, aktiv Einfluss in einem zuvor begrenzten Umfang auf seinen Status oder die konkrete Ausgestaltung seines Versicherungsschutzes zu nehmen.

Für freiwillig Versicherte besteht die Erbringung der Beiträge allerdings als eigene Schuld. Verwiesen sei insoweit auch auf die Folge des § 16 Abs. 3a S. 2 SGB V. Diese Versichertengruppe ist daher weitaus stärker selbstverantwortlich für ihren Leistungsanspruch, als es die pflichtversicherten Mitglieder sind.

Die insoweit bei den pflichtversicherten Mitgliedern festzustellende Abwesenheit von Eigenverantwortung, lässt sich nur anhand des sozialrechtlichen Freiheits- und Gleichheitsverständnisses erklären. Zielsetzung des Sozialrechts ist es, über das Instrument der solidarischen Umverteilung einen für alle Versicherten gleichartigen und umfassenden Schutz vor bestimmten und bedeutenden Lebensrisiken zu gewährleisten. Damit dieses Vorhaben gelingen kann, arbeitet der Sozialstaat in gewissem Umfang mit Zwang in Form von Zwangsversicherung und Zwangsbeitrag. Der individuellen Freiheit und damit auch der individuellen Wahrnehmung von Eigenverantwortung wird damit um der Solidarität Willen ein gewisses Maß an Unfreiheit und Ungleichheit entgegengesetzt.

Die Leistungen der gesetzlichen Krankenversicherung sind standardisiert, richten sich nach dem jeweiligen Behandlungsbedarf richten und nicht nach den gezahlten Beiträgen. Sie werden im Zuge des die gesetzliche Krankenversicherung beherrschenden Sachleistungsprinzips dem Versicherten unmittelbar zur Verfügung gestellt. Die Kassen haben über die vertraglichen Beziehungen mit den Ärzten insoweit eine „maximale Einflussnahme" auf die Leistungsabwicklung erlangt, da die Versicherten grundsätzlich nur Leistungen von Kassenärzten in Anspruch nehmen dürfen, soweit sie auf das Versicherungsverhältnis zurückgreifen wollen.[1950] Die nach § 76 SGB V gewährleistete freie Arztwahl ist daher relativ. Das Leistungsrecht beinhaltet bereits die vorgesehenen Leistungen. Ein Einfluss der Versicherten ist so gut wie nicht möglich und reduziert sich meistens auf die Inanspruchnahme der Behandlung oder deren Ablehnung. Nur wo mehr als eine mögliche Option der Behandlung existiert, kann der Patient nach entsprechender Risikoaufklärung selbstbestimmt und eigenverantwortlich den Therapieweg bestimmen.

Auch Vereinbarungen über Mehrkosten bei Abweichungen von der Regelversorgung – wie etwa bei der kieferorthopädischen Versorgung – geben den Versicherten einen begrenzten Spielraum hinsichtlich der Behandlung. Die Mehrkosten schließlich sind vom Versicherten bis auf einige Ausnahmefälle von zulässiger Mehrkostenvereinbarung selbst zu tragen. Ihm verbleibt damit das finanzielle Risiko. Lediglich die Teilnahme an bestimmten Versorgungsprogrammen bietet den Versicherten die Möglichkeit der Gestaltung ihres Versicherungsschutzes anhand selbstgesetzter Präferenzen. In einer Vielzahl der Fälle muss sich der Versicherte diese Option jedoch durch wiederum eigeschränkte Leistungen erkaufen.

---

[1950] So auch *Fischer* SGb 2008, 463.

Zu nennen sind hier die unterschiedlichen Wahltarife wie auch die selektiven Behandlungsverträge. Durch seine Erklärung modifiziert der Versicherte aktiv und eigeninitiativ die sich aus dem SGB V ergebenden Rechte und Pflichten durch die dann ergänzenden Wahltarifsmodalitäten.

Mit Blick auf die Eigenverantwortung des Versicherten in der Leistungsversorgung zeigt sich für den Bereich der Wahltarife ein Bild, das nur schwer mit tatsächlich freier und präferenzorientierter Wahl der Versorgungsform und der Frage nach der Risikotragung vereinbar ist. Im Jahr 2021 waren insgesamt 15.679.684 der Versicherten Teilnehmer eines Wahltarifs nach § 53 SGB V.[1951] Davon waren 15.103.194, also rund 96 % der teilnehmenden Versicherten, eingeschrieben in den Pflichtwahltarif für besondere Versorgungsformen nach § 53 Abs. 3 SGB V. Der Großteil aller Versicherten bedarf daher eines entsprechenden individuell abgeschlossenen Selektivvertrages. Es zeigt sich darin also vielmehr eine Reaktion der Versicherten auf die verhaltenssteuernden Maßnahmen des Gesetzgebers, der sie dazu anhält, Formen der besonderen Versorgung in Anspruch zu nehmen.

Schließlich ist auch fraglich, ob etwa die Möglichkeiten der Versicherten, ihren finanziellen Beitrag zu reduzieren, als Ausdruck von Eigenverantwortung zu bewerten sind. Im Rahmen des § 55 SGB V etwa ändert die Eigenbemühung des Versicherten nichts an seinem grundlegenden Leistungsanspruch, nur an der Höhe seiner finanziellen Beteiligung. Die innere Einstellung des Versicherten gegenüber dem ihm zur Bonifizierung abverlangten Verhalten bleibt unberücksichtigt. Es kommt lediglich auf seine Entscheidung an, die Vorsorgeleistungen regelmäßig in Anspruch zu nehmen oder nicht. Hinzu kommt das Erfordernis der Nachweisbarkeit sowie der Erkennbarkeit. Ob sich dies unter den Aspekt der Dispositionsfreiheit subsumieren lässt, hängt also entscheidend davon ab, wie eng beziehungsweise wie weit man den diesbezüglichen Beurteilungsmaßstab ansetzt.[1952]

Besonders schwierig gestaltet sich die Verknüpfung der Krankheitsprävention und des dazugehörigen Leistungsangebotes in der gesetzlichen Krankenversicherung mit dem Begriff der Eigenverantwortung. Der Leistungsbereich der Prävention soll gerade dazu beitragen, bei dem Versicherten ein Bewusstsein für eine gesundheitsförderliche Lebensweise zu wecken und zu fördern, damit dieser eigeninitiativ einen entsprechenden Lebensstil pflegen kann und damit langfristig die Solidargemeinschaft entlastet.[1953] Zwar hat der Gesetzgeber diese Verbindung in § 1 SGB V in gewisser Form hergestellt, enthält sich in seiner

---

[1951] Daten entnommen vom Informationssystem der Gesundheitsberichterstattung des Bundes, Stand 13.06.2022, abrufbar unter https://www.gbe-bund.de/gbe/pkg_olap_tables.prc_sort_ind?p_uid=gast&p_aid=62006423&p_sprache=D&p_help=2&p_indnr=856&p_ansnr=46321178&p_version=2&p_sortorder=d&p_dim_1=D.000&p_dw_1=3742, zuletzt am 01.04.2023.

[1952] So wertet *Schulin* etwa die Möglichkeit der Bonusgenerierung im Rahmen des § 55 SGB V als Ausdruck der Dispositionsmöglichkeiten im SGB V, vgl. *Schulin* ZVersWiss 1994, 30, 51.

[1953] Vgl. *Peick*, in: Sodan, Krankenversicherungsrecht, § 10 Rn. 34.

Gesetzesbegründung aber letztlich einer konkreten und damit weiterführenden Erläuterung. Wie genau Prävention die Eigenverantwortung stärken soll, bleibt unklar. In den Materialien zum Präventionsgesetz wird schließlich der Eindruck erweckt, es gehe auch insoweit um das Erschließen von Einsparpotentialen und weniger um konkrete Gesundheitsziele des Versicherten.[1954] Insoweit ist Prävention das Ergebnis einer zielgerichteten Interessenpolitik, deren Motivation sich größtenteils aus finanzwirtschaftlichen Erwägungen speist.[1955]

Die Konzentration auf Anreizstrukturen im Bereich des Präventionsauftrages – zu nennen sind §§ 55, oder 65a SGB V – stärken diesen Eindruck. Die Begründung des Gesetzgebers, die sich auf den gesellschaftlichen Gesundheitsstatus, finanzielle Entlastungen der Gemeinschaft und Einsparpotentiale bezieht, legt den Schluss nahe, dass ähnlich wie in der Nachfragesteuerung zur Preiswettbewerbsregulierung in der Versorgung mit Arznei-, Heil- und Hilfsmitteln, der Versicherte auch im Bereich der Prävention zur Kostensteuerung instrumentalisiert wird. Schließlich beansprucht Prävention eine Steuerungswirkung für sich, die sich in einer Gewichtung von Anreiz und Umweltgestaltung gegenüber Intervention konkretisiert.[1956]

Zumindest vereinzelt war der Gesetzgeber bereit, Sanktionen an präventives Versichertenverhalten zu knüpfen, etwa im Rahmen des § 62 SGB V. Im Wesentlichen gilt jedoch, dass Prävention im Belieben der Versicherten steht. Zwang zur Prävention fehlt vollständig. Inwieweit der Versicherte schließlich durch die Präventionsprogramme tatsächlich befähigt und in seiner Eigenverantwortung gestärkt wird, ist abhängig von seinen eigenen Präferenzen und von der jeweiligen Ausgestaltung durch die Krankenkassen.

Einzig relevante Ausprägung einer Verantwortungszuschreibung anhand einer tatsächlichen Leistungsveranlassung im Bereich der Prävention, ist die Begrenzung des Anspruchs auf Schutzimpfungen. Hier werden aus privatem Anlass indizierte Reiseschutzimpfungen in die vollständige Verantwortungssphäre des Versicherten gelegt. Allerdings wird dieser Umstand in zweifacher Hinsicht nur selten praktisch relevant. Zum einen kann die Exklusion im Falle eines gesellschaftlichen Interesses an der Impfung entfallen, zum anderen werden eine Vielzahl an Reiseschutzimpfungen als Satzungsleistungen durch die Krankenkassen angeboten.

Bezogen auf die Regelungen zu Zuzahlungsverpflichtungen kann nur eingeschränkt von einer Willensfreiheit gesprochen werden, sodass faktische Eigenverantwortung im Sinne einer Entscheidungsfreiheit auch hier ausscheidet.[1957] Zwar besteht in der gesetzlichen Krankenversicherung ein nachweislicher Zusammenhang zwischen der gesundheitsbezogenen und der finanzwirtschaftlich

---

[1954] Vgl. BT-Drucks. 18/4282, S. 27.
[1955] Vgl. zudem *Gerlinger* SDSRV 2018, 15 f.
[1956] Vgl. dazu und mit dem einhergehenden Freiheitsproblem des sogenannten Libertären-Paternalismus *Mathis*, Verhaltenssteuerung durch Aufklärung, Anreize und „Nudging“, S. 90 ff.
[1957] Der Ansicht auch Becker/Kingreen/*Becker/Kingreen* SGB V § 1 Rn. 8.

ausgerichteten Eigenverantwortungsdimension. Eine freiwillige finanzielle Verantwortlichkeit findet im Rahmen von Zuzahlungen, anders als etwa im Fall der Wahltarife, aber nicht statt.[1958] Will der Versicherte die Leistung in Anspruch nehmen, so hat er die Zuzahlung zu erbringen. Seine Entscheidungsfreiheit ist also auch hier auf die Inanspruchnahme oder die Ablehnung der Leistung beschränkt. Das ergibt sich bereits aus der Funktion der Selbstbeteiligung als statischer Finanzierungseffekt mittels Kostenverlagerung.[1959] Würde das Volumen der Selbstbeteiligung in Folge einer eigenverantwortlichen Inanspruchnahmementalität abnehmen, so entstünde ein nicht gewolltes Finanzierungsdefizit.

Ein vergleichbares Bild zeigt sich auch bei Festbetragsregelungen. Diese dienen der Wahrung der Finanzkraft der gesetzlichen Krankenversicherung, indem sie deren Einstandsverpflichtung auf den festgelegten Betrag reduzieren. Höhere Kosten sind von den Versicherten selbst zu tragen, wobei keine Ausweichmöglichkeit auf die Härtefallklauseln der §§ 61 f. SGB V besteht. Der Versicherte soll dadurch dazu bewegt werden, nur solche Mittel nachzufragen, die sich im Bereich des Festbetrages bewegen. Seine Wahlfreiheit wird damit erheblich eingeschränkt und beläuft sich in Abhängigkeit seiner finanziellen Situation auf die Entscheidung für ein Mittel im Festbetragsniveau und einen Verzicht auf zusätzliche eigenfinanzierte Mehrversorgung.

Zuzahlungen und Festbeträge als Instrumente der Ausgabensteuerung lassen sich zwar mit dem grundlegenden Typus einer materieller Eigenverantwortung der Versicherten als Frage der Zuweisung von Zuständigkeiten betreffend die Risikovorsorge und Lastentragung in Übereinstimmung bringen, widersprechen aber der Vorstellung einer Eigenverantwortung im Sinne von Autonomie, Entscheidungsfreiheit und Selbstbestimmung und damit letzten Endes dem ursprünglichen Verständnis von Verantwortung. Sie dienen der Verhaltensbeeinflussung und instrumentalisieren den Versicherten im Bereich der Kostensteuerung und des Preiswettbewerbs. Ganz nebenbei wird so auch ein besonderer Freiheitsraum für besser gegenüber schlechter verdienenden Versicherten erzeugt, der sowohl den Solidargedanken als auch den Eigenverantwortungsgedanken konterkariert.[1960]

Schließlich vollzieht sich eine umfassende Begrenzung des solidarisch finanzierten Leistungsangebotes der gesetzlichen Krankenversicherung unter der Verwendung des Terminus der Eigenverantwortung als Umschreibung für die primäre

---

1958 Andere Ansicht, jedoch ohne nachvollziehbare Begründung, *Gassner* ZRP 2022, 3.

1959 Dazu *Götze/Salomon* ZSR 2009, 75.

1960 Um diesem Problem entgegentreten zu können, gleichzeitig aber einen durch „Moral-Hazard“ verursachten Wohlfahrtsverlust reduzieren zu können, bringen etwa *Götze/Salomon* ihren Vorschlag einer an Einkommen und Morbidität orientierten „Fair Fee“ ein, die zu einer erhöhten Steuerungswirkung bei höheren Einkommen und zu einer steigenden Nachfrage bei niedrigen Einkommen in Abhängigkeit zur Morbidität führen soll, vgl. dazu *Götze/Salomon* ZSR 2009, 80 ff.

Verfolgung des Subsidiaritätsgedankens.[1961] Leistungsausschlüsse oder Leistungsumfangsbegrenzungen rekurrieren auf den Begriff der Eigenverantwortung im Gegensatz zur Solidarverantwortung, beziehen über diesen letztlich ihre Legitimation und realisieren damit zumindest leistungsrechtlich die Gebote der Solidarität und Subsidiarität. Wie sich diese Grenzziehung konkret ausgestaltet, liegt in den Händen des Normgebers.

Kennzeichnend für das bestehende System der gesetzlichen Krankenversicherung ist – unabhängig von jedweder Verantwortungszuweisung – daher das dominierende Instrument der staatlichen Regulierung, was im Ergebnis auch nicht überrascht. Der gesetzgeberische Wille ist der maßgebende Faktor sowohl mit Blick auf den Leistungskatalog als auch mit Blick auf eine vorrechtliche Verantwortungszuweisung. Anzuführen sind hier die umfassenden Regelungen zu Zuzahlungen und Eigenbeteiligungen der Versicherten. Entgegen der Aussagen des Gesetzgebers, mit denen dieser die Zuzahlungsregelungen gerechtfertigt hat, bedeuten diese entweder einen Verzicht auf eine bestimmte Leistung oder aber zumindest ein erhöhtes finanzielles Risiko, soweit der Versicherte nicht in den Genuss einer Härtefallregelung kommt.

Im Prinzip ergibt sich aus der Gesamtschau ein spezifisches Vorgehen des Gesetzgebers, wenn es um Leistungsbegrenzungen geht. Unter Heranziehung von Kostenerwägungen als Basis der Entscheidungsbegründung wird eine Lastenzuweisung in die Verantwortungssphäre des Versicherten vollzogen.[1962] Medizinisch notwendige und damit grundsätzlich katalogfähige Leistungen werden, soweit sie nicht extrem kostenintensiv sind, aus dem Leistungskatalog entnommen und die Kostentragung dem Versicherten in Form von IGeL auferlegt.[1963] Nur weil eine Leistung nicht von der gesetzlichen Krankenversicherung übernommen wird, bedeutet dies ja nicht, dass sie nicht auch auf dem freien Gesundheitsmarkt angeboten und nachgefragt werden kann.

Der reine Appell an die Selbstverantwortlichkeit der Versicherten, wie er in §§ 1 und 2 SGB V gesehen werden kann, bietet allerdings keine ausreichende Stützfunktion für ein Eigenverantwortungspostulat, soweit sich nicht auch die begleitenden sozialen und finanziellen Rahmenbedingungen zum Vorteil einer individuellen Verantwortungswahrnehmung ändern.[1964] Je weitreichender und intensiver die Regelungskonzepte im Bereich der sozialen Absicherung in den individuellen Kosmos des Versicherten eingreifen, desto eindrücklicher werden die Tendenzen, verhaltenssteuernde und präferenzenprägende Wirkung zu erzielen.

---

[1961] In diesem Sinne einen Zusammenhang zu politischen Interessen des Gesetzgebers herstellend *Schlenker*, in: *Schulin*, Krankenversicherungsrecht, § 1 Rn. 220 bis 223; vgl. auch *Kingreen* VVDStRL 2011, S. 163 ff.

[1962] So auch *Hauck* SGb 2007, 205.

[1963] Siehe zur Erweiterung des Regelleistungskatalogs durch IGeL *Felix*, Verbraucherschutz in der Gesetzlichen Krankenversicherung, S. 41.

[1964] Ähnlich auch *Michelsen* Gesundheitswesen 2010, 45.

# D. Wertende Einordnung

Im Ergebnis ist die zu Beginn der Arbeit aufgeworfenen Frage, ob der Begriff der Eigenverantwortung als tragfähig und entwicklungsbestimmend für das bestehende Recht der gesetzlichen Krankenversicherung angesehen werden kann[1965], zweigeteilt zu beantworten. Auf der einen Seite ist der durch moralische, politische und ideologisch Interpretationsansätze aufgeschwemmte Begriff so abstrakt und inhaltsarm, dass er als für das Recht der gesetzlichen Krankenversicherung nicht operationalisierbar, damit systemfremd und als überholt betrachtet werden könnte. Auf der anderen Seite aber ermöglicht eine strikte und vor allem stringente normative Konkretisierung des Eigenverantwortungsbegriffs in der Kodifikation eine Rückführung auf seine normative Struktur, die es dann wiederum gestattet, aufbauend auf seinem Bedeutungsgehalt das System anzupassen oder seinerseits anhand des Begriffs auszulegen und zu interpretieren. Dies konnte etwa am Normzweck und der dogmatischen Einordnung des § 52 SGB V aufgezeigt werden, der in sich die moralischen Aspekte des § 1 SGB V und die finanzwirtschaftlichen Aspekte des § 2 Abs. 1 S. 1 SGB V unter dem Begriff der Eigenverantwortung vereint und somit normativ konkretisiert.

Besonders § 2 Abs. 1 SGB V scheint demnach mehr als nur ein einfacher Programmsatz zu sein.[1966] Allerdings handelt es sich bei dieser Norm sowie der sie maßgeblich konkretisierenden Regelung des § 52 SGB V um eine Ausnahme. Dass eine Begriffseinhegung nach dem hier erfolgten Vorbild insgesamt notwendig erscheint, sollte Anlass dazu geben, von einem „inflationären“ Gebrauch der Eigenverantwortung Abstand zu nehmen und sich auf die wesentlichen Bedeutungsebenen und Intentionen zu besinnen. Derzeit liegt diese eindeutig in der Steuerung der Finanzpolitik der gesetzlichen Krankenversicherung und weist vermehrt verhaltenssteuernde Tendenzen auf.

Dabei sollte bei Eingliederung der gesetzlichen Krankenversicherung in das Sozialgesetzbuch eigentlich ein Krankenversicherungsrecht geschaffen werden, das für den Bürger verständlich und lesbar ist und durch Rechtsklarheit, einheitliche Gesetzessprache und systematische Darstellung die Arbeit für den Anwender erleichtern sollte.[1967] Insoweit können nach dem Befund betreffend die Eigenverantwortung des Versicherten erhebliche Zweifel erhoben werden.

Im Zuge einer Rückbesinnung kann schließlich auch ein erheblicher Beitrag zur Komplexitätsreduktion des Rechts der gesetzlichen Krankenversicherung als Teil des Sozialrechts geleistet werden. Denn umso weiter sich innerhalb eines Systems die Verantwortungszuweisungen hinter allgemeinen und relativierenden Normierungen verbergen, desto „unsichtbarer“[1968] wird die Zugrundelegung oder der spezifische Anknüpfungspunkt der Eigenverantwortung, dies nicht nur die

---

[1965] Siehe dazu oben unter A. II.

[1966] Davon überzeugt ist zumindest *Plagemann* in: jurisPK-SGB V, 4. Aufl. 2020, § 2 SGB V Rn. 1, 20.

[1967] Vgl. BT-Drucks. 11/2237, S. 136.

[1968] *Schnapp* DVBl 2004, 1060.

einzelne Norm oder den konkreten Normkomplex, sondern vielmehr das Gesamtsystem betreffend. Öffentlich und damit kollektiv organisierte Solidarität reduziert das Anforderungsprofil, welches an die individuelle Solidarität und schließlich an die Eigenverantwortung gestellt wird. Das hat aber zur Folge, dass sich die Eigenverantwortung, wann immer sie durch den Gesetzgeber Verwendung findet, des Vorwurfs des reinen Appells – inhaltsleer und folgenlos – ausgesetzt sieht.[1969]

Berechtigt erscheint die Frage, ob Eigenverantwortung als programmpolitischer Terminus nur Probleme kaschieren, über finanzielle und strukturelle Nöte hinwegtäuschen soll, Verantwortung nur „zum Schein" verlagert, satt tatsächliche Risikolastverteilung zu verfolgen. Der primäre Gebrauch in den amtlichen Gesetzesbegründungen, statt in den Kodifikationen selbst, schafft diesbezüglich keine Abhilfe. Mal entspricht der Begriff der Eigenverantwortung der Zumutbarkeit der Selbstversorgung, mal grenzt er die Zuständigkeitsbereiche des Individuums und der Solidargemeinschaft ab, mal dient er als Verschuldensargument. Es scheint, dass der Begriff der Eigenverantwortung nur dem jeweiligen Zwecke dienlich Verwendung findet, eben ohne konkreten eigenen Inhalt.[1970]

Die Bilanz zur Eigenverantwortung im System der gesetzlichen Krankenversicherung fällt insgesamt also ernüchternd aus. Der Analyse nach wird dem grundgesetzlich akzentuierten eigenverantwortlichen Menschen in der gesetzlichen Krankenversicherung als einer öffentlich organisierten, auf Zwang basierenden Solidargemeinschaft nur ungenügend Raum gegeben. Er findet im Verhältnis zum Anspruch der an die Eigenverantwortung erhoben wird, normativ nur ungenügend Berücksichtigung.[1971] In der Diskussion verspricht der Begriff der Eigenverantwortung mehr, als er schließlich im Geltungsbereich des SGB V zu leisten in der Lage ist. Die Gründe dafür sind vielfältig. Auf der einen Seite stehen die Interessen des Gesetzgebers, finanzpolitische Erwägungen und sozialpolitische Vorstellungen. Auf der anderen Seite stellen die Verfassung und auch die Gesellschaft entsprechende Erwartungen an den Gesetzgeber, für stabile und ausreichende soziale Absicherung zu sorgen, ohne dabei die Achtung des Individuums zu vernachlässigen. So lassen vorgestellte Konzepte der Eigenverantwortungsverwirklichung zumeist offen, welchen konkrete Aussage das ausgerufene Eigenverantwortungspostulat trifft.

Im Recht der gesetzlichen Krankenversicherung erweckt der Versicherte schließlich überwiegend den Eindruck eines „hilfebedürftige[n] Mängelwesen[s]".[1972] Dafür sprechen die umfassenden Versicherungspflichttatbestände sowie die im Ergebnis das subjektive Risiko unberücksichtigt lassenden Bonifizierungen in den §§ 55 und 65a SGB V. Schon das Bundesverfassungsgericht hat in seinem

---

[1969] So beispielsweise bei *Schnapp* DVBl 2004, 1061.

[1970] Daher von einem „Etikettenschwindel" sprechend *Schnapp* DVBl 2004, 1057.

[1971] Vgl. *Schnapp* G+S 2006, 55; vgl. *Schnapp* DVBl 2004, 1056, 1058; vgl. *Merten* NZS 1996, 598.

[1972] *Schnapp* G+S 2006, 55; vgl. *Schnapp* DVBl 2004, 1056, 1058.

„Nikolaus-Beschluss" die Rolle des Versicherten im geschlossenen System der gesetzlichen Krankenversicherung formuliert. Es handelt sich um ein System, in welchem der Versicherte gerade „keinen unmittelbaren Einfluss auf die Höhe seiner Beiträge und auf Art und Ausmaß der ihm im Versicherungsverhältnis geschuldeten Leistungen" hat.[1973]

Zudem konnte einer Vielzahl an Vorschriften eine über finanzielle Anreize konzipierte verhaltenssteuernde Intention entnommen werden, die den Versicherten in gewissem Grad gerade die Fähigkeit zur eigenverantwortlichen Entscheidungsfindung abspricht, sie ihnen mindestens aber versagt.[1974] Hier sind insbesondere die unterschiedlichen Wahltarife, die vorübergehende Beteiligung im Rahmen der kieferorthopädischen Behandlung sowie weitere Formen von finanzieller Selbstbeteiligung – allen voran die Eigenbeteiligung beim Zahnersatz – zu nennen. Auch die Festbetragsregelungen zielen auf eine vergleichbare Wirkung ab. Allerdings ist bislang ein tatsächlicher Nachweis, ob Eigenbeteiligungen der Versicherten im Rahmen des Leistungsgewährung eine nachhaltige Steuerungswirkung überhaupt entfalten, nicht erbracht worden.[1975] Gleichwohl hält der Gesetzgeber an den entsprechenden Regelungen bislang fest.

Bis auf die Ausnahme des § 52 SGB V ist eigenverantwortliches Handeln in Verbindung mit einer subjektiven Risikoberücksichtigung im SGB V nicht vorgesehen, ja ist eigenverantwortliches Handeln generell weder umfassend möglich noch notwendig im Sinne der Vorschriften. Die vagen Aussagen des § 1 SGB V lassen lediglich einen Beitrag des Versicherten erkennen, den dieser zur Vermeidung von Krankheit oder zur Abmilderung ihrer Folgen leisten möge. Die Norm beschränkt weder die Handlungsfreiheit noch die Autonomie des Versicherten. Verstöße gegen § 1 SGB V führen daher, soweit sie nicht wie im Falle des § 52 SGB V als vorwerfbares solidarwidriges Verhalten bezeichnet werden, nicht zu Sanktion oder Konsequenzen. Eine Notwendigkeit der Eigenverantwortungswahrnehmung ist ausschließlich – wenn auch nur in begrenztem Umfang – im Fall von Mitwirkungspflichten des Versicherten im Sozialrechtsverhältnis gegeben.

Mit Blick auf die nur eingeschränkten Gestaltungsmöglichkeiten des Versicherten bezüglich seines Leistungsanspruchs im Rahmen der stark reglementierten Teilnahme an besonderen Tarifen oder Versorgungsformen, ist zudem § 62 Abs. 1 S. 3 SGB V hervorzuheben. Die als Sanktionstatbestand verfasste Regelung bildet zwar eine § 52 SGB V ähnliche Konzeption der Berücksichtigung von individuellem gesundheitsrelevantem Verhalten, verfehlt jedoch aufgrund ihrer unzureichenden Umsetzung durch den Gemeinsamen Bundesausschuss ihren Zweck. Damit bleibt § 52 SGB V die in dieser Hinsicht einzig relevante Norm,

---

[1973] BVerfG, Beschluss v. 06.12.2005 – 1 BvR 347/98 = NJW 2006, 891 (892).

[1974] Dies hat wohl auch der Gesetzgeber erkannt und aufgrund dessen die „Malus"-Regelung in § 62 Abs. 1 SGB V von der Inanspruchnahme von Krebsvorsorgeuntersuchungen entkoppelt.

[1975] Vgl. dazu etwa das Ergebnis der *Wissenschaftliche Dienste des Bundestages* WD-9-3000-019/18, S. 14.

wenngleich auch ihr – im Besonderen ihrem Abs. 2 – mangelnde Relevanz in der Praxis zu attestieren ist. Neben der nach wie vor benötigten Umsetzung des § 62 Abs. 1 S. 3 SGB V lässt auch die nicht abklingende Kritik an der Existenz des § 52 Abs. 2 SGB V darauf schließen, dass es nicht nur am politischen Willen, sondern zu weiten Teilen auch an der Absicht dazu fehlt, individuelles Verhalten und damit subjektive Risiken in der Ausgestaltung der Leistungsversorgung zu berücksichtigen.

Es stellt sich damit schließlich die Frage, ob der Terminus Eigenverantwortung bezogen auf das Sozialversicherungssystem der gesetzlichen Krankenversicherung als systemfremd oder gar systemwidrig anzusehen ist. Besteht faktische Alternativlosigkeit, fehlt es an der Ausübung eines freien Willens. Fehlt es an einem grundlegenden Mechanismus der „Folgenanlastung“, so fehlt es zudem an einer Grundbedingung des originären Verantwortungskonzeptes. Die Umstrukturierung von Finanzzuständigkeiten ohne konkretes auslösendes Moment jedenfalls setzt diesbezüglich Tatsachen, die der Einflussnahme des Versicherten entzogen sind. Kommt es zur Frage der finanziellen Beteiligung, so wendet sich vermeintlich die Vorstellung vom Versicherten und er wird als aktiver und beteiligungsfähiger Konterpart im Gesundheitssystem verstanden. Letztlich wird dem Versicherten nur aus Gründen der Finanzierung Verantwortung im Rahmen der Kassen- und Leistungserbringerwahl sowie der Inanspruchnahme von Informationsangeboten und Satzungsleistungen übertragen.

Generell bleibt es aber bei dem Ergebnis, dass der Gesetzgeber ein System zwar für, aber ohne den Versicherten geschaffen und fortentwickelt hat.[1976] Unter Rückgriff auf die Einordnung der Eigenverantwortung als Prinzip der gesetzlichen Krankenversicherung schließlich haben diese Erkenntnisse auch Konsequenzen für die Direktivkraft, die der Eigenverantwortungsbegriff gegenüber dem Gesetzgeber entfaltet. Die Vieldeutigkeit und die unzähligen Verklammerungen des Begriffs der Eigenverantwortung im SGB V bewirken letztlich eine Abnahme ebendieser, weshalb der Eigenverantwortung kein eigenständiger Regelcharakter und nur geringe Bedeutung im Prozess der Abwägung mit anderen Prinzipien, wie dem Solidar- oder Subsidiaritätsprinzip, beigemessen werden kann. Eigenverantwortung ist mit Ausnahme finanzieller Beteiligungen solidarsystemisch nicht gewollt. Denn würde dem Einzelnen ausdrücklich Raum dafür zugestanden, Verantwortung nach den eigenen persönlichen Wertvorstellungen wahrzunehmen, würde das einem „Freifahrtschein“ betreffend die Übernahme von Konsequenzen aus individuellen Entscheidungen gleichkommen.

Von dem im Grundgesetz in Art. 2 Abs. 1 verankerten Recht auf freie Entfaltung der Persönlichkeit, die sich als Betonung der Eigenständigkeit und damit als Pflicht zur Eigenverantwortung interpretieren lässt, wurde der in der gesetzlichen Krankenversicherung angelegte Eigenverantwortungsbegriff beinahe vollständig

---

[1976] *Kingreen* VVDStRL 2011, S. 188.

gelöst.[1977] Insofern sollte es im Fall überindividueller und vorrechtlicher Zuweisung vermieden werden, von Verantwortung im Kontext der begrifflich verwendeten Eigenverantwortung im SGB V zu sprechen.[1978] Die hinter § 1 und § 2 SGB V unter Verwendung den Eigenverantwortungsbegriff bewirkten Systemgrundsätze ließen sich jedenfalls auch ohne den expliziten normativen Aufhänger verwirklichen. Einer Streichung de lege ferenda stünden keine ersichtlichen Gründe entgegen, da die wesentlichen Strukturmerkmale in ihrer (Fort-)Geltung nicht von einem normativen Anknüpfungspunkt im SGB V selbst abhängen. Diese ergeben sich entweder unmittelbar aus der Verfassung oder aus der die unbestimmten Begriffe des Sozialstaates ausdefinierenden Rechtsprechung und gesetzgeberischen Systemgestaltung. In Anbetracht der hiernach gewonnen Erkenntnisse stellt sich daher die Frage, ob sich die Differenz zwischen dem Anspruch an das Eigenverantwortungspostulat und seiner Realität innerhalb der gesetzlichen Krankenversicherung auflösen ließe und falls dem so wäre, mittels welcher Maßnahmen.

---

[1977] Eine dahingehend klare Unterteilung in Verantwortung der Krankenkassen, Eigenverantwortung des Versicherten und Pflichtenprogramm im Sozialrechtsverhältnis findet sich bei *Peters* in Peters, Handb KV I SGB V § 1 Rn. 15 bis 18.

[1978] Eine ähnliche Auffassung in einem insbesondere verfassungsrechtlichen Kontext, lässt sich auch finden bei *Führ*, Eigen-Verantwortung im Rechtsstaat, S. 51; ähnlich äußert sich auch *Klement*, Verantwortung, S. 28 f., der kritisch mahnt es zu unterlassen, politische Verantwortungssätze in Recht zu überführen; *Schulin* beispielsweise vollbringt es trotz der thematischen Nähe der Dispositionsmöglichkeiten des Versicherten im Recht der gesetzlichen Krankenversicherung zum Begriff der Eigenverantwortung, in seiner Darstellung vollständig auf diesen zu verzichten, vgl. *Schulin* ZVersWiss 1994, 29 ff.

# E. Sozialpolitische Konsequenzen von mehr Eigenverantwortung für das bestehende System des SGB V

Das Recht der gesetzlichen Krankenversicherung kennt keine Pflichten, bietet nur wenig Anreize und sanktioniert lediglich punktuell. Anknüpfend an dem finanziellen Druck, unter welchem die gesetzliche Krankenversicherung steht und welcher gleichsam bedeutend für den Begriff der Eigenverantwortung im Recht des SGB V ist[1979], ergehen seit Jahrzehnten Vorschläge von Seiten der Literatur, die eine grundlegende Neuausrichtung der gesetzlichen Krankenversicherung zu Gunsten der finanziellen Stabilität zum Gegenstand haben. Gemessen an diesen Forderungen, die nachfolgend einer näheren Analyse zugeführt werden, erscheint der Status quo des Leistungsrechts als unzeitgemäß. Insbesondere in Verbindung mit der Exklamation der Eigenverantwortung ist in dieser Hinsicht eine generelle Schwäche des Systems zu erkennen. Erschwerend hinzu tritt der Umstand, dass – wie sich im vorangegangenen Abschnitt gezeigt hat – die Eigenverantwortung keinen leichten Stand in einer auf öffentlich organsierter Zwangssolidarität basierenden Sozialversicherung hat.[1980] Zum einen werden gesundheitliche Risiken in einem großen Umfang kollektiviert beziehungsweise sozialisiert, wodurch wiederum die diesbezüglichen Wahrnehmungsräume der Eigenverantwortung reduziert werden. Eigenverantwortliches Handeln wird so zuweilen unmöglich. Daneben kann eigenverantwortliches Handeln aber auch deplatziert und unerwünscht sein.[1981] Erinnert sei hier an die Problemstellung des „Moral-Hazard", insbesondere unter Hinzunahme des Sachleistungsprinzips. Die Ziele allerdings, die von Reformvorhaben betreffend die gesetzliche Krankenversicherung verfolgt werden, ähneln sich dabei in ihren Anlagen. So soll sichergestellt werden, dass die Versorgung der Versicherten mit den je nach Einzelfall für als erforderlich erachteten Leistungen gewährleistet wird, dass dies nur im Rahmen einer dementsprechend vertretbaren Kostenbelastung der Solidargemeinschaft aber auch des Individuums möglich ist und dass gleichfalls den Interessen der Leistungserbringer Rechnung getragen wird.[1982]

Gewährt die gesetzliche Krankenversicherung einen grundsätzlich umfassenden Leistungsanspruch, formieren sich in der öffentlichen Wahrnehmung bereits seit Längerem Diskurse um Begriffe wie Budget, Leistungsausgrenzung und Beitragssatzniveau.[1983] Politik, Gesundheitsforschung und Literatur sind sich in der Debatte – so scheint es jedenfalls – weitestgehend einig darüber, dass eine grundlegende Neuausrichtung des Gesundheitswesens bei gleichzeitiger Stärkung der

---

[1979] Siehe dazu oben unter B. V. 4.

[1980] Siehe dazu oben unter D.

[1981] Siehe auch *Schnapp* DVBl 2004, 1061.

[1982] Vgl. *Hauck* SGb 2007, 204.

[1983] Siehe einleitend etwa *Straub* Bundesgesundheitsbl 2006, 73; vgl. auch *Hauck* SGb 2007, 205; vgl. *Schulin* VSSR 1997, 46, 53.

Individualität und Eigenverantwortung notwendig sei.[1984] Ein gestärktes Prinzip der Eigenverantwortung und eine Verwirklichung des Subsidiaritätsprinzips, die die Einstandsverpflichtung der Solidargemeinschaft auf die gesundheitlichen und existenziellen Notlagen begrenze, seien die langfristig notwendigen Aspekte einer ihrem Schutzauftrag nachkommenden sozialen Krankenversicherung.[1985] Zusätzlich befeuert wird der Diskurs dadurch, dass der Gesetzgeber bekräftigt durch die höchstrichterliche Rechtsprechung praktisch jede angedachte und zumeist nur kurzfristig ausgerichtete Maßnahme der Anpassung damit begründet, dass die gesetzliche Krankenversicherung und die Begrenzung der Kostenlast ebendieser überragend wichtige Gemeinschaftsgüter seien.[1986] Durch das Festhalten an diesen überkommenen Strukturen der gesetzlichen Krankenversicherung würden zunehmend Elemente der „‚Freiheit und Eigenverantwortung‘ den Werten der ‚Sicherheit und Gerechtigkeit‘“ untergeordnet.[1987]

An dieses sich in Form einer Reformforderung herauskristallisierte Eigenverantwortungspostulat anknüpfend soll unter Berücksichtigung der bilanziellen Erkenntnisse um die Verwirklichung eines idealisierten wie auch eines normativ funktionalen und damit materiellen Eigenverantwortungsbegriffs zunächst eine Darstellung der Gestaltungsmöglichkeiten und -grenzen des Gesetzgebers betreffend den Leistungsanspruch in der gesetzlichen Krankenversicherung anhand des verfassungsrechtlich Zulässigen erfolgen. Gefragt wird nach den rechtlichen und sozialpolitischen Vorgaben der Ausgestaltung des sozialen Leistungssystems in Hinblick auf das Risiko der Krankheit und ihrer Folgen. Anschließend werden gängige Gestaltungskonzepte aus der Literatur, die unter Verwendung des Eigenverantwortungsbegriffs im Sinne seiner Stärkung ergehen und mit regelmäßiger Häufigkeit Einzug in die Debatte um die Umgestaltung des Leistungsumfangs der gesetzlichen Krankenversicherung halten, analysiert und in Bezug zu den Ergebnissen betreffend den bisherigen Einschlag in den Gesetzestext gesetzt. Besonderes Augenmerk wird dabei auf die Konsequenzen gelegt, die eine entsprechende Umsetzung für die grundlegende Ausrichtung des SGB V hätten. So wird sich zeigen, ob an seinen maßgeblichen Maximen festgehalten wird oder diese im Ergebnis aufgegeben werden.

---

[1984] Vgl. *Marckmann*, Eigenverantwortung als Rechtfertigungsgrund für ungleiche Leistungsansprüche in der Gesundheitsversorgung?, S. 301; vgl. *Schmidt-Aßmann* NJW 2004, 1690; vgl. auch *Hufen* NJW 2004, 14; ähnliche Andeutung auch bei *Jaeger* NZS 2003, 234.

[1985] Vgl. das Fazit bei *Hufen* NJW 2004, 18; ähnlich auch *Oduncu* MedR 2012, 359; in ähnlicher Weise *Fischer*, Die Zulässigkeit aufgedrängten staatlichen Schutzes vor Selbstschädigung, S. 260 f.; siehe kritisch *Schulin* VSSR 1997, 52 f.

[1986] Kritisch *Hufen* NJW 2004, 14.

[1987] *Hufen* NJW 2004, 14; siehe auch *Schmidt-Aßmann* NJW 2004, 1690.

## I. Verfassungsrechtliche Vorgaben und Gestaltungsmöglichkeiten des Gesetzgebers betreffend das Leistungsrecht in der gesetzlichen Krankenversicherung

Das Bundesverfassungsgerichts billigt dem Gesetzgeber in Hinblick auf die Ausgestaltung, Umformung oder Ausweitung der sozialen Sicherung einen mehr oder weniger unbegrenzten Gestaltungsspielraum zu.[1988] Definitive verfassungsrechtliche Gestaltungsmaximen sind daher nicht ohne Weiteres feststellbar.[1989] So wurden unter Hinweis auf den weiten Gestaltungsspielraum die bisherigen gesetzgeberischen Maßnahmen bis auf einige wenige Ausnahmen gebilligt.[1990] Mit anderen Worten: Der Gesetzgeber ist „Herr im Haus des deutschen Sozialrechts".[1991] Diese Gestaltungshoheit wird hergeleitet aus einem Rückgriff auf das weite und unbestimmte Sozialstaatsprinzip und die darin angelegte Verpflichtung des Gesetzgebers, für eine gerechte Sozialordnung Sorge zu tragen.[1992] Damit ist dem Sozialstaatsprinzip bereits Genüge getan, wenn ein Netz sozialer Sicherung verwirklicht wird.[1993] Der diesbezügliche grundgesetzliche Kompetenztitel erstreckt sich losgelöst von einem an den Anfängen der Sozialversicherung zu bismarckschen Zeiten geltenden Verständnis[1994] auf alles, „was sich der Sache nach als Sozialversicherung darstellt".[1995] Bleibt nur der sich in § 31 SGB I wiederfindende rechtsstaatliche und demokratische Grundsatz vom Vorbehalt des Gesetzes. Danach dürfen Rechte und Pflichten in den Sozialleistungsbereichen nur begründet, festgestellt, geändert oder aufgehoben werden, soweit es ein Gesetz vorschreibt oder zulässt. Dies hat aber nur insoweit Geltung, als eine Änderung innerhalb des bestehenden Systems im Verhältnis zwischen Sozialleistungsträger und Bürger und nicht des Systems in Gänze in Rede steht. Für Letzteres gilt der unmittelbar aus Art. 20 Abs. 3 GG hergeleitete Vorbehalt des Gesetzes, wobei als Korrektiv der Gedanke der Wesentlichkeitstheorie zum Tragen kommt.[1996]

Die Gestaltungsfreiheit wird zusätzlich dort erweitert, wo grundlegende Aspekte der Finanzierung tangiert werden. So hat das Bundesverfassungsgericht in über dreißig Entscheidungen auf Basis des sogenannten Grundsatzes der finanziellen

---

[1988] Vgl. *Augsberg*, Grundversorgung oder Wunscherfüllung? Grundrechtliche Vorgaben für die staatliche Gesundheitsfürsorge, S. 127; vgl. *Nettesheim* VerwArch 2002, 323 ff.; vgl. *Neumann* NZS 1998, 401; vgl. *Schmidt-Aßmann* NJW 2004, 1690; kritisch diesbezüglich etwa *Isensee* NZS 2004, 394; vgl. Eichenhofer/v. Koppenfels-Spies/Wenner/SGB V/*Axer*, § 1 Rn. 9.

[1989] So bereits *Jaeger* NZS 2003, 225; vgl. *Nettesheim* VerwArch 2002, 325 ff.; umfassend zu dieser Grundproblematik auch *Becker* ZÖR 2010, 632 bis 636.

[1990] Vgl. *Preis* MedR 2010, 139.

[1991] *Steiner* NZS 2019, 1.

[1992] Siehe dazu oben unter B. II. 1. b. aa.

[1993] Siehe dazu *Michalski* VersR 1996, 266.

[1994] Siehe dazu oben unter B. II. 1 a.

[1995] BVerfG, Urteil v. 10.05.1960 – 1 BvR 190/58 u.a. = NJW 1960, 1099.

[1996] Dazu *Jarass*/Pieroth, Grundgesetz für die Bundesrepublik Deutschland, Art. 20 Rn. 71; vgl. Sachs/Sachs GG Art. 20 Rn. 113 ff.; zum Vorbehalt des Gesetzes und der Wesentlichkeitstheorie siehe auch bei *Kalscheuer/Jacobsen* DÖV 2018, 524 f.

Stabilität der gesetzlichen Krankenversicherung getroffene grundrechtsbeschränkende Maßnahmen des Gesetzgebers für verfassungsrechtlich zulässig erachtet.[1997] Gängige verfassungsrechtliche Prüfungsmaßstäbe geraten in der Abwägung, insbesondere gemessen an der Rechtsprechung zum Grundsatz der finanziellen Stabilität, zunehmend unter Druck. Kritisch formuliert verlieren die „Grundrechte [...] in der gerichtlichen Handhabung ihre sonstige normative Stringenz, wenn Eingriffe zugunsten der Sozialversicherung erfolgen".[1998]

Bei aller erhobener Kritik am legislativen Geschehen[1999] ist aber festzuhalten, dass die Anpassung an sich im ständigen Wandel befindliche ökonomische, soziale und politische Gegebenheiten gerade charakteristisch für das deutsche Krankenversicherungssystem ist und auch sein muss, wenn das System aktuell gehalten werden soll.[2000] Daher fordert das Sozialstaatsprinzip als normativ verbindliche Leitlinie den Gesetzgeber auf, von seiner Gestaltungsfreiheit Gebrauch zu machen.[2001] Allerdings stellt sich angesichts ebendieser Gestaltungsfreiheit des Gesetzgebers die Frage, ob aus dem Sozialstaatsprinzip nicht wenigstens auch eine Art Bestandsgarantie für die vom Gesetzgeber in Ausübung seines Gestaltungsspielraums geschaffenen sozialstaatlichen Einrichtungen hergeleitet werden kann.[2002] Nach der überwiegenden Ansicht ist dem nicht so.[2003] Dem Grundgesetz ist keine Verfassungsgarantie für das bestehenden System der gesetzlichen Krankenversicherung, wie auch der weiteren Sozialversicherungszweige, zu entnehmen.[2004] Vielmehr ordnet das Grundgesetz eine „Reformoffenheit" für die Sozialversicherungssysteme an und schafft für diese damit die Fähigkeit der Anpassung, die diesen Systemen zu „Stabilität und Verlässlichkeit" verhilft.[2005]

---

[1997] Dazu nicht unkritisch *Steiner* NZS 2019, 4.

[1998] *Isensee* NZS 2004, 395; ähnlich *Isensee* ZVersWiss 2004, 654; Kritik auch bei *Depenheuer* NZS 2014, 204; vgl. auch *Schmidt-Aßmann* NJW 2004, 1690; vgl. zudem *Papier* VSSR 1990, S. 136 f.

[1999] Siehe dazu bei *Neumann* NZS 1998, 401, m.w.N.

[2000] So etwa *Schlenker*, in: *Schulin*, Krankenversicherungsrecht, § 1 Rn. 3; vgl. *Becker* ZÖR 2010, 618; vgl. *Wallerath* JZ 2004, 954; vgl. *Merten* NZS 1996, 594; vgl. allgemeiner zur notwendigen „Flexibilität" des Sozialrechts *Preis/Kellermann* SGb 1999, 330.

[2001] Vgl. *Jaeger* NZS 2003, 227.

[2002] *Preis/Kellermann* SGb 1999, 331; vgl. dazu insbesondere BVerfG, Beschluss v. 08.02.1994 – 1 BvR 1237/85 = NJW 1994, 2410; vgl. auch *Neumann* NZS 1998, 401, der in der Frage nach einem Schutz von Sozialleistungen aus den Grundrechten bereits den fehlenden Schutz aus dem Sozialstaatsprinzip andeutet; siehe in vergleichbarer Weise auch *Michalski* VersR 1996, 265 f.

[2003] Vgl. *Neumann* NZS 1998, 401; vgl. *Wallerath* JZ 2004, 954.

[2004] Vgl. BVerfG, Beschluss v. 09.04.1975 – 2 BvR 879/73 = BeckRS 1975, 105598; vgl. BVerfG, Beschluss v. 15.12.1987 – 2 BvL 11/86 = BeckRS 1987, 111228; vgl. BVerfG, Beschluss v. 18.07.2005 – 2 BvF 2/01 = NVwZ 2006, 559 (573 ff.), zumindest dem Sinn nach, wonach die Etablierung eines umfassenden Versicherungszwangs möglich wäre; siehe zudem die Darstellung bei *Schaks*, in: *Sodan*, Krankenversicherungsrecht, § 16 Rn. 13 ff., 33; vgl. *Muckel/Ogorek/Rixen*, Sozialrecht, § 6 Rn. 2.

[2005] *Schlenker*, in: *Schulin*, Krankenversicherungsrecht, § 1 Rn. 81; siehe auch *Merten* NZS 1996, 593.

Das Sozialrecht trifft insofern eine „Anpassungslast" im Sinne einer Notwendigkeit stetigen Wandels aufgrund eines den Sozialstaat prägenden Wirklichkeits-, Gesellschafts- und Politikbezuges.[2006] Dieser Wandel vollzieht sich in einem „dynamischen Prozess", dem durch die zum jeweiligen Zeitpunkt zur Verfügung stehenden finanziellen Mittel Grenzen gesetzt sind.[2007] Beispielhaft wurde der sich in den ersten beiden Dekaden nach der Wiedervereinigung stetig steigernde finanzielle Druck auf die sozialen Sicherungssysteme zum Hauptreformtreiber, der zu Reduktionen von Leistungen insbesondere in der gesetzlichen Krankenversicherung geführt hat, obgleich das Beitragsniveau nicht gesunken ist. Die Verfassung liefert somit nur einen ungefähren Rahmen, der bei gleichzeitiger und unabdingbarer grundrechtlicher Basis flexibel mehrere Gestaltungsoptionen offen lässt und dabei, durchzogen von bestimmten Fixpunkten in Gesetzgebungskompetenz, Verwaltungsverfahren oder Staatszielbestimmung, Freiheiten bezüglich der sozialpolitisch zu entwickelnden Systemspezifika schafft.[2008] Insoweit kann daher nur von einem Anspruch des Bürgers auf die Schaffung eines normativen Rahmens, welcher in einem bestimmten Umfang Ansprüche zur Gewährleistung eines menschenwürdigen Existenzminimums zugesteht, gesprochen werden.[2009] Sozialgesetzgebung ist somit weitestgehend abhängig vom Prozess der politischen Abwägung.[2010]

Welche Konsequenzen diese gesetzgeberische Freiheit für den Bereich des Leistungsumfanges hat, soll hier anhand des verfassungsrechtlichen Maßstabs problembezogen seine Darstellung finden. Beabsichtigt wird damit zudem eine verfassungsrechtliche Grundlage für sozialpolitische Gedankenspiele, die unter dem Begriff der Eigenverantwortung ergehen, zu schaffen. Vorweg soll bereits kurz darauf hingewiesen werden, dass es bei sozialrechtlichen Fragestellungen zum Grundrechtsschutz bezüglich einer Veränderung des Sozialversicherungssystems zumeist um Fragen der System- und Verteilungsgerechtigkeit, des Eigentumsschutzes und der Berufsfreiheit geht, sprich um eine Prüfung anhand der einschlägigen Grundrechte aus Art. 3, 14 und 12 GG.[2011] Insbesondere letztgenanntes Grundrecht auf Berufsfreiheit wird in der nachfolgenden Darstellung, die sich ausschließlich mit den Ansprüchen und Grundrechten der Versicherten befasst und das Berufsrecht sowie die weiteren Grundrechte der Leistungserbringer,

---

[2006] *Zacher* VSSR 1983, 127 f.

[2007] *Preis/Kellermann* SGb 1999, 331; vgl. *Degenhart*, Staatsecht I, Rn. 600; vgl. *Huster* MedR 2012, 566 f.; vgl. *Neumann* NZS 1998, 401; ähnlich *Isensee* ZVersWiss 2004, 655, m.w.N.; siehe zum Vorbehalt des Möglichen und des Finanzierbaren BVerfG, Urteil v. 18.07.1972 – 1 BvL 32/70 u.a. = NJW 1972, 1561 (1564 f.).

[2008] Vgl. *Preis/Kellermann* SGb 1999, 330; vgl. in ganz ähnlicher Weise zum Krankenhausrecht *Höfling*, Der Gesundheitsgewährleistungsstaat, S. 116; vgl. auch *Becker* ZÖR 2010, 618, der von „Orientierungspunkten" spricht.

[2009] Vgl. BVerfG, Urteil v. 09.02.2010 – 1 BvL 1/09 = NJW 2010, 508; BVerfG, Beschluss vom 02.05.1967 – 1 BvR 578/63 = NJW 1967, 1411 (1413 f.).

[2010] Vgl. *Steiner* NZS 2019, 1.

[2011] Vgl. *Preis/Kellermann* SGb 1999, 332; vgl. *Jaeger* NZS 2003, 225; vgl. *Schulin* VSSR 1997, 48; vgl. *Michalski* VersR 1996, 266; zur Verteilungsgerechtigkeit *Huster* MedR 2012, 567.

Krankenhausträger, Arzneimittelhersteller und Versicherungsunternehmen überwiegend mittelbar tangiert, ausgeklammert. Ein solches Vorgehen lässt sich damit begründen, dass dem Recht der Leistungserbringer gegenüber dem Leistungsbereich eine „dienende Funktion“ zukommt.[2012]

Weiterhin ist bezüglich der Konzeption der deutschen Sozialversicherung als Pflichtversicherung Art. 2 Abs. 1 GG zu berücksichtigen.[2013] Für das spezifische System der gesetzlichen Krankenversicherung ergibt sich zudem in einer Vielzahl von Fällen eine Überprüfung der in Art. 2 Abs. 2 S. 1 GG verbrieften Grundrechte sowie anhand des Maßstabs der Menschenwürdegarantie des Art. 1 Abs. 1 GG. Eine besondere Bedeutung kommt dem Sozialstaatsprinzip zu, welches in Verbindung mit den jeweils spezifischen Grundrechten seinen Ausdruck findet.[2014]

## 1. Verfassungsrechtliche Gestaltungsmaximen

Um der finanziellen Belastung der gesetzlichen Krankenversicherung Herr zu werden, kann der Gesetzgeber den Leistungsumfang reduzieren oder den Umfang an zuzahlungspflichtigen Leistungen erhöhen.[2015] Ihm steht es dabei grundsätzlich frei, den Versicherten in der gesetzlichen Krankenversicherung Leistungen nach Maßgabe eines allgemeinen Leistungskatalogs, § 11 SGB V, nur unter Beachtung des Wirtschaftlichkeitsgebots, verankert in § 12 SGB V, zur Verfügung zu stellen und zwar nur insoweit, als dass diese Leistungen nicht der Eigenverantwortung der Versicherten zuzuordnen sind, § 2 Abs. 1 S. 1 SGB V.[2016] So ist es verfassungsrechtlich nicht zu beanstanden, dass der Gesetzgeber in § 12 Abs. 1 S. 1 SGB V vorgesehen hat, dass die Leistungen der gesetzlichen Krankenversicherung ausreichend, zweckmäßig und wirtschaftlich sein müssen und nicht das Maß des Notwendigen überschreiten dürfen.[2017] Diese normativen Gesichtspunkte können als „Grundregel des Leistungsrechts“[2018] bezeichnet werden. Der Versichertenanspruch erstreckt sich demnach auf alle Leistungen, die dieser Grundregel entsprechend gewährleistet werden, wobei die spezifischen Kosten einer Behandlungsmethode erst dann zum Tragen kommen, wenn günstigere, aber gleich effektive Methoden zur Verfügung stehen.[2019]

---

[2012] So argumentierend *Schulin* VSSR 1997, 47; siehe auch den Hinweis mit Blick auf die Therapiefreiheit bei *Hauck* SGb 2014, 8; siehe bezüglich der Berufsfreiheit im Kontext der Gestaltungsfreiheit die Diskussionen bei *Schmidt-Aßmann* NJW 2004, 1688; *Ebsen* NDV 1997, 73; *Richter* G+S 2016, 70 f.

[2013] Vgl. zur Verfassungsmäßigkeit von Zwangsmitgliedschaften BVerfG, Urteil v. 29.07.1959 – 1 BvR 394/58 = NJW 1959, 1675 (1676).

[2014] Vgl. *Sodan*, in: *Sodan*, Krankenversicherungsrecht, § 2 Rn. 50; vgl. *Ebsen* NDV 1997, 72; vgl. *Schulin* VSSR 1997, 48.

[2015] Vgl. insgesamt *Hauck* SGb 2007, 203 ff.

[2016] BVerfG, Beschluss v. 06.12.2005 – 1 BvR 347/98 = JZ 2006, 463; BSG, Urteil v. 19.06.2001 – B 1 KR 27/00 = MedR 2002, 600.

[2017] BVerfG, Beschluss v. 06.12.2005 – 1 BvR 347/98 = NJW 2006, 891 (893).

[2018] So *Neumann* NZS 2005, 617.

[2019] Vgl. *Neumann* NZS 2005, 617.

Der Leistungskatalog der gesetzlichen Krankenversicherung darf insbesondere auch von finanzwirtschaftlichen Aspekten mitbestimmt sein.[2020] Gerade im Gesundheitswesen hat der Kostenaspekt in Form des Grundsatzes der finanziellen Stabilität für gesetzgeberische Entscheidungen erhebliches Gewicht.[2021] Der sich aus dem Sozialstaatsprinzip ergebende Gestaltungsauftrag ist unter den Vorbehalt des Möglichen und Finanzierbaren gestellt.[2022] Dem Gesetzgeber ist es daher im Rahmen seines ihm zugestandenen Gestaltungsspielraums freigestellt, den Versicherten über den allgemeinen Beitrag zur gesetzlichen Krankenversicherung hinaus zu beteiligen, jedenfalls in einem Umfang, in welchem dies dem Einzelnen aufgrund seiner individuellen finanziellen Situation zugemutet werden kann.[2023] Zudem sind die gesetzlichen Krankenkassen nicht schon von Verfassung wegen gehalten, alles zu leisten, was an Mitteln zur Erhaltung oder Wiederherstellung der Gesundheit zur Verfügung steht.[2024] So ist insbesondere aus dem Sozialstaatsprinzip kein Gebot zu entnehmen, Leistungen in einem bestimmten Umfang zu gewähren.[2025]

Eine Reduktion des Leistungsumfangs der gesetzlichen Krankenversicherung führt zu verfassungsrechtlichen Fragestellungen. Dabei soll nur der Frage nachgegangen werden, inwieweit eine Ausgliederung oder eine Begrenzung von Leistungen mit den Grundrechten der Versicherten vereinbar wären. Schließlich stehen solche Verfahren, wie bereits nachvollzogen werden konnte, wiederholt in einem unmittelbaren Bezug zum Eigenverantwortungspostulat.[2026] Dessen Fortentwicklung de lege ferenda kommt daher auch eine verfassungsrechtliche Dimension zu.

### a. Verfassungsrechtliche Grundpositionen: Art. 2 Abs. 1 und Abs. 2 S. 1 GG

Nach den Ausführungen des Bundesverfassungsgerichts im Zuge des sogenannten Nikolausbeschlusses kann grundsätzlich kein verfassungsrechtlicher Anspruch auf bestimmte und insbesondere spezielle Leistungen der Krankenbehandlung in der gesetzlichen Krankenversicherung aus Art. 2 Abs. 1, Abs. 2 S. 1 GG abgeleitet werden.[2027] Eine Ausnahme besteht je nach konkretem Einzelfall

---

[2020] BVerfG, Beschluss v. 31.10.1984 – 1 BvR 35/82 u.a. = NJW 1985, 1385 (1388); BVerfG, Beschluss v. 14.05.1985 – 1 BvR 449/82 u.a. = NJW 1986, 772 (772 f.); BSG, Urteil v. 19.06.2001 – B 1 KR 27/00 = MedR 2002, 600; BVerfG, Beschluss v. 06.12.2005 – 1 BvR 347/98 = MedR 2006, 166.

[2021] BVerfG, Beschluss v. 20.03.2001 – 1 BvR 491/96 = JuS 2001, 909 (910); BVerfG, Beschluss v. 06.12.2005 – 1 BvR 347/98 = MedR 2006, 166; siehe auch den Hinweis in BT-Drucks. 15/1174, S. 3; vgl. zudem *Ebsen* NDV 1997, 71 f.

[2022] Vgl. *Hebeler* JURA 2005, 21; vgl. *Isensee* ZVersWiss 2004, 655, m.w.N.; siehe grundlegend BVerfG, Urteil v. 18.07.1972 – 1 BvL 32/70 u.a. = NJW 1972, 1561 (1564 f.).

[2023] BVerfG, Beschluss v. 14.05.1985 – 1 BvR 449/82 u.a. = NJW 1986, 772; BVerfG, Beschluss v. 07.03.1994 – 1 BvR 2158/93 = NJW 1994, 3007.

[2024] BVerfG, Beschluss v. 05.03.1997 – 1 BvR 1071/95 = NJW 1997, 3085.

[2025] BVerfG, Beschluss v. 06.12.2005 – 1 BvR 347/98 = MedR 2006, 165.

[2026] Siehe dazu oben unter B. III. 3. c. sowie unter B. V. 4.

[2027] BVerfG, Beschluss v. 06.12.2005 – 1 BvR 347/98 = JZ 2006, 463; siehe zur Vorgängerrechtsprechung bei *Huster* JZ 2006, 467, nach welcher grundsätzlich kein Anspruch aus Art. 2 Abs. 2 S.

nur wenn und soweit eine Behandlung einer lebensbedrohlichen oder regelmäßig tödlichen Erkrankung im Raum steht.[2028]

Die bezeichneten Grundrechte, insbesondere in Verbindung mit Art. 1 Abs. 1 GG, haben nicht nur eine Gewährleistungs- und Abwehrfunktion, sondern auch eine schutzrechtliche Ausstrahlungswirkung. Insbesondere Art. 2 Abs. 2 GG schützt damit nicht nur vor staatlichen Eingriffen in Leben und Gesundheit, garantiert nicht nur Ansprüche zu Erhalt- und Widerherstellung in soeben besagtem Umfang, sondern schützt den Einzelnen auch vor einer Verletzung durch sich oder durch Dritte.[2029]

Gesetzliche oder auf Gesetz beruhende Leistungsausschlüsse und Leistungsbegrenzungen sind demnach dezidiert daraufhin zu überprüfen, ob sie im Lichte des Art. 2 Abs. 1, Abs. 2 S. 1 GG sowie in Verbindung mit der Menschenwürdegarantie des Art. 1 Abs. 1 GG als gerechtfertigt angesehen werden können.[2030] Dabei ist wiederum insbesondere der Grundsatz der Verhältnismäßigkeit zu beachten, sodass Leistungsausschlüsse und -begrenzungen einem legitimen Zweck dienen und zu dessen Erreichung geeignet, erforderlich und angemessen sein müssen.[2031]

### aa. Art. 2 Abs. 1 GG

Art. 2 Abs. 1 GG stellt es grundsätzlich ins Belieben des Einzelnen, wie er mit seinem Leben verfahren will, soweit dabei nicht die Rechte und Interessen anderer beschnitten werden.[2032] Angesichts des Grundsatzes der individuellen Erstverantwortlichkeit, die über das Nachrangprinzip in der staatlichen Fürsorge gewahrt wird[2033], liegt auch die Vorsorge für die typischen Risiken im Belieben des Einzelnen. Demzufolge ist die allgemeine Handlungsfreiheit aus Art. 2 Abs. 1 GG jedenfalls dann betroffen, wenn der Gesetzgeber Personen der Pflichtversicherung in einem System der sozialen Sicherheit unterwirft.[2034] Sie schützt in einem auf Zwangsmitgliedschaft und Beitragspflicht basierenden Sicherungssystem den

---

1 GG in Verbindung mit dem Sozialstaatsprinzip hergeleitet werden konnte, siehe direkt BVerfG, Beschluss v. 15.12.1997 – 1 BvR 1953/97 = NJW 1998, 1775.

[2028] Siehe dazu oben unter B. II. 1. b. cc. ccc.

[2029] Vgl. BeckOK GG/*Lang* Art. 2 Rn. 249 f.

[2030] BVerfG, Beschluss v. 06.12.2005 – 1 BvR 347/98 = JZ 2006, 463; vgl. *Sodan* NZS 2003, 394. Das BSG ist in seinem Urteil v. 26.05.2011 – B 14 AS 146/10 R = BeckRS 2011, 77195 allerdings davon ausgegangen, dass „[g]esetzliche oder auf Gesetz beruhende Leistungsausschlüsse und Leistungsbegrenzungen nach dem SGB V [...] nur innerhalb dieses Leistungssystems daraufhin überprüft werden [können], ob sie im Rahmen des Art. 2 Abs. 1 GG gerechtfertigt sind". Kritisch dazu etwa *Bockholdt* NZS 2016, 883.

[2031] Siehe dazu auch bei *Prehn* NZS 2010, 265.

[2032] Vgl. *Merten* NZS 1996, 596.

[2033] Siehe dazu oben unter B. III. 1. e.

[2034] BVerfG, Beschluss v. 14.10.1970 – 1 BvR 307/68 = NJW 1971, 365 (366); BVerfG, Beschluss v. 14.10.1970 – 1 BvR 753/68 = NJW 1971, 369 (370); BVerfG, Beschluss v. 14.10.1970 – 1 BvR 306/68 = NJW 1971, 368 (369); BVerfG, Beschluss v. 09.12.2003 – 1 BvR 558/99 = NZS 2004, 258 (259 f.), st. Rspr.; siehe auch bei *Lang/Hügel* RdJB 2019, 347, m.w.N.

einzelnen Versicherten vor einer Unverhältnismäßigkeit von Leistung und Beitrag, da dieser typischerweise keinen unmittelbaren Einfluss auf die Höhe seines Beitrags und auf Art und Ausmaß der ihm aufgrund des bestehenden Sicherungsverhältnis geschuldeten Leistungen hat.[2035] Dies gilt schon für die Begründung der Pflichtmitgliedschaft mit Beitragszwang in der gesetzlichen Krankenversicherung, welche im Lichte des Art. 2 Abs. 1 GG grundsätzlich verfassungsrechtlich zulässig ist.[2036]

Eine Veränderung des Verhältnisses von Beitragslast und Leistungsanspruch ist allerdings gängige Praxis und auch bis zu dem Punkt gangbar, an welchem das Sicherungssystem den Einzelnen nicht mehr sachgerecht schützt und versorgt, sich also ein krasses Missverhältnis im Äquivalenzverhältnis von Beitrag und Leistung einstellt.[2037] Zwar wird regelmäßig das Äquivalenzprinzip[2038] durch den Solidaritätsgedanken und das Prinzip des sozialen Ausgleichs relativiert. Eine Zwangsmitgliedschaft mit Pflichtbeiträgen bei völligem Wegfall sozialer Sicherung für sich selbst oder wenigstens einer dem Sinn nach bestimmbaren spezifischen Gruppe von Berechtigten wäre demnach unzulässig.[2039]

Mit der im SGB V konstituierten Versicherungsform wird gerade auch einkommensschwachen Teilen der Bevölkerung ein umfassender Krankenversicherungsschutz zu an der individuellen wirtschaftlichen Leistungsfähigkeit ausgerichteten Beiträgen ermöglicht.[2040] Sollen Leistungen gekürzt, versagt oder sogar gänzlich aus dem Leistungskatalog entnommen werden, bedarf es daher einer besonderen Rechtfertigung vor Art. 2 Abs. 1 GG gerade in Verbindung mit dem Sozialstaatsprinzip. Dabei macht es im Übrigen keinen Unterschied, ob es sich um einen Leistungsausschluss zu Lasten eines Mitgliedes oder eines sonstigen Versicherten handelt. Handelt es sich beispielsweise um einen gemäß § 10 SGB V aufgrund der Familienversicherung Versicherten, wird der Beitrag vom Mitglied aufgebracht, der damit seiner Unterhaltsverpflichtung nachkommt, zu welcher gleichfalls der Aufwand für einen angemessenen Krankenversicherungsschutz gehört.[2041]

### bb. Art. 2 Abs. 2 S. 1 GG und gesundheitliches Existenzminimum

Die Gestaltung des Leistungsrechtes der gesetzlichen Krankenversicherung ist insofern an der objektiv-rechtlichen Pflicht des Staates zu orientieren, Schutz und

---

[2035] BVerfG, Beschluss v. 06.12.2005 – 1 BvR 347/98 = JZ 2006, 463.
[2036] BVerfG, Beschluss v. 06.12.2005 – 1 BvR 347/98 = MedR 2006, 165.
[2037] Vgl. *Kirchhof* NZS 2015, 1 f.
[2038] Siehe dazu oben unter B. III. 1. d.
[2039] So *Preis/Kellermann* SGb 1999, 331; ebenfalls *Degenhart*, Staatsecht I, Rn. 600; *Schmidt-Aßmann* NJW 2004, 1691.
[2040] BVerfG, Beschluss v. 20.03.2001 – 1 BvR 491/96 = NJW 2001, 1779 (1780 f.).
[2041] BVerfG, Urteil v. 12.02.2003 – 1 BvR 624/01 = NJW 2003, 1381 (1382).

Förderung der Rechtsgüter in Art. 2 Abs. 2 S. 1 GG zu gewährleisten.[2042] Dabei hebt das Bundesverfassungsgericht insbesondere die Verpflichtung aller staatlichen Gewalt zum Schutz und zur Achtung der Menschenwürde in Art. 1 Abs. 1 S. 2 GG hervor.[2043] Mit Blick auf Art. 2 Abs. 2 GG bemisst sich der staatliche Handlungsauftrag anhand eines grundsätzlich in die Gestaltungsfreiheit des Gesetzgebers gestellten Korridors, welcher sich zwischen einem Untermaß- und Übermaßverbot bewegt.[2044]

Das materielle Existenzminimum, abgeleitet aus der Menschenwürde des Art. 1 Abs. 1 GG in Verbindung mit dem Sozialstaatsprinzip aus Art. 20 Abs. 1 GG, umfasst auch die gesundheitliche Dimension der physischen Existenzgrundlage als existenzielle Voraussetzung für die Führung eines selbstbestimmten Lebens. Insofern trifft den Staat eine Pflicht zur Sicherung eines Mindestbestands an medizinischer Versorgung.[2045] Diesen zu bestimmen bereitet erhebliche Schwierigkeiten. Denn wie ein Recht auf Gesundheit als Teil des physischen Existenzminimums zu konkretisieren ist, bleibt bisher jedenfalls offen.[2046] Eine Begrenzung auf die bloße Existenz im Untermaß würde jedenfalls zu kurz greifen.

Art. 2 Abs. 2 S. 1 GG verpflichtet den Staat, sich schützend vor Leben und körperliche Unversehrtheit zu stellen.[2047] Insoweit könnte sich aus diesem Schutzbereich ein originärer Anspruch auf ein bestimmtes Niveau an Gesundheitsleistungen wie auch ein eigenständiger leistungsrechtlicher Gehalt ergeben.[2048] Da es sich bei der objektiv-rechtlichen Pflicht um eine grundsätzlich unbestimmte Schutzpflicht handelt, ergibt sich zumindest kein konkreter Leistungsumfang.[2049] Dem Gesetzgeber kommt daher auch hier eine Einschätzungs-, Wertungs- und Gestaltungsfreiheit zu.[2050] Dabei muss der Gesetzgeber in Anbetracht der Rechtsprechung zur Sicherung des Existenzminimums lediglich ein „Auffangnetz" – bestehend aus einem Leistungsspektrum, welches dem Grundsockel der

---

2042 Vgl. BVerfG, Urteil v. 16.10.1977 – 1 BvQ 5/77 = NJW 1977, 2255; BVerfG, Beschluss v. 15.12.1997 - 1 BvR 1953/97 = NJW 1998, 1775; BVerfG, Beschluss v. 22.11.2002 – 1 BvR 1586/02 = NJW 2003, 1236; BVerfG, Beschluss v. 19.3.2004 – 1 BvR 131/04 = NJW 2004, 3100.

2043 Vgl. BVerfG, Beschluss v. 08.08.1978 – 2 BvL 8/77 = NJW 1979, 359 (361 ff.); vgl. BVerfG, Urteil v. 28.05.1993 – 2 BvF 2/90 = NJW 1993, 1751.

2044 BeckOK GG/*Lang* Art. 2 Rn. 255.

2045 BVerfG, Urteil v. 09.02.2010 – 1 BvL 1/09 = NJW 2010, 507 f.; vgl. *Wrase* NZS 2014, 569; vgl. *Wrase* GuP 2014, 60, m.w.N.; vgl. *Müller-Krah* GuP 2012, 132; vgl. zudem *Ebsen* NDV 1997, 76 f.; vgl. auch *Neumann* NZS 2006, 393 f., m.w.N., der gleichfalls auf Stimmen in der Literatur hinweist, die für das gesundheitliche Existenzminimum neben Art. 1 Abs. 1 GG auch Art. 2 Abs. 2 S. 1 GG heranziehen. Im Ergebnis decken sich jedoch beide Auffassungen, weshalb ein Entscheid hier unterbleiben kann.

2046 Vgl. BVerfG, Urteil v. 09.02.2010 – 1 BvL 1/09 = NJW 2010, 505; vgl. BSG, Urteil v. 22.04.2008 – B 1 KR 10/07 R = BeckRS 2008, 53996, allerdings nur vom „nackten Überleben" sprechend.

2047 BVerfG, Urteil v. 25.02.1975 – 1 BvF 1 – 6/74 = NJW 1975, 573.

2048 So die Überlegung bei *Schmidt-Aßmann* NJW 2004, 1691.

2049 Vgl. BVerfG, Beschluss v. 26.07.2016 – 1 BvL 8/15 = NJW 2017, 53 (55); vgl. *Müller-Krah* GuP 2012, 132.

2050 Siehe BVerfG, Beschluss v. 29.10.1987 – 2 BvR 624/83 u.a. = NJW 1988, 1651.

medizinischen Leistungsversorgung entspricht – für diejenigen bereitstellen, die der Fürsorge in der gesundheitlichen Vorsorge bedürftig sind.[2051] Die Sicherung des materiellen Existenzminimimus ist auf die Sicherstellung der Aufwendungen zur angemessen Absicherung für den Krankheits- und Pflegefall gerichtet.[2052] Für den Gesetzgeber besteht das Konzept der Sicherung von Gesundheitsbedarfen nach wie vor maßgeblich darin, die Gesundheitsversorgung im System der gesetzlichen Krankenversicherung sicherzustellen, obgleich dies für ihn nicht zwingend ist. Selbiges gilt auch mit Blick auf das SGB V selbst. Jedenfalls ist der Gesetzgeber insoweit konsequent, als dass sich der auf die Gesundheit bezogene sozialhilferechtliche Leistungsumfang gemäß § 52 Abs. 1 S. 1 SGB XII an dem der gesetzlichen Krankenversicherung orientiert.[2053]

In Anbetracht dessen erscheint es als nicht völlig abwegig, dass der derzeit gültige Leistungsumfang der gesetzlichen Krankenversicherung zumindest eine Abdeckung eines gesundheitlichen Existenzminimums darstellt.[2054] Auch das Bundessozialgericht stellt insofern fest, dass über die gesetzliche Krankenversicherung die notwendige Versorgung dem Grunde nach sichergestellt wird.[2055] Der verfassungsrechtliche Mindestversorgungsanspruch entspricht damit bei fortgeführter Konnexität im Wesentlichen der Vorstellung eines sozialhilferechtlich zu sichernden gesundheitlichen Existenzminimums.[2056] Die Bereitstellung dieses „medizinischen Normalstandards" an Gesundheitsleistungen zur gleichheits- und existenzwahrenden Partizipation an der Gesellschaft erfolgt für Bedürftige nach der Sozialhilfe über eine Einbindung in den Versichertenkreis der gesetzlichen Krankenversicherung entweder direkt nach § 5 Abs. 1 Nr. 2a SGB V oder im Zuge einer Gleichstellung als Statusversicherter über § 264 SGB V.[2057] Das bedeutet für die auf Sozialhilfe angewiesenen Versicherten, dass diese grundsätzlich die gleichen Rechte und Pflichten haben wie die übrigen in der gesetzlichen Krankenversicherung versicherten Personen. Die getroffenen leistungsrechtlichen Entscheidungen wirken sich damit wiederum auf die Sicherung über die Sozialhilfe aus. Denn die Übertragung des Versorgungsanspruchs bezieht sich nicht nur auf den Leistungsanspruch per se, sondern gleichfalls auf die Erbringung von Zuzahlungen und Eigenbeteiligungen.[2058]

---

[2051] Vgl. *Neumann* NZS 1998, 410; vgl. *Neumann* NZS 2006, 394.

[2052] BVerfG, Urteil v. 13.02.2008 – 2 BvL 1/06 = NJW 2008, 1868.

[2053] Die Leistungsberechtigten erhalten ihre Krankenversorgung, entsprechend dem Maß der medizinischen Krankenversorgung der Mitglieder der gesetzlichen Krankenversicherung. Sind die jeweiligen Anspruchsvoraussetzungen gegeben, so besteht ein Anspruch auf die Leistung, vgl. dazu BeckOK SozR/*Siebel-Huffmann* SGB XII § 52 Rn. 1; vgl. auch Grube/Wahrendorf/Flint/*Hamdorf* SGB XII § 52 Rn. 1, insoweit von „tradiert" sprechend.

[2054] Vgl. *Müller-Krah* GuP 2012, 133, im Umkehrschluss zur davon abweichenden gesundheitlichen Leistungsversorgung für Asylbewerber nach dem AsylbLG.

[2055] Dazu BSG, Urteil v. 12.12.2013 – B 4 AS 6/13 = NZS 2014, 306 (307 f.).

[2056] Vgl. *Wrase* GuP 2014, 60; vgl. *Müller-Krah* GuP 2012, 132.

[2057] *Müller-Krah* GuP 2012, 132; vgl. auch *Bockholdt* NZS 2016, 881.

[2058] Vgl. dazu *Wilksch*, Recht auf Krankenbehandlung und Recht auf ein menschenwürdiges Existenzminimum, S. 164 f.

Allerdings hat der Gesetzgeber das Recht zur Wahl desjenigen Mittels, mit welchem er seinem Schutzauftrag nachkommen möchte. Die Verfassung erzwingt weder die Existenz, noch den Erhalt der gesetzlichen Krankenversicherung. Abseits des krankenversicherungsrechtlichen Leistungsversprechens de lege lata kann der Gesetzgeber die medizinische Vorsorgeleistungen in die Privatautonomie als Ausdruck des Vorrangs der Selbsthilfe verweisen oder in dieser belassen. Entscheidet er sich gegen die Aufrechterhaltung des Status quo, so wäre die Gesundheitssicherung Aufgabe des Existenzsicherungsrechts.[2059]

Es lässt sich aber erkennen, dass der Gesetzgeber gewillt ist, Leistungsbegrenzungen zumindest an einem erforderlichen Maß an medizinisch zwingend notwendigen Ausnahmefällen enden zu lassen.[2060] Ein umfassendes allgemeines Forderungsrecht im Sinne eines verfassungsunmittelbaren Anspruchs auf Erhalt und Wiederherstellung der Gesundheit ist damit indes nicht gemeint. Dies entspricht der insgesamt restriktiven Linie bei der Ableitung von originären Leistungsansprüchen aus den Grundrechten, die lediglich in Hinblick auf die sogenannte Nikolausrechtsprechung eine Durchbrechung in begrenztem Umfang erfahren hat.[2061] Begrenzt insoweit, als dass im Bereich der lebenserhaltenden Maßnahmen dem Einsatz einer aufwändigen Behandlung zumindest nicht deren Kosten entgegengehalten werden können.[2062]

Ausgehend von der Fragestellung, mit der sich das Bundesverfassungsgericht in der erwähnten Nikolausrechtsprechung befasst hat, kann für die zwingend zu gewährenden Leistungen auch das Argument der „Versorgungslücke“ oder des „Systemversagens“ herangezogen werden.[2063] Ohne das Vorliegen einer notstandsähnlichen Lage würde durch einen verfassungsunmittelbaren Anspruch die gesetzgeberische Gestaltungsfreiheit bezüglich des Leistungsrechts der gesetzlichen Krankenversicherung ausgehöhlt.[2064] Denn schließlich besteht die staatliche Schutzpflicht bezüglich des Lebens und der Gesundheit nicht absolut.

### cc. Rückgriff auf den Leistungsumfang der Notversorgung

Aus der soeben gezeichneten fehlenden Absolutheit der staatlichen Schutzpflicht, ergibt sich ein Erwägungsspielraum des Gesetzgebers. So ist eine Beschränkung des Leistungsanspruchs grundsätzlich über die Solidarität und den Aspekt der sozialen Gerechtigkeit, als wesentliche Strukturmerkmale der gesetzlichen

---

2059 Vgl. *Welti* GesR 2015, 2; siehe auch bei *Wilksch*, Recht auf Krankenbehandlung und Recht auf ein menschenwürdiges Existenzminimum, S. 327.

2060 Siehe dazu die Ausführungen bei *Wrase* NZS 2014, 570 f.

2061 Vgl. zur „restriktiven Linie“ vor dem Nikolausbeschluss *Schmidt-Aßmann* NJW 2004, 1691; siehe zur „restriktiven Linie“ in der Folgerechtsprechung bei *Bockholdt* NZS 2017, 574 ff.

2062 Vgl. *Steiner* NZS 2022, 691.

2063 Vgl. BVerfG, Beschluss v. 06.12.2005 – 1 BvR 347/98 = MedR 2006, 167; siehe bei *Bockholdt* NZS 2016, 881 ff., der der Frage nachgeht, ob Versorgungslücken in der Versorgung der Sozialhilfeempfänger in der gesetzlichen Krankenversicherung bestehen, die einer zusätzlichen Deckung der Bedarfe durch Leistungen des SGB II zur Sicherstellung des verfassungsrechtlich gewährleisteten Existenzminimums bedürfen.

2064 Vgl. BVerfG, Beschluss v. 11.04.2017 – 1 BvR 452/17 = NZS 2017, 582.

Krankenversicherung, begründbar.[2065] Das bedeutet, dass eine Reduzierung von Leistungen aus Gründen des Gemeinwohls zulässig ist.[2066] Dazu zählt zuvorderst erneut die Erhaltung der finanziellen Stabilität und Funktionsfähigkeit, welche als sachlicher Grund und legitimes Ziel zur Rechtfertigung von Leistungskürzungen dient und anders als im Falle von lebenserhaltenden Maßnahmen im Einzelfall hier auch als begrenzende Erwägung herangezogen werden kann.[2067] Dies wird so auch wiederholt in der Rechtsprechung des Bundesverfassungsgerichts bestätigt.[2068] Gleiches gilt damit für das Sozialstaatsprinzip, aus welchem dieser Grundsatz abgeleitet wird.[2069] Der Staat ist, im Einklang mit der Rechtsprechung des Bundesverfassungsgerichts, nur insoweit zur Gewährleistung von Leistungen und damit zum Schutz der Rechtsgüter des Einzelnen verpflichtet, wie dieser nicht mehr in der Lage ist, sich aus eigener Kraft zu helfen, er also mit der Bewältigung überfordert ist.

Daran anknüpfend könnte hier eine Betrachtung des eingeschränkten Leistungsumfangs im Falle des Ruhens des Anspruchs aufgrund von Beitragsrückständen in der gesetzlichen Krankenversicherung nach § 16 Abs. 3a SGB V zu einer weitergehenden Konkretisierung eines gesundheitlichen Mindestleistungsniveaus beitragen. Immerhin kann unter Bezugnahme auf die Rechtsprechung des Bundesverfassungsgerichts festgestellt werden, dass in Anbetracht des Anspruchs auf ein menschenwürdiges Existenzminimum ein gesundheitliches Existenzminimum umfasst, letzteres lediglich einen Schutzumfang fordert, wie ihn die Vorschriften zur Notversorgung in § 16 Abs. 3a S. 1, 2 SGB V oder § 4 AsylbLG gewähren.[2070]

Für die Frage, inwieweit Anhaltspunkte zur Bestimmung eines krankenversicherungsrechtlichen Leistungsminimums ausgemacht werden können, liefert die Regelung des § 16 Abs. 3a S. 2 SGB V zwar Indizien. Wirklich stichhaltig sind sie in der Analyse hingegen nicht. Zum einen wirkt § 16 Abs. 3a S. 2 SGB V nur über einen begrenzten Zeitraum. Sobald der Verzug endet, die Beitragsschulden also getilgt sind oder der Versicherte im Sinne des SGB II beziehungsweise SGB XII hilfebedürftig wird oder ist, endet das Ruhen des Anspruchs. Der nach Maßgabe des § 16 Abs. 3a S. 2 SGB V reduzierte Anspruchsumfang ist daher nicht als generell zulässiges Versorgungsniveau aufzufassen. Vielmehr steht die Zulässigkeit unter einem zeitlichen Vorbehalt und auch dies nur, sofern kein Härtefall vorliegt. Dann nämlich ist die Krankenkasse in der Pflicht, der Versorgung im Rahmen des verfassungsrechtlich garantierten menschenwürdigen Existenzminimums zu entsprechen.

---

2065 Vgl. *Prehn* NZS 2010, 266.
2066 Vgl. *Kirchhof* NZS 2015, 2.
2067 Vgl. *Kirchhof* NZS 2015, 2; vgl. *Steiner* NZS 2022, 691 f.
2068 Vgl. etwa BVerfG, Beschluss v. 20.03.2001 – 1 BvR 491/96 = NJW 2001, 1779 (1780).
2069 Vgl. dazu *Jaeger* NZS 2003, 227.
2070 Vgl. BVerfG, Urteil v. 05.11.2019 – 1 BvL 07/16 = NJW 2019, 3703 (3714); siehe insbesondere die Erläuterung bei *Frerichs* in: jurisPK-SGB XII, 3. Aufl. 2020, § 4 AsylbLG Rn. 29.

Ferner ist die Zulässigkeit des nach § 16 Abs. 3a S. 2 SGB V reduzierten Leistungsumfangs noch aus einem anderen Grund kritisch zu betrachten. Aufgrund seiner Anlehnung an den §§ 4, 6 AsylbLG ist mit Blick auf diese der Einwand zu erheben, dass der dort gewährte Leistungsumfang in Anbetracht der Rechtsprechung zum Existenzminimum nicht nur kritisiert, sondern mitunter als verfassungswidrig eingestuft wird.[2071] Zwar stehen weder Art. 1 Abs. 1 noch Art. 2 Abs. 2 S. 1 GG einer entsprechenden Kürzung grundsätzlich entgegen. Gleichwohl muss sich der Gesetzgeber im Rahmen der sanktionsbedingten Differenzierung im Leistungsumfang gewissen Anforderungen bei der Ausgestaltung der Anspruchseinschränkungen stellen.[2072] Widerläuft seine Umsetzung ebendiesen, bedarf es aus verfassungsrechtlicher Sicht jedenfalls einer Korrektur des gewährten Anspruchsumfangs. Ob also das nach § 16 Abs. 3a S. 2 SGB V gekürzte Leistungsniveau nicht sogar eine Unterschreitung des verfassungsrechtlich Zulässigen darstellt, ist von dieser Perspektive aus betrachtet zumindest denkbar. Jedenfalls liegt die maßgebliche Rechtfertigung in der zeitlichen Begrenzung.

Ein weiterer Kritikpunkt lässt sich mit Blick auf die trotz des Ruhens gewährten Leistungen in der Divergenz zwischen den in der gesetzlichen Krankenversicherung Versicherten und den nach dem KSVG gesetzlich Krankenversicherten ausmachen.[2073] Für Letztere werden nach § 16 Abs. 3a S. 1 SGB V überhaupt keine Leistungen für die Zeitspanne des Beitragsrückstandes vom Ruhen ausgenommen, sodass sich die Anspruchsreduzierung als umfassend darstellt.

### dd. Zwischenergebnis bezüglich Art. 2 GG

Die Festmachung eines medizinischen Existenzminimums ist insbesondere dann von Bedeutung, wenn Leistungen aus der Versorgung gestrichen oder einzelnen Personen versagt werden. Andernfalls läge, gerade auch weil ein Zusammenhang zwischen dem Leistungsniveau der Krankenversicherung und der Leistungsgewährung in der Sozialhilfe besteht, die Annahme der Verfassungswidrigkeit nahe. Spätestens dann, wenn die Kürzungen Leistungen betreffen, die zum medizinischen Existenzminimum gehören, würde sich diese Annahme bestätigen. Dass dabei die konkrete Bestimmung des notwendigen Umfangs kein Selbstläufer ist, ergibt sich bereits aus dem Umstand, dass § 48 S. 1 SGB XII für den Sozialhilfeberechtigten auf die Leistungsnormen des SGB V verweist, ohne selbst ein medizinisches Existenzminimum zu umreißen.[2074] Es ergeben sich

---

[2071] Vgl. zu der Fragestellung etwa *Frerichs* ZFlucht 2021, 51 ff.; siehe insgesamt zum Leistungsniveau nach dem AsylbLG auch die Darstellung bei *Schäfer* GesR 2019, S. 684 ff.; siehe auch den Hinweis bei *Felix* SGb 2019, 714; den Leistungsumfang sowohl für völker-, europa- und verfassungsrechtswidrig bewertend *Dinter* NZS 2021, 286 ff.; vgl. zudem *Wilksch*, Recht auf Krankenbehandlung und Recht auf ein menschenwürdiges Existenzminimum, S. 221 ff.

[2072] Siehe Beispielsweise die Ausführungen zur Rechtsprechung des Bundesverfassungsgerichts und den von diesem geforderten Rationalitätsanforderungen mit Blick auf die durch das AsylbLG erfolgende Differenzierung bei *Frerichs* ZFlucht 2021, 60 f.

[2073] Kritisch *Heinz* in: jurisPK-SGB V, 4. Aufl. 2020, § 16 SGB V Rn. 58; unter Bezug auf die unterschiedlichen Versichertengruppen rechtfertigend Hauck/Noftz/*Noftz* SGB V § 16 Rn. 60d.

[2074] *Neumann* NZS 2006, 394.

Folgefragen, die etwa die Situation betreffen, in der ein zuvor Leistungsberechtigter nicht mehr in der Lage ist, die nun exkludierte Leistung aus eigenen Mittel zu bewirken. Werden Leistungen der gesetzlichen Krankenversicherung im Sinne des § 2 Abs. 1 S. 1 und S. 2 SGB V in die finanzielle Eigenverantwortung der Versicherten überantwortet, entstehen Probleme in grundsicherungsrechtlicher Hinsicht. Denn werden Leistungen in der gesetzlichen Krankenversicherung ausgeschlossen oder begrenzt, so hat die Sozialhilfe dem grundsätzlich zu folgen.[2075]

Allerdings erfolgt eine Leistungsreduktion in der gesetzlichen Krankenversicherung zumeist ohne Rücksicht auf die individuelle finanzielle Situation, da sie von dieser zwangsläufig abstrahiert regulativ eingreift.[2076] Im Einzelfall kann sich eine unter Beachtung der durchschnittlichen Verbraucheraufwendungen als zumutbare Eigenleistung zu bewertende Leistung – erinnert sei an den Ausschluss von Sehhilfen – als sehr belastend darstellen. Durch die Einbeziehung der Leistungsberechtigten nach der Sozialhilfe in die gesetzliche Krankenversicherung stellt sich daher die Frage, inwieweit das Existenzminimum ergänzend über die Sozialhilfe zu decken ist. Nach der Rechtsprechung ist es Aufgabe der Bestimmungen des SGB II und SGB XII, „die Gewährleistung des verfassungsrechtlich garantierten Existenzminimums zu sichern, soweit es – wie dargelegt verfassungskonform – nicht durch den Leistungskatalog der GKV abgedeckt ist".[2077] Es können daher Mehrbedarfsleistungen entstehen, wenn medizinisch notwendige Behandlungen aus dem Leistungskatalog der gesetzlichen Krankenversicherung ausgeschlossen werden.[2078] Der Gesetzgeber ist insofern zumindest bereit – und unter Umständen muss er dies sogar auch sein –, im Rahmen der nicht durch die gesetzliche Krankenversicherung in irgendeiner Weise abgedeckten Versorgung Mehrbedarfe in begrenztem Umfang anzuerkennen. Das Übrige ist nach Maßgabe des SGB V jedenfalls aus dem Regelsatz selbst zu bestreiten. Eine tatsächliche Versorgungslücke gilt es dann zur Sicherung des Existenzminimums über das SGB II und SGB XII zu schließen.

Festzuhalten bleibt, dass es sich bei der gesetzlichen Krankenversicherung nach wie vor um keine Vollversicherung handelt und sie gerade nicht der Existenzsicherung dient.[2079] Dies ist auch der Grund dafür, warum wiederholt auf das SGB II zur existenzsichernden Schließung von Versorgungslücken

---

[2075] Vgl. *Francke* GesR 2003, 100.

[2076] Vgl. *Bockholdt* NZS 2016, 882; kritisch daher die Untersuchung bei *Wilksch*, Recht auf Krankenbehandlung und Recht auf ein menschenwürdiges Existenzminimum, S. 295 ff., der mit Blick auf die in die Eigenverantwortung gelegten Leistungen in der gesetzlichen Krankenversicherung die Verfassungsgemäßheit der Sicherstellung im Existenzsicherungsrecht hinterfragt.

[2077] BSG, Urteil v. 06.03.2012 - B 1 KR 24/10 R = NZS 2012, 662.

[2078] *Bockholdt* NZS 2016, 883; zur Fragestellung von Mehrbedarfen im Verhältnis der Versorgung nach dem SGB V und den SGB II und XII siehe auch *Wilksch*, Recht auf Krankenbehandlung und Recht auf ein menschenwürdiges Existenzminimum, S. 173 ff.

[2079] Mit Nachdruck darauf hinweisend *Felix/Frerichs* MedR 2020, 886; vgl. *Ebsen* NDV 1997, 76; vgl. zudem den Hinweis bei Hauck/Noftz/*Gerlach* SGB V § 5 Rn. 61; grundlegend BVerfG, Beschluss v. 09.04.1975 – 2 BvR 879/73 = BeckRS 1975, 105598.

zurückgegriffen wird.[2080] Die Frage nach dem Existenzminimum stellt sich im Ergebnis also nicht als eine solche des SGB V, sondern als eine solche der Sozialhilfe.[2081] Es bietet sich daher an, um eine Konfusion der Begriffe zu vermeiden und das materielle Existenzminimum der Existenzsicherung von einem leistungsrechtlichen, medizinischen Minimalleistungsumfang der gesetzlichen Krankenversicherung abzugrenzen, für Letzteren den Begriff des krankenversicherungsrechtlichen Kernleistungsbereichs zu verwenden.[2082]

Dabei liegt es in der Natur der Sache, dass sich die Begriffe inhaltlich punktuell überschneiden, soweit die Absicherung im Krankheitsfall in der gesetzlichen Krankenversicherung zu Gunsten von Sozialleistungsberechtigten erfolgt. Für diesen Kernleistungsbereich hat das Bundesverfassungsgericht lediglich festgestellt, dass sich aus der staatlichen Schutzpflicht nur ableiten lässt, dass Vorkehrungen zum Schutz des Grundrechts aus Art. 2 Abs. 2 S. 1 GG in Verbindung mit dem Sozialstaatsprinzip zu treffen sind, „die nicht völlig ungeeignet und völlig unzulänglich sind“.[2083] Selbst unter Berücksichtigung der durch den Gesetzgeber erfolgten Normierung des Nikolausbeschlusses in § 2 Abs. 1a SGB V, die sogar durch den Zusatz der „wertungsmäßig vergleichbaren Erkrankung“ über den vom Bundesverfassungsgericht abgeleiteten Anspruch hinausgeht,[2084] kann aber umgekehrt keine Erweiterung des vom Bundesverfassungsgericht angelegten Maßstabes des Leistungsspektrums erfolgen.[2085] Explizit wurde in der Gesetzesbegründung klargestellt, dass der Gesetzgeber keine neue Leistung einführen, sondern lediglich die geltenden Anspruchsvoraussetzungen gemäß grundrechtskonformer Auslegung des Leistungsrechts ins Gesetz übernehmen wollte.[2086] Schließlich hat auch das Bundesverfassungsgericht nach zuvor tendenziell weiter Auslegung des Anspruchs in seiner Rechtsprechung, in seiner Folgerechtsprechung fortan eine restriktivere Linie verfolgt.[2087] Die beitragsfinanzierte Krankenversicherung unterliegt daher insgesamt anderen Vorgaben und Prinzipien als die Existenzsicherung.[2088]

---

[2080] Siehe *Felix/Frerichs* MedR 2020, 886.

[2081] So auch *Ebsen* NDV 1997, 76; vgl. zudem *Wilksch*, Recht auf Krankenbehandlung und Recht auf ein menschenwürdiges Existenzminimum, S. 163.

[2082] Unter Beachtung dieser begrifflichen Einteilung ist daher die Darstellung bei *Grühn*, Gesundheitsbezogene Handlungspflichten der Versicherten in der Sozialversicherung als Dimensionen von Eigenverantwortung und Solidarität, S. 148 ff., als unpräzise zu bewerten, da dort eine Konfusion von gesundheitlichem und materiellem Existenzminimum sowie des Kernleistungsbereichs in der gesetzlichen Krankenversicherung erfolgt.

[2083] BVerfG, Beschluss v. 05.03.1997 – 1 BvR 1071/95 = NJW 1997, 3085.

[2084] Siehe dazu oben unter B. II. 1. b. cc. ccc.

[2085] Vgl. BVerfG, Beschluss v. 10.11.2015 – 1 BvR 2056/12 = NJW 2016, 1505.

[2086] Vgl. BT-Drucks. 17/6906, S. 52.

[2087] Vgl. *Bockholdt* NZS 2017, 574 f.

[2088] *Felix/Frerichs* MedR 2020, 886; mit diesem Argument verweist *Wilksch* letztlich auch auf das Ergebnis, dass weder das Fürsorgerecht, noch die Art und Weise, wie das Versorgungsniveau in der gesetzlichen Krankenversicherung bestimmt wird, dazu handhabbar gemacht werden können, in verfassungskonformer Weise eine Konkretisierung der gesundheitlichen Dimension des

Der Schutz, der über ein krankenversicherungsrechtlichen Kernleistungsbereich als Minimalstandard hinsichtlich des Leistungsspektrums zur Verfügung steht, erweist sich aus Sicht der Versicherten aufgrund der Gestaltungsfreiheit letztlich als unzureichend. Stark verkürzt bietet das auf die Gesundheit gerichtete Existenzminimum lediglich Schutz in Form einer Aufforderung an den Gesetzgeber, die Sozialstaatsziele und die Verfassungsgrundsätze zu wahren. Dies bündelt sich schließlich aufgrund fehlender formeller und materieller Tragweite des Schutzgehaltes im Rahmen der Abwägung der Verhältnismäßigkeit. Mit Blick auf das Sozialstaatsprinzip in Verbindung mit Art. 2 Abs. 2 S. 1 GG, kann, wenn eine medizinisch anerkannte Methode die nicht vom Leistungskatalog umfasst ist, jedoch notwendig im krankenversicherungsrechtlichen Sinn – das heißt ihrer Indikation nach unvermeidlich, zwangsläufig und unentbehrlich – erscheint, diese auftretende Versorgungslücke durch die Rechtsprechung geschlossen werden.[2089]

Hinweis auf einen in diesem Sinne unzureichenden Schutz gegen Leistungsausschlüsse könnte der prozentuale oder totale Anteil einer Leistung an den Gesamtausgaben der gesetzlichen Krankenversicherung sein.[2090] Je größer dieser ausfällt, desto wahrscheinlicher ist auch die Notwendigkeit des Bedarfs nach ebendieser Leistung. Aufgrund der Gestaltungsfreiheit folgt allein daraus aber noch keine Garantie der dauerhaften Leistungsgewähr durch das Solidarsystem. Der konkrete Einzelfall – sowohl mit Blick auf die Leistung, als auch mit Blick auf ihren Ausschluss – ist es also, anhand dessen eine Unterschreitung des sozialhilferechtlichen Existenzminimums gemessen wird.[2091] Die Bewertung erfolgt demnach insbesondere auch indikations- und methodenbezogen.

Im Übrigen muss eine Leistungskürzung den Anforderungen von individueller Zumutbarkeit und Verhältnismäßigkeit entsprechen.[2092] Dabei gilt insbesondere für das eine Einschränkung rechtfertigende Argument des Gemeinwohlbelanges, dass dieses unter den Aspekten von Zumutbarkeit und Verhältnismäßigkeit vielmehr als brückenbauender Anknüpfungspunkt für das jeweilige Kürzungsvorhaben dient, sodass mit großer Wahrscheinlichkeit diejenige Leistung gekürzt werden kann, die zuvor kausal für eine nachteilige Beeinflussung des

---

Verfassungsrechts auf Existenz herbeizuführen, *Wilksch*, Recht auf Krankenbehandlung und Recht auf ein menschenwürdiges Existenzminimum, S. 200 ff.

2089 Vgl. BVerfG, Beschluss v. 06.12.2005 – 1 BvR 347/98 = MedR 2006, 167; siehe zur krankenversicherungsrechtlichen Notwendigkeit zudem BSG, Urteil v. 26.10.1982 – 3 RK 28/82 = BeckRS 1982, 30709354; so wurde beispielsweise die Versorgung mit getrockneten Cannabisblüten zur Schmerztherapie aufgrund vorhandener allgemein anerkannter und dem medizinischen Standard entsprechende Leistung bereits vorliege, vgl. dazu LSG Hamburg, Urteil v. 31.08.2022 – L 1 KR 18/22 = BeckRS 2022, 23239, Rn. 30 f.

2090 Vgl. dazu *Sodan* NZS 2003, 394, bezogen auf die Ausgliederung von Leistungen zum Zahnersatz.

2091 Vgl. dazu die Begründungen in BSG, Urteil v. 16.09.1997 – 1 RK 28/95 = NJW 1999, 1805; BSG, Urteil v. 16.09.1997 – 1 RK 32/95 = BeckRS 1997, 30000881; BSG, Urteil v. 16.09.1997 – 1 RK 14/96 = BeckRS 1997, 30000849; BSG, Urteil v. 16.09.1997 – 1 RK 17/95 = MedR 1998, 230.

2092 Weshalb es sich als reine Abwägungsfrage in Konkurrenz zu gegenläufigen Prinzipien darstellt, vgl. *Ebsen* NDV 1997, 77; ähnliches Ergebnis auch bei *Schulin* VSSR 1997, 56.

Gemeinwohlbelangs war.[2093] Dies ist insbesondere in finanzieller Hinsicht aber auch in Fragen von zu sanktionierendem Versichertenverhalten der Fall.

Zwar kann das Existenzminimum in Fällen des Verweises einer Leistung in die Zuständigkeit der Versicherten durchaus begrenzend wirken. Dennoch besteht praktisch kein Schutz für den Ausschluss von Leistungen, die nicht den Geboten von Notwendigkeit, Wirksamkeit, Wirtschaftlichkeit und Zweckmäßigkeit entsprechen.[2094] So kann davon ausgegangen werden, dass für den Gesetzgeber bei Ausschluss von Leistungen betreffend leicht zu behandelnde und wenig intensiven Erkrankungen ein weitergefasster Gestaltungsspielraum besteht, als es bei Erkrankungen der Fall ist, die die physische und soziale Existenz bedrohen.[2095] Soweit der Eingriff in den Leistungsumfang den geebneten Korridor der Gestaltungsfreiheit verlässt.

### b. Eigentumsschutz von sozialversicherungsrechtlichen Positionen

Darüber hinaus könnte eine weitere Einschränkung für den Ausschluss bestimmter Leistungen in der Eigentumsgarantie des Art. 14 GG ausgemacht werden. Rechtlich bedeutsam wird diese Frage im Falle von Absichten des Gesetzgebers, Ansprüche und Anwartschaftsrechte der Versicherten auf Versicherungsleistungen der gesetzlichen Krankenversicherung im Zuge von Einsparmaßnahmen zu kürzen oder vollständig zu entziehen.[2096] Haben die beitragsverpflichteten Leistungsberechtigten durch die von ihnen entrichteten Beiträge Ansprüche auf die Leistungen der gesetzlichen Krankenversicherung erworben, so könnten diese entsprechend der Rechtsprechung zum Rentenversicherungsbeitrag nunmehr der Eigentumsgarantie unterfallen.[2097] Zunächst gewährleistet Art. 14 Abs. 1 GG das Recht, Eigentum zu besitzen, es zu nutzen, zu verwalten und darüber zu verfügen.[2098] Dadurch soll zum einen ein Freiheitsraum im vermögensrechtlichen Bereich gesichert und zum anderen dem Grundrechtsträger eine

---

[2093] Vgl. *Kirchhof* NZS 2015, 2, unter Bezugnahme auf BVerfG, Beschluss v. 11.01.2011 – 1 BvR 3588/08, 1 BvR 555/09 = NZS 2011, 740.

[2094] Siehe dazu das Ergebnis bei *Bockholdt* NZS 2016, 888; vgl. *Isensee* ZVersWiss 2004, 663 f.; vgl. *Ebsen* NDV 1997, 77.

[2095] So schlussfolgernd *Wrase* GuP 2014, 61.

[2096] *Pieper* bezieht diesen Umstand auf die Ausgestaltung des Leistungsanspruchs durch die Richtlinienkompetenz des Gemeinsamen Bundesausschusses, vgl. *Pieper* VSSR 1990, 129.

[2097] Vgl. BVerfG, Beschluss v. 18.11.1986 – 1 BvL 29/83 u.a. = NJW 1987, 2001; siehe insgesamt die Herleitung basierend auf den Entscheidungen des Bundesverfassungsgerichts zu den rentenversicherungsrechtlichen Positionen auf Leistungen von Beiträgen oder Zuschüssen zur Krankenversicherung der Rentner bei Dürig/Herzog/Scholz/*Papier/Shirvani* GG Art. 14 Rn. 246 bis 272; vgl. auch *Muckel/Ogorek/Rixen*, Sozialrecht, § 6 Rn. 12 f.; siehe zur Begründung des sozialrechtlichen Eigentumsbegriffs bei *Neumann* NZS 1998, 401 ff.; vgl. *Michalski* VersR 1996, 267f; vgl. *Schnapp* VSSR 1995, 109; vgl. auch *Mihm* NZS 1995, 8; vgl. *Pieper* VSSR 1990, 129; siehe auch die Abhandlung von *Krause*, Eigentum an subjektiven öffentlichen Rechten, 1982; sich gegen eine Übertragung der Rechtsprechung zur Rentenversicherung aussprechend *Hänlein* SGb 2003, 304; vgl. auch *Hänlein* in LPK-SGB V, § 3 Rn. 5.

[2098] BVerfG, Beschluss v. 05.02.2002 – 2 BvR 305/93 = NJW 2002, 3009.

eigenverantwortliche Gestaltung des Lebens ermöglicht werden.[2099] Eine „allgemeine Wertgarantie vermögenswerter Rechtspositionen" kann daraus indes nicht abgeleitet werden.[2100] Art. 14 Abs. 1 GG erfasst nur solche Rechtspositionen, die dem jeweiligen Rechtssubjekt bereits zustehen.[2101]

Demnach kommt es bei der Frage, ob ein Eigentumsschutz von sozialversicherungsrechtlichen Positionen besteht, darauf an, ob diese dem Grundrechtsträger eine Rechtsposition verschaffen, die dem des Eigentümers entspricht.[2102] Insoweit fordert das Bundesverfassungsgerichts bezüglich vermögenswerten subjektiv-öffentlichen Rechten, dass diese „dem Rechtsträger als privatnützig zugeordnet sind", auf „nicht unerheblichen Eigenleistungen" des Versicherten an den Versicherungsträger beruhen und der „Sicherung seiner Existenz" dienen.[2103] Zwar ergingen die zitierten Entscheidungen des Bundesverfassungsgerichts wie bereits erwähnt mit Blick auf Fragestellungen rund um die gesetzliche Rentenversicherung. Allerdings könnten die dort geschaffenen Grundsätze – auch weil das Bundesverfassungsgericht nicht von einer Exklusivität ebendieser für die gesetzliche Rentenversicherung gesprochen hat – auf die Rechtspositionen der Versicherten in der gesetzlichen Krankenversicherung übertragen werden. Zumindest drängt sich dies gerade mit Blick auf das sich durch seinen Entgelt ersetzenden Charakter auszeichnende Krankengeld auf, welches aus diesem Grund zusätzlich durch seine existenzsichernde Dimension geprägt ist.

Für eine Übertragbarkeit spricht zunächst, dass es „in der Sozialversicherung spartenübergreifende gemeinsame Komponenten [gibt], die eine gemeinsame Betrachtung zulassen. Verfassungsrechtlich lassen sich Argumente aus allen Systemen wechselseitig fruchtbar machen".[2104] Beispielsweise hängen die Leistungen im Krankheitsfall ebenso wie in der Alterssicherung nicht vom Ermessen des Leistungsträgers ab, dienen dem Interesse des Versicherten, werden durch Beiträge des Mitglieds finanziert und verfolgen häufig, wenn auch nicht immer, das Ziel der Existenzsicherung des Versicherten.[2105] Damit wird aber auch ersichtlich, dass Ansprüche der durch das Mitglied mitversicherten Angehörigen nicht unter den Schutzbereich des Art. 14 Abs. 1 GG fallen können, da diese durch ihre Beitragsfreiheit gerade keine Eigenleistung erbringen.[2106]

---

[2099] BVerfG, Beschluss v. 26.06.2002 – 1 BvR 558/91 = NJW 2002, 2621.
[2100] BVerfG, Beschluss v. 05.02.2002 – 2 BvR 305/93 = NJW 2002, 3009.
[2101] BVerfG, Beschluss v. 26.06.2002 – 1 BvR 558/91 = NJW 2002, 2621.
[2102] Vgl. BeckOK/Axer GG Art. 14 Rn. 56.
[2103] BVerfG, Urteil v. 16.07.1995 – 1 BvL 05/80 = NJW 1986, 39; siehe auch *Jarass*/Pieroth, Grundgesetz für die Bundesrepublik Deutschland, Art. 14 Rn. 10 f.
[2104] *Jaeger* NZS 2003, 226.
[2105] Siehe die Darstellung bei *Sodan* NZS 2003, 394 f., der diese im Rahmen der Einordnung einer Ausgliederung der Leistungen zum Zahnersatz unternimmt; vgl. auch *Krause*, Eigentum an subjektiven öffentlichen Rechten, S. 189 ff.; sich gegen eine Übertragung auf die Krankenversicherung aufgrund des Fehlens einer „Anwartschaft" aussprechend *Voelzke*, Die Herbeiführung des Versicherungsfalls im Sozialversicherungsrecht, S. 251.
[2106] So das Ergebnis bei *Sodan* NZS 2003, 395.

Die Frage, ob die beschriebenen Entscheidungsgrundsätze auch auf die gesetzliche Krankenversicherung übertragen werden können, sodass die dort gewährten Leistungsansprüche Eigentumsschutz genießen, wurde von Seiten der Rechtsprechung bisher unbeantwortet gelassen. Das Bundesverfassungsgericht hat Eingriffe in sozialrechtliche Positionen regelmäßig als Inhalts- und Schrankenbestimmungen und nicht als Enteignungen im Sinne des Art. 14 GG qualifiziert.[2107] Überträgt man diese Einordnung, so ergibt sich, dass jeder Eingriff in eine sozialrechtliche Position durch Gründe des öffentlichen Interesses legitimiert sein sowie den Anforderungen des Art. 3 Abs. 1 GG genügen und den Grundsatz der Verhältnismäßigkeit beachten muss.[2108] Der Schutzumfang geht damit weit über einen Rückgriff auf den rechtsstaatlichen Vertrauensgrundsatz hinaus.[2109]

Bezüglich sozialrechtlicher Positionen steht dem Gesetzgeber mit Blick auf Inhalts- und Schrankenbestimmungen zwar ein weiter Gestaltungsspielraum zu;[2110] das Bundesverfassungsgericht hat zusätzlich aber eine besondere Rechtfertigungsanforderung in Form eines abgestuften Eigentumsschutzes entwickelt.[2111] Nach Rechtsprechung des Bundesverfassungsgerichts ist daher nicht die Frage danach, ob eine Sozialleistung zum überwiegenden Teil auf der Vorleistung des Versicherten oder zum überwiegenden Teil auf staatlicher Fürsorgeleistung beruht[2112], ausschlaggebend dafür, ob eine sozialrechtliche Position vom Eigentumsschutz des Art. 14 GG umfasst ist, sondern wird jede sozialrechtliche Position dem Grunde nach erfasst, wobei der Grad der Eigenleistung bei der Frage der Rechtfertigungsanforderung an die Inhalts- und Schrankenbestimmung entscheidend berücksichtigt wird.[2113] So ergibt sich ein besonders starker Eigentumsschutz bei auf Eigenleistung beruhenden sozialversicherungsrechtlichen Positionen, die allenfalls aufgrund des besonderen Rechtfertigungsgrundes, die Funktions- und Leistungsfähigkeit des Systems zu erhalten, zu verbessern oder wesentlich veränderten wirtschaftlichen Verhältnissen anzupassen, gerechtfertigt sind.[2114] Dies steht insoweit auch im Einklang mit Art. 14 Abs. 2 GG, wonach nur solche Zwecke verfolgt werden dürfen, die der Sozialbindung des Eigentums zugedacht sind. Das Allgemeinwohl ist demnach Grund und Grenze zugleich.[2115]

---

2107 Siehe dazu grundlegend BVerfG, Urteil v. 28.02.1980 – 1 BvL 17/77 = NJW 1980, 692 (693); vgl. weiterhin *Preis/Kellermann* SGb 1999, 338; vgl. *Neumann* NZS 1998, 403.

2108 *Preis/Kellermann* SGb 1999, 339; vgl. ausführlich zum Verhältnismäßigkeitsgrundsatz im Kontext von sozialrechtlichen Positionen *Neumann* NZS 1998, 404 ff.

2109 Vgl. BVerfG, Beschluss v. 15.07.1987 – 1 BvL 11/86 = BeckRS 1987, 111211; siehe zum Schutz vor Eingriffen in sozialrechtliche Positionen vor Qualifizierung als vom Schutzbereich des Art. 14 GG umfasst bei *Preis/Kellermann* SGb 1999, 337 ff.

2110 Vgl. BVerfG, Urteil v. 28.02.1980 – 1 BvL 17/77 u.a. = NJW 1980, 692 (693).

2111 *Preis/Kellermann* SGb 1999, 339; siehe auch zur Idee des abgestuften Eigentumsschutzes gemessen am Anteil der Eigenleistung bei *Neumann* NZS 1998, 406 f.

2112 Dazu BVerfG, Urteil v. 28.02.1980 – 1 BvL 17/77 u.a. = NJW 1980, 692 (693 f.); BVerfG, Urteil v. 16.07.1985 – 1 BvL 5/80 = NJW 1986, 39 (40 ff.); BVerfG, Beschluss v. 12.02.1986 – 1 BvL 39/83 = NJW 1986, 1159 (1160).

2113 *Preis/Kellermann* SGb 1999, 339.

2114 *Preis/Kellermann* SGb 1999, 339.

2115 Vgl. BVerfG, Urteil v. 28.02.1980 – 1 BvL 17/77 u.a. = NJW 1980, 692 ff.

Bei staatlichen Sozialversicherungsleistungen ergeben sich mit Blick auf Art. 14 GG demzufolge weitaus umfassendere Eingriffsmöglichkeiten für den Gesetzgeber. Die dahinterstehende Wertung ist insbesondere damit begründet, dass auch der Schutz über die Eigentumsgarantie nicht zu einer Unabänderlichkeit der Leistungen führen darf – welche stets am finanziell Möglichen ausgerichtet sein müssen – da ansonsten der Gesetzgeber nicht mehr in der Lage wäre, das System der Sozialversicherung an veränderte soziale und wirtschaftliche Rahmenbedingungen anzupassen, um deren Leistungsfähigkeit sicherstellen zu können.[2116] Ob aber Art. 14 GG einschlägig ist, ist einzelfallabhängig für jeden in Betracht genommenen Leistungsausschluss mit Blick auf den entwickelten Prüfungsmaßstab des Bundesverfassungsgerichts zu beurteilen.

### c. Vertrauensschutz

Da Eingriffe in sozialversicherungsrechtliche Positionen zumeist auch den Eingriffscharakter einer unechten Rückwirkung aufweisen[2117], stellt sich die Frage, inwieweit der rechtsstaatliche Vertrauensgrundsatz einer Leistungsumfangsveränderung entgegensteht. Dieser aus dem Rechtsstaatsprinzip aus Art. 20 Abs. 3 GG abgeleitete Grundsatz dient dazu, das Vertrauen des Bürgers in die Beständigkeit gesetzgeberischen Handelns und gesetzgeberischer Aussagen zu schützen.[2118] Ziel ist es, das maßgebliche Prinzip der Rechtssicherheit zu gewährleisten.[2119]

Damit stellt sich der Vertrauensschutz für den Bürger als Schutz vor gesetzgeberischen Maßnahmen dar, die rückwirkend auf einen in der Vergangenheit liegenden Sachverhalt oder eine in der Vergangenheit liegende Rechtsbeziehung anknüpfen.[2120] Da das Versicherungsverhältnis im Falle einer Ausgliederung von Leistungen aus dem Leistungskatalog der gesetzlichen Krankenversicherung nach wie vor fortbestünde, es sich bei diesem also nicht um einen abgeschlossenen Sachverhalt der Vergangenheit handelt, könnte eine solche Maßnahme entsprechend der Rechtsprechung des Bundesverfassungsgerichts dem Fall der sogenannten „unechten Rückwirkung" beziehungsweise der „tatbestandlichen Rückanknüpfung" unterfallen.[2121] Gemessen am Rechtsstaatsprinzip ist eine unechte

---

[2116] Vgl. *Preis/Kellermann* SGb 1999, 340; ähnlich auch schon zum Vertrauensschutz *Michalski* VersR 1996, 267.

[2117] Siehe dazu etwa BVerfG, Beschluss v. 10.05.1983 – 1 BvR 820/79 = NJW 1983, 2433.

[2118] Vgl. *Jarass*/Pieroth, Grundgesetz für die Bundesrepublik Deutschland, Art. 20 Rn. 94.

[2119] Vgl. BVerfG, Beschluss vom 25.05.1993 – 1 BvR 1509/91 u.a. = BeckRS 1993, 120806.

[2120] Vgl. *Jarass*/Pieroth, Grundgesetz für die Bundesrepublik Deutschland, Art. 20 Rn. 94.

[2121] So das Ergebnis bei *Sodan* NZS 2003, 397; der Ansicht auch *Isensee* ZVersWiss 2004, 669; ebenso *Michalski* VersR 1996, 267; siehe zu den Begriffen der „echten Rückwirkung" und der „unechten Rückwirkung" BVerfG, Beschluss v. 21.01.1969 – 2 BvL 11/64 = NJW 1996, 835; siehe zu den Begriffen der „tatbestandlichen Rückanknüpfung" und der „Rückbewirkung von Rechtsfolgen" bei BVerfG, Beschluss v. 08.06.1988 – 2 BvL 09/85, 2 BvL 03/86 = NJW 1988, 2529, sowie BVerfG, Beschluss v. 14.05.1986 – 2 BvL 02/83 = NJW 1987, 1749; siehe insgesamt auch bei *Jarass*/Pieroth, Grundgesetz für die Bundesrepublik Deutschland, Art. 20 Rn. 96 – 98; ebenfalls bei BeckOK GG/*Rux* GG Art. 20 Rn. 185 ff.

Rückwirkung grundsätzlich zulässig, soweit sie nicht ausnahmsweise unzulässig ist.[2122] Dies ist etwa der Fall, wenn das Vertrauen des Betroffenen schutzwürdiger ist als die mit dem Gesetz verfolgten Ziele oder der Betroffene mit dem Eingriff nicht zu rechnen brauchte.[2123]

Allerdings ist bereits fraglich, ob dies überhaupt auf die Leistungskürzung zutrifft. Knüpft man an die Rechtsprechung des Bundesverfassungsgerichts zum Versicherungsprinzip in der gesetzlichen Krankenversicherung an, so ergibt sich, dass die Finanzierung derselben durch die Beiträge immer nur kurzfristig für eine aktuelle Periode erfolgt, zukünftige Perioden also durch zukünftige Beiträge finanziert werden.[2124] Andererseits hat das Bundesverfassungsgericht im Laufe seiner Rechtsprechung den Vertrauensschutz als eigenständige Ausprägung innerhalb des Schutzbereiches des Eigentumsrechts aus Art. 14 GG verortet.[2125] Der Gedanke dahinter liegt in der Auffassung, dass der Schutzumfang des Art. 14 GG das Vertrauen des Versicherten in den Fortbestand seiner sozialrechtlichen Begünstigung stärker schützt, als es der allgemeine rechtsstaatliche Vertrauensgrundsatz vermag.[2126] Damit ist der allgemeine Vertrauensgrundsatz nicht mehr in Fällen von rückwirkenden Eingriffen in Rechtspositionen als Schranke heranzuziehen, die dem Schutzbereich des Art. 14 GG unterfallen.[2127] Die Eigentumsgarantie erfüllt in diesen Fällen die Funktion des Vertrauensschutzes.[2128] Damit ist für den so gefassten Schutzbereich auf die Ausführungen zur Eigentumsgarantie als Freiheitsrecht zu verweisen. Unabhängig davon gewährt der Vertrauensschutzgrundsatz nur dort Schutz des Vertrauens, wo in der Abwägung das Vertrauen des Einzelnen die Belange der Allgemeinheit überwiegt. Gerechtfertigt über die Aufrechterhaltung der Funktions- und Leistungsfähigkeit als wichtiger Gemeinwohlbelang, bietet der Vertrauensgrundsatz daher nur wenig Schutz als Eingriffsschranke.[2129]Im Ergebnis ist der Vertrauensgrundsatz – unerheblich ob allein aus dem Rechtsstaatsprinzip abgeleitet oder spezifisch im Rahmen des Schutzbereiches des Art. 14 Abs. 1 GG herangezogen – von Seiten des Gesetzgebers zumindest insoweit zu beachten, als dass dieser im Zuge seiner Reformmaßnahmen im Sozialrecht Übergangsregelungen zu schaffen hat.[2130] Damit

---

[2122] Vgl. *Jarass*/Pieroth, Grundgesetz für die Bundesrepublik Deutschland, Art. 20 Rn. 104 f.

[2123] BVerfG, Beschluss v. 28.11.1984 – 1 BvR 1157/82 = BeckRS 1984, 30421663; BVerfG, Urteil v. 23.11.1999 – 1 BvF 1/94 = NJW 2000, 413 (415).

[2124] Vgl. *Sodan* NZS 2003, 397, m.w.N.

[2125] Vgl. BVerfG, Urteil v. 28.02.1980 – 1 BvL 17/77 u.a. = NJW 1980, 692 f.; BVerfG, Beschluss v. 04.06.1985 – 1 BvL 12/83 = NVwZ 1985, 893; BVerfG, Beschluss v. 15.07.1987 – 1 BvL 11/86 = BeckRS 1987, 111211.

[2126] Vgl. zugleich kritisch *Neumann* NZS 1998, 407, der eine Verkürzung des rechtsstaatlichen Vertrauensgrundsatzes in der Ausprägung in Art. 14 GG erblickt.

[2127] *Preis/Kellermann* SGb 1999, 340.

[2128] Vgl. BVerfG, Beschluss v. 15.07.1987 – 1 BvL 11/86 = BeckRS 1987, 111211; siehe auch *Krause*, Eigentum an subjektiven öffentlichen Rechten, 203 f.; vgl. insgesamt auch *Jarass*/Pieroth, Grundgesetz für die Bundesrepublik Deutschland, Art. 20 Rn. 107.

[2129] Vgl. *Hebeler* JURA 2005, 23; vgl. *Michalski* VersR 1996, 267.

[2130] So das Ergebnis bei *Hänlein* SGb 2003, 310; vgl. auch *Isensee* ZVersWiss 2004, 669; zuvor bereits das abweichende Votum der Richter *Benda* und *Katzenstein* in BVerfG, Beschluss v.

konkretisiert sich der Schutz innerhalb der Anforderungen an die Verhältnismäßigkeit. Auf den Fortbestand einzelner Leistungen kann sich der Vertrauensschutz jedenfalls nicht beziehen.

### d. Der allgemeine Gleichheitssatz

Wesentliche Grundlage im Falle von Leistungskürzungen ist der Gleichheitsgrundsatz des Art. 3 Abs. 1 GG.[2131] Der Gleichheitssatz, auch verstanden als Konkretisierung des Gebots der sozialen Gerechtigkeit[2132], wird insbesondere aufgrund des Umstandes, dass das Sozialrecht als Garant zur Schaffung sozialstaatlicher Gleichheit fungiert, als eine der wichtigsten Normen in der verfassungsrechtlichen Überprüfung von Gesetzgebungsakten im Sozialrecht angesehen.[2133] Ihm kommt dabei allerdings eine geteilte Rolle zu. Da das finanzielle Budget des Sozialstaates nicht unbegrenzt ist, sich somit nicht alle sozialen Ziele vollumfänglich und ganzheitlich realisieren lassen, ist es am Gesetzgeber zu bestimmen, wofür die zur Verfügung stehenden Mittel eingesetzt werden sollen und wie diese unter den Leistungsberechtigten zu verteilen beziehungsweise die dafür notwendigen finanziellen Ressourcen zu erheben und umzuverteilen sind.[2134]

Im Falle einer unterschiedlichen Begünstigung von Versicherten ist der allgemeine Gleichheitssatz daher von entscheidender Relevanz, wohingegen er bei generellen, alle Berechtigten gleichsam betreffenden Leistungskürzungen lediglich eine subsidiäre Rolle einnimmt.[2135] Eine Pflicht des Gesetzgebers zur Schaffung von Ausgleichsregelungen im Fall von Leistungsausschlüssen aus dem Leistungskatalog der gesetzlichen Krankenversicherung lässt sich dem allgemeinen Gleichheitssatz auch nicht in Verbindung mit dem Recht aus Art. 2 Abs. 2 S. 1 GG entnehmen.[2136] Es ergeben sich weder ein Auftrag zur Beseitigung von tatsächlich bestehenden Ungleichheiten zwischen bestimmten Personengruppen, noch originäre Leistungsansprüche aus Art. 3 Abs. 1 GG.[2137] Dies

---

01.07.1981 – 1 BvR 874/77, u.a. = NJW 1982, 155 (160); siehe generell Sachs/Sachs GG Art. 20 Rn. 137.

[2131] BSG, Urteil v. 19.06.2001 – B 1 KR 27/00 = MedR 2002, 599 f.; auf die besondere Bedeutung hinweisend *Wrase* GuP 2014, 61.

[2132] Dazu Sachs/Nußberger GG Art. 3 Rn. 56.

[2133] Vgl. *Grühn*, Gesundheitsbezogene Handlungspflichten der Versicherten in der Sozialversicherung als Dimensionen von Eigenverantwortung und Solidarität, S. 256 f., m.w.N.; siehe auch zur Bedeutung des allgemeinen Gleichheitssatzes im Sozialrecht die Ausführungen bei *Muckel/Ogorek/Rixen*, Sozialrecht, § 6 Rn. 17; siehe auch BeckOK GG/*Kischel* GG Art. 3 Rn. 98 f.; von einer herausragenden Rolle sprechend *Preis/Kellermann* SGb 1999, 332; einschränkend dagegen *Neumann* NZS 1998, 409.

[2134] Vgl. *Preis/Kellermann* SGb 1999, 333; vgl. *Schmidt-Aßmann* NJW 2004, 1691.

[2135] Vgl. *Neumann* NZS 1998, 409.

[2136] BSG, Urteil v. 19.06.2001 – B 1 KR 27/00 = MedR 2002, 600.

[2137] Vgl. *Jarass*/Pieroth, Grundgesetz für die Bundesrepublik Deutschland, Art. 3 Rn. 1, 16; vgl. Sachs/*Nußberger* GG Art. 3 Rn. 55; vgl. BeckOK GG/*Kischel* GG Art. 3 Rn. 99 ff.; diese „Formel" zur Darstellung des Gleichheitssatzes allein, kann mittlerweile als überholt angesehen werden, vgl. dazu *Sacksofsky*, Privilegien, Diskriminierung oder was?, abrufbar unter https://verfassungsblog.de/privilegien-diskriminierung-oder-was/, zuletzt am 01.04.2023.

entspricht im Übrigen auch der Rechtsprechung des Bundesverfassungsgerichts, welches vermied, dem Gesetzgeber zusätzliche Leistungsverpflichtungen über den Gleichheitssatz aufzuerlegen, vor allem dann, wenn die sozialstaatlichen Leistungen aus Versichertenbeiträgen finanziert werden.[2138]

Art. 3 Abs. 1 GG ist im Falle einer Ungleichbehandlung von im Wesentlichen gleichen oder einer Gleichbehandlung von im Wesentlichen ungleichen Sachverhalten beeinträchtigt, die für die betroffenen Grundrechtsträger zu einem Nachteil führt.[2139] Eine Differenzierung ist aber nicht automatisch unzulässig, sondern kann durch einen hinreichend gewichtigen Grund gerechtfertigt sein.[2140] Solche vernünftigen, sachlich vertretbaren Erwägungen, liegen etwa in der Praktikabilität einer Regelung oder in finanziellen Gesichtspunkten.[2141] Diese Sachgründe müssen in Anbetracht des Differenzierungsziels und des Ausmaßes der Ungleichbehandlung angemessen sein.[2142] Die Überprüfung der Angemessenheit erstreckt sich dabei je nach Gegenstand und Merkmal von einer reinen Willkürprüfung bis zu einer weitaus strengeren Prüfung anhand der Verhältnismäßigkeitskriterien – also den Elementen des sachlichen Grundes, der Eignung, der Erforderlichkeit und der Angemessenheit, wenngleich diese durch die Komponenten des Gleichheitssatzes zu modifizieren sind.[2143] Die verfassungsrechtliche Rechtfertigung vor Art. 3 Abs. 1 GG bei Differenzierungen im Zuge von Leistungsausschlüssen oder Leistungsbegrenzungen stellt insbesondere mit Blick auf die Sicherung des Existenzminimums und dem Anspruch auf ausreichende Versorgung aufgrund der Zwangsmitgliedschaft bei Beitragspflicht erhöhte Anforderungen.[2144] Diese Aspekte sind innerhalb des gleitenden Prüfungsmaßstabes neben den maßgeblichen Umständen der konkreten leistungsrechtlichen Konstellation zu berücksichtigen und entfalten insbesondere im Rahmen der abschließenden Folgenabwägung zwischen dem Allgemeininteresse und dem individuell geschütztem und nachteilig betroffenen Interesse ihre Wirkung

Daneben können auch andere Verfassungsnormen und -prinzipien einen zulässigen Differenzierungsgrund darstellen, so etwa das Sozialstaatsprinzip im Falle der Besserstellung sozial besonders Schutzbedürftiger, insbesondere dann, wenn es an den notwendigen finanziellen Mitteln fehlt, eine Ausweitung der

---

2138 So explizit BVerfG, Beschluss v. 27.02.2009 – 1 BvR 2982/07 = NJW 2009, 1733 (1734).

2139 Vgl. *Jarass*/Pieroth, Grundgesetz für die Bundesrepublik Deutschland, Art. 3 Rn. 10 ff.; vgl. Sachs/*Nußberger* GG Art. 3 Rn. 80 ff.; vgl. BeckOK GG/*Kischel* GG Art. 3 Rn. 15 f.

2140 BVerfG, Urteil v. 28.04.1999 – 1 BvL 11/94 u.a. = NJW 1999, 2505 (2507).

2141 Vgl. *Jarass*/Pieroth, Grundgesetz für die Bundesrepublik Deutschland, Art. 3 Rn. 19.

2142 BVerfG, Beschluss v. 21.06.2011 – 1 BvR 2035/07 = NVwZ 2011, 1316 (1317).

2143 BVerfG, Beschluss v. 15.12.2015 – 2 BvL 1/12 = NJW 2016, 1295 (1303), st. Rspr.; siehe zur Entwicklung von sogenannter „alter" und „neuer" Formel bei Sachs/*Nußberger* GG Art. 3 Rn. 8 ff.; siehe auch ausführlich bei BeckOK GG/*Kischel* GG Art. 3 Rn. 24 ff.; siehe zu den Modifikationen innerhalb des gleitenden Prüfungsmaßstabes sowie zur kritisch geführten Debatte bei Aufkommen der „neuen Formel" in der Literatur bei *Albers* JuS 2008, 945 ff.; vgl. darüber hinaus auch *Sacksofsky*, Privilegien, Diskriminierung oder was?, abrufbar unter https://verfassungsblog.de/privilegien-diskriminierung-oder-was/, zuletzt am 01.04.2023.

2144 *Wrase* GuP 2014, 61 f.

Leistungsberechtigten vorzunehmen.[2145] Auch Pauschalisierungen, Generalisierungen oder Typisierungen im Rahmen der Regelung von Sachverhalten im Sozialversicherungsrecht sind dann zulässig, wenn der Gesetzgeber ihnen anders nur schwer Herr werden kann.[2146] Insgesamt sind damit dem allgemeinen Gleichheitssatz keine unmittelbaren Aussagen über den Bestandserhalt von Versicherungsleistungen zu entnehmen. Gleichwohl stellt er aber eine rechtfertigungsbedürftige Hürde für einen Leistungsrückbau dar, der auf Kosten einzelner Versichertengruppen erfolgt.[2147]

### 2. Ergebnis

Die konkrete Ausgestaltung krankenversicherungsrechtlichen Gesundheitsschutzes obliegt dem Gesetzgeber und ist folglich ein „Projekt der Politik".[2148] Dies fußt insbesondere in der besonderen Funktionalität der gesetzlichen Krankenversicherung als soziales Sicherungssystem. Normativ lassen sich praktisch keine Vorgaben finden.[2149] Es ist primär das Verfassungsrecht, welches in Gestalt der Grundrechte, der Kompetenztitel und des Sozialstaatsprinzips Anforderungen und Bindungen im Ausgestaltungsbestreben des Gesetzgebers beschreibt.[2150] Jedoch sind alle in Frage kommenden Grundrechtspositionen unzweifelhaft einschränkbar, weshalb sich auch der Schutz vor Leistungseinschränkungen als beschränkt darstellt.[2151] Ein Verbot des sogenannten „sozialen Rückschritts" existiert ebenso wenig wie ein „Verschlechterungsverbot".[2152]

So überwiegen insgesamt sozialpolitische gegenüber verfassungsrechtlichen Erwägungen.[2153] Zu nennen sind hier erneut die Sicherstellung der Finanzkraft und die Funktionserhaltung, aber auch Aspekte des „Moral-Hazard".[2154] Das Bundesverfassungsgericht hält sich bei der Bewertung sozialpolitischer Entscheidungen des Gesetzgebers grundsätzlich zurück, zumindest so lange, wie diese sich nicht gemessen am Maßstab des Grundgesetzes als offensichtlich unhaltbar

---

2145 Vgl. *Preis/Kellermann* SGb 1999, 333; vgl. *Jarass*/Pieroth, Grundgesetz für die Bundesrepublik Deutschland, Art. 3 Rn. 31.

2146 *Jarass*/Pieroth, Grundgesetz für die Bundesrepublik Deutschland, Art. 3 Rn. 36.

2147 So auch das Ergebnis bei *Neumann* NZS 1998, 411.

2148 *Schmidt-Aßmann* NJW 2004, 1689.

2149 Vgl. *Becker* ZÖR 2010, 619; vgl. Eichenhofer/v. Koppenfels-Spies/Wenner/SGB V/*Axer*, § 1 Rn. 9.

2150 Vgl. Eichenhofer/v. Koppenfels-Spies/Wenner/SGB V/*Axer*, § 1 Rn. 9; siehe auch *Schmidt-Aßmann* NJW 2004, 1689, der diesbezüglich vom „Rahmencharakter" des Verfassungsrechts spricht.

2151 Vgl. *Hebeler* JURA 2005, 23.

2152 Siehe *Schmidt-Aßmann* NJW 2004, 1690; vgl. *Hebeler* JURA 2005, 21; siehe auch *Steiner* NZS 2019, 1; siehe zum „Sozialen Rückschrittsverbot" auch bei *Wilksch*, Recht auf Krankenbehandlung und Recht auf ein menschenwürdiges Existenzminimum, S. 343.

2153 Vgl. *Becker* ZÖR 2010, 619; im Ergebnis auch *Hänlein* SGb 2003, 305.

2154 So auch *Isensee* ZVersWiss 2004, 669 f.

erweisen.[2155] Insbesondere in Hinblick auf Art. 3 Abs. 1 GG hat der Gesetzgeber betreffend das Sozialversicherungsrecht einen weiten Gestaltungsspielraum.[2156]

Die Grenze des Modellierbaren ist aber zumindest dort erreicht, wo das jeweilige Sicherungssystem nicht mehr dazu gereicht, seine Funktion der Freiheits- und Existenzgrundlagensicherung wahrzunehmen und zu erfüllen. Vorherrschend bestimmen Prinzipien und ihre jeweilige Ausstrahlungswirkung den Ausgestaltungsprozess.[2157] Das Sozialstaatsprinzip etwa fungiert mit Blick auf die Existenzsicherung und in Anbetracht der Nikolausrechtsprechung als Hürde für Kürzungen des Leistungsanspruchs. Damit kommt zugleich zum Ausdruck, dass nicht die allgemeine Handlungsfreiheit des Art. 2 Abs. 1 GG als verfassungsrechtliches Korrelat zur privatrechtlichen Privatautonomie den sozialpolitischen Diskurs innerhalb der Sozialversicherung bestimmt, sondern die benannten Positionen von Menschenwürde und Sozialstaatsprinzip.[2158] Im Ergebnis ist es dem Gesetzgeber aber weder aufgrund des Sozialstaatsprinzips noch aufgrund der Grundrechte genommen, den Sozialstaat und seine Leistungsfelder an veränderte Gegebenheiten anzupassen.

Entbunden ist der Prozess der durch den Gesetzgeber erfolgenden Anpassungen hingegen nicht von einem umfassenden Abwägungsprozess, der sich aus dem Sozialstaatsprinzip und seiner sozialversicherungsrechtlichen Ausprägung als Solidarprinzip ergibt.[2159] In diesem wesentlich zu berücksichtigen sind die Interessen der Gemeinschaft und die Funktionserhaltung des Sicherungssystems. So besteht jedenfalls das Erfordernis einer besonderen Begründung und Rechtfertigung. Soweit ergriffene Reformmaßnahmen erworbene sozialversicherungsrechtliche Positionen beschneiden, ist der Gesetzgeber zu einer willkürfreien Verteilung der Mittel angehalten, die den sozialstaatlichen Minimalanspruch zu wahren geeignet ist.

## II. Ansätze einer Begrenzung des Leistungsanspruchs unter Fortführung des Eigenverantwortungspostulats

Der Leistungsanspruch des Versicherten aus der gesetzlichen Krankenversicherung ist in § 27 SGB V normiert.[2160] Danach sind vom Leistungsumfang alle

---

[2155] So BVerfG, Beschluss v. 17.07.1961 – 1 BvL 44/55 = NJW 1961, 2011 (2012); vgl. auch BeckOK GG/*Lang* Art. 2 Rn. 256.

[2156] Vgl. Sachs/*Nußberger* GG Art. 3 Rn. 184; vgl. *Jarass*/Pieroth, Grundgesetz für die Bundesrepublik Deutschland, Art. 3 Rn. 70.

[2157] Vgl. *Becker* ZÖR 2010, 638 f.

[2158] Vgl. *Schäfer*, Prinzipien der privaten Krankenversicherung, S. 161; siehe zur Struktur und Funktion der Menschenwürde die gleichnamige Darstellung von *Gutmann*, Struktur und Funktion der Menschenwürde als Rechtsbegriff, 2010.

[2159] *Wallerath* JZ 2004, 954; siehe unter Verweis auf das Sozialstaatsprinzip auch bei Sachs/Nußberger GG Art. 3 Rn. 96 f.; siehe zu den Anforderungen des Solidarprinzips auch bei *Süß*, Die Eigenverantwortung gesetzlich Krankenversicherter unter besonderer Berücksichtigung der Risiken wunscherfüllender Medizin, S. 298, 313, 324.

[2160] Vgl. in diesem Zusammenhang zum Begriff des „Rahmenrechts" *Neumann* SGb 1998, 609, unter Nennung einiger Stimmen zwischen Zustimmung, Akzeptanz und Skepsis in der Literatur in

Leistungen umfasst, die zur Behandlung einer Krankheit erforderlich sind, sofern sie dem allgemeinen Stand der medizinischen Erkenntnisse und den Anforderungen des Wirtschaftlichkeitsgebotes entsprechen. Durch diese spezifische Ausgestaltung der primären Anspruchsnorm, die im Leistungsrecht des SGB V weitere Einschränkungen und Konkretisierungen durch Ausgestaltung des Gesetzgebers – insofern auch unter Rückgriff auf untergesetzliche Konkretisierungen durch Richtlinien des Gemeinsamen Bundesauschusses – erfährt[2161], ergibt sich zunächst eine grundsätzliche Unbegrenztheit des Versorgungsanspruchs. Dies bedeutet zunächst, dass die Übernahme der Kosten einer Leistung oder eine Weiterbehandlung zu Gunsten eines Versicherten nicht schon deshalb abgelehnt werden könne, weil ihre spezifischen Kosten eine bestimmte Summe bereits zu Beginn der Behandlung oder in ihrem fortdauernden Verlauf überschreiten.[2162]

Der Anspruchsumfang richtet sich zudem nicht nach Höhe oder Dauer der Beitragszahlung, sondern allein nach dem individuellen und spezifischen Bedarf.[2163] Kausale Erwägungen sind grundsätzlich nicht gestattet. So hat das Bundessozialgericht etwa zur Leistungskürzung im Falle einer kausalen Schädigung beim Fußballspielen oder durch übermäßigen Alkoholgenuss klargestellt, dass es „[m]it dem Zweck der [Sozialversicherung], den Versicherten in den Wechselfällen des Lebens Schutz und Hilfe zu bieten, [...] grundsätzlich unvereinbar [ist], die Gewährung der Hilfe davon abhängig zu machen, auf welche Weise die Krankheit entstanden ist".[2164] Die Krankheitsursache sowie eine unzureichende Mitwirkung an Krankheitsvermeidung oder an der Behandlung einer bereits eingetretenen Erkrankung finden dementsprechend weder im § 27 SGB V, noch insgesamt im Leistungsrecht der gesetzlichen Krankenversicherung Berücksichtigung, ziehen also keine Begrenzung der Heilbehandlung nach sich. In Anbetracht dessen kann die Überlegung angestrengt werden, ob nicht eine Begrenzung der Leistungsgarantie des sozialen Staates, insbesondere aufgrund der finanziellen Problemstellung der gesetzlichen Krankenversicherung, zu fordern wäre.[2165] So wäre der

den dortigen Fn. 4 bis 6; kritischer Verweis zum Begriff des „Rahmenrechts" bei *Huster* JZ 2006, 466; siehe generell bei *Kingreen/Rixen* DÖV 2008, 747 f.; siehe zur Entwicklung des Rahmenrechtcharakters durch das Bundessozialgericht in BSG, Urteil v. 16.12.1993 – 4 RK 5/92 = NZS 1994, 507 (509), sowie in BSG, Urteil v. 20.03.1996 – 6 RKa 62/94 = BeckRS 1996, 30760740.

2161 Dazu BSG, Urteil v. 19.06.2001 – B 1 KR 27/00 = MedR 2002, 599 f.; eine Aufschlüsselung der untergesetzlichen Leistungskonkretisierungen nach dem SGB V bei *Pieper* VSSR 1990, 123 bis 125, der im Anschluss daran die verfassungsrechtliche Zulässigkeit der Richtlinien anhand des Wesentlichkeitsgrundsatzes überprüft, die hier nicht zu problematisieren ist; zur Rechtsnatur der Richtlinien siehe bei *Wilksch*, Recht auf Krankenbehandlung und Recht auf ein menschenwürdiges Existenzminimum, S. 43 f.

2162 Vgl. *Wenner* GesR 2009, 174; vgl. *Neumann* NZS 2005, 617; vgl. *Francke* GesR 2003, 97.

2163 *Kemmler* NZS 2014, 522.

2164 BSG, Urteil v. 20.03.1959 – 3 RK 13/55 = NJW 1959, 2327; so auch BSG, Urteil v. 16.12.1960 – 3 RK50/60 = NJW 1961, 1278.

2165 Den Diskurs um Leistungsbegrenzungen grundsätzlich begrüßend etwa *Huster* MedR 2012, 566 f.; ihn fordernd etwa *Oduncu* MedR 2012, 359; ihn als Antwort auf die Problemstellung des „Moral Hazard" anzuwenden gewillt *Wolf*, Das moralische Risiko der GKV im Spannungsfeld zwischen Eigenverantwortung und Solidarität, S. 175 ff.; vgl. zudem *Hänlein* SGb 2003, 303; vgl.

Staat „gut beraten“, wenn er die Rahmenbedingungen von wirtschaftlicher und kultureller Existenz wieder so gestalten würde, dass der „staatliche Beitrag zur Gesundheit der Bürger auf die Gewährleistung und Hilfe in außergewöhnlichen Lebenslagen beschränkt werden kann“.[2166]

Die Leistungsbereiche, in denen eine Begrenzung des Leistungskataloges der gesetzlichen Krankenversicherung diskutiert wird, sind im überwiegenden Fall identisch. Es handelt sich vor allem um Leistungen zum Zahnersatz, Leistungen bei „Trivialerkrankungen“, um kieferorthopädische Behandlungen, um das Krankengeld, Schwangerschafts- und Mutterschaftsleistungen oder um die in der Einflusssphäre des Versicherten liegende Freizeitunfälle oder anderweitige Erkrankungsbilder, die sich vordergründig auf eine bestimmte Verhaltensweise des Versicherten zurückführen lassen.[2167] Ein klassisches Beispiel für eine Berücksichtigung von Versichertenverhalten ist etwa die Berücksichtigung von Gesundheitsbeeinträchtigungen im Zuge von Risikosport.[2168] Bisher waren die Umsetzungsversuche jedoch allenfalls zurückhaltend. Sie beschränken sich für das Recht der gesetzlichen Krankenversicherung maßgeblich auf die umstrittene Vorschrift des § 52 SGB V.[2169]

Zudem wird es als ein wichtiger Aspekt des Versorgungsmanagements in der gesetzlichen Krankenversicherung angesehen, diejenigen Leistungen herauszufiltern, die zwar einen individuellen Nutzen stiften, aber medizinisch nicht notwendig sind, in diesem Sinne also als „Komfort“ und damit als überflüssige Leistungsgewährung zu erachten wären.[2170] Dieser „Komfort“ ist aus medizinischer Sicht allerdings anders zu bewerten als etwa aus Sicht der Kriterien des Wirtschaftlichkeitsgebotes in § 12 SGB V. „Absolut indiziert“ im Sinne der Notwendigkeit sind aus medizinscher Sicht nur sehr wenige Leistungen; „zu dieser Gruppe gehören nur solche, ohne die ein wesentliches Behandlungsziel im Falle einer nicht geringfügigen Gesundheitsstörung in keinem Fall erreicht werden können, die also ohne Alternative sind“.[2171] Der angelegte Bewertungsmaßstab ist damit in der medizinischen Fachwelt weitaus strenger.

---

*Nettesheim* VerwArch 2002, 315 ff.; vgl. *Haft* ZRP 2002, 459; vgl. *P. Kirchhof* MMW 1998, 200; vgl. *Rompf* SGb 1997, 105; vgl. *Geschwinder* ZfS 1981, 101 ff.

[2166] Maunz/Düring/*Di Fabio* GG Art. 2 Abs. 2 Nr. 1 Rn. 52; ähnlich *Haft* ZRP 2002, 459; ähnlich auch schon *Uhlenbruck* MedR 1995, 437.

[2167] Siehe beispielsweise bei *Kemmler* NZS 2014, 522, m.w.N.; siehe auch bei *Wenner* GesR 2009, 176; vgl. *Fischer*, Die Zulässigkeit aufgedrängten staatlichen Schutzes vor Selbstschädigung, S. 260 ff.; vgl. insbesondere zum Begriff der „Trivialerkrankung“ *Francke* GesR 2003, 98; vgl. zudem *Oldiges* DOK 1991, 537.

[2168] Vgl. *Lang/Hügel* RdJB 2019, 345; vgl. *Wolf*, Das moralische Risiko der GKV im Spannungsfeld zwischen Eigenverantwortung und Solidarität, S. 175 – 241.

[2169] Siehe zu § 52 SGB V oben unter C. II. 3. c.

[2170] *Richter* G+S 2016, 71, der als Antwort darauf sogenannte „Select-Tarife“ vorschlägt, um die Versicherten dazu zu bewegen, auf den Komfort zu verzichten und das System von unnötigen Kosten zu entlasten.

[2171] *Zentrale Ethikkommission der Bundesärztekammer* DÄ 2000, A-1019.

Grenzen die Leistungsumfangsbegrenzungen nicht an das gesundheitliche Existenzminimum, so ist es allein die sozialpolitische Vorstellung, die bestimmt, welche Leistungsarten sich als besonders zweckdienlich im Rahmen von Leistungsbegrenzungsmaßnahme darstellen. Eine allgemeingültige Aussage darüber, welche Leistungen konkret betroffen wären, lässt sich daher nicht treffen.[2172] Sobald aber Kürzungsvorhaben ein Ausmaß annehmen, welches mit Blick auf die Gesundheit und das Leben existenzielle Fragen aufwirft, ist es der Gesetzgeber, den die Definitionspflicht eines solchen Mindestleistungsumfangs trifft. Hierbei spielt sodann auch der Aspekt der Vulnerabilität eine gewichtige Rolle.

### 1. Unechte Leistungsbegrenzung über einen Systemwechsel hin zur Kostenerstattung

Kostenerstattung versus Sachleistung ist in diesem Kontext stets mit der Frage in einen Zusammenhang gebracht worden, „mit welchen Instrumenten eine zu Effizienz, Effektivität und Verteilungsgerechtigkeit führende Steuerung der Gesundheitsversorgung (insbesondere in der gesetzlichen Krankenversicherung) bewirkt werden soll".[2173] Wiederholt wird, nicht zuletzt unter Bezugnahme auf die wachsende Asymmetrie zwischen Ausgaben- und Einnahmenseite der gesetzlichen Krankenversicherung wie auch des gewachsenen Anspruchsverhaltens der Versicherten, in der Literatur die Frage in den Raum gestellt, ob nicht ein Systemwechsel weg vom die gesetzliche Krankenversicherung beherrschenden Sachleistungsprinzip und hin zu einem generellen Kostenerstattungsprinzip – ähnlich dem in der privaten Krankenversicherung – der notwendige Schritt zur Systemerhaltung wäre.[2174]

Bei der Kostenerstattung stellt der Leistungserbringer dem Patienten eine Rechnung, die vom Patienten selbst beglichen wird. Anschließend – oder aus praktischen Gesichtspunkten bereits auch schon vor Tätigung der Zahlung soweit dies möglich – reicht der Patient in seiner Eigenschaft als Versicherter die Rechnung bei der Krankenkasse ein und bekommt den Rechnungsbetrag erstattet. Demgegenüber findet beim Sachleistungsprinzip die Abrechnung unmittelbar zwischen Leistungserbringer und der Krankenkasse des Versicherten statt. Der Patient ist demzufolge nicht am Zahlungsvorgang beteiligt.

Damit wird deutlich, dass sich Sachleistungs- und Kostenerstattungsprinzip dem Grunde nach nur auf die Leistungsabwicklung beschränken.[2175] Beide Prinzipien

---

[2172] So bereits *Hebeler* JURA 2005, 20.

[2173] *Wasem* MedR 2000, 472; vgl. zur Diskussion auch *Muschallik* MedR 2000, 213.

[2174] Vgl. BT-Drucks. 10/669 sowie BT-Drucks. 10/4295; vgl. weiterhin *Fischer* SGb 2008, 465; vgl. *Haft* ZRP 2002, 462; ähnlich auch *Merten* NZS 1996, 597 ff.; vgl. *Adam-Schwaetzer* ArbuSozPol 1986, 362; einem generellen Kostenerstattungsprinzip in der gesetzlichen Krankenversicherung kritisch gegenüber *Schnapp* ErsK 1991, 393; insgesamt auf die Debatte hinweisend Eichenhofer/v. Koppenfels-Spies/Wenner/SGB V/*Axer*, § 2 Rn. 29; vgl. auch *Muckel/Ogorek/Rixen*, Sozialrecht, § 8 Rn. 65.

[2175] Vgl. Becker/Kingreen/*Kingreen* SGB V § 13 Rn. 3; dazu auch BSG, Urteil v. 10.04.1990 – 6 RKa 36/89 = NJW 1990, 2957 (2958).

nehmen Einfluss auf die zwischen Versichertem, Krankenkasse und Leistungserbringer bestehende Dreiecksbeziehung, indem Behandlungs- und Abrechnungsverhältnis entweder voneinander getrennt sind oder aber zusammenfallen.

Grundlegendes Argument von Vertretern eines generellen Kostenerstattungsprinzips ist, dass aufgrund der fehlenden Systemgarantie der bestehenden Sozialversicherung und des weiten Gestaltungsspielraums des Gesetzgebers eine Abwendung vom primär die Krankenversicherung prägenden Sachleistungs- hin zum Kostenerstattungsprinzip möglich wäre.[2176] Besteht schon keine Garantie für das System als solches, so kann in der Konsequenz auch keine Garantie für das Sachleistungsprinzip gegeben sein. Zwar hat das Bundessozialgericht das Sachleistungsprinzip als übernormatives Grundprinzip von fundamentaler Bedeutung der gesetzlichen Krankenversicherung und als bestimmenden Grundsatz des Leistungsrechts bewertet.[2177] In einer Vielzahl von Entscheidungen betreffend gesetzliche Bestimmungen, die vom Sachleistungsprinzip abweichende Regelungen enthalten, hat es aber zugleich die grundsätzliche Möglichkeit anderer Abwicklungsformen als verfassungsrechtlich zulässig erachtet.[2178] Ohnehin, so die Befürworter, sei das Leistungserbringungsrecht schon sukzessive für Elemente des Kostenerstattungsprinzips geöffnet worden.[2179] Eine Modernisierung des althergebrachten Sachleistungsprinzips sei daher im Ergebnis längst überfällig.[2180]

Ob im SGB V ein vollständiges Kostenerstattungsprinzip implementiert werden kann, ist eine Frage, die die Sozialpolitik beantworten muss.[2181] Dabei sind insbesondere die Vor- und Nachteile beider Prinzipien herauszustellen, die sich aus der unterschiedlichen Gestaltung der Zahlungsströme ergeben.[2182]

Die nachfolgend aufgezeigten Argumentationsansätze sollten daher insoweit kritisch betrachtet werden, als dass diese die Auseinandersetzung um die Frage von Kostenerstattungs- oder Sachleistungsprinzip über Verknüpfungen mit anderen Fragestellungen in der gesetzlichen Krankenversicherung – wie etwa der Eigenverantwortung der Versicherten – aufladen.[2183]

---

2176 Vgl. *Merten* NZS 1996, 597 sowie ausdrücklich 598; siehe auch Eichenhofer/v. Koppenfels-Spies/Wenner/SGB V/*Axer*, § 2 Rn. 30.

2177 Siehe nur zusammenfassend BSG, Urteil v. 07.08.1991 – 1 RR 07/88 = BeckRS 1991, 30420023.

2178 Vgl. etwa zur Kostenerstattung bei Systemversagen und der Versorgung bei vorübergehendem Aufenthalt im Ausland BSG, Urteil v. 06.03.1996 – 9 RV 11/95 = BeckRS 1996, 30413220; vgl. zur Kostenerstattungslösung bei der Versorgung mit Zahnersatz betreffend die Abwicklung der Eigenbeteiligung bei gleichzeitigem Anspruch auf Zuschüsse durch die gesetzliche Krankenversicherung BSG, Urteil v. 16.01.1991 – 6 RKa 12/90 = BeckRS 1991, 30736034.

2179 Vgl. *Fischer* SGb 2008, 465.

2180 So jedenfalls Quaas/Zuck/Clemens/*Quaas* Medizinrecht § 9 Rn. 4, m.w.N.

2181 So schon *Schnapp* ErsK 1991, 391.

2182 Siehe zu den zugeschriebenen Vor- und Nachteilen die Darstellungen bei *Wasem* MedR 2000, 474 sowie *Hänlein* SGb 2003, 309; vgl. betreffend die Zahlungsabwicklung *Fischer* SGb 2008, 461.

2183 Kritisch daher die Darstellung bei Becker/Kingreen/*Kingreen* SGB V § 13 Rn. 4 ff.

### a. Der geltende Sachleistungsgrundsatz

Dem Bundessozialgericht zufolge stellt nur das Sachleistungsprinzip sicher, „daß alle Krankenkassenpatienten hinreichend ärztlich betreut werden. Wenn die Krankenkasse die Beschaffung der ärztlichen Behandlung ihren Mitgliedern überließe und lediglich die Behandlungskosten übernähme, könnte der Fall eintreten, daß Versicherte, die nicht über hinreichende finanzielle Mittel verfügen, aus diesem Grunde von der Inanspruchnahme versicherungsmäßiger Leistungen Abstand nähmen.“[2184] So ergibt sich zugleich eine gesteigerte Motivation des Versicherten, Leistungen eines Leistungserbringers auch tatsächlich in Anspruch zu nehmen, den Gang zum Arzt also nicht zu scheuen.[2185]

Folge der Applikation des Sachleistungsprinzips ist es, dass dem Versicherten auf Basis der Standardisierung der zur Verfügung gestellten Behandlungsmethoden die Last der Leistungskontrolle abgenommen wird.[2186] Der Versicherte hat zumeist nur mangelnde Kenntnis über die medizinischen Zusammenhänge, weshalb er auf die Zweckmäßigkeit, Wirtschaftlichkeit und somit auch Notwendigkeit der Methode vertrauen müsste.[2187] Für den Leistungserbringer bietet das Sachleistungsprinzip wirtschaftliche Sicherheit, da ihre Vergütung von der öffentlichen Hand entrichtet wird. Umgekehrt birgt das Sachleistungsprinzip für den Leistungserbringer aber Nachteile, da er sich dem Kostendruck und der Kontrolle der Solidargemeinschaft der Krankenkassen sowie einer Beschränkung seiner Therapiefreiheit ausgesetzt sieht. Das Sachleistungsprinzip gilt daher oftmals als „Instrument zur optimalen Erfüllung“ des Anspruchs auf Heilbehandlung unter Berücksichtigung der Zweckmäßigkeit, Erforderlichkeit, Notwendigkeit und Wirtschaftlichkeit.[2188]

Kritisch gesehen wird die sich daraus ergebende Konsequenz, dass der Abrechnungsvorgang der Kontrolle durch den die Leistungen in Anspruch nehmenden Patienten entzogen wird. Dies berge das Potential der Abrechnungsmanipulation durch die Leistungserbringer.[2189] Insgesamt, so der Vorwurf, würde das anonyme Sachleistungsprinzip in seiner Generalität und Intransparenz zu einem „Moral-Hazard“ und damit zu einem missbrauchenden Anspruchsverhalten führen, sodass eine Entsolidarisierung die Folge wäre.[2190] Neben der unsolidarischen[2191] Inanspruchnahme von Leistungen würde auch bereits die Finanzierung, indem sie

---

[2184] BSG, Urteil v. 20.07.1976 – 3 RK 18/76 = SozR 2200 § 184 RVO Nr. 4.

[2185] Dieses Argument ist insbesondere historisch begründet, da zu den Anfängen der Krankenversicherung der Arbeiter erst ein Bewusstsein für den Gang zum Arzt geschaffen werden musste, vgl. *Fischer* SGb 2008, 463.

[2186] Vgl. *Preis* MedR 2010, 140; vgl. *Schnapp* ErsK 1991, 392.

[2187] Vgl. *Preis* MedR 2010, 140.

[2188] BSG, Urteil v. 28.06.1983 – 8 RK 22/81 = SozR 2200 § 257a RVO Nr. 10.

[2189] Dazu *Haft* ZRP 2002, 459.

[2190] Eine solche Ansicht vertritt etwa *Ballstaedt* DÄ 2003, A 2271; vgl. *Merten* NZS 1996, 597; siehe auch BT-Drucks. 10/669, S. 225; vgl. generell *Hänlein* SGb 2003, 309; vgl. auch *Fischer* SGb 2008, 465.

[2191] Siehe dazu oben unter B. III. 3.

an einen bestimmten Personenkreis und dessen Arbeitsentgelt gebunden ist, unsolidarisch erfolgen.[2192] Das Argument schließlich, dass der Versicherte in einem System ohne Sachleistungsprinzip finanziell überfordert wäre, kann dadurch entkräftet werden, dass auch in der Privatversicherung Wege und Möglichkeiten bestehen, nicht erst in Vorzahlung gehen zu müssen.[2193]

Vor der Auseinandersetzung mit den theoretischen Vor- und Nachteilen eines reinen Kostenerstattungsprinzips ist zu berücksichtigen, dass seit jeher Elemente der Kostenerstattung in der gesetzlichen Krankenversicherung bestehen.[2194] Bei der Forderung nach mehr Kostenbeteiligung des Versicherten handelt es sich mitnichten um ein Novum. Wie bereits dargelegt[2195], stellt § 2 Abs. 2 S. 1 SGB V den Ausgangspunkt für die Kostenerstattung dar. § 13 Abs. 1 SGB V regelt die Details. An mehreren Stellen im Leistungs- wie auch im Beitragsrecht der gesetzlichen Krankenversicherung, insbesondere im Rahmen der Wahltarife nach § 53 SGB V, ist von der durch § 13 Abs. 1 SGB V eröffneten Möglichkeit Gebrauch gemacht worden.

### b. Kostenerstattung als Leistungsprinzip der gesetzlichen Krankenversicherung

Vertreter eines Kostenerstattungsprinzips als generelles Leistungsprinzip führen als Vorteile zunächst die Möglichkeit der Kostendämpfung über eine „Kostenrückführung auf das medizinisch Notwendige" an.[2196] Für den Patienten würde ein Anreiz geschaffen werden, durch gesundheitsbewusstes Verhalten Kosten zu vermeiden, indem er zurückhaltender Leistungen in Anspruch nimmt.[2197] Darüber hinaus führe der Mechanismus der Kostenerstattung zu mehr Transparenz bezüglich der Kostenstrukturen.[2198] Art, Umfang und Kostenaufwand der Leistungen würden transparent werden.[2199] Der Patient werde jedoch als „unmündiges Objekt" behandelt, dem die Überprüfung der ärztlichen Tätigkeit nicht zugemutet beziehungsweise nicht zugetraut werden kann.[2200] Die Konsequenz sei schließlich, dass der Patient – obwohl er der Behandlung am Nächsten ist – nicht erfährt, welche Kosten seine Behandlung für die Solidargemeinschaft verursacht. Einziger Orientierungswert für ihn ist der monatlich zu erbringende Sozialversicherungsbeitrag, den der Versicherte aber allenfalls durch einen Blick auf seine Lohnabrechnung erfährt.

---

[2192] So *Ballstaedt* DÄ 2003, A 2271.
[2193] Siehe dazu *Schulin* ZVersWiss 1994, 41.
[2194] Vgl. *Wasem* MedR 2000, 472; vgl. *Muschallik* MedR 2000, 213 f.; siehe auch *Schnapp* ErsK 1991, 390; *Schulin* weißt zudem auf die früherer Ersatzkassenpraxis der Kostenerstattung hin, die später dann in das SGB V auf alle Kassen überführt wurde, vgl. *Schulin* ZVersWiss 1994, 41 f.
[2195] Siehe dazu oben unter C. II. 3. a.
[2196] *Schnapp* ErsK 1991, 392; ähnliche Forderung bei *Haft* ZRP 2002, 458 f.
[2197] Vgl. *Wasem* MedR 2000, 474.
[2198] Vgl. *Merten* NZS 1996, 597; vgl. *Blüm* ZSR 1984, 773; vgl. *Schmähl* Sozialer Fortschritt 1975, 241.
[2199] Siehe *Hauck*, in: *Sodan*, Krankenversicherungsrecht, § 8 Rn. 11.
[2200] *Preis* MedR 2010, 140.

Der Patient soll also mündig und damit befähigt werden, kosteneffektiv an der Behandlung mitzuwirken und selbst zu bestimmen, was für ihn zweckmäßig ist.[2201] Er soll als aktiver Part bei der Überwachung und Effizienzwahrung der Leistungserbringung mitwirken.[2202] Diesbezüglich wird allerdings in „Kosten*kenntnis* und Kosten*bewußtsein*" unterschieden.[2203] Vor diesem Hintergrund ist eine mögliche Auswirkung auf das ohnehin schon bestehende Problem des „Moral-Hazard" kritisch zu hinterfragen, da sowohl beim Sachleistungs- als auch beim Kostenerstattungsprinzip Beitrag und Leistung voneinander entkoppelt sind.[2204] Auch wenn über mehr Information und Systemtransparenz Kenntnis über die Kosten erzielt wird, bedeutet dies nicht, dass automatisch auch ein Bewusstsein für diese Kosten und damit eine solidarische Inanspruchnahme erreicht wird.[2205] Dies ist ja schließlich die Aussage, die hinter dem Problem des „Moral-Hazard" steht. Letzten Endes würde sich die Kostenerstattung nur als Zwischenschritt zur Leistungsgewährung darstellen, den es eben zu absolvieren gelte und für den einzelnen Versicherten in der Gesamtsumme nur einen kleinen Mehraufwand bedeuten würde. Zwar mag das Erzielen eines Kostenbewusstseins über Formen der Selbstbeteiligungen in gewissen Grenzen möglich sein, wobei auch hier zu bedenken ist, dass darin die Gefahr läge, dass Versicherte auf Leistungen, die sie aus medizinsicher Sicht bedarfsbedingt notwendiger Weise benötigten, verzichteten.[2206] Allerdings sind die Implementierungen von Selbstbeteiligungen der Versicherten grundsätzlich unabhängig von der Frage, ob am Sachleistungsprinzip festgehalten oder aber auf ein generelles Kostenerstattungsprinzip umgestellt wird.[2207]

### c. Kostenerstattung und Eigenverantwortung

Schließlich eröffne die Kostenerstattung nach Ansicht ihrer Befürworter dem Versicherten die tatsächliche Möglichkeit Eigenverantwortung für sich und seine Gesundheit wie auch solidarisch gegenüber der Gemeinschaft wahrzunehmen.[2208] Unter der Prämisse des Sachleistungsprinzips bei gleichzeitigem Grundsatz der

---

[2201] Siehe dazu BR-Drucks. 822/96, S. 55; vgl. BT-Drucks. 10/669, 225.

[2202] Vgl. *Wasem* MedR 2000, 474; vgl. Eichenhofer/v. Koppenfels-Spies/Wenner/SGB V/*Ulmer*, § 13 Rn. 11.

[2203] *Schnapp* ErsK 1991, 393; siehe auch *Wasem* MedR 2000, 474 und *Muschallik* MedR 2000, 218.

[2204] Vgl. *Schnapp* ErsK 1991, 393.

[2205] Vgl. BT-Drucks. 10/669, S. 225. Vgl. auch *Mahr* ZVersWiss 1977, 205 f., 214, der darauf hinweist, dass jeder „Aktion" auch eine entsprechende „Reaktion" der Versicherten folgt, die es mit einzubeziehen gilt. Der Versicherte passt sich also den veränderten Umständen an und wird nach wie vor versuchen aus rationalen Erwägungen das Optimum an Leistung zu erzielen. Die zunächst bekämpften Effekte werden über kurz oder lang also erneut eintreten und erneute Reaktionen erfordern.

[2206] Vgl. *Götze/Salomon* ZSR 2009, 71 f. sowie zur Wirkung auf das Kostenbewusstsein auch 85 f.; vgl. *Schnapp* ErsK 1991, 393.

[2207] Dazu zutreffend *Wasem* MedR 2000, 475.

[2208] Vgl. BR-Drucks. 822/96, S. 55; vgl. *Wasem* MedR 2000, 474; siehe bereits *Blüm* ZSR 1984, 773.

verschuldensunabhängigen Leistungsgewährung fehle es dem System an einer Perspektive der Selbstverantwortung und grundlegend an einer kollektiven Verantwortungsfähigkeit.[2209] Das Sachleistungsprinzip stehe vielmehr im Widerspruch zur Versicherteneigenverantwortung.[2210] Eigenverantwortung wird von Vertretern eines generellen Kostenerstattungsprinzips demzufolge verstanden als finanzwirtschaftliche Eigenverantwortung, die eine stärkere Betonung des sozialstaatlichen Subsidiaritätsgedankens beschreibt. Durch die Vorleistungsverpflichtung soll der Versicherte den Einsatz von finanziellen Mitteln und die Inanspruchnahme von Gesundheitsleistungen in einer ökonomisch effizienten Weise mitbeeinflussen.[2211] Die damit ermöglichte Vorabauswahl der jeweiligen Methoden soll die Eigenbeteiligung am Behandlungsablauf erhöhen, indem der Patient zum gezielten Nachfrager wird. Diese Form von Eigenverantwortung ergäbe sich nur dann, wenn für Patient und Leistungserbringer in eine unmittelbare, privatrechtliche Beziehung zueinander treten können. Und dies versage das Sachleistungsprinzip in weiten Teilen.[2212]

Gemessen an bereits bestehenden Regelungen der Kostenerstattung und am Versichertenverhalten in der privaten Krankenversicherung ist allerdings neben dem erforderlichen Bedarf an Information und Fähigkeitserwerb der Versicherten zur Übernahme dieser aktiven Rolle auch ihre Wirkungsweise kritisch zu betrachten. Da die Leistungen nach wie vor bereitgestellt und übernommen werden, vollzieht sich keine Lasten- und keine Verantwortungsverschiebung im eigentlichen Sinn. Vielmehr wird eine Art der Mitwirkungspflicht konzipiert, die dem Versicherten nur die zusätzliche Bürde der Rechnungseinreichung auferlegt. Damit ist an und für sich keine Eigenverantwortung im Sinne des gesundheitlichen und freiheitlichen Begriffs erzielt, sondern vielmehr nur eine Umschreibung einer vorab getroffenen finanzwirtschaftlichen Erwägung, die der Erschließung potentieller Effizienz- und Einsparpotentiale zu dienen gedacht ist. Eine tatsächliche Leistungsbegrenzung erfolgt nur insoweit, als dass im Falle der Nichteinreichung von Arztrechnungen der Patient die Kosten schlussendlich selbst zu tragen hat, also nur eine Kostenverlagerung und keine Leistungsbegrenzung erfolgt. Nur wenn der Versicherte aktiv die Risikovorsorge zum überwiegenden Teil im privaten Bereich selbst zu gestalten hätte, würde eine Verantwortungsrückübertragung tatsächlich stattfinden.[2213]

Bezüglich des forcierten gewandelten Inanspruchnahmeverhaltens der Versicherten kann daher von einer „unechten Leistungsbegrenzung“ gesprochen werden. Die Versicherten würden nach der Vorstellung der Vertreter eines generellen

---

2209 Vgl. *Ballstaedt* DÄ 2003, A 2271; vgl. zusammenfassend *Muckel/Ogorek/Rixen*, Sozialrecht, § 8 Rn. 65.

2210 So *Merten* NZS 1996, 597.

2211 Vgl. BR-Drucks. 822/96, S. 55.

2212 So *Muschallik* MedR 2000, 218.

2213 Siehe dazu *Haft* ZRP 2002, 459, der bezogen auf den Sachleistungsgrundsatz und dessen historische Entwicklung als Leistungsmaxime innerhalb der gesetzlichen Krankenversicherung von „Entmündigung“ spricht.

Kostenerstattungsprinzips bei Kostenkenntnis vermehrt und gezielt kostengünstigere Behandlungsmethoden nachfragen. Kostenintensivere Leistungen würden weniger nachgefragt und könnten damit schließlich aus dem Leistungsumfang ausgeschlossen werden, solange eine kostengünstigere Alternative besteht. Hier ist allerdings anzumerken, dass der Leistungskatalog der gesetzlichen Krankenversicherung auch ohne generelles Kostenerstattungsprinzip vom Wirtschaftlichkeitsgebot geprägt ist, die Leistungen also in diesem Sinne notwendig, wirtschaftlich und angemessen sein müssen.

Daneben scheint es als erwiesen, dass die Akzeptanz der Versicherten für das Prinzip der Kostenerstattung schlicht nicht gegeben ist, obwohl ein Systemwechsel hin zur Kostenerstattung immer wieder gefordert wird.[2214] Anders lassen sich die verschwindend geringen Beteiligungszahlen an der Kostenerstattung nach § 13 Abs. 2 und § 53 Abs. 4 SGB V nicht erklären.[2215] Diese hat sich noch einmal von 2020 auf 2021 auf weniger als 1% der Versicherten, die an einem Wahltarif teilnehmen, reduziert.[2216] Eine mögliche Ursache für diese Entwicklung könnte die anhaltende SARS-CoV-2-Pandemie im Jahr 2021 sein, woraus sich eine Krisenanfälligkeit des Kostenerstattungsprinzip ableiten lassen könnte.

### d. Fazit

Ein Wechsel hin zu einem generellen Kostenerstattungsprinzip ist damit zwar grundsätzlich möglich, birgt aber nicht nur sozialpolitisch, sondern gleichfalls systemisch komplexe Problemstellungen.[2217] Nach der Auffassung des Bundessozialgerichts zumindest stehen die Vor- und Nachteile des derzeit geltenden Sachleistungsprinzips in einem „ausgewogenen Verhältnis".[2218] Bezweifelt werden kann jedenfalls das vorgebrachte Argument, dass ein Wechsel hin zum reinen Kostenerstattungsprinzip zu einem Mehr an Eigenverantwortung der Versicherten führen würde. Die einfache Verlagerung der je nach Konzept

---

2214 So das Ergebnis der *Wissenschaftliche Dienste des Bundestages* WD-9-3000-073/18, S. 21 f.

2215 Vgl. zu der Wahl der Kostenerstattung nach § 13 Abs. 2 SGB V BT-Drucks. 16/12639, S. 9; von 15.679.684 gesetzlich Krankenversicherter, die einen Wahltarif nach § 53 SGB V gewählt haben, entfielen im Jahr 2021 lediglich 1.259 auf die Wahl eines Kostenerstattungstarifs nach § 53 Abs. 4 SGB V, vgl. die Daten des Informationssystems der Gesundheitsberichterstattung des Bundes, Stand 13.06.2022, abrufbar unter https://www.gbe-bund.de/gbe/pkg_olap_tables.prc_sort_ind?p_uid=gast&p_aid=62006423&p_sprache=D&p_help=2&p_indnr=856&p_ansnr=46321178&p_version=2&p_sortorder=d&p_dim_1=D.000&p_dw_1=3742, zuletzt am 01.04.2023.

2216 Von 15.224.801 gesetzlich Krankenversicherter, die einen Wahltarif nach § 53 SGB V gewählt haben, entfielen im Jahr 2020 immerhin noch 272.650 auf die Wahl eines Kostenerstattungstarifs nach § 53 Abs. 4 SGB V, sodass ein Rückgang um rund 99,5 % zu verzeichnen ist, vgl. die Daten des Informationssystems der Gesundheitsberichterstattung des Bundes, Stand 13.06.2022, abrufbar unter https://www.gbe-bund.de/gbe/pkg_olap_tables.prc_sort_ind?p_uid=gast&p_aid=62006423&p_sprache=D&p_help=2&p_indnr=856&p_ansnr=46321178&p_version=2&p_sortorder=d&p_dim_1=D.000&p_dw_1=3742, zuletzt am 01.04.2023.

2217 Dieser Ansicht auch *Hänlein* SGb 2003, 309; insgesamt kritisch auch *Schulin* VSSR 1997, 47.

2218 BSG, Urteil v. 28.03.2000 – B 1 KR 21/99 R = SozR 3-2500 § 13 Nr. 21.

aufzubringenden Kostenlast auf den Versicherten steht dazu in einem eindeutigen Widerspruch.

## 2. Neuzuweisung von Risikoverantwortung

Welche Leistungen von der gesetzlichen Krankenversicherung abgedeckt werden, ist insbesondere daran zu bemessen, ob die in Rede stehende Leistung dem in der gesetzlichen Krankenversicherung versicherten Risiko zugeordnet werden kann. Entsprechend der Aufgabenumschreibung in den §§ 11 und 27 SGB V gehören dazu maßgeblich Leistungen der Krankenbehandlung, der Rehabilitation, der Prävention und der Versorgung bei Schwangerschaft und Behinderung.

Allerdings werden bestimmte Leistungen in der gesetzlichen Krankenversicherung – wie beispielsweise die soeben benannten Leistungen bei Mutterschaft oder im Rahmen der Präventionsarbeit – aufgrund ihres vermeintlich fehlenden Sozialversicherungsbezuges dem Bereich der Fremdlasten zugeschrieben.[2219] Im Kontext der Eigenverantwortung sind dabei insbesondere solche Fälle von Fremdlasten hervorzuheben, in denen „kleine“ soziale Risiken – also solche von finanziell überschaubarem Ausmaß – vom Sozialleistungsträger statt vom Individuum abgesichert werden und solche Risiken, die sich als mehr oder weniger „‘klassisches‘ Jedermann-Risiko“ darstellen.[2220] Daher wird in der Literatur und in der politischen Debatte widerholt auf das durch die Kollektivverantwortlichkeit abgesicherte versicherte Risiko rekurriert. Reformmaßnahmen sollen sich dementsprechend an der Neubestimmung der Risikolast versuchen.[2221] So sollten kleinere soziale Risiken, die in ihren finanziellen Auswirkungen für den Betroffenen begrenzt sind, in die individuelle oder familiäre private Vorsorge überantwortet werden.[2222] Unter Berücksichtigung des individuellen Risikos und seiner auf dem Versichertenverhalten basierenden Erhöhung ergehen dabei seit langer Zeit etwa Vorschläge, die einen individuellen Risikozuschlag einführen oder bestimmte Risikogruppen von der solidarischen Versorgung ausschließen wollen.[2223]

---

[2219] Zu dem Begriff der Fremdlast und der Frage der Zuordnung einleitend bereits *Butzer*, Fremdlasten in der Sozialversicherung, S. 1 f., sowie eine grobe Auflistung bestimmter als Fremdlasten empfundener Leistungsbereiche auf S. 66 f.; siehe auch bei *Hänlein* SGb 2003, 305, der statt von Fremdlasten von „versicherungsfremden Leistungen“ spricht.

[2220] *Butzer*, Fremdlasten in der Sozialversicherung, S. 75 f.

[2221] Vgl. einleitend *Mutz* DAngVers 1996, 561; vgl. zudem *Haft* ZRP 2002, 458f, 462.

[2222] Siehe zu dieser Forderung die Einordnung bei *Butzer*, Fremdlasten in der Sozialversicherung, S. 75.

[2223] Siehe dazu etwa *Oldiges* DOK 1991, 537 f.; vgl. auch *Braun*, Das Verhältnis der Bürger zur sozialen Sicherung, S. 25: „Als eine Möglichkeit, Ansprüche und verantwortungsbewußtes Handeln wieder in einen sichtbaren Zusammenhang zu bringen, werden Risikozuschläge [...] für solche Personen angesehen, deren Lebensweise mit einer gegenüber dem Durchschnitt der Versicherten größeren Wahrscheinlichkeit zur Inanspruchnahme von Sozialleistungen führt. Mit solchen Risikozuschlägen zu arbeiten, bietet sich insbesondere in der Krankenversicherung an.“

### a. Grundlegender Ansatz

Ausgangspunkt ist die Annahme, dass es einer Überarbeitung des Leistungskataloges über eine vorzunehmende Neuabgrenzung der Risiken als Antwort auf die Kostenfaktoren der gesetzlichen Krankenversicherung bedürfte.[2224] Gemeint ist damit eine Aktualisierung der Verantwortungszuweisung betreffend die Bewältigungslast innerhalb der gesetzlichen Krankenversicherung. Im Kern wird also eine höhere Risikobeteiligung der Versicherten eingefordert.[2225] Die Verlagerung von Verantwortung bedeutet aber immer auch eine Verlagerung von Zuständigkeiten.

Es bleibt demzufolge bei der grundsätzlichen Frage, welche Risiken von der Solidargemeinschaft und welche vom Individuum als Ausdruck der privaten und autonomen Lebensführung in welchem Umfang zu tragen sind. Überspitzt formuliert wäre somit das Erreichen einer Risikoäquivalenz in der gesetzlichen Krankenversicherung als Ziel gesetzt.[2226]

### b. Darstellbarkeit im Leistungskatalog der gesetzlichen Krankenversicherung

Ausgerichtet am bestehenden Leistungskatalog würde sich eine solche Neuzuweisung von Risiken dem Grunde nach auf zwei Weisen bemerkbar machen. Entweder würden bisher in der insbesondere finanziellen Zuständigkeit der Versicherten liegende Behandlungsmethoden Bestandteil des solidarisch getragenen Leistungsumfangs, oder es würden bisherige Kassenleistungen fortan in die Zuständigkeit des Versicherten fallen. Davon ausgehend, dass die bisher gewährten Kassenleistungen, die bereits eine umfassende Absicherung für den Fall der Krankheit und seiner Folgen bietet, würden sich diejenigen Leistungen, die fortan Bestandteil des Leistungskatalogs würden, als Leistungszuwachs darstellen. Sie sind aufgrund der begünstigenden Wirkung weniger problematisch, als Ausschlüsse aus dem Leistungskatalog der gesetzlichen Krankenversicherung.

#### aa. Unterschiedliche Ansätze der Risikozuweisung

Begründen ließe sich ein solcher Ansatz zunächst damit, dass der solidarische Ausgleich unter den Versicherten Teil des „unantastbaren Kerns" der gesetzlichen Krankenversicherung sei.[2227] Um diesen zu erhalten, bedürfe es einer verstärkten Verantwortung des Einzelnen.[2228] Diejenigen Krankheitsrisiken, die selbst zu tragen dem Versicherten nicht zugemutet werden können, sind von der Solidargemeinschaft abzudecken, wohingegen solche, die gerade nicht der Einstandspflicht der Solidargemeinschaft bedürfen, aus dem Leistungskatalog der

---

[2224] *Schlenker*, in: *Schulin*, Krankenversicherungsrecht, § 1 Rn. 211.
[2225] Vgl. *Sehlen*, Eigenverantwortung im Gesundheitswesen, S. 24 f.
[2226] Darauf hinweisend, wenn auch kritisch demgegenüber eingestellt, *Schlenker*, in: *Schulin*, Krankenversicherungsrecht, § 1 Rn. 217 f.
[2227] *Adam-Schwaetzer* ArbuSozPol 1986, 363.
[2228] Vgl. *König*, wiedergegeben bei *Mutz* DAngVers 1996, 561.

gesetzlichen Krankenversicherung zu entfernen und damit in die Verantwortungssphäre des Versicherten zu überführen sind.[2229] Um das grundlegende Schutzniveau auch nach Ermessensausübung in der Eigenvorsorge des Versicherten weiterhin gewähren zu können, ergeht zusätzlich der Vorschlag, die aus der gesetzlichen Krankenversicherung ausgelagerten Risiken über private Zusatzversicherungen abzudecken.[2230]

Leistungskürzungen wären demzufolge eine mögliche Antwort auf die diagnostizierten und vordergründig finanziellen Herausforderungen des Sozialstaats.[2231] Wichtig wäre es nur, danach die Notwendigkeit des sozialen Schutzes zu berücksichtigen, also die „großen Lebensrisiken" fortwährend abzudecken, da dort, wo das Geld aus Arbeit nicht reicht, um private Vorsorge zu treffen, auch eine Privatversicherung nicht selbst getragen werden kann.[2232]

Im Ergebnis ist daher bis zu diesem Punkt der individuellen Überforderung eine Neuzuweisung von Risiken und somit auch eine ausgleichslos erfolgende Streichung von bestimmten Leistungen aus dem Katalog der gesetzlichen Krankenversicherung möglich. Reduziert der Gesetzgeber das Leistungsspektrum soweit, dass er den Versicherten dem Grunde nach notwendige medizinische Leistungen vorenthält, bewirkt dies gleichsam die verfassungsrechtliche Pflicht, die Gewährleistung eines medizinischen Existenzminimums für im Sinne der Sozialhilfe bedürftigen Bürger sicherzustellen. Anders formuliert: „Der Gesetzgeber schuldet gar nichts anderes als das Gesetz, wobei das Gesetz nur gültig und verfassungsgemäß sein muss".[2233]

Alternativ könnte eine Form der Risikoäquivalenz auch über die flächendeckende Implementierung von Eigenbeteiligungen der Versicherten zur Verwirklichung des Leistungsanspruchs in Betracht kommen. Konzeptionen, die Eigenbeteiligungen der Versicherten zur Bewältigung der Behandlungskosten beinhalten, stellen eine Verantwortungsteilung in den Mittelpunkt der Zuweisungsfrage. Dieses Prinzip ist bereits in Form von Zuzahlungen Bestandteil des Leistungskataloges der gesetzlichen Krankenversicherung. Zuzahlungen lassen den Leistungsanspruch der Versicherten unangetastet und erlauben die Berücksichtig der Besonderheiten der jeweiligen Behandlung sowie der wirtschaftlichen Leistungsfähigkeit des Versicherten, beispielsweise über das mögliche Zusatzbelastungsniveau angesichts der Grundsicherung der Sozialhilfe. Diese Eigenbeteiligungen stellten sich dem Grunde nach als eine indirekte Beitragserhöhung über zusätzlich anfallende Zahlungsverpflichtungen dar.

Entsprechend der Ausführungen zur verfassungsrechtlichen Grenze einer zusätzlichen finanziellen Belastung[2234] kann aber festgestellt werden, dass es

---

[2229] Vgl. *Adam-Schwaetzer* ArbuSozPol 1986, 363 f.
[2230] In ähnlicher Weise zum Sterbegeld *Adam-Schwaetzer* ArbuSozPol 1986, 364.
[2231] Als „Abspeckkur" bezeichnend *Hohmann-Dennhardt* AuR 2006, 79.
[2232] Darauf hinweisend *Hohmann-Dennhardt* AuR 2006, 79; vgl. auch *Mutz* DAngVers 1996, 563.
[2233] *Neumann* NZS 2006, 397.
[2234] Siehe dazu oben unter E. I. 1. a. dd.

verfassungsrechtlich keine konkrete absolute Grenze einer Belastung der Versicherten gibt. Annährungswert an eine Begrenzung liefert lediglich das verfassungsrechtlich gebotene Erfordernis der Wahrung einer ungefähren Äquivalenz zwischen Beitragshöhe und Leistungsniveau in der gesetzlichen Krankenversicherung. Ansonsten steht dem Gesetzgeber diesbezüglich ein weiter Gestaltungsspielraum zu.[2235] Für jede Leistung wäre demnach eine einzelfallbezogene Risiko- und Zumutbarkeitsabwägung durchzuführen.

Will man sich der Frage der Verantwortungszuweisung hingegen vollständig entziehen, bietet ein libertäres paternalistisches Gesundheitssystem die Alternative.[2236] In einem solche System treten individuelle Freiheit und Selbstbestimmung in den Hintergrund. Die für das Gesundheitswesen wesentlichen Entscheidungen werden von Experten beziehungsweise dem Staat vorgezeichnet, denen seitens des Individuums dann ohne die Möglichkeit einer freien Wahl nachzukommen ist – sei es mit oder ohne Wissen des Individuums. Die Verantwortung würde im extrem paternalistischen Fall – da es an der für diese notwendigen Selbstbestimmung und Entscheidungsfreiheit der Versicherten fehlt – vollständig auf Seiten des Staates zu verorten sein, der die Handlungsweisen des Versicherten und damit letztlich auch dessen Möglichkeiten der Leistungsinanspruchnahme ausgibt und kontrolliert. Für eine gesundheitliche Eigenverantwortung des Versicherten wäre somit kein Platz mehr.

### bb. Umgestaltung in Fortführung des Leistungsmechanismus des § 55 Abs. 1 SGB V – ein Gedankenspiel

Normen, die eine anteilige Zuständigkeit des Versicherten ausdrücken, lassen sich insbesondere in denjenigen Bereichen finden, die unter dem Begriff der Eigenverantwortung eine finanzielle Eigenbeteiligung des Versicherten erfordern. Ausführlich erläutert wurden bereits die Eigenbeteiligungen im Bereich der Arznei-, Heil- und Hilfsmittelversorgung.[2237] Allerdings richtet sich der Leistungsanspruch des Versicherten unabhängig von der Höhe der Zuzahlung auf die vollständige Leistung. Dies ist bereits seit Bestehen der gesetzlichen Krankenversicherung ein bestimmendes Strukturmerkmal. Erstmals gebrochen wurde mit diesem Grundsatz im Zuge des Gesundheitsreform-Gesetzes vom 20.12.1988[2238].[2239] Durch die Einführung der reduzierten Leistungsgarantie betreffend die Versorgung mit Zahnersatz im damaligen § 30 SGB V wurden Formen der Kostenerstattung und der Festzuschüsse in den Leistungskatalog als anerkanntes

[2235] So auch das Ergebnis bei *Nettesheim* VerwArch 2002, 332.

[2236] Vgl. auch *Buyx/Huster* Ethik Med 2010, 176, die allerdings bezogen auf den Beitrag von *Buyx* deutlich kritischer von „umgehen“ sprechen. Auch in der Idee einer „Bürgerversicherung“ wird die Abkehr von einem „freiheitlich strukturierten System der Gesundheitsvorsorge“ gesehen, *Depenheuer* NZS 2014, 201; siehe zur Pflicht, „sich selbst zu schützen und auf sich selbst zu achten“, als Ausdruck eines paternalistischen Staates bei *Schuler-Harms* SDSRV 2018, 36.

[2237] Siehe dazu oben unter C. II. 3. b. bb.

[2238] BGBl. I 1988, S. 2477.

[2239] Siehe *Hammel* ZfS 1996, 129.

Instrument der Nachfragesteuerung implementiert.[2240] So kombiniert einzig § 55 Abs. 1 SGB V in sich die finanzielle Beteiligung des Versicherten mit einer anfänglich bestehenden Begrenzung der Einstandsverpflichtung der Solidargemeinschaft. Die Norm verbindet den Gedanken der Prävention mit dem der finanziellen Eigenverantwortung in Form einer auf den Leistungsanspruch bezogenen Präventionsobliegenheit.[2241] Ihr soll sich daher nachfolgende Überlegung zuwenden, die der Frage nachgeht, inwieweit eine das gesamte oder mehrheitliche Leistungsgerecht der gesetzlichen Krankenversicherung umfassende Risikozuweisung nach ihrem Vorbild rechtlich und praktisch möglich, insbesondere auch aber zielführend ist.

### aaa. Konzeptioneller Ansatz

Wenn im Interesse der finanziellen Entlastung der Solidargemeinschaft eine Risikoneuverteilung erfolgen soll, bietet sich eine Verknüpfung dieser mit den Zielen der Präventionspolitik an. Bezüglich der in der Prävention vorherrschenden Zuständigkeitsverantwortung im Sinne einer umfassenden Dispositionsfreiheit, lässt sich ein Trend der Public-Health-Lehre zur stärkeren Überantwortung von Risiken auf das Individuum feststellen.[2242] Daran und am bestehen Präventionsauftrag gemessen erscheint es fast schon geboten, die Versicherten vermehrt zu Präventionsmaßnahmen anzuhalten, um die Krankheitslast effektiv verringern zu können.

Diesen Ansatz gibt § 55 SGB V selbst bereits vor. Hier wird Wissen über die Zahngesundheit sowie über spezifische Erhaltungsmaßnahmen im Rahmen der zahnärztlichen Kontrolle und Prophylaxe vermittelt. Zugleich wird – bei nachweislich fehlendem Eigenbeitrag zur Zahngesundheit – das nicht risikoadaptierte Verhalten des Versicherten durch eine Versagung der Bonifizierung sanktioniert. Diese Form der auf die Prävention ausgerichteten Verknüpfung einer Leistungsbegrenzung zur Kostenreduktion mit einer gleichzeitigen Anreizsetzung und somit verhaltenssteuernden Intention ist damit im Recht des SGB V etabliert und akzeptiert. Fraglich ist also, ob die Möglichkeit besteht, den Mechanismus des § 55 SGB V, der an die Kenntnis beziehungsweise das Verhalten des Versicherten bestimmte Anforderungen stellt und daran anknüpfend Boni gewährt oder versagt, auf weitere Bereiche des Leistungsrechts zu übertragen. Dabei kommen sowohl der Leistungsmechanismus ebenso wie der Mechanismus der Bonifizierung ohne kausales Element aus. Anknüpfungspunkt ist zum einen der Befund, zum anderen die faktische und nachvollziehbare Inanspruchnahme der Präventionsleistung.

Durch den stetigen Fortschritt im Bereich der individualisierten Medizin und im Bereich der Prävention ist es dem Grunde nach immer öfter möglich, statt

---

[2240] Vgl. *Hammel* ZfS 1996, 130.

[2241] Ähnlich die beiläufige Feststellung bei *Wilksch*, Recht auf Krankenbehandlung und Recht auf ein menschenwürdiges Existenzminimum, S. 345.

[2242] Siehe dazu oben unter B. III. 2. b.

pauschalisierter Verhaltensempfehlungen konkrete Maßnahmen anhand individueller Befunde zu bestimmen und dem Versicherten damit aufzuzeigen, worin sein Beitrag zur Krankheitsprävention besteht.[2243] Damit könnten grundsätzlich die Voraussetzungen für ein solches Vorhaben gegeben sein, dass zunächst den Leistungsumfang der gesetzlichen Krankenversicherung auf einen bestimmten Teil der – im Ergebnis in einer Kostensumme ausgedrückten – krankheitsspezifischen Behandlungslast reduziert und im Anschluss daran als motivationale Anreizstütze das dem Krankheitsbild entsprechende Vorverhalten des Versicherten prämiert, indem es dessen Risikolast reduziert. Entweder wäre das zur Bonifizierung notwendige Versichertenverhalten dann bezogen auf die Inanspruchnahme beziehungsweise die Teilnahme oder den Nachweis über eine Maßnahme der Primärprävention vergleichbar zur Prophylaxeleistung zur Zahngesundheit. Oder es wäre auf die Inanspruchnahme eines bestimmten diagnostischen Verfahrens der Sekundärprävention, vergleichbar zur Regelungsintention des § 62 Abs. 1 S. 3 SGB V, bezogen. Mit Blick auf das Ziel der finanziellen Entlastung wäre ein entsprechender Ansatz auch konsequent, da er zwar auch, aber eben nicht primär versucht, das Versichertenverhalten verändernd zu beeinflussen, sondern den Versicherten unmittelbar an den Kosten der jeweils nachgefragten Leistungen prozentual beteiligt.

### bbb. Rechtfertigungsansätze

In Betracht kommende und aus der Verfassung ableitbare Gründe zur Rechtfertigung einer entsprechenden Umsetzung sind zum einen der Schutz der Bevölkerungsgesundheit mit zum Teil individuellem Einschlag[2244], sowie die Aufrechterhaltung der finanziellen Stabilität der gesetzlichen Krankenversicherung. Sowohl der finanzielle Aspekt als auch der Gesundheitsfaktor des individuellen Verhaltens sind zentrale Aspekte der Prävention und stehen in einer permanenten Wechselbeziehung.[2245] Der Gedanke der Prävention basiert wesentlich auf der Erkenntnis, dass sich bestimmte Verhaltensweisen positiv auf den Gesundheitsstaus eines Menschen auswirken und durch eine Hebung des Gesundheitsniveaus letztlich Kosteneinsparungen in der Behandlung von Krankheit erzielt werden können.

Würde gesundheitsgerechtes beziehungsweise krankheitspräventives Verhalten daher über ein Anreizsystem entsprechend § 55 SGB V umfassend im SGB V implementiert, so könnte die Annahme gerechtfertigt sein, dadurch eine finanzielle Entlastung zu bewirken. Dies entweder bereits dadurch, dass die Einstandsverpflichtung der Solidargemeinschaft reduziert und ein bestimmter Anteil der Versicherten von der Bonifizierungsmöglichkeit keinen Gebrauch machen würde, oder dadurch, dass sich die Versicherten insgesamt pro Gesundheit verhielten und damit die Fallzahlen an behandlungsbedürftigen Krankheitszuständen

---

[2243] So *Eberbach* MedR 2011, 768.

[2244] Vgl. zur verfassungsrechtlichen Grundlage des Schutzinteresses der Bevölkerungsgesundheit *Pestalozza* Bundesgesundheitsbl 2009, 684 ff.

[2245] Dazu *Eberbach* MedR 2011, 769; vgl. auch *Huster* Ethik Med 2010, 295.

zurückgehen würden. Da Krankheitsprävention zur mittelbaren Leistungsvoraussetzung würde, würde Effizienzproblemen wie im Bereich der Bonusgewährung nach § 65a SGB V durch einen breiten Ansatz begegnet. Dass Versicherte auf die Regelung des § 55 SGB V positiv reagieren, lässt sich aus den Kennzahlen der Bonusgewähr bei der Versorgung mit Zahnersatz schließen. Zuletzt erhoben für das Jahr 2019, haben 9% der Versicherten der BARMER eine Erhöhung um 20% und 52% der Versicherten eine Erhöhung um 30% des Festzuschusses erhalten.[2246] Diese Versicherten haben also im erforderlichen Umfang die Voraussetzungen der Bonusleistung erfüllt und dies gegenüber der Krankenkasse auch nachweisen können. Korrespondierend dazu zeigt sich auch, dass ein Großteil der zahnärztlichen Leistungserbringung auf die präventiv ausgerichteten Kontrolluntersuchungen entfällt. So überwiegen die Ausgaben für die in Bezug zum Zahnersatz stehenden konservierenden, chirurgischen und Röntgenleistungen, einschließlich Prophylaxe, mit durchschnittlich 118,85 € pro Versicherten gegenüber der Versorgung mit Zahnersatz und Zahnkronen von durchschnittlich 47,29 € pro Versicherten.[2247] „Zahnerhalt vor Zahnersatz" scheint daher rein finanziell betrachtet eine Entlastung zu bewirken.

Schließlich kann auf die Erkenntnis verwiesen werden, dass ob des weiten politischen Gestaltungsspielraums des Gesetzgebers einzig die Frage nach der Verhältnismäßigkeit in der Umgestaltung des Leistungsrechts tatsächlich begrenzende Wirkung entfaltet. Insbesondere die Verhältnismäßigkeit im engeren Sinn kann für den Fall, dass bestimmte Maßnahmen nicht zumutbar oder ohne konkrete Anhaltspunkte eine Wette auf die Zukunft darstellen, zur Verfassungswidrigkeit solcher Vorhaben des Gesetzgebers führen. Allerdings hat die Rechtsprechung klargestellt, dass die grundsätzliche Begrenzung des Leistungsniveaus auf einen Festzuschuss bei pauschalisierten Ausnahmetatbeständen unter verfassungsrechtlichen Gesichtspunkten nicht zu beanstanden ist; die sich daraus ergebende Eigenbeteiligung sei eine zulässige Ausgestaltung der ohnehin zum Grundsatz genommenen Eigenverantwortung des Versicherten im Sinne des § 2 Abs. 1 S. 1 SGB V.[2248]

Die Schaffung von Anreizsystemen selbst, stellt einen Eingriff in die allgemeine Handlungsfreiheit in Form der Schmälerung der Entscheidungsfreiheit durch Protegieren der staatlichen Auffassung dar. Sie kann insofern gerechtfertigt werden, als dass der Versicherte sich aktiv an dem Anreizsystem beteiligt, seine Teilnahme also an und für sich nicht erzwungen ist. Zudem überwiegt auch hier die

---

2246 Siehe dazu die Daten des Zahnreports 2021 der BARMER, Stand Juni 2021, abrufbar unter https://www.barmer.de/presse/infothek/studien-und-reporte/zahnreporte/zahnreport-2019-1064920, zuletzt am 01.04.2023, S. 116. Die Angaben des Zuschusses in Prozent beruhen auf der vor dem 01.10.2020 geltenden Fassung des § 55 SGB V.

2247 Siehe dazu die Daten des Zahnreports 2021 der BARMER, Stand Juni 2021, abrufbar unter https://www.barmer.de/presse/infothek/studien-und-reporte/zahnreporte/zahnreport-2019-1064920, zuletzt am 01.04.2023, S. 28.

2248 Vgl. dazu BSG, Urteil v. 16.12.2003 – B 1 KR 26/01 R = SozR 4-2500 § 61 Nr 1; siehe auch LSG Nordrhein-Westfalen, Beschluss v. 20.11.2006 – L 16 B 62/06 = BeckRS 2006, 44826.

Wahrung der finanziellen Stabilität der nur vergleichsweise geringen Einwirkung auf die Entscheidungsfindung.[2249]

Entsprechend der Ausführungen zum Schutz der Versicherten bei Leistungskürzung oder finanzieller Belastung ist aber erneut auf das letzten Endes entscheidende Kriterium der Verhältnismäßigkeit hinzuweisen. Insbesondere erfordert eine an einem Verhalten anknüpfende Bonifizierung, dass sie für die finanzielle Stabilität dienlich ist, da ansonsten eine Ungleichbehandlung vor Art. 3 Abs. 1 GG aufgrund des Fehlens eines sachlichen Grundes nicht gerechtfertigt werden könnte.[2250] Betreffend die generelle Zulässigkeit einer Bonusregelung nach dem Vorbild des § 55 SGB V kann aber auf die Begründung des Nichtannahmebeschlusses des Bundesverfassungsgerichts zurückgegriffen werden, worin ebenfalls auf die Zielsetzungen der Verbesserung des Gesundheitsstatus der Bevölkerung und der Reduzierung der Kostenbelastung verwiesen wurde.[2251] Nach Auffassung des Gerichts sei es aus Sicht des Grundgesetzes nicht zu beanstanden, wenn der Gesetzgeber bei der Festlegung der Höhe der Leistungen für Zahnersatz das Ziel verfolgt, die Versicherten zu regelmäßigen zahnärztlichen Untersuchungen zu bewegen, wie der Begründung zum Gesundheitsreform-Gesetz zu entnehmen ist.[2252] Das gewählte Mittel der befundbezogenen Festzuschüsse mit der Möglichkeit der Bonusgewähr sei zur Zweckerreichung in vertretbarer Weise als geeignet zu bewerten.[2253]

In Hinblick auf den Verhältnismäßigkeitsgrundsatz hat das Bundesverfassungsgericht zudem festgehalten, dass es verfassungsrechtlich nicht zu beanstanden sei, „dass das Unterbleiben von zahnärztlichen Untersuchungen dem Versicherten selbst dann zum Nachteil gereicht, wenn im Einzelfall nicht erwiesen ist, dass dadurch eine zahnprothetische Behandlung erforderlich geworden ist. Der Gesetzgeber kann sich insoweit mit einer typisierenden Betrachtungsweise begnügen. Gleiches gilt, soweit dem [Beschwerdeführer] die Minderung der Eigenbeteiligung auch dann nicht zugutekommt, wenn bei ihm objektiv ein gepflegter, gesunder Zahnbestand festgestellt werden kann. Nach der verfassungsrechtlich nicht zu beanstandenden Einschätzung des Gesetzgebers trägt die intensive zahnärztliche Kontrolle dazu bei, dass krankhafte Veränderungen am Zahnbestand frühzeitig erkannt und deshalb mit noch relativ geringem Aufwand beseitigt werden können. Er verfolgt auf diese Weise mit verhältnismäßigen Mitteln ein gesundheitspolitisch legitimes Ziel.“[2254]

Es zeigt sich daher, dass das Bundesverfassungsgericht dem Gesetzgeber mehr oder weniger freie Hand bei der Leistungsgestaltung gelassen hat, die nicht nur mit leistungsrechtlicher Sanktion, sondern darüber hinaus auch mit einer

---

[2249] So auch *Kluth/Bauer* VSSR 2010, 358.
[2250] Vgl. *Kluth/Bauer* VSSR 2010, 358.
[2251] Siehe BVerfG, Nichtannahmebeschluss v. 09.07.2004 – 1 BvR 258/04 = NZS 2004, 650.
[2252] Vgl. BT-Drucks. 11/2237, S. 172.
[2253] Vgl. BVerfG, Nichtannahmebeschluss v. 09.07.2004 – 1 BvR 258/04 = NZS 2004, 650.
[2254] BVerfG, Nichtannahmebeschluss v. 09.07.2004 – 1 BvR 258/04 = NZS 2004, 650.

Beweislast auf Seiten des Versicherten einhergeht, worin letztlich – soll der Bonus ausgelöst werden – auch in nicht unerheblicher Weise das individuelle Selbstbestimmungsrecht beschnitten wird. So hat das Bundesverfassungsgericht insbesondere die Frage unbeantwortet gelassen, ob der Gesetzgeber berechtigter Weise von der Dienlichkeit der Prophylaxe ausgehen durfte.

### ccc. Hindernisse einer Realisierung

Dem Gesetzgeber ist zwar ein weiter Gestaltungsspielraum zuzusprechen. Diese Annahme entbindet jedoch nicht von der Beantwortung insbesondere praktischer Fragestellungen, die sich mit der Umsetzung von Reformen ergeben. Neben rein in verwaltungsverfahrenstechnischen Erwägungen fußenden Herausforderungen soll insbesondere auch auf sich aus dem sozialstaatlichen Schutzauftrag und der konkreten tatbestandlichen Ausgestaltung ergebende Problemstellungen eingegangen werden.

#### (1) Sozialstaatliche Abfederung

Das Sozialstaatsprinzip und seine Ausprägung als versicherungsrechtliches Solidarprinzip verpflichten den Staat zur Erfüllung seiner Fürsorgepflicht. Der soziale Sicherungszweck der gesetzlichen Krankenversicherung ist bereits historisch gesehen insbesondere auf den Schutz einkommensschwacher und durch das Lebensrisiko der Krankheit in seiner Existenz bedrohter Gesellschaftsmitglieder gerichtet. Werden Leistungen gekürzt oder wird die finanzielle Belastung der Versicherten erhöht, bedarf es daher bestimmter Mechanismen, die zum einen diese Gesellschaftsmitglieder besonders vor Überforderung und unzumutbarer Belastung schützen und zum anderen den sozialen Sicherungszweck der gesetzlichen Krankenversicherung absichern. Härtefallregelungen wären demnach als dem Sozialstaatsprinzip entspringende Abfederung vorzusehen.

Ergänzend wären daher Regelungen entsprechend einer Befreiung nach § 61 SGB V oder einer einkommensabhängigen Belastungsobergrenze nach § 62 SGB V zu implementieren. Auch eine Klausel im Sinne des § 55 Abs. 2 SGB V für jede Leistung wäre möglich. Nach § 55 Abs. 2 SGB V haben Versicherte einen Anspruch auf erhöhte Bezuschussung, wenn sie andernfalls durch die Zuzahlungsregelung unzumutbar belastet würden. Es werden zudem Fallgruppen aufgeführt, die eine unwiderlegliche Vermutung des Vorliegens einer unzumutbaren Belastung darstellen. Nach diesem Vorbild könnte für jeden Krankheitsfall und für jede damit korrespondierende finanzielle Risikozuweisung eine Härtefallklausel gemessen an der für den Versicherungsfall festgelegten oder üblichen Regelversorgung vorgesehen werden. Diese Härtefallklauseln betonen damit im Verhältnis zur Risikoverteilung den nach wie vor solidarischen Grundsatz der gesetzlichen Krankenversicherung, indem für diejenigen, die sich sonst der finanziellen Überforderung ausgesetzt sähen, ein angemessener Gesundheitsschutz zur Verfügung gestellt wird.[2255]

Dabei ist es nach der Regelung des § 55 Abs. 2 SGB V sogar unerheblich, ob die Versicherten der Prophylaxe nachgekommen sind oder nicht. Ihr Bedarf wird daher unabhängig von den Bezuschussungsvoraussetzungen einzig aus dem Prinzip der Bedürftigkeit heraus gedeckt. Da sich dies aber als für den Präventionserfolg – der insbesondere einkommensschwache Bevölkerungsgruppen adressiert – negativ darstellen könnte, wäre über eine Eingrenzung dieses Umstandes zu diskutieren. In bestimmten, besonders krass gelagerten Fällen, könnten dann auch eine vollständige Übernahme der Kosten als ultima ratio möglich sein – wie sie lange auch für den Fall des § 55 SGB V diskutiert wurde[2256] – um eine Überwälzung der Kosten auf die Sozialhilfeträger zu unterbinden und ein rein krankenversicherungsinternes Verfahren zu schaffen. Die zu Buche schlagenden Risikostrukturen in den Kassen würden ihren Ausgleich im Verfahren des Risikostrukturausgleichs erfahren. Damit erscheint eine Ausweitung der Risikolastenteilung in einzelnen Leistungsbereichen nach dem Vorbild des § 55 Abs. 1 SGB V vom sozialstaatlichen Schutzzweck aus grundsätzlich gangbar, sofern entsprechende Härtefallregelungen bedacht werden.

Hinzu käme eine mögliche Konstruktion wie in § 92 Abs. 1 S. 1 2. Hs. SGB V, der den Gemeinsamen Bundesausschuss im Rahmen seiner Beschlussfassung über Richtlinien zur Sicherstellung der ärztlichen Versorgung dazu anhält, den besonderen Erfordernissen der Versorgung von Kindern und Jugendlichen sowie behinderter oder von Behinderung bedrohter Menschen und psychisch Kranker Rechnung zu tragen. So könnte die Regelung um Personengruppen, die aufgrund ihres Alters und der damit einhergehenden besonderen Anforderungen nur begrenzte Möglichkeiten zur Wahrnehmung von Präventionsangeboten oder zur behandlungsgerechten Mitwirkung haben, ergänzt werden.

Schließlich folgen auch aus dem Gleichheitssatz des Art. 3 Abs. 1 GG bestimmte Vorgaben für die Ausgestaltung der Bonusprogramme. Zum einen bedarf es der Darlegung eines gesundheitlichen Zusammenhanges zwischen der Bonifizierung und dem dafür notwenigen Verhalten. Dies ist etwa der Fall bei der Erhöhung der Bezuschussung beim Zahnersatz, sofern der Versicherte regelmäßig zahnprophylaktische Behandlungen in Anspruch genommen hat. Dieser Konnex müsste daher auf jede angedachte Bonifizierung übertragen werden.[2257]

Ist dies der Fall, so wäre in einem nächsten Schritt zu beurteilen, inwieweit die Partizipation für die unterschiedlichen Versichertengruppen tatsächlich möglich ist, es sich also in dieser Hinsicht nicht um diskriminierende Maßnahmen handelt. Aufgrund des Umstandes, dass Präventionsmaßnahmen vorrangig von Personen mit gutem Gesundheits- und höherem Bildungsstatus, sowie mit ausreichender

---

[2255] Vgl. dazu *Hammel* ZfS 1996, 132 f.; siehe auch BSG, Urteil v. 16.12.2003 – B 1 KR 26/01 R = BeckRS 2004, 40819.

[2256] Vgl. zum entsprechenden Diskurs zu § 61 SGB V a.F. *Hammel* ZfS 1996, 132 f.

[2257] Der Ansicht wohl auch *Kluth/Bauer* VSSR 2010, 358.

finanzieller Stärke ergriffen werden, bergen sowohl Bonus- als auch Malus-Regelungen das Problem einer potentiellen sozial selektiven Wirkung.[2258] Konkret bedürfte es daher zunächst des allgemeinen Zugangs zu den Bonifizierungsangeboten, die darüber hinaus auch auf das jeweilige Anforderungsprofil von Alter, Krankheit, Behinderung, finanzielle Situation und weitere Lebensumstände, wie Wohnort oder Berufsgruppe, Rücksicht nehmen. Dazu gehört gleichfalls die Bereitstellung der notwendigen Informationen sowie eine verstärkte Betreuung für sozial Schwache und bildungsferne Versicherte, entweder durch neu zu schaffende Stellen oder durch die Kassen und ihre Infrastruktur selbst.

Betreffend den generellen Zugang und die Versorgung im Bereich der Prävention darf unter Achtung des Sozialstaatsprinzips und des Gleichheitsgebotes jedoch keine Ausgrenzung im Sinne einer Bedürftigkeitsprüfung erfolgen. Eine solche ist der Sozialversicherung nicht nur fremd[2259], sondern würde dem erklärten Ziel, den gesamtgesellschaftlichen Gesundheitsstatus langfristig zu verbessern, womöglich zuwiderlaufen, wenn bestimmte Gruppen aus der Versorgung ausgeschlossen werden würden.

### (2) Qualifikation des erforderlichen versichertenseitigen Engagements

Prävention ist stets mit der Ungewissheit verbunden, das Verhältnis einer Maßnahme zu ihrem gesundheitlichen Nutzen für den Patienten zu bestimmen. Dies ist ein grundlegender Unterschied zur kurativen Medizin.[2260] Grund dafür ist, dass präventive Maßnahmen der Reduktion einer Eintrittswahrscheinlichkeit späterer behandlungsbedürftiger Zustände dienen, wohingegen kurative Maßnahmen auf die Behandlung eines bereits manifesten Zustandes gerichtet sind. Zudem sind Präventionsmaßnahmen populationsorientiert, also im Gegensatz zu einem spezifischen Behandlungs- oder Therapieplan losgelöst vom individuellen Anforderungsprofil des Patienten. Daher ist die Bestimmung, ob der potentielle individuelle Nutzen einer Präventionsmaßnahme den negativen Effekten, mit denen die Maßnahme einhergeht, überwiegt, ungleich schwerer. Sollen hingegen individuumsbezogene Präventionsprognosen getroffen werden, so bedarf es der Heranziehung prädiktiver medizinischer Verfahren – etwa der Untersuchung von Biomarkern – um ein auf das Individuum angepasstes Präventionsprogramm erstellen und umsetzen zu können. Genetische Varianz, Prädisposition und bio-physiologische Besonderheiten rücken damit in den Fokus.

Dem ist allerdings entgegenzuhalten, dass von genetischen Risiken betroffene Individuen meist nur wenig oder gar nichts gegen den Ausbruch von komplexen Erkrankungen, für die sie ein erhöhtes Risiko tragen, tun können.[2261] In der Praxis gängige und akzeptierte Methoden zur Früherkennung setzen auf ein Zusammenspiel mit einer frühzeitigen Intervention um einen in gewissen Grenzen

---

[2258] Vgl. auch *Welti* GesR 2015, 8.
[2259] Vgl. *Muckel/Ogorek/Rixen*, Sozialrecht, § 3 Rn. 4.
[2260] Vgl. dazu und nachfolgend *Paul* Ethik Med 2010, 193.
[2261] *Paul* Ethik Med 2010, 201.

belegbaren zumeist aber umstrittenen individuellen Gesundheitsnutzen zu erzielen.[2262] Der Fokus sollte daher auf denjenigen präventiven Maßnahmen liegen, die zum einen wenig invasiv sind und deren populationsbezogene Wirksamkeitsprognose zumindest einen individuellen Nutzen nahelegt, der eine eventuell eintretenden Schädigung überwiegt. Dass dies nicht immer einfach ist, zeigt das Beispiel der Krebsfrüherkennungsuntersuchungen und die vormals in § 62 Abs. 1 S. 3 SGB V vorgesehene Sanktion bei Nichtteilnahme vor Eintritt der Krankheit. Da auch bevölkerungsmedizinisch sinnvolle und empfehlenswerte Krebsfrüherkennungsmaßnahmen für gesunde beziehungsweise beschwerdefreie Versicherte ein Risiko beinhalten – benannt wurden etwa Risiken der Untersuchung selbst, Konsequenzen falsch-negativer oder falsch-positiver Testbefunde, invasive Abklärungsuntersuchungen sowie die mögliche Diagnose und Behandlung von Krebserkrankungen, von denen die Person ohne die Früherkennung in ihrem Leben nie etwas gemerkt hätte[2263] – und solche Risiken sich auch durch eine bestmögliche Qualitätssicherung allenfalls minimieren, nicht aber in allen Fällen auch vermeiden lassen, erschien die Streichung als unausweichlich.[2264]

Diese Problemstellung, mit der sich die sogenannte Public Health Genomics[2265] stets konfrontiert sieht, wiegt zudem immer dann schwer, wenn die Erhebung personenbezogener Gesundheitsdaten nicht ausschließlich oder im Zweifelsfall auch überhaupt nicht den Interessen des Individuums zu dienen bestimmt ist, sondern dem Interesse der Bevölkerungsgesundheit.[2266] Zur Vermeidung datenbezogener Konfliktpotentiale wäre daher stets eine umfassende Aufklärung und Einwilligung des Versicherten erforderlich und zwar für jede diagnostische, aber auch therapeutische Versorgungsleistung.

Schließlich gilt es, den normativen Standard zu definieren. Gemeint ist damit eine Bestimmung oder zumindest eine Eingrenzung der für die hier angedachten Umstrukturierung relevanten Präventionsangebote, konkret: Welche Präventionsmaßnahmen können dem Einzelnen im Rahmen des verfolgten Konzeptes zugemutet werden? Soll dem Individuum eine Verantwortung zugeschrieben werden, die zudem mit der Frage der finanziellen Risikolast verbunden ist, erscheint dies notwendig, da eine Ausweitung auf jede erdenkliche Leistung nicht nur mit den Anforderungen einer hinreichend bestimmten Norm, sondern gleichfalls mit dem bestehenden Wertesystem in Konflikt stehen würde. Beispielsweise ist es gesellschaftlich anerkannt, dass die gendiagnostischen Untersuchungen und Screenings

---

2262 Vgl. *Paul* Ethik Med 2010, 201.

2263 Vgl. dazu neben BT-Drucks. 17/11267, S. 25 auch S. 2 f. der Anlage 1 „Informationen zum Gesetz zur Weiterentwicklung der Krebsfrüherkennung und zur Qualitätssicherung durch klinische Krebsregister" des Bundesministeriums für Gesundheit zum KFRG, abrufbar unter https://www.bundesgesundheitsministerium.de/fileadmin/Dateien/3_Downloads/N/Nationaler_Krebsplan/Krebsfrueherkennung-_und_registergesetz_KFRG_Anlage_1.pdf, zuletzt am 01.04.2023.

2264 BT-Drucks. 17/11267, S. 25 f.

2265 Siehe zu dem Begriff die Darstellung bei *Brand/Brand/Schulte in den Bäumen* EJHG 2008, S. 6 ff.

2266 Vgl. *Pestalozza* Bundesgesundheitsbl 2009, 686 f.

zur Disposition des Individuums stehen. Da das hier vorgebrachte Modell der finanziellen Entlastung der gesetzlichen Krankenversicherung und der Erschließung von Effizienzpotentialen zu dienen gedacht ist, muss es sich entsprechend dem geltenden Wirtschaftlichkeitsgebot zudem daran messen lassen, ob die vorgesehenen Leistungen und Methoden in diesem Sinne wirtschaftlich sind. Eine Behandlungsmethode oder Leistung, die nicht erfolgsversprechend oder gar als schädlich für den Patienten zu bewerten ist, ist für diesen nicht zumutbar und damit nicht wirtschaftlich im Sinne der gesetzlichen Krankenversicherung, weshalb sie abzulehnen wäre.[2267]

Zur Verdeutlichung sei ein Bild skizziert, wie es der Gesetzgeber eingrenzend für die Voraussetzungen der Inanspruchnahme und des Leistungsangebotes der Gesundheitsuntersuchungen normiert hat. Schließlich würde ein wesentlicher Schwerpunkt nicht nur auf der Inanspruchnahme einzelnen Präventionsangebote, sondern gleichwohl auf entsprechenden Untersuchungsleistungen lasten. § 25 Abs. 3 SGB V benennt mehrere Voraussetzungen der Eignung der Untersuchungsleistung. Zum einen muss es sich beim Untersuchungsgegenstand um eine Krankheit handeln, die wirksam behandelt werden kann. Weiter muss ein Früh- oder Vorstadium der Krankheit überhaupt auch diagnostisch eindeutig und hinreichend erfassbar sein. Drittens müssen genügend Ärzte und Einrichtungen zur Verfügung stehen, die Befunde eindeutig zu diagnostizieren und schließlich zu behandeln sein. Es zeigt sich daher, dass der Erwartungshorizont, der an präventive Maßnahmen gerichtet wird, besonders hoch angesetzt ist.

Überträgt man diese Vorgaben auf die dann jeweils geforderten Krankheitsbilder, so zeigt sich, dass praktisch keine vergleichbare Korrelation entsprechend der Paarung von Zahnkontrolle und Prophylaxe mit dem Leistungsanspruch auf Zahnersatz existiert. Beispielsweise ist eben nicht unzweifelhaft klar, ab welchem Stadium ein Rückenleiden diagnostizierbar, wann es behandelbar und wann nicht mehr behandelbar, also chronisch geworden ist. Ebenso wenig lässt sich klar nachvollziehen, welche vorbeugende Präventionsleistung dem Rückenleiden zu Bonusgewährung oder Malusvermeidung verpflichtend gegenüber zu stellen ist. Bedarf es der regelmäßigen Rückenschule, sollte der Versicherte bestimmte Sportarten praktizieren, andere wiederum nicht oder liegt es an einem ernährungsphysiologischen Faktor? Auch lassen sich etwa aus der Raucher-Prophylaxe keine Rückschlüsse auf eine gesundheitsfördernde Wirkung, ein längeres Leben oder die Vermeidung von durch Tabakkonsum verursachter Erkrankungen ziehen. Raucher sterben nicht immer früher und leiden häufig an unterschiedlichen Krankheitsbildern.[2268] Kurzum: Es lässt sich kein allgemeingültiger Standard formulieren. Eines solchen bedürfte es aber, um den hier in Rede stehenden Leistungsmechanismus auf das Leistungsrecht der gesetzlichen Krankenversicherung zu übertragen. Dies ist ein für den Bereich der Prävention typisches Problem. Um valide Aussagen treffen zu können, bedarf es auf lange Zeit

---

[2267] Vgl. *Eberbach* MedR 2011, 758.
[2268] *Kohl/Carius* DRV 2003, 48.

angelegter Studien. Ansonsten wird auf bereits bekannte Maßnahmen, die etwa bereits nach § 20 Abs. 5 S. 1 SGB V zertifiziert sind, zurückgegriffen und der Anwendungsmaßstab auf den status quo reduziert.

Hier nun wird deutlich, dass es sich bei der spezifischen und ansonsten auch nicht weiter aufzufindenden Konstruktion der Leistungsgewährung in m im Leistungsrecht der gesetzlichen Krankenversicherung handelt, der maßgeblich auf den Spezifika der zahnärztlichen Versorgung und der Zahngesundheit an sich beruht. Die zahnärztliche Leistung ist durch den jeweiligen Befund vorgegeben und indiziert. Ihr Umfang und konkrete Ausgestaltung lassen sich somit nicht beliebig vermehren.[2269] Die Vornahme von zahnärztlichen Behandlungsmaßnahmen ebenso wie die regelmäßige und adäquate Zahnpflege lassen sich zudem im Mund oder aufgrund von diagnostischen Röntgenaufnahmen durch den Zahnarzt im Rahmen genereller Zahnkontrolle konkret überprüfen und feststellen. In der Regel sind diese Maßnahmen über einen längeren Zeitraum zu beurteilen und in einer Vielzahl von Fällen lebensbegleitend. Schließlich gilt die Bedeutung der Zahnpflege für die Zahngesundheit und damit für die Notwendigkeit von Zahnersatz generell als bekannt und bewiesen.[2270]

Dennoch ist selbst für diesen Bereich festzuhalten, dass auch hier nicht mit letzter Sicherheit ausgeschlossen werden kann, ob durch das Individuum nicht beeinflussbare Gründe und Effekte maßgeblichen Einfluss auf den Status der Zahngesundheit hatten beziehungsweise haben. Dies hat den Gesetzgeber aber nicht veranlasst, sich gegen eine entsprechende normative Realisierung in § 55 SGB V zu entscheiden.[2271]

### (3) Praktische und finanzielle Herausforderungen

Der für den hier dargestellten Ansatz anlassgebende Diskurs über das Leistungsrecht der gesetzlichen Krankenversicherung, legt als Kriterien zur Bewertung von Maßnahmen zum einen die praktische Anwendbarkeit beziehungsweise Umsetzbarkeit und zum anderen die Finanzierbarkeit, das heißt die Kostenseite, an.[2272] Selbst wenn weitere Korrelationen zwischen bestimmten Präventionsmaßnahmen und entsprechenden Krankheitsbildern identifiziert werden könnten, so würde eine wesentliche Schwierigkeit die praktische Durchführung der Norm darstellen. Dies zeigt sich bereits in der Frage, auf welche Weise und durch welche Stelle die Wahrnehmung oder die fehlende Partizipation der für das jeweilige Krankheitsbild entsprechenden Vorsorgemaßnahmen festzustellen wäre. Daneben würde es einen enormen Arbeitsaufwand erfordern, für jeden Versicherten ein individuelles Präventionsprogramm zusammenzustellen, was aber letztlich aufgrund der Multikausalität von Krankheit notwendig wäre. Ein solches

[2269] Vgl. dazu und nachfolgend *Muschallik* MedR 2000, 217, insbesondere die dortige Fn. 56.
[2270] So etwa *Altmiks* in: jurisPK-SGB V, 4. Aufl. 2020, § 55 SGB V Rn. 82.
[2271] Kritisch dazu *Rixen*, Eigenverantwortung im Gesundheitssozialrecht – Zwischen gesundheitspolitischer Forderung und positivrechtlicher Umsetzung, S. 347 f.
[2272] Siehe dazu oben unter E. II. 2. a.

Vorhaben ist nicht nur theoretisch schwer umzusetzen, sondern insbesondere in praktischer Hinsicht geradezu unmöglich.

Zudem bleibt zu bedenken, dass eine umfassende Übernahme von zur Verfügung stehenden präventiv wirkenden Maßnahmen und Verfahren eine enorm hohe finanzielle Belastung für die Solidargemeinschaft darstellt.[2273] Public-Health-Maßnahmen, speziell betreffend die Prävention, kosten zunächst Geld, bevor ein eventueller Nutzen nachgewiesen werden kann.[2274] Der sich damit ergebenden anfänglichen Belastung stehen zunächst kaum oder auch gar nicht sichtbare Entlastungen gegenüber.[2275] Auch ist stets fraglich, inwieweit überhaupt in der Bilanz ein wirtschaftlicher Vorteil erwächst und nicht vielmehr die Kostenpunkte – etwa durch eine steigende Lebenserwartung – zeitlich und punktuell verschoben werden.[2276] Präventionsmaßnahmen sollen ihre Wirkung über einen langen Beobachtungszeitraum entfalten, weshalb sich kurzfristige und prospektive Studien als wenig hilfreich erweisen.[2277] Zwar hat das Bundesverfassungsgericht in Hinblick auf die angestrebten wirtschaftlichen Auswirkungen der Leistungsgewähr beim Zahnersatz auf die Einschätzungsprärogative des Gesetzgebers verwiesen.[2278] Es gilt jedoch zu bedenken, dass sich die beschriebenen Faktoren für den Bereich der Zahngesundheit und des Zahnersatzes in überschaubarere Weise darstellen lassen. Schließlich handelt sich um vergleichsweise kleine Sektoren der vertragsärztlichen Leistungsversorgung.[2279]

### cc. Fazit

Untersucht wurde, inwieweit der insbesondere finanzwirtschaftlich interpretierte Begriff der Eigenverantwortung im Rahmen der Frage nach einer Neuausrichtung der Risikolastverteilung in der gesetzlichen Krankenversicherung unter dem Förderziel des Präventionsauftrages verwirklicht werden könnte. In der dieser Untersuchung zugrundeliegenden Diskussion werden zur weitreichenden Verwirklichung des Präventionsgedankens bei gleichzeitig finanzieller Entlastung der Solidargemeinschaft Maßnahmen erwogen, die die Eigenverantwortung des Versicherten dadurch stärken sollen, dass den Versicherten mittels Handlungssanktionen oder Kostenbeteiligung ein Anreiz zur Mitwirkung gesetzt wird. Gewählt wurde hier ein Modell, welches in seinen unterschiedlichen Ausformungen

---

[2273] Vgl. *Buyx* Ethik Med 2005, 269, m.w.N.

[2274] Vgl. *Huster* JZ 2008, 864 und *Kohl/Carius* DRV 2003, 48.

[2275] Vgl. *Kohl/Carius* DRV 2003, 48.

[2276] Siehe zu der Einsparproblematik bei *Rothgang/Dräther* ZSR 2003, 537.

[2277] Vgl. *Rothgang/Dräther* ZSR 2003, 538; Hinweis auch bei *Dörries/Arnold*, Kurzzeitiger Spaß? Langfristige Zufriedenheit!, S. 201.

[2278] Siehe BVerfG, Nichtannahmebeschluss v. 09.07.2004 – 1 BvR 258/04 = NZS 2004, 650.

[2279] Im Jahr 2021 entfielen 4,71% der Leistungsausgaben auf die zahnärztliche Behandlung und 1,50% auf Leistungen zum Zahnersatz, vgl. dazu die GKV-Kennzahlen, Stand März 2023, abrufbar unter https://www.gkv-spitzenverband.de/media/grafiken/gkv_kennzahlen/kennzahlen_gkv_2022_q4/20230329_GKV_Kennzahlen_Booklet_Q4-2022_300dpi_barrierefrei.pdf, zuletzt am 01.04.2023.

bezogen auf seine Intensität zwischen einer anbietenden, empfehlenden und mit Anreizen versehenen Präventionspolitik und einer solchen, die Präventionsmaßnahmen unter Strafe verbindlich vorschreibt, anzusiedeln ist.[2280] Dabei wurde der in § 55 SGB V normierte Leistungsmechanismus betrachtet, der eine voraberfolgende Leistungsbegrenzung zu Gunsten der Solidargemeinschaft vorsieht, dem Versicherten aber die Möglichkeit lässt, durch freiwillige Wahrnehmung einer Präventionsmaßnahme seinen selbst zu tragenden Anteil zu reduzieren, soweit er die Anforderungen erfüllt. Übertragen auf weitere Leistungen könnte dem Versicherten Anreiz zur Prävention gesetzt werden, indem ihm die Möglichkeit, sich auf vollständigen Versicherungsschutz zu berufen, genommen wird. Nur soweit er die zur Leistung korrespondierenden präventiven Bemühungen zeigt, sollte dies bonifiziert werden.

Ein solches Vorhaben erweist sich aber – zumindest nach dem derzeitigen Kenntnisstand – als im sozialversicherungsrechtlichen Leistungssystem der gesetzlichen Krankenversicherung als nur schwer darstellbar und insbesondere praktisch nicht umsetzbar.

Allen voran wirft die Frage, wie sich die generell geltende Freiheit der Entscheidung unter einem solchen System entwickeln würde, hier Bedenken auf. Faktisch würde sich bei drastischer Durchsetzung ein Zwang zu gesundheitsdienlichem Verhalten einstellen. Damit aber der verfassungsrechtliche Schutz- und Gewährleistungsanspruch in Gestalt der Verhältnismäßigkeit gewahrt werden kann, müssten so konsequente Härtefallklauseln vorgesehen werden, dass eine entsprechende Regel für den Großteil des Adressatenkreises praktisch keine Folgen hätte. Im Ergebnis wäre damit nichts gewonnen. Letztlich verfolgt das Modell ein auf die Gesundheit generell gerichtetes Idealbild, wonach die Beherrschbarkeit von Krankheitsrisiken und damit letztlich die Vermeidung von Krankheit auf der Basis vollkommen rationaler und bis zum einzelnen Versicherten hin individualisierter Präventionsstrategien erwirkt werden kann.[2281] Dies jedoch sprengt den Rahmen des tatsächlich und finanziell Möglichen. Abgesehen davon hebt die ebenfalls nicht unkritisch zu betrachtende Regelung des § 55 SGB V selbst einmal mehr hervor, dass die leistungsrechtliche Ausgestaltung der Sozialversicherung und damit das Verhältnis zwischen der eigenverantwortlichen und insbesondere finanziellen Zuständigkeit des Individuums und der Erfahrung solidarischer Absicherung umfassend im politischen Belieben des Gesetzgebers steht.

### c. Ergebnis

Die Verschiebung der Grenze der Risikozuständigkeit zwischen dem Versicherten und der Solidargemeinschaft wird durch den Gesetzgeber insbesondere betreffend die finanziellen Folgen der Leistungserbringung seit langem betrieben. Festbeträge, Zuzahlungsverpflichtungen oder bestimmte Versorgungsprogramme sind dafür Beleg. Diese Maßnahmen werden dabei stets auf die

[2280] Vgl. hierzu das Stufenmodell bei *Marckmann* Ethik Med 2010, 212.
[2281] Der Auffassung auch *Paul* Ethik Med 2010, 202.

Eigenverantwortung der Versicherten im Gegensatz zur Notwendigkeit der solidarischen Übernahme und zur Entlastung der Solidargemeinschaft bezogen. Es zeigt sich allerdings, dass diese Form der Ausgabensteuerung lediglich punktuell eingesetzt wird. Nur einzelne Leistungsfelder sind betroffen. Auch variiert regelmäßig nur die Höhe der Beteiligung der Versicherten. Die Neuzuweisung von Zuständigkeiten kann zwar als grundsätzlich möglich, in der Praxis aber als mehr oder weniger endlich eingeschätzt werden. Wie bereits gezeigt werden konnte, steht ohnehin noch aus, ob Risikobeteiligungen der Versicherten in Form von finanziellen Zuzahlungen einen nachweislichen Einfluss auf die Ausgabensituation der gesetzlichen Krankenversicherung haben. Zur tatsächlichen Fortentwicklung bedürfte es daher eines generellen Umbaus der Leistungsgewähr. Eine umfassende Umgestaltung nach dem Beispiel des § 55 SGB V erweist sich dabei als nicht zielführend. Letzen Endes müssten daher wohl auch in weiteren Bereichen des Leistungsrechts Eigenbeteiligungen oder Festbetragsregelungen implementiert werden, die allerdings in einem klaren Widerspruch zur Erwartungshaltung und Akzeptanz der Versichertengemeinschaft stünden.[2282] Dass die Effekte entsprechender Maßnahmen nicht lange währen und diese häufig in ihrer Steuerungsrichtung fehlgehen, zeigt die Einführung und spätere Abschaffung der sogenannten „Praxisgebühr“.[2283]

### 3. Generelle Begrenzung des Leistungsumfangs auf einen medizinischen „Kernleistungsbereich“

Bereits angesprochen wurde das Problem der Festlegung eines gesundheitlichen Existenzminimums und dessen Bedeutung im verfassungsrechtlichen Kontext eingeordnet. Das gesundheitliche Existenzminimum ist erneut von Bedeutung, sobald eine Neuzuweisung der in der Gesundheitsversorgung relevanten Risiken vorgenommen werden soll, die letzten Endes gleichfalls das notwendiger Weise solidarisch zu tragende Maß der Risikolast zu bestimmen hat.[2284] Als marktzentrierte Positionierung in der Debatte um die Neuausrichtung der gesetzlichen Krankenversicherung könnte ein minimalistischer Ansatz, der eine Versicherungspflicht mit risikoäquivalenten Beiträgen zur Grundversorgung bei Krankheit als Wahrung des physischen Existenzminimums verfolgt, erwogen werden.[2285] In diesem Zuge vorzunehmende Leistungseinschränkungen stellen sich als Ausnahme zum bereits angesprochenen Leistungsversprechen des § 27 Abs. 1 SGB V dar. Die Begrenzung dieses Anspruchs soll sich in einer Umkehrung von einem im Grunde praktisch unbegrenzten Anspruch zu einem lediglich auf

---

[2282] Diese Befürchtung bereits *Wenner* GesR 2009, 169 ff.

[2283] Vgl. *Wissenschaftliche Dienste des Bundestages* WD-9-3000-142/10, S. 8; vgl. *Wrase* GuP 2014, 59; vgl. *Rixen*, Eigenverantwortung im Gesundheitssozialrecht – Zwischen gesundheitspolitischer Forderung und positivrechtlicher Umsetzung, S. 347.

[2284] Vgl. etwa *Buyx* Ethik Med 2005, 281, die unter anderem ein Konzept vorstellt, nach welchem bei Krankheiten, „für die eine Verursachung durch falsches Gesundheitsverhalten am besten geklärt ist“, nur eine basale Versorgung solidarisch finanziert zur Verfügung gestellt wird, aufwendige Methoden hingegen nur im Rahmen privater Zusatzversicherung abgesichert werden können.

[2285] Vgl. *Wallerath* JZ 2004, 953.

Kernleistungen beschränkten Leistungsanspruch im Sinne einer medizinischen Grundversorgung vollziehen.[2286] Die Idee einer Grundsicherung – unter Umständen ergänzt um die freiwillige private Absicherung weiterer Risiken – könnte im Grunde bereits aus dem Subsidiaritätsgedanken abgeleitet werden. Schließlich hat der Gesetzgeber nur solche Aufgaben an die öffentlich-rechtliche Zwangsversicherung zu übertragen, die nicht durch das Individuum in Selbstverantwortung mittels privater Versicherung bewältigt werden können.[2287]

Hintergrund entsprechender Vorschläge ist die Annahme, dass eine fortwährende umfassende und dem medizintechnischen Fortschritt entsprechende Versorgung mit medizinischen Gesundheitsgütern bei gleichzeitigem Festhalten an der Beitragssatzstabilität auf Dauer nicht funktionieren könne und letztlich nur ein „Täuschungsmanöver" für unlängst stattfindenden Leistungsbeschränkungen sei.[2288] Entsprechende Instrumente, die auf eine Begrenzung des Leistungsanspruchs hinwirken, werden im Recht der gesetzlichen Krankenversicherung bereits seit langem angewandt und teilweise auch akzeptiert. Angesprochen sind Formen der Rationierung und Rationalisierung von Leistungen über Selbstbehalte, Zuzahlungen und Festbeträge.

Im Kontext der Entwicklung vom Mindestversorgungskatalog der Krankenversicherung der Arbeiter von 1883 bis heute fällt auf, dass der Leistungskatalog zum einen mit dem Fortschritt des medizintechnischen Erkenntnisstandes immer weiter angewachsen, zum anderen aber auch immer wieder um vormalige Mehrleistungen der Kassen durch Aufnahme in den Regelleistungskatalog erweitert worden ist. Sollte die Krankenversicherung den Versicherten durch Krankengeld wirtschaftlich absichern, so umfasste der Katalog bald darauf die freie ärztliche Behandlung im Sinne der Akutbehandlung.[2289] Hinzu traten freie Arznei- und Hilfsmittel, Krankengeld ab dem dritten Tag der Erkrankung, freie Kur und Verpflegung im Krankenhaus, Unterstützung für Wöchnerinnen für drei Wochen sowie Sterbegeld.[2290] In dieser Weise erweiterte der Gesetzgeber in der Neubekanntmachung zum Krankenversicherungsgesetz[2291] wie auch später in der Reichsversicherungsordnung den Katalog um zuvor freiwillige zusätzliche Unterstützungsleistungen der Kassen.[2292] Auch nach dem wirtschaftlichen Aufschwung der 50er und 60er Jahre erfolgten weitere Ausweitungen der Leistungen. Erst Mitte der 70er Jahre wurde damit begonnen, erste Gegensteuerungsmaßnahme zu ergreifen und eine Kostendämpfungspolitik zu forcieren, die sich seither behauptet.[2293]

---

[2286] Vgl. *Hänlein* SGb 2003, 303 f.; vgl. *Huster*, Grundversorgung und soziale Gerechtigkeit im Gesundheitswesen, S. 188, m.w.N.

[2287] Vgl. *Butzer*, Fremdlasten in der Sozialversicherung, S. 502.

[2288] Vgl. *Huster*, Grundversorgung und soziale Gerechtigkeit im Gesundheitswesen, S. 188.

[2289] Vgl. *Kohl/Carius* DRV 2003, 34.

[2290] Vgl. RGBl. Nr. 75 1924, S. 799 ff.

[2291] RGBl. Nr. 75 1924, S. 779.

[2292] *Schlenker*, in: *Schulin*, Krankenversicherungsrecht, § 1 Rn. 27 ff.

[2293] Vgl. *Schlenker*, in: *Schulin*, Krankenversicherungsrecht, § 1 Rn. 119 f., 127 ff.

Bevor eine Auseinandersetzung mit der Bestimmung eines Kernleistungsbereiches der gesetzlichen Krankenversicherung erfolgt, soll vorab eine Einordnung der Begriffe von Rationierung und Rationalisierung ergehen, um zum einen die Beweggründe und zum anderen die möglichen rechtlichen Ausgestaltungsformen dieser Begriffe näher beleuchten zu können.

### a. Rationierung und Rationalisierung

Maßnahmen der Rationierung und Rationalisierung dienen der Kostensteuerung, Kostenbegrenzung und Kosteneinsparung.[2294] Sie sind damit Teil der Debatten über den Umgang mit der im Gesundheitswesen bestehenden finanzierungsseitigen Mittelknappheit.[2295]

Der Begriff der Rationierung tritt in unterschiedlichen Zusammenhängen auf, sodass eine Spezifizierung notwendig ist. Maßnahmen der Rationierung können entweder negativ Leistungen vorenthalten oder positiv Leistungen gewähren.[2296] Ausgehend von dem Problem der Mittelknappheit, welches bis hin zum Fall des absoluten Mangels – etwa im Bereich der Spenderorgane – führen kann, werden mit dem Begriff der „expliziten Rationierung“ zumeist Leistungskürzungen im Versorgungssystem der gesetzlichen Krankenversicherung bezeichnet.[2297] Es handelt sich dabei um eine explizite Konkretisierung des Leistungsanspruchs. Zu nennen sind beispielsweise die Ausschlüsse von sogenannten Bagatellarzneimitteln aus der Versorgung in § 34 Abs. 1 S. 1 SGB V.[2298] Rationierung bezieht sich demzufolge auf im Grunde dem medizinischen Standard entsprechende und im Einzelfall notwendige Leistungen.[2299] Faktisch bedeutet eine Rationierung eine „Vorenthaltung von Leistungen, auf deren Gewährung die Versicherten nach der Grundregel des SGB V einen Rechtsanspruch haben“.[2300] Mit dem Einsatz von Rationierungsmaßnahmen geht demgemäß immer auch die Gefahr der Unterschreitung des solidarisch abzudeckenden notwendigen medizinischen Leistungsniveaus einher, da Rationierung immer ein negatives Abweichen vom anerkannten medizinischen Standard bedeutet.[2301]

---

[2294] Vgl. *Oduncu* MedR 2012, 360; vgl. *Wrase* GuP 2014, 59; vgl. *Buyx* Ethik Med 2005, 269 f.

[2295] Vgl. *Kingreen* VVDStRL 2011, S. 156, 158; vgl. *Lenk*, Worin könnte eine »medizinische Grundversorgung« bestehen?, S. 249; vgl. *Nettesheim* VerwArch 2002, 317 f., 319 f.; vgl. *Plagemann* in: jurisPK-SGB V, 4. Aufl. 2020, § 2 SGB V Rn. 64.

[2296] Vgl. *Oduncu* MedR 2012, 360.

[2297] Vgl. *Kemmler* NZS 2014, 522, die von „expliziter Inhaltsbestimmung“ spricht; vgl. *Huster* MedR 2012, 565; vgl. *Wrase* GuP 2014, 59; vgl. *Fuchs/Nagel/Raspe* DÄ 2009, A-554; vgl. *Buyx* Ethik Med 2005, 269 f.; vgl. *Isensee* ZVersWiss 2004, 658; vgl. *Nettesheim* VerwArch 2002, 317 f.

[2298] Vgl. *Kemmler* NZS 2014, 522; vgl. *Isensee* ZVersWiss 2004, 658; vgl. *Nettesheim* VerwArch 2002, 317; vgl. *Ebsen* NDV 1997, 72.

[2299] Vgl. *Wrase* GuP 2014, 59; vgl. *Kemmler* NZS 2014, 521; vgl. *Fuchs/Nagel/Raspe* DÄ 2009, A-555; vgl. *Lenk*, Worin könnte eine »medizinische Grundversorgung« bestehen?, S. 249; vgl. *Honecker* ZVersWiss 2004, 630; vgl. *Francke* GesR 2003, 97; vgl. *Nettesheim* VerwArch 2002, 317, m.w.N.

[2300] *Neumann* NZS 2005, 618.

[2301] So die *Zentrale Ethikkommission der Bundesärztekammer* DÄ 2000, A-1019; vgl. *Francke* GesR 2003, 98.

Von Rationalisierung wird gesprochen, wenn Maßnahmen zur Effizienzsteigerung beziehungsweise zur Verbesserung des Kosten-Nutzen-Verhältnisses innerhalb des bestehenden Systems ergriffen werden.[2302] Dies kann beispielsweise in der Weise erfolgen, dass „Prozesse und Abläufe identifiziert und nicht mehr durchgeführt werden, die unwirksam, weniger wirksam als alternative Maßnahmen mit den gleichen Kosten oder nicht wirksamer als kostengünstigere Mittel sind".[2303] Dazu zählen etwa der Ausschluss von nachweislich unwirksamen Maßnahmen oder von solchen Maßnahmen, die keinen medizinischen Zusatznutzen aufweisen, sowie die Verwirklichung des Wirtschaftlichkeitsgebotes im engeren Sinn im Fall einer unwirtschaftlichen Maßnahme.[2304] Auch die für Arznei- und Hilfsmittel nach §§ 35 und 36 SGB V festgesetzten Festbeträge wirken – indem sie einen Preiswettbewerb bei den Pharmaunternehmen bewirken – als Rationalisierungsmaßnahme.[2305] „Rationalisierungsmaßnahmen sind daher durch die Vernunft begründete sinnvolle Handlungen, die darauf abzielen, bei gleich bleibendem finanziellem Aufwand das Versorgungsniveau zu erhöhen oder bei geringerem finanziellem Aufwand das Versorgungsniveau zu halten".[2306] Sie sind auf Dauer angelegt und müssen nicht zwangsläufig Einsparungen bedeuten, denn auch Investitionen können rationalisierende Wirkung entfalten.[2307]

Grundsätzlich ist im Vorgehen der Akteure des Gesundheitswesens ein Vorrang der Rationalisierung vor der expliziten Rationierung zu erkennen.[2308] Es entspricht im Wesentlichen der Vorgabe des § 2 Abs. 4, Abs. 1 S. 1 SGB V, indem die Akteure des Gesundheitswesens daran gebunden werden, im Interesse der Solidargemeinschaft in Verwirklichung des Wirtschaftlichkeitsgebotes des § 12 SGB V zu agieren. Ziel ist es, auf eine Rationalisierung hinzuwirken, wobei eine Rationierung von notwendigen und zweckmäßigen Leistungen abgelehnt wird.[2309] Eine echte Rationierung existiert faktisch nur im Transplantationsrecht.[2310] Dies lässt sich weiterhin auch aus den Maßnahmen der Kostendämpfungsgesetzgebung der letzten Jahrzehnte ableiten, die maßgeblich den Abbau

[2302] Vgl. *Wrase* GuP 2014, 59; vgl. *Huster* MedR 2012, 565; vgl. *Fuchs/Nagel/Raspe* DÄ 2009, A-554; vgl. zum Prinzip der Effizienzsteigerung *Hauck* SGb 2007, 205 f.; vgl. *Lenk*, Worin könnte eine »medizinische Grundversorgung« bestehen?, S. 249.

[2303] *Fuchs/Nagel/Raspe* DÄ 2009, A-554.

[2304] Vgl. *Huster* MedR 2012, 565; die Einordnung eines Leistungsausschlusses bei Unwirtschaftlichkeit entsprechend des Minimalprinzips etwa bei *Kemmler* NZS 2014, 528.

[2305] Vgl. *Wrase* GuP 2014, 59.

[2306] *Fuchs/Nagel/Raspe* DÄ 2009, A-554.

[2307] Vgl. *Fuchs/Nagel/Raspe* DÄ 2009, A-556.

[2308] Vgl. dazu BT-Drucks. 15/1525, S. 1: „Eine Lösung des Problems durch Rationierung von Leistungen zu Lasten von Patientinnen und Patienten wird parteiübergreifend strikt abgelehnt"; vgl. *Kemmler* NZS 2014, 521; vgl. *Huster* MedR 2012, 565; vgl. *Oduncu* MedR 2012, 360; vgl. *Neumann* NZS 2005, 617; vgl. *Honecker* ZVersWiss 2004, 629; vgl. *Isensee* ZVersWiss 2004, 651; vgl. *Uhlenbruck* MedR 1995, 429, vom „absoluten Vorrang der Rationalisierung vor der Rationierung" sprechend.

[2309] Vgl. Becker/Kingreen/*Scholz* SGB V § 2 Rn. 16; vgl. *Plagemann* in: jurisPK-SGB V, 4. Aufl. 2020, § 2 SGB V Rn. 20, 66; vgl. *Wenner* GesR 2009, 169; vgl. *Hauck* SGb 2007, 208 f.

[2310] Vgl. nur *Giesen* ZVersWiss 2004, 560 ff.

von Überkapazitäten und das Erschließen von Effizienzkapazitäten zum Gegenstand hatten.

Dabei verschwimmen aber regelmäßig die Grenzen zwischen Rationierung und Rationalisierung.[2311] Insbesondere in Bezug auf die zu erbringenden Nutzen- beziehungsweise Zusatznutzenbewertungen ist bei Ablehnung einer Maßnahme aufgrund eines nicht oder vielleicht nur noch nicht erbringbaren Nutzennachweises vielleicht schon eher eine Rationierung als eine bloße Rationalisierung zu erkennen.[2312] Ähnliches kann auch in Bezug auf bereits erfolgte Verlagerungen von Leistungen in die finanzielle Eigenverantwortung der Versicherten im Sinne des § 2 Abs. 1 S. 1 SGB V festgestellt werden. Die Liste von solchen leistungsexkludierenden Maßnahmen ist beachtlich.[2313] Dazu zählen etwa die Einführung eines von allen Versicherten zu tragenden Zusatzbeitrages, generelle Ausweitung und Erhöhung von Zuzahlungen und Eigenbeteiligung sowie Folgen bei der Nichtinanspruchnahme und Boni bei der Inanspruchnahme von Vorsorgeuntersuchungen und gesundheitsbewusstem Verhalten.

Hinzu tritt schließlich die vielfach kritisierte Form der „impliziten Rationierung", auf die der Gesetzgeber in einer Vielzahl an Fällen zurückgegriffen hat.[2314] Dabei wird über eine Mittelbegrenzung, etwa in Form eines begrenzten Budgets oder einer Fallpauschale[2315], die Entscheidung über Einsatz und Verwaltung dieser begrenzten Mittel in die Hand der Leistungserbringer gelegt, die auf diese Weise immer wieder neu entscheiden müssen, welches Leistungsbedürfnis erfüllt und welches unerfüllt bleibt.[2316] Die Budgetierung bewirkt, dass für bestimmte Leistungen nur eine bestimmte Geldmenge zur Verfügung steht. Sie fungiert im Prinzip über einen Versuch der Pauschalisierung der ärztlichen Vergütung. Es ist damit im Einzelfall oft nicht klar, ob von einer Behandlung zur Sicherung der

---

2311 Vgl. *Huster* MedR 2012, 565; vgl. *Neumann* NZS 2005, 618; vgl. *Honecker* ZVersWiss 2004, 629.

2312 Hinweis bei *Huster* MedR 2012, 566.

2313 Siehe etwa die Auflistung bei Hauck/Noftz/*Noftz* SGB V § 3 Rn. 76.

2314 Zum Begriff vgl. *Kemmler* NZS 2014, 522 f., die gleichwohl aufgrund eines Verstoßes der impliziten Rationierung gegen den verfassungsrechtlich zu wahrenden Wesentlichkeitsvorbehalt diese Maßnahmen für verfassungsrechtlich unzulässig erachtet; vgl. auch *Stüwe* DÄ 2010, A-474, der den Begriff „heimliche Rationierung" aufführt; vgl. *Wenner* GesR 2009, 171; vgl. *Fuchs/Nagel/Raspe* DÄ 2009, A-557; vgl. *Preis* MedR 2010, 140; kritisch etwa *Neumann* NZS 2005, 618; vgl. *Giesen* ZVersWiss 2004, 565; umfassende Darstellung bei *Isensee* ZVersWiss 2004, 659 ff.; vgl. *Hänlein* SGb 2003, 310; vgl. *Francke* GesR 2003, 98, der die „implizite Rationierung" für rechtswidrig erachet; vgl. *Nettesheim* VerwArch 2002, 339; vgl. *Ebsen* NDV 1997, 72; siehe auch *Wrase* GuP 2014, 59, m.w.N.; *Huster* sieht eine „intransparente implizite Rationierung" auf dem Vormarsch, die aber „weder rechtsstaatlich hinnehmbar noch der Ärzteschaft zuzumuten" sei, *Huster* JZ 2006, 468.

2315 Siehe zum in Deutschland geltenden Diagnosis-Related-Groups-System (DRG-System) unter https://www.gkv-spitzenverband.de/krankenversicherung/krankenhaeuser/drg_system/fragen_und_antworten_drg/fragen_und_antworten_drg.jsp, zuletzt aufgerufen am 01.04.2023.

2316 Dazu *Kemmler* NZS 2014, 522; vgl. *Huster* MedR 2012, 566; vgl. *Oduncu* MedR 2012, 361, m.w.N.; siehe auch *Neumann* NZS 2005, 618 f., der in der Budgetierung keine Rationierungsentscheidung sieht; vgl. *Giesen* ZVersWiss 2004, 573; vgl. *Isensee* ZVersWiss 2004, 659 ff.; vgl. *Nettesheim* VerwArch 2002, 322; siehe bereits zur Grundlegenden Idee BT-Drucks. 10/669, S. 224.

Rationalisierung in der Versorgung nicht erbracht oder aus Budgetgründen rationierend verweigert wird.[2317] Für die Versicherten schließlich bleibt der dahinterstehende Mechanismus verdeckt, sodass diese nicht in der Lage sind, nachzuvollziehen, welcher Behandlungsweg in welchem Umfang nach § 27 SGB V in Verbindung mit § 12 Abs. 1 SGB V für sie geboten ist.[2318] Die Folge ist eine systembestimmende Intransparenz, die das Verhältnis von Leistungserbringer und Patienten nicht unerheblich belastet, weshalb insgesamt eine offene Rationierung einer verdeckten vorzuziehen sei.[2319] Gleichfalls mittelbar rationierend wirkt auch die Bedarfsplanung bezüglich der Leistungserbringer nach § 99 SGB V oder die Zulassung der Krankenhäuser nach § 108 SGB V.

Für den Fall von Leistungsbegrenzungen hingegen könnte sich ein anderer Eindruck ergeben. Diese sind – unabhängig ob als Maßnahme eines Rationierungs- oder Rationalisierungsvorhabens – nicht Ausgangspunkt, sondern vielmehr Folge einer zuvor erfolgten Prioritätensetzung in der sozialstaatlich organisierten Versorgung mit Gesundheitsleistungen.[2320] So wird etwa anhand des Krankheitsbegriffs als Kriterium die Verteilung von Ressourcen im Gesundheitssektor zur bedarfsgerechten Versorgung des jeweiligen pathologischen Befundes bestimmt. Auch die im Zuge der Nikolausrechtsprechung entwickelten Leistungsgrundsätze[2321], können als Priorisierungsentscheidung bewertet werden. Die mit einer Priorisierungsentscheidung einhergehende Posteriorisierung wirkt dabei allerdings ebenfalls wie eine faktische Rationierung.[2322]

Im Grunde kann aber festgehalten werden, dass es sich bei jeder Kürzung einer beitragsfinanzierten Sozialleistung im Sinne einer Rationalisierungsmaßnahme um eine „politische Prioritätensetzung" handelt.[2323] Werden also Leistungen ausgegliedert oder beschränkt, so liegt die Annahme einer vorab erfolgten Priorisierung nahe. Dies bedeutet gleichfalls, dass Priorisierungen längst fester Bestandteil gesetzgebersicher Maßnahmen und damit auch des Rechts der gesetzlichen Krankenversicherung sind. Beispiel hierfür sind etwa die Präventionsleistungen im Recht der gesetzlichen Krankenversicherung. Präventionsangebote richten sich im Grundsatz vor allem an diejenigen Bevölkerungsgruppen, „die aufgrund ihres sozioökonomischen Status in ihren Gesundheitschancen benachteiligt sind".[2324] Damit wurde eine sozialpolitische Wertung getroffen, die die leistungsrechtliche Versorgung der einen Gruppe vor der anderen Gruppe priorisiert.

---

[2317] *Nettesheim* VerwArch 2002, 339.

[2318] Vgl. *Ebsen* NDV 1997, 72.

[2319] Vgl. *Huster* MedR 2012, 566; vgl. *Oduncu* MedR 2012, 361; vgl. *Preis* MedR 2010, 140; vgl. *Kemmler* NZS 2014, 523; vgl. *Giesen* ZVersWiss 2004, 558; vgl. zu Letzterem *Lenk*, Worin könnte eine »medizinische Grundversorgung« bestehen?, S. 249.

[2320] Vgl. *Neumann* NZS 2005, 617.

[2321] Siehe dazu oben unter B. II. 1. b. cc. ccc.

[2322] Vgl. *Wenner* GesR 2009, 171 f.; ähnlich auch *Michelsen* Gesundheitswesen 2010, 43; vgl. *Giesen* ZVersWiss 2004, 570.

[2323] So *Neumann* NZS 1998, 401.

[2324] *Marckmann* Ethik Med 2010, 210.

Für bereits anerkannte und im SGB V normativ verankerte Leistungsbeschränkungskriterien kann damit zusammenfassend festgehalten werden, dass diese in drei grundsätzliche Kategorien unterteilt werden können. Entweder erfolgt eine Leistungskürzung in Form von Rationalisierungsmaßnahmen, die weniger invasiv versuchen, existente Effizienzpotentiale zu erschließen. Dem vorgeschaltet oder alternativ werden Prioritäten in der Leistungsversorgung getroffen, die letzten Endes mittelbar oder unmittelbar anspruchsbegrenzende Wirkung entfalten. Deutlich einschneidender fallen hingegen explizite Rationierungsmaßnahmen als konkrete Inhaltsbestimmungen des krankenversicherungsrechtlichen Leistungsanspruchs aus. Diese können entweder durch den Gesetzgeber selbst oder im Zuge der Selbstverwaltung durch Beschlüsse des Gemeinsamen Bundesausschusses erfolgen.

### b. Methoden der Bestimmung

Ob sich jenseits von punktuellen Rationierungs-, Rationalisierungs- oder Priorisierungsmaßnahmen ein allgemeingültiger Kernleistungsbereich der gesetzlichen Krankenversicherung bestimmen lässt, ist umstritten. Es können im Wesentlichen zwei Hauptansätze unterschieden werden, die hier kurz ihre Darstellung finden sollen, bevor die Funktionsweise eines darauf aufbauenden umstrukturierten Leistungsmechanismus erläutert wird.

Der Kernleistungsbereich wird zum einen unter dem Gesichtspunkt des Wirtschaftlichkeitsgebotes, also als diejenigen Leistungen umfassend, die ausreichend, zweckmäßig, wirtschaftlich und notwendig sind, beschrieben. Dies bedeutet aber eine Gleichstellung mit dem derzeit geltenden Leistungsumfang, der sich bereits an dem Gebot der Wirtschaftlichkeit aus § 12 Abs. 1 S. 1 SGB V messen lassen muss.[2325] Dem gegenüber stehen bedarfsorientierte Ansätze und solche der sogenannten (neuen) Institutionenökonomik.[2326] Diese versuchen einen stark reduzierten Leistungskatalog zu fassen, der als besonders eng gestecktes Leistungsspektrum gleich einer Minimalversorgung lediglich die das Überleben sichernden Leistungen umfasst und nur im Fall einer lebensbedrohenden Notlage von der Pflicht zur Eigenvorsorge entbinde und unterstützend eingreift.[2327] Die aufzunehmenden Leistungen könnten dabei ergänzend über eine nachfrageorientiertes Marktverhalten unterer Einkommensgruppen bestimmt werden, sodass diejenigen gesundheitlichen Güter, die sich trotz Verweises in die private Eigenvorsorge einer hohen Nachfrage erfreuen, Bestandteil des Leistungsumfanges werden würden.

Diese Orientierung am Verbraucherverhalten ist dabei bereits aus der Berechnung des Regelbedarfs zur Sicherung eines menschenwürdigen

---

[2325] Zu diesem Ergebnis kommt zutreffender Weise *Neumann* NZS 2006, 395.
[2326] Vgl. *Wallerath* JZ 2004, 953.
[2327] Vgl. *Neumann* NZS 2005, 618; siehe auch *Hänlein* SGb 2003, 305.

Existenzminimums durch das SGB II und SGB XII bekannt.[2328] Dort wird die Entscheidung, welche Ausgaben zum Existenzminimum gehören unter anderem über das Korrektiv der Verbrauchsausgaben bestimmt. Solchen sind dem Grunde nach dann umfasst, wenn „sie zur Sicherung des Existenzminimums erforderlich sind und eine einfache Lebensweise ermöglichen, wie sie für einkommensschwache Haushalte, die ihren Lebensunterhalt ausschließlich aus Leistungen nach dem SGB XII und dem SGB II bestreiten, üblich ist".[2329] Zweck ist es, leistungsberechtigte Personen in der Öffentlichkeit nicht als solche zu exponieren.[2330] Dennoch bleibt es bei der zuvor schon gewonnen Erkenntnis, dass die Verfassung und die in ihr garantierten Grundrechte wenig Ansatzpunkte zur Ausdifferenzierung eines konkreten medizinischen Existenzminimums bereithalten.[2331] Bisher sind daher auch noch keine plausiblen und umsetzbaren Definitionsansätze eines Grundversorgungsniveaus gelungen.[2332]

### c. Mehr Eigenverantwortung durch einen reduzierten Leistungsumfang

Als mögliches Ergebnis einer Kombination von Leistungsbegrenzung und gleichzeitiger Förderung einer Versicherteneigenverantwortung, die ebenfalls selbstgesetzte Risikoerhöhungen und die individuelle Risikoanlage berücksichtigen könnte, kommt eine grundsätzliche Begrenzung der Leistungen der gesetzlichen Krankenversicherung in Betracht. Der Leistungsumfang würde sich dann auf einen definitionsbedürftigen medizinischen „Kernleistungsbereich" belaufen, welcher teilweise durch weiter ausgestaltete „Zusatzleistungen" im Rahmen der privaten Vorsorge über Privatversicherer ergänzbar wäre.[2333] Der dahinter stehende Gedanke eines solchen Vorhabens ist neben einer stärkeren Individualisierung des Versicherungsschutzes und damit der Gestaltung eines größeren Entfaltungsraums für den Einzelnen, insbesondere die Ausschöpfung des gesetzgeberischen Gestaltungsspielraums zu Gunsten eines – in Abkehr zum als überkommen

[2328] BVerfG, Urteil v. 09.02.2010 – 1 BvL 1/09 = NJW 2010, 511; Grube/Wahrendorf/Flint/*Wrackmeyer-Schoene* SGB XII § 28 Rn. 21 ff.

[2329] BR-Drucks. 661/10, S. 198.

[2330] Vgl. BR-Drucks. 661/10, S. 198.

[2331] Diese Bilanz ziehend auch *Neumann* NZS 2005, 619; vgl. auch *Hänlein* SGb 2003, 307 f.

[2332] Siehe etwa die Kritik bei *Kluth/Bauer* VSSR 2010, 344; siehe auch *Straub* Bundesgesundheitsbl 2006, 78; vgl. *Kingreen* VVDStRL 2011, S. 165; vgl. insgesamt die umfassende Darstellung bei *Huster*, Grundversorgung und soziale Gerechtigkeit im Gesundheitswesen, S. 198 – 206, der im Ergebnis an einer egalitäreren Versorgung festhalten und die Höhe des üblichen Versorgungsniveaus am Willen der Bürger festmachen will, letztlich aber das Grundversorgungsmodell stark relativiert.

[2333] Vgl. BT-Drucks. 15/1174, S. 9 f.; vgl. BT-Drucks. 15/1175, S. 3 f.; vgl. *Kluth/Bauer* VSSR 2010, 343; vgl. die Darstellung bei *Straub* Bundesgesundheitsbl 2006, 78; ähnlicher Ansatz auch bei *Wallerath* JZ 2004, 958 unter Bezugnahme auf *Sodan*, Freie Berufe als Leistungserbringer im Rahmen der gesetzlichen Krankenversicherung, 1997, S. 340; vgl. *Hänlein* SGb 2003, 303 f.; siehe auch bereits BT-Drucks. 10/4295, S. 171; vgl. *Huster*, Grundversorgung und soziale Gerechtigkeit im Gesundheitswesen, S. 189.

titulierten konservativen Krankenversicherungsbild – erfolgenden Systemumbaus.[2334]

Aus der Verfassung ergibt sich keine Verpflichtung, schlichtweg jedes Risiko über eine staatlich geschaffene soziale Solidargemeinschaft abzusichern und das Individuum damit von der Notwendigkeit der Eigenvorsorge und Eigenverantwortung umfassend zu entlasten.[2335] Angedacht wird demnach ein Katalog von anfangs festgelegten Mindestleistungen orientiert an der sozialrechtlichen Grundsatzfrage, welche Bedarfe zu einem menschenwürdigen Leben gehören.[2336] Dem so festgelegten Grundbedarf an medizinischen Leistungen würde der Ansatz des Prinzips einer „Grundversorgung" entsprechen, die eine Grundlagenversicherung für alle zum Versichertenkreis Gehörenden bieten würde. Parallel dazu würde sich für alle weiteren Leistungen ein Zweig privater Zusatzversicherungen einstellen, den wiederum jeder freiwillig aus eigenem Dafürhalten in Anspruch nehmen könnte.[2337] Die Versorgung von risikoerhöhenden Verhaltensweisen könnte dann ebenfalls über den privaten Versicherungsmarkt entweder obligatorisch oder freiwillig bedient werden. Grundsätzlich ist die Zuweisung des Versorgungsauftrages an unterschiedliche Versicherungssysteme vom Bundesverfassungsgericht in seiner Rechtsprechung zur Pflegeversicherung für zulässig erachtet worden. So liegt es dem Bundesverfassungsgericht zufolge „in der Gestaltungsfreiheit des Gesetzgebers, die gesetzliche Pflegeversicherung in einerseits die soziale Pflegeversicherung und andererseits die private Pflege-Pflichtversicherung aufzuteilen".[2338]

Aufwand und Kostenlast der Absicherung von über das Grundversorgungsniveau hinausgehenden Risiken würde – zumindest mit Blick auf die privatversicherten Risiken – für den einzelnen Versicherten transparent und damit erfahrbar und kalkulierbar.[2339] Die so geschaffene Verantwortlichkeit des Individuums bewirke damit ein gesteigertes Kostenbewusstsein.[2340] Die Idee ist, dass der Versicherte dadurch zwangsläufig die Kosten für das Gesundheitssystem reduzieren würden. Ein solches Krankenversicherungssystem wäre daher überwiegend auf die Präferenzen des Individuums ausgerichtet,[2341] umgekehrt aber wiederum maßgeblich von dessen Leistungsfähigkeit auf dem Privatversicherungsmarkt abhängig.

---

2334 Vgl. *Hufen* NJW 2004, 18; siehe auch die Aussagen in BT-Drucks. 15/1174, S. 3, bezüglich einer geforderten „grundlegenden Reform der gesetzlichen Krankenversicherung"; siehe das Ergebnis bei *Kirchhof* NZS 2004, 6, der in Anbetracht einer Umstellung auf eine „Bürgerversicherung" auf die Abkehr vom verfassungsrechtlichen Bild einer „staatsfernen Risikosicherungsgemeinschaft" hinweist.

2335 *Merten* VSSR 1983, 147.

2336 Vgl. *Neumann* NZS 2005, 618.

2337 Vgl. *Neumann* NZS 2006, 395; vgl. *Schmidt-Aßmann* NJW 2004, 1694; vgl. *Hänlein* SGb 2003, 303 f.; vgl. BT-Drucks. 10/4295, S. 171; vgl. *Ebsen* NDV 1997, 73, m.w.N.

2338 BVerfG, Urteil v. 03.04.2001 – 1 BvR 1681/94 u.a. = NJW 2001, 1707 (1708).

2339 Vgl. *Huster*, Grundversorgung und soziale Gerechtigkeit im Gesundheitswesen, S. 189f; vgl. *Dietrich* zfme 2001, 379.

2340 Vgl. *Dietrich* zfme 2001, 379.

2341 Siehe den vorangestellten Hinweis bei *Schmidt-Aßmann* NJW 2004, 1689.

Eigenverantwortung würde so aber auch zum maßgeblichen Abgrenzungskriterium in der Leistungsversorgung werden. Die Schaffung eines Kernleistungsbereichs mit der Option der privaten Zusatzversicherung entspräche den vertretenen Ansichten zufolge der Möglichkeit, Eigenverantwortung im Sinne von Eigenverschulden zu verwirklichen. Das Modell ist angelehnt an die Unterscheidung nach *Dworkin* in „option luck" und „brute luck". Durch das Anbieten eines Versicherungsschutzes für alle Krankheitsrisiken, die nicht zu einem der Grundversorgung entsprechendem gesundheitsrechtlichen Existenzminimum gehören, fällt die Aufgabe der Vorsorge in die private Verantwortungssphäre des Versicherten. Dieser hat unter Abwägung von Risiko und Gewinnchance zu entscheiden, welches Risiko er außerhalb der Sozialversicherung versichern lassen möchte. In einer so verstandenen Eigenverantwortlichkeit, die sich in der Frage nach der Risikoversicherung gründet, läge das Abgrenzungskriterium zwischen „option luck" und „brute luck" und es entstünde die Möglichkeit der Berücksichtigung von Eigenverschulden, gesetzt den Fall, dass für ein bestimmtes Risiko die Option der Versicherung nicht genutzt wurde.[2342] Auch hier wird angeführt, dass die Möglichkeit des Abschlusses von Versicherungsleistungen anhand individueller Präferenzen nicht nur Risikofreiheit, sondern auch finanzielle Freiheiten schaffen würde.[2343]

### d. Kritische Einordnung

Allerdings bergen die aufgezeigten Konzepte, die Leistungskürzungen beziehungsweise grundsätzliche Leistungsreduktionen zum Gegenstand haben und eine Institutionalisierung eines Nebeneinanders von gesetzlicher und privater Krankenversicherung bedeuten, auch reichlich Kritikpunkte. So ist deren generelle rechtliche Zulässigkeit bereits nach den aufgezeigten verfassungsrechtlichen Grenzen nicht ohne Weiteres anzunehmen. Gebietet Art. 2 Abs. 2 GG dem Staat, sich schützend vor die Rechtsgüter Leben und körperliche Unversehrtheit zu stellen, so verbietet dies eine Einschränkung notwendiger medizinischer Güter, besonders in Form einer Rationierung anhand des Kriteriums des Eigenverschuldens.[2344] Insbesondere eine Vorenthaltung medizinischer Versorgung einzig und allein aufgrund des Umstandes einer fehlenden zusätzlichen privaten Versicherung stellt sich als verfassungsrechtlich schwer zu rechtfertigen dar.[2345] So ist zu befürchten, dass durch Leistungskürzungen und die Fokussierung auf die wirtschaftliche Effizienz der sozialen Sicherungssysteme ihr eigentlicher Zweck, „Menschen in schwierigen Lebenslagen wirksam zu unterstützen", an Bedeutung und Durchschlagskraft verliert,[2346] soll die Sozialversicherung doch gerade in

---

[2342] Dazu ausführlich *Dietrich* zfme 2001, 378 bis 380.
[2343] Vgl. *Dietrich* zfme 2001, 378.
[2344] So *P. Kirchhof* MWW 1998, 202.
[2345] Kritisch daher *Neumann* NZS 2006, 396.
[2346] *Butterwegge*, Sozialstaat am Ende?, S. 54; ähnliche Kritik bei *Kluth/Bauer* VSSR 2010, 344, die von einem „Gerechtigkeitsproblem" sprechen.

ihrer Ausgestaltung als Pflicht- und Quasivollversicherung den Schutz der Bürger vor ansonsten zu erwartender mangelnder Individualvorsorge gewährleisten.

Ist der Versicherte dazu genötigt, für bestimmte Risiken Vorsorge auf dem privaten Versicherungsmarkt zu treffen, kann dies bei bestehenden Vorerkrankungen zu im Einzelfall unzumutbaren hohen Versicherungsprämien führen. Die Möglichkeit der Eigenvorsorge würde einkommensschwache Bevölkerungsteile somit benachteiligen. Die Handlungsoptionen Versicherter auf dem privaten Versicherungsmarkt bestimmen sich maßgeblich an ihrer Finanzkraft.[2347] Ohne die Möglichkeit, die finanzielle Belastung aufzubringen, würde sich so ein qualitativ und quantitativ schlechterer Gesundheitsschutz einstellen. Zudem sind Risiken vorstellbar, die etwa aufgrund der finanziellen Überforderung von privaten Versicherungsdienstleistern gar nicht versichert werden können, entweder weil sie so kostenintensiv sind oder der Versicherungsfall – etwa bei chronischen Erkrankungen – längst eingetreten ist und der Leistungsaufwand daher bereits zu Beginn des Versicherungsverhältnisses absehbar ist.[2348]

Um dem entgegenzuwirken, müsste in Ergänzung zur Reduzierung des Leistungskataloges eine private Versicherungspflicht mit Kontrahierungszwang für die Privatversicherer bei einer gleichzeitigen Begrenzung der Beiträge auf bestimmte Höchstsätzen – vergleichbar zum bereits bestehenden Basistarif[2349] in der Privatversicherung – geschaffen werden, die zugleich Leistungen in einem dem derzeitigen Leistungskatalog der gesetzlichen Krankenversicherung im Umfang gleichstehenden Schutz gewährleisten.[2350] Dies würde aber die vorgebrachten Vorteile eines Grundversorgungsmodells aufzehren, da dann wiederum keine Möglichkeit der autonom gewählten privaten Absicherung gegeben wäre.[2351] Zudem würde die eigentlichen Kosten der Versorgung mit Gesundheitsleistungen nicht gesenkt, sondern lediglich auf die Leistungsempfänger verlagert, für welche die Notwendigkeit der privaten Vorsorge zu einer erheblichen Mehrbelastung führen kann.[2352] Damit wäre strenggenommen eine Zielverfehlung der Leistungsbegrenzungsmaßnahmen – soweit die Zielsetzung nicht rein in finanziellen Ersparnissen für den Sozialleistungsträger liegt – die Konsequenz.[2353]

---

2347 Vgl. *Dietrich* zfme 2001, 379.

2348 Vgl. *Dietrich* zfme 2001, 379.

2349 Siehe zum Basistarif nach § 152 VAG und dem Kontrahierungszwang nach § 193 Abs. 5 VVG in der privaten Krankenversicherung überblicksartig bei Spickhoff/*Eichelberger* VVG § 192 Rn. 106 f., sowie § 193 Rn. 18 ff.

2350 *Sodan* NZS 2003, 398.

2351 Dies merkt auch *Huster*, Grundversorgung und soziale Gerechtigkeit im Gesundheitswesen, S. 190, in der dortigen Fn. 9 an.

2352 Vgl. *Schnüffner/Franck*, in: *Sodan*, Krankenversicherungsrecht, § 43 Rn. 180; dies passiert im Übrigen schon jetzt im Falle der IGeL und insbesondere in Anbetracht sogenannter „Orphan Diseases" beziehungsweise „Orphan Drugs", mit denen besonders seltene Erkrankungen und deren Therapeutika bezeichnet werden, für die sich zum einen die Entwicklung, zum anderen die Durchführung von Studien als nicht ökonomisch erweisen, weshalb diese Leistungen im Regelfall aus der solidarischen und in die private Versorgung fallen, vgl. dazu *Straub* Bundesgesundheitsbl 2006, 76 ff.; siehe auch *Kluth/Bauer* VSSR 2010, 343.

2353 Vgl. *Butterwegge*, Sozialstaat am Ende?, S. 55.

Mit in den Abwägungsprozess einzubeziehen ist ferner das Kriterium der Vulnerabilität. In der vorangegangenen Darstellung der verfassungsrechtlichen (Mindest-)Anforderungen an das soziale Sicherungssystem der gesetzlichen Krankenversicherung wurde mehrfach darauf hingewiesen, dass aufgrund der den Gesetzgeber treffenden Schutzpflichten aus Art. 1 Abs. 1 sowie Art. 2 Abs. 2 S. 1 GG solche Maßnahmen unzulässig sind, die dazu führen, dass besonders schutzbedürftigen Personengruppen kein adäquater Gesundheitsschutz mehr zuteil wird. Mit Blick auf die Teilhabedimension des Art. 2 Abs. 2 S. 1 GG bei der Zuteilung begrenzter medizinischer Güter gebietet die maßgeblich von der Menschenwürde geprägte Grundrechtsordnung einen egalitären Schutz der gesundheitsbezogenen Interessen jedes einzelnen Patienten und stellt diese damit über eine Maximierung der korrespondierenden Interessen der Versichertengemeinschaft.[2354] Dies ist insbesondere dann der Fall, wenn die ihnen auferlegte Last der privaten Eigenvorsorge nicht aus eigenen Mitteln aufzubringen ist. Ausgehend von den Prämissen der Fürsorge und der Existenzsicherung besteht daher ein weiteres Kriterium für Leistungsausschlüsse in der Zumutbarkeit der Selbstbeschaffung von Leistungen.

An dieser Stelle soll daher auch in Bezug auf die rechtliche Zulässigkeit der konkret benannten Instrumente der Leistungsgestaltung noch ein vertiefter Blick auf diese Personengruppen unter dem Begriff der Vulnerabilität geworfen werden. Der Vulnerabilitätsbegriff ist ein aus der Resilienzforschung stammender Sammelbegriff, der Verwendung in Bezug auf ganz unterschiedliche Personengruppen findet, die als im besonderen Maße verletzlich angesehen werden.[2355] Dabei ist es durchaus möglich, dass ein Individuum mehreren Gruppen zugleich angehört. Die Gründe, die Menschen zu besonders vulnerablen Patienten werden lassen, sind vielgestaltig. Häufig sind sie schwer oder chronisch krank, weshalb sie eines erhöhten und aufwändigen Behandlungsumfang mit zumeist schlechter Kosten-Nutzen-Relation bedürfen.[2356] Eine adäquate medizinische Versorgung, die sowohl den spezifischen Bedürfnissen und Bedarfen des Patienten als auch dem Versicherungssystem selbst gerecht wird, stellt sich somit als große und alle Beteiligten belastende Herausforderung dar.

Stehen daher Maßnahmen der Leistungskürzung im Raum, durch welche Versorgungslücken entstehen, die entweder über den privaten Versicherungsmarkt geschlossen oder gar vollständig auf dem freien Gesundheitsmarkt aus eigenen Mitteln abgedeckt werden müssten, so liegt die Vermutung nahe, dass es die

---

[2354] Vgl. *Gutmann*, Struktur und Funktion der Menschenwürde als Rechtsbegriff, S. 9, Fn. 54.

[2355] Vgl. *Huster* MedR 2012, 566, der als Personengruppen „Schwerstkranke, Menschen mit Behinderungen, in besonders hohem oder niedrigem Alter, mit Migrationshintergrund oder mit einem niedrigen sozioökonomischen Status" benennt; siehe auch zum Begriff der Vulnerabilität bei *Lenk*, Worin könnte eine »medizinische Grundversorgung« bestehen?, S. 258, insbesondere die dortige Fn. 6; Innerhalb des Vulnerabilitätsbegriff ist zu unterscheiden zwischen einem rein medizinische und einem medizinethischen. Letzterer und hier zum Gegenstand genommener Vulnerabilitätsbegriff umfasst auch medizinische Komponenten ohne auf diese beschränkt zu sein, siehe dazu bei *Meier/Harney* GuP 2021, 53, m.w.N.

[2356] Vgl. *Huster* MedR 2012, 566.

vulnerablen Personengruppen sind, die besonders stark von den Folgen betroffen sein werden. Im Einklang mit der Nikolausrechtsprechung des Bundesverfassungsgerichts[2357] und der in dieser zum Ausdruck gebrachten besonderen Verantwortung des Staates gegenüber vulnerablen Personengruppen lässt sich für das in Art. 3 Abs. 1 GG verankerte Gleichheitsgebot feststellen, dass dieses einer Benachteiligung von vulnerablen Gruppen im Zuge von Allokationsentscheidungen – gleich wie gesundheitsökonomisch sinnvoll und nachvollziehbar sie auch sein mögen – entgegensteht.[2358] Rationierungen im Leistungsumfang und die damit einhergehende Verlagerung der Vorsorgelast in die Privatzuständigkeit sind demzufolge dann zulässig, wenn die finanzielle Zumutbarkeit der Eigenvorsorge und Selbstversorgung sowie der geringe medizinische Nutzen der ausgeschlossenen Leistung gegeben sind, wobei beides zwar häufig kumulativ auftritt, ohne dass dies aber zwingend notwendig ist.[2359] Beispiel für Letzteres ist etwa der Ausschluss nichtverschreibungspflichtiger Arzneimittel oder bestimmter Hilfsmittel in den §§ 33 Abs. 1 und 34 Abs. 1 SGB V, deren Versorgung gemessen am Verbraucherverhalten wohl finanziell zumutbar ist, währenddessen diese Mittel gleichwohl einen medizinischen Mehrwert besitzen.

Daneben besteht die grundsätzliche Möglichkeit des Leistungsausschlusses für Krankheitsbilder, die als hinnehmbare Erscheinungen des täglichen Lebens angesehen werden können, bei denen es sich also nicht um ernsthafte, schwerwiegende und kostenintensive Erkrankungen handelt. Dazu könnten etwa eine leichte Erkältung, Magenverstimmungen, Kopfschmerzen oder einzelne Hautkrankheiten gezählt werden.[2360] In dem Fall würde eine explizite Rationierung über eine normative Spezifizierung des versicherten Risikos erfolgen, die gemessen am Unter- und Übermaßverbot gleichzeitig die Vulnerabilität einzelner Personengruppen berücksichtigt, wenn auch die Konsequenz bestehen bleibt, dass Kosten in gewisser Höhe unmittelbar beim Versicherten anfallen. Denn auch aus dem Kriterium der Vulnerabilität lässt sich kein vollumfassender staatlicher Gewährleistungsanspruch auf schlichtweg jedes zur Verfügung stehende Leistungsangebot herleiten.

Darüber hinaus ist aber nach wie vor zweifelhaft, ob es überhaupt gelingen könnte, ein gesundheitliches Existenzminimum im Sinne eines Kernleistungsbereichs normativ zu konkretisieren. Schließlich entwickelt sich nicht nur das medizinische Leistungsspektrum fort, sondern mit ihm auch das Gesundheitsbedürfnis und -empfinden der Gesellschaft. Allein die anhaltende Debatte um Priorisierungen und Rationierungen im Gesundheitssektor lässt erahnen, dass selbst für Vertreter aus den Gesundheitsberufen die Bestimmung eines exakten Maßes an

---

[2357] Siehe dazu oben unter B. II. 1. b. cc. ccc.
[2358] So *Huster* MedR 2012, 568.
[2359] *Neumann* NZS 2005, 618.
[2360] Siehe dazu *Kemmler* NZS 2014, 524.

existenznotwendigen medizinischen Leistungen unrealistisch erscheint.[2361] Im Zweifel mag dies noch für den Ausschluss bestimmter Medikamente, bei deren Anwendung die Erhöhung der Lebensqualität im Vordergrund steht[2362], zu leisten sein. Bereits der Ausschluss von Sehhilfen beziehungsweise Brillengestellen oder von Leistungen zum Zahnersatz erweist sich als äußerst streitbehaftet.[2363] Bisher jedenfalls wurden nur einzelne und zumeist im Verhältnis zur finanziellen Belastung der gesetzlichen Krankenversicherung nur wenig bedeutende Leistungsbereiche in Erwägung gezogen.[2364]

Auch das Erfordernis einer ungefähren Äquivalenz von Beitrag und Leistung würde für ein solches Vorhaben begrenzend wirken.[2365] Eine starke Reduzierung des Leistungsumfangs ohne gleichzeitige Senkung der Beitragslast wäre demnach nicht zulässig und würde erneut finanzielle Fragestellungen hinsichtlich der Gesamtentlastung und -belastung mit sich bringen, die die Effektivität der Maßnahme nicht unerheblich in Frage stellen würden.

Noch gänzlich unerwähnt blieb die Frage der verfassungsrechtlichen Zulässigkeit eines solchen Grundversorgungsmodells mit Hinblick auf dessen Umfang aus Sicht der zusätzlichen privaten Versicherungsmöglichkeiten. In der Literatur wird es als „verfassungsrechtlichen inakzeptabel" bewertet, die Zuständigkeit der privaten Krankenversicherung auf eine sogenannte „Luxusmedizin" zu beschränken.[2366] Die Konsequenz wäre also erneut eine zurückhaltende Bestimmung des Leistungsstandards der Grundversorgung.[2367]

Ein solcher Weg erweist sich daher im bestehenden System als praktisch kaum gangbar, da sich die beschriebenen Problemstellungen kaum lösen lassen. Das Recht auf Gesundheitsleistungen ist eben besonders „differenzierungsfeindlich".[2368] Würde etwa für einkommensschwache Bevölkerungsteile ein Anspruch auf staatlichen Zuschuss für den Abschluss von privaten Versicherungen gewährt werden, so würde das System im Prinzip nur unwesentlich verändert auf den derzeitigen Status quo hinauslaufen. Das derzeit bestehende Versorgungsniveau erweist sich damit in vielfacher Hinsicht als ein verfassungsrechtlich gerechtfertigtes und dem Bedürfnis der Versicherten zu einem Großteil entsprechendes Grundversorgungsniveau, wenn auch vereinzelt konfrontiert mit bestimmten Effizienzproblematiken in der Ressourcenallokation.

---

2361 Vgl. zum Diskussiongegenstand *Oduncu* MedR 2012, 359; vgl. *Eberbach* MedR 2010, 758; vgl. *Fuchs/Nagel/Raspe* DÄ 2009, A-554; vgl. *Honecker* ZVersWiss 2004, 623; vgl. *Nettesheim* VerwArch 2002, 315 f.; vgl. *Ebsen* NDV 1997, 72; vgl. *Uhlenbruck* MedR 1995, 429.

2362 So § 34 Abs. 1 S. 6 SGB V.

2363 Vgl. die Darstellung zum Ausschluss von Sehhilfen aus dem Leistungskatalog bei *Wrase* NZS 2014, 569 ff.

2364 Vgl. dazu auch *Kingreen* VVDStRL 2011, S. 165, m.w.N.

2365 Dazu auch *Kluth/Bauer* VSSR 2010, 345.

2366 Vgl. *Schmidt-Aßmann* NJW 2004, 1694, m.w.N.

2367 So *Schmidt-Aßmann* NJW 2004, 1694.

2368 *Hänlein* SGb 2003, 308.

Davon abgesehen entstünden aufgrund des jeweils anzuwendenden Mechanismus der Risikoverteilung weitere Gerechtigkeitsfragen, die im Ergebnis wiederum eine Schuldfrage bei sensiblen Themen darstellen würden. Inwieweit würde dann etwa dem Individuum die Schuld für die eigene schlechtere finanzielle Situation zuzuschreiben sein, die es ihm unmöglich macht, privat vorzusorgen. Um eine solche „Schuld“ sozial abfedern zu können, würden erneut Finanzierungsfragen den Diskurs bestimmen.

Letztlich auflösen ließen sich die insbesondere aus den Elementen des Sozialstaatsgebots abgeleiteten Gegenargumente nur dann, wenn auf ein Ableiten solcher Gerechtigkeitsvorstellungen aus der Verfassung verzichtet werden sollte. Dann nämlich würden Aspekte der Umverteilung und der sozialen Gerechtigkeit irrelevant werden und würde sich die Legitimität eines Versorgungssystems einzig und allein an der Wahrung des verfassungsrechtlich gebotenen für jedermann zugänglichen Mindeststandards richten.[2369]

## 4. Verbreiterung eines fortführungsfähigen Rechtsgedankens des § 52 SGB V

Betreffend die Möglichkeit der Begrenzung des Leistungsanspruchs könnte unter Bezugnahme auf den Begriff der Eigenverantwortung der Versicherten die Vermeidbarkeit des Eintritts des Versicherungsfalls berücksichtigt werden, wenn der Versicherte aufgrund seines Verhaltens krank wird oder einen Leistungsfall unmittelbar selbst auslöst.[2370] Besonders die Sanktionierung gesundheitsriskanter Verhaltensweisen der Versicherten, die entweder einen Versicherungsfall auslösen oder aber die Besserung eines solchen behindern, steht dabei im Zentrum der Debatte.[2371] In Anlehnung an die retrospektive Dimension von Eigenverantwortung[2372] soll eine Rechenschaftsverpflichtung für eingetretene Gesundheitsschäden bei zuvor gezeigtem gesundheitsschädlichem Verhalten etabliert werden. Mittels einer Stärkung der Eigenverantwortung sollen auf diese Weise diejenigen zur Verantwortung gezogen werden, die durch ihr gesundheitsbezogenes Fehlverhalten Aufwendungen der Solidargemeinschaft verursacht haben.[2373] Letztlich

---

[2369] Dazu *Huster*, Grundversorgung und soziale Gerechtigkeit im Gesundheitswesen, S. 194 – 198.

[2370] Siehe etwa *Kemmler* NZS 2014, 526f; vgl. die Zusammenstellung bei *Wienke*, Eigenverantwortung der Patienten/Kunden, S. 175 f.; vgl. den kritischen Hinweis bei *Marckmann* Ethic Med 2010, 214 f.; mit historischem Bezug auch *Ecker*, Das schadensstiftende Verschulden gegen sich selbst und die soziale Sicherung, S. 63 f.; vgl. auch *Reyels* in: jurisPK-SGB V, 4. Aufl. 2020, § 52 SGB V Rn. 142, m.w.N und *Muckel/Ogorek/Rixen*, Sozialrecht, § 8 Rn. 69; oberflächlich dazu auch *Fischer*, Die Zulässigkeit aufgedrängten staatlichen Schutzes vor Selbstschädigung, S. 260, der das Übertragen der finanziellen Verantwortung für selbstschädigendes Verhalten als milderes Mittel gegenüber einem Verhaltensverbot einordnet.

[2371] Vgl. *Huster*, Selbstbestimmung, Gerechtigkeit und Gesundheit, S. 17; siehe auch den Hinweis bei *Langanke/Fischer/Erdmann/Brothers* Ethik Med 2013, 249; vgl. *Eichenhofer* SGb 2003, 705; vgl. *Rompf* SGb 1997, 105; vgl. *Oldiges* DOK 1991, 537; siehe auch schon *Geschwinder* ZfS 1981, 101 ff.

[2372] Siehe dazu oben unter B. III. 1. a.

[2373] Allgemein zu der dahinterstehenden Fragestellung *Eichenhofer* SGb 2003, 705 f.

soll dies wiederum dem Umstand entgegenwirken, dass die eingeforderte Eigenverantwortung des Versicherten einer Kontrolle entzogen ist und folglich ohne rechtliche Konsequenzen bleibt.

Eine Verpflichtung zu einem gesundheitsdienlichen Lebensstil und gesundheitsförderlichem Verhalten ist dabei weder im SGB V angelegt noch verfassungsrechtlich zu rechtfertigen. Daneben knüpft das SGB V, wie dargelegt[2374], grundsätzlich nicht an die Verursachung des Versicherungsfalls an. Der Versicherte erhält die Leistungen nach Maßgabe ihrer medizinischen Erforderlichkeit. Nicht nur die Ursache der Krankheit bleibt unberücksichtigt. Ebenso verhält es sich in Bezug auf das individuelle Krankheitsrisiko beziehungsweise auf den individuellen Gesundheitsstatus des Versicherten. Einzige Ausnahme in Hinblick auf die leistungsrechtliche Berücksichtigung der Krankheitsursache im Recht der gesetzlichen Krankenversicherung bildet insoweit § 52 SGB V. Es ist daher wenig verwunderlich, dass sich die Mehrzahl der Reformvorschläge, die mehr Eigenverantwortung im Sinne einer Sanktion bestimmter Verhaltensweisen fordern, auf diese Vorschrift konzentrieren.[2375]

Im Folgenden soll die Möglichkeit einer über die derzeit bestehenden Ausschlusstatbestände des § 52 SGB V hinausgehenden Erweiterung von Ausschlusstatbeständen im Recht der gesetzlichen Krankenversicherung anhand eines eventuell generalisierungsfähigen Rechtsgedankens beleuchtet werden.[2376] § 52 SGB V könnte demzufolge als eine Art „Öffnungsklausel" verstanden werden, die Tabak- und Alkoholkonsum, Übergewicht, Risikosport und weitere risikoerhöhende Verhaltensweisen – wie Drogenkonsum, übermäßige UV-Exposition oder chronische Stresssituationen – erfassen kann.[2377] Zu fragen ist, ob der § 52 SGB V innewohnende Rechtsgedanke erweiterungsfähig ist. Oder anders formuliert: Es geht um staatlich geführtes Risikomanagement und um die Frage, in welcher Weise das erlaubte Risiko normativ flankiert werden soll.[2378]

---

[2374] Siehe dazu oben unter B. II. 3.

[2375] Jüngerer Vorschlag etwa bei *Schlegel* NJW 2021, 2787; vgl. zudem *Reyels* in: jurisPK-SGB V, 4. Aufl. 2020, § 52 SGB V Rn. 142 und die Diskussion bei BeckOK/Heberlein SGB V § 52 Rn. 12 ff.

[2376] So *Lang/Hügel* RdJB 2019, 348 f.; siehe ohne weitere Erläuterung den Hinweis bei *Wilksch*, Recht auf Krankenbehandlung und Recht auf ein menschenwürdiges Existenzminimum, S. 345.

[2377] Vgl. *Wienke*, Eigenverantwortung der Patienten/Kunden, S. 177; von einer „formalen Einbruchstelle" sprechend *Eberbach* MedR 2011, 767; siehe zu der betreffenden Debatte mit Nachweisen auch *Süß*, Die Eigenverantwortung gesetzlich Krankenversicherter unter besonderer Berücksichtigung der Risiken wunscherfüllender Medizin, S. 178 f.; siehe zur UV-Exposition bei *Marckmann*, Eigenverantwortung als Rechtfertigungsgrund für ungleiche Leistungsansprüche in der Gesundheitsversorgung?, S. 308 f.

[2378] Siehe dazu *Spiecker gen. Döhmann*, Risikomanagement durch Versicherungsmechanismen im Krankenversicherungsrecht, S. 224 ff.

### a. Ansatzpunkte einer über § 52 SGB V verwirklichten subjektiven Risikoberücksichtigung im SGB V

Unter Rekurs auf die Gerechtigkeitstheorie von *Rawls*[2379] besteht für das Individuum dann kein Anspruch auf solidarischen Ausgleich, wenn der ausgleichsbedürftige Nachteil auf einer willentlichen Entscheidung des Individuums beruht, es sich also um einen selbst verschuldeten Nachteil handelt.[2380] Unter diesem Eindruck könnte Eigenverantwortung, insoweit verstanden im Sinne von Eigenverschulden, als Legitimation für leistungsrechtliche Differenzierungen in der gesetzlichen Krankenversicherung dienen. In Folge des so verstandenen Prinzips der Eigenverantwortung könnte sich eine Entwicklung des „Verursacherprinzips" in der gesetzlichen Krankenversicherung etablieren.[2381]

Dem Sozialversicherungsrecht ist die leistungsmindernde Berücksichtigung von bestimmtem selbstschädigendem Verhalten nicht fremd. Neben § 52 SGB V sind insoweit auch die bereits erwähnten §§ 103, 104 SGB VI und § 101 SGB VII einschlägig. § 52 SGB V wird aufgrund seiner Intensität – insbesondere nach der Einführung des Abs. 2 – in gewissem Umfang eine Sonderstellung zugesprochen.[2382] Es stellt sich die Frage, ob den genannten Normen ein einheitlicher Rechtsgedankens zu Grunde liegt, der auch für das SGB V Geltung beansprucht und der die Schaffung neuer oder die Ausweitung bestehender Tatbestände ermöglichen könnte.[2383] Dass die §§ 103 und 104 SGB VI als Ausdruck des Solidargedankens eingeordnet werden, während § 52 SGB V mit Blick auf die §§ 1 und 2 SGB V der Versicherteneigenverantwortung zugeordnet wird, steht dem nicht entgegen. Weder das SGB VI, noch das SGB VII stellen einen vergleichbaren Bezug zur Eigenverantwortung der Versicherten her. So lässt sich auch das Fehlen einer Debatte zur Ausweitung der tatbestandlichen Erfassung bestimmter Verhaltensweisen wie im Fall des § 52 SGB V erklären.[2384]

Ein gewichtiges Argument für eine Ausweitung des § 52 SGB V selbst beziehungsweise einer Verbreiterung seines Rechtsgedankens, ist die bereits nachgezeichnete grundsätzliche Gestaltungsfreiheit des Gesetzgebers im Recht der Sozialversicherung. Dem Gesetzgeber steht es demzufolge eben auch frei, im Falle von freiwillig eingegangenen oder provozierten Risiken Leistungen

---

[2379] Siehe dazu bei *Rawls*, Eine Theorie der Gerechtigkeit, S. 19ff, insbesondere 32.
[2380] Vgl. zu diesem Ansatz die Darstellung bei *Marckmann*, Eigenverantwortung als Rechtfertigungsgrund für ungleiche Leistungsansprüche in der Gesundheitsversorgung?, S. 299 f.; eine ähnliche Grundsatzaussage in Bezug auf die vorangestellte Prämisse trifft *Eichenhofer* SGb 2003, 706.
[2381] Kritisch *Eberbach* MedR 2011, 767.
[2382] Zusammenführender Hinweis bei *Lang/Hügel* RdJB 2019, 349; vgl. *Wienke*, Eigenverantwortung der Patienten/Kunden, S. 176. Bezugspunkt für die „Intensität" ist insoweit der Zurechnungsmaßstab des Vorsatzes gegenüber des Absichtserfordernisses in den sozialrechtlichen Parallelnormen und die Gebundenheit der Krankenkasse in der Entscheidung bezüglich des „Ob" in § 52 Abs. 2 SGB V.
[2383] Siehe etwa NK-GesundhR/*Höfling/Engels/Buhr* SGB V § 52 Rn. 5, zu §§ 103, 104 Abs. 1 S. 1 SGB VI, sowie § 101 Abs. 2 S. 1 SGB VII.
[2384] Insoweit lässt sich allenfalls *Louven* DRV 1982, 366 anführen.

einzuschränken oder auszuschließen.[2385] Zudem kann der Gesetzgeber vom Versicherten grundsätzlich verlangen, die Bedürftigkeit, die der Sozialstaat absichert, gar nicht erst eintreten zu lassen.[2386]

Eine verstärkte Berücksichtigung individuell eingegangener Risiken könnte über eine erweiterte Auslegung des Tatbestandes des § 52 SGB V oder eine ergänzende Aufnahme weiterer Verhaltensweisen durch den Gesetzgeber erfolgen. Der Tatbestand könnte etwa auch jeden Versicherten erfassen, der bestimmte Untersuchungen, Prophylaxemaßnahmen oder konkrete Heilbehandlungen nicht in Anspruch nimmt, sich im Laufe einer bereits begonnen Behandlung entgegen der medizinisch gebotenen Verhaltensempfehlung verhält oder die Behandlung sogar vollständig vorzeitig abbricht, oder aus eigenem Wunsch heraus bestimmte Risiken bereitwillig eingeht und dadurch zu einer bestimmten Risikogruppe gehört.[2387] Das insoweit eigenverantwortliche Verhalten des Versicherten führt dann zu einer leistungsrechtlichen Konsequenz in Gestalt der in § 52 SGB V vorgesehenen Sanktionen, die einen Leistungsausschluss oder eine Reduzierung des Leistungsumfangs bedeuten würden.

Deutlich wird dabei, dass es unerheblich scheint, ob allein an einen Kenntnisgewinn, der auf nicht interventionell zugängliche Risikoprofile abzielt, oder ob an ein konkretes Verhalten, dass letztlich durch den Versicherten gestaltbar ist, angeknüpft wird.[2388] Es geht vielmehr um die generelle Fragestellung, ob das gesundheitsbezogene Versichertenverhalten nicht nur Einfluss auf die eigene Gesundheit, sondern darüber hinaus auch nachhaltige finanzielle Folgen haben soll, ob also das Verhalten der Versicherten sanktioniert wird.

Argumentativ ließe sich die Idee eines ethischen Gebots des Individuums, sich selbst im eigenen Interesse keinen Schaden zuzufügen, begründen.[2389] Dienen sollte dieses Gebot nicht nur der individuellen Gesundheit, sondern insbesondere der Erhaltung von Solidarität und Funktion des Sicherungssystems sowie seiner finanziellen Stabilität. Ein Verstoß des Versicherten gegen diesen Grundsatz würde im Sinne eines „Verschuldens gegen sich selbst“ zu leistungsrechtlichen Konsequenzen führen. Eigenverantwortung würde insofern interpretiert als eine

---

[2385] *Merten* VSSR 1983, 147; siehe auch *Oldiges* DOK 1991, 537 f.

[2386] Vgl. BVerfG, Urteil v. 05.11.2019 – 1 BvL 7/16 = NJW 2019, 3703 (3705).

[2387] Vgl. dazu *Eberbach* MedR 2011, 767; vgl. *Gebert*, Verhaltens- und verhältnisbezogene Primärprävention und Gesundheitsförderung im Recht der gesetzlichen Krankenversicherung, S. 237 ff.; vgl. auch die Untersuchung bei *Keil*, Rechtsfragen der individualisierten Medizin, S. 223 ff., die einer Anwendung des § 52 Abs. 1 SGB V im Rahmen der individualisierten Medizin nachgeht; vgl. zur Einsortierung nach verhaltensbasierten Risikogruppen *Blöcher*, Die Berücksichtigung der persönlichen Lebensführung bei der Leistungsvergabe der Gesetzlichen Krankenkassen nach § 52 SGB V, S. 153 f.

[2388] Siehe zu dieser Unterscheidung bei *Langanke/Fischer/Erdmann/Brothers* Ethik Med 2013, 247 f.; auf die Auseinandersetzung mit den eigenen Gesundheitsinformationen abstellend *Gebert*, Verhaltens- und verhältnisbezogene Primärprävention und Gesundheitsförderung im Recht der gesetzlichen Krankenversicherung, S. 240; ebenso *Kluth/Bauer* VSSR 2010, 357 ff.

[2389] Vgl. *Boecken* SDSRV 1997, 20; vgl. *Ecker*, Das schadensstiftende Verschulden gegen sich selbst und die soziale Sicherung, S. 66.

Zuweisungskategorie, die gegenüber fremdgesetzten Verhaltenserwartungen beziehungsweise konkreten Verhaltensvorgaben zugänglich ist.[2390] Dazu müsste allerdings bestimmbar sein, wie sich die Vorsätzlichkeit der Verhaltensweise aufgrund der Kenntnis des Gebots verhält. Diese Annahme einer weiteren Grundlage für maßgeblich verhaltensbasierte Leistungsbeschränkungen geht insoweit über den im SGB V derzeit geltenden Verantwortungsmaßstab des solidarverträglichen Verhaltens weit hinaus. Eine Neufassung dieses Maßstabes wäre damit notwendig.

Die tatbestandliche Ausweitung über die derzeitigen normativen Grenzen des § 52 SGB V hinaus ließe sich nicht nur mit der vom Gesetzgeber zitierten Eigenverantwortung des Versicherten begründen.[2391] Derjenige, der ein gesundheitliches Risiko eingeht, könnte die sich aus dem Risiko ergebenden Konsequenzen auch selbst zu tragen haben, weil es keinen rechtlichen Grundsatz gibt, wonach die Wahrnehmung von (Freiheits-)Rechten für den Einzelnen kosten- und folgenlos bleibt.[2392] Der Wahrnehmung der grundrechtlich verbürgten Freiheiten wären im solidarischen Sicherungsgefüge damit Grenzen gesetzt, die im Sinne eines Verursacherprinzips leistungsrechtliche Konsequenzen nach sich ziehen würden. Dieses Verursacherprinzip hat schon über § 52 Abs. 2 SGB V Einlass in die gesetzliche Krankenversicherung gefunden.[2393]

Im Ergebnis läuft die Argumentation also auf die Annahme einer sich aus der Eigenverantwortung ergebenden Solidarpflicht hinaus, die im Zuge pauschalisierter Verhaltenstatbestände verletzt und damit sanktionierbar werden würde.[2394] Es geht also um die Wahrnehmung beziehungsweise den Verstoß gegen eine den einzelnen Versicherten treffende moralische Verantwortung. Die Gemeinschaftsinteressen überwiegen in diesem Modell die Individualinteressen an einem selbstbestimmten Leben. Eigenverantwortung fungierte damit zugleich als Sanktionserfordernis und Sanktionslegitimierung.

Aus diesen Grundannahmen lassen sich unterschiedliche Modelle einer Erweiterung des § 52 SGB V entwickeln.

### aa. Keine Beschränkung auf das vorsätzliche Herbeiführen des Versicherungsfalls

Leistungsbeschränkungen im Sinne einer verschuldensabhängigen Rationierung erfolgen nach § 52 Abs. 1 Alt. 1 SGB V dann, wenn sich der Versicherte die Krankheit durch zurechenbares Verhalten vorsätzlich zugezogen hat.

---

[2390] Vgl. ein solches Verständnis ablehnend *Süß*, Die Eigenverantwortung gesetzlich Krankenversicherter unter besonderer Berücksichtigung der Risiken wunscherfüllender Medizin, S. 181.

[2391] Siehe BT-Drucks. 16/3100, S. 108.

[2392] So auch *Eberbach* MedR 2011, 767.

[2393] So *Eberbach* MedR 2011, 767.

[2394] So kritisiert beispielsweise *Ecker* das Unterbleiben einer durchsetzbaren normativen Umsetzung einer derartigen Solidarpflicht, vgl. *Ecker*, Das schadensstiftende Verschulden gegen sich selbst und die soziale Sicherung, S. 56.

Diskussionen darüber, ob bestimmte Verhaltensweisen der Versicherten unter den Sanktionstatbestand des § 52 Abs. 1 Alt. 1 SGB V zu subsumieren seien, sind nicht neu. Sie gründen sich in der Erkenntnis, dass das individuelle Versichertenverhalten wesentliche Determinante in der Entstehung und Behandlung von Krankheit sein kann. Lange Zeit wurden daher etwa Debatten darüber geführt, ob eine bewusste Infektion mit HIV den Tatbestand erfüllen und damit eine Ermessensentscheidung der Krankenkasse zur Folge hätte.[2395] Gerade zu Beginn der SARS-CoV-2-Pandemie und den ersten Versuchen ihrer Eindämmung stellte sich auch die insofern neuartige Frage, inwieweit ein vorsätzliches Verhalten des Versicherten, das zu einer Infektion mit dem SARS-CoV-2-Virus führt, einer Sanktion durch § 52 Abs. 1 Alt. 1 SGB V zugänglich sei.[2396] Mediale Aufmerksamkeit erhielten zudem Vorschläge, die eine Überwälzung der medizinischen Behandlungskosten auf ungeimpfte Versicherte, die sich aktiv und freiwillig ohne bestehende Kontraindikation gegen eine SARS-CoV-2-Schutzimpfung entschieden haben, im Falle einer durch das Virus verursachten Erkrankung zum Gegenstand hatten.[2397] Dabei wurde auch in dieser Debatte zunächst auf die Existenz und die Voraussetzungen des § 52 SGB V verwiesen.

Man könnte erwägen, auch bereits grob fahrlässige Verhaltensweisen, die den Versicherungsfall der Krankheit herbeiführen, einer leistungsrechtlichen Sanktion zuzuführen.[2398] In dieser erweiternden Auslegung bliebe dann jedoch der bereits vorhandene Entscheidungsspielraum in der Bewertung des Vorsatzelementes unberücksichtigt. Vielmehr würde ohne Weiteres ein weitaus größerer Haftungsmaßstab hineingelesen, als er etwa mit Blick auf den ausdrücklich Absicht erfordernden Tatbestand des § 103 SGB VI sowie die bisherige Handhabung durch die Krankenkassen in Anwendung des § 52 SGB V legitimierbar zu sein scheint.[2399] Gerade Letzteres könnte insofern auch als eine Reaktion auf die oftmals mit Verweis auf den Wortlaut des § 103 SGB VI in anderen Normen erfolgende Verknappung des Vorsatzelementes auf ein absichtliches Zuziehen bewertet werden.[2400]

---

[2395] Vgl. etwa *Brocke* SGb 1990, 438 f.; vgl. *Blöcher*, Die Berücksichtigung der persönlichen Lebensführung bei der Leistungsvergabe der Gesetzlichen Krankenkassen nach § 52 SGB V, S. 159 ff.; vgl. auch die Darstellung bei *Wolf*, Das moralische Risiko der GKV im Spannungsfeld zwischen Eigenverantwortung und Solidarität, S. 265 ff.

[2396] Vgl. hierzu *Köhler/Hitzig* COVuR 2020, 409 ff., die dies zutreffend bejahen.

[2397] Siehe bereits den Hinweis bei *Wolff/Zimmermann* NVwZ 2021, 185; später geriet insbesondere die Forderung der Kassenärztlichen Vereinigung Berlin vom 23.11.2021 in den Fokus, die sich in einer Pressemitteilung dafür aussprach, ungeimpfte Coronakranke an Behandlungskosten zu beteiligen, abrufbar unter https://www.kvberlin.de/die-kv-berlin/pressemitteilungen/detailansicht/pm211123, zuletzt am 01.04.2023; abstrakte Überlegungen auch bei *Schlegel* NJW 2021, 2787; vgl. zu der Thematik auch *Gassner* ZRP 2022, 2 ff.

[2398] Vgl. *Rompf* SGb 1997, 107; vgl. *Ecker*, Das schadensstiftende Verschulden gegen sich selbst und die soziale Sicherung, S. 62; vgl. *Geschwinder* ZfS 1981, 101 ff.

[2399] Vgl. dazu *Hänlein* ZVersWiss 2002, 582 f., m.w.N.

[2400] Dazu *Wolf*, Das moralische Risiko der GKV im Spannungsfeld zwischen Eigenverantwortung und Solidarität, S. 186; in einer entsprechenden Weise argumentierend *Eichenhofer* SGb 2003, 707: „Steht der auf einen gefährlichen Lebenswandel beruhende abstrakt gefährliche Lebensstil der

Dennoch bleibt es dabei, dass eine einfache Anwendung des § 52 Abs. 1 Alt. 1 SGB V auf offensichtlich gesundheitsschädliche und risikoreiche Verhaltensweisen wie Fußballspielen oder Trunkenheitsfahrten bereits durch das Bundessozialgericht zurückgewiesen und eine enge Auslegung des Tatbestandes angemahnt wurde.[2401] Bezogen auf das Fußballspielen etwa führte das Bundessozialgericht als Gründe gegen eine Anwendbarkeit des § 52 Abs. 1 Alt. 1 SGB V an, dass bei der Ausübung von Sport kein vorwerfbares Verhalten im Sinne des Ausschlusstatbestandes vorläge.[2402] Sport – in welcher Form auch immer – trage zur allgemeinen Volksgesundheit positiv bei und eine Sanktion von Sportverletzungen im Unterschied zu anderen gesundheitsgefährdenden Verhaltensweisen sei mit Art. 3 Abs. 1 GG nicht vereinbar.[2403] Wird dieser Begründung gefolgt, so ergibt sich wiederum das Erfordernis einer Ausweitung auf (bewusste) Fahrlässigkeit, ist man gewillt, solche Verhaltensweisen einer leistungsrechtlichen Sanktion zuzuführen.

Ob diese bisher gelebte Zurückhaltung in der Auslegung des Vorsatzelementes auch mit Blick auf Verhaltensweisen mit gesteigertem Verletzungspotential – wie Risikosport – ihre Berechtigung hat, kann hinterfragt werden.[2404] In seinen einzelnen Bestandteilen des kognitiven und des voluntativen Elements betrachtet, setzt Eventualvorsatz im strafrechtlichen Sinn im Grenzbereich zur bloßen Fahrlässigkeit an, indem er die beiden reduzierten Vorsatzelemente dergestalt voraussetzt, dass der Handelnde den Eintritt des Erfolges nicht anstrebt, ihn aber für möglich erachtet, ihn im Falle seines Eintritts aber gleichwohl billigend in Kauf nimmt.[2405] Nicht vorausgesetzt ist damit eine innerliche Bejahung. Eine bewusste Abwägung unerwünschter Nebenfolgen, auch unreflektiert, ist hingegen erforderlich. Fehlt es an ihr, vertraut der Handelnde also darauf, dass der

---

absichtlichen Herbeiführung des Leistungsfalles gleich?“, wobei er später auf den Eventualvorsatz eingeht.

[2401] Vgl. BSG, Urteil v. 20.03.1959 – 3 RK 13/55 = NJW 1959, 2327 (f.); vgl. BSG, Urteil v. 16.12.1960 – 3 RK 50/60 = NJW 1961, 1278; kritisch zu dieser herrschenden Argumentation *Wolf*, Das moralische Risiko der GKV im Spannungsfeld zwischen Eigenverantwortung und Solidarität, S. 183 ff. *Wolf* sieht die Rechtsprechung als aus der Zeit gefallen an und drückt Unverständnis gegenüber der fortwährenden und kritiklosen Übernahme der gerichtlichen Argumentation aus. Schließe habe dies dazu geführt, dass entsprechende Fallkonstellationen seither nicht mehr zum Gegenstand gerichtlicher Entscheidungen wurden.

[2402] BSG, Urteil v. 20.03.1959 – 3 RK 13/55 = NJW 1959, 2327 (f.); BSG, Urteil v. 16.12.1960 – 3 RK 50/60 = NJW 1961, 1278.

[2403] BSG, Urteil v. 20.03.1959 – 3 RK 13/55 = NJW 1959, 2327.

[2404] So bei *Wolf*, Das moralische Risiko der GKV im Spannungsfeld zwischen Eigenverantwortung und Solidarität, S. 187 ff.; nur kurz sei darauf hingewiesen, dass weder für den Begriff des Sports, noch für denjenigen des Risikosports eine gültige juristische Definition existiert. So erklärt sich auch der Rückgriff bei *Wolf* auf den Duden. Siehe dazu auch bei *Lang*, Sport und Gesundheit aus gesundheitsrechtlicher Perspektive, S. 36 sowie 45.

[2405] Vgl. Lackner/Kühl/Heger/*Heger* StGB § 15 Rn. 23 ff.; vgl. HK-GS/*Duttge* StGB § 15 Rn. 11 ff.

Erfolgseintritt ausbleibt, so liegt keine Einwilligung in den Erfolgseintritt und damit im Ergebnis auch kein Eventualvorsatz vor.[2406]

In Anbetracht dieser Definition wird klar, dass pauschalisierte Festlegungen betreffend das Vorliegen des Eventualvorsatzes im Grunde fehlgehen und eine Festlegung eigentlich der gut substituierten Einzelfallbetrachtung bedarf. Nicht nur muss die konkrete Handlungsweise des Versicherten eingeordnet werden. Vielmehr müsste auch der Risikokenntnis des Versicherten vor Ausführung der Handlung Rechnung getragen werden.[2407] Das Ergebnis wäre ein der Willkür naher Haftungsfall, der je nach konkreter Handlung, Person des Handelnden und entsprechender Argumentation stark divergierende Resultate produzieren würde.

Handelt es sich beispielsweise nicht um einen maßgeblich der Gesunderhaltung zu dienen gedachte körperliche Ertüchtigung, sondern steht der Nervenkitzel im Vordergrund der Handlung, so könnte angenommen werden, dass der Versicherte nicht mehr darauf vertrauen kann, dass der Krankheitsfall nicht eintrete. Vielmehr sei ihm seine Kenntnis bei der Ausübung von Risikosportarten anzulasten, dass er sich bewusst des Risikos aussetzt, um sich über dieses hinwegzusetzen. Auch bei einer versuchten Selbsttötung wird in Ansehung des angestrebten Ziels die Selbstverletzung als notwendiges Durchgangsstadium von potentiell lebensgefährlicher Art in Betracht gezogen und zum Zwecke der Zielerreichung in Kauf genommen worden sein.[2408] Der sich vorsätzlich Betrinkende wird die Möglichkeit der Verletzung im Zuge des Kontrollverlustes erkannt, sich um des Rausches Willen jedoch trotzdem dem Missbrauch hingegeben haben. Ähnliche Erwägungen hat auch der Bundesgerichtshof seiner Entscheidung zu Grunde gelegt.[2409] Eventualvorsatz kann demgemäß auch dann gegeben sein, wenn dem Täter der Erfolgseintritt unerwünscht ist. Er billigt diesen dennoch, wenn er sich um des erstrebten Zieles wegen damit abfindet, dass seine Handlung den Erfolg herbeiführt. Dieses Argument kann wiederum auf das Problemfeld einer Infektion mit HIV bei bewusst ungeschütztem Sexualverkehr bei Kenntnis der HIV-Positivität des Partners übertragen werden.[2410]

Nichtsdestotrotz kann in der Einzelfallbetrachtung ein differentes Bild entstehen. Entgegnet werden kann beispielsweise, dass es sich bei der Ausübung risikoreicher Sportarten weniger um eine Billigung des Erfolgseintritts an sich, sondern vielmehr um einen Gefahrenvorsatz handelt, also einem (bedingten) Vorsatz, der

---

[2406] Vgl. Lackner/Kühl/Heger/*Heger* StGB § 15 Rn. 24. Letztlich gilt es gesprochen nach der berühmten „Frank´schen Formel" ein „na, wenn schon" einem „wird schon gut gehen" gegenüber zu stellen, vgl. dazu *Lang*, Sport und Gesundheit aus gesundheitsrechtlicher Perspektive, S. 43.

[2407] Dies ist letztlich die Schlussfolgerung bei *Wolf*, Das moralische Risiko der GKV im Spannungsfeld zwischen Eigenverantwortung und Solidarität, S. 190.

[2408] Zur dahinterstehenden Argumentationslinie vgl. *Güllemann* ZVersWiss 1972, 60 ff.

[2409] Siehe BGH, Urteil v. 22.04.1955 – 5 StR 35/55 = NJW 1955, 1688.

[2410] Vgl. dazu *Wolf*, Das moralische Risiko der GKV im Spannungsfeld zwischen Eigenverantwortung und Solidarität, S. 266 f., m.w.N.

sich einzig auf die konkrete Gesundheitsgefährdungslage bezieht.[2411] Der im Rahmen des § 52 Abs. 1 Alt. SGB V erforderliche Vorsatz muss sich aber eben auch auf die Herbeiführung der Krankheit beziehen, es bedarf also einer zumindest bedingten Intention, den Versicherungsfall herbeizuführen.[2412] Akte bloßer Selbstgefährdung, die sich auf die Gefährlichkeit, nicht aber auf den Erfolgseintritt beziehen, sind mit wissentlicher und willentlicher Selbstschädigung nicht gleichzusetzen. Ähneln sich intendierte Selbstschädigung und Selbstgefährdung im kognitiven Element, so unterscheiden sie sich jedoch im voluntativen, auf welches es nun einmal in der Bewertung ankommt.[2413] Zudem verknappt die alleinige Herleitung des voluntativen Elements aus der objektiven Gefährlichkeit der jeweiligen Handlung den Bewertungsmaßstab in unzulässiger Weise.[2414] Die Persönlichkeit, die psychische Situation und die Motivation des Handenden sind mit in die Bewertung einzubeziehen.[2415] Der Sportler wird ja gerade darauf vertrauen, dass sich das aus der Gefährlichkeit des Sports ergebende Risiko bei ihm nicht verwirklicht. Eine „und wenn schon"-Mentalität kann auch bei Kenntnis über die Eintrittswahrscheinlichkeit unerwünschter Folgen nicht einfach unterstellt werden.[2416] Dies legt auch ein Blick auf die Regelungsnotwendigkeit des § 52 Abs. 2 SGB V nahe. Besteht ein gewachsenes Risiko in der Vornahme medizinisch nicht indizierter ästhetischer Eingriffe, erfolgten diese in aller Regel – vermittelt über die umfassende Aufklärungspflicht des Leistungserbringers – in Kenntnis des Versicherten von der Möglichkeit der Realisierung eines damit verbundenen gesundheitlichen Risikos. Doch hier wird der sich einer entsprechenden Maßnahme unterziehende Patient in aller Regel darauf vertrauen, dass dieser Gesundheitsschaden in seinem Falle ausbleiben wird.[2417]

Dass dies nicht bloß eine Annahme ins Blaue hinein darstellt, wird zunehmend durch Erkenntnisse aus der Verhaltensökonomie und -psychologie bestärkt. So ist es Kernaussage der sogenannten „Controllability-Bias", dass der Mensch dazu neigt, die Wahrscheinlichkeit eines Risikoeintritts dann als geringer einzuschätzen, wenn er sich selbst die Kontrolle über dessen Eintritt zuschreibt und sich überdies in einem solchen Fall einem anderen Menschen gegenüber im Vergleich

---

2411 Vgl. zum Gefährdungsvorsatz im Strafrecht bei Gefährdungsdelikten BGH, Urteil v. 15.12.1967 – 4 StR 441/67 = NJW 1968, 1244.

2412 Vgl. *Rompf* SGb 1997, 106; vgl. BeckOK SozR/*Heberlein* SGB V § 52 Rn. 13; vermutlich, wenn auch nicht eindeutig a.A. *Marburger* DOK 1990, 571, der den Vorsatz nur bezogen auf das Verhalten sieht, sich dabei aber allem Anschein nach unzutreffend auf *Künnell* DOK 1990, 333 bezieht.

2413 Vgl. *Eichenhofer* SGb 2003, 707 f.

2414 Vgl. BGH, Beschluss v. 10.07.2007 – 3 StR 233/07 = NStZ-RR 2007, 307.

2415 Vgl. BGH, Urteil v. 23.02.2012 – 4 StR 608/11 = NStZ 2012, 443 (444).

2416 Ähnlich verhält sich dies etwa im Falle des Beispiels einer im Ausland vorgenommenen Behandlung, deren aus ihr selbst resultierenden Komplikationen eine Nachbehandlung erforderlich machen. Nur soweit für den Patienten bereits vor Vornahme der Behandlung die medizinisch notwendige Nachbehandlung klar absehbar war, kann dies zu einer tatbestandlichen Bejahung führen, vgl. die Einschätzung bei *Katzenmeier/Kurz/Jansen* VersR 2019, 1053.

2417 Dieser Ansicht auch Spickhoff/*Nebendahl* SGB V § 52 Rn. 6; ebenso BeckOGK/*Schifferdecker* SGB V § 52 Rn. 8.

als überlegen einschätzt.[2418] Die „Overpositivity-Bias“ hingegen beschreibt, dass Menschen ihre eigenen Fähigkeiten überpositiv im Verhältnis zu anderen bewerten, was wiederum auch dazu führt, dass Menschen glauben, selbst weniger häufig von Gesundheitsrisiken betroffen zu sein als andere.[2419]

Daher ist mit der wohl überwiegenden Ansicht ein vorsätzliches Verhalten typischerweise selbst bei extrem gesundheitsgefährdenden Verhaltensweisen als Formen einer sogenannten gesundheitsschädlichen oder risikobehafteten Lebensführung nicht automatisch anzunehmen, da der Versicherte wohl darauf hoffen wird, dass in seinem persönlichen Fall eine Gesundheitsbeeinträchtigung ausbleibt, mithin also nicht von einer Vorsätzlichkeit der Selbstschädigung gesprochen werden kann.[2420] Es müsste daher für jede Verhaltensweise mit potentiell gesundheitsschädlicher Folge eine Einteilung aus einer ex-ante Perspektive erfolgen, die dann Indiz für das Vorliegen einer billigenden Inkaufnahme des Krankheitseintritts ist. Dass sich dies in Anbetracht der Vielzahl an unterschiedlichen potentiell gesundheitsgefährdenden Verhaltensweisen und der individuellen kognitiven und physischen Fähigkeiten jedes einzelnen Versicherten sowie in Anbetracht des für die gesetzliche Krankenversicherung geltenden Grundsatz der Unzulässigkeit von Risikoselektion als faktisch unmögliches Unterfangen darstellt, führt letztlich zu der eingrenzenden Bewertung des voluntativen Elementes in der Anwendung und Auslegung des § 52 Abs. 1 Alt. 1 SGB V. Sobald genügend Wissen um die jeweilige Handlung verfügbar ist, wird jedem Versicherten bei jedem Verhalten zu unterstellen sein, er habe gewusst, dass sich eine Risikorealisierung einstellen könnte, sich aber dennoch dafür entschieden, das Risiko einzugehen.

Die Aufwertung der Debatte anhand bestimmter Verhaltensweisen moralisiert diese in erheblichem Maße, besonders indem sie eine Abstufung anhand des noch moralisch vertretbaren Freiheitsgebrauchs vornimmt. Dies zeigt sich auch in dem Diskurs über die Berücksichtigung der missglückten Selbsttötung im Rahmen von § 52 Abs. 1 Alt. 1 SGB V.[2421] Nimmt man zusätzlich das Argument hinzu, dass unter den Vorsatz betreffend die Tatbestandsverwirklichung des § 52 Abs. 1 Alt. 1 SGB V letztlich nach Sinn und Zweck der Vorschrift auch die Notwendigkeit des Herbeiführens eines unter diesen Voraussetzungen behandlungsbedürftigen und leistungsauslösenden Zustandes zu fassen ist, reduziert sich der Anwendungsumfang erneut. Ein sich selbst zu töten Gewillter wird keinen

---

[2418] Vgl. *Spiecker gen. Döhmann*, Risikomanagement durch Versicherungsmechanismen im Krankenversicherungsrecht, S. 236 ff., m.w.N. in der dortigen Fn. 64.

[2419] Vgl. *Spiecker gen. Döhmann*, Risikomanagement durch Versicherungsmechanismen im Krankenversicherungsrecht, S. 238 ff., m.w.N. in der dortigen Fn. 69.

[2420] Vgl. Becker/Kingreen/*Lang* SGB V § 52 Rn. 2; vgl. Hauck/Noftz/*Noftz* SGB V § 52 Rn. 22; vgl. *Huster* Ethik Med 2010, 292 f.; vgl. BeckOK SozR/*Heberlein* SGB V § 52 Rn. 13; vgl. *Rompf* SGb 1997, 106 ff.; vgl. zu risikobehafteten Sportarten BSG, Urteil v. 20.03.1959 – 3 RK 13/55 = NJW 1959, 2327; dem widersprechend *Wolf*, Das moralische Risiko der GKV im Spannungsfeld zwischen Eigenverantwortung und Solidarität, S. 239 f.

[2421] Dazu ausführlich *Voelzke*, Die Herbeiführung des Versicherungsfalls im Sozialversicherungsrecht, S. 143 – 149; vgl. auch *Güllemann* ZVersWiss 1972, 57, der anmerkt, dass der Selbstmord als „Prototyp der selbstgeschaffenen Gefahr erscheint“.

behandlungsbedürftigen Zustand anstreben, ebenso wenig wie ein Drogenkonsument die Sucht oder Folgeschäden als behandlungsbedürftige Zustände herbeiführen will.

Zur umfassenden Sanktionierung würde daher im Ergebnis nur eine Ausweitung auf auch fahrlässige Selbstschädigung führen, die vom soeben bezeichneten Erfordernis befreit wäre, indem sie den Haftungsmaßstab einer erweiterten Bewertung zugänglich macht, wenn auf die subjektive Kenntnis und Fähigkeit abgestellt werden kann.

### bb. Gesundheitliches Fehlverhalten und § 52 SGB V de lege lata

Trotzdem stellt sich die Frage, ob ungesundes Versichertenverhalten leistungsrechtlich zu sanktionieren sei. Benannt wurden hier schon das Rauchen, übermäßiger Alkoholkonsum, Risikosport oder ungesunde Ernährung. Auch unter dem Eindruck der zunehmenden Zivilisationskrankheiten und den anhaltenden Bemühungen der Präventionsarbeit wird an die selbstverantwortliche gesundheitsbewusste Lebensführung appelliert. Ein Fehlverhalten wird gerade deshalb kritisch betrachtet, weil die Krankheitslast durch die Medizin selten rückgeführt werden kann, im Großteil also eine dauerhafte Behandlung notwendig wird und damit die finanzielle Gesamtbelastung der Solidargemeinschaft erheblich steigt.[2422]

Eine ähnliche Aufführung von bestimmten Verhaltensweisen mit gesundheitsschädlichem Potential gepaart mit einer leistungsrechtlichen Sanktion, die nach verbreiteter Ansicht eine stärkere Berücksichtigung der Eigenverantwortung bedeute[2423], ist in § 52 Abs. 2 SGB V unter Verzicht auf das Erfordernis des Vorsatzes erfolgt. Unter der Gesetzesüberschrift „Leistungsbeschränkungen bei Selbstverschulden" werden neben den Verhaltensweisen des Abs. 1, die sich so oder so ähnlich auch in anderen Teilen des Sozialversicherungsrechts finden lassen, auch die konkret aufgeführten Verhaltensweisen nicht medizinisch indizierter körpermodifizierender Eingriffe als solidarwidrige Verhaltensweisen qualifiziert.[2424]

Dabei ist eine Einordnung von § 52 Abs. 2 SGB V als ein das Verhalten zum Anknüpfungspunkt machender Tatbestand nicht zwingend. Ebenso gut könnte § 52 Abs. 2 SGB V der Herausnahme systemfremder Gesundheitsgefahren aus dem SGB V dienen, die typischerweise von den in den Tatbestand aufgenommenen Maßnahmen ausgingen.[2425] Zudem ergibt sich bereits aus dem Verzicht auf ein subjektives Element sowie aus dem Umstand der konkreten Ausführung der

---

[2422] Vgl. dazu *Kohl/Carius* DRV 2003, 31.

[2423] So etwa *Huster* Ethik Med 2010, 293.

[2424] So *Wolf*, Das moralische Risiko der GKV im Spannungsfeld zwischen Eigenverantwortung und Solidarität, S. 144; wohl derselben Ansicht auch *Reyels* in: jurisPK-SGB V, 4. Aufl. 2020, § 52 SGB V Rn. 20; andere Ansicht *Süß*, Die Eigenverantwortung gesetzlich Krankenversicherter unter besonderer Berücksichtigung der Risiken wunscherfüllender Medizin, S. 266.

[2425] So *Süß*, Die Eigenverantwortung gesetzlich Krankenversicherter unter besonderer Berücksichtigung der Risiken wunscherfüllender Medizin, S. 268.

Maßnahme, die ebenfalls unter fehlender Mitwirkung des Versicherten ergeht, der fehlende Bezugspunkt des Verhaltens.[2426] Dennoch kann der Einwand erhoben werden, dass es nicht bloß auf die eigenständige Ausführung einer Maßnahme, sondern bereits auf das gezielte Eingehen des zu erwartenden Risikos ankommt.[2427] Darin liegt jedenfalls der Vorwurf, der an die hier in Rede stehenden Verhaltensweisen gerichtet wird.

Betreffend die Forderung[2428] einer Ausweitung der auf diese Weise sanktionsbelegten Verhaltensweisen kann argumentativ zunächst auf die fehlende Möglichkeit, bestimmte als unsolidarisch empfundene gesundheitsschädliche Verhaltensweisen unter § 52 Abs. 1 Alt. 1 SGB V zu subsumieren, verwiesen werden. Besonders anschaulich kann dies anhand des Rauchens und des Alkoholkonsums expliziert werden.[2429] De lege lata verlangt § 52 Abs. 1 Alt. 1 SGB V das vorsätzliche Zuziehen einer Krankheit. Umstritten ist, ob dem Konsumenten Vorsatz unterstellt werden kann oder von bewusster Fahrlässigkeit auszugehen ist. Die Debatte ähnelt daher zunächst der bereits zum Risikosport dargestellten Problemstellung. Sie verfängt sich daneben in teils unwissenschaftlichen, teils moralisierenden Abstufungen von „Gewohnheitstrinkern“ und „Sucht-Alkoholikern“ und der jeweils gesundheitsschädlichen Wirkungen des Konsumverhaltens.[2430]

Zwar kann davon ausgegangen werden, dass die Gefährlichkeit übermäßigen Alkoholkonsums wie auch des Tabakrauchens dem überwiegenden Teil der Gesellschaft zumindest aufgrund zahlreicher Aufklärungs- und Informationskampagnen nicht gänzlich unbekannt sein sollte. Eine Gefahrkenntnis besteht also zumindest abstrakt.[2431] Hat sich aber das Stadium der Sucht bereits realisiert, scheitert eine Anwendung des § 52 Abs. 1 Alt. 1 SGB V aus zwei Gründen. Zum einen kann im Falle einer krankhaften Abhängigkeit davon ausgegangen werden, dass der Konsumierende nicht mehr ausschließlich aus freien Stücken zum Suchtmittel greift und damit den Versicherungsfall herbeiführt.[2432] Das kann auch auf den Fall ausgeführt werden, bei dem ein Rückfall des Versicherten in das Stadium

[2426] Zur Argumentation siehe etwa *Süß*, Die Eigenverantwortung gesetzlich Krankenversicherter unter besonderer Berücksichtigung der Risiken wunscherfüllender Medizin, S. 266 ff.

[2427] So etwa *Buhr*, Das Finalitätsprinzip und das Kausalitätsprinzip im Recht der Gesetzlichen Krankenversicherung, S. 203 f.

[2428] Beispielhaft sei *Wilksch*, Recht auf Krankenbehandlung und Recht auf ein menschenwürdiges Existenzminimum, S. 25, dortige Fn. 104 angeführt.

[2429] *Geschwinder* hat dies bereits in Bezug auf § 192 RVO ausgeführt, vgl. *Geschwinder* ZfS 1981, 104. Seiner Auffassung nach sollte dieser daher ergänzt werden um folgenden Inhalt: „Krankengeld ist nicht für die Dauer einer Krankheit zu zahlen, die sich das Mitglied durch vorsätzlichen Verbrauch von Tabakwaren, Alkohol oder Drogen als wesentliche Bedingung verursacht hat“.

[2430] So bei *Rompf* SGb 1997, 107.

[2431] Siehe dazu *Wolf*, Das moralische Risiko der GKV im Spannungsfeld zwischen Eigenverantwortung und Solidarität, S. 250, m.w.N.; vgl. auch *Louven* DRV 1982, 363 f.

[2432] Vgl. zum Alkoholmissbrauch Hauck/Noftz/*Noftz* SGB V § 52 Rn. 22; vgl. Krauskopf/*Knittel* SGB V § 52 Rn. 6, 8, mit dem Hinweis, dass je nach Art der Droge auch andere Ergebnisse in der Argumentation erzielt werden können.

der Sucht vorliegt.[2433] Sucht hat viele verschieden Determinanten, von denen das Konsumverhalten letztlich nur eine darstellt. Es ist also schon fraglich, ob der Versicherte sowohl voluntativ als auch kausal verantwortlich für den Konsum zu machen ist.[2434] Auch für das Problemfeld der versuchten Selbsttötung wird auf die insbesondere psychisch komplexen Strukturen verwiesen, die den Begriff des „Freitods" relativieren.[2435] Zum anderen hat sich das Risiko in der Sucht – ist sie erst einmal als diagnostizierbares Krankheitsbild eingetreten – bereits realisiert. Mit Erreichen des Suchtstadiums liegt eine behandlungsbedürftige Krankheit im Sinne des § 27 SGB V vor.[2436]

Als problematisch erweist sich zudem das Erfordernis einer konkret zurechenbaren Handlung des Versicherten im Sinne einer klar abgrenzbaren Handlungsweise.[2437] Daran knüpft letztlich auch eine Auslegung an, welche einen Vorwurf des bedingt vorsätzlichen Verhaltens de lege lata zulässt. Im Falle von gesundheitsgefährdenden Massenphänomenen wie Alkohol- und Tabakkonsum kann die bejahende Bewertung des Vorsatzelementes allenfalls auf der Grundlage ergehen, dass diese Verhaltensweisen mit medizinisch bewiesener hoher Wahrscheinlichkeit zu einem Gesundheitsschaden führen werden. Allerdings bezieht sich diese Wahrscheinlichkeit stets auf eine Referenzmenge an Personen, die den Konsum über einen bestimmten Zeitraum aufrechterhalten.[2438] Ob, wann und wie der Einzelne erkrankt, kann jedoch nicht mit Sicherheit bestimmt werden.[2439]

Der Vorsatz müsste nach dem Zeitpunkt zu bestimmen sein, in welchem dem Versicherten die Steuerung über das Konsumverhalten entgleitet.[2440] Allerdings entsteht Sucht bei Alkohol und Tabak nicht schon bei erstmaligem Konsum, sondern baut sich über die Zeit auf und ist zudem maßgeblich abhängig vom

---

[2433] Dazu *Voelzke*, Die Herbeiführung des Versicherungsfalls im Sozialversicherungsrecht, S. 150 ff.; a.A. wohl *Marburger* DOK 1990, 572.

[2434] So wird etwa auf die Rolle der genetischen Veranlagung als Determinante hingewiesen, vgl. *Alber/Bayerl*, Das Kriterium Eigenverantwortung in der Allokationsdebatte, S. 208.

[2435] Vgl. dazu die Hinweise bei *Güllemann* ZVersWiss 1972, 57; siehe auch *Ecker*, Das schadensstiftende Verschulden gegen sich selbst und die soziale Sicherung, S. 57; vgl. zudem *Louven* DRV 1982, 365; in dieser Line auch BAG, Urteil v. 28.02.1979 – 5 AZR 611/77 = NJW 1979, 2326 f., gleichfalls unter bestätigendem Hinweis auf die Einschätzungspraxis der Krankenkassen.

[2436] Vgl. Krauskopf/*Wagner* SGB V § 27 Rn. 18.

[2437] Vgl. dazu ausführlich *Voelzke*, Die Herbeiführung des Versicherungsfalls im Sozialversicherungsrecht, S. 149 – 155; siehe auch *Ecker*, Das schadensstiftende Verschulden gegen sich selbst und die soziale Sicherung, S. 61.

[2438] Vgl. etwa https://www.spektrum.de/lexikon/neurowissenschaft/alkoholbedingte-krankheiten/393; zuletzt am 01.04.2023.

[2439] Siehe beispielsweise die informatorische Darstellung unter https://www.tk.de/techniker/gesundheit-und-medizin/behandlungen-und-medizin/sucht/schaeden-rauchen-2015614?tkcm=aaus, zuletzt am 01.04.2023, die jeweils nur von Erkrankungswahrscheinlichkeiten bezüglich bestimmter Folgeerkrankungen des Tabakkonsums über einen längeren Zeitraum ausgeht; vgl. zum Alkoholabusus auch https://www.tk.de/techniker/gesundheit-und-medizin/behandlungen-und-medizin/sucht/alkohol-2022948, zuletzt am 01.04.2023.

[2440] So etwa *Louven* DRV 1982, 363.

individuellen Profil des Konsumenten.[2441] Angeknüpft werden kann damit nicht an die Kenntnis und die subjektive innere Einstellung des Versicherten bei erstmaligem oder nur gelegentlichem Alkohol- und Tabakgenuss.[2442] Notwendig wäre es vielmehr, das „Leben" des Versicherten in einem weiter gezogenen Rahmen zu betrachten und der Bewertung umfassend zuzuführen. Mangels eines eindeutig identifizierbaren Schädigungszeitpunktes scheidet die Anwendung des § 52 Abs. 1 Alt. 1 SGB V bei entsprechenden Verhaltensweisen daher aus.[2443]

Scheitert also aufgrund des fehlenden subjektiven Elements in einer Vielzahl von Fällen die Subsumtion des Verhaltens unter § 52 Abs. 1 Alt. 1 SGB V, rückt eine erweiternde Betrachtung des § 52 Abs. 2 SGB V in den Fokus, der auf ein subjektives Element verzichtet.

Besonders in Anbetracht des beständigen Fortschritts im Bereich der wunscherfüllenden Medizin wirkt die Begründung der Begrenzung in § 52 Abs. 2 SGB V auf medizinisch nicht indizierte ästhetische Operationen, Tätowierungen und Piercings auf den ersten Blick alles andere als zeitgemäß.[2444] So gilt der Leistungsausschluss aufgrund der tatbestandlichen Enge etwa nicht im Falle von Krankheit als Folge einer medikamentösen Behandlung, die unter den Begriff des „Neuro-Enhancement" fällt.[2445] Der Wille des Patienten gilt mittlerweile als das oberste Gebot der medizinischen Leistungsversorgung.[2446] Der Patient ist es, der bestimmt, welche Leistung erbracht werden. Er ist nicht an Anweisungen des Arztes zwingend gebunden, kann zwischen Methoden und dem Leistungserbringer in bestimmten Grenzen, oder im Rahmen von IGeL auch umfassend frei wählen.

---

[2441] Vgl. zum riskanten Alkoholkonsum https://www.barmer.de/gesundheit-verstehen/sucht/abwann-alkoholabhaengig-1056578, zuletzt am 01.04.2023; zum regelmäßigen Tabakkonsum und Sucht siehe etwa *Nina Buschek*, Zeichen der Nikotinabhängigkeit, vom 03.04.2018, abrufbar unter https://www.sueddeutsche.de/gesundheit/zeichen-der-nikotinabhaengigkeit-schon-wenige-zigaretten-taeglich-koennen-suechtig-machen-1.1736153, zuletzt am 01.04.2023.

[2442] Dieses Bild mag im Fall harter Drogen differieren, jedoch kann auch hier mit einiger Bestimmtheit davon ausgegangen werden, dass bei einem „Ausprobieren" nicht auch gleichzeitig auf eine billigende Inkaufnahme des Schädigungserfolges abgestellt werden kann; so argumentiert auch Krauskopf/*Knittel* SGB V § 52 Rn. 8.

[2443] *Wolf*, Das moralische Risiko der GKV im Spannungsfeld zwischen Eigenverantwortung und Solidarität, S. 260.

[2444] Siehe zum Fortschritt im Bereich „Human Enhancement" etwa *Heil* ZPTh 2019, 33 ff.; eine bekannte Neuheit ist etwa „Neuralink", ein Gehirnchip eines US-amerikanischen Startups – gegründet von Elon Musk – der zunächst etwa Querschnittsgelähmten zum Laufen verhelfen und später die Digitalisierung des Gehirns ermöglichen soll. Siehe dazu etwa den Bericht von *Holzki/Telgheder* im Handelsblatt vom 30.09.2020, abrufbar unter https://www.handelsblatt.com/technik/digitale-revolution/digitalisierung-im-kopf-was-gehirnchips-wie-der-von-musks-neuralink-leisten-und-was-nicht/26224812.html?ticket=ST-2990008-6vmVh-SeG5ltskl4c5gFB-ap4, zuletzt am 01.04.2023.

[2445] Siehe dazu und zum sogenannten „Neuro-Enhencement" bei *Janda* GuP 2015, 22 sowie 29.

[2446] Umfassend dazu etwa *Roters* ZEFQ 2011, 526 ff.; vgl. *Stock* MedR 2019, 872; im Ergebnis ebenfalls dahingehend aussprechend *Welti* SR 2012, 133. *Fischer* ist hingegen der Auffassung, dass nach wie vor ein asymmetrisches Verhältnis zwischen Arzt und Patient bestünde, sodass sich der Leistungserbringer in einer überlegenen Position befände, vgl. *Fischer* SGb 2008, 464.

Auch die individualisierte Medizin wirft Fragen über die zu enge Reichweite des § 52 Abs. 2 SGB V auf. Ob die mit ihr einhergehenden diagnostischen Möglichkeiten leistungsrechtliche Sanktionen nach sich ziehen sollen, wird diskutiert.[2447]

### b. Rechtliche Bewertung einer tatbestandlichen Erweiterung de lege ferenda

Wollte man die Sanktionsnorm des § 52 SGB V tatbestandlich erweitern, erweisen sich die Grenzen individueller Freiheitsrechte als wesentliche Rechtfertigungshürde. Verfassungsrechtlich umfassend gewährt ist die Freiheit zur Selbstgefährdung und Selbstschädigung aber nur so lange, wie der sich daraus ergebende Schaden beim Individuum verbleibt. Versucht dieser jedoch in unzulässiger Weise seinen Schaden auf andere abzuwälzen, um sich selbst schadlos zu halten, entspricht dies dem durch § 52 Abs. 1 Alt. 1 SGB V zum Ausdruck gebrachten und deshalb insbesondere zum Schutz Dritter – in Gestalt der Solidargemeinschaft – sanktionierten solidarwidrigen Verhaltens.

Die Ausweitung dieses Konzeptes, bedürfte der Bestimmung eines risikoverwirklichenden Verhaltens als solidarwidrig anhand des spezifischen sozialrechtlichen Unwertgehalts. Darin liegt die wesentliche Herausforderung einer umfassenden subjektiven Risikoberücksichtigung im SGB V. Die sozialen Sicherungssysteme sind von dem Grundgedanken geprägt, dem Versicherten eine ausreichende Vorsorge gegen die Wechselfälle des Lebens zu gewähren. Nur wer den Leistungsfall vorsätzlich oder absichtlich herbeiführt, verstößt de lege lata gegen das Gebot der wechselseitigen Solidarität. Denn in der inneren Gleichgültigkeit gegenüber dem Eintritt des Versicherungsfalls manifestiert sich ebenjener innere Verstoß gegen das Gebot der Solidarität.[2448]

Auch die konzeptionelle Ausgestaltung der gesetzlichen Krankenversicherung als Zwangsversicherung spricht gegen die absolute Bestimmung von Verletzungen von an das Individuum über die generellen Solidaritätsverbindlichkeiten hinausgehenden Verhaltensanforderungen als solidarwidrig. Erforderlich ist bisher ein final auf das Auslösen des Leistungsfalles gerichtetes Versichertenverhalten, welches von einem entsprechenden voluntativen Element gedeckt wird.[2449] Aus diesem Grund bedarf es für die Tatbestandsverwirklichung des § 52 Abs. 1 Alt. 1 SGB V des Vorsatzes des Versicherten und einer genauen Prüfung des jeweiligen Einzelfalles.[2450]

Die nur punktuelle Implementierung eines Sanktionstatbestandes nach Beispiel des § 52 SGB V kann als ein weiteres tragendes Argument gegen einen

---

2447 Kritisch demgegenüber *Langanke/Fischer/Erdmann/Brothers* Ethik Med 2013, 249.

2448 *Louven* DRV 1982, 364.

2449 Der Auffassung auch *Butzer*, Fremdlasten in der Sozialversicherung, S. 511.

2450 So auch *Huster* Ethik Med 2010, 292; vgl. zudem *Blöcher*, Die Berücksichtigung der persönlichen Lebensführung bei der Leistungsvergabe der Gesetzlichen Krankenkassen nach § 52 SGB V, S. 153. Zum Erfordernis der Einzelfallbetrachtung im Rahmen des Vorsatzelementes kann verwiesen werden auf die Rechtsprechung des BAG bezüglich eines Klägers, der nach einer absolvierten Entziehungskur rückfällig geworden ist, vgl. BAG, Urteil v. 11.11.1987 – 5 AZR 497/86 = NJW 1988, 1546 (1547).

generalisierbaren Rechtsgedanken dieser Vorschriften angeführt werden. § 52 SGB V durchbricht das ansonsten das SGB V prägende Finalitätsprinzips. Teilweise wird die Geltung des Finalitätsprinzips sogar so weit verstanden, dass § 52 SGB V eine reine Regressnorm sei, die die Frage der Finalität der Leistungsgewährung unberührt ließe.[2451] Das Bundessozialgericht hat betreffend dieses grundlegenden Prinzips festgestellt, dass es im gesetzlichen Krankenversicherungsrecht grundsätzlich unerheblich sei, „aus welchen Gründen der Versicherte der ärztlichen oder zahnärztlichen Behandlung bedarf oder an welchem Organ sich seine Krankheit manifestiert. Die Krankenversicherung hat nicht die Aufgabe, bestimmte Krankheitsursachen zu bekämpfen, sondern diejenigen Behandlungsmaßnahmen zur Verfügung zu stellen, mit deren Hilfe der Gesundheitszustand insgesamt (vgl. § 1 Satz 1 SGB V) gebessert werden soll. Einschränkungen des Versicherungsschutzes betreffen grundsätzlich nicht die Ursache der Behandlungsnotwendigkeit, sondern die Art der erforderlichen Maßnahme".[2452]

Insofern ist der Leistungsfall der gesetzlichen Krankenversicherung neutral formuliert.[2453] Ist also das „Funktionsprinzip" der gesetzlichen Krankenversicherung die rein am Bedarf anknüpfende Gesundheitsversorgung, ist es nur konsequent, auf die Benennung und Sanktion von bestimmten Krankheitsursachen weitestgehend zu verzichten.[2454] Der Zweck der Vorschrift des § 52 Abs. 1 SGB V, der zugleich seiner sozialrechtlichen Rechtfertigung dient, liegt zum einen darin, im Sinne der Gegenseitigkeit des Solidarprinzips einer unzulässigen Rechtsausübung entgegen zu wirken und zum anderen, widersprüchliche Ergebnisse, die durch die ansonsten eintretende leistungsrechtliche „Belohnung" von der Rechtsordnung widersprechendem Verhalten erzielt würden, zu verhindern.[2455] „§ 52 SGB V bezweck[t] den Schutz der Solidargemeinschaft der Versicherten vor grob unsolidarischem Verhalten. Der Versicherte, der die gesetzliche Risikoausgleichsgemeinschaft wegen Leistungen in Anspruch [nimmt], deren vermeidbare Voraussetzung er selbst vorsätzlich oder im Zusammenhang mit vorsätzlichen Straftaten mit erheblichem Unrechtsgehalt geschaffen [hat], [missbraucht] diese. Die Folge solchen Verhaltens [ist] versicherungsfremd. Zugleich verletz[t] der Versicherte dadurch auch in für die Gerechtigkeit unerträglicher Weise das in

---

2451 So etwa *Wolf*, Das moralische Risiko der GKV im Spannungsfeld zwischen Eigenverantwortung und Solidarität, S. 49 f.; siehe auch *Voelzke*, Die Herbeiführung des Versicherungsfalls im Sozialversicherungsrecht, S. 129 ff.; anderer Ansicht hingegen *Süß*, Die Eigenverantwortung gesetzlich Krankenversicherter unter besonderer Berücksichtigung der Risiken wunscherfüllender Medizin, S. 190, dortige Fn. 442.

2452 BSG, Urteil v. 06.10.1999 – B 1 KR 13/97 R = BeckRS 2000, 40258.

2453 *Janda* GuP 2015, 30.

2454 *Rixen*, Eigenverantwortung im Gesundheitssozialrecht – Zwischen gesundheitspolitischer Forderung und positivrechtlicher Umsetzung, S. 336.

2455 Vgl. *Blöcher*, Die Berücksichtigung der persönlichen Lebensführung bei der Leistungsvergabe der Gesetzlichen Krankenkassen nach § 52 SGB V, S. 143 ff.; siehe auch *Butzer*, Fremdlasten in der Sozialversicherung, S. 513 f.

§ 1 Satz 1 SGB V zum Ausdruck kommende Versicherungsprinzip."[2456] Nur soweit die Überwälzung auf die Solidargemeinschaft missbilligt ist, gestatten die Grundsätze der gesetzlichen Krankenversicherung ein Hinterfragen der genauen Umstände für den Eintritt des Leistungsfalls im Sinne der Kausalität. Zweck der gesetzlichen Krankenversicherung kann es hingegen nicht sein, im Rahmen des bestehenden Leistungsumfangs Leistungen in finanzieller Hinsicht zu versagen, soweit kein Fall eines solidarwidrigen Verhaltens vorliegt.

Der Schutz vor finanzieller Überforderung aufgrund von Krankheit ist es, der die Krankenversicherung wesentlich prägt. Die Vorschrift des § 52 Abs. 1 SGB V ist in Ansehung dessen als absolute Ausnahmevorschrift im Recht der gesetzlichen Krankenversicherung zu qualifizieren. Würde eine Ausweitung der leistungsrechtlich relevanten Herbeiführung des Versicherungsfalls auch auf (grob) fahrlässige erfolgen, würde dies letzten Endes einer Abschaffung des Finalitäts- und letztlich auch des sich einer Verhaltensbewertung entziehenden Solidarprinzips gleichkommen. Nicht nur jede Erkrankung müsste fortan auf ihre verhaltensbezogenen Ursachen hin überprüft werden; letztlich würde der maßgebliche soziale Sicherungszweck erheblich reduziert werden.[2457]

Auch wirkt das Finalitätsprinzip auf einer zweiten Ebene, nämlich derjenigen der Zurechnung. Der erforderliche Ursachenzusammenhang[2458] wird im Rahmen des § 52 SGB V über die Lehre von der wesentlichen Bedingung bestimmt. Dabei ist auf erster Stufe die Äquivalenztheorie maßgeblich, ehe auf einer zweiten Stufe das allgemeine Lebensrisiko durch die ergänzende Betrachtung des individuellen Verhaltens eine Modifikation erfolgt.[2459] Bezogen etwa auf die Forderung, die Nichtteilnahme an Früherkennungsmaßnahmen leistungsrechtlich über § 52 SGB V zu sanktionieren, wird durch die Nichtteilnahme keine diese Annahme des Ursachenzusammenhangs rechtfertigende gesteigerte Gefahr für den Krankheitseintritt geschaffen. Dies liegt daran, dass die Maßnahme dem Versicherten keine Garantie für den Eintritt oder Nichteintritt des späteren Krankheitsfalles geben kann, sie nur eine Momentaufnahme darstellt, keine Sicherheit bietet und überdies nicht individualisierte, sondern gruppenbezogene Wahrscheinlichkeiten abbildet.[2460]

Ein weiter Einwand gegen die tatbestandliche Erweiterung des Vorsatzerfordernisses – gerade mit Blick auf die Finalität der Leistungsgewährung – läge

---

[2456] LSG Berlin-Brandenburg, Beschluss v. 11.12.2007 – L 1 B 616/07 KR ER = BeckRS 2009, 52889 unter Verweis auf die Begründung des SG Berlin v. 17.10.2007 – S 73 KR 2616/07.

[2457] Vgl. *Süß*, Die Eigenverantwortung gesetzlich Krankenversicherter unter besonderer Berücksichtigung der Risiken wunscherfüllender Medizin, S. 191; vgl. *Blöcher*, Die Berücksichtigung der persönlichen Lebensführung bei der Leistungsvergabe der Gesetzlichen Krankenkassen nach § 52 SGB V, S. 54 ff.

[2458] Siehe dazu oben unter B. II. 3. b. sowie C. II. 3. c. aa.

[2459] Vgl. dazu insgesamt auch BeckOK SozR/*Heberlein* SGB V § 52 Rn. 11 f.; zudem LSG Sachsen, Urteil v. 09.10.2002 – L 1 KR 32/02, BeckRS 2002, 17099, Rn. 25 bis 30.

[2460] *Köhler/Hitzig* COVuR 2020, 410, die jedenfalls für die Ansteckungsgefahr mit SARS-CoV-2 den Ursachenzusammenhang als nachvollziehbar bewerten.

schließlich in der schwierigen Abgrenzbarkeit von grober und einfacher Fahrlässigkeit, die bei entsprechender Anpassung des subjektiven Zurechnungserfordernisses notwendig würde.[2461] Mit einer Herabsetzung des Zurechnungserfordernisses auf Fälle grober Fahrlässigkeit geht zwangsläufig und insofern auch gewollt eine Ausweitung des Risikoausschlusses in beträchtlichem Umfang einher. Für den Versicherten bedeutet dies eine weitestgehende Aufhebung der Vorhersehbarkeit des Versicherungsschutzes. Die Sicherheit, im Falle der Krankheit mit einer entsprechenden Leistung des Sicherungssystems rechnen zu können, wäre drastisch reduziert. Darin liegt aber ein maßgeblicher Zweck der gesetzlichen Krankenversicherung.

Zudem müsste zur Beurteilung des Fahrlässigkeitsgrades für jede Tätigkeit und jeden Versicherungsfall in der Einzelfallbetrachtung unter Einbeziehung aller relevanten objektiven und subjektiven Umstände ein umfassenderer Prüfungsmaßstab angelegt werden. Würde man den Begriff stattdessen anhand von Regelvermutungen eingrenzen, so würde dies einen erheblichen Einschnitt in den sozialen Schutzauftrag bedeuten, denn [m]enschliche Fehlhandlungen, die jedem Menschen im Verlaufe seines Versicherungslebens unterlaufen können, wären nicht mehr unter Versicherungsschutz gestellt."[2462] Ungeschicktes Fensterputzen, ein unachtsames Überholmanöver oder das falsche Schuhwerk sollen hier nur für einen kleinen Teil der bei grober Fahrlässigkeit in Betracht kommenden Tatbestände stellvertretend benannt werden.

Als absolute Ausnahmevorschrift ist § 52 Abs.1 Alt.1 SGB V letztlich also restriktiv auszulegen. Ihr Rechtsgedanke ist nicht verallgemeinerungsfähig, sodass eine Neufassung notwendig wäre.[2463] Da § 52 SGB V systematisch am Ende des fünften Abschnitts des dritten Kapitels des SGB V positioniert wurde, ergibt sich de lege lata zudem eine Anwendungsbeschränkung auf ebendiesen Abschnitt, der die Leistungen bei Krankheit umfasst.[2464] Nicht umfasst sind damit insbesondere die Leistungen zur Prävention und Vorsorge, sodass es auch hier einer Anpassung bedürfte.

Auch § 52 Abs. 2 SGB V ist Ausnahmetatbestand. Der Gesetzgeber hat durch die Formulierung und die Begründung der Norm klar zu verstehen gegeben, dass es sich um eine Ausnahme handelt und die Tatbestandsvoraussetzungen einen engen Kreis von außergewöhnlichen Maßnahmen erfassen. Wortlaut und Wille des Gesetzgebers sind derzeit damit eindeutig erkennbar. Die Vorschrift ist demnach in Gänze eng auszulegen und bisher lediglich auf die Leistungen bei Krankheit anwendbar. Insbesondere verbietet sich damit eine extensive Auslegung ihrer

---

[2461] Zu diesem Einwand *Voelzke*, Die Herbeiführung des Versicherungsfalls im Sozialversicherungsrecht, S. 245 f.

[2462] *Voelzke*, Die Herbeiführung des Versicherungsfalls im Sozialversicherungsrecht, S. 246.

[2463] Vgl. NK-GesundhR/*Höfling/Engels/Buhr* SGB V § 52 Rn. 4; vgl. BeckOGK/*Schifferdecker* SGB V § 52 Rn. 5; vgl. Hauck/Noftz/*Noftz* SGB V § 52 Rn. 4; vgl. Becker/Kingreen/*Lang* SGB V § 52 Rn. 1; zu dem Ergebnis kommt auch *Lang*, Sport und Gesundheit aus gesundheitsrechtlicher Perspektive, S. 46; vgl. auch *Lang/Hügel* RdJB 2019, 349.

[2464] Vgl. NK-GesundhR/*Höfling/Engels/Buhr* SGB V § 52 Rn. 4.

einzelnen Tatbestandsvoraussetzungen[2465], woraus sich ein Argument gegen die auf das System übertragbare Generalisierbarkeit der Vorschrift beziehungsweise der zu sanktionierenden Verhaltensweisen gewinnen lässt.

Dass aber grundsätzlich, eine leistungsrechtliche Sanktion bestimmter Verhaltensweisen trotz im Grunde zulässiger Freiheitsausübung der Versicherten im Recht der gesetzlichen Krankenversicherung möglich ist, zeigt die Existenz des § 52 Abs. 2 SGB V und die bisher nicht erfolgte Rücknahme der Norm.[2466] Durch diese wird ja gerade ein an sich versichertes Ereignis aufgrund eines Risikovorwurfs aus dem Versicherungsschutz entnommen. Festzuhalten ist damit, dass es entsprechende Regelungen gibt. Der Schwerpunkt der Frage konzentriert sich demnach darauf, wie weit ein solcher Ausschluss gehen kann und darf.

Das Recht müsste jedenfalls nach Beispiel des § 52 SGB V den Gebrauch individueller Freiheit repressiv beschränken und umgekehrt einen „tunlichen Gebrauch" bestimmen.[2467] Der Konflikt konkretisiert sich schließlich darin, dass Sanktionen grundsätzlich nur an zuvor verbotenes Verhalten geknüpft werden könne.[2468] Gefragt ist also nach dem normativen Hintergrund. Erst vor dem Hintergrund von Verbotsnormen ist eine Unterscheidung in regelkonformes und regelwidriges Verhalten, an das sich schließlich die Sanktionierbarkeit knüpft, möglich.[2469] Verboten sind die von § 52 Abs. 1 Alt.1 und Abs. 2 SGB V sanktionierten Verhaltensweisen allesamt gerade nicht, im Gegenteil. Der Grundrechtsschutz des Art. 2 Abs. 2 S. 1 GG umfasst aufgrund seines weiten Schutzbereiches auch die Freiheit des Einzelnen zu selbstschädigendem Verhalten.[2470] Diese Freiheit kann nur dann und nur insoweit ihre berechtigte Begrenzung erfahren, wo sie eine Schädigung anderer und im hiesigen Bezug der Solidargemeinschaft bedingt.[2471]

Vergleichend können hier Rauchverbote zum Schutz von Nichtrauchern angeführt werden. Dieser Zweck vermag es gerade nicht, ausnahmslose Rauchverbote durchzusetzen, sobald sich die Nichtrauchenden freiwillig der Gefahr des

---

[2465] Der Ansicht auch *Süß*, Die Eigenverantwortung gesetzlich Krankenversicherter unter besonderer Berücksichtigung der Risiken wunscherfüllender Medizin, S. 248; vgl. zudem *Wienke*, Eigenverantwortung der Patienten/Kunden, S. 175.

[2466] Kritisch *Eberbach* MedR 2010, 765; sich für die Verfassungswidrigkeit aussprechend *Süß*, Die Eigenverantwortung gesetzlich Krankenversicherter unter besonderer Berücksichtigung der Risiken wunscherfüllender Medizin, S. 319; vgl. *Rixen*, Eigenverantwortung im Gesundheitssozialrecht – Zwischen gesundheitspolitischer Forderung und positivrechtlicher Umsetzung, S. 340 ff.

[2467] Dies als nicht tragbar befindend *Eichenhofer* VSSR 2004, 105.

[2468] Vgl. *Eichenhofer* VSSR 2004, 105.

[2469] Vgl. *Langanke/Fischer/Erdmann/Brothers* Ethik Med 2013, 247.

[2470] Vgl. dazu Dürig/Herzog/Scholz/*Di Fabio* GG Art. 2 Abs. 2 Nr. 1 Rn. 82 f. anhand des Beispiels Rauchen. Das BVerfG hat in Bezug auf den Cannabiskonsum das „Recht auf Rausch", wenn auch nicht unbeschränkt, ausdrücklich anerkannt, vgl. BVerfG, Beschluss v. 09.03.1994 – 2 BvL 43/92 = NJW 1994, 1577 f.; vgl. *Köhler* VSSR 2017, 145.

[2471] Dies insoweit für den Fall des Rauchens gegenüber Nichtrauchern durch die Gefahren des Passivrauchens wohl unbestrittene Meinung, Dürig/Herzog/Scholz/*Di Fabio* GG Art. 2 Abs. 2 Nr. 1 Rn. 83.

Passivrauchens aussetzen oder aber gar nicht oder kaum vom Rauchverhalten anderer betroffen werden.[2472] Insbesondere geht es bei Rauchverboten weder um den Schutz des Rauchers, noch um die Auferlegung einer absoluten Verhaltenspflicht zum Schutz vor sich selbst im Sinne einer paternalistischen Bevormundung.[2473] Auch andere gesundheitsbezogenen Verhaltensweisen wie Fehlernährung oder Risikosport wirken sich erst mittelbar über das Sicherungssystem auf die Interessen Dritter aus. In der gesetzlichen Krankenversicherung führen sie für die Solidargemeinschaft zu einer punktuell höheren Kostenbelastung. Andere Kostenfaktoren, wie etwa die Preissteigerung auf dem Arzneimittelmarkt, führen hingegen unmittelbar und zu erheblich höheren Ausgaben.[2474] Ein weiterer wesentlicher Kostenpunkt ist die Krankenhausbehandlung.[2475] Wesentliche Kostentreiber sind dort Abrechnungen für Hirninfarkt, Herzinsuffizienz, Atherosklerose, Fraktur des Oberschenkelhalses und akuter Herzinfarkt.[2476] Was letzten Endes aber auslösende Ursache des Krankheitsbildes war, lässt sich nicht generalisierend feststellen, ebenso, ob dies auf ein konkret nachvollziehbares Fehlverhalten des Versicherten zurückzuführen ist. Ein Oberschenkelhalsbruch kann beispielsweise sowohl bei einem Autounfall, einem Fahrradunfall oder bei einem unter den Begriff Risikosport fallenden Skiunfall entstanden sein. Ein Mangel an Bewegung wiederum kann ebenso zu Herzkrankheiten führen, wie Alkohol- und Tabakkonsum oder Fehlernährung.[2477]

Zudem ist der Gesetzgeber in einer freiheitlichen Verfassungsordnung gerade nicht dazu legitimiert, einen Schutz vor den Gefahren solcher Freiheitsausübungen absolut zu setzen und als Wert an sich zu erklären.[2478] Selbst dann nicht, wenn selbstgefährdende Massenphänomene wie Alkohol- und Tabakkonsum ursächlich für eine höhere Kostenbelastung und damit von „sozialer Relevanz" sind.[2479] Dies gilt auch in einem eigens geschaffenen Solidaritätsgefüge wie der gesetzlichen Krankenversicherung. Der Staat ist gerade in solchen Systemen in einer besonderen Rechtfertigungspflicht, wohingegen der Bürger sich stets auf

---

[2472] *Huster* Ethik Med 2010, 295; siehe zu den verfassungsrechtlichen Anforderungen von Rauchverboten insbesondere BVerfG, Urteil v. 30.07.2008 – 1 BvR 3262/07 u.a.= NJW 2008, 2409 (2411 ff.).

[2473] Vgl. BVerfG, Urteil v. 30.07.2008 – 1 BvR 3262/07 u.a.= NJW 2008, 2409 (2414), sowie die von dieser Annahme abweichende Meinung des Richters *Masing* (2421).

[2474] Vgl. dazu https://www.tk.de/presse/themen/arzneimittel/medikamente-arzneimittel-kosten-nutzen-2126290, zuletzt am 01.04.2023. Der Einstiegspreis von Arzneimitteln stünde häufig deutlich außer Verhältnis zu ihrem innovativen Mehrnutzen gegenüber bereits bewährten Arzneimitteln.

[2475] Vgl. https://www.aerztezeitung.de/Politik/Welche-GKV-Versicherten-sind-extrem-teuer-410359.html, zuletzt am 01.04.2023.

[2476] Vgl. https://www.aerztezeitung.de/Politik/Welche-GKV-Versicherten-sind-extrem-teuer-410359.html, zuletzt am 01.04.2023.

[2477] Vgl. dazu den Bericht der WHO vom 19.10.2022, abrufbar unter https://www.who.int/news/item/19-10-2022-who-highlights-high-cost-of-physical-inactivity-in-first-ever-global-report, zuletzt am 01.04.2023.

[2478] So *Gröschner* betreffend die Gefahren des Rauchens, *Gröschner* ZG 2008, 400.

[2479] Vgl. *Hillgruber*, Der Schutz des Menschen vor sich selbst, S. 163.

sein Recht zu mitunter selbstschädigendem Verhalten berufen kann, zumindest so lange von den in Rede stehenden Verhaltensweisen keine unmittelbare Gefahr eines kausalen Systemkollaps ausgeht.[2480]

Gleichwohl bestehen in der Rechtsordnung vereinzelte Durchbrechungen dieser Grundsätze, in denen der Gesetzgeber den Menschen auch vor sich selber schützt.[2481] Mittelbar etwa bei der Gurtpflicht im Straßenverkehr oder der Umsetzung des Betäubungsmittelgesetzes. Unmittelbar beispielsweise beim Jugendschutz. Daraus lässt sich aber keine der Grundrechtsordnung generell innewohnende Verbots- oder Gebotsnorm, die dem Einzelnen gesundheitstunliches Verhalten auferlegt und der Gesundheit abträgliche Verhaltensweisen untersagt, ableiten.[2482] So begründet auch § 1 S. 3 SGB V gerade keine Pflicht zur Schadensvermeidung.[2483]

Es wird daher versucht, normative Gebote aus in aller Regel ungeschriebenen Bedarfen des Versicherungssystems wie Sparsamkeit der Leistungserbringung, Funktionserhaltung des Sicherungssystems oder Lastenfairness gegenüber der Solidargemeinschaft abzuleiten.[2484] Insbesondere das Argument der Solidarität wird als legitimer Zweck zur weitreichenden Reduzierung individueller Freiheiten bemüht.[2485] Diese Interdependenz von Beschneidung der individuellen Freiheit und Wahrung der die Sozialstaatlichkeit prägenden Interessen und Rechte der Solidargemeinschaft ist die Quintessenz der konfligierenden Standpunkte. Bislang wird den individuellen Freiheitsrechten ein höheres Gewicht beigemessen, das nur vereinzelt durch das Argument der Solidarität überwogen wird. Dafür spricht nicht nur die Zurückhaltung des Gesetzgebers. Insbesondere die sich hartnäckig haltende verfassungsrechtliche Kritik an § 52 Abs. 2 SGB V, die sich gegen die bisher ergangene Rechtsprechung stellt[2486], ist jedenfalls ein Indiz für die überragende Bedeutung von Freiheitsrechten innerhalb der verfassungsrechtlichen Ordnung.[2487]

---

[2480] *Lang/Hügel* RdJB 2019, 346; vgl. auch *Sacksofsky*, Privilegien, Diskriminierung oder was?, abrufbar unter https://verfassungsblog.de/privilegien-diskriminierung-oder-was/, zuletzt am 01.04.2023, welche betont, dass eine Verhältnismäßigkeit von Freiheitsbeschränkungen im Rahmen der SARS-CoV-2-Pandemie erst aufgrund der reellen Gefahr einer Überlastung des Gesundheitssystems in tatsächlicher Hinsicht anzunehmen ist.

[2481] Vgl. BVerfG, Beschluss v. 24.07.1986 – 1 BvR 331/85 u.a. = NJW 1987, 180; BVerfG, Beschluss v. 09.03.1994 – 2 BvL 43/92 u.a. = NJW 1994, 1577; BVerfG, Beschluss v. 07.10.1981 - 2 BvR 1194/80 = NJW 1982, 691.

[2482] So überzeugend *Köhler* VSSR 2017, 145; vgl. auch *Hillgruber*, Der Schutz des Menschen vor sich selbst, S. 163.

[2483] Vgl. *Prehn* NZS 2010, 263.

[2484] Vgl. dahingehend die Ausführung bei *Langanke/Fischer/Erdmann/Brothers* Ethik Med 2013, 247.

[2485] Vgl. *Eberbach* MedR 2011, 767.

[2486] Das Bundessozialgericht hält schließlich § 52 Abs. 2 SGB V für nicht verfassungswidrig, BSG, Urteil v. 27.08.2019 – B 1 KR 37/18 R = NZS 2020, 58.

[2487] Vgl. dazu *Süß*, Die Eigenverantwortung gesetzlich Krankenversicherter unter besonderer Berücksichtigung der Risiken wunscherfüllender Medizin, S. 280 ff.; ebenfalls *Reimer/Merold* SGb 2008, 713 ff.

Die Voraussetzungen des § 52 SGB V können mit Blick auf das Finalitätsprinzip und die Verfassung also weder erweitert ausgelegt noch ihre Voraussetzungen unter dem geltenden Recht des SGB V extensiviert werden. Die Annahme eines verallgemeinerungsfähigen Rechtsgedankens bestätigt sich nicht. Zwar hat der Gesetzgeber über § 52 SGB V zum Ausdruck gebracht, dass er es für notwendig erachtet, bestimmte Verhaltensweisen eines Versicherten mit Sanktionen zu belegen. Nichts desto trotz hat er sich dazu entschieden, weitere Verhaltensweisen gerade nicht zu sanktionieren. Die zunächst beispielhafte Aufzählung in § 52 Abs. 2 SGB V, die zur Auslegungsstütze von einer Vielzahl weiterer nicht indizierter Maßnahmen geführt hätte, wurde gestrichen.[2488] Neben den rechtlichen Hürden spricht also zumindest derzeit auch der sozialpolitische Wille des Gesetzgebers gegen eine Extensivierung de lege ferenda.[2489]

### c. Weitere Herausforderungen einer systemweit angelegten subjektiven Risikoberücksichtigung

Dass die Frage nach mehr Risikoberücksichtigung im Gesundheitsrecht und damit auch im SGB V auch jenseits von § 52 SGB V nicht leicht zu beantworten ist, kann im Zuge einer ersten Annährung aus dem Umstand geschlossen werden, dass dies bisher kaum wirklich weiterverfolgt wurde.[2490] Der Gesetzgeber hat trotz der prinzipiellen Möglichkeit einer Ausweitung, die sich etwa im Rahmen des Präventionsgesetzes aufgetan hat, keine weitergehende Berücksichtigung von gesundheitsschädlichem Versichertenverhalten vorgenommen, sondern den Schwerpunkt auf die Anreizsetzung gelegt. Es bleibt also bisher dabei, dass individuelles „Verantwortungsversagen“[2491] krankenversicherungsrechtlich folgenlos akzeptiert wird. Ein Anknüpfen an das individuelle Verhalten und damit an ein ethisches Minimum konnte sich im Unterschied zum herrschenden Prinzip der „Tugendfreiheit“ bislang nicht durchsetzen.[2492] Durch diese Exklusion von

---

[2488] So auch *Lang*, Sport und Gesundheit aus gesundheitsrechtlicher Perspektive, S. 46.

[2489] Der Auffassung auch LAG Köln, Urteil v. 26.10.2012 – 4 Sa 690/12 = BeckRS 2013, 66855. Auch mit Blick auf die historische Entwicklung der leistungsrechtlichen Berücksichtigung von durch Versichertenverhalten verursachte Versicherungsfälle wird wiederholt darauf hingewiesen, dass die anfängliche Inregressnahme in der Krankenversicherung der Arbeiter bei Trunkenheit, nach Teilnahme an Schlägereien oder bei einem als unangemessen empfundenen Sexualverhalten letztlich durch den Gesetzgeber gestrichen wurden. So etwa bei *Voelzke*, Die Herbeiführung des Versicherungsfalls im Sozialversicherungsrecht, S. 155 insbesondere dortige Fn. 396. Ebenfalls bei *Ecker*, Das schadensstiftende Verschulden gegen sich selbst und die soziale Sicherung, S. 63. Dieser Argumentation wird aber entgegengehalten, dass die Streichung vielmehr als Reaktion auf die sich durch die Regressmöglichkeit einstellende Unternachfrage zu verstehen sei, zum einen also ein Zugang zum Versorgungsanspruch im Sinne des Finalitätsprinzips gewährt und zum anderen einer Verschlimmerung des Gesundheitszustandes der Bevölkerung entgegenwirkt werde sollte, vgl. dazu *Wolf*, Das moralische Risiko der GKV im Spannungsfeld zwischen Eigenverantwortung und Solidarität, S. 249 f., sowie 261.

[2490] Ähnlichen Schluss ziehend auch *Huster* Ethik Med 2010, 294; ablehnend etwa BT-Drucks. 11/6380, S.162.

[2491] *Heinig*, Kommentar: Primärprävention gegen Gesundheitsrisiken als Freiheitsrisiko, S. 147.

[2492] *Hänlein* ZVersWiss 2002, 603; siehe auch *Oldiges* DOK 1991, 537 f.

verbotenem Verhalten wird in der Sozialversicherung das „Prinzip der minimalen Solidarität“ realisiert und verfolgt.[2493]

In Anbetracht dessen kann dennoch festgestellt werden, dass obwohl die Zurechnung von Handlungserfolgen und das Identifizieren von verantwortlichen Akteuren durch die in ihrer Komplexität gesteigerten gesellschaftlichen Zusammenhänge erschwert ist, an den dahinterstehenden Mechanismen festgehalten wird.[2494] Konkret die Sanktionierung nach erfolgter Identifizierung und Zurechnung von Fehlverhalten.

### aa. Fehlen eindeutiger Ursachenzusammenhänge

Wesentliche praktische Herausforderung ist die des Kausalitätsbeweises, den es von einem spezifischen Verhalten des Versicherten auf die konkret eingetretene Gesundheitsbeeinträchtigung zu erbringen gelten würde.[2495] Das Kausalitätserfordernis erfordert zur Beurteilung eine retrospektive Perspektive auf das Geschehene. Das bedeutet zwangsläufig, dass der Nachweis der Kausalitätsbeziehung nach dem eingetretenen Versicherungsfall mit Blick auf das vor dem Versicherungsfall liegende Geschehen festgestellt werden muss. Dies mag – anders als im Fall der bewussten und vorsätzlichen Selbstschädigung – im Einzelfall bisweilen nicht nur schwierig, sondern gar unmöglich sein, zumal eine Krankheit und umgekehrt die Gesundheit häufig multidimensionale Ursachen haben kann, die zufällig kumuliert auftreten oder durch das Fehlen eines bestimmten Faktors überhaupt erst gesetzt werden.[2496]

Allerdings schließt die reine Schwierigkeit des Nachweises der Kausalität eine Verantwortungszuweisung noch nicht von vornherein aus.[2497] Dem Gesetzgeber steht bei nicht eindeutig im Voraus zu beurteilenden Zusammenhängen, insbesondere mit Blick auf die Geeignetheit und Erforderlichkeit einer bestimmten Regelung zur Zweckerreichung eine sogenannte Einschätzungsprärogative zu[2498], die nur begrenzt überprüfbar ist und bezogen auf die Sachverhalts- und Regelungszusammenhänge auch Kausalitätsfragen mit einschließt. Es müssen in einem gewissen Umfang Vermutungen angestellt werden, welche Verhaltensweisen potenziell für die Gefährdung beziehungsweise Schädigung verantwortlich sind, sodass die vom Gesetzgeber forcierten Gegenmaßnahmen als objektiv sinnvoll und nicht automatisch untauglich und schlechthin ungeeignet erscheinen.[2499]

---

[2493] *Hänlein* ZVersWiss 2002, 604; wiederaufgegriffen *Hänlein* SGb 2003, 303.

[2494] Vgl. *Heidbrink*, Kritik der Verantwortung, S. 192.

[2495] Vgl. *Buyx* Ethik Med 2005, 276 f.; vgl. *Geschwinder* ZfS 1981, 101; vgl. *Braun*, Das Verhältnis der Bürger zur sozialen Sicherung, S. 25 f.

[2496] Vgl. *H. Schmidt* ZEFQ 2012, 192; vgl. *Marckmann* Ethik Med 2010, 208; vgl. *Höfling* ZEFQ 2009, 289; vgl. *Straub* Bundesgesundheitsbl 2006, 78; vgl. *Oldiges* DOK 1991, 537 f.; vgl. *Merten* VSSR 1983, 144 sowie 149.

[2497] Vgl. *Huster*, Die Berücksichtigung des Selbstverschuldens in der Gesetzlichen Krankenversicherung, S. 193; vgl. *Huster* Ethik Med 2010, 294; vgl. ähnlich auch *Dietrich* zfme 2001, 373.

[2498] Vgl. dazu etwa BVerfG, Beschluss v. 29.09.2010 – 1 BvR 1789/10 = NVwZ 2001, 355 (356f).

[2499] Vgl. dazu BVerfG, Beschluss v. 27.01.2011 – 1 BvR 3222/09 = NZBau 2011, 282 (284).

Da „option luck“ und „brute luck“ in der Realität aller Wahrscheinlichkeit nach nie in Reinform vorliegen, erweist sich eine theoretisch klar zu vollziehenden Abgrenzung in der Praxis als unmöglich.[2500] Ist etwa ein gemeinsames Auftreten von krankhaftem Übergewicht und einem erhöhten Infarktrisiko genauso wie von Tabakkonsum und Atemwegserkrankungen epidemiologisch erwiesen, kann dennoch die abschließende Kausalität des Verhaltens für die Manifestation des Krankheitsbildes schlicht nicht erbracht werden.[2501] Es lässt sich nie zweifelsfrei darlegen, dass es der Tabakkonsum war, der zu dem diagnostizierten Lungenkarzinom geführt hat, sodass auch eine Mitursächlichkeit im Sinne der Theorie der wesentlichen Bedingung nicht nachgewiesen werden kann. Ebenso wäre eine Grenzziehung zwischen gefährlichen und ungefährlichen Sportarten kaum praktisch umzusetzen. Selbst private Krankenversicherer nehmen eine solche Unterteilung in der Beitragsberechnung nicht vor beziehungsweise berücksichtigen sie den Faktor Risiko- und Extremsport nicht. Anders hingegen die privaten Unfall-, Erwerbsunfähigkeits- und Haftpflichtversicherer.[2502] Dies lässt sich mit dem versicherten Risiko der jeweiligen Privatversicherung begründen. Der dort mögliche Aufwand zur Feststellung sowie die dort geklärte Frage nach der Beweispflicht würden in der gesetzlichen Krankenversicherung mit Blick auf das Krankheitsrisiko und in Anbetracht der Vielzahl an Krankheitsfällen mögliche Einsparungspotentiale vermutlich annihilieren.[2503]

Zudem findet in den letzten Jahren gerade eine großangelegte Kampagne zur Förderung sportlicher Aktivitäten insbesondere seit Inkrafttreten des Präventionsgesetzes im Jahr 2015 statt, sodass eine negative Sanktionierung eben dieser Betätigungen gegenüber dem Ausgegeben Ziel widersprüchlich erscheint. Auch würde ein exakter Kausalitätsnachweis zu seiner Erbringung erhebliche Interventionen in die Privat- und Freiheitssphäre der Versicherten erfordern.[2504] Schließlich ist eine Abgrenzung von privat verursachten Versicherungsfällen, insbesondere im Kontext von Folgeerkrankungen oder von einer Selbstentlassung des Patienten gegen ärztlichen Rat aus der stationären Behandlung, nicht immer ohne weiteres möglich.[2505] Hier fehlt es bislang an einem normativen Zugriff auf das Versichertenverhalten wie auch der Überwachung dessen.

---

[2500] Vgl. *Dietrich* zfme 2001, 373 sowie explizit auf Gesundheit und Krankheit bezogen auf S. 374.

[2501] Vgl. *Dietrich* zfme 2001, 376 f.; vgl. *Braun*, Das Verhältnis der Bürger zur sozialen Sicherung, S. 26.

[2502] Siehe dazu die Einteilung unter https://getsurance.de/ratgeber/risikosportarten-versicherung/, zuletzt am 01.04.2023.

[2503] Vgl. *Boecken*, wiedergegeben bei *Mutz* DAngVers 1996, 562.

[2504] Vgl. *Höfling* ZEFQ 2009, 289.

[2505] Hinweis zu dieser Schwierigkeit bezogen auf Vorverletzungen oder fehlende Mitwirkung an der Behandlung bestehender Krankheitsbilder bei *Straub* Bundesgesundheitsbl 2006, 78.

### bb. Selbstgefährdung als sozialadäquates Verhalten und das Problem des normativen Standards

Weiterhin ergibt sich die Schwierigkeit, dass bestimmte, mitunter gesundheitsschädliche Verhaltensweisen als Akte der Selbstgefährdung häufig sozialadäquat sind.[2506] Benannt werden können zu beobachtende Massenphänomene wie Rauchen oder Alkoholkonsum, bestimmte Gesundheits- und Bewegungstrends wie auch die Ausübung von risikobehafteten Sportarten. Anders als im Falle von Strafnormen sind viele der benannten Verhaltensweisen nicht verboten. Sie entsprechen demzufolge einem „ethischen Minimum".[2507] Damit ist die Herausforderung der Definition normativer Standards angesprochen.[2508] Die maßgebliche Schwierigkeit liegt darin, festzulegen, für welche aus Verhaltensweisen resultierende Gesundheitsbeeinträchtigungen eine leistungsrechtliche Konsequenz erwachsen soll, wer also Solidarität erfahren und wer selbst für seine Gesundheitsversorgung sorgen soll.

Im Sozialrecht ist zur Abgrenzung von versichertem Risiko und missbrauchendem Verhalten die Terminologie der Solidaritätswidrigkeit – mitunter als sozialrechtlicher Rechtswidrigkeitsbegriff bezeichnet – entwickelt worden.[2509] Demnach könnten drei Dimensionen solidarwidriger und damit der Sanktion zugänglicher Verhaltensweisen ausgemacht werden. Neben strafrechtswidrigem und damit durch die Rechtsordnung verbotenem Verhalten, gibt es die Solidarität provozierendes Verhalten. Und schließlich werden sittenwidrige Verhaltensweisen benannt, durch deren Ausübung sich der Handelnde aus den Grenzen der durch die Rechts- und Gesellschaftsordnung gewährten Freiheitsräume begibt.[2510]

Diese Einteilung ist jedoch kritisch zu betrachten. Es lassen sich keine stichhaltigen Argumente aus dem Gesetzestext des SGB V wie auch aus den ausgewerteten Begründungen des Gesetzgebers dafür entnehmen, dass eine moralische Bewertung von individueller Freiheitsentfaltung gewollt wäre. Insbesondere der in den als symbolisches Recht zu bewertenden[2511] §§ 1 und 2 SGB V aufgeworfene Begriff der Eigenverantwortung erlaubt keine Unterscheidung in rechtes und unrechtes Verhalten.[2512] Ein Beispiel für Verhaltungsbewertung lässt sich außerhalb des SGB V finden. In den Richtlinien zur Aufnahme auf die Warteliste für ein Spenderorgan wird als Kriterium in der Allokationsfrage begrenzter

---

[2506] Darauf hinweisend *Schnapp* DVBl 2004, 1058; siehe auch bei *Eichenhofer* VSSR 2004, 103; vgl. *Eichenhofer* SGb 2003, 708; vgl. auch *Mihm* NZS 1995, 8; vgl. *Oldiges* DOK 1991, 537 f.; dem Unverständnis entgegenbringend *Blöcher*, Die Berücksichtigung der persönlichen Lebensführung bei der Leistungsvergabe der Gesetzlichen Krankenkassen nach § 52 SGB V, S. 155.

[2507] *Hänlein* ZVersWiss 2002, 596; vgl. dazu auch Hauck/Noftz/*Noftz* SGB V § 52 Rn. 17.

[2508] Dazu und zu den nachfolgenden Ausführungen *Marckmann* Ethik Med 2010, 218.

[2509] Vgl. dazu *Faude*, Selbstverantwortung und Solidarverantwortung im Sozialrecht, S. 130 ff. sowie 231 ff.; der Einordnung als sozialversicherungsrechtlichem Rechtswidrigkeitsbegriffs dieser Normen hingegen widersprechend *Butzer*, Fremdlasten in der Sozialversicherung, S. 513 f.

[2510] Vgl. *Faude*, Selbstverantwortung und Solidarverantwortung im Sozialrecht, S. 130 ff.

[2511] Siehe dazu oben unter C. I. 3. sowie B. I. 1., S. 142 dortige Fn. 1275.

[2512] Siehe dazu auch die Ausführung bei *Klement*, Verantwortung, S. 225 sowie 543.

Gesundheitsressourcen an die Eigenverantwortung des Bedürftigen angeknüpft. Unter Berücksichtigung des Versichertenverhalten wird dort im Rahmen einer Lebertransplantation vorgesehen, dass Patienten mit alkoholinduzierter Leberzirrhose erst dann in die Warteliste aufgenommen werden, wenn sie für mindestens sechs Monate völlige Alkoholabstinenz eingehalten haben.[2513] Doch auch hier ist der Maßstab der Eigenverantwortung nicht absolut. Es wird gerade nicht das induzierende Verhalten des Versicherten für den im Sinne des SGB V behandlungsbedürftigen Zustand der Leberzirrhose herangezogen, sondern mit Blick auf die Erfolgsaussichten der zukünftigen Transplantation an das Verhalten angeknüpft. Die insoweit zu erkennende Verantwortungszuschreibung findet also nicht gerichtet auf die Entstehung der Erkrankung, sondern prospektiv auf die Prognose eines möglichst langfristigen Behandlungserfolges statt.[2514]

Bezogen auf den Umgang mit gesundheitlichen Risiken lässt sich eine Erwartungshaltung gegenüber dem Recht erkennen, die dazu führt, dass sich die Diskursebene von einer primär rechtlichen, auf eine ethisch moralische Ebene verlagert hat. Dies wiederum führt zu einem breiten Austragen von Grundsatzfragen und insbesondere zur Zuspitzung auf simplifizierende „Ja/Nein-Schemata“[2515], die den Charakter der Debatte um die Bewertung von Verhalten nachhaltig prägen. Dabei ergibt sich unlängst aus dem verfassungsrechtlich gewährleisteten Selbstbestimmungsrecht, dass eine rein moralische Billigung bestimmter Formen der Selbstentfaltung für deren grundsätzliche Zulässigkeit ohne Belang zu sein hat.[2516] Alles andere würde selbst das konkretisierungsbedürftige Maß der minimalen Solidarität überstrapazieren.[2517] Insofern scheidet etwa auch eine Sanktion der unterlassenen Risikountersuchung beispielsweise auf bestimmte Risikogene bei Krebserkrankungen aus. Die Entscheidung über den Umgang mit dem eigenen humangenetischen Risikoprofil liegt in der Autonomie und Entscheidungsgewalt des Einzelnen. Ein Selbstverschulden im sozialrechtlichen Sinn kann hier nicht angenommen werden.[2518]

Das Sozialrecht ist ein „wertneutrales Rechtsgebiet“, sodass damit auch von der Neutralität des Sozialversicherungsrechts gegenüber moralischen Bewertungen auszugehen ist.[2519] Wenig sinnvoll erschient daher eine allgemeine und unterschiedslose Festlegung nicht sozialgerechten Verhaltens, die selbst solche

---

[2513] Siehe dazu die Richtlinie zur Organtransplantation gemäß § 16 TPG für die Wartelistenführung und Organvermittlung zur Lebertransplantation, abrufbar unter https://www.bundesaerztekammer.de/fileadmin/user_upload/downloads/pdf-Ordner/RL/RiliOrgaWlOvLeberTx20150424.pdf, zuletzt am 01.04.2023, S. A 5.

[2514] Vgl. *Alber/Bayerl*, Das Kriterium Eigenverantwortung in der Allokationsdebatte, S. 207.

[2515] Siehe insbesondere Feststellung bei *Albers*, Risikoregulierung im Bio-, Gesundheits- und Medizinrecht, S. 10.

[2516] Vgl. *Chr. Starck* in v. Mangoldt/Klein/Starck GG Art. 2 Rn. 3 f.; vgl. auch Sachs/Murswiek/Rixen GG Art. 2 Rn. 45 und 53.

[2517] Diesen Einwand erhebt auch *Voelzke*, Die Herbeiführung des Versicherungsfalls im Sozialversicherungsrecht, S. 166; ähnlich *Reimer/Merold* SGb 2008, 714.

[2518] Der Ansicht auch *Plagemann* GuP 2019, 98.

[2519] Zur Neutralität des Sozialversicherungsrechts siehe bei *Felix* NZS 2002, 225 ff.

Verhaltensweisen erfassen würde, die zu Gesundheitsschäden führen können, sich durch das Individuum aber praktisch nicht werden vermeiden lassen können. Für das hier aufgezeigte Dilemma besteht keine allgemeingültige Lösung.

Die Frage, welche Risiken zu akzeptieren und welche leistungsrechtlich zu sanktionieren sind, verlagert sich daher in den politischen und gesellschaftlichen Diskurs. Dass sich die gesellschaftliche Wahrnehmung dabei auch umkehren kann, zeigt sich etwa mit Blick auf den Umgang mit ungeimpften Personen in der anhaltenden SARS-CoV-2-Pandemie. Zwar bleibt es grundsätzlich dabei, dass die Entscheidungsfreiheit darüber, sich impfen zu lassen oder nicht impfen zu lassen, beim Individuum verbleiben soll. Jedoch stieß die Entscheidung gegen eine Impfung aufgrund ihrer drittgefährdenden Dimension zunehmend auf Ablehnung und Unverständnis, sodass schließlich die Einführung einer bevölkerungsweiten Impfpflicht diskutiert wurde.[2520] Dies zeigt, dass die Bewertung der Sozialadäquanz von Verhalten nicht nur dem aktuellen Zeitgeist unterliegt, sondern sich stets flexibel – zwangsläufig auch schneller als es das Recht vermag – wandeln kann.

### cc. Multikausalität von Krankheit und Gesundheit

Ein weiterer Einwand gegen eine generelle subjektive Risikoberücksichtigung kann aus Ergebnissen der Public-Health-Forschung gewonnen werden. Ein großer Teil der individuell getroffenen Entscheidungen sind diesen zufolge wesentlich von sozialen und kulturellen Faktoren mitbestimmt und zwar schon ab einem Zeitpunkt in der frühen Entwicklungsphase des Menschen.[2521] Die Frage ist daher, ob jemand tatsächlich zur vollen Verantwortung bezüglich seiner Gesundheit gezogen werden kann, nur weil ihm die Entscheidung für die eine oder die andere gesundheitsrelevante Freiheitsausübung als Handlung kausal anzulasten ist, oder ob nicht vielmehr der Habitus des Individuums auf gesundheitsspezifische Faktoren hin überprüft und entsprechend berücksichtigt werden muss.[2522] Insbesondere dem zuletzt genannten Aspekt wird etwa im Rahmen der Verhältnisprävention besondere Aufmerksamkeit gewidmet; hier wird unter dem Begriff der „Risikofaktor-orientierten Prävention“ diskutiert wie bestimmte Gefährdungs- und Erkrankungsrisiken gezielt ausgeschaltet oder minimiert werden können, um so eine Verringerung der dem Risiko exponierten Betroffenen zu erzielen.[2523] Sowohl Krankheit als auch Gesundheit sind nicht auf einen einzelnen Faktor zu reduzieren. Ihr Vorhandensein oder Fehlen beruht auf vielen unterschiedlichen

---

[2520] Vgl. dazu und insbesondere zum Einstellungswandel *Hofmann/Neuhöfer* NVwZ 2022, 19.

[2521] Vgl. *Huster* JZ 2008, 866; vgl. *Marckmann* Ethik Med 2010, 208; vgl. auch *Heidbrink*, Kritik der Verantwortung, S. 193.

[2522] Unter diesen Eindrücken daher gegen eine Verlagerung von gesundheitsrelevantem Verhalten in den primären Verantwortungsbereich der Individuen aussprechend *Michelsen* Gesundheitswesen 2010, 46; diesen Gedanken ausführlich erarbeitet *Heidbrink*, Kritik der Verantwortung, S. 187 ff.

[2523] Vgl. *Michelsen* Gesundheitswesen 2010, 46; siehe auch bei *Peter Franzkowiak*, Prävention und Krankheitsprävention, abrufbar unter https://leitbegriffe.bzga.de/alphabetisches-verzeichnis/praevention-und-krankheitspraevention/, zuletzt am 01.04.2023.

Faktoren, von denen das individuelle Verhalten nur einen unter vielen ausmacht. Krankheit ist, sofern nicht ein einzelner, ein andere Ursachen ausschließender Moment identifiziert werden kann, multikausal, ohne dass es möglich wäre, die jeweilige Ursächlichkeit der beteiligten Faktoren genau zu bestimmen.[2524]

### dd. Die Frage nach einem Zurechnungselement

Selbst dann, wenn der Kausalitätsbeweis erbracht werden könnte, wie beispielsweise bei alkoholmissbrauchsbedingten Leberschäden[2525] oder ungeschütztem Geschlechtsverkehr in Kenntnis der HIV-Infektion des Partners[2526], bleibt die Frage nach dem Vorsatzelement noch immer unbeantwortet. Diesbezüglich konnte bereits festgestellt werden, dass anders als im Falle der eindeutigen und gezielten Selbstschädigung, in Situationen in denen sich lediglich ein bewusst selbstgeschaffenes Risiko realisiert, nicht automatisch auch auf ein Wissen und Wollen um diese Realisierung zu schließen ist.[2527] Als wesentlicher Unterscheidungsmoment ist das voluntative Vorsatzelement zu benennen, da der sich selbst Gefährdende regelmäßig darauf vertrauen wird, dass für ihn die Sache gut ausgeht.[2528] Zweck der Handlung und die dahinter liegende Absicht unterscheiden sich bei Selbstschädigung und Selbstgefährdung gravierend. Dies ist schließlich auch der Grund dafür, dass de lege lata lediglich vorsätzliche Selbstschädigungen im Rahmen der sozialen Sicherungssysteme diskreditiert und sanktioniert werden.[2529] Zudem ist gerade mit Blick auf Suchterkrankungen, die sich etwa bei Alkohol, Tabak, Ernährung, Medikamenten oder den sogenannten „harten" Drogen[2530] einstellen auch zu berücksichtigen, dass vorsätzliches und insbesondere eigenverantwortliches Verhalten im Sinne einer autonomen Entscheidung bezüglich des Konsums nicht mehr angenommen werden kann.[2531]

Auch eine Form der krankenversicherungsrechtlichen Gefährdungshaftung ist abzulehnen. Zwar kennt das Recht auch Konzepte von Zurechnung, die nicht von einer Intention des Handelnden, sondern allein von den aus dem Handeln resultierenden Konsequenzen ausgehen. Zu nennen ist hier etwa das zivilrechtliche

---

[2524] Siehe BT-Drucks. 11/6380, S. 24.

[2525] Zum Eigenverschulden und der Zurechenbarkeit bei durch Alkoholmissbrauch bedingten Leberschädigungen vgl. *Dietrich* zfme 2001, 376 ff.

[2526] Siehe dazu *Brocke* SGb 1990, 438 f.

[2527] Siehe dazu oben unter E. II. 4. a. aa.

[2528] Vgl. *Eichenhofer* VSSR 2004, 103; vgl. zudem *Lang/Hügel* RdJB 2019, 347; andere Ansicht *Wolf*, Das moralische Risiko der GKV im Spannungsfeld zwischen Eigenverantwortung und Solidarität, S. 190. *Wolf* zu Folge bestünde ein Konnex zwischen der Gefährlichkeit der ausgeübten Tätigkeit und dem subjektiven Tatbestandsmerkmal des § 52 Abs. 1 SGB V.

[2529] So *Eichenhofer* VSSR 2004, 103.

[2530] Vgl. zu der Einteilung in sogenannte „weiche" und „harte" Drogen bei Weber/Kornprobst/Maier/Weber BtMG § 1 Rn. 207 ff.

[2531] Der Auffassung auch *Blöcher*, Die Berücksichtigung der persönlichen Lebensführung bei der Leistungsvergabe der Gesetzlichen Krankenkassen nach § 52 SGB V, S.157 f.; vgl. zudem Hauck/Noftz/*Noftz* SGB V § 52 Rn. 22; erläuternd zum Eintritt einer Sucht und dem Vorliegen eines darauf gerichteten Versicherungsfalls *Wulfhorst* VSSR 1982, 13 f.

Konzept der verschuldensunabhängigen (Gefährdungs-)Haftung.[2532] Diese kennzeichnet sich gerade dadurch, dass die Verantwortung auf Grund eines gesetzten Risikos oder einer vorgenommenen Handlung, die eine für ein zu schützendes Objekt potenziell typische Gefährdung in sich trägt, allein aufgrund der Realisierung dieser Gefahr zugewiesen wird.[2533] In diesem Sinne selbsterzeugte Risiken werden verantwortungstechnisch daher bereits an ihrem Ursprung regulatorisch abgehandelt.[2534] Auf Verschulden oder Rechtswidrigkeit kommt es dabei nicht an.[2535]

Dennoch ist der Rechtsgedanke der zivilrechtlichen Gefährdungshaftung nicht auf eine Normierung leistungsrechtlicher Berücksichtigung verhaltensveranlasster Gesundheitsrisiken übertragbar. Die durch das Versichertenverhalten gesetzten Gefahren beziehen sich nur auf den Körper und damit auf das Rechtsgut des konkret handelnden Versicherten selbst. Seine Verantwortung für die Solidargemeinschaft und damit für Rechtsgüter anderer, ergibt sich erst aus der Bewertung seines Verhaltens als solidarwidrig.[2536] Damit verlagert sich die Frage des Zurechnungsmaßstabes auf die Formulierung des in Rede stehenden solidarwidrigen Verhaltens.

### ee. Problem der Kontrolle und Nachverfolgung

Selbst wenn eine Implementierung breit angelegter Risikoberücksichtigung überzeugend gelingen würde, stellt sich das Problem der Kontrolle und Nachverfolgung der Verhaltensweisen beziehungsweise der Lebensführung des Versicherten.[2537] Die Krankenkasse trifft aufgrund der spezifischen Konstruktion entsprechender Sanktionen die Beweislast.[2538] Für die Krankenkassen besteht nur im Rahmen der durch sie unmittelbar selbst erbrachten Präventionsangebote die Möglichkeit der Nachvollziehbarkeit des Versichertenverhaltens. Bezüglich der Behandlungs- und Präventionsmaßnahmen, die in einer ausschließlichen Beziehung zwischen Leistungserbringern und Patienten erfolgen, fehlt es insoweit an der für die Kontrolle notwendigen Datenübermittlung.[2539] Umgekehrt werden an

---

[2532] Beispiel hierfür ist etwa die Haftungsregelungen nach dem Produkthaftungsgesetz, nach § 833 S. 1 BGB, nach dem Haftpflichtgesetz, nach dem Straßenverkehrsgesetz, nach dem Arzneimittelgesetz oder dem Luftverkehrsgesetz, vgl. BT-Drucks. 11/2447, S. 11. *Noftz* erblickt diesen Rechtsgedanken in Form eines Gefährdungsverschuldens gleichfalls in der Regelung des § 52 SGB V, vgl. Hauck/Noftz/*Noftz* SGB V § 52 Rn. 28q.

[2533] Vgl. zur „Ratio" der Gefährdungshaftung im Zivilrecht *Fuchs/Baumgärtner* JuS 2011, 1061, m.w.N.

[2534] Vgl. *Heidbrink*, Kritik der Verantwortung, S. 193.

[2535] *Fuchs/Baumgärtner* JuS 2011, 1061.

[2536] So *Süß*, Die Eigenverantwortung gesetzlich Krankenversicherter unter besonderer Berücksichtigung der Risiken wunscherfüllender Medizin, S. 264 ff., insbesondere Fn. 383.

[2537] Hinweis etwa bei *Braun*, Das Verhältnis des Bürgers zur sozialen Sicherung, S. 26; vgl. auch *Boecken* SDSRV 1997, 26; siehe zudem *Hänlein* SGb 2003, 303.

[2538] So bereits *Boecken* SDSRV 1997, 26; siehe auch *Voelzke*, Die Herbeiführung des Versicherungsfalls im Sozialversicherungsrecht, S. 245.

[2539] Siehe weiter zur fehlenden Transparenz der Behandlungssituation und -möglichkeiten sowie der Nachfragetatbestände bei *Giesen* ZVersWiss 2004, 558.

der individuellen Lebensweise orientierte Strategien der Krankheitsprävention zwangsläufig an ihrer Praktikabilität gemessen. Dies macht die Weitergabe von Daten, die im Verhältnis Leistungserbringer und Patient gesammelt werden, sowie die dazu notwendige gesetzliche Ermächtigung oder sogar Verpflichtung zur Weitergabe, Verwendung und Verarbeitung der Daten zum zentralen Problem. Dabei gilt grundsätzlich zu Gunsten der gesetzlichen Krankenkassen nach § 284 Abs. 1 S. 1 Nr. 4 SGB V die Erlaubnis, Sozialdaten zu erheben und zu speichern, soweit dies zur Prüfung der Leistungspflicht oder der Voraussetzungen von Leistungsbeschränkungen notwendig ist. Damit stellt sich die Frage, wie die dazu benötigten Sozialdaten zu erheben sind.

In Betracht kommende Mittel sind verschiedene unmittelbar beim Versicherten ansetzende Verfahren, wie etwa das Tracking über Health-Apps oder umfassende Dokumentations- und Überwachungspflichten. Diese setzen auf eine „Selbstvermessung" des Versicherten, der über sich selbst Daten erhebt und diese weiterleitet.[2540] Ein bereits normiertes Verfahren ist das sogenannte „Self-Tracking" im Bereich der verpflichtend vorgegebenen Bonusprogramme der Krankenkassen nach § 65a SGB V, bei welchem die Versicherten personenbezogene gesundheitsrelevante Daten an ihren jeweiligen Leistungsträger übermitteln, um an einem kassenindividuellen Bonusprogramm zu partizipieren.[2541] Daneben kommt auch in Hinblick auf die bestehenden Mitwirkungspflichten der Versicherten[2542] das Konzept einer aktiven Nachweisobliegenheit der Versicherten in Betracht. Solche Verfahren sind in aller Regel entweder repressiv darauf gerichtet, die Verursachung eines Versicherungsfalls nachvollziehbar zu gestalten oder aber die Nachweislast der Krankenkasse zu reduzieren, indem sie auf den Versicherten verlagert werden.

Für andere Präventionsmaßnahmen, insbesondere betreffend das Verhalten des Patienten im Verlauf einer Behandlung, kommt zudem eine Konstruktion der Meldepflicht und Datenweitergabe in Betracht. § 294a Abs. 2 SGB V zeigt das. Die Norm stellt für den Sanktionstatbestand des § 52 Abs. 2 SGB V sicher, dass die Krankenkassen von einem Krankheitsfall, der auf einem der in § 52 Abs. 2 SGB V genannten Fälle zurückzuführen ist, Kenntnis erlangen. Sie dient damit dessen praktischer Durchführbarkeit.[2543] Liegen Anhaltspunkte für ein Vorliegen der Voraussetzungen des § 52 Abs. 2 SGB V vor, so sind die an der vertragsärztlichen Versorgung teilnehmenden Ärzte und Einrichtungen sowie die zugelassenen Krankenhäuser nach § 294a Abs. 2 SGB V verpflichtet, den Krankenkassen die erforderlichen Daten mitzuteilen. Zugleich sind die Versicherten über den Grund der Meldung sowie die gemeldeten Daten zu informieren.

---

2540 Vgl. *Braun/Nürnberg* G+S 2015, 70.

2541 Vgl. dazu etwa § 26 der Satzung der Techniker Krankenkasse sowie die Anlage 2 bis 4, Stand 31.03.2023, abrufbar unter https://www.tk.de/resource/blob/2077108/b4089f4bfd705384e859a9f112c73afc/tk-satzung-data.pdf, zuletzt am 01.04.2023.

2542 Siehe dazu oben unter B. IV.

2543 Vgl. zudem BT-Drucks. 16/7439, S. 96.

Zur besseren Nachvollziehbarkeit der fehlenden Mitwirkung an der Behandlung könnten zudem bestimmte, auf die jeweilige Behandlung ausgerichtete, geleitete Dokumentationspflichten ergänzend eingeführt werden, die den Leistungserbringer in seiner Funktion unterstützen.

Solche Datenweitergabe- und Feststellungspflichten durch die Leistungserbringer sind deshalb notwendig, weil diese unabhängig von der konkreten Ausgestaltung der Steuerungsansätze nach wie vor die einzig Sachverständigen bleiben.[2544] Allerdings wird durch derartige Datenweitergabeverpflichtungen in erheblicher Weise und nicht unproblematisch in das Vertrauensverhältnis zwischen behandelndem Arzt beziehungsweise zwischen Leistungserbringer und Patienten eingegriffen.[2545] Auch das strafrechtlich geschützte Grundrecht des Versicherten auf das Patientengeheimnis wird durch entsprechende Regelungen nicht unwesentlich beeinträchtigt.[2546] Vielmehr wird gerade ein Eingriff in den geschützten Bereich der Privatsphäre vollzogen.

Auch wenn ein entsprechender Eingriff durch § 294a Abs. 2 SGB V bereits normativ realisiert wurde, kommt es im Rahmen einer Ausweitung über den bisherigen Anwendungsbereich zum Zweck der Durchsetzbarkeit des § 52 Abs. 2 SGB V entscheidend darauf an, mehr Transparenz für das Verfahren zu bewirken, ohne zugleich einen „gläsernen Patienten" oder „gläsernen Arzt" zu schaffen.[2547] Das empfindliche Vertrauensverhältnis zwischen Arzt und Patient ist ein schützenswertes Gut. Die Abwägung, welche sensiblen versichertenbezogenen Daten und Sachverhalte zwingend nötig sind, um die Funktionalität des Sanktionsmechanismus zu gewährleisten, und welche gerade nicht notwendig sind, hat dies entscheidend zu berücksichtigen. Gewiss ist im Falle einer Bonifizierung der zu erwartende Widerstand des Betroffenen geringer als im Fall einer Sanktion. Gleichwohl greift in beiden Fällen das informationelle Selbstbestimmungsrecht des Patienten aus Art. 2 Abs. 1 i.V.m. Art. 1 Abs. 1 GG.[2548]

Betreffend die Praktikabilität kann mit Blick auf die bisherige Erfahrung im Bereich der DMPs zur Betreuung chronischer Erkrankungen und der Bereitschaft der Ärzte zur Informationsweitergabe im Bereich des § 294a SGB V eine deutliche Hemmung festgestellt werden.[2549] Der Berufsethos der Ärzte stellt die Hilfsbedürftigkeit und Selbstbestimmung des Patienten in den Mittelpunkt.[2550] An

---

[2544] Hinweis auf diesen Umstand bei *Münnich* VSSR 1981, 210.

[2545] Darauf im Kontext des § 294a Abs. 2 SGB V hinweisend *Huster*, Die Berücksichtigung des Selbstverschuldens in der Gesetzlichen Krankenversicherung, S. 193; ebenso *Huster* Ethik Med 2010, 293; zum „Petzparagraph" § 294a Abs. 2 SGB V siehe auch *Wienke*, Eigenverantwortung der Patienten/Kunden, S. 173; siehe auch bei *Teichner/Schröder* MedR 2009, 588 f.

[2546] Dazu *Teichner/Schröder* MedR 2009, 589.

[2547] Siehe auch *Adam-Schwaetzer* ArbuSozPol 1986, 362.

[2548] Dazu BVerfG, Beschluss v. 06.06.2006 – 2 BvR 1349/05 = MedR 2006, 586.

[2549] Vgl. *Huster* ZEFQ 2012, 198; vgl. *Huster*, Die Berücksichtigung des Selbstverschuldens in der Gesetzlichen Krankenversicherung, S. 193.

[2550] Vgl. *Wiesing*, Ärztliche Ethik, abrufbar unter https://www.bpb.de/themen/umwelt/bioethik/174950/aerztliche-ethik/, zuletzt am 01.04.2023.

einer Leistungsbegrenzung durch Informationsweitergabe aktiv zu Ungunsten des Patienten mitzuwirken, widerspräche daher in aller Regel der inneren Auffassung.[2551] Andererseits könnte die Geneigtheit der Ärzte zu Informationsweitergabe im Fall einer Bonifizierung deutlich günstiger ausfallen. Schließlich kann hier der Patient nur profitieren. Dies könnte sich im Übrigen auch auf die konkrete Behandlungsbeziehung und das grundlegende Vertrauensverhältnis zwischen Leistungserbringer und Patienten positiv auswirken. Nichts desto trotz könnte sich das Problem der Zurückhaltung bei der Informationsweitergabe insbesondere im Rahmen der Verhältnismäßigkeitsprüfung stellen, da die Geeignetheit der Maßnahmen auch mit den Chancen ihrer praktischen Durchführbarkeit verbunden ist.[2552]

### ff. Konflikt mit dem sozialen Sicherungszweck

Für den Aspekt der Fortschreibung oder vielmehr einer Verschärfung des Subsidiaritätsgrundsatzes durch Neu- beziehungsweise Rückzuweisung der Zuständigkeiten für Risiko- und Lastentragung im Rahmen der Sanktion selbstgesetzter Risiken, dürfen darüber hinaus zwei wesentliche sozialstaatliche Prinzipien nicht unbeachtet bleiben, die zugleich einschränkende Wirkung entfalten. Zum einen die Zielsetzung der systemspezifischen Sicherungsfunktion, die es in Anbetracht der Menschenwürde zu realisieren und unter dem Aspekt der Umverteilung und der sozialen Gerechtigkeit zu wahren gilt. Zum anderen die Verwirklichung und Ausstrahlungswirkung des Solidaritätsgedankens, der schließlich Grundbedingung für die Kollektivverantwortung aber auch – und dies ist entscheidend – für die Realisierbarkeit eines Subsidiaritätsverhältnisses ist.[2553] Ziel der sozialen Sicherungssysteme ist die Sicherung und Bewahrung der individuellen, materiellen Freiheit. Seine Umsetzung wird durch Heranziehung des Solidaritätsgedankens legitimiert, unter Verwendung der Konzeption von Verantwortung transformiert und schließlich anhand des durch die Solidarität ermöglichten Subsidiaritätsprinzips in Form einer Zuständigkeitsordnung konkretisiert.[2554] Doch selbst der Subsidiaritätsgrundsatz als eine wesentliche Dimension von Eigenverantwortung gilt nicht uneingeschränkt. So wird etwa im Rahmen des auch in der gesetzlichen Krankenversicherung stattfindenden Familienlastenausgleichs, der Vorrang der Selbstvorsorge zum Zweck des sozialen Sicherungszwecks ausgeschlossen.[2555]

Es ist demnach davon auszugehen, dass sobald der soziale Sicherungszweck der gesetzlichen Krankenversicherung durch umfassende Leistungskürzung oder Leistungsausschlüsse in seiner Substanz betroffen wird, eine entsprechende

---

2551 Vgl. *Hänlein* SGb 2003, 303 und *Uhlenbruck* MedR 1995, 432.

2552 Kritisch daher bezüglich der compliancebezogenen Ansätze *Kemmler* NZS 2014, 527.

2553 Vgl. *Schulin*, Empfiehlt es sich, die Zuweisung von Risiken und Lasten im Sozialrecht neu zu ordnen? – Gutachten E, S. E 81 f. sowie E 91.

2554 Vgl. *Schulin*, Empfiehlt es sich, die Zuweisung von Risiken und Lasten im Sozialrecht neu zu ordnen? – Gutachten E, S. E 35.

2555 Vgl. dazu ausführlich *Schulin*, Empfiehlt es sich, die Zuweisung von Risiken und Lasten im Sozialrecht neu zu ordnen? – Gutachten E, S. E 117 ff.

Umsetzung unter einer besonders gewichtigen verfassungsrechtlichen Rechtfertigungslast steht. Für den Fall einer leistungsrechtlichen Verwirklichung am Beispiel des § 52 SGB V würden diese verfassungsrechtlichen und sozialstaatlichen Maximen im Rahmen ihrer Berücksichtigung in der Ermessensausübung hinsichtlich der finanziellen Beteiligung des Versicherten an den entstandenen Behandlungskosten zu einem ähnlichen Bild in der Anwendung führen, wie es für § 52 SGB V bereits gezeichnet werden kann. Die Berücksichtigung der Gesamtumstände ermöglicht – wie de lege lata bereits praktiziert – auch eine Ermessenentscheidung, die eine angemessene Beteiligung des Versicherten mit Null beziffert. In der Konsequenz würden am Vorbild des § 52 SGB V entwickelte Normen unterangewendet bleiben und damit aus Gründen sozialer Erwägungen in der Ermessensausübung trotz entsprechender Normierung zu faktischer Folgenlosigkeit des Verhaltens in der Leistungsgewährung führen. Damit bleibt die mangelnde Praktikabilität von kausalen Sanktionsmechanismen gewichtiges Argument gegen entsprechende Normen.

### e. Ergebnis zur Realisierbarkeit einer subjektiven Risikoberücksichtigung im SGB V

Neben der Nichtexistenz eines generalisierungsfähigen Rechtsgedankens sowie dem Gebot einer restriktiven Auslegung des § 52 SGB V, zeigt sich das Fehlen einer konkreten Umsetzungsmöglichkeit insbesondere in der mangelnden Praktikabilität einer breit angelegten subjektiven Risikoberücksichtigung. Selbst wenn man gewillt wäre, erhebliche Freiheitsbeschränkungen zu rechtfertigen, so bliebe noch immer ein nicht unbeachtlicher verwaltungs- und informationstechnischer Arbeitsaufwand, der im Ergebnis die möglichen Einsparpotenziale aufheben würde. Je stärker die Informationsbeschaffung und -weitergabe an die Krankenkasse dem Versicherten selbst auferlegt werden soll, desto intensiver werden die Eingriffe in die Privatsphäre und die selbstbestimmte Lebensführung des Versicherten. Auch wenn der Versicherte bereits durch bestimmte Anreizstrukturen – etwa im Bereich der Prävention – dazu angehalten und motiviert wird, bereitwillig sensible Gesundheitsdaten mit den Institutionen der staatlich organisierten Risikoversorgung zu teilen, darf dieser Umstand nicht darüber hinwegtäuschen, wie schwerwiegend die sich daraus ergebenden Konsequenzen für das rechtliche und gesellschaftliche Freiheitsverständnis sind, sollen die Daten dazu verwendet werden, den Leistungsanspruch des Versicherten zu beschränken.

Finden Zwangsversicherung und Pflichtbeitrag in einer freiheitlichen Grundordnung nach wie vor Rückhalt in der Bevölkerung[2556], so gilt dies mit an Sicherheit grenzender Wahrscheinlichkeit nicht für einen auf individuelle Daten

---

[2556] Siehe zur Gesundheits- und Altersvorsorge Stand 2016 bei *Stroppe/Mauk*, Zuständigkeit des Staates für soziale Absicherung, abrufbar unter https://www.bpb.de/kurz-knapp/zahlen-und-fakten/datenreport-2021/politische-und-gesellschaftliche-partizipation/330228/zustaendigkeit-des-staates-fuer-soziale-absicherung/, zuletzt am 01.04.2023.

rekurrierenden absoluten Gesundheitsstaat.[2557] Auch deshalb gibt wohl die sozialpolitische Leitlinie für die Berücksichtigung von überwiegend selbstgesetzten Risiken konstant vor, dass aus einem schlechten Gesundheitszustand im solidarischen Sicherungssystem keine Nachteile, namentlich auch keine finanziellen Nachteile, erwachsen dürfen und individuelles gesundheitliches Fehlverhalten nicht als solches zu bewerten sei.[2558] Die Würde des Menschen und sein Recht auf freie Entfaltung und Selbstbestimmung gebieten einen Respekt vor dem individuellen Lebensentwurf. Die Freiheit zur Selbstentfaltung zu gewährleisten ist dabei wesentliche Aufgabe der sozialen Sicherung. Denn wären die Risiken, die sich aus einem individuellen Lebensentwurf ergeben, einzig und allein dem Individuum überantwortet, würde dies zu einem Gefälle in der Freiheitswahrnehmung führen, welches sich am finanziellen Risikobudget orientierte. Dass es dazu nicht kommt, wird letztlich verfassungsrechtlich über das Solidaritätsprinzip und den Verhältnismäßigkeitsgrundsatz zusätzlich abgesichert.

Es erscheint daher mehr als angezeigt, den bisher ergebnislos gebliebenen Diskurs über die Einführung einer flächendeckenden subjektiven Risikoberücksichtigung im Recht der gesetzlichen Krankenversicherung anhand des § 52 SGB V kritisch zu hinterfragen. Die Ergebnisse deuten zumindest auf ein jedenfalls sozialpolitisch und in weiten Teilen auch rechtswissenschaftlich problematisches Unterfangen hin.

### III. Fazit zu Leistungsbegrenzungen unter dem Eigenverantwortungspostulat

Im Kontext eines solidarischen Sicherungssystems und in Anbetracht der philosophisch-moralischen Parameter, die sich in der Sozialstaatlichkeit aber auch den jeweilig betroffenen Grundrechten wiederfinden, muss notwendigerweise festgestellt werden, dass mehr Eigenverantwortung in welcher Weise auch immer nicht nur Vorteile verspricht, sondern gleichfalls auch Risiken birgt. Die Verantwortung erfährt durch den verstärkten Individualbezug eine (Rück-)Verlagerung auf das Subjekt als „Erstverantwortlichen“, unabhängig von Verantwortungsobjekt oder der situativen Gegebenheit.[2559] Die Entscheidung darüber, festzulegen, welches gesundheitsrelevante Verhalten mit Sanktion belegt und welches belohnt werden soll, ist dabei vielmehr eine Frage der politischen Motivation und der

---

[2557] Aktuelles Beispiel ist die Debatte um die Einführung der sogenannten Corona-Warn-App zur Kontaktnachverfolgung im Rahmen des Infektionsgeschehens betreffend die SARS-CoV-2-Pandemie in Deutschland im Jahr 2020. Vgl. dazu die Darstellung bei *Kühling/Schildbach*, in: Huster/Kingreen Hdb. InfSchR Kap. 6 Rn. 163 ff. sowie zur theoretischen Umsetzbarkeit einer „App-Pflicht“ Rn. 181 ff.

[2558] Vgl. *Oldiges* DOK 1991, 537. Dies hat sich seither nicht wesentliche verändert. Insbesondere die Bemühungen im Rahmen der Präventionsangebote sollen gerade dazu dienen, den Menschen zu gesundheitsgerechtem Verhalten zu befähigen. Dies widerspricht in seinem Ansatz doch bereits einer abwertenden Bewertung von individuellem Verhalten.

[2559] Vgl. *Schmidt* Gesundheitswesen 2010, 30.

darauf angewendeten moralethischen Werte, als eine Frage der verfassungsrechtlichen Rechtfertigung.

Die dabei angelegte Grundfrage befasst sich mit der Rechtfertigung der notwendigen Eingriffe in die individuelle Autonomie zugunsten der populationsbezogenen Präventions- und Gesundheitsziele.[2560] Dies führt aber dazu, dass der Versicherte immer weniger der eigentliche Gestalter seiner Gesundheit ist, obgleich viele Patienten gerade bei gravierenden und ihr Leben beeinflussenden Maßnahmen eine aktivere Rolle übernehmen wollen und auch die Akteure im Gesundheitswesen wiederholt auf die Bedeutung dieser Entwicklung für die Funktionserhaltung des Systems hinweisen.[2561] Die breit angelegte faktische Entmündigung der Versicherten steht der Vorstellung vom autonomen und eigenverantwortlichen Versicherten diametral gegenüber. Ansätze, die an genau diesem Umstand ansetzen, basieren daher immer auf einer Abkehr vom ausschlaggebenden freien Willen und sehen sich nicht ohne Grund des Vorwurfs als Konzepte einer Bevormundung in Form paternalistischer Entscheidungsarchitektonik ausgesetzt.[2562]

Als besonders problematisch einzuschätzen ist in Anbetracht der hier erwogenen Operationalisierung der Eigenverantwortung der „inflationäre"[2563] und zuweilen die eigentlichen Zielsetzungen verhüllende Gebrauch ebendieser sowie eine damit einhergehende Missbrauchsgefahr. Denn Eigenverantwortung birgt das Potential, die jeweiligen Adressaten zu konditionieren, indem von ihnen eine Art Gegenleistung erwartet wird, die das Individuum durch seine Unterwerfung unter die Ansprüche des Kollektivs erbringt. Die Form der Gegenleistung könnte Angesichts der behandelten Stichworte des unsolidarischen Verhaltens und der versicherungsfremden Leistungen, von einem erzeugten moralischen Druck mit erzieherischen Verhaltenserwartungen auf einer ersten Stufe über obliegenheitsbasierte Leistungskürzungen, bis hin zu vollständigen Leistungsausschlüssen reichen.

Insbesondere scheint sich der Diskurs auf der Übernahme finanzieller Lasten des Gesundheitssystems durch den eigenverantwortlichen Versicherten zu konzentrieren. Dem Begriff der Eigenverantwortung liegt kein ausdifferenziertes und klar definiertes Gestaltungskonzept zu Grunde. Er fungiert lediglich als Argumentationsstütze im politischen Diskurs. Das zeigt sich besonders im Rahmen der langwierigen und im Grunde kaum mit Eigenverantwortung im Zusammenhang stehenden Debatte über die Abkehr vom Sachleistungsgrundsatz.[2564]

Weiteres Beispiel für das Missbrauchspotential des Eigenverantwortungspostulats ist der bereits skizzierte „totalitäre Anspruch"[2565] der Präventionsidee.

---

[2560] Vgl. *Marckmann* Ethik Med 2010, 211.

[2561] Vgl. *Reichardt/Gastmeier* Krankenhaushygiene up2date 2013, 157-159.

[2562] Vgl. *Berlemann/Karmann* ZWS 1998, 576; vgl. *Middel*, Gesundheitsgerechtigkeit zwischen Eigenverantwortung und Solidarität, S. 357.

[2563] So auch *Schmidt*, Eigenverantwortung haben immer die Anderen, S. 10.

[2564] Siehe dazu oben unter E. II. 1.

[2565] *Eberbach* MedR 2011, 769; vgl. *Eberbach* MedR 2014, 455.

Verantwortung für sich selbst ist dabei losgelöst von der Unabsehbarkeit von mit bestimmten Verhaltensentscheidungen einhergehenden Folgen, nicht nur für den Versicherten, sondern auch für die Methoden der Diagnostik. Zudem ist nicht nur die eigene Entscheidung Determinante für gesundheitsbewusstes Verhalten, ja häufig nicht einmal die ausschlaggebende. Die Leistungsfähigkeit der Eigenverantwortung, einen Zustand guter Gesundheit herzustellen, stellt sich als gering dar. Am Ende eines jeden der in diesem Abschnitt behandelten Ansätze der Fortschreibung des Eigenverantwortungspostulats de lege ferenda findet sich so letztlich ein sozial diskriminierendes Ergebnis, dass ein dem Sinn der Sozialversicherung konträres Bild eines „Zwei-Klassen-Systems" erzeugt. Im Extremfall würde statt Systemgerechtigkeit daher vielmehr eine Systemungerechtigkeit zu Lasten bestimmter Gruppen geschaffen. Dies wiederum führt zu einem erheblichen verfassungsrechtlichen wie auch gesellschaftlichen Legitimationsdefizit.

Weiter kann ein stärkerer Fokus auf der Eigenverantwortung schließlich auch zu einer Verschiebung in der Wahrnehmung von Gesundheit und Krankheit in der Gesellschaft führen. Krankheit würde fortan verstanden als Scheitern der eigenverantwortlichen Individuen am Gesundsein, mit Niederlage gleichgesetzt, moralisch abgewertet und sozial gebannt werden.[2566] Für individuelle Risikopräferenzen ist dort kein Platz mehr. So besteht schlussendlich nur ein schmaler Grat zwischen gesundheitlicher Aufklärung, Information und Prävention auf der einen und paternalistisch anmutendem Aufoktroyieren gesundheitlicher Vorstellungen des Staates auf der anderen Seite.

Wie die sich in dem Diskurs wiederfindenden Interessen zum Ausgleich zu bringen sind, bedarf der Beantwortung in der politischen Debatte. Auch zukünftig werden wohl Vorhaben, die Leistungskürzungen, Priorisierung und Rationierungen im gesundheitlichen Versorgungsbereich zum Gegenstand haben, den Diskurs betreffend die Aktualisierung der gesetzlichen Krankenversicherung bestimmen.[2567] Die hier aufgezeigten Auffassungen erweisen sich im bestehenden System als entweder nicht durchführbar oder unpraktikabel. Lediglich der Ansatz der Neuzuweisung von Risiken könnte ein Ansatzpunkt für weitergehenden Konzepte sein. Allerdings ist dieser Ansatz weder neu, noch bisher unberücksichtigt geblieben. Einzig und allein der Grad der Zuweisung, welche Last dem Individuum und welchem der Solidargemeinschaft auferlegt werden soll, variiert, was wiederum die Endlichkeit dieses Ansatzes skizziert. Die insbesondere aus praktischen Gesichtspunkten zur Verfügung stehenden Mittel, auf die der Gesetzgeber zur Kostendämpfung zurückgreifen kann, scheinen damit ausgeschöpft. Dies betrifft insbesondere den Ansatz einer Sanktion von selbstgefährdendem Verhalten – also der leistungsrechtlichen Berücksichtigung subjektiver Risiken.

Unter diesem Eindruck drängen sich zwei Überlegungen, insbesondere bezüglich der zurückhaltenden Umsetzung einer kausalen und haftungsbegründenden

---

[2566] Siehe beispielsweise die kritische Darstellung bei *Schmidt* Gesundheitswesen 2010, 31; vgl. *Klotter* Gesundheitswesen 2010, 17.

[2567] So schon *Steiner* NZS 2019, 5; erneut *Steiner* NZS 2022, 687.

Eigenverantwortungspolitik, auf. Denn obwohl immer wieder gefordert, so bleiben die erörterten Konzepte bisher jedenfalls ungehört. Zum einen geht es dem Gesetzgeber vielleicht vielmehr darum, gesundheitsgefährdende Verhaltensweisen in gewissem Umfang zu dulden, wenn er es doch bisher vermieden hat, diese zu sanktionieren. Tabak- und Alkoholkonsum beispielsweise bringen Steuern ein.[2568] Sport ist wiederum ein wesentlicher Bestandteil der Präventionspolitik. Mehrheitspolitisches Gewicht kommt besonders der Garantie von Freiheiten zu, die eben auch die Freiheiten zu unvernünftigen Verhaltensweisen miteinschließt.

Eine weitere Erwägung könnte auf der anderen Seite schließlich auch sein, dass ein durch gesundheitsgefährdendes Verhalten sein eigenes Leben verkürzender Versicherter die Solidargemeinschaft finanziell nicht unerheblich entlastet, da in diesem Fall die steigenden Kosten zum Lebensende hin zu einem wesentlichen Teil entfielen.[2569] Durch diese Annahme würde letztlich der immer wieder durch den Gesetzgeber und von Seiten der Rechtsprechung angeführte Rechtfertigungsgrund der Kosteneinsparung nicht unwesentlich relativiert.

Es zeigt sich damit, dass die Verwendung des Begriffs der Eigenverantwortung insbesondere in Anbetracht des Umfangs von unterschiedlichen Formen der Berücksichtigung von Risiken nicht nur deplatziert, sondern im System der gesetzlichen Krankenversicherung als äußerst fragwürdig zu bewerten ist. Im Regelfall wird ohnehin deutlich, dass es nicht mehr auf eine Eigenverantwortung im Sinne einer autonomen und freien Lebensführung anzukommen scheint. Der Begriff wurde instrumentalisiert, eben dazu den Versicherten selbst dazu zu instrumentalisieren, das Prinzip der Vollversorgung trotz anhaltender und wachsender Probleme aufrechtzuerhalten. Der derzeitige Stand der normativen Umsetzung lässt die Schlussfolgerung zu, dass der Gesetzgeber die Frage danach, ob das Gesundheitssystem künftig gesundheitsbezogenes Verhalten über den Einfluss auf die individuelle Gesundheit hinaus noch zusätzlich und umfassend mit finanziellen Folgen belegen, ob also aus Versichertenverhalten Sanktion gefolgert werden soll, mit vereinzelten Ausnahmen verneint hat.

Die hier diskutierten Reformbestrebungen unter dem Eigenverantwortungspostulat verlagern daher nur die Lokalität dieser Problemstellung. Gemessen an ihren derzeit gültigen Strukturprinzipien und ihrer Systematik de lege lata ist eine weitumfassende Verwirklichung des Eigenverantwortungsgedankens in der gesetzlichen Krankenversicherung nicht umsetzbar. Dies nicht nur zum Schutz des Individuums, sondern insbesondere zur Aufrechterhaltung des Systems selbst. Es handelt sich um ein geschlossenes System, das auf der einen Seite dem Versicherten faktisch alle relevanten Entscheidungen abnimmt, zugleich aber jedem den Zugang zu notwendigen medizinischen Leistungen von Qualität

[2568] Vgl. *Eichenhofer* SGb 2003, 708, der auf die Steuereinnahmen sozialadäquaten gesundheitsgefährdenden Verhaltens hinweist.

[2569] So zumindest *Schnapp* DVBl 2004, 1058; eine ähnliche Andeutung auch bei *Eichenhofer* VSSR 2004, 100 f. sowie 103 f.; bezogen auf Tabakkonsum siehe etwa *Huster* Ethik Med 2010, 295; ebenso *Wienke*, Eigenverantwortung der Patienten/Kunden, S. 176.

garantiert.[2570] Dies drückt sich im Sachleistungsgrundsatz und in der umfassenden, final konzipierten und am Bedarf orientierten Leistungsgewährung der gesetzlichen Krankenversicherung aus. Den Begriff der Eigenverantwortung sucht man hier indes vergebens.

[2570] *Kingreen* VVDStRL 2011, S. 181.

# F. Schlussbemerkungen

Den Sozialstaat als „wohlmeinenden Kümmerer"[2571] zu betrachten, entzieht seinen umfassenden und komplexen Instrumenten der Fürsorge ihre tatsächliche Bedeutung. Fürsorge meint nicht bloß die Hilfe für Hilfsbedürftige. Sie ist insbesondere auch als Gegenpol zur Eigenverantwortung des Einzelnen in der Sozialgemeinschaft angelegt.[2572]

Zwar mag die „motivationale Prägung des Sozialstaates" unter dem Motto „Fordern und Fördern" als Wandel des Sozialstaates von einem „aktiven" zu einem „aktivierenden", das heißt „Hilfebedürftige nicht ohne entsprechende Gegenleistung alimentierende[n]" Sozialstaat bewertet werden.[2573] In weiten Teilen basiert das Fürsorgeprinzip des Staates aber nach wie vor auf der Minimierung von Risiken, woraus sich letztlich auch der Präventionsauftrag legitimiert. So wurde etwa im Zuge der Bekämpfung der SARS-CoV-2-Pandemie – handelt es sich in ihrer Gesamtheit auch um eine extreme Ausnahmesituation bisher unbekannten Ausmaßes – versucht, Infektionsrisiken zu reduzieren und Risikogruppen zu schützen. Wann immer aber Gefahrenpotentiale zum Wohl der Gemeinschaft eingedämmt werden sollen, bedingt dies seinerseits unvermeidbare Einschränkung von Freiheiten des Einzelnen. Besonders zeigt sich dies in Fällen, in denen sich die Risikopotentiale maßgeblich aus dem individuellen Verhalten des Einzelnen ergeben. Entsprechende Freiheitsbeschränkung – im Fall der SARS-CoV-2-Pandemie etwa nächtliche Ausgangssperren, Maskenpflicht in öffentlichen Bereichen, Reisebeschränkungen, Versammlungsverbote, Testpflichten oder Impfnachweise – führen in ihrer Konsequenz zu einer Kritik an einer, das Risiko scheuenden staatlichen Fürsorgepolitik.[2574]

Aber nicht nur im Falle einer spezifischen Gefährdungslage ist die Spannung zwischen individueller Freiheit und solidarisch organisierter Absicherung gegenwärtig. Gerade zu zwangsläufige Folge einer freien Marktwirtschaft in einem sozialen Verfassungsstaat sind neben der Ermöglichung von tatsächlichen Freiheiten für die Lebensgestaltung des Einzelnen auch immer daraus resultierende Risiken, die es wiederum über die Sozialstaatlichkeit zu egalisieren gilt.[2575] Insofern erklärt sich auch die stete Frage danach, wo die richtige Grenzziehung zwischen staatlicher und individueller Verantwortung vorzunehmen, wo die Balance zwischen Gesundheitsschutz und Freiheit zu finden ist. Hier treffen Rechtsstaat und Sozialstaat in der Frage der Verantwortung aufeinander. Gesundheitsschutz und Freiheit lassen sich zur Lösung dieser Herausforderung nicht einfach gegeneinander aufrechnen. Vielmehr ist eine konkrete Abwägung mit dem Ziel einer Einzelfallentscheidung für jeden gesundheitsgefährdenden Sachverhalt, dessen

[2571] *Záboji*, Sicherheit statt Freiheit – Wie unsere Gesellschaft immer mehr das Risiko scheut, vom 16.10.2020.
[2572] Zur Bedeutungsebene *Schnapp* DVBl 2004, 1054.
[2573] *Butterwegge*, Sozialstaat am Ende?, S. 58; vgl. auch *Schuler-Harms* SDSRV 2018, 31.
[2574] Siehe dazu etwa die grobe Darstellung bei *Záboji*, Sicherheit statt Freiheit – Wie unsere Gesellschaft immer mehr das Risiko scheut, vom 16.10.2020.
[2575] Vgl. *Zacher* VSSR 1973, 101.

Risikopotential minimiert oder dessen Verwirklichung sanktioniert werden soll, oder im Wege einer generalisierten Abwägung in Form von Typisierung, Pauschalisierung und Priorisierung vorzunehmen. Dabei handelt es sich letztlich um einen sozialpolitischen und sozialethischen Entscheidungsprozess, für welchen aus der Perspektive der Rechtswissenschaft nur wenige normative und insbesondere verfassungsrechtliche Vorgaben bestehen.

Dem inhaltlich unbestimmten Begriff der Eigenverantwortung kommt trotz beständiger Betonung seiner Bedeutung in der sozialpolitischen Debatte letztlich keine tragende und inhaltsbestimmende Rolle für das Recht der gesetzlichen Krankenversicherung zu. Dennoch konnte er sich trotz zahlreicher Kritik durchsetzen, wohl auch deshalb, weil materielle Funktion und inhaltliche Bedeutung letztlich unangetastet und abstrakt blieben.[2576] In geradezu beliebiger Weise verwendet, hat der Begriff mittlerweile eine je nach Standpunkt und Beweggrund vollkommen unterschiedliche Bedeutung gewonnen. Von einem Grundbegriff oder prägenden Strukturprinzip der Eigenverantwortung für die gesetzliche Krankenversicherung kann nach der hier erfolgten Darstellung und Analyse de lege lata nicht die Rede sein. Vielmehr besteht eine nicht unerhebliche Divergenz zwischen Eigenverantwortungsrealität und Eigenverantwortungsrhetorik. Dem Begriff der Eigenverantwortung liegt in seiner Verwendung kein einheitliches und damit klar definiertes Konzept zu Grunde. Vielmehr bestätigt sich die Annahme eines reinen politischen Interessenbegriffs. Als Paradebeispiel können insoweit § 1 und § 2 S. 1 SGB V angeführt werden. Insoweit kann hinterfragt werden, ob hinter dem Begriff der Eigenverantwortung überhaupt eine Optimierung des Individualwohls steht. In Anbetracht dieser bestehenden Ungewissheit, sollte dem Begriff der Eigenverantwortung keine dominante Rolle im Gesundheitswesen zuteilwerden.[2577]

Gleichwohl lassen sich bestimmte Begriffsmerkmale in einzelnen Vorschriften des SGB V ausmachen, die eine Eingrenzung des Begriffs der Eigenverantwortung ermöglicht haben. Es kann insoweit von einem funktionalen materiellen Eigenverantwortungsbegriff für das Recht der gesetzlichen Krankenversicherung gesprochen werden, der das maßgebliche Instrument zur Kosteneffizienz im System der solidarischen Gesundheitsversorgung darstellt und wohl auch zukünftig darstellen wird. Damit ist aber zugleich deutlich geworden, dass sich Eigenverantwortung zu einem Begriff gewandelt hat, der von seinen Ursprüngen in der Autonomie und Verantwortungslehre gelöst wurde und nunmehr als Ausdruck einer verstärkten zentralen Steuerung des Gesundheitssystems durch den Gesetzgeber zu verstehen ist. So ist damit nicht mehr nur die in der Solidargemeinschaft einzufordernde Verantwortung des Einzelnen gegenüber der

---

[2576] Siehe dazu bei *Grühn*, Gesundheitsbezogene Handlungspflichten der Versicherten in der Sozialversicherung als Dimensionen von Eigenverantwortung und Solidarität, 2002; *Wolf*, Das moralische Risiko der GKV im Spannungsfeld zwischen Eigenverantwortung und Solidarität, 2009; *Süß*, Die Eigenverantwortung gesetzlich Krankenversicherter unter besonderer Berücksichtigung der Risiken wunscherfüllender Medizin, 2014.

[2577] Dieser Ansicht auch *Huster* ZEFQ 2012, 198.

Solidargemeinschaft gemeint, die sich etwa in der Sanktion bestimmten solidarwidrigen Verhaltens ausdrückt. Im Mittelpunkt steht vielmehr die Leistungsgewährung selbst, die zunehmend an Selbstbehalte, Eigenleistungen und Festbeträge geknüpft oder in ihrem Umfang beschränkt wird.

In Anbetracht der Möglichkeiten, gesundheitliche Risiken zu individualisieren und den Umgang mit dem Risiko zu subjektivieren, erweist sich der finanzwirtschaftliche Eigenverantwortungsbegriff für den Gesetzgeber als durchaus operabel, wenngleich die erhofften Einspareffekte nicht immer erreicht werden. Mehr Eigenverantwortung kann auch nachteilige und unbeabsichtigte Nebenwirkungen mit sich bringen. Zu denken ist hier an einen erhöhten Verwaltungsaufwand, einen erhöhten Bedarf an Informationsbeschaffung und - abrufbarkeit, steigende Kosten zur Deckung des benötigten Finanz- und Vorsorgebedarfs und nicht zuletzt auch an ein grundlegend verändertes Versichertenverhalten.[2578] Letzteres könnte sogar zu einer sich aufgrund zunehmender finanzieller Eigenbelastung einstellenden Unternachfrage von medizinischen Leistungen führen. Betroffen wären zunächst vom Individuum als nicht zwingend notwendig empfundene oder in Relation zu ihrem Nutzen höherpreisige Leistungen. Dies könnte sich mitunter abträglich auf den gesamtgesellschaftlichen Gesundheitsstatus auswirken,[2579] auch wenn aufgrund des Standards der gesellschaftsweiten gesundheitlichen Aufklärung Zustände wie zu Beginn der gesetzlichen Krankenversicherung – wo das Leistungsangebot möglichst niedrigschwellig ausgestaltet wurde um den Versicherten zum Gang zum Arzt zu motivieren – aller Wahrscheinlichkeit nach nicht zu befürchten wären. Es genügt diesbezüglich aber ein Blick auf das Inanspruchnahmeverhalten in anderen Gesundheitssystemen – wie etwa dem der Vereinigten Staaten von Amerika – um eine Wechselwirkung zwischen individueller finanzieller Belastung und Nachfragevolumen erkennen zu können. Dort folgt die Inanspruchnahme maßgeblich sogenannten „Need Faktoren“, insbesondere der Morbidität, dem Schmerzgrad und seiner Häufigkeit, prospektiver Erwerbsminderung und der Schichtzugehörigkeit.[2580]

Diese Faktoren können im deutschen Gesundheitswesen kaum noch als ausschlaggebend nachgewiesen werden.[2581] Dennoch sind die Korrelationen zwischen finanzieller Belastung und Nachfrage auch im deutschen Gesundheitssystem zukünftig zu beobachten. Aktuelles Beispiel dafür ist etwa die derzeit diskutierte und vom Bundeskabinett am 05. April 2023 beschlossene Auflockerung der Festbetragsregelungen bei der Versorgung mit Arzneimitteln.[2582] Insofern warnt

---

2578 Siehe zu befürchteten Kontraeffekten *Schnapp* DVBl 2004, 1061.

2579 Dazu *Grimmeisen/Leiber*, Eigenverantwortung in der Gesundheitspolitik, S. 8.

2580 Siehe umfassend die Auswertung bei *Thode/Bergmann*, Einflussfaktoren auf die Inanspruchnahme des deutschen Gesundheitswesens und mögliche Steuerungsmechanismen, S. 72 sowie 86 ff.

2581 Vgl. *Thode/Bergmann*, Einflussfaktoren auf die Inanspruchnahme des deutschen Gesundheitswesens und mögliche Steuerungsmechanismen, S. 90.

2582 Siehe etwa https://www.tagesschau.de/inland/innenpolitik/medikamente-lieferengpaesse-gesetz-101.html, vom 05.04.2023, zuletzt am 06.04.2023.

der Spitzenverband bereits vor einer finanziellen Verlagerung der Mehrkosten auf die Versicherten ohne eine positive Entwicklung in der Versorgung mit Arzneimitteln.[2583]

Soll am Begriff der Eigenverantwortung festgehalten und dieser fortgesetzt implementiert werden, gilt es ferner zu bedenken, dass der Aspekt der solidarischen Egalisierung zunehmend in den Hintergrund rückt. In diesem Sinne würde ein grundsätzlicher Umbau des Systems der gesetzlichen Krankenversicherung unausweichlich, auch wenn ein solcher aus der Perspektive der Verfassung, aus Gründen der aus der Rechtsprechung des Bundesverfassungsgerichts stammenden Systemgerechtigkeit[2584] sowie aus ethischen Gesichtspunkten nicht zu begrüßen wäre.[2585]

Gesellschaftlicher, politischer und wirtschaftlicher Wandel veranlassen stets eine Überprüfung und Anpassung sozialstaatlicher Instrumente – nur so kann auf neue Herausforderung reagiert, können aktuelle Bedürfnisse befriedigt werden. Schließlich hat sich der Sozialstaat auf gegenwärtige Rahmenbedingungen einzustellen, damit er seinem ihm zugewiesenen Gestaltungsauftrag gerecht werden kann.[2586] Ökonomisch sinnvolle Alternativen, die eine umfassende Gesundheitsversorgung gewährleisten und zugleich positive Effekte auf Gesundheit und Funktionalität haben, sollten eruiert werden. Der derzeitige Koalitionsvertrag des regierenden Dreierbündnisses aus SPD, Grünen und FDP für die Legislaturperiode 2021 bis 2025 strebt zunächst eine „bedarfsgerechte Gesundheitsversorgung und eine menschliche und qualitativ hochwertige Medizin" an, für welche es auch unter Berücksichtigung der Eindrücke der SARS-CoV-2-Pandemie eine „auf lange Sicht stabile Finanzierung des Gesundheitswesens" zur Voraussetzung erklärt.[2587] In der Krankenhausversorgung soll eine auf Leistungsgruppen und Versorgungsstufen basierende Planung erfolgen; die Versicherten sollen stärker in

---

[2583] Vgl. dazu *Höhn*, Lieferengpass-Gesetz – GKV hält am Rabattvertragssystem fest, vom 05.04.2023, abrufbar unter https://www.pharmazeutische-zeitung.de/gkv-haelt-am-rabattvertrags-system-fest-139468/, zuletzt am 06.04.2023.

[2584] Das Gebot der Systemgerechtigkeit wurde durch das Bundesverfassungsgericht in einer Vielzahl an Entscheidungen in den Bereichen Steuerrecht, Wahlrecht und kommunale Gebietsreform entwickelt. Inhalt des Gebots ist eine Selbstbindung des Gesetzgebers, sich in seiner legislativen Arbeit an seine zuvor geschaffenen normativen Grundsätze und Leitbilder zu halten, vgl. Dürig/Herzog/Scholz/*Mehde* GG Art. 28 Abs. 2 Rn. 166. Bedeutung hat der Begriff der Systemgerechtigkeit etwa auch im Kontext der Raucherverbote in Gaststätten gewonnen. Siehe dazu und weiterführend insbesondere die umfassende Abhandlung von *Dietrich*, Systemgerechtigkeit und Kohärenz, 2014.

[2585] Dazu auch *Schulin* VSSR 1997, 47.

[2586] Vgl. *Hohmann-Dennhardt* AuR 2006, 78.

[2587] Koalitionsvertrag 2021-2025 von SPD, Grünen und FDP, S. 63, abrufbar unter https://www.spd.de/fileadmin/Dokumente/Koalitionsvertrag/Koalitionsvertrag_2021-2025.pdf, zuletzt am 01.04.2023.

Präventionsprogramme eingebunden und die Krankenkassen entsprechend in die Verantwortung genommen werden.[2588]

Dem nachweislich bestehenden Interesse des Gesetzgebers an einer Begrenzung der Ausgabenlast für die Gesundheitsversorgung wird durch Ansätze einer Risikoneuverteilung mittels Selbstvorsorge maximal Rechnung getragen. Inhalt dieser wäre die Sicherstellung der Einstandsverpflichtung der Krankenkasse für eine bestimmte Leistung bei weitestgehender Unabhängigkeit der mit ihrer Durchführung verbundenen Kosten. Werden diese jeweils nur bis zu einem bestimmten und vorher bekannten Fixbetrag übernommen, läge es dann am Versicherten, nach eigenen Präferenzen und unter Berücksichtigung seiner finanziellen Möglichkeiten sein Verhalten auszurichten und nur solche Leistungen nachzufragen, die diesen nach dem subjektiven Dafürhalten genügen. Wie aufgezeigt werden konnte, benachteiligen entsprechende Konzepte jedoch in erheblichem Ausmaß finanziell schlecht gestellte Versicherte.[2589] Zudem ist die Umsetzung nur abstrakt denkbar und bisher wenig konkret ausformuliert, geschuldet der besonderen Schwierigkeit der Bemessung von Leistungsniveau und Belastungsmaximum.

Diese Herausforderungen der Definition erklären wohlmöglich die bisher gelebte Zurückhaltung in der Umgestaltung der gesetzlichen Krankenversicherung und der präsenten Orientierung an den seit dem Kaiserreich in seinen Grundzügen unverändert gebliebenen System. Noch immer sind es im Wesentlichen die historisch gewachsenen Strukturmerkmale, die die Entwicklung grundlegend mitbestimmen. Die Strategien zur Stabilisierung der Finanzlage und zur Steuerung des Versichertenverhaltens in den vergangenen dreißig Jahren ähneln sich daher in ihren wesentlichen Aspekten. Dies zeigt sich insbesondere in der Gesetzgebung die auf den Bereich der Prävention abzielt. Eine Sanktion für nicht dem Präventionsgedanken entsprechendes Verhalten wird gescheut, hingegen Lernstrategien weiterverfolgt. Unterdessen bleibt der maßgeblich zur Verfolgung finanzwirtschaftlicher Ziele in den Diskurs eingeführte Begriff der Eigenverantwortung nicht nur hinsichtlich seiner finanziellen, sondern gerade auch mit Blick auf seine gesundheitliche Dimension hinter den an ihn gerichteten Erwartungen zurück.

Die gesetzliche Krankenversicherung steuert dabei mit zunehmender Geschwindigkeit auf eine Volksversicherung[2590] zu, sodass wohl Konzepte einer medizinischen Grundsicherung bei zusätzlicher Privatversicherung den Diskurs zukünftig prägen und bestimmen dürften. Dem nach Selbstverwirklichung strebenden und sich zu individualisieren gewillten Menschen wird jedenfalls durch die verstärkte und ihre Bedeutung schmälender Akzentuierung von Eigenverantwortung kaum noch Raum zur Existenz gelassen. Dieser Umstand, so kann unterstellt werden, ist dem Gesetzgeber bewusst.

---

[2588] Vgl. Koalitionsvertrag 2021-2025 von SPD, Grünen und FDP, S. 66 ff., abrufbar unter https://www.spd.de/fileadmin/Dokumente/Koalitionsvertrag/Koalitionsvertrag_2021-2025.pdf, zuletzt am 01.04.2023.

[2589] Vgl. auch *Grimmeisen/Leiber*, Eigenverantwortung in der Gesundheitspolitik, S. 8.

[2590] Vgl. nur *Schäfer* GesR 2019, 681, m.w.N.

Im Ergebnis ist das Postulat der Eigenverantwortung – wie es § 1 SGB V exklamiert – jedenfalls nicht als systembestimmend zu bewerten. Vielmehr scheint Eigenverantwortung weit überwiegend systemfremd zu sein. Die Divergenz zwischen Postulat und Realität in der gesetzlichen Krankenversicherung ist gravierend. Die Freiheit des Einzelnen unter der Geltung des Grundgesetzes tatsächlich eigenverantwortlich und damit im Gebrauch seiner Freiheiten nur sich selbst gegenüber verantwortlich zu sein, besteht in der gesetzlichen Krankenversicherung nicht. Insofern bedarf es im SGB V auch keiner Normierung im Sinne des § 1 SGB V. Deutlich wird die Abkehr vom Prinzip der Eigenverantwortung im zunehmenden Gebrauch verhaltenssteuernder Maßnahmen, insbesondere in der Arznei-, Heil- und Hilfsmittelversorgung. Der Trend geht weg vom Individuum und hin zum Gesundheitskollektiv. Der sich am Eigenverantwortungspostulat regelmäßig entzündende Reformdiskurs hat bisher keine richtungsweisenden Ergebnisse hervorgebracht, sondern hat die Eigenverantwortung des gesetzlich Krankenversicherten zu einem Stellvertreter in der sozialpolitischen Debattenkultur werden lassen.

Der Begriff der Eigenverantwortung allein bildet das heterogene Gebilde, welches sich unter diesem angehäuft hat, nicht zureichend ab und führt so zu abstrahierten Ergebnissen und unzutreffenden Erwartungen. Bezogen auf die Eigenverantwortung bedarf es dazu einer grundlegenden dogmatischen Korrektur. Des dominierenden Aspekts der finanziellen Dimension von Eigenverantwortung – wie er sich in § 2 Abs. 1 SGB V findet – könnte sich insofern als Ausgangspunkt für eine Anpassung des Eigenverantwortungspostulats hin zu einer reinen solidarischen Finanzverantwortlichkeit bedient werden. Solidarität und Solidarverantwortung fänden darin ihre Berücksichtigung, wie sie im derzeitigen System bereits faktisch geschuldet werden. So ist bereits ein Trend dahingehend zu erkennen, den Begriff der Eigenverantwortung in einen eindeutig finanziellen Kontext zu rücken.[2591]

Eigenverantwortung selbst kann im Ergebnis nicht als Maxime der gesetzlichen Krankenversicherung bestätigt werden. Er scheint als Leitbild, aufgrund seiner realpolitischen Umsetzung, „verbraucht“.[2592] Letzten Endes zeigt sich damit, dass es sich bei der Eigenverantwortung des gesetzlich Krankenversicherten im derzeitigen System um eine Utopie handelt.

---

[2591] So führt beispielsweise der Aufsatz von *Gassner* aus dem Jahr 2022 den Titel: *Finanzierungs-Eigenverantwortung ungeimpfter GKV-Versicherter*, in: ZRP 2022, S. 2.

[2592] So ausdrücklich *Grimmeisen/Leiber*, Eigenverantwortung in der Gesundheitspolitik, S. 22.

# Zusammenfassende Thesen

1. Explizit erwähnt wird die Eigenverantwortung in der Überschrift und im Wortlaut des § 1 SGB V. Der Begriff wird dort gemeinsam mit dem Begriff der Solidarität dem SGB V vorangestellt. Durch den nach überwiegender Ansicht als Einweisungsvorschrift mit Signalcharakter zu bewertenden § 1 SGB V wird auf diese Weise ein eigenständiger und gleichwohl undefinierter Bereich der Eigenverantwortung eröffnet, für den zugleich die Krankenkassen mitzuständig sind. Eine Rechtspflicht des Versicherten wird allerdings nicht begründet. § 2 Abs. 1 S. 1. Hs. 2 SGB V knüpft an die Eigenverantwortung an und ergänzt sie um ein Element der wirtschaftlichen Mitverantwortung des Versicherten. Auch die insoweit getroffene Aussage ist rein deklaratorischer Natur.
2. Im SGB V erfolgt eine explizite Risikoerwähnung sowohl mit mittelbarem als auch mit unmittelbarem Krankheitsbezug. Hintergrund dessen ist die Notwendigkeit, zum einen die Schutzrichtung der Normen ausdrücken und zum anderen die sie betreffende Verantwortungszuweisung im Einzelfall begründen zu können. Beispiel ist etwa § 20 Abs. 3 S. 1 Nr. 1 SGB V, in welchem explizit das Erkrankungsrisiko des Diabetes mellitus Typ 2 angesprochen wird. Soweit Risiken in den Wortlaut einzelner Normen aufgenommen worden sind, stehen sich mit Blick auf das gesamte SGB V Risiken mit unterschiedlichem Anknüpfungspunkt gegenüber. Zum einen solche Risiken, welche die Allgemeinheit betreffen und sich außerhalb des Einflussbereichs des einzelnen Versicherten bewegen und zum anderen solche Risiken, die entweder aus autonom getroffenen Entscheidungen der Versicherten resultieren oder aber so nahe dem Bewältigungsbereich der Versicherten zugeordnet werden können, dass diese als Risikonächste in die Verantwortung genommen werden. Das tatbestandlich relevante Risiko dient als Abwägungskriterium dafür, ob Leistungen gewährt werden, in welchem Umfang dies geschieht oder welche Sicherheits- und Qualitätsstandards an die betreffende Behandlungsmaßnahme anzulegen sind. Hier ist insbesondere auf den Leistungsmechanismus des § 20i SGB V zu verweisen. Ein ausdrücklicher Bezug zur Versicherteneigenverantwortung wird jedoch nicht hergestellt.
3. Bei der Betrachtung der Beziehung zwischen Risikokonkretisierung und Eigenverantwortungspostulat im SGB V spielen mehrere Faktoren und Grundprinzipien eine entscheidende Rolle. Die gesetzliche Krankenversicherung ist maßgeblich geprägt durch die Prinzipien der Solidarität und der Subsidiarität. Das sich individuell entfaltende Risiko wird auf die Versichertengemeinschaft übertragen, ist jedoch durch das Subsidiaritätsprinzip insoweit begrenzt, als dass die grundsätzliche Erstverantwortung beim Versicherten selbst verbleibt. Durch die leistungsrechtlichen Vorschriften wird das an sich weit gefasste versicherte Risiko präzisiert. Die Risikoberücksichtigung in der Sozialversicherung wirkt insofern im Rahmen des Versicherungsprinzips

und bezieht sich auf denjenigen Leistungsbereich, der das durch die Beiträge finanzierte versicherte Risiko darstellt. Dem am Finalitätsprinzip ausgerichteten Anspruch der Leistungsgewährung sind Grenzen gesetzt. Zum einen durch das materielle verfassungsrechtliche Existenzminimum eine Untergrenze der Versorgung im Sinne eines verfassungsunmittelbaren Rechts zur bedarfsgerechten bestmöglichen Gesundheit. Zum anderen durch das Subsidiaritätsprinzip nach oben im Sinne eines weitergehenden Leistungsanspruchs. Umgekehrt sind die Versichertenstellung sowie der Leistungsanspruch in der gesetzlichen Krankenversicherung nicht an eine korrespondierende Pflicht zur Aufrechterhaltung eines bestimmten Gesundheitsstatus oder der Verpflichtung zu einem gesundheitsdienlichen Verhalten gekoppelt.

4. Die Eingrenzung eines materiellen Bedeutungsgehalts des Eigenverantwortungspostulats im SGB V ist aufgrund der unübersichtlichen und zuweilen wenig konkreten Bezugnahme auf den Begriff der Eigenverantwortung erschwert. Insofern lassen sich diverse Bedeutungszusammenhänge und -dimensionen des Begriffs feststellen, teils vorrechtlich, teils bereits mit Bezug auf die solidarischen Sicherungssysteme, insbesondere der gesetzlichen Krankenversicherung.

   (1) Ein wesentlicher Unterschied ergibt sich bereits mit Blick auf den der Eigenverantwortung zugrundeliegenden Begriff der Verantwortung. Denn im Falle von Eigenverantwortung sind Verantwortungsinstanz und Verantwortungsträger identisch. Das entscheidende Differenzierungskriterium ist hier die Orientierung an selbstgesetzten Maßstäben. Unter ergänzender Betrachtung des zugrunde gelegten verfassungsrechtlichen Menschenbildes gewinnen daher die Begriffe der Autonomie und Selbstbestimmung an besonderer Bedeutung. Eigenverantwortung bedarf deshalb der Willensfreiheit und der Möglichkeit zur Wahl zwischen Alternativen.

   (2) In diesem Zusammenhang steht der Eigenverantwortungsbegriff zudem in einem besonderen Bezug zu der Fähigkeit des einzelnen Versicherten zur Übernahme von Verantwortung für sich selbst. Diese ist im Falle der gesetzlichen Krankenversicherung gerichtet auf seine eigene Gesundheit im Sinne der individuellen gesundheitsrelevanten Lebensführung und -gestaltung. Ist der Einzelne in der Lage, sich aktiv und positiv mit seiner Gesundheit auseinanderzusetzen, besteht gesundheitliche Eigenkompetenz. Durch Stärkung dieser gesundheitlichen Eigenkompetenz wird dem Verständnis der Public-Health-Lehre nach sodann erst die Grundlage für gesundheitsbezogene Eigenverantwortung geschaffen.

   (3) Sobald die individuelle Selbstbestimmung in Konflikt mit den Interessen der Solidargemeinschaft gerät, entfaltet Eigenverantwortung normative Wirkung. Da das Individuum nach der Vorstellung der verfassungsrechtlichen Ordnung sozial eingebunden ist, erfordert

dies eine Anpassung des Eigenverantwortungsmaßstabs vor allem an das Solidarprinzip. Solidarität und Eigenverantwortung stehen daher in einem permanenten Geltungskonflikt. Ergebnis dessen ist, dass die originäre Verantwortungsinstanz von Individuum abstrahiert wird. Eigenverantwortung wandelt sich so zu einer Fremd- beziehungsweise Solidarverantwortung, gerichtet auf die Wahrung der Interessen der Solidargemeinschaft. Besonders in diesem Spannungsfeld zeigt sich eine Verbindung der Eigenverantwortung mit dem Grundsatz der Subsidiarität, welcher der Selbstzuständigkeit des Individuums den Vorrang vor der solidarischen Fremdverantwortung zuweist. Eigenverantwortung und Solidarverantwortung sollen demnach nebeneinander bestehen.

(4) Daran anknüpfend rückt der Zusammenhang zwischen eigenverantwortlicher Risikosetzung und deren Berücksichtigung innerhalb des solidarischen Systems in den Fokus. Neben einer erhöhten Bereitschaft zur Risikoeingehung und vermehrter versicherteninduzierter Risikoschaffung ist das Problemfeld des sogenannten „Moral-Hazard“ hier ein zentrales Schlagwort. Die Frage nach einer auf diesen Grundsätzen aufbauenden subjektiven, am Verhalten des Versicherten anknüpfenden, Form der leistungsrechtlichen Risikoberücksichtigung von eigenverantwortlichem Verhalten, welches dem Solidargedanken konträr gegenübersteht, führt zu einer Positionierung gegenüber der Risikoursache und dem solidarischen Druck auf die Versicherteneigenverantwortung. Gleichzeitig wird dadurch eine Verantwortungsgrenze gezogen, nämlich diejenige zwischen dem individuellen und dem kollektiven Risiko, an deren Unterscheidung sich die Verantwortlichkeit anschließt.

5. Eigenverantwortung der Versicherten existiert zudem als Mindestanforderungsniveau der Gegenseitigkeit im Leistungsverhältnis zum Sozialversicherungsträger bezogen auf das Sozialrechtsverhältnis, normiert zum einen in den §§ 60 ff. SGB I sowie vereinzelt auch im SGB V selbst. Wesentlicher Unterscheidungsmoment zu einer primär materiellen Eigenverantwortung ist hier der Verzicht auf einen für eine Verantwortungszuweisung grundsätzlich unverzichtbaren Verschuldensmaßstab. So handelt es sich bei den Mitwirkungspflichten der §§ 60 ff. SGB I um nicht risikospezifische, sondern auf das Verfahren der Leistungsgewähr abstrahierte Verhaltenspflichten, die sich aus der rechtlichen Ausgestaltung der Prozesse notwendigerweise ergeben.

6. Zentrale Position innerhalb des Eigenverantwortungsdiskurses ist die Annahme einer in der Natur der Sache liegende finanzwirtschaftliche Dimension von Eigenverantwortung. Es kommt zu einer Gleichsetzung von Eigenverantwortung und individueller Kostenverantwortung, der wohl auch der maßgebliche Anknüpfungspunkt für den Gesetzgeber ist. Die Konsequenzen, die sich an diese Annahme anschließen, differieren, führen im Ergebnis aber alle

zu einer Belastung des Versicherten und einer Reduzierung der solidarischen Risikotragung.

7. Funktional stellt sich der Begriff der Eigenverantwortung als ein zweistufiger Wertungsbegriff, bestehend aus einer Ebene der Risikoberücksichtigung und einer Ebene der Zuweisung von Bewältigungszuständigkeit. Über eine überindividuelle, an einem solidarischen und ethischen Minimalanspruch orientierte Verpflichtung, dafür Sorge zu tragen, dass sich ein gesetztes Risiko, welches einen Grad von Verschulden beschreibt, nicht realisiert oder manifestiert oder erst gar nicht gesetzt wird, begrenzt Eigenverantwortung individuelle Freiheit. Legitimiert wird dies zum einen aus der solidarischen Bindung, zum anderen aber auch aus rein finanziellen Gründen. Auf der nächsten Ebene wird über den Begriff der Bewältigungszuständigkeit eine das Sicherungssystem prägende und den Leistungsumfang bestimmende Wertung vorgenommen. Allerdings bezeichnet Eigenverantwortlichkeit nicht a priori die sanktionsbewehrte Verhaltensobliegenheit des Individuums.

8. Aufgrund der überaus überschaubaren expliziten Normierung des Eigenverantwortungsbegriffs im SGB V ist unter Berücksichtigung der Elemente von Risiko- und Lastenverteilung ein Blick in weitere Normen des SGB V notwendig. Im Unterschied zum Normtext, findet sich der Begriff der Eigenverantwortung in den Begründungen oder gar Gesetzesbezeichnungen des Gesetzgebers weitaus zahlreicher. Dabei kann eine erhebliche Differenz zwischen dem Anspruch, der an die Eigenverantwortung auch in Form der Forderung nach subjektiver Risikoberücksichtigung gestellt wird, und der normativen Realität festgestellt werden.

   (1) Weitestgehend noch in Einklang mit einem ursprünglichen Verständnis von Eigenverantwortung stehen Aspekte, die an Formen freier Wahl der Versicherten anknüpfen. Grundlegender Gedanke ist dabei die Anerkennung des individuellen Selbstbestimmungsrechts abgeleitet in Form der Patientenautonomie. Dem im Grundsatz zuzurechnen sind etwa das freie Kassenwahlrecht, die freie Arztwahl sowie die Möglichkeit der freiwilligen Versicherung. Allerdings sind die Wahlmöglichkeiten des Versicherten nicht unwesentlich begrenzt. Dies betrifft die Frage der Mitgliedschaft in der Versichertengemeinschaft und die fehlende Selbstzuständigkeit in der Beitragsentrichtung. Auch freiwillig Versicherte sind nur in Hinblick auf ihre Wahl der Versicherungsform frei. Die gewährleistete freie Arztwahl ist ebenfalls reglementiert. Das Leistungsrecht beinhaltet die vorgesehenen Leistungen und gewährt diese im Regelfall ohne weitere Leistungshürden für den Patienten im Rahmen des Sachleistungsgrundsatzes. Ein Einfluss der Versicherten ist so gut wie nicht möglich und reduziert sich meistens auf die Inanspruchnahme der Behandlung oder deren Ablehnung.

(2) Auch mit Blick auf Zuzahlungsverpflichtungen kann nur eingeschränkt von einer Willensfreiheit gesprochen werden, sodass faktische Eigenverantwortung im Sinne einer Entscheidungsfreiheit auch hier nicht besteht. Zwar existiert in der gesetzlichen Krankenversicherung ein nachweislicher Zusammenhang zwischen der gesundheitsbezogenen und der finanzwirtschaftlich ausgerichteten Eigenverantwortungsdimension. Eine freiwillige finanzielle Verantwortlichkeit findet im Rahmen von Zuzahlungen nicht statt.

(3) In einer Vielzahl der Fälle muss sich der Versicherte seine ohnehin geringen Gestaltungsmöglichkeiten durch eingeschränkte Leistungen erkaufen. Beispiele dafür sind die unterschiedlichen Wahltarife und die Versorgung auf Grundlage von Selektivverträgen ihrer Krankenkasse. Besonders in Anbetracht der statistischen Entwicklung im Rahmen der Wahltarife scheint es für die Akzeptanz einer der Vorstellung von Eigenverantwortung entsprechenden Ausgestaltung davon abzuhängen, wie eng beziehungsweise wie weit der Maßstab zu bestimmen ist, der zur Beurteilung der Verbindung von Leistungsmodalitäten zum Eigenverantwortungspostulat angesetzt wird. Die einfache Feststellung, dass Eigenverantwortung im Rahmen eines sozialen Sicherungssystems über den Solidargedanken eine Modifikation erfährt, genügt jedenfalls nicht zur Erfassung entsprechender Regelungskonzepte.

(4) Besonders schwierig gestaltet sich die Verknüpfung der Krankheitsprävention und des dazugehörigen Leistungsangebotes mit dem Begriff der Eigenverantwortung. Denn wie genau Prävention die Eigenverantwortung stärken soll, bleibt unklar. In den maßgeblichen Materialien wird der Eindruck erweckt, es gehe auch insoweit um das Erschließen von Einsparpotentialen und weniger um konkrete Gesundheitsziele des Versicherten. Die Konzentration auf Anreizstrukturen im Bereich des Präventionsauftrages stärkt diesen Eindruck. Durch die jeweiligen am Gemeinwohl orientierten Argumentationsmuster drängt sich der Verdacht auf, dass der Gesetzgeber das Versichertenindividuum zur Kostensteuerung zu instrumentalisieren immer mehr gewillt ist. Interessant ist insofern, dass der Gesetzgeber vereinzelt bereit war, Sanktionen an präventives Versichertenverhalten zu knüpfen. Im Übrigen ist Prävention aber Sache des Einzelnen. Verantwortungszuweisungen, wie im Falle von Reiseschutzimpfungen oder betreffend die Prävention von HIV-Infektionen, kommen aufgrund des normativen Rahmens nicht zur Geltung.

(5) Einer Vielzahl an Vorschriften kann eine über finanzielle Anreize konzipierte verhaltenssteuernde Intention entnommen werden. Maßgeblich an Konstrukten aus der Verhaltensökonomie ansetzend, sprechen solche subliminal wirkenden Konzepte den Versicherten in

gewissem Grad gerade die Fähigkeit zur faktisch eigenverantwortlichen Entscheidungsfindung ab, versagen ihnen diese aber jedenfalls.

(6) Bis auf das in § 52 SGB V geregelte Ausnahmekorrektiv, ist eigenverantwortliches Handeln in Verbindung mit einer subjektiven Risikoberücksichtigung im SGB V nicht vorgesehen. Im Übrigen ist eigenverantwortliches Handeln der Versicherten weder beachtlich noch notwendig im Sinne der Vorschriften. Die vagen Aussagen des § 1 SGB V lassen lediglich einen Beitrag des Versicherten erkennen, den dieser zur Vermeidung von Krankheit oder zur Abmilderung ihrer Folgen leisten soll. Doch wird dadurch weder die Handlungsfreiheit noch die Autonomie des Versicherten beschränkt. Verstöße gegen diesen Beitrag führen daher, soweit sie nicht wie im Falle des § 52 SGB V als vorwerfbares solidarwidriges Verhalten bezeichnet werden, nicht zu Sanktion oder Konsequenzen.

(7) Besteht faktische Alternativlosigkeit für den Verantwortungsadressaten, fehlt es an der Ausübung eines freien Willens. Fehlt es an einem grundlegenden Mechanismus der „Folgenanlastung", so fehlt es zudem an einer Grundbedingung des originären Verantwortungskonzeptes. Die Umstrukturierung von Finanzzuständigkeiten ohne konkretes auslösendes Moment im Sinne eines Verschuldens, setzt diesbezüglich Tatsachen, die der Einflussnahme des Versicherten entzogen sind. Die Vieldeutigkeit und die unzähligen Verklammerungen des Begriffs der Eigenverantwortung nicht im SGB V selbst, sondern maßgeblich in den Gesetzesbegründungen und abseits des Gesetzestextes, bewirken letztlich eine Abnahme der Direktivkraft des Eigenverantwortungspostulats für den Gesetzgeber und den konkreten Anwender. Der Eigenverantwortung kann daher kein eigenständiger Regelcharakter und nur geringe Bedeutung im Prozess der Abwägung mit anderen Prinzipien, wie dem Solidar- oder Subsidiaritätsprinzip, beigemessen werden.

9. Eigenverantwortung ist solidarsystemisch mit der Ausnahme finanzieller Beteiligungen nicht gewollt. Denn würde dem Einzelnen Raum dafür zugestanden, diese nach den eigenen persönlichen Wertvorstellungen wahrzunehmen, würde faktisch eine ausufernde sozialstaatlich organisierte Egalisierung der Konsequenzen individueller Entscheidungen erfolgen.

10. Aus dem inhaltlich vagen Eigenverantwortungsbegriff, ergeben sich jedoch zahlreiche sozialpolitische Konsequenzen für das SGB V de lege ferenda. Reformbestrebungen werden in unterschiedlicher Weise und trotz unterschiedlichem Gegenstand in einen Bedeutungszusammenhang mit der Eigenverantwortung des Versicherten gebracht.

(1) Häufig eingefordert ist eine Abkehr vom geltenden Sachleistungsgrundsatz hin zu einem generellen Prinzip der Kostenerstattung. Die Debatte, die sich im Kern lediglich um die Frage der Zahlungsströme

im Rahmen der Leistungsabwicklung dreht, wird zu ihrer Legitimation künstlich aufgeladen um den Begriff der Eigenverantwortung. Dabei wird Eigenverantwortung insbesondere hervorgehoben als finanzwirtschaftliches Gegenstück zur Solidarverantwortung. Allerdings steht die Verlagerung der je nach Konzept aufzubringenden Kostenlast in einem eindeutigen Widerspruch zur Frage der Eigenverantwortung. Denn nach wie vor werden die Leistungen bereitgestellt und übernommen. Weder vollzieht sich eine Lasten-, noch eine Verantwortungsverschiebung im eigentlichen Sinn. Vielmehr wird eine Art der Mitwirkungspflicht konzipiert, die dem Versicherten nur die zusätzliche Bürde der Rechnungseinreichung auferlegt.

(2) Auch die Frage, welche Leistungen überhaupt von der gesetzlichen Krankenversicherung erbracht werden sollen, wird mit dem Begriff der Eigenverantwortung in einen Zusammenhang gebracht. Eine Vielzahl an Leistungen werden als Fremdlasten empfunden, die nicht mehr der Kollektivverantwortlichkeit, sondern dem Selbstverantwortungsbereich des eigenen Lebensrisikos zugeordnet werden sollen. Ziel ist eine Neubestimmung der Risikolast unter Einforderung einer höheren Risikobeteiligung der Versicherten. Der Versuch, eine solche systemweite Neuzuweisung anhand des Leistungsmechanismus des § 55 SGB V vorzunehmen, erweist sich als im sozialversicherungsrechtlichen Leistungssystem der gesetzlichen Krankenversicherung als nur schwer darstellbar und insbesondere auch verwaltungsverfahrenstechnisch nicht umsetzungstauglich. Die Neuzuweisung von Zuständigkeiten kann zwar als grundsätzlich möglich, in der Praxis aber als wenig erfolgversprechend eingeschätzt werden. Dass entsprechende Vorhaben kurzfristig angelegt und zudem häufig in ihrer Steuerungsrichtung fehlgehen, zeigt die Einführung und Abschaffung der sogenannten „Praxisgebühr“.

(3) Weitreichender in ihrem leistungsrechtlichen Einschnitt sind Ansätze einer generellen Begrenzung des Leistungsniveaus, etwa auf ein gesundheitliches Existenzminimum. Dabei ist bereits unklar, wie die Bestimmung eines solchen reduzierten Leistungsniveaus unter Wahrung sozial- und verfassungsstaatlicher Grundsätze erfolgen könnte. Argumentativ wird der Begriff der Eigenverantwortung mit dem Vorhaben der Begrenzung auf einen Kernleistungsbereich dadurch verbunden, dass dem Versicherten durch die freiwillige oder obligatorische Möglichkeit der Absicherung auf dem privaten Versicherungsmarkt die Chance zur Bildung eines Kostenbewusstseins und damit die tatsächliche Möglichkeit der eigenverantwortlichen, an den eigenen Präferenzen orientierten Vorsorge gegeben würde. Eigenverantwortung würde so zum maßgeblichen Abgrenzungskriterium in der Leistungsversorgung. Durch die Verlagerung von Risiken in die Alleinzuständigkeit des Versicherten unabhängig von

seinen Fähigkeiten, operieren diese Modelle allerdings sehr nah am verfassungsrechtlich gerade noch zulässigen Maß der sozialstaatlichen Leistungsgewähr. Besonders unter dem Abwägungsaspekt der Vulnerabilität erweist sich ein solcher Weg im bestehenden System daher als praktisch kaum gangbar.

(4) In der sozialpolitischen Debatte überaus präsent und stets in einem Zusammenhang mit der Eigenverantwortung des Versicherten sowie der leistungsrechtlichen Berücksichtigung von Risiken stehend, erweist sich die Forderung nach einer normativen Verbreiterung des § 52 SGB V de lege ferenda über eine ergänzende Aufnahme weiterer Verhaltensweisen in den Tatbestand. Besonders die Sanktionierung gesundheitsriskanter Verhaltensweisen der Versicherten, die entweder einen Versicherungsfall auslösen oder aber die Besserung eines solchen behindern, steht dabei im Zentrum der Debatte. Anknüpfungspunkte sind ein eigenverantwortliches Verhalten des Versicherten, sowie eine Berücksichtigung der sich aus diesem Verhalten ergebenden Risiken.

(5) Da sich der Tatbestand durch seinen Ausnahmecharakter gegen eine erweiternde Auslegung sperrt und ein verallgemeinerungsfähiger Rechtsgedanke insoweit abzulehnen ist, bleibt nur die Frage, ob der Tatbestand de lege ferenda ausgeweitet werden kann. Dagegen spricht nicht nur die fehlende Möglichkeit der Bestimmung weiteren Verhaltens als solidarwidrig, sondern auch die geltenden und wesentlichen Strukturmerkmale der gesetzlichen Krankenversicherung. Insbesondere widerspricht ein solches Vorhaben den Grundsätzen des derzeit geltenden Finalitätsprinzips. Neben rein praktischen und verfahrenstechnischen Herausforderungen einer breit angelegten subjektiven Risikoberücksichtigung ergibt sich zudem mit Blick auf die verfassungsrechtliche Kritik an § 52 Abs. 2 SGB V ein Konflikt mit dem allgemeinen Gleichheitssatz, welcher bei Geltung des Bedarfsprinzips und angesichts des sozialen Sicherungszwecks kaum zu rechtfertigen wäre.

(6) Der derzeitige Stand der normativen Umsetzung von Sanktionstatbeständen im SGB V lässt die Schlussfolgerung zu, dass der Gesetzgeber die Frage danach, ob im Gesundheitssystem künftig aus Versichertenverhalten Sanktion gefolgert werden soll, mit vereinzelten Ausnahmen verneint hat. Es gelten unverändert die wesentlichen Strukturmerkmale und Prinzipien. Das System der gesetzlichen Krankenversicherung sperrt sich daher gegenüber einer weitumfassenden Verwirklichung des Eigenverantwortungs-gedankens, dies nicht nur zum Schutz des Individuums, sondern insbesondere zur Aufrechterhaltung des Systems an sich. Zur Umsetzung de lege ferenda würde eine umfassende Neukonzeption erforderlich werden,

die bisher jedenfalls keinen unmittelbaren Eingang in die Debatte gefunden hat.

11. Im Ergebnis besteht eine nicht unerhebliche Divergenz zwischen Eigenverantwortungsrhetorik und Eigenverantwortungsrealität. Der zur Verfolgung finanzwirtschaftlicher Stabilisierungseffekte in den Diskurs eingeführte Begriff der Eigenverantwortung bleibt gerade in seiner gesundheitlichen Dimension hinter den an ihn gestellten Präventionserwartungen zurück. Verstärkt offen werden daher verhaltenssteuernde Mittel forciert. In der Summe ist Eigenverantwortung im Recht der gesetzlichen Krankenversicherung de lege lata zunehmend als systemfremd zu bewerten und hat ihren Leitbildcharakter verloren. Die Eigenverantwortung des gesetzlich Krankenversicherten entpuppt sich letztlich als Utopie.

# Literaturverzeichnis

*Adam-Schwaetzer, Irmgard*, Mehr Selbstverantwortung als Beitrag zur Kostendämpfung, in: Arbeit und Sozialpolitik, 40. Jahrgang 1986, S. 361.

*Alber, Kathrin / Bayerl, Birgitta*, Das Kriterium Eigenverantwortung in der Allokationsdebatte – Wie frei sind wir in Bezug auf unser Gesundheitsverhalten wirklich?, in: Björn Schmitz-Luhn / André Bohmeier (Hrsg.), Priorisierung in der Medizin: Kriterien im Dialog, Springer Verlag, Berlin Heidelberg 2013, S. 205.

*Albers, Marion*, Gleichheit und Verhältnismäßigkeit, in: JuS 2008, S. 945.

*Dies.*, Normative Grundlagen von Gesundheit, in: Wolfgang Durner / Franz Reimer (Hrsg. u.a.), Das sinnvoll Denkbare denken, das davon Machbare machen, Duncker & Humblot, Berlin 2019, S. 267.

*Dies.*, Risikoregulierung im Bio-, Gesundheits- und Medizinrecht, in: Marion Albers (Hrsg.), Risikoregulierung im Bio-, Gesundheits- und Medizinrecht, Nomos Verlag, Baden-Baden 2011, S. 9.

*Amhaouach, Lamia / Kießling, Andrea*, Die Steigerung der Masernimpfrate von Kindern – Möglichkeiten und Grenzen des Rechts, in: MedR 2019, S. 853.

*Augsberg, Steffen*, Grundversorgung oder Wunscherfüllung? Grundrechtliche Vorgaben für die staatliche Gesundheitsfürsorge, in: A. Katarina Weilert (Hrsg.), Gesundheitsverantwortung zwischen Markt und Staat. Interdisziplinäre Zugänge, Nomos Verlag, Baden-Baden 2015, S. 127.

*Axer, Peter*, Finanzlast für Primärprävention: Beitragsfinanzierung und ihre Grenzen, in: Indra Spiecker genannt Döhmann / Astrid Wallrabenstein (Hrsg.), Rechtswissenschaftliche Fragen an das neue Präventionsgesetz, Peter Lang GmbH, Frankfurt am Main 2016, S. 43.

*Ballstaedt, Hans-Joachim*, Solidargemeinschaft – Kollektiver Selbstbedienungsladen, in: Deutsches Ärzteblatt, 100. Jahrgang 2003, S. A 2271.

*Becker, Ulrich*, Das Menschenbild des Grundgesetzes in der Rechtsprechung des Bundesverfassungsgerichts, erschienen in: Schriften zum Öffentlichen Recht, Dissertation 1995, Duncker & Humblot, Berlin 1996.

*Ders.*, Sozialrecht und Sozialrechtswissenschaft, in: ZÖR 2010, S. 607.

*Becker, Ulrich / Kingreen, Thorsten (Hrsg.)*, SGB V Gesetzliche Krankenversicherung, Kommentar, 8. Auflage, C.H.Beck Verlag, München 2022.

*Berchtold, Josef / Huster, Stefan / Rehborn, Martin (Hrsg.)*, Nomos Kommentar Gesundheitsrecht – SGB V / SGB XI, Kommentar, 2. Auflage, Nomos Verlag, Baden-Baden 2018.

*Berlemann, Michael / Karmann, Alexander*, Moral-Hazard im Gesundheitswesen. Ein Beispiel aus der Kieferorthopädie, in: Zeitschrift für Wirtschafts- und Sozialwissenschaften (ZWS) 1998, S. 573.

*Bernzen, Matthias*, Die neue Mitteilungspflicht nach § 294a Abs. 2 SGB V und der Leistungsausschluss nach § 52 Abs. 2 SGB V – verschleiert, verschmälert, verfassungswidrig, in: MedR 2008, S. 549.

*Bertelsmann Stiftung (Hrsg.)*, Eigenverantwortung: Ein gesundheitspolitisches Experiment, Verlag Bertelsmann Stiftung, Gütersloh 2004.

*Bieback, Karl-Jürgen*, Solidarität und Sozialversicherung, in: SGb, 59. Jahrgang 2012, S. 1.

*Bielefeldt, Heiner*, Autonomie, in: Marcus Düwell / Christoph Hübenthal / Micha H. Werner (Hrsg.), Handbuch Ethik, 3. Auflage, Verlag J.B. Metzler, Stuttgart 2011, S. 311.

*Blöcher, Holger*, Die Berücksichtigung der persönlichen Lebensführung bei der Leistungsvergabe der Gesetzlichen Krankenkassen nach § 52 SGB V, Dissertation 2002, Verlag Dr. Kovač, Hamburg 2002.

*Blüm, Norbert*, Selbstverantwortung und Transparenz im Gesundheitssystem, in: ZSR 1984, S. 768.

*Blümel, Miriam / Reichebner, Christoph*, Das deutsche Gesundheitssystem: strukturelle Besonderheiten und Leistungsfähigkeit im europäischen Vergleich, in: zfme, 66. Jahrgang 2020, S. 127.

*Bock, Michael*, Die Eigendynamik der Verrechtlichung in der modernen Gesellschaft, in: Ernst-Joachim Lampe (Hrsg.), Zur Entwicklung von Rechtsbewusstsein, 1. Auflage, Suhrkamp Verlag, Frankfurt am Main 1997, S. 403.

*Bockholdt, Frank*, Die „Nikolaus-Rechtsprechung“ des BverfG – Eine Bestandsaufnahme, in: NZS 2017, S. 569.

*Ders.*, Gesundheitsspezifische Bedarfe von gesetzlich krankenversicherten Leistungsempfängern nach dem SGB II, in: NZS 2016, S. 881.

*Boecken, Winfried*, Formen der Individualverantwortung in der Sozialversicherung, in: Bertram Schulin (Redaktion), Schriftenreihe des Deutschen Sozialrechtsverbandes e.V. (SDSRV), Band 42, Verlag Chmielorz GmbH, Wiesbaden 1997, S. 7.

*Borchert, Günter*, Die Rolle der Patienten und Versicherten im neustrukturierten GKV-System, in: Meinhard Heinze / Jochem Schmitt (Hrsg.), Festschrift für Wolfgang Gitter, Verlag Chmielorz GmbH, Wiesbaden 1995, S. 133.

*Brand, Angela / Brand, Helmut / Schulte in den Bäumen, Tobias*, The impact of genetics and genomics on public health, in: European Journal of Human Genetics, Ausgabe 16/2008, S. 5.

*Braun, Hans*, Das Verhältnis des Bürgers zur sozialen Sicherung – Entwicklung und aktuelle Probleme, in: Konrad-Adenauer-Stiftung (Hrsg.), Selbstverantwortung in der Solidargemeinschaft – Das Recht der sozialen Sicherung und der Verantwortungswille des Bürgers, 1. Auflage, Nomos Verlag, Baden-Baden 1981, S. 17.

*Braun, Michael / Nürnberg, Volker*, Verhaltensbasierte Versicherungstarife – innovative E-Health-Initiative oder Ausstieg aus der Solidargemeinschaft, in: Gesundheits- und Sozialpolitik 2015, S. 70.

*Brocke, Erwin*, Die HIV-Infektion als Problem der Gesetzlichen Krankenversicherung, in: SGb, 37. Jahrgang 1990, S. 437.

*Brömmelmeyer, Christoph*, Belohnung für gesundheitsbewusstes Verhalten in der Lebens- und Berufsunfähigkeitsversicherung? Rechtliche Rahmenbedingungen für Vitalitäts-Tarife, in: r+s 2017, S. 225.

*Brosius-Gersdorf, Frauke*, Demographischer Wandel in Deutschland – Auswirkungen auf die Arbeitswelt und Herausforderungen für die Rechtsordnung, in: SR 2018, S. 70.

*Bühler, Christoph*, Die selbst geschaffenen Gefahr im Sozialrecht, in: Wege zur Sozialversicherung (WzS), 46. Jahrgang 1992, S. 321.

*Bundessozialgericht*, Medieninformation Nr. 31/13 zur 45. Richterwoche des Bundessozialgerichts, Stand 05. November 2013, abrufbar unter http://www.bundessozialgericht.de, zuletzt am 01. April 2023.

*Bundesversicherungsamt*, Sonderbericht zum Wettbewerb in der gesetzlichen Krankenversicherung, Stand 2018, abrufbar unter https://www.bundesamtsozialesicherung.de/fileadmin/redaktion/allgemeine_dokumente/Taetigkeitsberichte/20180404 Sonderbericht_web.pdf, zuletzt am 01. April 2023.

*Büscher, Anna*, Leistungsbeschränkungen in der Gesetzlichen Krankenversicherung – Maßnahmen zur Kostendämpfung in der jüngeren Geschichte der Gesetzlichen Krankenversicherung –, in: Sebastian Bretthauer / Christina Heinrich (Hrsg. u.a.), Wandlungen im öffentlichen Recht, 1. Auflage, Nomos Verlagsgesellschaft, Baden-Baden 2020, S. 527.

*Butterwegge, Christoph*, Sozialstaat am Ende?, in: Fredrik Roggan / Dörte Busch (Hrsg.), Das Recht in guter Verfassung?, Festschrift für Martin Kutscha, S. 53, Nomos Verlag, Baden-Baden 2013.

*Butzer, Herman*, Fremdlasten in der Sozialversicherung – Zugleich ein Beitrag zu den verfassungsrechtlichen Vorgaben für die Sozialversicherung, Habilitationsschrift 2000, Mohr Siebeck, Tübingen 2001.

*Ders.*, Verfassungsrechtliche Anmerkungen zum GKV-Gesundheitsmodernisierungsgesetz, in: MedR, 22. Jahrgang 2004, S. 177.

*Buyx, Alena*, Eigenverantwortung als Verteilungskriterium im Gesundheitswesen, in: Ethik in der Medizin 2005, S. 269.

*Buyx, Alena / Huster, Stefan*, Ethische Aspekte von Public Health, in: Ethik in der Medizin 2010, S. 175.

*Bydlinski, Franz / Bydlinski, Peter*, Grundzüge der juristischen Methodenlehre, 3. Auflage, Facultas Verlags- und Buchhandel AG, Wien 2018.

*Chandna-Hoppe, Katja*, Anmerkungen zu BSG, Urteil v. 27.08.2019 – B 1 KR 37/18 R, in: NZS 2020, S. 62.

*Weber, Rechtswörterbuch,* Klaus Weber (Hrsg.), 29. Edition, Stand 01.10.2022, C.H.Beck Verlag, München 2022.

*Damm, Reinhard*, Ästhetische Chirurgie und Medizinrecht – Normstrukturen, Regelungsprobleme und Steuerungsebenen, in: GesR, 9. Jahrgang 2010, S. 641.

*Ders.*, Personalisierte Medizin und Patientenrechte – Medizinische Optionen und medizinrechtliche Bewertung, in: MedR 2011, S. 7.

*Degenhart, Christoph*, Staatsrecht I. Staatsorganisationsrecht, 38. Auflage, C.F. Müller, Heidelberg 2022.

*Dennin, Reinhard H. / Lafrenz, Michael / Sinn, Arndt*, Die Prävention der HIV-Infektion: Ethik und Recht sind nicht mehr gefragt?, in: MedR 2009, S. 457.

*Depenheuer, Otto*, „Bürgerversicherung“ und Grundgesetz, in: NZS 2014, S. 201.

*Dettling, Heinz-Uwe*, GKV, Grundrechte und Verhältnismäßigkeitsprüfung – zugleich Besprechung des Beschlusses des BVerfG zum Beitragssicherungsgesetz, in: MedR 2006, S. 81.

*Deutscher Ethikrat*, Solidarität und Verantwortung in der Corona Krise, in: MedR 2020, S. 466.

*Dieterich, Peter*, Systemgerechtigkeit und Kohärenz - Legislative Einheit und Vielheit durch Verfassungs- und Unionsrecht, Dissertation 2013, Duncker & Humblot, Berlin 2014.

*Dietrich, Frank*, Eigenverantwortung als medizinethisches Rationierungskriterium, in: zfme, 47. Jahrgang 2001, S. 371.

*Dinter, Katharina*, Die medizinische Versorgung Geflüchteter aus rechtlicher Sicht, in: NZS 2021, S. 285.

*Dölling, Dieter / Duttge, Gunnar / König, Stefan / Rössner, Dieter*, Gesamtes Strafrecht, Kommentar, 5. Auflage, Nomos Verlag, Baden-Baden 2022.

*Dörries, Andrea / Arnold, Dorothee*, Kurzzeitiger Spaß? Langfristige Zufriedenheit! Eigenverantwortung und Solidarität am Beispiel von Übergewicht, in: Björn Schmitz-

Luhn / André Bohmeier (Hrsg.), Priorisierung in der Medizin: Kriterien im Dialog, Springer Verlag, Berlin Heidelberg 2013, S. 197.

*Drabinski, Thomas*, Diskussion um die Krankenversicherung: Wie könnte ein effizientes und solidarisches Gesundheitssystem funktionieren?, in: ifo Schnelldienst, 71. Jahrgang 2018, S. 3.

*Dreier, Horst / Bauer, Hartmut*, Grundgesetz, Kommentar, Band 1, Präambel Art. 1 bis 19, 3. Auflage, Mohr Siebeck, Tübingen 2013.

*Dürig, Günter / Herzog, Roman / Scholz, Rupert*, Grundgesetz Kommentar, Stand Nachlieferung September 2022, C.H.Beck, München 2022.

*Duttge, Gunnar*, Eigenverantwortetes Todesurteil durch Impfverweigerung?, in: medstra 2021, S. 337.

*Eberbach, Wolfram*, Die Verbesserung des Menschen – Tatsächliche und rechtliche Aspekte der wunscherfüllenden Medizin –, in: MedR 2008, S 325.

*Ders.*, Juristische Aspekte einer individualisierten Medizin, in: MedR 2011, S. 757.

*Ders.*, Kommt eine verbindliche „Gesundheitspflicht"? – ein Territion –, in: MedR 2010, S. 756.

*Ders.*, Personalisierte Prävention: Wirkung und Auswirkung – Zugleich ein Plädoyer für die Solidarität mit dem Selbstbestimmungsrecht –, in: MedR 2014, S. 449.

*Ebsen, Ingwer*, Verfassungsrechtliche Implikationen der Ressourcenknappheit im Gesundheitswesen, in: Nachrichtendienst des Deutschen Vereins für öffentliche und private Fürsorge (NDV), 77. Jahrgang 1997, S. 71.

*Ecker, Walther*, Das schadensstiftende Verschulden gegen sich selbst und die soziale Sicherung, in: Konrad-Adenauer-Stiftung (Hrsg.), Selbstverantwortung in der Solidargemeinschaft – Das Recht der sozialen Sicherung und der Verantwortungswille des Bürgers, 1. Auflage, Nomos Verlag, Baden-Baden 1981, S. 55.

*Eichenhofer, Eberhard / v. Koppenfels-Spies, Katharina / Wenner, Ulrich (Hrsg.)*, Kommentar zum Sozialgesetzbuch V, 3. Auflage, Luchterhand Verlag, Köln 2018.

*Eichenhofer, Eberhard*, Der Verfassungsauftrag: Ein sozialer Rechtsstaat, in: Sozialer Fortschritt, 60. Jahrgang 2011, S. 1.

*Ders.*, Eigentum – Verschulden – Vertrag: Privatrechtsbegriffe als Sozialrechtskonstrukte?, in: VSSR 2004, S. 93.

*Ders.*, Sozialrecht, Lehrbuch, 10. Auflage, Mohr Siebeck, Tübingen 2017.

*Ders.*, Wahl des Lebensstils – Auswirkungen in der sozialen Sicherheit, in: SGb, 50. Jahrgang 2003, S. 705.

*Epping, Volker / Hillgruber, Christian (Hrsg.)*, BeckOK Grundgesetz, Kommentar, 54. Auflage, Stand 15.02.2023, C.H.Beck Verlag, München 2023.

*Erlenkämper, Arnold / Fichte, Wolfgang / Fock, Michael*, Sozialrecht: Allgemeine Rechtsgrundlagen, Sozialgesetze, Verfahrensrecht, 6. Auflage, Stand 2007, Luchterhand Verlag, Köln 2008.

*Faude, Michael*, Selbstverantwortung und Solidarverantwortung im Sozialrecht: Strukturen und Funktionen der sozialrechtlichen Relevanz des Selbstverschuldens der Leistungsberechtigten, Dissertation 1982, Röhrscheid Verlag, Bonn 1983.

*Felix, Dagmar*, Das Gesetz zur Beseitigung sozialer Überforderung bei Beitragsschulden in der Krankenversicherung – ein gelungener Weg aus der „Schuldenfalle" in der GKV?, in: NZS 2013, S. 921.

*Dies.*, Die Familienversicherung auf dem Prüfstand – verfassungsrechtliche Überlegungen zu § 10 Abs. 3 SGB V, in: NZS 2003, S. 624.

*Dies.*, Die Krankenhausbehandlung im Spannungsfeld zwischen Therapiefreiheit und Wirtschaftlichkeitsgebot – wie weit reicht die Prüfungskompetenz des MDK im Rahmen von § 275 Abs. 1 S. 1 SGB V?, in: NZS 2012, S. 1.

*Dies.*, Die Wertneutralität des Sozialrechts – Zum Bestehen eines Beschäftigungsverhältnisses bei sittenwidrigem oder verbotenem Tun –, in: NZS 2002, S. 225.

*Dies.*, Krankenversicherung für alle – Idee und Wirklichkeit, in: SGb, 66. Jahrgang 2019, S. 709.

*Dies.*, Normative Aspekte von Public Health – Interdisziplinäre Perspektiven, Rezension, in: MedR 2017, S. 435.

*Dies.*, Verbraucherschutz in der Gesetzlichen Krankenversicherung, in: Gerhard Igl (Hrsg.), Verbraucherschutz im Sozialrecht – Sozialleistungsberechtigte als Verbraucher, Nutzer und Mitgestalter sozialer Leistungen: Auf dem Weg zu einem eigenständigen Verbraucherschutz im Sozialrecht, Lit-Verlag, Berlin Münster 2011, S. 41.

*Felix, Dagmar / Frerichs, Lena*, Anmerkung zu LSG Nordrhein-Westfalen Urt. V. 05.12.2019, L 7 AS 845/19 (SG Duisburg), in: MedR 2020, S. 885.

*Fischer, Kai*, Die Zulässigkeit aufgedrängten staatlichen Schutzes vor Selbstschädigung, Dissertation 1997, Peter Lang, Frankfurt am Main 1997.

*Fischer, Mattias G.*, Der Sachleistungsgrundsatz – ein unantastbares Urprinzip der GKV?, in: Die Sozialgerichtsbarkeit (SGb), 55. Jahrgang 2008, S. 461.

*Flint, Dr. Thomas (Hrsg.)*, SGB XII Sozialhilfe mit Eingliederungshilfe (SGB IX Teil 2) und Asylbewerberleistungsgesetz, Kommentar, 7. Auflage, C.H.Beck Verlag, München 2020.

*Föllmer, Johanna*, Palliativversorgung in der gesetzlichen Krankenversicherung. Zur Hospizversorgung nach § 39a SGB V und zur spezialisierten ambulanten Palliativversorgung nach § 37b SGB V, Dissertation 2013, Springer-Verlag, Berlin Heidelberg 2014.

*Francke, Robert*, Begrenzung der Leistungen der gesetzlichen Krankenversicherung – Grund- und Wahlleistungen, Rationierung, Priorisierung, in: GesR 2003, S. 97.

*Frank, Götz*, Sozialstaatsprinzip und Gesundheitssystem, in: Frank Benseler (Hrsg. u.a.), Kritische Abhandlungen zur Rechtsstaatlichkeit in der Bundesrepublik, Campus Verlag, Frankfurt/Main 1983.

*Frenzel, Eike Michael*, Die „Volksgesundheit" in der Grundrechtsdogmatik, in: DÖV 2007, S. 243.

*Frerichs, Lena*, Asylbewerberleistungsgesetz und medizinisches Existenzminimum, in: Zflucht 2021, Sonderband 1, S. 51.

*Fuchs, Christoph / Nagel, Eckhard / Raspe, Heiner*, Rationalisierung, Rationierung und Priorisierung – was ist gemeint?, in: DÄ 106. Jahrgang 2009, S. A-554.

*Fuchs, Maximilian / Baumgärtner, Alex*, Ansprüche aus Produzentenhaftung und Produkthaftung, in: JuS 2011, S. 1057.

*Fuchs, Maximilian / Preis, Ulrich / Brose, Wiebke*, Sozialversicherungsrecht und SGB II: Lehrbuch für Praxis und Studium, Lehrbuch, 3. Auflage, De Gruyter Verlag, Berlin 2021.

*Führ, Martin*, Eigen-Verantwortung im Rechtsstaat, Habilitationsschrift 2002, Duncker & Humblot, Berlin 2003.

*Gabriel, Karl*, Eigenverantwortung als Grundbegriff des deutschen Sozialstaats und Gesundheitswesens, in: A. Katarina Weilert (Hrsg.), Gesundheitsverantwortung zwischen Markt und Staat. Interdisziplinäre Zugänge, Nomos Verlag, Baden-Baden 2015, S. 303.

*Ders.*, Solidarität in heterogenen Gesellschaften, in: Sozialer Fortschritt, 67. Jahrgang 2018, S. 45.

*Ders.*, Subsidiarität als Grundbegriff des deutschen Sozialstaatsund Gesundheitswesens, in: A. Katarina Weilert (Hrsg.), Gesundheitsverantwortung zwischen Markt und Staat. Interdisziplinäre Zugänge, Nomos Verlag, Baden-Baden 2015, S. 77.

*Gassner, Ulrich M.*, Finanzierungs-Eigenverantwortung ungeimpfter GKV-Versicherter, in: ZRP 2022, S. 2.

*Geisler, Linus*, Arzt-Patienten-Beziehung im Wandel – Stärkung des dialogischen Prinzips, Beitrag im Schlussbericht der Enquete-Kommission „Recht und Ethik der modernen Medizin", vom 14. Mai 2002, veröffentlicht in: BT-Drucks. 14/9020, S. 216.

*Ders.*, Kinder auf Bestellung – Genetische Tests und die Vernichtung menschlicher Embryonen, in: Frankfurter Rundschau vom 10. Mai 2001, Nr. 108, S. 18, abrufbar unter http://www.linus-geisler.de/artikel/0105fr_pid.html, zuletzt am 01. April 2023.

*Gerlinger, Thomas*, Primärprävention als sozialpolitische Aufgabe: Bedeutung und Entwicklung, in: Christian Rolfs (Hrsg.), Schriftenreihe des Deutschen Sozialrechtsverbandes e.V. (SDSRV), Band 67, Erich-Schmidt Verlag, Berlin 2018, S. 9.

*Gerst, Thomas*, Prävention – Liberales Unwohlsein, in: Deutsches Ärzteblatt, 103. Jahrgang 2006, S. A 1633.

*Geschwinder, Jürgen*, Leistungsausschluß nach § 192 RVO bei Nikotin-, Alkohol- und Drogenmißbrauch?, in: ZfS 1981, S. 101.

*Giebel, Gerald / Wienke, Albrecht u.a.*, Das Aufklärungsgespräch zwischen Wollen, Können und Müssen – Wege vom richterlichen Aufklärungspflichtverschulden zum ärztlichen Aufklärungsstandard, in: NJW 2001, S. 863.

*Giesen, Richard*, Rationierung im bestehenden Gesundheitssystem, in: ZversWiss 2004, S. 557.

*Goertz, Stephan*, Privatsache Gesund? Eine Kritik des Prinzips Eigenverantwortung, in: ETHICA, 13. Jahrgang 2005, S. 339.

*Götze, Ralf / Salomon, Tina*, Fair Fee. Eine einkommens- und morbiditätsadjustierte Zuzahlung für die gesetzliche Krankenversicherung in Deutschland, in: ZSR 2009, S. 71.

*Greß, Stefan / Wasem, Jürgen*, Gesundheitsfonds und Morbi-RSA – ein Zwischenfazit, in: Dirk Göpffarth, Von der Selektion zur Manipulation?, Medhochzwei-Verlag, Heidelberg 2010, S. 1.

*Grimmeisen, Simone / Leiber, Simone*, Zwischen Kostenprivatisierung und PatientInnenautonomie: Eigenverantwortung in der Gesundheitspolitik, in: WSI – Diskussionspapiere, Nr. 163, 2009.

*Gronwald, Siegfried*, Die Mitwirkungspflichten des Leistungsberechtigten nach dem SGB – ein systematischer Überblick –, in: SGb 1989, S. 17.

*Gröpl, Christoph / Windthorst, Kay / Coelln, Christian*, Studienkommentar GG, 5. Auflage, C.H.Beck, München 2022.

*Gröschner, Rolf*, Vom Ersatzgesetzgeber zum Ersatzerzieher. Warum das Bundesverfassungsgericht zu einem »absoluten Rauchverbot« besser geschwiegen hätte, in: Zeitschrift für Gesetzgebung (ZG), 2008, S. 400.

*Grühn, Corinna*, Gesundheitsbezogene Handlungsverpflichtungen der Versicherten in der Sozialversicherung als Dimensionen von Eigenverantwortung und Solidarität. Europarechtliche, verfassungsrechtliche und sozialrechtliche Zulässigkeit, Dissertation 2000, dissertation.de – Verlag im Internet, Berlin 2001.

*Grüner, Antonia*, Der verfassungsrechtliche Anspruch auf Gewährleistung des Existenzminimums (Teil 1), in: Journal für Rechtspolitik (JRP), 17. Jahrgang 2009, S. 97.

*Güllemann, Dirk*, Der Selbstmord im Sozial- und Privatversicherungsrecht, in: ZversWiss 1972, S. 55.

*Gutmann, Thomas*, Struktur und Funktion der Menschenwürde als Rechtsbegriff, in: Preprints of the Center for Advanced Study in Bioethics Münster, 2010/7.

*Haft, Fritjof*, Reformbedarf beim System der gesetzlichen Sozialversicherung, in: ZRP 2002, S. 457.

*Hammel, Manfred*, Zur Leistungspflicht der gesetzlichen Krankenkassen bei der Versorgung von krankenversicherten Empfängern laufender Hilfe zum Lebensunterhalt sowie von Arbeitslosenhilfe mit Zahnersatz, in: ZfS, 50. Jahrgang 1996, S. 129.

*Hänlein, Andreas*, Festlegung der Grenzen der Leistungspflicht der Krankenkassen, in: SGb, 50. Jahrgang 2003, S. 301.

*Ders.*, Moral-Hazard und Sozialversicherung – Versichertenverhalten und Versicherungsfall im Sozialversicherungsrecht, in: ZversWiss 2002, S. 579.

*Hänlein, Andreas / Schuler, Rolf (Hrsg.)*, Sozialgesetzbuch V. Gesetzliche Krankenversicherung, Lehr- und Praxiskommentar, 5. Auflage, Nomos Verlag, Baden-Baden 2016.

*Hauck, Ernst*, Die Bedeutung der Patientenautonomie für Leistungen der gesetzlichen Krankenversicherung (GKV), in: SGb 2014, S. 8.

*Ders.*, Entwicklungsperspektiven der gesetzlichen Krankenversicherung (GKV), in: SGb, 54. Jahrgang 2007, S. 203.

*Ders.*, Erkrankungsrisiko als Krankheit im Sinne der gesetzlichen Krankenversicherung?, in: NJW 2016, S. 2695.

*Hauck, Karl / Noftz, Wolfgang (Hrsg.)*, SGB I – Allgemeiner Teil, Kommentar, Ergänzungslieferung Stand 01.2022, Erich Schmidt Verlag GmbH & Co. KG, Berlin 2022.

*Ders.*, SGB IV – Gemeinsame Vorschriften für die Sozialversicherung, Kommentar, Ergänzungslieferung Stand 02.2022, Erich Schmidt Verlag GmbH & Co. KG, Berlin 2022.

*Ders.*, SGB V – Gesetzliche Krankenversicherung, Kommentar, Ergänzungslieferung Stand 11.2022, Erich Schmidt Verlag GmbH & Co. KG, Berlin 2022.

*Ders.*, SGB VI – Gesetzliche Rentenversicherung, Kommentar, Ergänzungslieferung Stand 07.2022, Erich Schmidt Verlag GmbH & Co. KG, Berlin 2022.

*Ders.*, SGB VII – Gesetzliche Unfallversicherung, Kommentar, Ergänzungslieferung Stand 03.2022, Erich Schmidt Verlag GmbH & Co. KG, Berlin 2022.

*Ders.*, SGB VIII – Kinder- und Jugendhilfe, Kommentar, Ergänzungslieferung Stand 07.2022, Erich Schmidt Verlag GmbH & Co. KG, Berlin 2022.

*Ders.*, SGB X – Verwaltungsverfahren, Schutz der Sozialdaten, Zusammenarbeit der Leistungsträger und ihre Beziehungen zu Dritten, Kommentar, Ergänzungslieferung Stand 07.2021, Erich Schmidt Verlag GmbH & Co. KG, Berlin 2021.

*Hausteiner-Wiehle, C. / Henningsen, P.*, Subjektivität und Objektivität, Kranksein und Krankheit, in: Der Nervenarzt 2020, S. 854.

*Haverkate, Görg*, Verantwortung für Gesundheit als Verfassungsproblem, in: Heinz Häfner, Gesundheit – unser höchstes Gut?, Springer Verlag, Berlin 1999, S. 119.

*Hayek, Friedrich A.*, Recht, Gesetzgebung und Freiheit Band 2: Die Illusion der sozialen Gerechtigkeit, Verlag Moderne Industrie, Landsberg am Lech 1981.

*Hebeler, Timo*, Grundlegende Rechtsfragen der Finanzierungskrise des deutschen Sozialstaates, in: JURA 2005, S. 17.

*Heidbrink, Ludger*, Kritik der Verantwortung: zu den Grenzen verantwortlichen Handelns in komplexen Kontexten, 1. Auflage, Velbrück Wissenschaft, Weilerswist-Metternich 2003.

*Heil, Reinhard*, Die Verbesserung des Menschen – Human Enhancement und Postbilogie, in: Zeitschrift für Pastoraltheologie (ZPTh), Band 39 2019, S. 33.

*Heinig, Hans Michael*, Kommentar: Primärprävention gegen Gesundheitsrisiken als Freiheitsrisiko: Prävention und Paternalismus, in: Indra Spiecker genannt Döhmann / Astrid Wallrabenstein (Hrsg.), Rechtswissenschaftliche Fragen an das neue Präventionsgesetz, Peter Lang GmbH, Frankfurt am Main 2016, S. 145.

*Heinz, Dirk*, Sozialleistungsausschluss oder Minderung von Sozialleistungsansprüchen im deutschen Sozialrecht. Eine Zusammenstellung der wichtigsten Vorschriften über die Sanktionierung »regelwidrigen« Verhaltens Berechtigter, in: ZFSH SGB 2014, S. 532.

*Hense, Hans-Werner*, Pflicht zur Erhaltung und Förderung der Gesundheit … ?, in: ZEFQ 2007, S. 300.

*Hiddemann, Till-Christian / Muckel, Stefan*, Das Gesetz zur Modernisierung der gesetzlichen Krankenversicherung, in: NJW 2004, S. 7.

*Hilgendorf, Eric*, dtv-Atlas Recht Band 1 – Grundlagen – Staatsrecht – Strafrecht, 1. Auflage, Deutscher Taschenbuch Verlag GmbH & Co. KG, München 2003.

*Hillgruber, Dr. Christian*, Der Schutz des Menschen vor sich selbst, Dissertation 1991, erschienen in: Prof. Dr. Klaus Stern (Hrsg.), Studien zum öffentlichen Recht und zur Verwaltungslehre, Band 48, Vahlen, München 1992.

*Höfling, Wolfram*, Der Gesundheitsgewährleistungsstaat, in: Volker Schumpelick / Bernhard Vogel (Hrsg.), Medizin zwischen Humanität und Wettbewerb: Probleme, Trends und Perspektiven, Herder Verlag, Freiburg 2008, S. 110.

*Ders.*, Recht auf Selbstbestimmung versus Pflicht zur Gesundheit, in: ZEFQ 2009, S. 286.

*Ders.*, Salus aut/et voluntas aegroti suprema lex – Verfassungsrechtliche Grenzen des Selbstbestimmungsrechts, in: Albrecht Wienke / Wolfram Eberbach (Hrsg. u.a.), Die Verbesserung des Menschen. Tatsächliche und rechtliche Aspekte der wunscherfüllenden Medizin, Springer Verlag, Berlin Heidelberg 2009, S. 119.

*Hofmann, Andreas / Neuhöfer, Stefan*, Das „Corona"-Virus und die allgemeine Impfpflicht, in: NVwZ 2022, S. 19.

*Hohmann-Dennhardt, Christine*, Der Sozialstaat – ein Auslaufmodell?, in: Arbeit und Recht, 54. Jahrgang 2006, S. 77.

*Holle, Martin*, Rechtliche Rahmenbedingungen für den Einsatz des Nudging als staatliches Steuerungsinstrument, in: ZLR 2016, S. 596.

*Honecker, Martin*, Die Begrenzung von Gesundheitsleistungen als ethisches Problem, in: ZVersWiss 2004, S. 623.

*Hörnle, Tatjana / Huster Stefan*, Wie weit reicht das Erziehungsrecht der Eltern?, in: JuristenZeitung 68. Jahrgang 2013, S. 328.

*Hufen, Friedhelm*, Das Urteil des Bundesverfassungsgerichts zur Privaten Krankenversicherung – Ein Freibrief für den Gesetzgeber?, in: NZS 2009, S. 649.

*Ders.*, Grundrechtsschutz der Leistungserbringer und privater Versicherer in Zeiten der Gesundheitsreform, in: NJW 2004, S. 14.

*Ders.*, Staatsrecht II, Lehrbuch, 9. Auflage, C.H.Beck, München 2021.

*Huster, Stefan*, Beschluss des Bundesverfassungsgerichts vom 06.12.2005 – 1 BvR 347/98, mit Anmerkung, in: Juristen Zeitung 2006, S. 463 / S. 466.

*Ders.*, Die Berücksichtigung des Selbstverschuldens in der Gesetzlichen Krankenversicherung, in: Björn Schmitz-Luhn / André Bohmeier (Hrsg.), Priorisierung in der Medizin: Kriterien im Dialog, Springer Verlag, Berlin Heidelberg 2013, S. 193.

*Ders.*, Eigenverantwortung im Gesundheitsrecht, in: Ethik in der Medizin 2010, S. 289.

*Ders.*, Gesundheitsgerechtigkeit: Public Health im Sozialstaat, in: JuristenZeitung 2008, S. 859.

*Ders.*, Grundversorgung und soziale Gerechtigkeit im Gesundheitswesen, in: Oliver Rauprich / Georg Marckmann / Jochen Volmann (Hrsg.), Gleichheit und Gerechtigkeit in der modernen Medizin, mentis, Paderborn 2005, S. 187.

*Ders.*, Prävention nach dem SGB V – Grundfragen und Regulierungsprobleme, in: VSSAR 2019, S. 329.

*Ders.*, Selbstbestimmung, Gerechtigkeit und Gesundheit – Normative Aspekte von Public Health, 1. Auflage, Nomos Verlag, Baden-Baden 2015.

*Ders.*, Solidarität und Eigenverantwortung – Spannung oder Gleichklang?, in: ZEFQ 2012, S. 195.

*Ders.*, Vulnerable Patientengruppen und Leistungsbeschränkungen im öffentlichen Versorgungssystem, in: MedR 2012, S. 565.

*Huster, Stefan / Kingreen, Thorsten (Hrsg.)*, Handbuch Infektionsschutzrecht, 2. Auflage, C.H.Beck Verlag, München 2022.

*Huster, Stefan / Schramme, Thomas*, Normative Aspekte der staatlichen Gesundheitsfürsorge, in: Stefan Huster / Thomas Schramme (Hrsg.), Normative Aspekte von Public Health, 1. Auflage, Nomos Verlag, Baden-Baden 2016, S. 37.

*Huster, Stefan / Schütz, Joachim*, Die Neuordnung der selektivvertraglichen Versorgung durch das GKV-Versorgungsstärkungsgesetz, in: NZS 2016, S. 645.

*Igl, Gerhard / Welti, Felix (Hrsg.)*, Gesundheitsrecht, Lehrbuch, 4. Auflage, Verlag Franz Vahlen, München 2022.

*Ders.*, Sozialrecht: Ein Studienbuch, 8. Auflage, Werner Verlag, Neuwied 2007.

*Isensee, Josef*, „Bürgerversicherung" im Koordinatensystem der Verfassung, in: NZS 2004, S. 393.

*Ders.*, Rationierung von Gesundheitsleistungen – Verfassungsrechtliche Maßstäbe der Kontingentierung, in: ZVersWiss 2004, S. 651.

*Ders.*, Wahltarif „Krankenhauskomfort". Chefarztbehandlung und Ein-/Zweibettzimmer als Wahlleistungen der Kassen – Sicht des Sozial- und des Verfassungsrechts, in: NZS 2007, S. 449.

*Jaeger, Renate*, Die Reformen in der gesetzlichen Sozialversicherung im Spiegel der Rechtsprechung des Bundesverfassungsgerichts, in: NZS 2003, S. 225.

*Janda, Constanze*, Neuro-Enhancement und Schönheitsoperationen – Berufsrechtliche Zulässigkeit und sozialrechtliche Rahmenbedingungen, in: GuP 2015, S. 22.

*Janßen, Christina / Spellbrink, Wolfgang*, Sind Leistungsbeziehende der Eingliederungshilfe für Menschen mit Behinderung zur Beantragung von Pflegeleistungen verpflichtet?, in: SRa 2019, S. 142.

*Jarass, Hans / Pieroth, Bodo*, Grundgesetz für die Bundesrepublik Deutschland, Kommentar, 17. Auflage, C.H.Beck oHG, München 2022.

*Jochem, Sven*, Solidarität im deutschen Sozialversicherungsstaat, in: Sozialer Fortschritt, 67. Jahrgang 2018, S. 25.

*Jordan, S. / von der Lippe, E.*, Teilnahme an verhaltenspräventiven Maßnahmen, in: Bundesgesundheitsblatt 2013, S. 878.

*Jordan, S. / von der Lippe, E. / Starker, A. / Hoebel, J. / Franke, A.*, Einflussfaktoren für die Teilnahme an Bonusprogramme der gesetzlichen Krankenversicherung. Ergebnisse der Studie „Gesundheit in Deutschland aktuell", in: Gesundheitswesen 2014, S. 861.

*Jülicher, Friedrich*, Schadensersatzpflicht des Versicherten bei schuldhafter Nichterfüllung von Mitwirkungspflichten und anderen Nebenpflichten aus dem Sozialversicherungsverhältnis?, in: SGb, 26. Jahrgang 1979, S. 445.

*Jung, Eberhard*, Das Recht auf Gesundheit: Versuch einer Grundlegung des Gesundheitsrechts in der Bundesrepublik Deutschland, Habilitationsschrift 1980, C.H.Beck, München 1982.

*Jüttner, Andreas*, „Sozialstaat zwischen Individualisierung und Pauschalisierung". Tagungsbericht von der 45. Richterwoche des Bundessozialgerichts (BSG), in: G+S 2014, S. 60.

*Kaiser, Kerstin*, Sozialrecht und Sozialgerichtsbarkeit im Überblick, in: JA 2009, S. 538.

*Kalscheuer, Dr. Fiete / Jacobsen, Annika*, Der Parlamentsvorbehalt: Wesentlichkeitstheorie als Abwägungstheorie, in: DÖV 2018, S. 523.

*Katzenmeier, Christian / Kurz, Marie / Jansen, Christoph*, Rechtsfragen des Medizintourismus, in: VersR 2019, S. 1045.

*Keil, Miriam*, Rechtsfragen der individualisierten Medizin, Dissertation 2014, erschienen in: Christian Katzenmeier (Hrsg.), Kölner Schriften zum Medizinrecht, Springer-Verlag, Berlin Heidelberg 2015.

*Kemmler, Iris*, Kommentar: Finanzlast für Primärprävention: Beitragsfinanzierung und ihre Grenzen, in: Indra Spiecker genannt Döhmann / Astrid Wallrabenstein (Hrsg.), Rechtswissenschaftliche Fragen an das neue Präventionsgesetz, Peter Lang GmbH, Frankfurt am Main 2016, S. 61.

*Dies.*, Rechtliche Vorgaben für die Rationierung medizinischer Leistungen im System der gesetzlichen Krankenversicherung, in: NZS 2014, S. 521.

*Kersting, Wolfgang*, Verantwortliche Verantwortung, Vorwort in: Ludger Heidbrink, Kritik der Verantwortung: zu den Grenzen verantwortlichen Handelns in komplexen Kontexten, 1. Auflage, Velbrück Wissenschaft, Weilerswist-Metternich 2003, S. 9.

*Kettner, Matthias*, „Wunscherfüllende Medizin" – Assistenz zum besseren Leben?, in: GGW, 6. Jahrgang 2006, S. 7.

*Kickbusch, Ilona*, Der Gesundheitsbegriff der Weltgesundheitsorganisation, in: Heinz Häfner, Gesundheit – unser höchstes Gut?, Springer Verlag, Berlin 1999, S. 275.

*Kiefer, Gernot*, Stand der Umsetzung des Präventionsgesetzes, in: Christian Rolfs (Hrsg.), Schriftenreihe des Deutschen Sozialrechtsverbandes e.V. (SDSRV), Band 67, Erich-Schmidt Verlag, Berlin 2018, S. 45.

*Kingreen, Thorsten*, Knappheit und Verteilungsgerechtigkeit im Gesundheitswesen, in: Referate und Diskussionen auf der Tagung der Vereinigung der Deutschen Staatsrechtslehrer in Berlin vom 29. September bis 2. Oktober 2010, hrsg. in: Wolfram Höflich (Redaktion), Veröffentlichungen der Vereinigung der Deutschen Staatsrechtslehrer (VVDStRL), Band 70, De Gruyter, Berlin 2011, S. 152.

*Kingreen, Thorsten / Rixen, Stephan*, Sozialrecht: Ein verwaltungsrechtliches Utopia? – Ortsangaben zur (Wieder-)Entdeckung einer Referenzmaterie des öffentlichen Rechts –, in: DÖV 2008, S. 741.

*Kirchhof, Ferdinand*, Die Entwicklung des Sozialverfassungsrechts, in: NZS 2015, S. 1.

*Ders.*, Verfassungsrechtliche Probleme einer umfassenden Kranken- und Renten-„Bürgerversicherung", in: NZS 2004, S. 1.

*Kirchhof, Paul*, Gerechte Verteilung medizinischer Leistungen im Rahmen des Finanzierbaren, in: Münchner medizinische Wochenschrift, 140. Jahrgang 1998, S. 201.

*Klement, Jan Henrik*, Primärprävention gegen Gesundheitsrisiken als Freiheitsrisiko: Prävention und Paternalismus, in: Indra Spiecker genannt Döhmann / Astrid

Wallrabenstein (Hrsg.), Rechtswissenschaftliche Fragen an das neue Präventionsgesetz, Peter Lang GmbH, Frankfurt am Main 2016, S. 105.

*Ders.*, Verantwortung. Funktion und Legitimation eines Begriffs im Öffentlichen Recht, Dissertation 2006, Mohr Siebeck, Tübingen 2006.

*Klotter, Christoph*, Gesundheitswunsch und Gesundheitsrealität – Psychologische, soziale und gesellschaftliche Aspekte des Gesundheitsverhaltens, in: Gesundheitswesen 2010, S. 17.

*Kluth, Winfried / Bauer, Stefan*, Grundlagen und Grenzen von Mitwirkungspflichten der Versicherten und Anreizsysteme für Prävention in der gesetzlichen Krankenversicherung, in: VSSR 2010, S. 341.

*Knickrehm, Sabine (Hrsg.)*, Gesamtes Soziales Entschädigungsrecht, Handkommentar, 1. Auflage, Nomos Verlag, Baden-Baden 2012.

*Knickrehm, Sabine / Kreikebohm, Ralf / Waltermann, Raimund (Hrsg.)*, Kommentar zum Sozialrecht, 7. Auflage, C.H.Beck Verlag, München 2021.

*Koch, K. / Thomas, S. / Windeler, J.*, IGeL oder Nicht-IGeL. Krebsfrüherkennung braucht immer eine umfassende Aufklärung, in: Bundesgesundheitsblatt – Gesundheitsforschung – Gesundheitsschutz 2014, S. 334.

*Kohl, Wolfgang / Carius, Sandra*, Prävention im Spannungsfeld von Eigenverantwortung, Solidarität und Finanzierbarkeit, in: Deutsche Rentenversicherung (DRV) 2003, S. 30.

*Köhler, Karl Friedrich*, Hat der versicherungsökonomische Begriff des »Moral Hazard« im Sozialversicherungsrecht, insbesondere im Recht der gesetzlichen Unfallversicherung, ein semantisches Potential?, in: VSSR 2017, S. 111.

*Ders.*, Finalität im Recht der gesetzlichen Unfallversicherung, in: SGb 2002, S. 144.

*Köhler, Sebastian / Hitzig, Anika*, Leistungsbefreiung bei selbstverschuldetem Krankenversicherungsfall in Zeiten von SARS-CoV-2 und damit verbundene Haftungsproblematiken, in: Covid-19 und Recht 2020, S. 409.

*Kokemoor, Axel*, Sozialrecht, Lehrbuch, 10. Auflage, Verlag Franz Vahlen, München 2022.

*Kolbe, Frederike*, Freiheitsschutz vor staatlicher Gesundheitssteuerung. Grundrechtliche Grenzen paternalistischen Staatshandelns, Dissertation 2015, erschienen in: Thomas Gutmann (Hrsg. u.a.), FUNDAMENTA JURIDICA Beiträge zur rechtswissenschaftlichen Grundlagenforschung, Band 70, Nomos Verlag, Baden-Baden 2017.

*König, Marco / Junge, Oliver Jürgen*, Personalisierte Medizin. Überblick über aktuelle Rechtsfragen und Voraussetzungen der Kostentragung in der gesetzlichen Krankenversicherung, in: GuP 2015, S. 132.

*Körner, Anne / Leitherer, Stephan / Mutschler, Bernd / Rolfs, Christian (Hrsg.)*, Beck-online. GROSSKOMMENTAR SGB (Vormals Kasseler Kommentar Sozialversicherungsrecht), Stand 01. März 2023, C.H.Beck Verlag, München 2023.

*Kossens, Dr. Dr. Michael / von der Heide, Dr. Dirk / Maaß, Dr. Michael*, SGB IX Rehabilitation und Teilhabe behinderter Menschen, Kommentar, 5. Auflage, C.H.Beck, München 2023.

*Krasney, Otto Ernst*, Das Erste und Zweite Gesetz zur Neuordnung von Selbstverwaltung und Eigenverantwortung in der gesetzlichen Krankenversicherung, in: NJW 1998, S. 1737.

*Ders.*, Das neue Gesetz zur Stärkung der Solidarität in der gesetzlichen Krankenversicherung, in: NJW 1999, S. 1745.

*Ders.*, Das Gesetz zur Reform der gesetzlichen Krankenversicherung ab dem Jahr 2000 (GKV-Gesundheitsreformgesetz 2000), in: NJW 2000, S. 2697.

*Krause, Peter*, Eigentum an subjektiven öffentlichen Rechten. Die Tragweite des Eigentumsschutzes von öffentlich-rechtlichen Leistungsansprüchen am Beispiel der Rentenversicherung, Duncker & Humblot, Berlin 1982.

*Krauskopf Soziale Krankenversicherung, Pflegeversicherung,* Kommentar, Regine Wagner, Stefan Knittel (Hrsg.), 116. Ergänzungslieferung Stand September 2022, C.H.Beck Verlag, München 2022.

*Kreikebohm, Ralf / Dünn, Sylvia*, Sozialgesetzbuch Gemeinsame Vorschriften für die Sozialversicherung SGB IV, Kommentar, 4. Auflage, C.H.Beck, München 2022.

*Kreikebohm, Ralf / Roßbach, Gundula*, Sozialgesetzbuch Gesetzliche Rentenversicherung SGB VI, Kommentar, 6. Auflage, C.H.Beck, München 2021.

*Kreßel, Eckhard / Wannagat, Georg (Hrsg.)*, Sozialgesetzbuch: Kommentar zum Recht des Sozialgesetzbuchs – SGB XI Soziale Pflegeversicherung, Kommentar, Stand Ergänzungslieferung 114, Heymann Verlag, Köln 2009.

*Kreßner, Maximilian*, Gesteuerte Gesundheit – Grund und Grenzen verhaltenswissenschaftlich informierter Gesundheitsförderung und Krankheitsprävention, Dissertation 2017/2018, erschienen in: Studien aus dem Max-Planck-Institut für Sozialrecht und Sozialpolitik, Nomos Verlag, Baden-Baden 2019.

*Kruse, Johannes / Maturana, Simón*, Nudging COVID-19: Die sanfte Alternative zum infektionsrechtlichen Zwang, in: NVwZ 2021, S. 1669.

*Kuch, David*, „Wohltätiger Zwang" – zur grundrechtlichen Neuausrichtung des Erwachsenenschutzes –, in: DÖV 2019, S. 723.

*Kühn, Hagen*, Finanzierbarkeit der gesetzlichen Krankenversicherung und das Instrument der Budgetierung, in: Wissenschaftszentrum Berlin für Sozialforschung (Hrsg.), Veröffentlichungsreihe der Arbeitsgruppe Public Health Wissenschaftszentrum Berlin für Sozialforschung, WZB Discussion Paper No. P 01-204, Berlin 2001.

*Ders.*, Zwanzig Jahre »Kostenexplosion« - Anmerkungen zur Makroökonomie einer Gesundheitsreform, in: Markus Herrmann (Hrsg.), Jahrbuch für Kritische Medizin, Band 24, Argument Verlag, Hamburg 1995, S. 145.

*Kuhn, Joseph*, Prävention in Deutschland – eine Sisyphosgeschichte, in: GGW, 13. Jahrgang 2013, S. 22.

*Künnell, Erich*, Leistungsbeschränkung nach § 52 SGB V, in: DOK 1990, S. 333.

*Kunze, Johannes*, Selbstverantwortung – Grundprinzip der Sozialreform, in: Sozialer Fortschritt, 4. Jahrgang 1955, S. 88.

*Lackner, Karl / Kühl, Kristian / Heger, Martin*, Strafgesetzbuch, Kommentar, 30. Auflage, C.H.Beck, München 2023.

*Lang, Heinrich*, Sport und Gesundheit aus gesundheitsrechtlicher Perspektive, in: Wolfram Höfling / Johannes Horst / Martin Nolte, Sport und Gesundheit, 1. Auflage, Mohr Siebeck, Tübingen 2015, S. 35.

*Lang, Heinrich / Hügel, Max Georg*, Schulsport und die Sozialversicherung – Überlegungen zu Eigenverantwortung und Prävention in der Sozialversicherung am Beispiel des Schulsports, in: Recht der Jugend und des Bildungswesens (RdJB), 67. Jahrgang 2019, S. 344.

*Langanke, Martin / Fischer, Tobias / Erdmann, Pia / Brothers, Kyle*, Gesundheitliche Eigenverantwortung im Kontext individualisierter Medizin, in: Ethik Med 2013, S. 243.

*Langanke, Martin / Lieb, Wolfgang / Erdmann, Pia et al.*, Was ist individualisierte Medizin? Zur terminologischen Justierung eines schillernden Begriffs, in: Zeitschrift für medizinische Ethik (Z Med Ethik), 58. Jahrgang 2012, S. 295.

*Laufs, Adolf*, Der aktuelle Streit um das alte Problem der Willensfreiheit. Eine kritische Bestandsaufnahme aus juristischer Sicht., in: MedR 2011, S. 1.

*Laufs, Adolf / Katzenmeier, Christian / Lipp, Volker*, Arztrecht, 8. Auflage, C.H.Beck, München 2021.

*Laufs, Adolf / Kern, Bernd-Rüdiger / Rehborn, Martin*, Handbuch des Arztrechts, 5. Auflage, C.H.Beck Verlag, München 2019.

*Leisner, Walter*, Finanzielle Stabilität der gesetzlichen Krankenversicherung – ein grundgesetzliches Gebot?, in: Helge Sodan (Hrsg.), Finanzielle Stabilität der gesetzlichen Krankenversicherung und Grundrechte der Leistungserbringer – Vorträge im Rahmen der 1. Berliner Gespräche zum Gesundheitsrecht am 16. Und 17. Juni 2003, Duncker & Humblot, Berlin 2004, S. 15.

*Lenk, Christian*, Worin könnte eine »medizinische Grundversorgung« bestehen? Überlegungen aus medizinethischer Perspektive, in: Oliver Rauprich / Georg Marckmann / Jochen Volmann (Hrsg.), Gleichheit und Gerechtigkeit in der modernen Medizin, mentis, Paderborn 2005, S. 247.

*Littmann, Konrad*, Empfiehlt es sich, die Zuweisung von Risiken und Lasten im Sozialrecht neu zu ordnen? – Gutachten F, in: Ständige Deputation des Deutschen Juristentages (Hrsg.), Verhandlungen des neunundfünfzigsten Deutschen Juristentages in Hannover 1992, Band 1 Gutachten, C.H.Beck Verlag, München 1992, S. F 1.

*Louven, Klaus*, Die absichtliche Herbeiführung von Berufs- oder Erwerbsunfähigkeit nach § 1277 Abs. 1 Satz 1 RVO, in: DRV 1982, S. 361.

*Mahr, Werner*, Das moralische Risiko in Individual- und Sozialversicherung – Das Prinzip und seine Tragweite, in: ZVersWiss 1977, S. 205.

*Maio, Giovanni*, Die Präferenzorientierung der modernen Medizin als ethisches Problem. Ein Aufriss am Beispiel der Anti-Aging-Medizin, in: zfme 2006, S. 339.

*Makoski, Kyrill / Netzer-Nawrocki, Juliane*, Die Impfpflicht nach dem Masernschutzgesetz, in: GesundheitsRecht (GesR) 2020, S. 427.

*Marburger, Horst*, Leistungsbeschränkung nach § 52 SGB V, in: DOK 1990, S. 571.

*Ders.*, Versagung von Leistungen – ein Vergleich zwischen Kranken- und Unfallversicherung, in: Zeitschrift für betriebliche Prävention und Unfallversicherung (BPUVZ) 2014, S. 248.

*Marckmann, Georg*, Eigenverantwortung als Rechtfertigungsgrund für ungleiche Leistungsansprüche in der Gesundheitsversorgung?, in: Oliver Rauprich / Georg Marckmann / Jochen Volmann (Hrsg.), Gleichheit und Gerechtigkeit in der modernen Medizin, mentis, Paderborn 2005, S. 299.

*Ders.*, Präventionsmaßnahmen im Spannungsfeld zwischen individueller Autonomie und allgemeinem Wohl, in: Ethik Med 2010, S. 207.

*Marckmann, G. / in der Schmitten, J.*, Krebsfrüherkennung aus Sicht der Public-Health-Ethik, in: Bundesgesundheitsbl. 2014, S. 57.

*Mathis, Klaus*, Verhaltenssteuerung durch Aufklärung, Anreize und „Nudging“: Prävention im Gesundheitswesen aus verhaltensökonomischer Perspektive, in: Indra Spiecker genannt Döhmann / Astrid Wallrabenstein (Hrsg.), Rechtswissenschaftliche Fragen an das neue Präventionsgesetz, Peter Lang GmbH, Frankfurt am Main 2016, S. 79.

*Meier, Friedhelm / Harney, Anke*, Risikospiel auf Zeit? Erkrankungsrisiko als Herausforderung für das Sozialrecht und die Gesellschaft, in: GuP 2021, S. 52.

*Meierjürgen, Rüdiger*, 25 Jahre § 20 SGB V: Aufschwung, Rückschläge und Perspektiven, in: Gesundheits- und Sozialpolitik 2014, S. 31.

*Ders.*, Präventionsgesetz: Ein wichtiger Schritt in die richtige Richtung, in: Gesundheits- und Sozialpolitik 2015, S. 25.

*Meister, Sven*, Das neue Gesundheits-Ich – souverän, selbstbestimmt und digital unterstützt?, in: Gesundheit und Gesellschaft Wissenschaft (GGW), 19. Jahrgang 2019, S. 7.

*Merten, Detlef*, Die Ausweitung der Sozialversicherungspflicht und die Grenzen der Verfassung, in: NZS 1998, S. 545.

*Ders.*, Krankenversicherung zwischen Eigenverantwortung und Staatsversorgung – Zu grundsätzlichen Problemen der Gesundheitsstrukturreform –, in: NZS 1996, S. 593.

*Ders.*, Risikoverhalten aus verfassungsrechtlicher, sozialrechtlicher und sozialpolitischer Sicht, in: VSSR 1983, S. 137.

*Meydam, Jan*, Gewährleistungspflicht, Sachleistungsgrundsatz und Kostenerstattung im neu normierten Leistungsrecht der gesetzlichen Krankenversicherung, in: SGb, 38. Jahrgang 1991, S. 377.

*Ders.*, Rechtliche Steuerungsmöglichkeiten der Individualverantwortung in den Bereichen der Prävention, Rehabilitation und Behandlung, in: Bertram Schulin (Redaktion), Schriftenreihe des Deutschen Sozialrechtsverbandes e.V. (SDSRV), Band 42, Verlag Chmielorz GmbH, Wiesbaden 1997, S. 71.

*Michalski, Lutz*, Verfassungsrechtliche Schranken einer Rationierung im vertragsärztlichen Versorgungssystem, in: VersR 1996, S. 265.

*Michelsen, Kai*, Gesundheitsziele zur Gesundheitsförderung im Spannungsfeld von individueller Freiheit, staatlichem Paternalismus und Gemeinwohl, in: Gesundheitswesen 2010, S. 41.

*Middel, Claus-Dieter*, Gesundheitsgerechtigkeit zwischen Eigenverantwortung und Solidarität, in: A. Katarina Weilert (Hrsg.), Gesundheitsverantwortung zwischen Markt und Staat. Interdisziplinäre Zugänge, Nomos Verlag, Baden-Baden 2015, S. 351.

*Mihm, Katja*, Die Verschuldensrelevanz im Sozialleistungsrecht, in: NZS 1995, 7.

*Möhring-Hesse, Matthias*, Solidaristische Sozialpolitik: Ein Spiel mit dem Feuer, in: Jahrbuch für Recht und Ethik, 22. Jahrgang 2014, S. 269.

*Mrozynski, Peter*, SGB I Allgemeiner Teil, Kommentar, 6. Auflage, C.H.Beck Verlag, München 2019.

*Muckel, Stefan / Ogorek, Markus / Rixen, Stephan*, Sozialrecht, Lehrbuch, 5. Auflage, C.H.Beck Verlag, München 2019.

*Müller, Rolf*, Recht auf Gesundheit. Perspektive einer gesetzlichen Krankenkasse, in: Bundesgesundheitsblatt – Gesundheitsforschung – Gesundheitsschutz 2007, S. 1119.

*Müller-Krah, Eva-Maria*, Die Gesundheitsleistungen für Asylbewerber nach §§ 4, 6 AsylbLG – gesundheitliches Existenzminimum unterhalb des Existenzminimums?, in: GuP 2012, S. 132.

*Münnich, Frank E.*, Eigenverantwortung als gesellschaftliches Organisationsprinzip – Alternativen und Modelle dargestellt am Beispiel der Gesetzlichen Krankenversicherung, in: VSSR 1981, S. 197.

*Muschallik, Thomas*, Kostenerstattung – Die überlegene Alternative im Bereich der vertragszahnärztlichen Versorgung, in: MedR 2000, S. 213.

*Mutz, Michael*, Individualverantwortung im Sozialversicherungsschutz, in: Die Angestellten Versicherung (DAngVers) 1996, S. 561.

*Nettesheim, Martin*, Rationierung in der Gesundheitsversorgung – verfassungsrechtliche Möglichkeiten und Grenzen, in: VerwArch 2002, S. 315.

*Neumann, Volker*, Das medizinische Existenzminimum, in: NZS 2006, S. 393.

*Ders.*, Der Anspruch auf Krankenbehandlung – ein Rahmenrecht?, in: SGb, 45. Jahrgang 1998, S. 609.

*Ders.*, Der Grundrechtsschutz von Sozialleistungen in Zeiten der Finanznot, in: NZS 1998, S. 401.

*Ders.*, Menschenwürde und Existenzminimum, in: NVwZ 2005, S. 426.

*Ders.*, Prioritätensetzung und Rationierung in der gesetzlichen Krankenversicherung, in: NZS 2005, S. 617.

*Neuner, Jörg*, Das Prinzip der Selbstverantwortung im Sozialstaat, in: Karl Riesenhuber (Hrsg.), Das Prinzip der Selbstverantwortung. Grundlagen und Bedeutung im heutigen Privatrecht, Mohr Siebeck, Tübingen 2011, S. 187.

*Nienhaus, Sina*, Eigenverantwortung in der GKV auf dem Vormarsch?, Beitrag bei juwiss.de vom 09.08.2017, abrufbar unter https://www.juwiss.de/94-2017/, zuletzt am 01. 04. 2023.

*Oduncu, Fuat S.*, Verteilungsgerechtigkeit, Rationierung und Priorisierung – das Gesundheitswesen im Spannungsfeld zwischen Medizin, Ökonomie, Ethik und Recht, in: MedR 2012, S. 359.

*Oldiges, Franz-Jürgen*, Gesundheitliches Fehlverhalten – Risiko versichert – Beitragsaufschläge?, in: DOK 1991, S. 537.

*Oppermann, Thomas*, Subsidiarität als Bestandteil des Grundgesetzes, in: JuS, 36. Jahrgang 1996, S. 569.

*Pade, Christiane*, Anspruch auf Leistungen der gesetzlichen Krankenversicherung bei Lebensgefahr und tödlich verlaufenden Krankheiten – Umsetzung des „Nikolaus"-Beschlusses des Bundesverfassungsgerichts durch die Rechtsprechung des Bundessozialgerichts, in: NZS 2007, S. 352.

*Paul, Norbert W.*, Medizinische Prädiktion, Prävention und Gerechtigkeit: Anmerkungen zu ethischen Dimensionen eines biomedizinischen Ideals, in: Ethik Med 2010, S. 191.

*Paulus, Christoph / Zenker, Wolfgang*, Grenzen der Privatautonomie, in: Juristische Schulung 2001, S. 1.

*Patzig, Günther*, Gibt es eine Gesundheitspflicht?, in: Ethik Med 1989, S. 3.

*Pestalozza, Christian*, Public Health Genetics, in: Bundesgesundheitsblatt, 52. Jahrgang 2009, S. 683.

*Peters, Dr. Horst*, Handbuch der Krankenversicherung Sozialgesetzbuch V, Band 1, hrsg. u.a. von Dr. Ruth Düring, 19. Auflage, 98. Ergänzungslieferung, Stand September 2022, Verlag W. Kohlhammer, Stuttgart 2022.

*Ders.*, Handbuch der Krankenversicherung Sozialgesetzbuch V, Band 3, hrsg. u.a. von Dr. Ruth Düring, 19. Auflage, 98. Ergänzungslieferung, Stand September 2022, Verlag W. Kohlhammer, Stuttgart 2022.

*Petersen-Ewert, Corinna / Wehowsky, Susanne*, Präventionsgesetz – Regelungsinhalt und Folgen für die Praxis, in: MedR 2015, S. 867.

*Pflanz, Elisabeth*, Stiftung Patientenkompetenz – Zur Eigenverantwortung befähigen, in: Deutsches Ärzteblatt, 101. Jahrgang 2004, S. A2443.

*Pieper, Hans-Jürgen*, Der Wesentlichkeitsgrundsatz – am Beispiel des Gesundheitsreformgesetzes, in: VSSR 1990, S. 123.

*Pitschas, Rainer*, Neue Versorgungs- und Vergütungsstrukturen in der gesetzlichen Krankenversicherung im Wirkfeld der Gesundheitsverfassung, in: VSSR 1998, S. 253.

*Pitz, Andreas*, Kostenbeteiligung bei Krankheit aufgrund einer Schönheits-OP, in: NZS 2014, S. 231.

*Plagemann, Hermann*, Kritik der medizinischen Vernunft. Medizinphilosophie – Biopolitik – Recht, in: GuP 2019, S. 96.

*Plagemann, Hermann (Hrsg.)*, Münchener Anwaltshandbuch Sozialrecht, 5. Auflage, C.H.Beck, München 2018.

*Prehn, Annette*, Des Menschen Wille ist sein Himmelreich, aber auch auf Kosten der Solidargemeinschaft? – Wunscherfüllende Medizin und body modifications unter dem Blickwinkel der Leistungsbeschränkung in der gesetzlichen Krankenversicherung, in: NZS 2010, S. 260.

*Preis, Ulrich*, Der Arzt zwischen grundrechtlicher Freiheit und staatlicher Regulierung, in: MedR 2010, S. 139.

*Preis, Ulrich / Kellermann, Britta*, Reform des Sozialstaats zwischen Sozialstaatsprinzip und Grundrechtsschutz, in: SGb, 46. Jahrgang 1999, S. 329.

*Preisner, David*, Die Bindungswirkung von Wahltarifen nach § 53 Abs. 8 SGB V, in: SGb, 58. Jahrgang 2011, S. 443.

*Prütting, Jens / Winter, Wiebke*, Missverständnisse und Irrwege um die „Zwei-Klassen-Medizin“, in ZRP 2019, S. 167.

*Quante, Michael*, Das Elend der Volksgesundheit, in: Ethik Med 2010, S. 179.

*Quaas, Michael / Zuck, Rüdiger / Clemens, Thomas / Gokel, Julia Maria*, Medizinrecht, Lehrbuch, 4. Auflage, C.H.Beck, München 2018.

*Rawls, John*, Eine Theorie der Gerechtigkeit, 1. Auflage, Suhrkamp Verlag, Frankfurt am Main 1975.

*Reichardt, Christiane / Gastmeier, Petra*, „Patient Empowerment“, in: Krankenhaushygiene up2date 2013, S. 157.

*Reimer, Sonja / Merold, Andreas*, Leistungsbeschränkungen und ärztliche Mitteilungspflichten in der GKV, in: SGb 2008, S. 713.

*Richter, Ronald*, Das Gesetz zur Modernisierung der gesetzlichen Krankenversicherung, in: Deutsches Steuerrecht (DStR) 2004, S. 320.

*Richter, Wolfram F.*, Zurück zur Paritätischen Finanzierung der Gesetzlichen Krankenversicherung, in Gesundheits- und Sozialpolitik (G+S) 2016, S. 70.

*Riege, Fritz*, Gesundheitspflicht, Gesundheitsförderung: „Gesundheitsstaat“ Deutschland?, in: Sozialer Fortschritt, 44. Jahrgang 1995, S. 1.

*Ders.*, Kostenerstattungsprinzip: Kein geeignetes Element zum Umbau des Sozialstaates!, in: SGb, 41. Jahrgang 1994, S. 58.

*Rieser*, Priorisierung: Das Beispiel Schweden, in: Deutsches Ärzteblatt 2008, S. A 2555.

*Rixen, Stephan*, Abschied von der Solidarität? – Zum Verhältnis von Sozialer Arbeit, Sozialrecht und Sozialpolitik am Beispiel des Fallmanagements (§§ 14, 15 SGB II) –, in: SozialRecht aktuell (SRa), 11. Jahrgang 2008, S. 81.

*Ders.*, Das Gesetz über den Umfang der Personensorge bei einer Beschneidung des männlichen Kindes, in: NJW 2013, S. 257.

*Ders.*, Eigenverantwortung im Gesundheitssozialrecht – Zwischen gesundheitspolitischer Forderung und positivrechtlicher Umsetzung, in: A. Katarina Weilert (Hrsg.), Gesundheitsverantwortung zwischen Markt und Staat. Interdisziplinäre Zugänge, Nomos Verlag, Baden-Baden 2015, S. 331.

*Ders.*, Sozialstaat und Sozialrecht als Thema der Verfassung – Skizzen zur Entstehungs- und Interpretationsgeschichte des Grundgesetzes –, in: SRa, 23. Jahrgang 2020, S. 288.

*Robert Koch-Institut (Hrsg.)*, COVID-19-Zielimpfquote, Epidemiologisches Bulletin Nr. 27 aus 2021, Stand 08.07.2021, abrufbar unter: https://www.rki.de/DE/Content/Infekt/EpidBull/epid_bull_node.html.

*Robert Koch-Institut (Hrsg.)*, Empfehlungen der Ständigen Impfkommission beim Robert Koch-Institut, Epidemiologisches Bulletin Nr. 34 aus 2021, Stand 26.08.2021, abrufbar unter: https://www.rki.de/DE/Content/Infekt/EpidBull/epid_bull_node.html.

*Robert Koch-Institut (Hrsg.)*, Evaluation der HIV-PrEP als Leistung der GKV während der SARS-CoV-2-Pandemie, Epidemiologisches Bulletin Nr. 6 aus 2021, Stand 11.02.2021, abrufbar unter: https://www.rki.de/DE/Content/Infekt/EpidBull/epid_bull_node.html.

*Robert Koch-Institut (Hrsg.)*, HIV in Deutschland 2020, Epidemiologisches Bulletin Nr. 47 aus 2021, Stand 25.11.2021, abrufbar unter: https://www.rki.de/DE/Content/Infekt/EpidBull/epid_bull_node.html.

*Robert Koch-Institut (Hrsg.)*, PrEP-Evaluation EvE-PrEP – Ergebnisse einer Befragung zum PrEP-Versorgungsgeschehen in HIV-Schwerpunktzentren des dagnä-Netzwerks, Epidemiologisches Bulletin Nr. 44 aus 2021, Stand 04.11.2021, abrufbar unter: https://www.rki.de/DE/Content/Infekt/EpidBull/epid_bull_node.html.

*Robert Koch-Institut (Hrsg.)*, Syphilis in Deutschland 2019 – Neuer Höchststand von Infektionen, Epidemiologisches Bulletin Nr. 49 aus 2020, Stand 03.12.2020, abrufbar unter: https://www.rki.de/DE/Content/Infekt/EpidBull/epid_bull_node.html.

*Rolfs, Christian / Giesen, Richard (Hrsg. u.a.)*, BeckOK Sozialrecht, Kommentar, 68. Auflage, Stand 01.03.2023, C.H.Beck, München 2023.

*Rolfs, Christian*, Das Versicherungsprinzip im Sozialversicherungsrecht, Habilitationsschrift 2000, C.H.Beck Verlag, München 2000.

*Ders.*, Versicherungsfreiheit in der GKV wegen Überschreitens der Jahresarbeitsentgeltgrenze, in: NZS 2019, S. 841.

*Rompf, Thomas*, Selbstverschulden im Krankenversicherungsrecht, in: SGb 1997, S. 105.

*Roos, Elke*, Kostenerstattung und Sachleistung in der Gesetzlichen Krankenversicherung, in: NZS 1997, S. 464.

*Roters, Dominik*, Der (Zusatz-)Nutzen-Begriff im SGB V, in: NZS 2010, S. 612.

*Ders.*, „Recht auf Wissen" – Haben gesetzlich Krankenversicherte Anspruch auf diagnostische Leistungen ohne medizinische Konsequenzen?, in: ZEFQ 2011, S. 526.

*Rothgang, Heinz / Dräther, Hendrik*, Ökonomische Aspekte gesundheitlicher Prävention, in: ZSR 2003, S. 531.

*Rothhaar, Markus*, Philosophische Grundlagen der Eigenverantwortung im Gesundheitswesen, in: A. Katarina Weilert (Hrsg.), Gesundheitsverantwortung zwischen Markt und Staat. Interdisziplinäre Zugänge, Nomos Verlag, Baden-Baden 2015, S. 289.

*Rüfner, Wolfgang*, Die Mitwirkungspflichten des Leistungsberechtigten in der Solidargemeinschaft nach §§ 60 ff. SGB-AT, in: VSSR 1977, S. 347.

*Ruland, Franz*, Mehr Solidarität zeigen!, in: NZS 2009, S. 473.

*Ders.*, Solidarität, in: NJW 2002, S. 3518.

*Ders.*, Solidarität – Notwendigkeit und aktuelle Herausforderungen, in: Gesundheit, Alter, Pflege, Rehabilitation – Recht und Praxis im interdisziplinären Dialog, Festschrift für Gerhard Igl, Prof. Dr. Felix Welti / Prof. Dr. Maximilian Fuchs (Hrsg. u.a.), Nomos Verlag, Baden-Baden 2017.

*Rüsenberg, Robin / Schmidt, Daniel*, HIV-Präexpositionsprophylaxe (PrEP): Geringere Inanspruchnahme, in: DÄ 2020, S. A-2402.

*Rüthers, Bernd / Fischer, Christian / Birk, Axel*, Rechtstheorie und juristische Methodenlehre, 12. Auflage, C.H.Beck, München 2022.

*Sachs, Michael*, Öffentliches Recht – Grundrecht. Verfassungsmäßigkeit von Regelungen der Gesundheitsreform 2007. Zugleich Anmerkungen zu BVerfG, Urteil v. 10.06.2009 – 1 BvR 706/08, in: JuS 2009, S. 848.

*Sachs, Michael (Hrsg.)*, Grundgesetz, Kommentar, 9. Auflage, C.H.Beck, München 2021.

*Samhat, Linda*, Gesundheitsgerechtes Verhalten: Pflichten und Obliegenheiten, Dissertation 2019, erschienen in: Schriften zur Rechtswissenschaft, Band 225, wvb Verlag, Berlin 2019.

*Schaefer, Corinna / Weißbach, Lothar*, Das Gesundheitssystem braucht mehr Eigenverantwortung, in: ZEFQ 2012, S. 199.

*Schäfer, Anne*, Dreiklassenmedizin in Deutschland (Teil 1), in: GesR 2019, S. 681.

*Dies.*, Dreiklassenmedizin in Deutschland (Teil 2), in: GesR 2019, S. 8.

*Schäfer, Christian*, Patientencompliance – Erfolgreiches Adhärenz-Management im Versorgungsalltag, 3. Auflage, Springer GmbH, Wiesbaden 2020.

*Schäfer, Frank*, Prinzipien der privaten Krankenversicherung, in: Felix Welti / Maximilian Fuchs (Hrsg. u.a.), Gesundheit, Alter, Pflege, Rehabilitation – Recht und Praxis im interdisziplinären Dialog, Festschrift für Gerhard Igl, Nomos Verlag, Baden-Baden 2017.

*Schaks, Nils*, Der Grundsatz der finanziellen Stabilität der gesetzlichen Krankenversicherung, in: VSSR 2008, S. 31.

*Schaumberg, Torsten*, Sozialrecht – Einführung, Lehrbuch, 4. Auflage, Nomos Verlagsgesellschaft, Baden-Baden 2023.

*Schild, Wolfgang*, Soziale und rechtliche Verantwortung, in: JZ 1980, S. 597.

*Schlegel, Prof. Dr. Rainer*, Der Sozialstaat in und nach der Covid-19-Pandemie, in: NJW 2021, S. 2782.

*Ders.*, Sozialversicherung für alle?, in: NZS 2022, S. 681.

*Schlegel, Rainer / Voelzke, Thomas (Gesamt-Hrsg.)*, Juris PraxisKommentar SGB V – Sozialgesetzbuch Fünftes Buch (SGB V) Gesetzliche Krankenversicherung, 4. Auflage, Stand 01.04.2023, juris GmbH, Saarbrücken 2020.

*Ders.*, Juris PraxisKommentar SGB VI – Sozialgesetzbuch Sechstes Buch (SGB VI) Gesetzliche Rentenversicherung, 3. Auflage, Stand 24.03.2023, juris GmbH, Saarbrücken 2021.

*Ders.*, Juris PraxisKommentar SGB VII – Sozialgesetzbuch Siebtes Buch (SGB VII) Gesetzliche Unfallversicherung, 3. Auflage, Stand 01.04.2023, juris GmbH, Saarbrücken 2022.

*Ders.*, Juris PraxisKommentar SGB IX – Sozialgesetzbuch Neuntes Buch (SGB IX) Rehabilitation und Teilhabe behinderter Menschen, 3. Auflage, Stand 01.04.2023, juris GmbH, Saarbrücken 2018.

*Ders.*, Juris PraxisKommentar SGB XII – Sozialgesetzbuch Zwölftes Buch (SGB XII) Sozialhilfe mit AsylbLG, 3. Auflage, Stand 14.03.2023, juris GmbH, Saarbrücken 2020.

*Schmacke, Norbert*, Fischen mit feinem Netz. Welchen Nutzen die Krebsfrüherkennung hat, in: G+G, Heft 7 2016, S. 20.

*Schmähl, Winfried*, Ansatzpunkte für mehr Transparenz in der Krankenversicherung, in: Sozialer Fortschritt, 24. Jahrgang 1975, S. 241.

*Schmidt, Bettina*, Der eigenverantwortliche Mensch, in: Gesundheitswesen 2010, S. 29.

*Dies.*, Eigenverantwortung haben immer die Anderen. Der Verantwortungsdiskurs im Gesundheitswesen, 1. Auflage, Verlag Hans Huber, Bern 2008.

*Schmidt, Harald*, Anreize für Eigenverantwortung: Begriffsbestimmung und Evidenzlage, in: ZEFQ 2012, S. 185.

*Schmidt-Aßmann, Eberhard*, Verfassungsfragen der Gesundheitsreform, in: NJW 2004, S. 1689.

*Schnapp, Friedrich E.*, Eigenverantwortung in der gesetzlichen Krankenversicherung, in: Gesundheits- und Sozialpolitik (G+S) 2006, S. 52.

*Ders.*, Sachleistung und Kostenerstattung in der gesetzlichen Krankenversicherung aus dogmatischer und rechtspolitischer Sicht, in: Die Ersatzkasse 1991, S. 390.

*Ders.*, Sozialstaatlichkeit im Spannungsverhältnis von Eigenverantwortung und Fürsorge, in: DVBl, 119. Jahrgang 2004, S. 1053.

*Ders.*, Sozialversicherung – Begriff ohne Kontur?, in: VSSR 1995, S. 101.

*Schneider, Dana*, Keine Wahltarife für Kostenerstattung in der GKV, in: GesR 2020, S. 435.

*Schneider, Egbert*, Das Gesetz zur Stärkung der Gesundheitsförderung und Prävention, in: SGb 2015, S. 599.

*Schnitzler, Jörg*, Sozialrecht, in: JuS 2019, S. 215.

*Schoch, Prof. Dr. Friedrich / Schneider, Prof. Dr. Jens-Peter*, Verwaltungsrecht, Stand August 2022, C.H.Beck, München 2022.

*Schreiber, Frank*, Die Reichweite der Gewährleistung des menschenwürdigen Existenzminimums aus Art. 1 Abs. 1 GG i.V.m. Art. 20 Abs. I GG als Menschenrecht, in: SR 2018, S. 181.

*Schuldzinski, Wolfgang*, Individuelle Gesundheitsleistungen – Markt ohne Regeln?, in: VuR 2007, S. 428.

*Ders.*, Können Patienten ihre Verantwortung wahrnehmen?, in: ZEFQ 2012, S. 213.

*Schuler-Harms, Margarete*, Prävention als sozialrechtliche Aufgabe: Grundlagen und Grenzen, in: Christian Rolfs (Hrsg.), Schriftenreihe des Deutschen Sozialrechtsverbandes e.V. (SDSRV), Band 67, Erich-Schmidt Verlag, Berlin 2018, S. 27.

*Schulin, Bertram*, Dispositionsmöglichkeiten für die Versicherten in der gesetzlichen Krankenversicherung – rechtliche Regelungen und ihre tatsächliche Nutzung, in: ZVersWiss 1994, S. 29.

*Ders.*, Empfiehlt es sich, die Zuweisung von Risiken und Lasten im Sozialrecht neu zu ordnen? – Gutachten E, in: Ständige Deputation des Deutschen Juristentages (Hrsg.), Verhandlungen des neunundfünfzigsten Deutschen Juristentages in Hannover 1992, Band 1 Gutachten, C.H.Beck Verlag, München 1992, S. E 1.

*Ders.*, Haftungsbegründende und haftungsausfüllende Kausalität im Unfallversicherungsrecht – eine irreführende Unterscheidung, in: Meinhard Heinze / Jochem Schmitt (Hrsg.), Festschrift für Wolfgang Gitter, Verlag Chmielorz GmbH, Wiesbaden 1995, S. 911.

*Ders.*, Sachleistungsgrundsatz und Kostenerstattung – eine Diskussion ohne Ende, in: SGb, 39. Jahrgang 1992, S. 289.

*Ders.*, Verfassungsrechtliche Grenzen bei der Umgestaltung des Sozialstaats im Bereich der Gesundheitssicherung, in: VSSR 1997, S. 43.

*Ders. (Hrsg.)*, Handbuch des Sozialversicherungsrechts – Band 1 – Krankenversicherungsrecht, C.H.Beck Verlag, München 1994.

*Schulte, Claudia / Sievers, Christoph / Tebarts, Katja*, Der morbiditätsorientierte Risikostrukturausgleich. Existieren von nun an Krankheiten erster und zweiter Klasse?, in: Gesundheitswesen aktuell 2018, S. 58.

*Schwabe, Jürgen*, Der Schutz des Menschen vor sich selbst, in: JZ, 53. Jahrgang 1998, S. 66.

*Schwarz, Kyrill-A.*, Das Infektionsschutzgesetz und die Grundrechte – ein Lehrstück zum Verfassungsrechtlichen Freiheitsverständnis bei drohenden Gefahren, in: JA 2020, S. 321.

*Schwede, Joachim*, Sportverletzungen im Sozialversicherungsrecht, in: NZS 1996, S. 563.

*Scott, Hyman / Klausner, Jeffrey*, Sexually transmitted infections and pre-exposure prophylaxis: challenges and opportunities among men who have sex with men in the US, in: AIDS Research and Therapy (AIDS Res Ther) 2016, S. 1.

*Seewald, Otfried*, Gesundheit als Grundrecht: Grundrechte als Grundlage von Ansprüchen auf gesundheitsschützende staatliche Leistungen, Athenäum, Königstein/Ts. 1982.

*Ders.*, Zum Verfassungsrecht auf Gesundheit, Habilitationsschrift 1978, Heymans Verlag, Köln 1981.

*Sehlen, Stephanie*, Eigenverantwortung im Gesundheitswesen – Eine Literatur-Übersicht, in: Bertelsmann Stiftung (Hrsg.), Eigenverantwortung: Ein gesundheitspolitisches Experiment, Verlag Bertelsmann Stiftung, Gütersloh 2004, S. 23.

*Sodan, Helge (Hrsg.)*, Handbuch des Krankenversicherungsrechts, 3. Auflage, C.H.Beck Verlag, München 2018.

*Ders.*, Das GKV-Wettbewerbsstärkungsgesetz, in: NJW 2007, S. 1313.

*Ders.*, Der „Beitrag“ des Arbeitgebers zur Sozialversicherung für geringfügige Beschäftigungsverhältnisse, in: NZS 1999, S. 105.

*Ders.*, Die „Bürgerversicherung“ als Bürgerzwangsversicherung, in: Zeitschrift für Rechtspolitik (ZRP) 2004, S. 217.

*Ders.*, Modelle künftiger Gestaltung der Krankenversicherung auf dem Prüfstand des Grundgesetzes, in: Helge Sodan (Hrsg.), Die sozial-marktwirtschaftliche Zukunft der Krankenversicherung. Vorträge im Rahmen der 4. Berliner Gespräche zum Gesundheitsrecht am 25. Oktober 2004, Duncker & Humblot, Berlin 2005, S. 9.

*Ders.*, Zur Verfassungsmäßigkeit der Ausgliederung von Leistungsbereichen aus der gesetzlichen Krankenversicherung. Dargestellt am Beispiel der Versorgung mit Zahnersatz, in: NZS 2003, 393.

*Sodan, Helge / Gast, Olaf*, Der Risikostrukturausgleich in der gesetzlichen Krankenversicherung als Verfassungsproblem, in: NZS 1999, S. 265.

*Spellbrink, Wolfgang*, Zur Bedeutung der Menschenwürde für das Recht der Sozialleistungen, in: DVBl, 126. Jahrgang 2011, S. 661.

*Spickhoff, Andreas (Hrsg.)*, Medizinrecht, Kommentar, 4. Auflage, C.H.Beck Verlag, München 2022.

*Spiecker gen. Döhmann, Indra*, Risikomanagement durch Versicherungsmechanismen im Krankenversicherungsrecht, in: Marion Albers (Hrsg.), Risikoregulierung im Bio-, Gesundheits- und Medizinrecht, Nomos Verlag, Baden-Baden 2011, S. 219.

*Steffens, Jürgen*, Meldeverfahren in der Sozialversicherung, in: Wege zur Sozialversicherung (WzS), 52. Jahrgang 1998, S. 353.

*Steiner, Udo*, Standortfaktor Sozialrecht?, in: NZS 2022, S. 687.

*Ders.*, Werden und Wandel des Sozialrechts im Sozialstaat, in: NZS 2019, S. 1

*Stock, Christof*, Heilauftrag und Wunschmedizin – Zugleich eine Anmerkung zu BGH, MedR 2018, 43-44, in: MedR 2019, S. 872.

*Straub, C.*, Gesundheitsökonomie als Ansatz für eine Synthese von Leistungsfähigkeit und Finanzierbarkeit der gesetzlichen Krankenversicherung, in: Bundesgesundheitsblatt – Gesundheitsforschung – Gesundheitsschutz 2006, S. 73.

*Stüwe, Heinz*, Keine Angst vor dem bösen Wort, in: DÄ, 107. Jahrgang 2010, S. A-474.

*Supiot, Alain*, Der Rechtsgrundsatz der Solidarität, in: SR 2015, S. 133.

*Süß, Alice*, Die Eigenverantwortung gesetzlich Krankenversicherter unter besonderer Berücksichtigung der Risiken wunscherfüllender Medizin. Eine verfassungs- und sozialrechtliche Untersuchung, Dissertation 2013, erschienen in: Helge Sodan (Hrsg.), Schriften zum Gesundheitsrecht, Band 31, Duncker & Humblot Verlag, Berlin 2014.

*Teichner, Matthias / Schröder, Birgit*, Medizinisch nicht indizierte, ästhetische Eingriffe und das GKV-WSG: aktuelle Rechtsfragen und Folgen für die Praxis, in: MedR 2009, S. 586.

*Thode, Nicole / Bergmann, Eckardt u.a.*, Einflussfaktoren auf die Inanspruchnahme des deutschen Gesundheitswesens und mögliche Steuerungsmechanismen, Schlussbericht innerhalb des Förderschwerpunkts „Versorgungsforschung" der DLR, Robert-Koch-Institut, Berlin 2004.

*Thüsing, Gregor*, Wahltarife nach § 53 Abs. 4 bis 6 SGB V n.F. im Lichte des Verfassungsrechts (Teil 1, Auswirkungen der Neuregelungen), in: NZS 2008, S. 449.

*Trenk-Hinterberger, Peter*, Eigenverantwortung in der sozialen Pflegeversicherung, in: Franz Ruland / Bernd Baron von Maydell (Hrsg. u.a.), Verfassung, Theorie und Praxis des Sozialstaats. Festschrift für Hans F. Zacher zum 70. Geburtstag, C.F. Müller Verlag, Heidelberg 1998, S. 1163.

*Udsching, Peter / Schütze, Bernd*, SGB XI Soziale Pflegeversicherung, Kommentar, 5. Auflage, C.H.Beck Verlag, München 2018.

*Uhlenbruck, Wilhelm*, Rechtliche Grenzen einer Rationierung in der Medizin, in: MedR 1995, S. 427.

*Voelzke, Thomas*, Die Herbeiführung des Versicherungsfalls im Sozialversicherungsrecht, Dissertation 2004, Erich Schmidt Verlag, Berlin 2004.

*Vogl, Hans*, Der Versicherungsfall „Krankheit" in der gesetzlichen Krankenversicherung – Teil I, in: Die Sozialversicherung (SozVers), 43. Jahrgang 1988, S. 10.

*Ders.*, Der Versicherungsfall „Krankheit" in der gesetzlichen Krankenversicherung – Teil II, in: Die Sozialversicherung (SozVers), 43. Jahrgang 1988, S. 63.

*von Mangoldt, Hermann / Klein, Friedrich / Starck, Christian*, Grundgesetz, Kommentar, Band 1 – Präambel, Art. 1-19, 7. Auflage, München 2018.

*von Maydell, Bernd*, Gedanken zur nächsten Reform des Krankenversicherungsrecht, in: NZS 1993, S. 425.

*Voßkuhle, Andreas / Wischmeyer, Thomas*, Grundwissen – Öffentliches Recht: Das Sozialstaatsprinzip, in JuS 2015, S. 693.

*Wallerath, Maximilian*, Der Sozialstaat in der Krise, in: JuristenZeitung, 59. Jahrgang 2004, S. 949.

*Wallrabenstein, Astrid*, Kontrolle der Privaten Krankenversicherung, in: Arndt Schmehl (Hrsg. u.a.), Steuerungsinstrumente im Recht des Gesundheitswesens, Band 3: Kontrolle, S. 67, Mohr Siebeck, Tübingen 2007.

*Wank, Rolf*, Juristische Methodenlehre. *Eine Anleitung für Wissenschaft und Praxis*, Verlag Franz Vahlen GmbH, München 2019.

*Wannagat, Georg*, Das Verschulden im Privat- und Sozialversicherungsrecht (Teil 1), in: Zentralblatt für Sozialversicherung Sozialhilfe und Versorgung (ZfS), 24. Jahrgang 1970, S. 33.

*Ders.*, Das Verschulden im Privat- und Sozialversicherungsrecht (Teil 2), in: Zentralblatt für Sozialversicherung Sozialhilfe und Versorgung (ZfS), 24. Jahrgang 1970, S. 65.

*Wasem, Jürgen*, Kostenerstattung und Sachleistung aus ökonomischer Sicht, in: MedR 2000, S. 472.

*Ders.*, Zur Entwicklung von Kostendämpfungspolitik und Strukturreform im deutschen Gesundheitswesen, in: zfme, 66. Jahrgang 2020, S. 141.

*Wasem, Jürgen / Greß, Stefan*, Anreize für die Versicherten in der gesetzlichen Krankenversicherung – die Diskussion um das „Moral Hazard"-Problem in der GKV, in: Bertram Schulin (Redaktion), Schriftenreihe des Deutschen Sozialrechtsverbandes e.V. (SDSRV), Band 52, Verlag Chmielorz GmbH, Wiesbaden 2003, S. 115.

*Weber, Guido*, Kundenbindung durch Wahltarife – Neue Möglichkeiten im Krankenkassenmarketing, in: G+S 2007, S. 54.

*Weber, Klaus / Kornporbst, Hans / Maier, Stefan*, Betäubungsmittelgesetz, Kommentar, 6. Auflage, C.H.Beck, München 2021.

*Wehling, Peter / Viehöver, Willy*, Entgrenzung der Medizin: Transformationen des medizinischen Feldes aus soziologischer Perspektive, in: Peter Wehling / Willy Viehöver (Hrsg.), Entgrenzung der Medizin. Von der Heilkunst zur Verbesserung des Menschen?, transcript, Bielefeld 2011, S. 7.

*Welti, Felix*, Das Gesetz zur Stärkung der Gesundheitsförderung und der Prävention – was bringt dieses Präventionsgesetz?, in: GuP 2015, S. 211.

*Ders.*, Die gesetzliche Krankenversicherung im Kräftefeld der Gesundheitspolitik, in: Soziales Recht (SR), 2. Jahrgang 2012, S. 124.

*Ders.*, Gesundheitsförderung und Prävention im System der Sozialversicherung seit Inkrafttreten des Präventionsgesetzes, in: VSSAR 2019, S. 313.

*Ders.*, Gibt es ein Recht auf bestmögliche Gesundheit?, in: GesundheitsRecht (GesR) 2015, S. 1.

*Wenner, Ulrich*, Rationierung, Priorisierung, Budgetierung: verfassungsrechtliche Vorgaben für die Begrenzung und Steuerung von Leistungen der Gesundheitsversorgung, in: GesundheitsRecht 2009, S. 169.

*Werner, Micha H.*, Verantwortung, in: Marcus Düwell / Christoph Hübenthal / Micha H. Werner (Hrsg.), Handbuch Ethik, 3. Auflage, Verlag J.B. Metzler, Stuttgart 2011, S. 541.

*Wienke, Albrecht*, Eigenverantwortung der Patienten/Kunden. Wohin führt der Rechtsgedanke des § 52 Abs. 2 SGB V?, in: Albrecht Wienke / Wolfram Eberbach (Hrsg. u.a.), Die Verbesserung des Menschen. Tatsächliche und rechtliche Aspekte der wunscherfüllenden Medizin, Springer Verlag, Berlin Heidelberg 2009, S. 169.

*Wilksch, Florian*, Recht auf Krankenbehandlung und Recht auf ein menschenwürdiges Existenzminimum, Dissertation 2015, Springer GmbH, Wiesbaden 2017.

*Wissenschaftliche Dienste des Bundestages*, Bonusprogramme der gesetzlichen Krankenkassen für gesundheitsbewusstes Verhalten, Dokumentation WD-9-3000-090/20, Stand 26. November 2020.

*Wissenschaftliche Dienste des Bundestages*, Ruhen der Leistungen in der gesetzlichen Krankenversicherung bei Nichtzahlung von Beiträgen, Ausarbeitung WD-9-3000-023/15, Stand 12. Mai 2014.

*Wissenschaftliche Dienste des Bundestages*, Ruhen der Leistungen in der gesetzlichen Krankenversicherung bei Nichtzahlung von Beiträgen, Ausarbeitung WD-9-3000-023/15, Stand 12. Mai 2014.

*Wissenschaftliche Dienste des Bundestages*, Selbstbeteiligung als Steuerungselement im Gesundheitswesen, Ausarbeitung WD-9-3000-142/10, Stand 06. September 2010.

*Wissenschaftliche Dienste des Bundestages*, Wahl der Kostenerstattung durch Versicherte in der gesetzlichen Krankenversicherung nach § 13 Abs. 2 SGB V, Sachstand WD-9-3000-073/18, Stand 28. September 2018.

*Wissenschaftliche Dienste des Bundestages*, Zu den Zuzahlungen bei Arznei-, Heil- und Hilfsmitteln. Gesetzliche Grundlagen und Zahlen, Sachstand WD-9-3000-019/18, Stand 23. März 2018.

*Wolf, Sven*, Das moralische Risiko der GKV im Spannungsfeld zwischen Solidarität und Eigenverantwortung, Dissertation 2009, erschienen in: Ulrich Preis (Hrsg.), Schriften zum Deutschen und Europäischen Arbeits- und Sozialrecht, Internationaler Verlag der Wissenschaften, Frankfurt am Main 2010.

*Ders.*, Wahltarife nach § 53 Abs. 4 SGB V – Ein Beitrag zur Systematik und den Grenzen –, in: NZS 2011, S. 87.

*Wolff, Daniel / Zimmermann, Patrick*, Impfförder- und Impffolgenrecht in der COVID-19-Pandemie. Gesetzgeberische Handlungsoptionen und verfassungsrechtliche Vorgaben, in: NVwZ 2021, S. 182.

*Wöllenstein, Heike*, Der informierte Patient aus Sicht der Gesetzlichen Krankenversicherung, in: Bundesgesundheitsblatt – Gesundheitsforschung – Gesundheitsschutz, 47. Jahrgang 2004, S. 941.

*Wrase, Michael*, Verfassungsrechtliche Anforderungen an Leistungsausschlüsse in der GKV – am Beispiel der Gleichheitswidrigkeit des Leistungsausschlusses für Sehhilfen nach § 33 Abs. 2 S. 2 SGB V i.V.m. § 14 Abs. 1 HilfsM-RL, in: GuP 2014, S. 58.

*Ders.*, Zur Verfassungsmäßigkeit des Leistungsausschlusses bei Seehilfen nach § 33 Abs. 2, Abs. 3 S. 1 SGB V iVm § 12 Abs. 1 HilfsM-RL – zugleich Anmerkung zum Urteil des Sozialgerichts Berlin vom 23.4.2013 – S 89 KR 2044/10, in: NZS 2014, S. 569.

*Wulfhorst, Traugott*, Leistungssteuerndes Verhalten der Berechtigten im Sozialrecht, in: VSSR 1982, S. 1.

*Zacher, Hans F.*, Soziale Sicherung in der Sozialen Marktwirtschaft, in: VSSR 1973, S. 97.

*Ders.*, Sozialstaat und Recht. Grundlagen – Entwicklung – Krise, in: VSSR 1983, S. 119.

*Ders.*, Verschulden im Sozialrecht – Eine Skizze –, in: ZfS 1983, S. 171.

*Zentrale Ethikkommission der Bundesärztekammer*, Prioritäten in der medizinischen Versorgung im System der gesetzlichen Krankenversicherung (GKV): Müssen und können wir uns entscheiden?, in: DÄ 97. Jahrgang 2000, S. A-1017.

*Zok, Klaus*, Private Zusatzleistungen in der Arztpraxis. Ergebnisse einer bundesweiten Repräsentativ-Umfrage unter gesetzlich Versicherten, in: WIdOmonitor 2019, S. 1.

*Zuck, Rüdiger*, Impfrecht. Impfempfehlung. Impfentscheidung., in: MedR 2008, S. 410.

*Zweifel, Peter*, Ein Plädoyer für risikogerechte Prämien in der Gesetzlichen Krankenversicherung, in: Peter Albrecht / Egon Lorenz (Hrsg.), Mannheimer Vorträge zur Versicherungswissenschaft, Band 80, Verlag Versicherungswirtschaft, Karlsruhe 2004.

**Sozialrecht und Sozialpolitik in Europa**
Schriftenreihe der Forschungsstelle für Sozialrecht und Sozialpolitik an der Fakultät für Rechtswissenschaft der Universität Hamburg
hrsg. von Prof. Dr. Gerhard Igl (Hamburg) und Prof. Dr. Dagmar Felix (Hamburg)

Nadia Dörich
**§12 Abs. 2 SGB X – Waisenkind des SGB X?**
Eine rechtswissenschaftliche und rechtstatsächliche Analyse der Bedeutung der sozialverwaltungsrechtlichen Hinzuziehung von Drittbetroffenen
Bd. 52, 2022, 768 S., 64,90 €, br., ISBN 978-3-643-15297-8

Lena Frerichs
**Der Anspruch auf Krankenbehandlung nach §§4, 6 AsylbLG**
Zugleich ein verfassungstheoretischer Beitrag zum Grundrecht auf Gewährleistung eines menschenwürdigen Existenzminimums
Bd. 51, 2023, 520 S., 49,90 €, br., ISBN 3-643-15296-1

Dagmar Felix
**Untersuchung der Bewertungsverfahren für neue Untersuchungs- und Behandlungsmethoden in der gesetzlichen Krankenversicherung im Hinblick auf die Grundsatzfrage des Zugangs neuer Methoden und der damit verbundenen Förderung der Innovationsoffenheit**
Bd. 50, 2022, 334 S., 49,90 €, br., ISBN 978-3-643-15204-6

Sebastian Krauß
**Die Rücknahme rechtswidriger nicht begünstigender Verwaltungsakte nach §44 SGB X**
Ein überzeugender Sonderweg des Sozialverwaltungsverfahrensrechts?
Bd. 49, 2022, 334 S., 64,90 €, br., ISBN 978-3-643-15183-4

Kai-Uwe Schmidt-Kühlewind (Hrsg.)
**Digitalisierung und Sozialrecht**
Bd. 48, 2022, 104 S., 29,90 €, br., ISBN 978-3-643-15168-1

Katharina Goldberg; Ortrud Leßmann; Margarete Schuler-Harms (Hrsg.)
**Soziale Sicherung Selbstständiger**
Interdisziplinäre und internationale Betrachtungen
Bd. 47, 2023, 298 S., 44,90 €, br., ISBN 978-3-643-15077-6

Dagmar Felix; Sören Deister
**Das Sozialrechtsfallbuch IV**
Bd. 46, 2021, 420 S., 24,90 €, br., ISBN 978-3-643-14944-2

Helmut Ertel
**Die sozialrechtliche Auslandsunfallversicherung**
Bd. 45, 2020, 330 S., 49,90 €, br., ISBN 978-3-643-14763-9

Ragnar Hoenig
**Der Abstand der Rente zur Grundsicherung**
Eine rentenpolitische Forderung aus sozial- und verfassungsrechtlicher Sicht
Bd. 44, 2020, 380 S., 49,90 €, br., ISBN 978-3-643-14761-5

LIT Verlag Berlin – Münster – Wien – Zürich – London
Auslieferung Deutschland / Österreich / Schweiz: siehe Impressumsseite

Sandra Isbarn
**Stellen zur Bekämpfung von Fehlverhalten im Gesundheitswesen nach den §§81a, 197a SGB V**
Eine Untersuchung der Aufgaben, Befugnisse und des Verfahrens der Stellen sowie ihrer Einrichtung als Ausdruck einer gesetzlichen Compliance-Pflicht
Bd. 43, 2020, 390 S., 44,90 €, br., ISBN 978-3-643-14592-5

Dagmar Felix
**Das Sozialrechtsfallbuch III**
Bd. 42, 2018, 448 S., 24,90 €, br., ISBN 978-3-643-14193-4

Sebastian Lilje
**Intersektorale und interpersonelle Kooperation im Gesundheitswesen unter besonderer Berücksichtigung des Verbots der Patientenzuweisung gegen Entgelt**
Vertragsärzte und Krankenhäuser im Spannungsfeld zwischen Versorgungsoptimierung und strafrechtlicher Verfolgung
Bd. 41, 2018, 392 S., 49,90 €, br., ISBN 978-3-643-14164-4

Sören Deister
**Qualitätssicherung im Krankenhaus**
Rechtliche Voraussetzungen stationärer Qualitätssicherung im Spannungsverhältnis von Wissenschaftsvorbehalt und Gestaltungsspielraum des Gemeinsamen Bundesausschusses
Bd. 40, 2018, 350 S., 44,90 €, br., ISBN 978-3-643-14096-8

Kilian Ertl
**Die Bewertung von medizinischen Methoden in der deutschen Rechtsordnung**
Eine vergleichende Untersuchung anhand des sozial- und privatrechtlichen Krankenversicherungsrechts und des Einkommensteuerrechts
Bd. 39, 2018, 570 S., 54,90 €, br., ISBN 978-3-643-14090-6

Jasmin Ludwig
**Der europarechtliche Einfluss auf die Entwicklung des nationalen Heilberuferechts**
Bd. 38, 2018, 440 S., 49,90 €, br., ISBN 978-3-643-14042-5

Dagmar Felix
**Konfliktlösungsinstrumente bei dreiseitigen Verträgen und Beschlüssen der Selbstverwaltung im System der gesetzlichen Krankenversicherung**
Bestandsaufnahme, Problemanalyse und Weiterentwicklung
Bd. 37, 2018, 308 S., 34,90 €, br., ISBN 978-3-643-13974-0

Holger Brecht-Heitzmann (Hrsg.)
**Die Integration Geflüchteter als Herausforderung für das Sozialrecht**
Bd. 36, 2017, 160 S., 34,90 €, br., ISBN 978-3-643-13856-9

Susanne Reil
**Geldleistungen im gegliederten Sozialsystem**
Die soziale Sicherung bei Störungen der Leistungsfähigkeit
Bd. 35, 2018, 604 S., 59,90 €, br., ISBN 978-3-643-13848-4

Karl-Jürgen Bieback; Christoph Bögemann; Gerhard Igl; Felix Welti (Hrsg.)
**Der Beitrag des Sozialrechts zur Realisierung des Rechts auf Gesundheit und des Rechts auf Arbeit für behinderte Menschen**
Bd. 34, 2016, 206 S., 34,90 €, br., ISBN 978-3-643-13490-5

Christian Grube
**Das Fürsorgerecht im Wandel der Zeit**
Bd. 33, 2016, 268 S., 34,90 €, br., ISBN 978-3-643-13271-0

Hauke Christian Wiese
**Die Einbindung von Gesundheitsberufen in die gesundheitssozialrechtlichen Leistungserbringungssysteme und der Einfluss auf die Gestaltung der Gesundheitsberufe und ihrer Berufsausübung**
Bd. 32, 2016, 268 S., 39,90 €, br., ISBN 978-3-643-13246-8

Gerhard Igl; Felix Welti; Michael Eßer (Hrsg.)
**Alter und Beschäftigungen**
Arbeitssituationen, Lebensentwürfe und soziale Sicherung der über 50-Jährigen
Bd. 30, 2015, 216 S., 34,90 €, br., ISBN 978-3-643-13116-4

Judith Brockmann (Hrsg.)
**Prävention an der Schnittstelle von Arbeits- und Sozialrecht**
Bd. 29, 2014, 128 S., 24,90 €, br., ISBN 978-3-643-12779-2

Sandra Birte Carlson
**Leistungsausschlüsse als Rationierungsinstrument im Gesundheitswesen**
Eine vergleichende Untersuchung der Rechtslage in Deutschland und England
Bd. 28, 2014, 312 S., 44,90 €, br., ISBN 978-3-643-12582-8

Dagmar Felix
**Das Sozialrechtsfallbuch II**
Bd. 27, 2014, 424 S., 24,90 €, br., ISBN 978-3-643-12523-1

Dörte Dörschner
**Die Rechtswirkungen der UN-Behindertenrechtskonvention in Deutschland am Beispiel des Rechts auf inklusive Bildung**
Bd. 26, 2014, 296 S., 39,90 €, br., ISBN 978-3-643-12472-2

Eckhard Bloch (Hrsg.)
**Herausforderungen der regionalen Versorgung nach dem Versorgungsstrukturgesetz**
Bd. 25, 2013, 72 S., 24,90 €, br., ISBN 978-3-643-12262-9

Philipp Köster
**Das Leistungserbringungsrecht der medizinischen Rehabilitation**
Bd. 24, 2013, 264 S., 39,90 €, br., ISBN 978-3-643-11936-0

Margarete Schuler-Harms (Hrsg.)
**Konsensuale Handlungsformen im Sozialleistungsrecht**
Bd. 23, 2012, 176 S., 24,90 €, br., ISBN 978-3-643-11891-2

Dagmar Felix
**Das Sozialrechtsfallbuch**
Bd. 22, 2012, 368 S., 24,90 €, br., ISBN 978-3-643-11771-7

LIT Verlag Berlin – Münster – Wien – Zürich – London
Auslieferung Deutschland / Österreich / Schweiz: siehe Impressumsseite